国家统计局贸易外经统计司 编
Compiled by
Department of Trade and External Economic Relations Statistics,
National Bureau of Statistics of China

2022

中国贸易外经统计年鉴

CHINA TRADE AND EXTERNAL ECONOMIC STATISTICAL YEARBOOK

中国统计出版社
China Statistics Press

图书在版编目（CIP）数据

中国贸易外经统计年鉴. 2022 = China Trade and External Economic Statistical Yearbook 2022 : 汉英对照 / 国家统计局贸易外经统计司编. -- 北京 : 中国统计出版社, 2022.11
ISBN 978-7-5037-9967-9

Ⅰ. ①中… Ⅱ. ①国… Ⅲ. ①对外贸易－统计资料－中国－2022－年鉴－汉、英 Ⅳ. ①F752-54

中国版本图书馆 CIP 数据核字(2022)第 167638 号

中国贸易外经统计年鉴 2022
China Trade and External Economic Statistical Yearbook 2022

作　　者/国家统计局贸易外经统计司
责任编辑/许立舫
封面设计/李雪燕
出版发行/中国统计出版社有限公司
通信地址/北京市丰台区西三环南路甲 6 号　邮政编码/100073
发行电话/邮购（010）63376909　书店（010）68783171
网　　址/http://www.zgtjcbs.com/
印　　刷/河北鑫兆源印刷有限公司
经　　销/新华书店
开　　本/880mm×1230mm　1/16
字　　数/1440 千字
印　　张/45
版　　别/2022 年 11 月第 1 版
版　　次/2022 年 11 月第 1 次印刷
定　　价/420.00 元

《中国贸易外经统计年鉴 2022》
编辑委员会

CHINA TRADE AND EXTERNAL ECONOMIC STATISTICAL YEARBOOK 2022

Editorial Staff

Editor-in-Chief: Dong Lihua

Associate Editor-in-Chief: Liu Xiaodong Liu Jinzhong Yu Bingbin Ye Jingyi

Editorial Staff:(in order of the number of strokes the Chinese character of the surname)

Wan Ping Wang Yuexiang Wang Xiaoyu Shen Junli Fu Yuan Fu Jiaqi Liu Yang Liu Ying Liu Xuling Liu Xiaoyan Yan Xianpu Li Dan Li Min He Rundong Zhang Min Zhang Lei Chen Qunlin Hu Chunlin Yao Hu Yuan Yan Xia Huan Xue Yuan

English Translator: She Jingxiong

编者说明

一、《中国贸易外经统计年鉴 2022》是一部全面反映中国国内贸易、对外经济贸易和旅游业发展情况的资料性年刊。本年鉴收录了2021年中国国内消费品市场、批发和零售业、住宿和餐饮业、国际收支、对外贸易、利用外资、对外投资与经济合作和国内旅游的主要统计数据，以及分省、自治区、直辖市和一些重要历史年份的相关统计数据。

二、本年鉴正文内容分为9个部分：1.综合篇；2.消费品市场篇；3.批发和零售业篇；4.住宿和餐饮业篇；5.国际收支篇；6.对外贸易篇；7.利用外资篇；8.对外投资与经济合作篇；9.旅游篇。为便于读者使用，本年鉴对所用略语和主要统计指标的含义、统计范围和统计方法作了简要说明。

三、本年鉴中所涉及的全国性统计数据，均未包括香港、澳门特别行政区和台湾省数据。

四、本年鉴所列对外经济贸易和旅游统计资料由国家统计局贸易外经司根据商务部、海关总署、国家外汇管理局、公安部、文化和旅游部、国家市场监督管理总局等部门的资料加工整理，由于各部门职能不同，统计口径、范围和方法亦有所不同，因此书中有些数据可能不一致，使用统计数据时请参看附录。

五、本年鉴资料中行业分类按《国民经济行业分类》（GB/T 4754-2017）标准划分；企业规模划分按《统计上大中小微型企业划分办法（2017）》标准执行。

六、本年鉴表中所使用的度量衡单位，均为国际统一标准计量单位。

七、年鉴表中的“空格”表示该项统计指标数据不足本表最小单位数、不详或无该项数据；“#”表示其中的主要项；“*”或“①”表示本表下有注释。

八、年鉴中没有标明年份的表均为2021年的数据。

PREFACE

I.*China Trade and External Economic Statistical Yearbook 2022* reflects the situation of China in the development of the domestic and foreign trade, the external economic transactions and the tourism synthetically. The yearbook covers the main data of the domestic trade, balance of payments, foreign trade, utilization of foreign capital, overseas direct investment and economic cooperation, and tourism of China in 2021, and embodies the data from national level and all the provinces, autonomous regions and municipalities. It also lists the time series relative data of important indicators by years.

II.The yearbook contains the following 9 chapters: 1.Integration; 2.Consumer Goods Market; 3.Wholesale and Retail Trades; 4.Hotels and Catering Services; 5. Balance of Payments; 6. Foreign Trade; 7. Utilization of Foreign Capital; 8.Overseas Direct Investment and Economic Cooperation; 9.Tourism. In addition, Explanatory Notes on Main Statistical Indicators are provided at the end of the book.

III.The national data in the book do not include that of Hongkong Special Administrative Region, Macao Special Administrative Region and Taiwan Province.

IV.The major sources of data except that in the domestic trade are the regular statistical reporting forms provided by the relevant departments such as the Ministry of Commerce, the General Administration of Customs, the State Administration of Foreign Exchange, the Ministry of Public Security, the Ministry of Culture and Tourism, the State Administration for Market Regulation. The book is edited by the Department of Trade and External Economic Relations Statistics of the National Bureau of Statistics. Since the functions of departments mentioned above are different, the requirement, the scope, the calculating specification and the method of statistics are not in the same, and some of the figures may not be in conformity. Readers who want to use the data please consult the explanatory note.

V.Data by branch of industry in this book are based on the *National Industrial Classification of all Economic Activities* (GB/T 4754-2017), and data by size of enterprise are based on the 2017's *standards of Enterprises by size*.

VI.The units of measurement used in this yearbook are internationally standard measurement units.

VII.Notations used in the yearbook: (blank space) indicates that the figure is not large enough to be measured with the smallest unit in the table, or data are unknown or are not available; " # " indicates a major breakdown of the total; and " * " or " ① " indicates footnotes at the end of the table.

VIII.Some tables of the yearbook do not indicate the year, which means the data of the tables belong to 2021.

目　　录

CONTENTS

第 1 篇　综合

Integration

第 2 篇　消费品市场

Consumer Goods Market

第 3 篇 批发和零售业
Wholesale and Retail Trades

第 4 篇 住宿和餐饮业

Hotels and Catering Services

第 5 篇 国际收支

Balance of Payments

第 6 篇 对外贸易

Foreign Trade

第 7 篇　利用外资
Utilization of Foreign Capital

第 8 篇　对外投资与经济合作
Overseas Direct Investment and Economic Cooperation

第 9 篇　旅游
Tourism

附　录
APPENDIX

综　合

INTEGRATION

第1篇

1-1 国内生产总值指数

Indices of Gross Domestic Product

(不变价,上年=100; Constant Price, Preceding Year=100)

年 份 Year	国民总收入 Gross National Income	国内生产总值 Gross Domestic Product	第一产业 Primary Industry	第二产业 Secondary Industry	第三产业 Tertiary Industry	#批发与零售业 Wholesale and Retail Trades	人均国内生产总值 Per Capita GDP
1978	111.7	111.7	104.1	115.0	113.6	123.1	110.2
1979	107.6	107.6	106.1	108.2	107.8	108.7	106.2
1980	107.8	107.8	98.5	113.5	106.1	98.1	106.5
1981	105.1	105.1	107.0	101.9	109.6	129.5	103.8
1982	109.2	109.0	111.5	105.6	112.7	99.3	107.4
1983	111.0	110.8	108.3	110.4	114.6	121.2	109.2
1984	115.3	115.2	112.9	114.4	119.4	124.7	113.7
1985	113.2	113.4	101.8	118.4	118.1	133.5	111.9
1986	108.6	108.9	103.3	110.2	112.3	109.4	107.3
1987	111.6	111.7	104.7	113.6	114.7	114.7	109.9
1988	111.3	111.2	102.5	114.3	113.2	111.8	109.4
1989	104.3	104.2	103.1	103.7	105.8	89.3	102.6
1990	104.1	103.9	107.3	103.2	102.7	94.7	102.4
1991	109.2	109.3	102.4	113.8	109.2	105.2	107.8
1992	114.1	114.2	104.7	121.0	112.6	110.5	112.8
1993	113.6	113.9	104.6	119.7	112.2	108.6	112.6
1994	113.1	113.0	103.9	118.1	111.4	108.2	111.8
1995	109.4	111.0	104.9	113.8	110.1	108.2	109.8
1996	110.1	109.9	105.0	112.1	109.2	107.6	108.8
1997	109.6	109.2	103.4	110.5	110.4	108.8	108.1
1998	107.3	107.8	103.4	108.9	108.4	106.5	106.8
1999	108.0	107.7	102.7	108.2	109.2	108.7	106.7
2000	108.6	108.5	102.3	109.5	109.8	109.4	107.6
2001	108.1	108.3	102.6	108.5	110.3	109.1	107.6
2002	109.6	109.1	102.7	109.9	110.5	108.8	108.4
2003	110.5	110.0	102.4	112.7	109.5	109.9	109.4
2004	110.5	110.1	106.1	111.1	110.1	106.6	109.5
2005	110.9	111.4	105.1	112.1	112.4	113.0	110.7
2006	113.3	112.7	104.8	113.5	114.1	119.5	112.1
2007	114.7	114.2	103.5	115.1	116.1	120.2	113.6
2008	110.1	109.7	105.2	109.8	110.5	115.9	109.1
2009	108.5	109.4	104.0	110.3	109.6	111.9	108.9
2010	110.3	110.6	104.3	112.7	109.7	114.6	110.1
2011	109.0	109.6	104.2	110.7	109.5	112.5	109.0
2012	108.6	107.9	104.5	108.4	108.0	110.3	107.1
2013	107.1	107.8	103.8	108.0	108.3	110.5	107.1
2014	108.4	107.4	104.1	107.2	108.3	110.3	106.8
2015	106.4	107.0	103.9	105.9	108.8	106.7	106.4
2016	106.8	106.8	103.3	106.0	108.1	107.7	106.2
2017	107.3	106.9	104.0	105.9	108.3	107.8	106.3
2018	106.4	106.7	103.5	105.8	108.0	106.7	106.3
2019	106.1	106.0	103.1	104.9	107.2	105.6	105.6
2020	101.7	102.2	103.1	102.5	101.9	99.1	102.0
2021	108.0	108.1	107.1	108.2	108.2	111.3	108.0

1-2 国内生产总值构成
Composition of Gross Domestic Product

(按当年价格计算, Current Price)

年 份 Year	国内生产总值 Gross Domestic Product (%)	第一产业 Primary Industry	第二产业 Secondary Industry	第三产业 Tertiary Industry	#批发与零售业 Wholesale and Retail Trades
1978	100	27.7	47.7	24.6	6.6
1979	100	30.7	47.0	22.3	4.9
1980	100	29.6	48.1	22.3	4.2
1981	100	31.3	46.0	22.7	4.7
1982	100	32.8	44.6	22.6	3.2
1983	100	32.6	44.2	23.2	3.3
1984	100	31.5	42.9	25.5	5.0
1985	100	27.9	42.7	29.4	8.8
1986	100	26.6	43.5	29.8	8.2
1987	100	26.3	43.3	30.4	8.7
1988	100	25.2	43.5	31.2	9.8
1989	100	24.6	42.5	32.9	8.9
1990	100	26.6	41.0	32.4	6.7
1991	100	24.0	41.5	34.5	8.3
1992	100	21.3	43.1	35.6	8.8
1993	100	19.3	46.2	34.5	7.9
1994	100	19.5	46.2	34.4	7.8
1995	100	19.6	46.8	33.7	7.8
1996	100	19.3	47.1	33.6	7.8
1997	100	17.9	47.1	35.0	7.9
1998	100	17.2	45.8	37.0	8.1
1999	100	16.1	45.4	38.6	8.3
2000	100	14.7	45.5	39.8	8.1
2001	100	14.0	44.8	41.2	8.2
2002	100	13.3	44.5	42.2	8.2
2003	100	12.3	45.6	42.0	8.1
2004	100	12.9	45.9	41.2	7.7
2005	100	11.6	47.0	41.3	7.5
2006	100	10.6	47.6	41.8	7.5
2007	100	10.2	46.9	42.9	7.8
2008	100	10.2	47.0	42.9	8.2
2009	100	9.6	46.0	44.4	8.3
2010	100	9.3	46.5	44.2	8.7
2011	100	9.2	46.5	44.3	9.0
2012	100	9.1	45.4	45.5	9.3
2013	100	8.9	44.2	46.9	9.5
2014	100	8.6	43.1	48.3	9.8
2015	100	8.4	40.8	50.8	9.8
2016	100	8.1	39.6	52.4	9.9
2017	100	7.5	39.9	52.7	9.8
2018	100	7.0	39.7	53.3	9.7
2019	100	7.1	38.6	54.3	9.7
2020	100	7.7	37.8	54.5	9.5
2021	100	7.3	39.4	53.3	9.7

1–3 三次产业贡献率

Share of the Contributions of the Three Strata of Industry to the Increase of the GDP

(按不变价格计算, Data in this table are calculated at constant prices)

年 份 Year	国内生产总值 Gross Domestic Product (%)	第一产业 Primary Industry	第二产业 Secondary Industry	第三产业 Tertiary Industry
1990	100	40.2	39.8	20.0
1991	100	6.8	61.1	32.2
1992	100	8.1	63.2	28.7
1993	100	7.6	64.4	28.0
1994	100	6.3	66.3	27.4
1995	100	8.7	62.8	28.5
1996	100	9.3	62.2	28.5
1997	100	6.5	59.0	34.5
1998	100	7.2	59.7	33.0
1999	100	5.6	56.9	37.4
2000	100	4.1	59.6	36.2
2001	100	4.6	46.4	49.0
2002	100	4.1	49.4	46.5
2003	100	3.1	57.9	39.0
2004	100	7.3	51.8	40.8
2005	100	5.2	50.5	44.3
2006	100	4.4	49.7	45.9
2007	100	2.7	50.1	47.3
2008	100	5.2	48.6	46.2
2009	100	4.0	52.3	43.7
2010	100	3.6	57.4	39.0
2011	100	4.1	52.0	43.9
2012	100	5.0	50.0	45.0
2013	100	4.2	48.5	47.2
2014	100	4.5	45.6	49.9
2015	100	4.4	39.7	55.9
2016	100	4.0	36.0	60.0
2017	100	4.6	34.2	61.1
208	100	4.1	34.4	61.5
2019	100	3.9	32.6	63.5
2020	100	10.4	43.3	46.3
2021	100	6.7	38.4	54.9

注：产业贡献率指各产业增加值增量与GDP增量之比。

Note: Share of the three industries refers to the proportion of the increment of every industrial value added to the increment of GDP.

1-4 三大需求对国内生产总值增长的贡献率和拉动

Contribution Share and Contribution of the Three Components of GDP by Expenditure Approach to the Growth of GDP

(按不变价格计算, Data in value terms in this table are calculated at constant prices)

年 份 Year	最终消费支出 Final Consumption Expenditure		资本形成总额 Gross Capital Formation		货物和服务净出口 Net Exports of Goods and Services	
	贡献率 Share (%)	拉动(百分点) Contribution (percentage points)	贡献率 Share (%)	拉动(百分点) Contribution (percentage points)	贡献率 Share (%)	拉动(百分点) Contribution (percentage points)
1978	38.7	4.5	66.7	7.8	-5.4	-0.6
1979	84.0	6.4	19.2	1.5	-3.2	-0.2
1980	78.1	6.1	20.1	1.6	1.8	0.1
1981	89.4	4.6	-1.7	-0.1	12.3	0.6
1982	56.7	5.1	22.6	2.0	20.7	1.9
1983	75.0	8.1	33.0	3.6	-8.0	-0.9
1984	69.3	10.5	41.3	6.3	-10.6	-1.6
1985	71.9	9.7	79.6	10.7	-51.5	-6.9
1986	50.6	4.5	15.2	1.4	34.2	3.1
1987	41.5	4.8	25.9	3.0	32.6	3.8
1988	43.8	4.9	55.3	6.2	0.9	0.1
1989	79.4	3.3			20.6	0.9
1990	89.0	3.5	-69.4	-2.7	80.5	3.2
1991	61.2	5.7	37.2	3.4	1.6	0.2
1992	56.9	8.1	52.3	7.4	-9.2	-1.3
1993	58.5	8.1	54.8	7.6	-13.3	-1.9
1994	35.1	4.6	33.7	4.4	31.2	4.1
1995	46.7	5.1	46.1	5.0	7.2	0.8
1996	62.3	6.2	33.8	3.4	3.8	0.4
1997	42.6	3.9	14.5	1.3	42.9	4.0
1998	65.6	5.1	27.7	2.2	6.7	0.5
1999	88.7	6.8	21.2	1.6	-9.9	-0.8
2000	78.8	6.7	21.7	1.8	-0.5	
2001	50.0	4.2	63.5	5.3	-13.5	-1.1
2002	58.1	5.3	40.0	3.7	1.9	0.2
2003	36.1	3.6	68.8	6.9	-4.9	-0.5
2004	42.9	4.3	62.0	6.3	-4.9	-0.5
2005	56.8	6.5	33.1	3.8	10.1	1.1
2006	43.2	5.5	42.5	5.4	14.3	1.8
2007	47.9	6.8	44.2	6.3	7.8	1.1
2008	44.0	4.2	53.3	5.1	2.7	0.3
2009	57.6	5.4	85.3	8.0	-42.8	-4.0
2010	47.4	5.0	63.4	6.7	-10.8	-1.1
2011	65.7	6.3	41.1	3.9	-6.8	-0.6
2012	55.4	4.4	42.1	3.3	2.5	0.2
2013	50.2	3.9	53.1	4.1	-3.3	-0.3
2014	56.3	4.2	45.0	3.3	-1.3	-0.1
2015	69.0	4.9	22.6	1.6	8.4	0.6
2016	66.0	4.5	45.7	3.1	-11.7	-0.8
2017	55.9	3.9	39.5	2.7	4.7	0.3
2018	64.0	4.3	43.2	2.9	-7.2	-0.5
2019	58.6	3.5	28.9	1.7	12.6	0.7
2020	-6.8	-0.2	81.5	1.8	25.3	0.6
2021	65.4	5.3	13.7	1.1	20.9	1.7

注：1.三大需求指支出法国内生产总值的三大构成项目，即最终消费支出、资本形成总额、货物和服务净出口。
2.贡献率指三大需求增量与支出法国内生产总值增量之比。
3.拉动指国内生产总值增长速度与三大需求贡献率的乘积。

Note: a) Three components of GDP by expenditure approach are final consumption expenditure, gross capital formation and net exports of goods and services.
b) Contribution share of the three components refers to the proportion of the increment of the each component of GDP to the increment of GDP.
c) Contribution of the three components refers to the growth rate of GDP multiplies the constribution share of the three components.

1–5 人口数及构成

Population and Its Composition

单位：万人

Unit: 10 000 persons

年 份 Year	年底人口数 Total Population (year-end)	按性别分 by Sex				按城乡分 by Residence			
		男 Male		女 Female		城 镇 Urban		乡 村 Rural	
		人口数 Population	比重(%) Structure	人口数 Population	比重(%) Structure	人口数 Population	比重(%) Structure	人口数 Population	比重(%) Structure
1978	96259	49567	51.49	46692	48.51	17245	17.92	79014	82.08
1979	97542	50192	51.46	47350	48.54	18495	18.96	79047	81.04
1980	98705	50785	51.45	47920	48.55	19140	19.39	79565	80.61
1981	100072	51519	51.48	48553	48.52	20171	20.16	79901	79.84
1982	101654	52352	51.50	49302	48.50	21480	21.13	80174	78.87
1983	103008	53152	51.60	49856	48.40	22274	21.62	80734	78.38
1984	104357	53848	51.60	50509	48.40	24017	23.01	80340	76.99
1985	105851	54725	51.70	51126	48.30	25094	23.71	80757	76.29
1986	107507	55581	51.70	51926	48.30	26366	24.52	81141	75.48
1987	109300	56290	51.50	53010	48.50	27674	25.32	81626	74.68
1988	111026	57201	51.52	53825	48.48	28661	25.81	82365	74.19
1989	112704	58099	51.55	54605	48.45	29540	26.21	83164	73.79
1990	114333	58904	51.52	55429	48.48	30195	26.41	84138	73.59
1991	115823	59466	51.34	56357	48.66	31203	26.94	84620	73.06
1992	117171	59811	51.05	57360	48.95	32175	27.46	84996	72.54
1993	118517	60472	51.02	58045	48.98	33173	27.99	85344	72.01
1994	119850	61246	51.10	58604	48.90	34169	28.51	85681	71.49
1995	121121	61808	51.03	59313	48.97	35174	29.04	85947	70.96
1996	122389	62200	50.82	60189	49.18	37304	30.48	85085	69.52
1997	123626	63131	51.07	60495	48.93	39449	31.91	84177	68.09
1998	124761	63940	51.25	60821	48.75	41608	33.35	83153	66.65
1999	125786	64692	51.43	61094	48.57	43748	34.78	82038	65.22
2000	126743	65437	51.63	61306	48.37	45906	36.22	80837	63.78
2001	127627	65672	51.46	61955	48.54	48064	37.66	79563	62.34
2002	128453	66115	51.47	62338	48.53	50212	39.09	78241	60.91
2003	129227	66556	51.50	62671	48.50	52376	40.53	76851	59.47
2004	129988	66976	51.52	63012	48.48	54283	41.76	75705	58.24
2005	130756	67375	51.53	63381	48.47	56212	42.99	74544	57.01
2006	131448	67728	51.52	63720	48.48	58288	44.34	73160	55.66
2007	132129	68048	51.50	64081	48.50	60633	45.89	71496	54.11
2008	132802	68357	51.47	64445	48.53	62403	46.99	70399	53.01
2009	133450	68647	51.44	64803	48.56	64512	48.34	68938	51.66
2010	134091	68748	51.27	65343	48.73	66978	49.95	67113	50.05
2011	134916	69161	51.26	65755	48.74	69927	51.83	64989	48.17
2012	135922	69660	51.25	66262	48.75	72175	53.10	63747	46.90
2013	136726	70063	51.24	66663	48.76	74502	54.49	62224	45.51
2014	137646	70522	51.23	67124	48.77	76738	55.75	60908	44.25
2015	138326	70857	51.22	67469	48.78	79302	57.33	59024	42.67
2016	139232	71307	51.21	67925	48.79	81924	58.84	57308	41.16
2017	140011	71650	51.17	68361	48.83	84343	60.24	55668	39.76
2018	140541	71864	51.13	68677	48.87	86433	61.50	54108	38.50
2019	141008	72039	51.09	68969	48.91	88426	62.71	52582	37.29
2020	141212	72357	51.24	68855	48.76	90220	63.89	50992	36.11
2021	141260	72311	51.19	68949	48.81	91425	64.72	49835	35.28

1-6 居民消费价格指数和商品零售价格指数
Consumer Price Indices and Retail Price Indices

(上年价格=100，Preceding Year=100)

年 份 Year	居民消费价格指数 Consumer Price Index	城 市 Urban	农 村 Rural	商品零售价格指数 Retail Price Index
1978	100.7	100.7		100.7
1979	101.9	101.9		102.0
1980	107.5	107.5		106.0
1981	102.5	102.5		102.4
1982	102.0	102.0		101.9
1983	102.0	102.0		101.5
1984	102.7	102.7		102.8
1985	109.3	111.9	107.6	108.8
1986	106.5	107.0	106.1	106.0
1987	107.3	108.8	106.2	107.3
1988	118.8	120.7	117.5	118.5
1989	118.0	116.3	119.3	117.8
1990	103.1	101.3	104.5	102.1
1991	103.4	105.1	102.3	102.9
1992	106.4	108.6	104.7	105.4
1993	114.7	116.1	113.7	113.2
1994	124.1	125.0	123.4	121.7
1995	117.1	116.8	117.5	114.8
1996	108.3	108.8	107.9	106.1
1997	102.8	103.1	102.5	100.8
1998	99.2	99.4	99.0	97.4
1999	98.6	98.7	98.5	97.0
2000	100.4	100.8	99.9	98.5
2001	100.7	100.7	100.8	99.2
2002	99.2	99.0	99.6	98.7
2003	101.2	100.9	101.6	99.9
2004	103.9	103.3	104.8	102.8
2005	101.8	101.6	102.2	100.8
2006	101.5	101.5	101.5	101.0
2007	104.8	104.5	105.4	103.8
2008	105.9	105.6	106.5	105.9
2009	99.3	99.1	99.7	98.8
2010	103.3	103.2	103.6	103.1
2011	105.4	105.3	105.8	104.9
2012	102.6	102.7	102.5	102.0
2013	102.6	102.6	102.8	101.4
2014	102.0	102.1	101.8	101.0
2015	101.4	101.5	101.3	100.1
2016	102.0	102.1	101.9	100.7
2017	101.6	101.7	101.3	101.1
2018	102.1	102.1	102.1	101.9
2019	102.9	102.8	103.2	102.0
2020	102.5	102.3	103.0	101.4
2021	100.9	101.0	100.7	101.6

1-7 居民人均可支配收入与消费支出
Per Capita Disposable Income and Consumption Expenditure of Households

单位：元
unit：yuan

项　　目	Item	2019年	2020年	2021年
全国居民人均可支配收入	**Per Capita Disposable Income Nationalwide**	**30732.8**	**32188.8**	**35128.1**
工资性收入	Income of Wages and Salaries	17186.2	17917.4	19629.4
经营净收入	Net Business Income	5247.3	5306.8	5892.7
财产净收入	Income from Properties	2619.1	2791.5	3075.5
转移性收入	Income from Transfer	5680.3	6173.2	6530.5
全国居民人均消费支出	**Per Capita Consumption Expenditure Nationalwide**	**21558.9**	**21209.9**	**24100.1**
#服务性消费	Per Capita Consumption Expenditure On Services	9886.0	9037.3	10644.5
食品烟酒	Food,Tobacco and Liquor	6084.2	6397.3	7178.1
衣着	Clothing	1338.1	1238.4	1418.7
居住	Residence	5054.8	5215.3	5641.1
生活用品及服务	Household Facilities, Articles and Services	1280.9	1259.5	1423.2
交通通信	Transport and Communications	2861.6	2761.8	3155.6
教育文化娱乐	Education, Culture and Recreation	2513.1	2032.2	2598.9
医疗保健	Health Care and Medical Services	1902.3	1843.1	2115.2
其他用品及服务	Miscellaneous Goods and Services	524.0	462.2	569.4

1-8 城镇居民人均可支配收入与消费支出
Per Capita Disposable Income and Consumption Expenditure of Urban Households

单位：元
unit：yuan

项　　目	Item	2019年	2020年	2021年
人均可支配收入	**Per Capita Disposable Income**	**42358.8**	**43833.8**	**47411.9**
工资性收入	Income of Wages and Salaries	25564.8	26380.7	28480.8
经营净收入	Net Business Income	4840.4	4710.8	5381.9
财产净收入	Income from Properties	4390.6	4626.5	5052.0
转移性收入	Income from Transfer	7563.0	8115.8	8497.3
人均消费支出	**Per Capita Consumption Expenditure**	**28063.4**	**27007.4**	**30307.2**
#服务性消费	Per Capita Consumption Expenditure On Services	13517.7	12012.8	14058.5
食品烟酒	Food,Tobacco and Liquor	7732.6	7880.5	8678.1
衣着	Clothing	1831.9	1644.8	1842.8
居住	Residence	6780.2	6957.7	7405.3
生活用品及服务	Household Facilities, Articles and Services	1689.3	1640.0	1819.6
交通通信	Transport and Communications	3671.3	3474.3	3932.0
教育文化娱乐	Education, Culture and Recreation	3328.0	2591.7	3322.0
医疗保健	Health Care and Medical Services	2282.7	2172.2	2521.3
其他用品及服务	Miscellaneous Goods and Services	747.2	646.2	786.1

1–9 农村居民人均可支配收入与消费支出
Per Capita Disposable Income and Consumption Expenditure of Rural Households

单位：元
unit：yuan

项　目	Item	2019年	2020年	2021年
人均可支配收入	**Per Capita Disposable Income**	**16020.7**	**17131.5**	**18930.9**
工资性收入	Income of Wages and Salaries	6583.5	6973.9	7958.1
经营净收入	Net Business Income	5762.2	6077.4	6566.2
财产净收入	Net Income from Property	377.3	418.8	469.4
转移净收入	Net Income from Transfers	3297.8	3661.3	3937.2
人均消费支出	**Per Capita Consumption Expenditure**	**13327.7**	**13713.4**	**15915.6**
#服务性消费	Per Capita Consumption Expenditure On Services	5290.2	5189.9	6142.9
食品烟酒	Food, Tobacco and Liquor	3998.2	4479.4	5200.2
衣着	Clothing	713.3	712.8	959.5
居住	Residence	2871.3	2962.4	3314.7
生活用品及服务	Household Facilities, Articles and Services	763.9	767.5	900.5
交通通信	Transport and Communications	1836.8	1840.6	2131.8
教育文化娱乐	Education, Culture and Recreation	1481.8	1308.7	1645.5
医疗保健	Health Care and Medical Services	1420.8	1417.5	1579.6
其他用品及服务	Miscellaneous Goods and Services	241.5	224.4	283.8

消费品市场

CONSUMER GOODS MARKET

第2篇

2-1 历年社会消费品零售总额
Total Retail Sales of Consumer Goods

年 份 Year	社会消费品零售总额(亿元) Total Retail Sales of Consumer Goods (100 million yuan)	比上年增长(%) Increase Over the Previous Year (%)
1952	276.8	
1963	604.5	0.1
1964	638.2	5.6
1965	670.3	5.0
1966	732.8	9.3
1967	770.5	5.1
1968	737.3	-4.3
1969	801.5	8.7
1970	858.0	7.0
1971	929.2	8.3
1972	1023.3	10.1
1973	1106.7	8.2
1974	1163.6	5.1
1975	1271.1	9.2
1976	1339.4	5.4
1977	1432.8	7.0
1978	1558.6	8.8
1979	1800.0	15.5
1980	2140.0	18.9
1981	2350.0	9.8
1982	2570.0	9.4
1983	2849.4	10.9
1984	3376.4	18.5
1985	4305.0	27.5
1986	4950.0	15.0
1987	5820.0	17.6
1988	7440.0	27.8
1989	8101.4	8.9
1990	8300.1	2.5
1991	9415.6	13.4
1992	10993.7	16.8
1993	14240.1	29.5
1994	18544.0	30.2
1995	23463.9	26.5
1996	28120.4	19.8
1997	30922.9	10.0
1998	32955.6	6.6
1999	35122.0	6.6
2000	38447.1	9.5
2001	42240.4	9.9
2002	47124.6	11.6
2003	51303.9	8.9
2004	58004.1	13.1
2005	66491.7	14.6
2006	76827.2	15.5
2007	90638.4	18.0
2008	110994.6	22.5
2009	128331.3	15.6
2010	152083.1	18.5
2011	179803.8	18.2
2012	205517.3	14.3
2013	232252.6	13.0
2014	259487.3	11.7
2015	286587.8	10.4
2016	315806.2	10.2
2017	347326.7	10.0
2018	377783.1	8.8
2019	408017.2	8.0
2020	391980.6	-3.9
2021	440823.2	12.5

注：根据第四次全国经济普查结果及有关制度规定对1993—2019年社会消费品零售总额数据进行修订。

Note: The Retail Sales of Consumer Goods in 1993-2019 were revised according to the result of the Fourth Economic Census and the revelant regulations.

2-2 历年社会消费品零售总额构成

Composition of Total Retail Sales of Consumer Goods

年 份 Year	社会消费品零售总额(亿元) Total Retail Sales of Consumer Goods (100 million yuan)	城镇 City	乡村 Village	比上年增长(%) Increase Over the Previous Year (%)	城镇 City	乡村 Village
1993	14240.1	10734.4	3505.8	29.5	28.9	31.4
1994	18544.0	13906.5	4637.5	30.2	29.6	32.3
1995	23463.9	18554.4	4909.5	26.5	33.4	5.9
1996	28120.4	22498.5	5621.8	19.8	21.3	14.5
1997	30922.9	25143.5	5779.4	10.0	11.8	2.8
1998	32955.6	27161.0	5794.6	6.6	8.0	0.3
1999	35122.0	29313.7	5808.2	6.6	7.9	0.2
2000	38447.1	32203.2	6243.8	9.5	9.9	7.5
2001	42240.4	35596.3	6644.2	9.9	10.5	6.4
2002	47124.6	40061.8	7062.8	11.6	12.5	6.3
2003	51303.9	43858.5	7445.4	8.9	9.5	5.4
2004	58004.1	49826.8	8177.3	13.1	13.6	9.8
2005	66491.7	57337.1	9154.6	14.6	15.1	12.0
2006	76827.2	66433.5	10393.6	15.5	15.9	13.5
2007	90638.4	78615.1	12023.3	18.0	18.3	15.7
2008	110994.6	96599.6	14394.9	22.5	22.9	19.7
2009	128331.3	111774.7	16556.7	15.6	15.7	15.0
2010	152083.1	132916.5	19166.6	18.5	18.9	15.8
2011	179803.8	156812.2	22991.7	18.2	18.0	20.0
2012	205517.3	179875.4	25641.9	14.3	14.7	11.5
2013	232252.6	202804.0	29448.6	13.0	12.7	14.8
2014	259487.3	226380.0	33107.3	11.7	11.6	12.4
2015	286587.8	249132.6	37455.2	10.4	10.0	13.1
2016	315806.2	274461.9	41344.2	10.2	10.2	10.4
2017	347326.7	301297.7	46029.0	10.0	9.8	11.3
2018	377783.1	327258.8	50524.3	8.8	8.6	9.8
2019	408017.2	353407.9	54609.3	8.0	8.0	8.1
2020	391980.6	339118.9	52861.7	-3.9	-4.0	-3.2
2021	440823.2	381558.4	59264.8	12.5	12.5	12.1

2-3 各地区社会消费品零售总额

Total Retail Sales of Consumer Goods by Region

单位：亿元

Unit: 100 million yuan

地 区	Region	2020		2021	
		社会消费品零售总额 (亿元) Total Retail Sales of Consumer Goods	比上年增长 (%) Increase Over the Previous Year	社会消费品零售总额 (亿元) Total Retail Sales of Consumer Goods	比上年增长 (%) Increase Over the Previous Year
北 京	Beijing	13716.4	-8.9	14867.7	8.4
天 津	Tianjin	3582.9	-15.1	3769.8	5.2
河 北	Hebei	12705.0	-2.2	13509.9	6.3
山 西	Shanxi	6746.3	-4.0	7747.3	14.8
内蒙古	Inner Mongolia	4760.5	-5.8	5060.3	6.3
辽 宁	Liaoning	8960.9	-7.3	9783.9	9.2
吉 林	Jilin	3824.0	-9.2	4216.6	10.3
黑龙江	Heilongjiang	5092.3	-9.1	5542.9	8.8
上 海	Shanghai	15932.5	0.5	18079.3	13.5
江 苏	Jiangsu	37086.1	-1.6	42702.6	15.1
浙 江	Zhejiang	26629.8	-2.6	29210.5	9.7
安 徽	Anhui	18334.0	2.6	21471.2	17.1
福 建	Fujian	18626.5	-1.4	20373.1	9.4
江 西	Jiangxi	10371.8	3.0	12206.7	17.7
山 东	Shandong	29248.0		33714.5	15.3
河 南	Henan	22502.8	-4.1	24381.7	8.3
湖 北	Hubei	17984.9	-20.8	21561.4	19.9
湖 南	Hunan	16258.1	-2.6	18596.9	14.4
广 东	Guangdong	40207.9	-6.4	44187.7	9.9
广 西	Guangxi	7831.0	-4.5	8538.5	9.0
海 南	Hainan	1974.6	1.2	2497.6	26.5
重 庆	Chongqing	11787.2	1.3	13967.7	18.5
四 川	Sichuan	20824.9	-2.4	24133.2	15.9
贵 州	Guizhou	7833.4	4.9	8904.3	13.7
云 南	Yunnan	9792.9	-3.6	10731.8	9.6
西 藏	Tibet	745.8	-3.6	810.3	8.7
陕 西	Shaanxi	9605.9	-5.9	10250.5	6.7
甘 肃	Gansu	3632.4	-1.8	4037.1	11.1
青 海	Qinghai	877.3	-7.5	947.8	8.0
宁 夏	Ningxia	1301.4	-7.0	1335.1	2.6
新 疆	Xinjiang	3062.5	-15.3	3584.6	17.0

2–4 各地区社会消费品零售总额构成

Composition of Total Retail Sales of Consumer Goods by Region

单位：亿元

Unit: 100 million yuan

地 区	Region	社会消费品零售总额 Total Retail Sales of Consumer Goods	城镇 City	城区 Urban	镇区 Town	乡村 Village
全 国	**National Total**	**440823.2**	**381558.4**	**273248.0**	**108310.4**	**59264.8**
北 京	Beijing	14867.7	14163.9	12008.8	2155.0	703.9
天 津	Tianjin	3769.8	3633.3	2978.0	655.3	136.5
河 北	Hebei	13509.9	11481.1	5809.4	5671.7	2028.7
山 西	Shanxi	7747.3	6376.8	4437.9	1938.9	1370.5
内蒙古	Inner Mongolia	5060.3	4471.3	3114.0	1357.3	589.0
辽 宁	Liaoning	9783.9	8317.0	6162.5	2154.5	1466.9
吉 林	Jilin	4216.6	3761.6	2536.1	1225.5	455.1
黑龙江	Heilongjiang	5542.9	4853.7	3465.2	1388.5	689.1
上 海	Shanghai	18079.3	17727.5	16785.0	942.5	351.7
江 苏	Jiangsu	42702.6	37850.2	26703.6	11146.7	4852.4
浙 江	Zhejiang	29210.5	24832.6	18325.7	6506.9	4377.9
安 徽	Anhui	21471.2	17721.8	11271.2	6450.6	3749.3
福 建	Fujian	20373.1	17667.6	12465.5	5202.0	2705.6
江 西	Jiangxi	12206.7	10272.7	6021.9	4250.8	1934.0
山 东	Shandong	33714.5	28081.0	19688.5	8392.4	5633.6
河 南	Henan	24381.7	20189.8	12416.3	7773.5	4191.9
湖 北	Hubei	21561.4	18522.0	12799.6	5722.4	3039.4
湖 南	Hunan	18596.9	16082.3	11214.4	4867.9	2514.6
广 东	Guangdong	44187.7	38923.7	32509.0	6414.7	5264.0
广 西	Guangxi	8538.5	7371.2	5119.5	2251.7	1167.3
海 南	Hainan	2497.6	2087.7	1609.3	478.4	409.9
重 庆	Chongqing	13967.7	11987.2	8546.0	3441.2	1980.5
四 川	Sichuan	24133.2	19936.2	13280.4	6655.8	4197.0
贵 州	Guizhou	8904.3	7782.2	5308.6	2473.6	1122.1
云 南	Yunnan	10731.8	9345.3	6135.9	3209.4	1386.4
西 藏	Tibet	810.3	668.2	462.5	205.7	142.1
陕 西	Shaanxi	10250.5	8997.8	6349.2	2648.5	1252.7
甘 肃	Gansu	4037.1	3309.2	2366.4	942.8	727.9
青 海	Qinghai	947.8	771.9	494.7	277.2	175.9
宁 夏	Ningxia	1335.1	1181.5	820.1	361.4	153.6
新 疆	Xinjiang	3584.6	3093.4	2038.8	1054.6	491.2

2–5 分地区网上零售额(2021年)
Online Retail Sales by Region (2021)

地 区	Region	网上零售额(亿元) Online Retail Sales (100 million yuan)	增 长 (%) Growth Rate (%)	其中：实物商品网上零售额(亿元) Online Retail Sales in Goods (100 million yuan)	增 长 (%) Growth Rate (%)
全 国	**National Total**	**130883.5**	**14.1**	**108042.4**	**12.0**
北 京	Beijing	11881.1	25.1	8712.4	14.8
天 津	Tianjin	1732.0	4.8	1379.4	-2.7
河 北	Hebei	3181.8	24.2	2877.2	22.0
山 西	Shanxi	871.2	24.9	566.4	24.2
内蒙古	Inner Mongolia	525.1	30.7	303.6	18.3
辽 宁	Liaoning	1654.1	12.4	1361.1	7.5
吉 林	Jilin	596.3	23.9	367.4	22.5
黑龙江	Heilongjiang	714.5	30.0	484.3	20.4
上 海	Shanghai	13783.6	13.3	11762.2	10.4
江 苏	Jiangsu	10870.8	6.3	9527.0	5.2
浙 江	Zhejiang	17634.6	2.3	14384.9	4.1
安 徽	Anhui	3049.8	15.9	2571.3	11.8
福 建	Fujian	6857.2	23.7	6279.8	25.5
江 西	Jiangxi	2163.9	25.5	1878.4	26.9
山 东	Shandong	5409.1	17.8	4763.3	16.5
河 南	Henan	2948.2	12.5	2426.4	10.1
湖 北	Hubei	3415.9	27.3	2896.8	24.3
湖 南	Hunan	2164.3	12.5	1755.2	12.1
广 东	Guangdong	28467.2	11.4	24563.0	10.4
广 西	Guangxi	1023.6	17.7	675.7	16.6
海 南	Hainan	626.5	44.2	375.3	54.3
重 庆	Chongqing	1353.2	23.0	963.3	18.2
四 川	Sichuan	3889.1	14.3	3094.9	11.6
贵 州	Guizhou	570.5	22.6	338.3	11.8
云 南	Yunnan	1006.1	15.5	721.7	20.8
西 藏	Tibet	189.7	61.1	80.1	78.7
陕 西	Shaanxi	1561.9	33.8	1202.4	30.2
甘 肃	Gansu	405.1	32.9	191.7	26.4
青 海	Qinghai	183.6	59.4	60.8	62.8
宁 夏	Ningxia	302.8	46.0	83.5	30.4
新 疆	Xinjiang	427.2	41.3	283.0	35.3
不分地区	Not Classified by Region	1423.2		1111.6	

2-6 亿元以上商品交易市场基本情况

Basic Statistics on Commodity Exchange Markets of Transaction Value over 100 Million Yuan

市　　场	Market	市场数量(个) Number of Markets (unit)	摊位数(个) Number of Booths (unit)	营业面积(万平方米) Operational Area (10000 sq.m)	成交额(亿元) Turnover (100 million yuan)
总　　计	**Total**	**3753**	**2794347**	**29134.6**	**115462.2**
综合市场	**Integrated Markets**	**1130**	**1023722**	**8672.5**	**26807.9**
生产资料综合市场	Production Comprehensive Markets	37	54833	1116.9	1469.6
工业消费品综合市场	Industrial Consumable Comprehensive Markets	178	324368	2514.2	6738.6
农产品综合市场	Farm Produce Comprehensive Markets	624	352793	2701.0	14002.6
其他综合市场	Other Comprehensive Markets	291	291728	2340.4	4597.0
专业市场	**Special Markets**	**2623**	**1770625**	**20462.1**	**88654.3**
生产资料市场	Production Markets	458	236456	4829.9	33236.0
农业生产用具市场	Agricultural Production Equipment Markets	8	3635	83.2	170.5
农用生产资料市场	Agricultural Production Markets	13	2208	35.1	46.6
煤炭市场	Coal and Charcoal Markets				
木材市场	Wood Markets	27	8819	242.0	252.2
建材市场	Building Material Markets	171	99900	1952.8	1971.1
化工材料及制品市场	Chemical Materials and Products Markets	19	15305	177.8	4452.5
金属材料市场	Metal Materials Markets	153	66992	1897.6	23164.7
机械设备市场	Mechanical Equipments Markets	38	22731	259.5	734.7
其他生产资料市场	Others	29	16866	182.0	2443.6
农产品市场	Farm Produce Markets	758	447003	4323.1	21051.4
粮油市场	Grain and Oil Markets	80	20387	319.0	2392.7
肉禽蛋市场	Meat, Poultry and Eggs Markets	92	39571	379.9	1998.6
水产品市场	Aquatic Products Markets	126	59011	461.4	3736.2
蔬菜市场	Vegetables Markets	207	150729	1516.7	3855.8
干鲜果品市场	Dried and Fresh Melons and Fruits Markets	101	70934	751.0	5074.9
棉麻土畜、烟叶市场	Cotton, Local & Livestock Products, and Tobacco Markets	9	16425	117.6	512.8
其他农产品市场	Others	143	89946	777.5	3480.3
食品、饮料及烟酒市场	Food, Beverages, Tobacco and Liquor Markets	90	43038	339.3	1133.1
食品饮料市场	Food and Beverages Markets	25	12430	68.7	230.0
茶叶市场	Tea Markets	27	11408	129.5	345.8
烟酒市场	Tobacco and Liquor Markets	5	1321	15.2	49.8
其他食品饮料及烟酒市场	Others	33	17879	125.9	507.4
纺织、服装、鞋帽市场	Textiles, Clothing, Shoes and Hats Markets	364	503069	3645.1	16210.6
布料及纺织品市场	Cloth and Textiles Markets	50	91628	1078.6	8347.3
服装市场	Clothing Markets	244	334670	2034.6	6358.0
鞋帽市场	Shoes and Hats Markets	27	17669	110.5	258.1
其他纺织服装鞋帽市场	Others	43	59102	421.4	1247.1
日用品及文化用品市场	Daily Use Articles and Cultural Goods Markets	65	51270	348.2	984.7
小商品市场	Merchandise Markets	27	22115	123.4	395.7
箱包市场	Luggage Markets	5	10007	74.6	233.1

市　　场	Market	市场数量（个）Number of Markets (unit)	摊位数（个）Number of Booths (unit)	营业面积（万平方米）Operational Area (10000 sq.m)	成交额（亿元）Turnover (100 million yuan)
玩具市场	Toys Markets	3	1627	32.3	25.8
文具市场	Stationary Markets	2	537	7.3	6.5
图书、报刊杂志市场	Books, Newspapers and Magazines Markets	5	819	6.8	35.5
音像制品及电子出版物市场	Video Products and E-journal Markets	1	111	0.7	4.6
体育用品市场	Sports Markets	1	176	1.3	1.0
其他日用品及文化用品市场	Others	21	15878	102.0	282.3
黄金、珠宝、玉器等首饰市场	Gold, Jeweller, Jade Markets	19	18591	191.1	862.4
电器、通讯器材、电子设备市场	Electrical Appliances, Communication Appliances and Electronical Appliances Markets	84	35015	271.4	654.6
家电市场	Household Appliances Markets	20	7996	134.6	116.8
通讯器材市场	Communication Appliances Markets	14	6800	24.8	56.9
照相、摄像器材市场	Cameras and Video Equipments Markets	3	499	3.3	6.7
计算机及辅助设备市场	Computer and Auxillary Equipments Markets	43	17251	98.7	443.9
其他电器、通讯器材、电子设备市场	Others	4	2469	9.9	30.3
医药、医疗用品及器材市场	Medicine, Medical Materials and Medical Instruments Markets	25	51363	335.8	1973.0
中药材市场	Chinese Medicine Markets	24	50818	331.3	1916.2
其他医药、医疗用品及器材市场	Others	1	545	4.5	56.8
家具、五金及装饰材料市场	Furniture, Hardware and Decoration Materials Markets	468	263599	4356.9	4644.8
家具市场	Furniture Markets	149	74117	1617.0	1416.9
装饰材料市场	Decoration Materials Markets	174	86541	1408.7	1466.7
灯具市场	Lamps Markets	10	5747	92.6	178.8
厨具、盥洗设备市场	Kitchen Utensils, Washing Equipments Markets	3	1035	3.6	8.3
五金材料市场	Hardware Materials Markets	66	53794	626.7	1087.8
其他装修市场	Others	66	42365	608.2	486.3
汽车、摩托车及零配件市场	Cars, Motorcycles and Spare Parts Markets	230	71285	1272.2	6173.3
汽车市场	Cars Markets	169	43879	973.0	5376.3
摩托车市场	Motocycles Markets	5	2491	20.8	28.3
机动车零配件市场	Vehicle Spare Parts Markts	56	24915	278.3	768.8
花、鸟、鱼、虫市场	Flower, Bird, Fish and Insects Markets	19	21758	206.2	770.0
花卉市场	Flower Markets	16	21034	201.2	754.5
鸟市场	Bird Markets				
观赏鱼市场	Fish Markets				
其他花鸟鱼虫市场	Others	3	724	5.1	15.6
旧货市场	Second Hand Markets	7	2506	29.4	67.1
古玩、古董、字画市场	Antiques,Calligraphy and Painting Markets	1	385	1.3	1.2
邮票、硬币市场	Stamps and Coins Markets				
其他旧货市场	Others	6	2121	28.1	65.9
其他专业市场	Others	36	25672	313.5	893.3

2–7 按营业状态分亿元以上商品交易市场基本情况

Basic Statistics on Commodity Exchange Markets of Transaction Value over 100 Million Yuan by Operating Status

#常年营业

Perennial Open

市场	Market	市场数量(个) Number of Markets (unit)	摊位数(个) Number of Booths (unit)	营业面积(万平方米) Operational Area (10000 sq.m)	成交额(亿元) Turnover (100 million yuan)
总计	**Total**	**3706**	**2778120**	**28788.0**	**114870.5**
1.综合市场	**Integrated Markets**	**1125**	**1020773**	**8661.3**	**26797.2**
生产资料综合市场	Production Comprehensive Markets	37	54833	1116.9	1469.6
工业消费品综合市场	Industrial Consumable Comprehensive Markets	178	324368	2514.2	6738.6
农产品综合市场	Farm Produce Comprehensive Markets	621	350724	2697.1	13998.9
其他综合市场	Other Comprehensive Markets	289	290848	2333.2	4590.1
2.专业市场	**Special Markets**	**2581**	**1757347**	**20126.7**	**88073.3**
生产资料市场	Production Markets	455	236051	4821.9	33224.1
农业生产用具市场	Agricultural Production Equipment Markets	8	3635	83.2	170.5
农用生产资料市场	Agricultural Production Markets	13	2208	35.1	46.6
煤炭市场	Coal and Charcoal Markets				
木材市场	Wood Markets	26	8667	238.2	242.8
建材市场	Building Material Markets	169	99647	1948.6	1968.6
化工材料及制品市场	Chemical Materials and Products Markets	19	15305	177.8	4452.5
金属材料市场	Metal Materials Markets	153	66992	1897.6	23164.7
机械设备市场	Mechanical Equipments Markets	38	22731	259.5	734.7
其他生产资料市场	Others	29	16866	182.0	2443.6
农产品市场	Farm Produce Markets	727	436527	4022.2	20593.2
粮油市场	Grain and Oil Markets	79	20372	305.7	2390.4
肉禽蛋市场	Meat, Poultry and Eggs Markets	92	39571	379.9	1998.6
水产品市场	Aquatic Products Markets	123	58641	460.0	3729.1
蔬菜市场	Vegetables Markets	188	144642	1304.6	3471.0
干鲜果品市场	Dried and Fresh Melons and Fruits Markets	94	67085	684.4	5018.4
棉麻土畜、烟叶市场	Cotton, Local & Livestock Products, and Tobacco Markets	9	16425	117.6	512.8
其他农产品市场	Others	142	89791	770.0	3473.0
食品、饮料及烟酒市场	Food, Beverages, Tobacco and Liquor Markets	87	42275	330.7	1060.7
食品饮料市场	Food and Beverages Markets	23	11979	67.1	223.3
茶叶市场	Tea Markets	26	11096	122.6	280.1
烟酒市场	Tobacco and Liquor Markets	5	1321	15.2	49.8
其他食品饮料及烟酒市场	Others	33	17879	125.9	507.4
纺织、服装、鞋帽市场	Textiles, Clothing, Shoes and Hats Markets	362	502361	3628.7	16182.2
布料及纺织品市场	Cloth and Textiles Markets	50	91628	1078.6	8347.3
服装市场	Clothing Markets	242	333962	2018.2	6329.6
鞋帽市场	Shoes and Hats Markets	27	17669	110.5	258.1
其他纺织服装鞋帽市场	Others	43	59102	421.4	1247.1
日用品及文化用品市场	Daily Use Articles and Cultural Goods Markets	65	51270	348.2	984.7
小商品市场	Merchandise Markets	27	22115	123.4	395.7
箱包市场	Luggage Markets	5	10007	74.6	233.1

#常年营业

Perennial Open

市 场	Market	市场数量(个) Number of Markets (unit)	摊位数(个) Number of Booths (unit)	营业面积(万平方米) Operational Area (10000 sq.m)	成交额(亿元) Turnover (100 million yuan)
玩具市场	Toys Markets	3	1627	32.3	25.8
文具市场	Stationary Markets	2	537	7.3	6.5
图书、报刊杂志市场	Books, Newspapers and Magazines Markets	5	819	6.8	35.5
音像制品及电子出版物市场	Video Products and E-journal Markets	1	111	0.7	4.6
体育用品市场	Sports Markets	1	176	1.3	1.0
其他日用品及文化用品市场	Others	21	15878	102.0	282.3
黄金、珠宝、玉器等首饰市场	Gold, Jeweller, Jade Markets	19	18591	191.1	862.4
电器、通讯器材、电子设备市场	Electrical Appliances, Communication Appliances and Electronical Appliances Markets	84	35015	271.4	654.6
家电市场	Household Appliances Markets	20	7996	134.6	116.8
通讯器材市场	Communication Appliances Markets	14	6800	24.8	56.9
照相、摄像器材市场	Cameras and Video Equipments Markets	3	499	3.3	6.7
计算机及辅助设备市场	Computer and Auxillary Equipments Markets	43	17251	98.7	443.9
其他电器、通讯器材、电子设备市场	Others	4	2469	9.9	30.3
医药、医疗用品及器材市场	Medicine, Medical Materials and Medical Instruments Markets	24	51335	335.7	1971.9
中药材市场	Chinese Medicine Markets	23	50790	331.2	1915.1
其他医药、医疗用品及器材市场	Others	1	545	4.5	56.8
家具、五金及装饰材料市场	Furniture, Hardware and Decoration Materials Markets	466	262701	4355.5	4635.7
家具市场	Furniture Markets	149	74117	1617.0	1416.9
装饰材料市场	Decoration Materials Markets	173	86194	1408.3	1462.8
灯具市场	Lamps Markets	10	5747	92.6	178.8
厨具、盥洗设备市场	Kitchen Utensils, Washing Equipments Markets	3	1035	3.6	8.3
五金材料市场	Hardware Materials Markets	65	53243	625.7	1082.7
其他装修市场	Others	66	42365	608.2	486.3
汽车、摩托车及零配件市场	Cars, Motorcycles and Spare Parts Markets	230	71285	1272.2	6173.3
汽车市场	Cars Markets	169	43879	973.0	5376.3
摩托车市场	Motocycles Markets	5	2491	20.8	28.3
机动车零配件市场	Vehicle Spare Parts Markts	56	24915	278.3	768.8
花、鸟、鱼、虫市场	Flower, Bird, Fish and Insects Markets	19	21758	206.2	770.0
花卉市场	Flower Markets	16	21034	201.2	754.5
鸟市场	Bird Markets				
观赏鱼市场	Fish Markets				
其他花鸟鱼虫市场	Others	3	724	5.1	15.6
旧货市场	Second Hand Markets	7	2506	29.4	67.1
古玩、古董、字画市场	Antiques,Calligraphy and Painting Markets	1	385	1.3	1.2
邮票、硬币市场	Stamps and Coins Markets				
其他旧货市场	Others	6	2121	28.1	65.9
其他专业市场	Others	36	25672	313.5	893.3

#季节性营业

Seasonal Open

市 场	Market	市场数量(个) Number of Markets (unit)	摊位数(个) Number of Booths (unit)	营业面积(万平方米) Operational Area (10000 sq.m)	成交额(亿元) Turnover (100 million yuan)
总 计	**Total**	**44**	**15002**	**339.8**	**573.7**
1.综合市场	**Integrated Markets**	**4**	**2215**	**9.2**	**5.7**
生产资料综合市场	Production Comprehensive Markets				
工业消费品综合市场	Industrial Consumable Comprehensive Markets				
农产品综合市场	Farm Produce Comprehensive Markets	3	2069	4.0	3.7
其他综合市场	Other Comprehensive Markets	1	146	5.3	2.0
2.专业市场	**Special Markets**	**40**	**12787**	**330.5**	**568.0**
生产资料市场	Production Markets	2	253	4.1	2.5
农业生产用具市场	Agricultural Production Equipment Markets				
农用生产资料市场	Agricultural Production Markets				
煤炭市场	Coal and Charcoal Markets				
木材市场	Wood Markets				
建材市场	Building Material Markets	2	253	4.1	2.5
化工材料及制品市场	Chemical Materials and Products Markets				
金属材料市场	Metal Materials Markets				
机械设备市场	Mechanical Equipments Markets				
其他生产资料市场	Others				
农产品市场	Farm Produce Markets	31	10476	300.9	458.2
粮油市场	Grain and Oil Markets	1	15	13.3	2.4
肉禽蛋市场	Meat, Poultry and Eggs Markets				
水产品市场	Aquatic Products Markets	3	370	1.4	7.1
蔬菜市场	Vegetables Markets	19	6087	212.1	384.8
干鲜果品市场	Dried and Fresh Melons and Fruits Markets	7	3849	66.6	56.6
棉麻土畜、烟叶市场	Cotton, Local & Livestock Products, and Tobacco Markets				
其他农产品市场	Others	1	155	7.5	7.3
食品、饮料及烟酒市场	Food, Beverages, Tobacco and Liquor Markets	2	424	7.5	68.6
食品饮料市场	Food and Beverages Markets	1	112	0.6	3.0
茶叶市场	Tea Markets	1	312	6.9	65.7
烟酒市场	Tobacco and Liquor Markets				
其他食品饮料及烟酒市场	Others				
纺织、服装、鞋帽市场	Textiles, Clothing, Shoes and Hats Markets	2	708	16.4	28.5
布料及纺织品市场	Cloth and Textiles Markets				
服装市场	Clothing Markets	2	708	16.4	28.5
鞋帽市场	Shoes and Hats Markets				
其他纺织服装鞋帽市场	Others				
日用品及文化用品市场	Daily Use Articles and Cultural Goods Markets				
小商品市场	Merchandise Markets				
箱包市场	Luggage Markets				

2–7 续表 3 Continued 3

#季节性营业

Seasonal Open

市　场	Market	市场数量（个）Number of Markets (unit)	摊位数（个）Number of Booths (unit)	营业面积（万平方米）Operational Area (10000 sq.m)	成交额（亿元）Turnover (100 million yuan)
玩具市场	Toys Markets				
文具市场	Stationary Markets				
图书、报刊杂志市场	Books, Newspapers and Magazines Markets				
音像制品及电子出版物市场	Video Products and E-journal Markets				
体育用品市场	Sports Markets				
其他日用品及文化用品市场	Others				
黄金、珠宝、玉器等首饰市场	Gold, Jeweller, Jade Markets				
电器、通讯器材、电子设备市场	Electrical Appliances, Communication Appliances and Electronical Appliances Markets				
家电市场	Household Appliances Markets				
通讯器材市场	Communication Appliances Markets				
照相、摄像器材市场	Cameras and Video Equipments Markets				
计算机及辅助设备市场	Computer and Auxillary Equipments Markets				
其他电器、通讯器材、电子设备市场	Others				
医药、医疗用品及器材市场	Medicine, Medical Materials and Medical Instruments Markets	1	28	0.2	1.1
中药材市场	Chinese Medicine Markets	1	28	0.2	1.1
其他医药、医疗用品及器材市场	Others				
家具、五金及装饰材料市场	Furniture, Hardware and Decoration Materials Markets	2	898	1.4	9.1
家具市场	Furniture Markets				
装饰材料市场	Decoration Materials Markets	1	347	0.4	3.9
灯具市场	Lamps Markets				
厨具、盥洗设备市场	Kitchen Utensils, Washing Equipments Markets				
五金材料市场	Hardware Materials Markets	1	551	1.0	5.2
其他装修市场	Others				
汽车、摩托车及零配件市场	Cars, Motorcycles and Spare Parts Markets				
汽车市场	Cars Markets				
摩托车市场	Motocycles Markets				
机动车零配件市场	Vehicle Spare Parts Markts				
花、鸟、鱼、虫市场	Flower, Bird, Fish and Insects Markets				
花卉市场	Flower Markets				
鸟市场	Bird Markets				
观赏鱼市场	Fish Markets				
其他花鸟鱼虫市场	Others				
旧货市场	Second Hand Markets				
古玩、古董、字画市场	Antiques,Calligraphy and Painting Markets				
邮票、硬币市场	Stamps and Coins Markets				
其他旧货市场	Others				
其他专业市场	Others				

2-8 按经营方式分亿元以上商品交易市场基本情况

Basic Statistics on Commodity Exchange Markets of Transaction Value over 100 Million Yuan by Operating Mode

批发为主

Wholesale

市场	Market	市场数量(个) Number of Markets (unit)	摊位数(个) Number of Booths (unit)	营业面积(万平方米) Operational Area (10000 sq.m)	成交额(亿元) Turnover (100 million yuan)
总计	**Total**	**2206**	**2069300**	**23084.7**	**103547.7**
1.综合市场	**Integrated Markets**	**496**	**690003**	**6960.9**	**23663.7**
生产资料综合市场	Production Comprehensive Markets	33	50895	1085.4	1443.2
工业消费品综合市场	Industrial Consumable Comprehensive Markets	94	236675	1870.6	6008.0
农产品综合市场	Farm Produce Comprehensive Markets	242	214212	2298.2	12391.4
其他综合市场	Other Comprehensive Markets	127	188221	1706.7	3821.1
2.专业市场	**Special Markets**	**1710**	**1379297**	**16123.8**	**79884.0**
生产资料市场	Production Markets	418	220451	4537.6	33017.2
农业生产用具市场	Agricultural Production Equipment Markets	8	3635	83.2	170.5
农用生产资料市场	Agricultural Production Markets	13	2208	35.1	46.6
煤炭市场	Coal and Charcoal Markets				
木材市场	Wood Markets	27	8819	242.0	252.2
建材市场	Building Material Markets	131	83895	1660.4	1752.4
化工材料及制品市场	Chemical Materials and Products Markets	19	15305	177.8	4452.5
金属材料市场	Metal Materials Markets	153	66992	1897.6	23164.7
机械设备市场	Mechanical Equipments Markets	38	22731	259.5	734.7
其他生产资料市场	Others	29	16866	182.0	2443.6
农产品市场	Farm Produce Markets	557	377205	4068.8	20228.1
粮油市场	Grain and Oil Markets	68	18266	308.7	2366.1
肉禽蛋市场	Meat, Poultry and Eggs Markets	46	21862	330.3	1801.4
水产品市场	Aquatic Products Markets	95	48201	432.9	3632.4
蔬菜市场	Vegetables Markets	188	145876	1488.9	3789.5
干鲜果品市场	Dried and Fresh Melons and Fruits Markets	100	70766	750.8	5072.0
棉麻土畜、烟叶市场	Cotton, Local & Livestock Products, and Tobacco Markets	6	14875	101.1	493.5
其他农产品市场	Others	54	57359	656.1	3073.2
食品、饮料及烟酒市场	Food, Beverages, Tobacco and Liquor Markets	66	36124	295.2	1042.4
食品饮料市场	Food and Beverages Markets	17	9669	55.8	207.7
茶叶市场	Tea Markets	22	9915	108.9	308.7
烟酒市场	Tobacco and Liquor Markets	4	1141	14.9	46.5
其他食品饮料及烟酒市场	Others	23	15399	115.6	479.5
纺织、服装、鞋帽市场	Textiles, Clothing, Shoes and Hats Markets	238	404779	3216.9	15623.6
布料及纺织品市场	Cloth and Textiles Markets	45	86915	1063.3	8333.6
服装市场	Clothing Markets	147	262520	1679.4	5923.5
鞋帽市场	Shoes and Hats Markets	26	16069	110.3	254.6
其他纺织服装鞋帽市场	Others	20	39275	363.9	1111.9
日用品及文化用品市场	Daily Use Articles and Cultural Goods Markets	56	48036	328.0	939.8
小商品市场	Merchandise Markets	22	19757	107.1	377.2
箱包市场	Luggage Markets	5	10007	74.6	233.1

批发为主

Wholesale

市 场	Market	市场数量（个）Number of Markets (unit)	摊位数（个）Number of Booths (unit)	营业面积（万平方米）Operational Area (10000 sq.m)	成交额（亿元）Turnover (100 million yuan)
玩具市场	Toys Markets	3	1627	32.3	25.8
文具市场	Stationary Markets	2	537	7.3	6.5
图书、报刊杂志市场	Books, Newspapers and Magazines Markets	3	283	4.3	14.6
音像制品及电子出版物市场	Video Products and E-journal Markets				
体育用品市场	Sports Markets	1	176	1.3	1.0
其他日用品及文化用品市场	Others	20	15649	101.2	281.5
黄金、珠宝、玉器等首饰市场	Gold, Jeweller, Jade Markets	12	10352	113.7	820.8
电器、通讯器材、电子设备市场	Electrical Appliances, Communication Appliances and Electronical Appliances Markets	37	18251	174.4	229.4
家电市场	Household Appliances Markets	15	7174	126.9	101.1
通讯器材市场	Communication Appliances Markets	8	4064	12.1	46.4
照相、摄像器材市场	Cameras and Video Equipments Markets	2	383	1.9	4.0
计算机及辅助设备市场	Computer and Auxillary Equipments Markets	9	4573	24.7	49.6
其他电器、通讯器材、电子设备市场	Others	3	2057	8.8	28.3
医药、医疗用品及器材市场	Medicine, Medical Materials and Medical Instruments Markets	23	46327	319.8	1887.0
中药材市场	Chinese Medicine Markets	22	45782	315.3	1830.1
其他医药、医疗用品及器材市场	Others	1	545	4.5	56.8
家具、五金及装饰材料市场	Furniture, Hardware and Decoration Materials Markets	191	145519	2186.7	3061.1
家具市场	Furniture Markets	28	34305	721.3	871.7
装饰材料市场	Decoration Materials Markets	66	33944	524.3	763.3
灯具市场	Lamps Markets	7	5299	83.0	172.5
厨具、盥洗设备市场	Kitchen Utensils, Washing Equipments Markets	3	1035	3.6	8.3
五金材料市场	Hardware Materials Markets	61	51092	597.4	1050.4
其他装修市场	Others	26	19844	257.1	194.9
汽车、摩托车及零配件市场	Cars, Motorcycles and Spare Parts Markets	68	32757	422.3	1447.2
汽车市场	Cars Markets	23	10583	179.7	705.1
摩托车市场	Motocycles Markets	2	1116	9.0	15.4
机动车零配件市场	Vehicle Spare Parts Markts	43	21058	233.7	726.7
花、鸟、鱼、虫市场	Flower, Bird, Fish and Insects Markets	13	17739	164.0	721.5
花卉市场	Flower Markets	11	17225	160.2	713.3
鸟市场	Bird Markets				
观赏鱼市场	Fish Markets				
其他花鸟鱼虫市场	Others	2	514	3.9	8.2
旧货市场	Second Hand Markets	1	694	20.0	50.7
古玩、古董、字画市场	Antiques,Calligraphy and Painting Markets				
邮票、硬币市场	Stamps and Coins Markets				
其他旧货市场	Others	1	694	20.0	50.7
其他专业市场	Others	30	21063	276.5	815.2

2-8 续表 2 Continued 2

零售为主

Retail

市 场	Market	市场数量(个) Number of Markets (unit)	摊位数(个) Number of Booths (unit)	营业面积(万平方米) Operational Area (10000 sq.m)	成交额(亿元) Turnover (100 million yuan)
总 计	**Total**	**1547**	**725047**	**6049.8**	**11914.4**
1.综合市场	**Integrated Markets**	**634**	**333719**	**1711.5**	**3144.2**
生产资料综合市场	Production Comprehensive Markets	4	3938	31.5	26.4
工业消费品综合市场	Industrial Consumable Comprehensive Markets	84	87693	643.5	730.6
农产品综合市场	Farm Produce Comprehensive Markets	382	138581	402.8	1611.2
其他综合市场	Other Comprehensive Markets	164	103507	633.7	776.0
2.专业市场	**Special Markets**	**913**	**391328**	**4338.3**	**8770.3**
生产资料市场	Production Markets	40	16005	292.3	218.8
农业生产用具市场	Agricultural Production Equipment Markets				
农用生产资料市场	Agricultural Production Markets				
煤炭市场	Coal and Charcoal Markets				
木材市场	Wood Markets				
建材市场	Building Material Markets	40	16005	292.3	218.8
化工材料及制品市场	Chemical Materials and Products Markets				
金属材料市场	Metal Materials Markets				
机械设备市场	Mechanical Equipments Markets				
其他生产资料市场	Others				
农产品市场	Farm Produce Markets	201	69798	254.3	823.2
粮油市场	Grain and Oil Markets	12	2121	10.3	26.6
肉禽蛋市场	Meat, Poultry and Eggs Markets	46	17709	49.6	197.2
水产品市场	Aquatic Products Markets	31	10810	28.5	103.9
蔬菜市场	Vegetables Markets	19	4853	27.8	66.3
干鲜果品市场	Dried and Fresh Melons and Fruits Markets	1	168	0.2	2.9
棉麻土畜、烟叶市场	Cotton, Local & Livestock Products, and Tobacco Markets	3	1550	16.5	19.3
其他农产品市场	Others	89	32587	121.5	407.1
食品、饮料及烟酒市场	Food, Beverages, Tobacco and Liquor Markets	24	6914	44.0	90.6
食品饮料市场	Food and Beverages Markets	8	2761	12.9	22.3
茶叶市场	Tea Markets	5	1493	20.6	37.1
烟酒市场	Tobacco and Liquor Markets	1	180	0.3	3.3
其他食品饮料及烟酒市场	Others	10	2480	10.3	28.0
纺织、服装、鞋帽市场	Textiles, Clothing, Shoes and Hats Markets	126	98290	428.2	587.0
布料及纺织品市场	Cloth and Textiles Markets	5	4713	15.3	13.8
服装市场	Clothing Markets	97	72150	355.2	434.5
鞋帽市场	Shoes and Hats Markets	1	1600	0.3	3.5
其他纺织服装鞋帽市场	Others	23	19827	57.4	135.3
日用品及文化用品市场	Daily Use Articles and Cultural Goods Markets	9	3234	20.2	44.9
小商品市场	Merchandise Markets	5	2358	16.3	18.6
箱包市场	Luggage Markets				

零售为主

Retail

市 场	Market	市场数量(个) Number of Markets (unit)	摊位数(个) Number of Booths (unit)	营业面积(万平方米) Operational Area (10000 sq.m)	成交额(亿元) Turnover (100 million yuan)
玩具市场	Toys Markets				
文具市场	Stationary Markets				
图书、报刊杂志市场	Books, Newspapers and Magazines Markets	2	536	2.5	20.9
音像制品及电子出版物市场	Video Products and E-journal Markets	1	111	0.7	4.6
体育用品市场	Sports Markets				
其他日用品及文化用品市场	Others	1	229	0.8	0.8
黄金、珠宝、玉器等首饰市场	Gold, Jeweller, Jade Markets	7	8239	77.4	41.6
电器、通讯器材、电子设备市场	Electrical Appliances, Communication Appliances and Electronical Appliances Markets	47	16764	97.0	425.2
家电市场	Household Appliances Markets	5	822	7.7	15.7
通讯器材市场	Communication Appliances Markets	6	2736	12.7	10.5
照相、摄像器材市场	Cameras and Video Equipments Markets	1	116	1.4	2.7
计算机及辅助设备市场	Computer and Auxillary Equipments Markets	34	12678	74.0	394.3
其他电器、通讯器材、电子设备市场	Others	1	412	1.1	2.0
医药、医疗用品及器材市场	Medicine, Medical Materials and Medical Instruments Markets	2	5036	16.0	86.1
中药材市场	Chinese Medicine Markets	2	5036	16.0	86.1
其他医药、医疗用品及器材市场	Others				
家具、五金及装饰材料市场	Furniture, Hardware and Decoration Materials Markets	277	118080	2170.2	1583.7
家具市场	Furniture Markets	121	39812	895.7	545.2
装饰材料市场	Decoration Materials Markets	108	52597	884.5	703.5
灯具市场	Lamps Markets	3	448	9.7	6.3
厨具、盥洗设备市场	Kitchen Utensils, Washing Equipments Markets				
五金材料市场	Hardware Materials Markets	5	2702	29.4	37.4
其他装修市场	Others	40	22521	351.0	291.4
汽车、摩托车及零配件市场	Cars, Motorcycles and Spare Parts Markets	162	38528	849.8	4726.1
汽车市场	Cars Markets	146	33296	793.3	4671.2
摩托车市场	Motocycles Markets	3	1375	11.8	12.9
机动车零配件市场	Vehicle Spare Parts Markts	13	3857	44.7	42.0
花、鸟、鱼、虫市场	Flower, Bird, Fish and Insects Markets	6	4019	42.2	48.5
花卉市场	Flower Markets	5	3809	41.0	41.2
鸟市场	Bird Markets				
观赏鱼市场	Fish Markets				
其他花鸟鱼虫市场	Others	1	210	1.2	7.4
旧货市场	Second Hand Markets	6	1812	9.4	16.4
古玩、古董、字画市场	Antiques,Calligraphy and Painting Markets	1	385	1.3	1.2
邮票、硬币市场	Stamps and Coins Markets				
其他旧货市场	Others	5	1427	8.1	15.2
其他专业市场	Others	6	4609	37.0	78.1

2-9 按经营环境分亿元以上商品交易市场基本情况
Basic Statistics on Commodity Exchange Markets of Transaction Value over 100 Million Yuan by Operating Circumstance

露天式

Outdoor

市 场	Market	市场数量(个) Number of Markets (unit)	摊位数(个) Number of Booths (unit)	营业面积(万平方米) Operational Area (10000 sq.m)	成交额(亿元) Turnover (100 million yuan)
总 计	**Total**	**480**	**252025**	**4142.7**	**12942.6**
1.综合市场	**Integrated Markets**	**87**	**58460**	**782.2**	**2649.4**
生产资料综合市场	Production Comprehensive Markets	2	4563	26.4	25.1
工业消费品综合市场	Industrial Consumable Comprehensive Markets	8	3750	21.2	16.1
农产品综合市场	Farm Produce Comprehensive Markets	55	35953	611.8	2463.1
其他综合市场	Other Comprehensive Markets	22	14194	122.8	145.0
2.专业市场	**Special Markets**	**393**	**193565**	**3360.4**	**10293.2**
生产资料市场	Production Markets	102	37346	1461.1	4601.3
农业生产用具市场	Agricultural Production Equipment Markets	3	2011	39.0	129.9
农用生产资料市场	Agricultural Production Markets	1	29	0.3	1.5
煤炭市场	Coal and Charcoal Markets				
木材市场	Wood Markets	10	1976	102.8	120.1
建材市场	Building Material Markets	16	10241	224.1	547.5
化工材料及制品市场	Chemical Materials and Products Markets	2	1601	31.5	228.8
金属材料市场	Metal Materials Markets	62	18192	1005.2	3293.5
机械设备市场	Mechanical Equipments Markets	5	1790	49.6	198.4
其他生产资料市场	Others	3	1506	8.6	81.7
农产品市场	Farm Produce Markets	167	88094	1013.6	2897.6
粮油市场	Grain and Oil Markets	15	3965	76.6	219.5
肉禽蛋市场	Meat, Poultry and Eggs Markets	13	2898	29.1	50.5
水产品市场	Aquatic Products Markets	22	11502	105.4	612.0
蔬菜市场	Vegetables Markets	67	35441	464.8	973.8
干鲜果品市场	Dried and Fresh Melons and Fruits Markets	25	13207	150.0	497.5
棉麻土畜、烟叶市场	Cotton, Local & Livestock Products, and Tobacco Markets	4	5776	28.3	77.4
其他农产品市场	Others	21	15305	159.4	466.9
食品、饮料及烟酒市场	Food, Beverages, Tobacco and Liquor Markets	3	1950	18.5	32.4
食品饮料市场	Food and Beverages Markets	2	1114	4.3	10.3
茶叶市场	Tea Markets	1	836	14.2	22.1
烟酒市场	Tobacco and Liquor Markets				
其他食品饮料及烟酒市场	Others				
纺织、服装、鞋帽市场	Textiles, Clothing, Shoes and Hats Markets	11	11085	69.4	445.2
布料及纺织品市场	Cloth and Textiles Markets	2	3753	23.6	373.1
服装市场	Clothing Markets	4	4323	8.9	16.7
鞋帽市场	Shoes and Hats Markets	3	1291	11.6	49.0
其他纺织服装鞋帽市场	Others	2	1718	25.3	6.4
日用品及文化用品市场	Daily Use Articles and Cultural Goods Markets	3	1858	11.7	41.7
小商品市场	Merchandise Markets	1	800	5.5	4.6
箱包市场	Luggage Markets				

2-9 续表 1 Continued 1

露天式

Outdoor

市　场	Market	市场数量(个) Number of Markets (unit)	摊位数(个) Number of Booths (unit)	营业面积(万平方米) Operational Area (10000 sq.m)	成交额(亿元) Turnover (100 million yuan)
玩具市场	Toys Markets				
文具市场	Stationary Markets				
图书、报刊杂志市场	Books, Newspapers and Magazines Markets				
音像制品及电子出版物市场	Video Products and E-journal Markets				
体育用品市场	Sports Markets				
其他日用品及文化用品市场	Others	2	1058	6.2	37.1
黄金、珠宝、玉器等首饰市场	Gold, Jeweller, Jade Markets				
电器、通讯器材、电子设备市场	Electrical Appliances, Communication Appliances and Electronical Appliances Markets				
家电市场	Household Appliances Markets				
通讯器材市场	Communication Appliances Markets				
照相、摄像器材市场	Cameras and Video Equipments Markets				
计算机及辅助设备市场	Computer and Auxillary Equipments Markets				
其他电器、通讯器材、电子设备市场	Others				
医药、医疗用品及器材市场	Medicine, Medical Materials and Medical Instruments Markets	2	5521	16.5	87.5
中药材市场	Chinese Medicine Markets	2	5521	16.5	87.5
其他医药、医疗用品及器材市场	Others				
家具、五金及装饰材料市场	Furniture, Hardware and Decoration Materials Markets	23	9158	152.8	203.4
家具市场	Furniture Markets	3	429	37.8	5.6
装饰材料市场	Decoration Materials Markets	11	4045	54.5	159.9
灯具市场	Lamps Markets				
厨具、盥洗设备市场	Kitchen Utensils, Washing Equipments Markets	1	314	0.5	3.6
五金材料市场	Hardware Materials Markets	5	3601	45.5	27.9
其他装修市场	Others	3	769	14.5	6.4
汽车、摩托车及零配件市场	Cars, Motorcycles and Spare Parts Markets	57	15873	294.6	1317.8
汽车市场	Cars Markets	47	13062	250.0	1261.6
摩托车市场	Motocycles Markets				
机动车零配件市场	Vehicle Spare Parts Markts	10	2811	44.6	56.2
花、鸟、鱼、虫市场	Flower, Bird, Fish and Insects Markets	3	3905	58.0	245.6
花卉市场	Flower Markets	2	3695	56.8	238.3
鸟市场	Bird Markets				
观赏鱼市场	Fish Markets				
其他花鸟鱼虫市场	Others	1	210	1.2	7.4
旧货市场	Second Hand Markets	1	694	20.0	50.7
古玩、古董、字画市场	Antiques,Calligraphy and Painting Markets				
邮票、硬币市场	Stamps and Coins Markets				
其他旧货市场	Others	1	694	20.0	50.7
其他专业市场	Others	21	18081	244.3	370.1

2-9 续表 2 Continued 2

封闭式

Indoor

市　场	Market	市场数量(个) Number of Markets (unit)	摊位数(个) Number of Booths (unit)	营业面积(万平方米) Operational Area (10000 sq.m)	成交额(亿元) Turnover (100 million yuan)
总　计	**Total**	**2815**	**2207036**	**20829.1**	**84497.9**
1.综合市场	**Integrated Markets**	**874**	**805929**	**6269.8**	**20075.5**
生产资料综合市场	Production Comprehensive Markets	27	25743	390.9	556.6
工业消费品综合市场	Industrial Consumable Comprehensive Markets	153	288721	2264.3	6394.2
农产品综合市场	Farm Produce Comprehensive Markets	483	259348	1608.4	9241.2
其他综合市场	Other Comprehensive Markets	211	232117	2006.2	3883.4
2.专业市场	**Special Markets**	**1941**	**1401107**	**14559.3**	**64422.5**
生产资料市场	Production Markets	302	164380	2682.7	21084.8
农业生产用具市场	Agricultural Production Equipment Markets	4	1155	39.0	35.3
农用生产资料市场	Agricultural Production Markets	12	2179	34.8	45.1
煤炭市场	Coal and Charcoal Markets				
木材市场	Wood Markets	10	4313	80.1	45.9
建材市场	Building Material Markets	136	75812	1326.2	1207.6
化工材料及制品市场	Chemical Materials and Products Markets	14	**10552**	123.2	2779.7
金属材料市场	Metal Materials Markets	71	39301	699.9	15341.9
机械设备市场	Mechanical Equipments Markets	32	16781	209.5	522.4
其他生产资料市场	Others	23	14287	170.0	1106.7
农产品市场	Farm Produce Markets	463	276780	2386.3	14210.3
粮油市场	Grain and Oil Markets	56	15339	190.0	1982.5
肉禽蛋市场	Meat, Poultry and Eggs Markets	64	28815	282.6	1676.2
水产品市场	Aquatic Products Markets	84	39017	307.0	2786.8
蔬菜市场	Vegetables Markets	98	89873	760.8	2229.7
干鲜果品市场	Dried and Fresh Melons and Fruits Markets	55	36073	261.3	2833.0
棉麻土畜、烟叶市场	Cotton, Local & Livestock Products, and Tobacco Markets	3	9849	79.5	425.0
其他农产品市场	Others	103	57814	505.0	2277.0
食品、饮料及烟酒市场	Food, Beverages, Tobacco and Liquor Markets	75	36800	259.9	960.1
食品饮料市场	Food and Beverages Markets	17	9654	48.9	205.2
茶叶市场	Tea Markets	25	9446	90.6	262.5
烟酒市场	Tobacco and Liquor Markets	4	1063	7.2	48.6
其他食品饮料及烟酒市场	Others	29	16637	113.1	443.7
纺织、服装、鞋帽市场	Textiles, Clothing, Shoes and Hats Markets	337	475691	3451.8	15370.6
布料及纺织品市场	Cloth and Textiles Markets	42	82211	997.2	7745.9
服装市场	Clothing Markets	230	319718	1959.6	6174.9
鞋帽市场	Shoes and Hats Markets	24	16378	98.9	209.1
其他纺织服装鞋帽市场	Others	41	57384	396.1	1240.8
日用品及文化用品市场	Daily Use Articles and Cultural Goods Markets	59	46322	304.0	797.2
小商品市场	Merchandise Markets	25	19315	112.3	276.1
箱包市场	Luggage Markets	5	10007	74.6	233.1

封闭式

Indoor

市　场	Market	市场数量(个) Number of Markets (unit)	摊位数(个) Number of Booths (unit)	营业面积(万平方米) Operational Area (10000 sq.m)	成交额(亿元) Turnover (100 million yuan)
玩具市场	Toys Markets	2	683	7.3	21.6
文具市场	Stationary Markets	2	537	7.3	6.5
图书、报刊杂志市场	Books, Newspapers and Magazines Markets	5	819	6.8	35.5
音像制品及电子出版物市场	Video Products and E-journal Markets	1	111	0.7	4.6
体育用品市场	Sports Markets	1	176	1.3	1.0
其他日用品及文化用品市场	Others	18	14674	93.9	218.7
黄金、珠宝、玉器等首饰市场	Gold, Jeweller, Jade Markets	16	15999	120.6	854.7
电器、通讯器材、电子设备市场	Electrical Appliances, Communication Appliances and Electronical Appliances Markets	81	30428	167.3	595.0
家电市场	Household Appliances Markets	17	3409	30.6	57.2
通讯器材市场	Communication Appliances Markets	14	6800	24.8	56.9
照相、摄像器材市场	Cameras and Video Equipments Markets	3	499	3.3	6.7
计算机及辅助设备市场	Computer and Auxillary Equipments Markets	43	17251	98.7	443.9
其他电器、通讯器材、电子设备市场	Others	4	2469	9.9	30.3
医药、医疗用品及器材市场	Medicine, Medical Materials and Medical Instruments Markets	20	43996	277.5	1711.6
中药材市场	Chinese Medicine Markets	20	43996	277.5	1711.6
其他医药、医疗用品及器材市场	Others				
家具、五金及装饰材料市场	Furniture, Hardware and Decoration Materials Markets	414	237652	3898.1	4221.1
家具市场	Furniture Markets	143	71389	1531.8	1398.7
装饰材料市场	Decoration Materials Markets	150	76495	1274.2	1234.9
灯具市场	Lamps Markets	8	4686	73.5	135.1
厨具、盥洗设备市场	Kitchen Utensils, Washing Equipments Markets	2	721	3.1	4.7
五金材料市场	Hardware Materials Markets	53	45603	496.0	1009.9
其他装修市场	Others	58	38758	519.5	437.8
汽车、摩托车及零配件市场	Cars, Motorcycles and Spare Parts Markets	143	51139	840.5	3778.4
汽车市场	Cars Markets	98	28775	607.0	3073.0
摩托车市场	Motocycles Markets	4	1731	15.8	25.2
机动车零配件市场	Vehicle Spare Parts Markts	41	20633	217.7	680.1
花、鸟、鱼、虫市场	Flower, Bird, Fish and Insects Markets	13	12669	107.2	312.1
花卉市场	Flower Markets	11	12155	103.3	303.9
鸟市场	Bird Markets				
观赏鱼市场	Fish Markets				
其他花鸟鱼虫市场	Others	2	514	3.9	8.2
旧货市场	Second Hand Markets	5	1797	8.3	10.4
古玩、古董、字画市场	Antiques,Calligraphy and Painting Markets	1	385	1.3	1.2
邮票、硬币市场	Stamps and Coins Markets				
其他旧货市场	Others	4	1412	7.0	9.3
其他专业市场	Others	13	7454	55.2	516.3

2–9 续表 4 Continued 4

其他

Others

市　　场	Market	市场数量(个) Number of Markets (unit)	摊位数(个) Number of Booths (unit)	营业面积(万平方米) Operational Area (10000 sq.m)	成交额(亿元) Turnover (100 million yuan)
总　计	**Total**	**458**	**335286**	**4162.8**	**18021.6**
1.综合市场	**Integrated Markets**	**169**	**159333**	**1620.4**	**4083.0**
生产资料综合市场	Production Comprehensive Markets	8	24527	699.5	887.9
工业消费品综合市场	Industrial Consumable Comprehensive Markets	17	31897	228.7	328.2
农产品综合市场	Farm Produce Comprehensive Markets	86	57492	480.8	2298.3
其他综合市场	Other Comprehensive Markets	58	45417	211.4	568.5
2.专业市场	**Special Markets**	**289**	**175953**	**2542.4**	**13938.6**
生产资料市场	Production Markets	54	34730	686.2	7549.9
农业生产用具市场	Agricultural Production Equipment Markets	1	469	5.3	5.3
农用生产资料市场	Agricultural Production Markets				
煤炭市场	Coal and Charcoal Markets				
木材市场	Wood Markets	7	2530	59.1	86.2
建材市场	Building Material Markets	19	13847	402.4	215.9
化工材料及制品市场	Chemical Materials and Products Markets	3	3152	23.2	1444.0
金属材料市场	Metal Materials Markets	20	9499	192.5	4529.4
机械设备市场	Mechanical Equipments Markets	1	4160	0.4	13.9
其他生产资料市场	Others	3	1073	3.3	1255.2
农产品市场	Farm Produce Markets	128	82129	923.3	3943.5
粮油市场	Grain and Oil Markets	9	1083	52.4	190.8
肉禽蛋市场	Meat, Poultry and Eggs Markets	15	7858	68.2	271.8
水产品市场	Aquatic Products Markets	20	8492	49.0	337.4
蔬菜市场	Vegetables Markets	42	25415	291.1	652.2
干鲜果品市场	Dried and Fresh Melons and Fruits Markets	21	21654	339.7	1744.5
棉麻土畜、烟叶市场	Cotton, Local & Livestock Products, and Tobacco Markets	2	800	9.8	10.3
其他农产品市场	Others	19	16827	113.0	736.4
食品、饮料及烟酒市场	Food, Beverages, Tobacco and Liquor Markets	12	4288	60.9	140.7
食品饮料市场	Food and Beverages Markets	6	1662	15.5	14.5
茶叶市场	Tea Markets	1	1126	24.7	61.2
烟酒市场	Tobacco and Liquor Markets	1	258	8.0	1.2
其他食品饮料及烟酒市场	Others	4	1242	12.7	63.7
纺织、服装、鞋帽市场	Textiles, Clothing, Shoes and Hats Markets	16	16293	123.9	394.8
布料及纺织品市场	Cloth and Textiles Markets	6	5664	57.8	228.4
服装市场	Clothing Markets	10	10629	66.1	166.5
鞋帽市场	Shoes and Hats Markets				
其他纺织服装鞋帽市场	Others				
日用品及文化用品市场	Daily Use Articles and Cultural Goods Markets	3	3090	32.5	145.8
小商品市场	Merchandise Markets	1	2000	5.6	115.0
箱包市场	Luggage Markets				

2-9 续表 5 Continued 5

其他

Others

市　　场	Market	市场数量（个）Number of Markets (unit)	摊位数（个）Number of Booths (unit)	营业面积（万平方米）Operational Area (10000 sq.m)	成交额（亿元）Turnover (100 million yuan)
玩具市场	Toys Markets	1	944	25.0	4.3
文具市场	Stationary Markets				
图书、报刊杂志市场	Books, Newspapers and Magazines Markets				
音像制品及电子出版物市场	Video Products and E-journal Markets				
体育用品市场	Sports Markets				
其他日用品及文化用品市场	Others	1	146	1.9	26.6
黄金、珠宝、玉器等首饰市场	Gold, Jeweller, Jade Markets	3	2592	70.5	7.7
电器、通讯器材、电子设备市场	Electrical Appliances, Communication Appliances and Electronical Appliances Markets	3	4587	104.0	59.6
家电市场	Household Appliances Markets	3	4587	104.0	59.6
通讯器材市场	Communication Appliances Markets				
照相、摄像器材市场	Cameras and Video Equipments Markets				
计算机及辅助设备市场	Computer and Auxillary Equipments Markets				
其他电器、通讯器材、电子设备市场	Others				
医药、医疗用品及器材市场	Medicine, Medical Materials and Medical Instruments Markets	3	1846	41.9	173.9
中药材市场	Chinese Medicine Markets	2	1301	37.4	117.1
其他医药、医疗用品及器材市场	Others	1	545	4.5	56.8
家具、五金及装饰材料市场	Furniture, Hardware and Decoration Materials Markets	31	16789	306.0	220.3
家具市场	Furniture Markets	3	2299	47.5	12.6
装饰材料市场	Decoration Materials Markets	13	6001	80.1	71.9
灯具市场	Lamps Markets	2	1061	19.1	43.6
厨具、盥洗设备市场	Kitchen Utensils, Washing Equipments Markets				
五金材料市场	Hardware Materials Markets	8	4590	85.2	50.0
其他装修市场	Others	5	2838	74.1	42.1
汽车、摩托车及零配件市场	Cars, Motorcycles and Spare Parts Markets	30	4273	137.0	1077.2
汽车市场	Cars Markets	24	2042	116.0	1041.7
摩托车市场	Motocycles Markets	1	760	5.0	3.1
机动车零配件市场	Vehicle Spare Parts Markts	5	1471	16.1	32.4
花、鸟、鱼、虫市场	Flower, Bird, Fish and Insects Markets	3	5184	41.0	212.3
花卉市场	Flower Markets	3	5184	41.0	212.3
鸟市场	Bird Markets				
观赏鱼市场	Fish Markets				
其他花鸟鱼虫市场	Others				
旧货市场	Second Hand Markets	1	15	1.1	5.9
古玩、古董、字画市场	Antiques,Calligraphy and Painting Markets				
邮票、硬币市场	Stamps and Coins Markets				
其他旧货市场	Others	1	15	1.1	5.9
其他专业市场	Others	2	137	14.0	6.9

2-10 亿元以上商品交易市场摊位分类情况
Classification of Booths of Commodity Exchange Markets of Transaction Value over 100 Million Yuan

类　别	Classification	摊位数（个）Number of Booths (unit)	成交额（亿元）Turnover (100 million yuan)
总　计	**Total**	**2794347**	**115462.2**
1.粮油、食品类	Grain and Oil, Food	824539	35647.4
其中：粮油类	Grain and Oil	77041	4957.4
肉禽蛋类	Meat, Poultry and Eggs	112908	4733.8
水产品类	Aquatic Products	120107	6700.7
蔬菜类	Vegetables	290637	8794.3
干鲜果品类	Dried and Fresh Melons and Fruits	154669	8345.2
2.饮料类	Beverages	37780	1031.4
3.烟酒类	Tobacco and Liquor	25838	888.0
4.服装、鞋帽、针纺织品类	Clothing, Shoes, Hats and Textiles	692321	18638.7
(1)服装类	Clothing	425867	7218.7
(2)鞋帽类	Footwear and Hats	91019	1351.8
(3)针纺织品类	Knitwear and Textiles	175435	10068.2
5.化妆品类	Cosmetics	19364	288.8
6.金银珠宝类	Gold, Silver and Jewellery	29565	1141.1
7.日用品类	Articles for Daily Use	131950	2644.2
8.五金、电料类	Hardware & Electrical Materials	114984	2405.9
9.体育、娱乐用品类	Sports & Recreational Articles	10223	161.5
其中：照相器材类	Photographic Equipment	597	14.9
10.书报杂志类	Newspapers and Magazines	2285	70.3
11.电子出版物及音像制品类	E-journal and Video Products	2053	57.0
12.家用电器和音像器材类	Household Appliances and Video Equipments	31158	538.6
13.中西药品类	Traditional Chinese and Western Medicine	37095	1930.5
其中：西药类	Western Medicine	1502	51.4
中草药及中成药类	Traditional Chinese	34908	1855.3
14.文化办公用品类	Cultural and Official Goods	41959	937.7
其中：计算机及其配套产品	Computer and Corollary Equipment	14736	348.1
15.家具类	Furniture	100885	1921.3
16.通讯器材类	Communication Appliances	14865	277.8
17.煤炭及制品类	Coal and Related Products	269	214.8
18.木材及制品类	Wood and Wooden Products	19640	486.2
19.石油及制品类	Petroleum and Related Products	1320	2291.6
20.化工材料及制品类	Raw Chemical Materials and Related Products	21647	4614.0
其中：化肥类	Fertilizer	2023	32.3
21.金属材料类	Metal Materials	77714	23317.9
22.建筑及装潢材料类	Building and Decoration Materials	251064	4375.7
23.机电产品及设备类	Mechanical & Electrical Products	50698	1478.7
其中：农机类	Agricultural Machinery	3153	178.3
24.汽车类	Automobile	73654	6317.7
25.种子饲料类	Seed and Feedstuff	3925	85.0
26.棉麻类	Cotton and Hemp	1411	180.2
27.其他类	Others	176141	3520.1

2-11 按营业状态分亿元以上商品交易市场摊位分类情况

Classification of Booths of Commodity Exchange Markets of Transaction Value over 100 Million Yuan by Operating Status

#常年营业

Perennial Open

类 别	Classification	摊位数 (个) Number of Booths (unit)	成交额 (亿元) Turnover (100 million yuan)
总 计	**Total**	**2778120**	**114870.5**
1.粮油、食品类	Grain and Oil, Food	811588	35187.3
其中：粮油类	Grain and Oil	77026	4955.0
肉禽蛋类	Meat, Poultry and Eggs	112908	4733.8
水产品类	Aquatic Products	119737	6693.6
蔬菜类	Vegetables	283749	8407.3
干鲜果品类	Dried and Fresh Melons and Fruits	150641	8289.6
2.饮料类	Beverages	37323	962.1
3.烟酒类	Tobacco and Liquor	25807	887.8
4.服装、鞋帽、针纺织品类	Clothing, Shoes, Hats and Textiles	691332	18609.3
(1)服装类	Clothing	424980	7189.7
(2)鞋帽类	Footwear and Hats	90955	1351.5
(3)针纺织品类	Knitwear and Textiles	175397	10068.1
5.化妆品类	Cosmetics	19361	288.7
6.金银珠宝类	Gold, Silver and Jewellery	29564	1141.1
7.日用品类	Articles for Daily Use	131895	2643.7
8.五金、电料类	Hardware & Electrical Materials	114382	2400.2
9.体育、娱乐用品类	Sports & Recreational Articles	10223	161.5
其中：照相器材类	Photographic Equipment	597	14.9
10.书报杂志类	Newspapers and Magazines	2285	70.3
11.电子出版物及音像制品类	E-journal and Video Products	2028	57.0
12.家用电器和音像器材类	Household Appliances and Video Equipments	31158	538.6
13.中西药品类	Traditional Chinese and Western Medicine	37065	1929.3
其中：西药类	Western Medicine	1502	51.4
中草药及中成药类	Traditional Chinese	34880	1854.2
14.文化办公用品类	Cultural and Official Goods	41934	937.6
其中：计算机及其配套产品	Computer and Corollary Equipment	14736	348.1
15.家具类	Furniture	100880	1921.3
16.通讯器材类	Communication Appliances	14865	277.8
17.煤炭及制品类	Coal and Related Products	257	214.7
18.木材及制品类	Wood and Wooden Products	19474	476.7
19.石油及制品类	Petroleum and Related Products	1320	2291.6
20.化工材料及制品类	Raw Chemical Materials and Related Products	21632	4613.7
其中：化肥类	Fertilizer	2023	32.3
21.金属材料类	Metal Materials	77705	23317.8
22.建筑及装潢材料类	Building and Decoration Materials	250463	4369.2
23.机电产品及设备类	Mechanical & Electrical Products	50653	1478.1
其中：农机类	Agricultural Machinery	3153	178.3
24.汽车类	Automobile	73654	6317.7
25.种子饲料类	Seed and Feedstuff	3894	84.6
26.棉麻类	Cotton and Hemp	1409	180.1
27.其他类	Others	175969	3512.5

2-11 续表 1 Continued 1

#季节性营业

Seasonal Open

类　　别	Classification	摊位数（个） Number of Booths (unit)	成交额（亿元） Turnover (100 million yuan)
总　计	**Total**	**15002**	**573.7**
1.粮油、食品类	Grain and Oil, Food	12365	454.6
其中：粮油类	Grain and Oil	15	2.4
肉禽蛋类	Meat, Poultry and Eggs		
水产品类	Aquatic Products	370	7.1
蔬菜类	Vegetables	6888	387.0
干鲜果品类	Dried and Fresh Melons and Fruits	4028	55.5
2.饮料类	Beverages	425	68.6
3.烟酒类	Tobacco and Liquor	20	0.0
4.服装、鞋帽、针纺织品类	Clothing, Shoes, Hats and Textiles	752	29.1
(1)服装类	Clothing	733	28.8
(2)鞋帽类	Footwear and Hats	19	0.2
(3)针纺织品类	Knitwear and Textiles		
5.化妆品类	Cosmetics		
6.金银珠宝类	Gold, Silver and Jewellery	1	0.0
7.日用品类	Articles for Daily Use	19	0.3
8.五金、电料类	Hardware & Electrical Materials	551	5.2
9.体育、娱乐用品类	Sports & Recreational Articles		
其中：照相器材类	Photographic Equipment		
10.书报杂志类	Newspapers and Magazines		
11.电子出版物及音像制品类	E-journal and Video Products		
12.家用电器和音像器材类	Household Appliances and Video Equipments		
13.中西药品类	Traditional Chinese and Western Medicine	28	1.1
其中：西药类	Western Medicine		
中草药及中成药类	Traditional Chinese	28	1.1
14.文化办公用品类	Cultural and Official Goods		
其中：计算机及其配套产品	Computer and Corollary Equipment		
15.家具类	Furniture	5	0.1
16.通讯器材类	Communication Appliances		
17.煤炭及制品类	Coal and Related Products		
18.木材及制品类	Wood and Wooden Products	1	0.0
19.石油及制品类	Petroleum and Related Products		
20.化工材料及制品类	Raw Chemical Materials and Related Products	8	0.1
其中：化肥类	Fertilizer		
21.金属材料类	Metal Materials	9	0.1
22.建筑及装潢材料类	Building and Decoration Materials	601	6.4
23.机电产品及设备类	Mechanical & Electrical Products	45	0.5
其中：农机类	Agricultural Machinery		
24.汽车类	Automobile		
25.种子饲料类	Seed and Feedstuff		
26.棉麻类	Cotton and Hemp		
27.其他类	Others	172	7.6

2-12 按经营方式分亿元以上商品交易市场摊位分类情况

Classification of Booths of Commodity Exchange Markets of Transaction Value over 100 Million Yuan by Operating Mode

批发为主

Wholesale

类别	Classification	摊位数（个）Number of Booths (unit)	成交额（亿元）Turnover (100 million yuan)
总计	**Total**	**2069300**	**103547.7**
1.粮油、食品类	Grain and Oil, Food	601249	33064.3
其中：粮油类	Grain and Oil	56001	4738.4
肉禽蛋类	Meat, Poultry and Eggs	65368	3959.6
水产品类	Aquatic Products	79530	6105.9
蔬菜类	Vegetables	220482	8278.2
干鲜果品类	Dried and Fresh Melons and Fruits	133554	8126.4
2.饮料类	Beverages	29582	948.4
3.烟酒类	Tobacco and Liquor	18065	807.2
4.服装、鞋帽、针纺织品类	Clothing, Shoes, Hats and Textiles	525854	17692.9
(1)服装类	Clothing	310131	6553.9
(2)鞋帽类	Footwear and Hats	62991	1183.6
(3)针纺织品类	Knitwear and Textiles	152732	9955.5
5.化妆品类	Cosmetics	13196	240.5
6.金银珠宝类	Gold, Silver and Jewellery	19799	1072.8
7.日用品类	Articles for Daily Use	99814	2412.8
8.五金、电料类	Hardware & Electrical Materials	98689	2235.0
9.体育、娱乐用品类	Sports & Recreational Articles	7038	120.8
其中：照相器材类	Photographic Equipment	258	3.8
10.书报杂志类	Newspapers and Magazines	1266	50.8
11.电子出版物及音像制品类	E-journal and Video Products	1181	43.9
12.家用电器和音像器材类	Household Appliances and Video Equipments	23831	450.2
13.中西药品类	Traditional Chinese and Western Medicine	31099	1813.9
其中：西药类	Western Medicine	1164	27.8
中草药及中成药类	Traditional Chinese	29583	1767.6
14.文化办公用品类	Cultural and Official Goods	25731	572.7
其中：计算机及其配套产品	Computer and Corollary Equipment	4128	44.5
15.家具类	Furniture	50429	1212.7
16.通讯器材类	Communication Appliances	8714	202.5
17.煤炭及制品类	Coal and Related Products	193	212.8
18.木材及制品类	Wood and Wooden Products	16400	446.5
19.石油及制品类	Petroleum and Related Products	978	2288.5
20.化工材料及制品类	Raw Chemical Materials and Related Products	20309	4591.6
其中：化肥类	Fertilizer	1149	30.5
21.金属材料类	Metal Materials	75543	23268.8
22.建筑及装潢材料类	Building and Decoration Materials	167176	3311.6
23.机电产品及设备类	Mechanical & Electrical Products	47398	1448.0
其中：农机类	Agricultural Machinery	2797	172.7
24.汽车类	Automobile	36474	1533.4
25.种子饲料类	Seed and Feedstuff	3192	80.0
26.棉麻类	Cotton and Hemp	1199	177.9
27.其他类	Others	144901	3247.1

零售为主

Retail

类　　别	Classification	摊位数（个）Number of Booths (unit)	成交额（亿元）Turnover (100 million yuan)
总　计	**Total**	**725047**	**11914.4**
1.粮油、食品类	Grain and Oil, Food	223290	2583.2
其中：粮油类	Grain and Oil	21040	219.0
肉禽蛋类	Meat, Poultry and Eggs	47540	774.2
水产品类	Aquatic Products	40577	594.8
蔬菜类	Vegetables	70155	516.1
干鲜果品类	Dried and Fresh Melons and Fruits	21115	218.8
2.饮料类	Beverages	8198	83.1
3.烟酒类	Tobacco and Liquor	7773	80.8
4.服装、鞋帽、针纺织品类	Clothing, Shoes, Hats and Textiles	166467	945.8
(1)服装类	Clothing	115736	664.8
(2)鞋帽类	Footwear and Hats	28028	168.2
(3)针纺织品类	Knitwear and Textiles	22703	112.7
5.化妆品类	Cosmetics	6168	48.3
6.金银珠宝类	Gold, Silver and Jewellery	9766	68.3
7.日用品类	Articles for Daily Use	32136	231.5
8.五金、电料类	Hardware & Electrical Materials	16295	170.9
9.体育、娱乐用品类	Sports & Recreational Articles	3185	40.8
其中：照相器材类	Photographic Equipment	339	11.1
10.书报杂志类	Newspapers and Magazines	1019	19.5
11.电子出版物及音像制品类	E-journal and Video Products	872	13.2
12.家用电器和音像器材类	Household Appliances and Video Equipments	7327	88.4
13.中西药品类	Traditional Chinese and Western Medicine	5996	116.5
其中：西药类	Western Medicine	338	23.6
中草药及中成药类	Traditional Chinese	5325	87.7
14.文化办公用品类	Cultural and Official Goods	16228	365.0
其中：计算机及其配套产品	Computer and Corollary Equipment	10608	303.6
15.家具类	Furniture	50456	708.7
16.通讯器材类	Communication Appliances	6151	75.3
17.煤炭及制品类	Coal and Related Products	76	1.9
18.木材及制品类	Wood and Wooden Products	3240	39.7
19.石油及制品类	Petroleum and Related Products	342	3.1
20.化工材料及制品类	Raw Chemical Materials and Related Products	1338	22.4
其中：化肥类	Fertilizer	874	1.8
21.金属材料类	Metal Materials	2171	49.1
22.建筑及装潢材料类	Building and Decoration Materials	83888	1064.0
23.机电产品及设备类	Mechanical & Electrical Products	3300	30.6
其中：农机类	Agricultural Machinery	356	5.6
24.汽车类	Automobile	37180	4784.3
25.种子饲料类	Seed and Feedstuff	733	5.1
26.棉麻类	Cotton and Hemp	212	2.3
27.其他类	Others	31240	273.0

2-13　按经营环境分亿元以上商品交易市场摊位分类情况

Basic Statistics on Booths of Commodity Exchange Markets of Transaction Value over 100 Million Yuan by Operating Circumstance

露天式

Outdoor

类　别	Classification	摊位数（个） Number of Booths (unit)	成交额（亿元） Turnover (100 million yuan)
总　计	**Total**	**252025**	**12942.6**
1.粮油、食品类	Grain and Oil, Food	115181	5252.9
其中：粮油类	Grain and Oil	8796	395.7
肉禽蛋类	Meat, Poultry and Eggs	10726	351.7
水产品类	Aquatic Products	14988	709.4
蔬菜类	Vegetables	50858	1972.3
干鲜果品类	Dried and Fresh Melons and Fruits	24558	1771.5
2.饮料类	Beverages	2644	61.2
3.烟酒类	Tobacco and Liquor	3204	53.4
4.服装、鞋帽、针纺织品类	Clothing, Shoes, Hats and Textiles	15463	464.8
(1)服装类	Clothing	6835	28.7
(2)鞋帽类	Footwear and Hats	3554	56.9
(3)针纺织品类	Knitwear and Textiles	5074	379.1
5.化妆品类	Cosmetics	1604	11.0
6.金银珠宝类	Gold, Silver and Jewellery	15	0.0
7.日用品类	Articles for Daily Use	4598	58.6
8.五金、电料类	Hardware & Electrical Materials	5545	87.0
9.体育、娱乐用品类	Sports & Recreational Articles	182	1.2
其中：照相器材类	Photographic Equipment	12	0.0
10.书报杂志类	Newspapers and Magazines	107	0.5
11.电子出版物及音像制品类	E-journal and Video Products	157	1.1
12.家用电器和音像器材类	Household Appliances and Video Equipments	525	4.6
13.中西药品类	Traditional Chinese and Western Medicine	5244	88.9
其中：西药类	Western Medicine	67	0.2
中草药及中成药类	Traditional Chinese	5109	87.2
14.文化办公用品类	Cultural and Official Goods	520	4.6
其中：计算机及其配套产品	Computer and Corollary Equipment	66	0.1
15.家具类	Furniture	1024	11.6
16.通讯器材类	Communication Appliances	129	5.1
17.煤炭及制品类	Coal and Related Products	81	9.3
18.木材及制品类	Wood and Wooden Products	2685	126.3
19.石油及制品类	Petroleum and Related Products	4	0.1
20.化工材料及制品类	Raw Chemical Materials and Related Products	2786	255.1
其中：化肥类	Fertilizer	862	1.9
21.金属材料类	Metal Materials	17906	3240.0
22.建筑及装潢材料类	Building and Decoration Materials	15917	738.7
23.机电产品及设备类	Mechanical & Electrical Products	3715	251.4
其中：农机类	Agricultural Machinery	1299	111.1
24.汽车类	Automobile	17365	1395.2
25.种子饲料类	Seed and Feedstuff	643	4.2
26.棉麻类	Cotton and Hemp	25	0.9
27.其他类	Others	34756	814.9

2-13 续表 1 Continued 1

封闭式

Indoor

类　　别	Classification	摊位数（个） Number of Booths (unit)	成交额（亿元） Turnover (100 million yuan)
总　计	**Total**	**2207036**	**84497.9**
1.粮油、食品类	Grain and Oil, Food	565866	24095.6
其中：粮油类	Grain and Oil	56583	3802.3
肉禽蛋类	Meat, Poultry and Eggs	81050	3500.4
水产品类	Aquatic Products	84386	5038.8
蔬菜类	Vegetables	186282	5266.9
干鲜果品类	Dried and Fresh Melons and Fruits	100084	4508.9
2.饮料类	Beverages	29817	846.3
3.烟酒类	Tobacco and Liquor	19134	761.6
4.服装、鞋帽、针纺织品类	Clothing, Shoes, Hats and Textiles	637764	17579.9
(1)服装类	Clothing	397088	6968.4
(2)鞋帽类	Footwear and Hats	81342	1234.0
(3)针纺织品类	Knitwear and Textiles	159334	9377.5
5.化妆品类	Cosmetics	16151	209.8
6.金银珠宝类	Gold, Silver and Jewellery	26699	1124.6
7.日用品类	Articles for Daily Use	114339	2345.1
8.五金、电料类	Hardware & Electrical Materials	92819	2034.6
9.体育、娱乐用品类	Sports & Recreational Articles	9065	150.5
其中：照相器材类	Photographic Equipment	520	14.5
10.书报杂志类	Newspapers and Magazines	1855	69.0
11.电子出版物及音像制品类	E-journal and Video Products	1693	54.7
12.家用电器和音像器材类	Household Appliances and Video Equipments	26626	427.0
13.中西药品类	Traditional Chinese and Western Medicine	30182	1720.5
其中：西药类	Western Medicine	1290	49.7
中草药及中成药类	Traditional Chinese	28384	1650.5
14.文化办公用品类	Cultural and Official Goods	38113	853.4
其中：计算机及其配套产品	Computer and Corollary Equipment	14570	347.2
15.家具类	Furniture	93106	1758.2
16.通讯器材类	Communication Appliances	13910	252.3
17.煤炭及制品类	Coal and Related Products	142	204.9
18.木材及制品类	Wood and Wooden Products	12986	239.4
19.石油及制品类	Petroleum and Related Products	909	1038.0
20.化工材料及制品类	Raw Chemical Materials and Related Products	15225	2891.3
其中：化肥类	Fertilizer	1091	29.5
21.金属材料类	Metal Materials	48146	15395.1
22.建筑及装潢材料类	Building and Decoration Materials	206822	3154.7
23.机电产品及设备类	Mechanical & Electrical Products	38932	1044.1
其中：农机类	Agricultural Machinery	1458	60.3
24.汽车类	Automobile	51775	3837.4
25.种子饲料类	Seed and Feedstuff	2706	72.6
26.棉麻类	Cotton and Hemp	1041	177.8
27.其他类	Others	111213	2159.5

2-13 续表 2 Continued 2

其他

Others

类　　别	Classification	摊位数（个） Number of Booths (unit)	成交额（亿元） Turnover (100 million yuan)
总　计	**Total**	**335286**	**18021.6**
1.粮油、食品类	Grain and Oil, Food	143492	6298.9
其中：粮油类	Grain and Oil	11662	759.4
肉禽蛋类	Meat, Poultry and Eggs	21132	881.7
水产品类	Aquatic Products	20733	952.5
蔬菜类	Vegetables	53497	1555.2
干鲜果品类	Dried and Fresh Melons and Fruits	30027	2064.8
2.饮料类	Beverages	5319	124.0
3.烟酒类	Tobacco and Liquor	3500	73.0
4.服装、鞋帽、针纺织品类	Clothing, Shoes, Hats and Textiles	39094	594.1
(1)服装类	Clothing	21944	221.6
(2)鞋帽类	Footwear and Hats	6123	60.8
(3)针纺织品类	Knitwear and Textiles	11027	311.6
5.化妆品类	Cosmetics	1609	68.0
6.金银珠宝类	Gold, Silver and Jewellery	2851	16.4
7.日用品类	Articles for Daily Use	13013	240.5
8.五金、电料类	Hardware & Electrical Materials	16620	284.3
9.体育、娱乐用品类	Sports & Recreational Articles	976	9.8
其中：照相器材类	Photographic Equipment	65	0.4
10.书报杂志类	Newspapers and Magazines	323	0.7
11.电子出版物及音像制品类	E-journal and Video Products	203	1.3
12.家用电器和音像器材类	Household Appliances and Video Equipments	4007	106.9
13.中西药品类	Traditional Chinese and Western Medicine	1669	121.1
其中：西药类	Western Medicine	145	1.6
中草药及中成药类	Traditional Chinese	1415	117.6
14.文化办公用品类	Cultural and Official Goods	3326	79.7
其中：计算机及其配套产品	Computer and Corollary Equipment	100	0.9
15.家具类	Furniture	6755	151.5
16.通讯器材类	Communication Appliances	826	20.3
17.煤炭及制品类	Coal and Related Products	46	0.6
18.木材及制品类	Wood and Wooden Products	3969	120.6
19.石油及制品类	Petroleum and Related Products	407	1253.6
20.化工材料及制品类	Raw Chemical Materials and Related Products	3636	1467.5
其中：化肥类	Fertilizer	70	0.9
21.金属材料类	Metal Materials	11662	4682.9
22.建筑及装潢材料类	Building and Decoration Materials	28325	482.3
23.机电产品及设备类	Mechanical & Electrical Products	8051	183.1
其中：农机类	Agricultural Machinery	396	6.9
24.汽车类	Automobile	4514	1085.0
25.种子饲料类	Seed and Feedstuff	576	8.3
26.棉麻类	Cotton and Hemp	345	1.5
27.其他类	Others	30172	545.7

2-14 各地区亿元以上商品交易市场基本情况

Basic Statistics on Commodity Exchange Markets of Transaction Value over 100 Million Yuan by Region

年份 Year	地区 Region	市场数量（个）Number of Markets (unit)	摊位数（个）Number of Booths (unit)	营业面积（万平方米）Operational Area (10000 sq.m)	成交额（亿元）Turnover (100 million yuan)	批发 Wholesale Value	零售 Retail Value
2000		3087	2115115	8261.6	16358.9	11648.0	4710.9
2001		3273	2200662	9397.3	17719.1	12562.5	5156.5
2002		3258	2190814	10313.2	19840.0	15450.9	4389.2
2003		3265	2148866	10984.0	21514.5	16832.6	4681.9
2004		3365	2229818	12477.5	26102.7	21116.9	4985.8
2005		3323	2248803	13140.8	30020.9	24544.2	5476.7
2006		3876	2527987	18072.3	37137.5	29679.9	7457.5
2007		4121	2681630	19814.6	44085.1	35871.5	8213.6
2008		4567	2839070	21225.2	52458.0	43120.0	9337.9
2009		4687	2994781	23230.3	57963.8	48308.2	9655.5
2010		4940	3193365	24832.3	72703.5	60954.9	11748.6
2011		5075	3334787	26234.5	82017.3	69390.8	12626.5
2012		5194	3494122	27899.4	93023.8	80141.8	12882.0
2013		5089	3488170	28868.3	98365.1	84628.3	13736.8
2014		5023	3534757	29567.9	100309.9	86323.7	13986.2
2015		4952	3468638	30065.7	100133.8	85836.9	14296.8
2016		4861	3457899	30023.4	102139.7	87859.3	14280.4
2017		4617	3347936	29691.8	108247.6	93996.9	14250.7
2018		4296	3178423	29190.6	109373.3	95323.2	14050.1
2019		4037	3045931	28447.4	112016.8	98733.4	13283.4
2020		3891	2877393	29114.7	105748.7	93874.6	11874.1
2021		3753	2794347	29134.6	115462.2	103547.7	11914.4
北　京	Beijing	73	46558	547.8	3100.0	2326.7	773.3
天　津	Tianjin	47	28940	493.1	1503.7	1425.0	78.7
河　北	Hebei	168	223359	2329.8	5906.1	5730.9	175.1
山　西	Shanxi	32	23197	241.1	729.0	694.0	35.0
内蒙古	Inner Mongolia	40	25323	354.7	682.5	593.7	88.8
辽　宁	Liaoning	140	128441	1087.5	4221.7	3831.1	390.6
吉　林	Jilin	39	33982	326.5	461.5	386.4	75.0
黑龙江	Heilongjiang	33	19341	216.5	477.5	435.1	42.4
上　海	Shanghai	115	47105	401.8	10658.0	10050.7	607.2
江　苏	Jiangsu	383	300536	3553.7	23336.9	21886.4	1450.5
浙　江	Zhejiang	628	372899	3259.1	18969.4	16394.5	2574.8
安　徽	Anhui	95	98889	1225.3	2949.7	2552.8	396.9
福　建	Fujian	102	41174	287.7	1173.0	944.6	228.5
江　西	Jiangxi	111	88227	843.8	2411.1	2147.6	263.5
山　东	Shandong	385	258952	3284.5	9053.9	8327.7	726.2
河　南	Henan	106	96349	1233.1	3248.2	2794.6	453.7
湖　北	Hubei	101	64573	725.3	2208.4	1876.5	331.9
湖　南	Hunan	283	165566	1191.6	5006.6	4029.9	976.7
广　东	Guangdong	267	179796	1759.3	5534.2	4899.9	634.3
广　西	Guangxi	61	60053	330.8	976.8	726.6	250.2
海　南	Hainan	6	4809	95.2	141.2	113.4	27.7
重　庆	Chongqing	135	84659	795.3	3431.0	3063.0	368.0
四　川	Sichuan	108	127290	1162.3	3257.2	3075.2	181.9
贵　州	Guizhou	47	34490	539.4	1138.4	966.3	172.1
云　南	Yunnan	26	41152	172.7	462.7	412.4	50.2
西　藏	Tibet	3	2436	3.9	29.4	24.2	5.2
陕　西	Shaanxi	48	43436	563.6	991.4	883.6	107.8
甘　肃	Gansu	33	29150	277.6	420.4	308.8	111.6
青　海	Qinghai	8	6562	49.5	101.8	92.7	9.2
宁　夏	Ningxia	34	23174	265.3	357.6	330.4	27.2
新　疆	Xinjiang	96	93929	1516.8	2523.0	2223.0	300.0

批发和零售业

WHOLESALE AND RETAIL TRADES

第3篇

3-1-1 限额以上批发和零售业企业基本情况

Basic Conditions of Enterprises above Designated Size of Wholesale and Retail Trades

项 目	Item	法人单位数（个）Number of Corporation Enterprises (unit)	年末从业人数（人）Engaged Persons at Year-end (person)
总 计	**Total**	**318134**	**12867076**
一、批发业	**Wholesale Trade**	**200137**	**6354272**
#国有控股	State-controlled Enterprises	11892	1148818
(一)按登记注册类型分	**by Type of Registration**		
1.内资企业	**Domestic Funded Enterprises**	**191033**	**5334384**
国有企业	State-owned Enterprises	2105	305949
集体企业	Collective-owned Enterprises	229	8859
股份合作企业	Cooperative Enterprises	165	5193
联营企业	Joint Ownership Enterprises	44	1504
国有联营企业	State Joint Ownership Enterprises	25	814
集体联营企业	Collective Joint Ownership Enterprises	6	140
国有与集体联营企业	Joint State-collective Enterprises	7	501
其他联营企业	Other Joint Ownership Enterprises	6	49
有限责任公司	Limited Liability Corporations	26835	1435511
国有独资公司	State Sole Funded Corporations	2291	147197
其他有限责任公司	Other Limited Liability Corporations	24544	1288314
股份有限公司	Share-holding Corporations Ltd.	1593	279168
私营企业	Private Enterprises	159472	3280728
私营独资企业	Private-funded Enterprises	2182	31029
私营合伙企业	Private Partnership Enterprises	256	3553
私营有限责任公司	Private Limited Liability Corporations	155511	3154225
私营股份有限公司	Private Share-holding Corporations Ltd.	1523	91921
其他企业	Other Enterprises	590	17472
2.港、澳、台商投资企业	**Enterprises with Funds from Hongkong, Macao and Taiwan**	**3730**	**438571**
合资经营企业	Joint-venture Enterprises	555	40318
合作经营企业	Cooperative Enterprises	23	2171
独资经营企业	Enterprises with Sole Investment	2997	366003
投资股份有限公司	Share-holding Corporations Ltd. with Investment	77	25796
其他港澳台商投资企业	Other Enterprises with Funds from Hongkong, Macao and Taiwan	78	4283
3.外商投资企业	**Foreign Funded Enterprises**	**5374**	**581317**
中外合资经营企业	Joint-venture Enterprises	782	80146
中外合作经营企业	Cooperative Enterprises	21	1475
外资企业	Enterprises with Sole Foreign Investment	4402	472735
外商投资股份有限公司	Share-holding Corporations Ltd. with Foreign Investment	90	22533
其他外商投资企业	Other Foreign Funded Enterprises	79	4428

项 目	Item	法人单位数（个）Number of Corporation Enterprises (unit)	年末从业人数（人）Engaged Persons at the Year-end (person)
(二)按国民经济行业分	**by Sector**		
农、林、牧、渔产品批发	Wholesale of Agricultural, Forestry, Livestock and Fishery Products	7403	186192
食品、饮料及烟草制品批发	Wholesale of Food, Beverages and Tobaccos	19635	1198973
米、面制品及食用油批发	Wholesale of Rice, Flour and Edible Oil	3005	126518
肉、禽、蛋、奶及水产品批发	Wholesale of Meal, Fowls, Eggs, Milk and Aquatic Products	3824	168400
酒、饮料及茶叶批发	Wholesale of Wine, Beverages and Teas	4104	302786
烟草制品批发	Wholesale of Tobaccos	497	249212
纺织、服装及家庭用品批发	Wholesale of Textiles, Wearing Apparel and Household Articles	22010	976345
服装批发	Wholesale of Garments	4206	283805
鞋帽批发	Wholesale of Shoes and Hats	1216	71674
日用家电批发	Wholesale of Household Electrical Appliances	2598	132702
文化、体育用品及器材批发	Wholesale of Culture, Sports Appliances and Equipments	5807	248716
文具用品批发	Wholesale of Stationeries	2272	51172
体育用品及器材批发	Wholesale of Sports Appliances and Equipments	462	26132
图书批发	Wholesale of Books	545	46584
医药及医疗器材批发	Wholesale of Medicines and Medical Appliances	14247	913223
西药批发	Wholesale of Western Medicine	5029	481515
中药批发	Wholesale of Chinese Traditional Medicine	1955	166691
矿产品、建材及化工产品批发	Wholesale of Mineral Products, Building Materials and Chemical Products	89627	1499459
煤炭及制品批发	Wholesale of Coal and Related Products	7787	159136
石油及制品批发	Wholesale of Petroleum and Related Products	7707	291764
金属及金属矿批发	Wholesale of Metal Materials	32056	375895
建材批发	Wholesale of Building Materials	16373	264751
化肥批发	Wholesale of Chemical Fertilizer	1651	43580
农药批发	Wholesale of Pesticides	574	23522
机械设备、五金产品及电子产品批发	Wholesale of Machinery, Hardware and Electronic Products	35082	1155744
汽车及零配件批发	Wholesale of Motor Vehicles and Their Parts	6890	205738
计算机、软件及辅助设备批发	Wholesale of Computer, Software and Assistant Appliances	3214	118438
通讯设备批发	Wholesale of Communication Equipments	1934	102212
贸易经纪与代理	Trade Broker and Agency	1257	31124
其他批发业	Other Wholesale Industries	5069	144496

3-1-1 续表 2 Continued 2

项 目	Item	法人单位数（个） Number of Corporation Enterprises (unit)	年末从业人数（人） Engaged Persons at the Year-end (person)	年末零售营业面积（平方米） Business Area of Retail Trade at the Year-end (m²)
二、零售业	**Retail Trade**	**117997**	**6512804**	**396179300**
#国有控股	State-controlled Enterprises	5892	788300	71944222
(一)按登记注册类型分	**by Type of Registration**			
1.内资企业	**Domestic Funded Enterprises**	**114796**	**5589672**	**335100222**
国有企业	State-owned Enterprises	829	68433	4919257
集体企业	Collective-owned Enterprises	677	23374	1290655
股份合作企业	Cooperative Enterprises	277	8203	555605
联营企业	Joint Ownership Enterprises	89	1596	190245
国有联营企业	State Joint Ownership Enterprises	30	705	101294
集体联营企业	Collective Joint Ownership Enterprises	12	178	19028
国有与集体联营企业	Joint State-collective Enterprises	20	301	20928
其他联营企业	Other Joint Ownership Enterprises	27	412	48995
有限责任公司	Limited Liability Corporations	17955	1602656	104497210
国有独资公司	State Sole Funded Corporations	960	74086	4034055
其他有限责任公司	Other Limited Liability Corporations	16995	1528570	100463155
股份有限公司	Share-holding Corporations Ltd.	1079	322454	37228228
私营企业	Private Enterprises	93495	3554945	185894066
私营独资企业	Private-funded Enterprises	6893	106782	7696971
私营合伙企业	Private Partnership Enterprises	748	11496	1128536
私营有限责任公司	Private Limited Liability Corporations	85134	3286606	170321630
私营股份有限公司	Private Share-holding Corporations Ltd.	720	150061	6746929
其他企业	Other Enterprises	395	8011	524956
2.港、澳、台商投资企业	**Enterprises with Funds from Hongkong, Macao and Taiwan**	**1640**	**476539**	**25216222**
合资经营企业	Joint-venture Enterprises	286	66823	5007021
合作经营企业	Cooperative Enterprises	29	4533	244989
独资经营企业	Enterprises with Sole Investment	1258	376011	19174576
投资股份有限公司	Share-holding Corporations Ltd. with Investment	29	23993	623892
其他港澳台商投资企业	Other Enterprises with Funds from Hongkong, Macao and Taiwan	38	5179	165744
3.外商投资企业	**Foreign Funded Enterprises**	**1561**	**446593**	**35862856**
中外合资经营企业	Joint-venture Enterprises	334	118387	11639023
中外合作经营企业	Cooperative Enterprises	21	5306	312830
外资企业	Enterprises with Sole Foreign Investment	1104	294053	20291416
外商投资股份有限公司	Share-holding Corporations Ltd. with Foreign Investment	69	24348	3460826
其他外商投资企业	Other Foreign Funded Enterprises	33	4499	158761

项 目	Item	法人单位数(个) Number of Corporation Enterprises (unit)	年末从业人数(人) Engaged Persons at the Year-end (person)	年末零售营业面积(平方米) Business Area of Retail Trade at the Year-end (㎡)
(二)按国民经济行业分	**by Sector**			
综合零售	Integrated Retail	14068	1972142	147127611
#百货零售	Retail of General Merchandise	6104	733098	81900035
超级市场零售	Retail of Supermarkets	6359	1135886	60313838
食品、饮料及烟草制品专门零售	Special Retail of Food, Beverages and Tobaccos	11263	388338	11952485
#粮油零售	Retail of Cereal and Oil	1272	26733	1823642
肉、禽、蛋、奶及水产品零售	Retail of Meat, Poultry, Eggs, Milk and Aquatic Products	1853	70133	2255015
酒、饮料及茶叶零售	Retail of Wine, Beverages and Teas	3163	70208	1608180
烟草制品零售	Retail of Tobaccos	375	13848	289308
纺织、服装及日用品专门零售	Special Retail of Textiles, Garments and Daily Consumer Articles	5596	510756	20996097
#服装零售	Retail of Garments	2583	299232	15520822
文化、体育用品及器材专门零售	Special Retail of Culture, Sports Appliances and Equipments	5208	243625	8688035
#体育用品及器材零售	Retail of Sports Appliances and Equipments	249	14596	1181637
图书、报刊零售	Retail of Books, Newspapers and Magazines	1351	111651	3984452
医药及医疗器材专门零售	Special Retail of Medicines and Medical Appliances	5922	776316	21039442
#西药零售	Retail of Western Medicines	4833	716286	19348753
汽车、摩托车、零配件和燃料及其他动力销售	Retail of Motor Vehicles, Motorcycles, Parts, Fuel and Other Powers	43651	1716450	148878733
#汽车新车零售	Retail of New Motor Vehicles	30169	1263462	83775593
机动车燃油零售	Retail of Fuel Oil of Motor Vehicles	10435	385478	58838699
家用电器及电子产品专门零售	Special Retail of Household Electric Appliances and Electronic Products	12740	353779	18242860
#日用家电零售	Retail of Household Electric Appliances	5013	130057	11311382
计算机、软件及辅助设备零售	Retail of Computer, Software and Assistant Appliances	2938	64807	822469
通信设备零售	Retail of Communication Equipments	2022	88227	1554153
五金、家具及室内装饰材料专门零售	Special Retail of Hardware, Furniture and Interior Decoration Materials	6425	129540	9456831
货摊、无店铺及其他零售业	Stalls, Non-shop and Other Retails	13124	421858	9797206
#互联网零售	Retail on the Internet	10840	349226	5080954
(三)按零售业态分	**by Mode of Business Operation**			
有店铺零售	Store-based Retailing	103613	6051113	388702335
#超市	Supermarket	8282	538298	21521186
大型超市	Hypermarket	2290	966373	65224096
百货店	Department Store	5429	593130	62725524
专业店	Speciality Store	46404	2080409	126646424
专卖店	Exclusive Shop	37000	1774331	99141167
无店铺零售	Non-Store Selling	17532	903520	32626174

注：零售业态为多选项，因此分项之和大于总计。
Note: The subentries may not add up to the aggregate totals, as the Mode of Business Operation is multiple choice.

3-1-2 各地区限额以上批发业企业基本情况

Basic Conditions of Enterprises above Designated Size of Wholesale Trade by Region

地区	Region	批发业 Wholesale Trade		#国有控股 State-controlled Enterprises	
		法人单位数(个) Number of Corporation Enterprises (unit)	年末从业人数(人) Engaged Persons at the Year-end (person)	法人单位数(个) Number of Corporation Enterprises (unit)	年末从业人数(人) Engaged Persons at the Year-end (person)
全国	**National Total**	**200137**	**6354272**	**11892**	**1148818**
北京	Beijing	7838	434122	901	102781
天津	Tianjin	7477	178573	390	18918
河北	Hebei	3313	105561	225	23960
山西	Shanxi	3292	105265	374	43736
内蒙古	Inner Mongolia	1357	45262	143	14699
辽宁	Liaoning	3930	92162	276	27382
吉林	Jilin	1170	43672	127	14347
黑龙江	Heilongjiang	1201	52537	199	24935
上海	Shanghai	13545	728303	848	63899
江苏	Jiangsu	24982	583070	911	65680
浙江	Zhejiang	22647	554094	695	46727
安徽	Anhui	3876	140112	293	33845
福建	Fujian	11741	267724	593	35676
江西	Jiangxi	2879	107990	249	33539
山东	Shandong	18093	401306	821	73254
河南	Henan	6104	202822	328	46359
湖北	Hubei	4046	166463	311	35629
湖南	Hunan	3256	130112	222	32332
广东	Guangdong	36364	1125323	1027	124421
广西	Guangxi	2783	89278	308	25243
海南	Hainan	877	31966	122	7210
重庆	Chongqing	3176	122614	300	24164
四川	Sichuan	5201	205636	560	45333
贵州	Guizhou	1753	71896	288	31955
云南	Yunnan	1942	88676	248	37238
西藏	Tibet	90	8462	24	1831
陕西	Shaanxi	2750	107650	334	41989
甘肃	Gansu	984	45325	152	17284
青海	Qinghai	223	12304	56	6739
宁夏	Ningxia	288	12883	40	6760
新疆	Xinjiang	2959	93109	527	40953

3-1-3 各地区限额以上批发业企业基本情况(按登记注册类型分)

Basic Conditions of Enterprises above Designated Size of Wholesale Trade by Region and Type of Registration

地区	Region	内资企业 Domestic Funded Enterprises 法人单位数(个) Number of Corporation Enterprises (unit)	年末从业人数(人) Engaged Persons at the Year-end (person)	#国有企业 State-owned Enterprises 法人单位数(个) Number of Corporation Enterprises (unit)	年末从业人数(人) Engaged Persons at the Year-end (person)
全　国	**National Total**	**191033**	**5334384**	**2105**	**305949**
北　京	Beijing	7217	297981	30	3011
天　津	Tianjin	7176	114946	28	1999
河　北	Hebei	3299	103271	41	10431
山　西	Shanxi	3284	104650	22	7517
内蒙古	Inner Mongolia	1352	45117	26	5610
辽　宁	Liaoning	3822	85868	53	10055
吉　林	Jilin	1163	43191	20	5022
黑龙江	Heilongjiang	1196	49201	53	8805
上　海	Shanghai	9990	320548	112	5640
江　苏	Jiangsu	24261	508931	296	18589
浙　江	Zhejiang	22033	502683	48	10510
安　徽	Anhui	3840	128884	46	11347
福　建	Fujian	11402	248213	28	10323
江　西	Jiangxi	2863	106578	81	11158
山　东	Shandong	17830	387389	176	10206
河　南	Henan	6083	201264	78	24578
湖　北	Hubei	3976	146365	69	15371
湖　南	Hunan	3232	127173	53	17712
广　东	Guangdong	34219	957040	242	17200
广　西	Guangxi	2747	84644	29	7517
海　南	Hainan	849	30961	35	2459
重　庆	Chongqing	3135	114056	76	7521
四　川	Sichuan	5159	201040	84	15549
贵　州	Guizhou	1740	69258	34	17972
云　南	Yunnan	1926	86232	52	20031
西　藏	Tibet	87	7054	14	1344
陕　西	Shaanxi	2712	100832	96	12974
甘　肃	Gansu	980	44211	48	5817
青　海	Qinghai	221	11481	14	1295
宁　夏	Ningxia	288	12883	13	1606
新　疆	Xinjiang	2951	92439	108	6780

3-1-3 续表 1 Continued 1

地区	Region	集体企业 Collective-owned Enterprises 法人单位数(个) Number of Corporation Enterprises (unit)	集体企业 Collective-owned Enterprises 年末从业人数(人) Engaged Persons at the Year-end (person)	股份合作企业 Cooperative Enterprises 法人单位数(个) Number of Corporation Enterprises (unit)	股份合作企业 Cooperative Enterprises 年末从业人数(人) Engaged Persons at the Year-end (person)
全国	**National Total**	**229**	**8859**	**165**	**5193**
北京	Beijing	16	544	27	876
天津	Tianjin	6	36	10	346
河北	Hebei	5	109	NA	88
山西	Shanxi	7	1619	NA	18
内蒙古	Inner Mongolia				
辽宁	Liaoning	5	60	5	98
吉林	Jilin			NA	64
黑龙江	Heilongjiang	NA	46	NA	18
上海	Shanghai	8	142	5	74
江苏	Jiangsu	25	400	9	271
浙江	Zhejiang	6	164	28	526
安徽	Anhui	NA	23	NA	74
福建	Fujian	21	435		
江西	Jiangxi	7	140	4	91
山东	Shandong	9	930	6	402
河南	Henan	10	551	NA	132
湖北	Hubei	7	191	NA	109
湖南	Hunan	4	114	NA	12
广东	Guangdong	28	587	41	993
广西	Guangxi	5	285	NA	219
海南	Hainan			NA	6
重庆	Chongqing	4	204	NA	116
四川	Sichuan	12	510	4	339
贵州	Guizhou	10	148		
云南	Yunnan	9	275	NA	44
西藏	Tibet				
陕西	Shaanxi	11	369	NA	181
甘肃	Gansu	NA	25	NA	93
青海	Qinghai	NA	71		
宁夏	Ningxia				
新疆	Xinjiang	6	881	NA	3

注：NA表示小于或等于3(下表同)。
Note:NA refers to less than or equal to three. The same applies to the tables following.

3-1-3 续表 2 Continued 2

地区	Region	联营企业 Joint Ownership Enterprises 法人单位数(个) Number of Corporation Enterprises (unit)	联营企业 Joint Ownership Enterprises 年末从业人数(人) Engaged Persons at the Year-end (person)	有限责任公司 Limited Liability Corporations 法人单位数(个) Number of Corporation Enterprises (unit)	有限责任公司 Limited Liability Corporations 年末从业人数(人) Engaged Persons at the Year-end (person)
全国	**National Total**	**44**	**1504**	**26835**	**1435511**
北京	Beijing	NA	112	1845	143454
天津	Tianjin	NA	7	1132	38682
河北	Hebei	NA		447	26418
山西	Shanxi			565	46815
内蒙古	Inner Mongolia			259	16034
辽宁	Liaoning	NA	57	609	22776
吉林	Jilin			234	13187
黑龙江	Heilongjiang			282	16192
上海	Shanghai	NA	24	2037	99814
江苏	Jiangsu	NA	51	1498	89797
浙江	Zhejiang	NA	32	1818	97989
安徽	Anhui			607	39645
福建	Fujian			799	33023
江西	Jiangxi	NA	33	581	41058
山东	Shandong	5	196	2253	109722
河南	Henan	NA	11	841	52783
湖北	Hubei	NA	3	887	41351
湖南	Hunan	NA	33	387	25506
广东	Guangdong	7	465	4718	206289
广西	Guangxi			521	26901
海南	Hainan	NA	163	511	18927
重庆	Chongqing	NA	101	385	20213
四川	Sichuan	4	192	1177	67409
贵州	Guizhou			428	22270
云南	Yunnan			444	22530
西藏	Tibet			35	2954
陕西	Shaanxi			556	34462
甘肃	Gansu			260	17204
青海	Qinghai			55	2568
宁夏	Ningxia			32	2284
新疆	Xinjiang	NA	24	632	37254

3-1-3 续表 3 Continued 3

地区	Region	股份有限公司 Share-holding Corporations Ltd. 法人单位数(个) Number of Corporation Enterprises (unit)	股份有限公司 Share-holding Corporations Ltd. 年末从业人数(人) Engaged Persons at the Year-end (person)	私营企业 Private Enterprises 法人单位数(个) Number of Corporation Enterprises (unit)	私营企业 Private Enterprises 年末从业人数(人) Engaged Persons at the Year-end (person)
全　国	**National Total**	**1593**	**279168**	**159472**	**3280728**
北　京	Beijing	72	14048	5220	135880
天　津	Tianjin	57	2780	5934	70935
河　北	Hebei	11	1289	2789	64795
山　西	Shanxi	12	1886	2675	46762
内蒙古	Inner Mongolia	11	1092	1056	22381
辽　宁	Liaoning	39	4634	3091	47716
吉　林	Jilin	12	2722	891	22150
黑龙江	Heilongjiang	27	7379	827	16742
上　海	Shanghai	160	25864	7655	188870
江　苏	Jiangsu	151	26323	22035	366632
浙　江	Zhejiang	115	18705	20003	374632
安　徽	Anhui	34	4466	3143	73113
福　建	Fujian	18	2038	10533	202367
江　西	Jiangxi	42	5721	2138	48233
山　东	Shandong	120	15804	15214	249381
河　南	Henan	37	6101	5111	117033
湖　北	Hubei	46	12281	2931	75592
湖　南	Hunan	35	5658	2737	77699
广　东	Guangdong	299	69300	28867	660729
广　西	Guangxi	18	4519	2160	43855
海　南	Hainan	12	440	287	8962
重　庆	Chongqing	39	4537	2621	81124
四　川	Sichuan	44	10312	3827	105994
贵　州	Guizhou	8	372	1260	28496
云　南	Yunnan	41	7426	1322	35140
西　藏	Tibet			38	2756
陕　西	Shaanxi	37	7511	1984	44618
甘　肃	Gansu	17	1988	643	18976
青　海	Qinghai	10	3715	141	3832
宁　夏	Ningxia	8	3287	235	5706
新　疆	Xinjiang	61	6970	2104	39627

3-1-3 续表 4 Continued 4

地 区	Region	港、澳、台商投资企业 Enterprises with Funds from Hongkong, Macao and Taiwan		外商投资企业 Foreign Funded Enterprises	
		法人单位数 (个) Number of Corporation Enterprises (unit)	年末从业人数 (人) Engaged Persons at the Year-end (person)	法人单位数 (个) Number of Corporation Enterprises (unit)	年末从业人数 (人) Engaged Persons at the Year-end (person)
全 国	**National Total**	**3730**	**438571**	**5374**	**581317**
北 京	Beijing	174	45908	447	90233
天 津	Tianjin	114	52009	187	11618
河 北	Hebei	NA	138	11	2152
山 西	Shanxi	NA	340	6	275
内 蒙 古	Inner Mongolia	NA	71	NA	74
辽 宁	Liaoning	31	1200	77	5094
吉 林	Jilin			7	481
黑 龙 江	Heilongjiang	NA	3255	NA	81
上 海	Shanghai	1085	143645	2470	264110
江 苏	Jiangsu	313	27085	408	47054
浙 江	Zhejiang	212	20872	402	30539
安 徽	Anhui	15	4067	21	7161
福 建	Fujian	175	6817	164	12694
江 西	Jiangxi	9	591	7	821
山 东	Shandong	99	4107	164	9810
河 南	Henan	10	578	11	980
湖 北	Hubei	31	12039	39	8059
湖 南	Hunan	8	2258	16	681
广 东	Guangdong	1353	98078	792	70205
广 西	Guangxi	10	121	26	4513
海 南	Hainan	21	421	7	584
重 庆	Chongqing	15	4331	26	4227
四 川	Sichuan	14	1299	28	3297
贵 州	Guizhou	10	1921	NA	717
云 南	Yunnan	NA	835	13	1609
西 藏	Tibet	NA	1408		
陕 西	Shaanxi	10	4449	28	2369
甘 肃	Gansu	NA	155	NA	959
青 海	Qinghai			NA	823
宁 夏	Ningxia				
新 疆	Xinjiang	4	573	4	97

3-1-4 各地区限额以上批发业企业基本情况(按国民经济行业分)

Basic Conditions of Enterprises above Designated Size of Wholesale Trade by Region and Sector

地 区	Region	农、林、牧、渔产品批发 Wholesale of Agricultural, Forestry, Livestock and Fishery Products		食品、饮料及烟草制品批发 Wholesale of Food, Beverages and Tobaccos	
		法人单位数 (个) Number of Corporation Enterprises (unit)	年末从业人数 (人) Engaged Persons at the Year-end (person)	法人单位数 (个) Number of Corporation Enterprises (unit)	年末从业人数 (人) Engaged Persons at the Year-end (person)
全 国	**National Total**	**7403**	**186192**	**19635**	**1198973**
北 京	Beijing	158	5615	923	65335
天 津	Tianjin	230	2952	592	30481
河 北	Hebei	183	3273	266	20668
山 西	Shanxi	51	2654	223	16312
内蒙古	Inner Mongolia	194	4110	113	10251
辽 宁	Liaoning	323	4838	408	19215
吉 林	Jilin	166	4813	115	7999
黑龙江	Heilongjiang	329	7449	129	13923
上 海	Shanghai	170	4152	1221	83197
江 苏	Jiangsu	811	24376	1592	77934
浙 江	Zhejiang	255	4418	1160	71940
安 徽	Anhui	225	4741	579	36964
福 建	Fujian	328	6694	1289	65460
江 西	Jiangxi	121	4979	308	20653
山 东	Shandong	969	14456	1502	78522
河 南	Henan	393	10474	557	46240
湖 北	Hubei	267	7014	627	50037
湖 南	Hunan	159	6757	443	40238
广 东	Guangdong	723	17986	3675	197667
广 西	Guangxi	92	1640	411	22473
海 南	Hainan	33	389	90	5391
重 庆	Chongqing	65	2390	546	28623
四 川	Sichuan	161	6361	1087	60841
贵 州	Guizhou	44	1177	333	37173
云 南	Yunnan	159	4017	416	34942
西 藏	Tibet			13	985
陕 西	Shaanxi	75	1811	468	22498
甘 肃	Gansu	71	1787	187	13482
青 海	Qinghai	5	130	33	2053
宁 夏	Ningxia	19	542	21	2149
新 疆	Xinjiang	624	24197	308	15327

3-1-4 续表 1 Continued 1

地 区	Region	纺织、服装及家庭用品批发 Wholesale of Textiles, Wearing Apparel and Household Articles		文化、体育用品及器材批发 Wholesale of Culture, Sports Appliances and Equipments	
		法人单位数（个） Number of Corporation Enterprises (unit)	年末从业人数（人） Engaged Persons at the Year-end (person)	法人单位数（个） Number of Corporation Enterprises (unit)	年末从业人数（人） Engaged Persons at the Year-end (person)
全 国	**National Total**	**22010**	**976345**	**5807**	**248716**
北 京	Beijing	645	64931	409	29023
天 津	Tianjin	396	51139	158	3304
河 北	Hebei	152	6288	58	1929
山 西	Shanxi	55	2170	43	1500
内 蒙 古	Inner Mongolia	20	1727	9	511
辽 宁	Liaoning	209	7522	58	2971
吉 林	Jilin	25	794	16	1191
黑 龙 江	Heilongjiang	36	2328	18	841
上 海	Shanghai	1733	165714	474	31433
江 苏	Jiangsu	2948	124921	765	21333
浙 江	Zhejiang	5520	161168	954	27256
安 徽	Anhui	287	17163	72	2775
福 建	Fujian	2505	53878	315	7829
江 西	Jiangxi	168	3871	68	1374
山 东	Shandong	1047	39230	391	19103
河 南	Henan	261	11207	126	5669
湖 北	Hubei	195	9685	82	3645
湖 南	Hunan	248	8454	158	4740
广 东	Guangdong	4715	199599	1348	64350
广 西	Guangxi	127	5284	43	1197
海 南	Hainan	34	1274	16	1110
重 庆	Chongqing	109	7541	38	5538
四 川	Sichuan	256	12403	58	2520
贵 州	Guizhou	43	1862	15	828
云 南	Yunnan	51	1614	23	921
西 藏	Tibet	6	77		
陕 西	Shaanxi	100	9696	52	2936
甘 肃	Gansu	21	959	13	1135
青 海	Qinghai	5	103	NA	322
宁 夏	Ningxia	7	107	6	251
新 疆	Xinjiang	86	3636	20	1181

地 区	Region	医药及医疗器材批发 Wholesale of Medicines and Medical Appliances		矿产品、建材及化工产品批发 Wholesale of Mineral Products, Building Material and Chemical Products	
		法人单位数 (个) Number of Corporation Enterprises (unit)	年末从业人数 (人) Engaged Persons at the Year-end (person)	法人单位数 (个) Number of Corporation Enterprises (unit)	年末从业人数 (人) Engaged Persons at the Year-end (person)
全 国	**National Total**	**14247**	**913223**	**89627**	**1499459**
北 京	Beijing	998	56647	1848	70067
天 津	Tianjin	284	12535	4264	41995
河 北	Hebei	392	24513	1684	32959
山 西	Shanxi	241	16170	2139	52694
内蒙古	Inner Mongolia	159	9646	636	13600
辽 宁	Liaoning	343	17318	1904	27459
吉 林	Jilin	278	14104	315	6478
黑龙江	Heilongjiang	183	11230	327	11899
上 海	Shanghai	791	94241	5032	114453
江 苏	Jiangsu	934	73436	13167	153441
浙 江	Zhejiang	757	43470	10121	129289
安 徽	Anhui	438	26545	1463	23357
福 建	Fujian	440	19013	4961	69842
江 西	Jiangxi	488	33934	1185	30513
山 东	Shandong	961	56005	10131	124040
河 南	Henan	631	41561	3044	55901
湖 北	Hubei	657	42503	1486	33864
湖 南	Hunan	380	29861	1302	23795
广 东	Guangdong	2204	112466	13972	241847
广 西	Guangxi	272	16549	1435	28694
海 南	Hainan	140	11833	458	8381
重 庆	Chongqing	382	22744	1448	28908
四 川	Sichuan	786	49810	2167	45030
贵 州	Guizhou	181	11232	936	13916
云 南	Yunnan	183	17839	916	21985
西 藏	Tibet	26	6185	28	697
陕 西	Shaanxi	282	18014	1292	38659
甘 肃	Gansu	165	9371	398	13993
青 海	Qinghai	31	2094	124	6928
宁 夏	Ningxia	26	2101	182	6852
新 疆	Xinjiang	214	10253	1262	27923

地 区	Region	机械设备、五金产品及电子产品批发 Wholesale of Machinery, Hardware and Electronic Products		贸易经纪与代理 Trade Broker and Agency		其他批发业 Other Wholesale not Classified Elsewhere	
		法人单位数（个） Number of Corporation Enterprises (unit)	年末从业人数（人） Engaged Persons at the Year-end (person)	法人单位数（个） Number of Corporation Enterprises (unit)	年末从业人数（人） Engaged Persons at the Year-end (person)	法人单位数（个） Number of Corporation Enterprises (unit)	年末从业人数（人） Engaged Persons at the Year-end (person)
全 国	**National Total**	**35082**	**1155744**	**1257**	**31124**	**5069**	**144496**
北 京	Beijing	2675	131099	47	3582	135	7823
天 津	Tianjin	1321	30104	54	843	178	5220
河 北	Hebei	493	14262	11	297	74	1372
山 西	Shanxi	460	12140	9	71	71	1554
内蒙古	Inner Mongolia	193	4693			33	724
辽 宁	Liaoning	562	10840	26	272	97	1727
吉 林	Jilin	233	7285			22	1008
黑龙江	Heilongjiang	151	4445	13	138	15	284
上 海	Shanghai	3636	214053	250	7040	238	14020
江 苏	Jiangsu	3855	90705	186	2940	724	13984
浙 江	Zhejiang	3217	96243	65	1276	598	19034
安 徽	Anhui	611	24558	17	162	184	3847
福 建	Fujian	1351	33225	49	1395	503	10388
江 西	Jiangxi	401	10431	45	610	95	1625
山 东	Shandong	2687	61716	57	1381	348	6853
河 南	Henan	890	24854	18	430	184	6486
湖 北	Hubei	635	16901	9	96	88	2718
湖 南	Hunan	438	11544	14	292	114	4431
广 东	Guangdong	8496	256423	341	9499	890	25486
广 西	Guangxi	338	11360	NA	25	63	2056
海 南	Hainan	88	3283	4	31	14	274
重 庆	Chongqing	468	22642	11	185	109	4043
四 川	Sichuan	580	24036	NA	80	103	4555
贵 州	Guizhou	175	4780	NA	30	24	898
云 南	Yunnan	156	6720	4	45	34	593
西 藏	Tibet	14	399	NA		NA	119
陕 西	Shaanxi	407	12118	9	214	65	1704
甘 肃	Gansu	115	4329	4	42	10	227
青 海	Qinghai	20	549			4	125
宁 夏	Ningxia	24	812			NA	69
新 疆	Xinjiang	392	9195	6	148	47	1249

3-1-5　各地区限额以上零售业企业基本情况
Basic Conditions of Enterprises above Designated Size of Retail Trade by Region

地　区	Region	零售业 Retail Trade		#国有控股 State-controlled Enterprises	
		法人单位数 (个) Number of Corporation Enterprises (unit)	年末从业人数 (人) Engaged Persons at the Year-end (person)	法人单位数 (个) Number of Corporation Enterprises (unit)	年末从业人数 (人) Engaged Persons at the Year-end (person)
全　国	**National Total**	**117997**	**6512804**	**5892**	**788300**
北　京	Beijing	2488	237314	359	50647
天　津	Tianjin	1130	74165	150	15816
河　北	Hebei	3032	262911	122	31032
山　西	Shanxi	2736	136198	156	19943
内蒙古	Inner Mongolia	1143	78218	63	18744
辽　宁	Liaoning	2163	153197	130	28279
吉　林	Jilin	1309	78284	117	16946
黑龙江	Heilongjiang	1646	90224	123	12390
上　海	Shanghai	2903	391925	414	65615
江　苏	Jiangsu	12310	520597	354	42878
浙　江	Zhejiang	6536	363710	578	32296
安　徽	Anhui	5152	247058	149	25563
福　建	Fujian	7339	292345	214	26084
江　西	Jiangxi	4671	179224	101	19966
山　东	Shandong	6441	417385	273	39883
河　南	Henan	7794	361409	251	26528
湖　北	Hubei	5859	295099	208	43371
湖　南	Hunan	7247	296127	135	25782
广　东	Guangdong	9591	679956	563	84290
广　西	Guangxi	3101	140974	202	12987
海　南	Hainan	479	40425	44	14245
重　庆	Chongqing	3661	191847	132	25788
四　川	Sichuan	5457	336733	209	26162
贵　州	Guizhou	2478	106638	184	15412
云　南	Yunnan	2696	144931	141	17580
西　藏	Tibet	208	7622	28	2385
陕　西	Shaanxi	4974	202080	243	20611
甘　肃	Gansu	1216	72154	84	13855
青　海	Qinghai	258	15067	20	1697
宁　夏	Ningxia	306	24023	21	1964
新　疆	Xinjiang	1673	74964	124	9561

3-1-6 各地区限额以上零售业企业基本情况(按登记注册类型分)

Basic Conditions of Enterprises above Designated Size of Retail Trade by Region and Type of Registration

地区	Region	内资企业 Domestic Funded Enterprises		#国有企业 State-owned Enterprises	
		法人单位数(个) Number of Corporation Enterprises (unit)	年末从业人数(人) Engaged Persons at the Year-end (person)	法人单位数(个) Number of Corporation Enterprises (unit)	年末从业人数(人) Engaged Persons at the Year-end (person)
全国	**National Total**	**114796**	**5589672**	**829**	**68433**
北京	Beijing	2309	180755	16	906
天津	Tianjin	1071	54051	15	507
河北	Hebei	2996	252494	17	720
山西	Shanxi	2714	131024	14	1495
内蒙古	Inner Mongolia	1126	75876	NA	15
辽宁	Liaoning	2066	133402	32	1748
吉林	Jilin	1278	73632	9	2165
黑龙江	Heilongjiang	1610	84014	30	3472
上海	Shanghai	2420	191733	44	2165
江苏	Jiangsu	12014	437735	67	3874
浙江	Zhejiang	6221	308430	24	1578
安徽	Anhui	5071	226222	12	1839
福建	Fujian	7135	244887	10	150
江西	Jiangxi	4632	170997	28	1718
山东	Shandong	6289	387631	53	5266
河南	Henan	7738	342996	46	4198
湖北	Hubei	5790	265232	62	5249
湖南	Hunan	7184	267690	38	3719
广东	Guangdong	9059	525533	73	6960
广西	Guangxi	3052	129566	15	713
海南	Hainan	465	38311	12	3550
重庆	Chongqing	3602	177948	11	1303
四川	Sichuan	5345	293017	29	851
贵州	Guizhou	2437	99311	13	1310
云南	Yunnan	2652	133524	23	1515
西藏	Tibet	206	7554	14	504
陕西	Shaanxi	4890	173153	57	4577
甘肃	Gansu	1205	70892	16	3054
青海	Qinghai	255	14680	NA	267
宁夏	Ningxia	302	23673	6	343
新疆	Xinjiang	1662	73709	38	2702

3-1-6 续表 1 Continued 1

地区	Region	集体企业 Collective-owned Enterprises 法人单位数（个） Number of Corporation Enterprises (unit)	集体企业 Collective-owned Enterprises 年末从业人数（人） Engaged Persons at the Year-end (person)	股份合作企业 Cooperative Enterprises 法人单位数（个） Number of Corporation Enterprises (unit)	股份合作企业 Cooperative Enterprises 年末从业人数（人） Engaged Persons at the Year-end (person)
全　国	**National Total**	**677**	**23374**	**277**	**8203**
北　京	Beijing	42	1289	34	564
天　津	Tianjin	30	367	6	162
河　北	Hebei	22	495	12	1483
山　西	Shanxi	30	586		
内蒙古	Inner Mongolia	NA	52	NA	25
辽　宁	Liaoning	15	631	5	81
吉　林	Jilin	5	48	NA	77
黑龙江	Heilongjiang	11	575	18	556
上　海	Shanghai	13	816	10	192
江　苏	Jiangsu	82	1623	24	652
浙　江	Zhejiang	19	851	47	880
安　徽	Anhui	12	171	7	179
福　建	Fujian	51	1050	NA	19
江　西	Jiangxi	8	182	5	122
山　东	Shandong	30	1482	17	617
河　南	Henan	27	524	NA	104
湖　北	Hubei	18	5224	4	129
湖　南	Hunan	30	1786	NA	190
广　东	Guangdong	97	2671	25	489
广　西	Guangxi	10	129	NA	59
海　南	Hainan	NA	37	NA	15
重　庆	Chongqing	6	169	9	284
四　川	Sichuan	17	305	11	249
贵　州	Guizhou	10	120	NA	244
云　南	Yunnan	18	496	17	593
西　藏	Tibet				
陕　西	Shaanxi	60	1414	6	100
甘　肃	Gansu	6	164	NA	132
青　海	Qinghai				
宁　夏	Ningxia	NA	16		
新　疆	Xinjiang	4	101	NA	6

3-1-6 续表 2 Continued 2

地区	Region	联营企业 Joint Ownership Enterprises 法人单位数(个) Number of Corporation Enterprises (unit)	联营企业 Joint Ownership Enterprises 年末从业人数(人) Engaged Persons at the Year-end (person)	有限责任公司 Limited Liability Corporations 法人单位数(个) Number of Corporation Enterprises (unit)	有限责任公司 Limited Liability Corporations 年末从业人数(人) Engaged Persons at the Year-end (person)
全国	**National Total**	**89**	**1596**	**17955**	**1602656**
北京	Beijing	4	64	966	102197
天津	Tianjin	4	44	317	24115
河北	Hebei			556	80351
山西	Shanxi			379	30911
内蒙古	Inner Mongolia			239	27874
辽宁	Liaoning	NA	57	400	45414
吉林	Jilin			262	25744
黑龙江	Heilongjiang	NA	25	346	25561
上海	Shanghai	16	240	786	81628
江苏	Jiangsu	9	78	843	79488
浙江	Zhejiang	9	141	1119	75063
安徽	Anhui	NA	44	680	70335
福建	Fujian	NA	25	386	31275
江西	Jiangxi	NA	15	643	44629
山东	Shandong	NA	35	1087	112131
河南	Henan			945	75681
湖北	Hubei	NA	14	952	96606
湖南	Hunan			502	40986
广东	Guangdong	26	670	2071	165005
广西	Guangxi			564	42641
海南	Hainan	NA	14	272	26031
重庆	Chongqing	NA	15	265	49212
四川	Sichuan	NA	28	900	77969
贵州	Guizhou			434	33599
云南	Yunnan	NA	71	512	42760
西藏	Tibet			77	2897
陕西	Shaanxi	NA	8	782	42637
甘肃	Gansu	NA	8	295	22463
青海	Qinghai			59	4843
宁夏	Ningxia			45	9032
新疆	Xinjiang			271	13578

3-1-6 续表 3 Continued 3

地 区	Region	股份有限公司 Share-holding Corporations Ltd.		私营企业 Private Enterprises	
		法人单位数 (个) Number of Corporation Enterprises (unit)	年末从业人数 (人) Engaged Persons at the Year-end (person)	法人单位数 (个) Number of Corporation Enterprises (unit)	年末从业人数 (人) Engaged Persons at the Year-end (person)
全 国	**National Total**	**1079**	**322454**	**93495**	**3554945**
北 京	Beijing	24	18439	1219	57222
天 津	Tianjin	19	3023	680	25833
河 北	Hebei	23	16827	2366	152618
山 西	Shanxi	19	4695	2262	92988
内 蒙 古	Inner Mongolia	14	8810	868	39100
辽 宁	Liaoning	32	15161	1570	70171
吉 林	Jilin	16	6377	983	39198
黑 龙 江	Heilongjiang	30	5553	1167	48199
上 海	Shanghai	48	12428	1503	94264
江 苏	Jiangsu	117	15640	10640	332480
浙 江	Zhejiang	43	9258	4954	220521
安 徽	Anhui	35	11107	4318	142473
福 建	Fujian	13	4694	6667	207600
江 西	Jiangxi	34	9330	3896	114520
山 东	Shandong	87	31241	4998	236539
河 南	Henan	54	22261	6662	240188
湖 北	Hubei	62	17678	4679	139820
湖 南	Hunan	39	13265	6569	207565
广 东	Guangdong	107	27792	6656	321901
广 西	Guangxi	16	3222	2443	82780
海 南	Hainan	9	1719	169	6945
重 庆	Chongqing	35	8875	3274	118080
四 川	Sichuan	37	22126	4340	191244
贵 州	Guizhou	21	3702	1957	60336
云 南	Yunnan	50	5256	2009	82487
西 藏	Tibet	7	937	107	3201
陕 西	Shaanxi	34	3042	3934	120861
甘 肃	Gansu	29	6594	850	38275
青 海	Qinghai	4	1024	189	8546
宁 夏	Ningxia	4	2175	245	12102
新 疆	Xinjiang	17	10203	1321	46888

3-1-6 续表 4 Continued 4

地 区	Region	港、澳、台商投资企业 Enterprises with Funds from Hongkong, Macao and Taiwan		外商投资企业 Foreign Funded Enterprises	
		法人单位数(个) Number of Corporation Enterprises (unit)	年末从业人数(人) Engaged Persons at the Year-end (person)	法人单位数(个) Number of Corporation Enterprises (unit)	年末从业人数(人) Engaged Persons at the Year-end (person)
全 国	**National Total**	**1640**	**476539**	**1561**	**446593**
北 京	Beijing	81	23344	98	33215
天 津	Tianjin	29	9485	30	10629
河 北	Hebei	14	2629	22	7788
山 西	Shanxi	7	1225	15	3949
内 蒙 古	Inner Mongolia	9	1465	8	877
辽 宁	Liaoning	57	11659	40	8136
吉 林	Jilin	21	3769	10	883
黑 龙 江	Heilongjiang	24	4055	12	2155
上 海	Shanghai	278	109367	205	90825
江 苏	Jiangsu	173	53401	123	29461
浙 江	Zhejiang	110	27292	205	27988
安 徽	Anhui	51	14104	30	6732
福 建	Fujian	93	15432	111	32026
江 西	Jiangxi	17	4263	22	3964
山 东	Shandong	81	14205	71	15549
河 南	Henan	26	13819	30	4594
湖 北	Hubei	31	12336	38	17531
湖 南	Hunan	30	20365	33	8072
广 东	Guangdong	303	77137	229	77286
广 西	Guangxi	32	5881	17	5527
海 南	Hainan	10	1263	4	851
重 庆	Chongqing	31	7483	28	6416
四 川	Sichuan	45	16093	67	27623
贵 州	Guizhou	17	2176	24	5151
云 南	Yunnan	20	3888	24	7519
西 藏	Tibet			NA	68
陕 西	Shaanxi	36	18559	48	10368
甘 肃	Gansu	5	845	6	417
青 海	Qinghai	NA	319	NA	68
宁 夏	Ningxia	NA	270	NA	80
新 疆	Xinjiang	4	410	7	845

3-1-7 各地区限额以上零售业企业基本情况(按国民经济行业分)

Basic Conditions of Enterprises above Designated Size of Retail Trade by Region and Sector

地 区	Region	综合零售 Integrated Retail		食品、饮料及烟草制品专门零售 Special Retail of Food, Beverages and Tobaccos	
		法人单位数(个) Number of Corporation Enterprises (unit)	年末从业人数(人) Engaged Persons at the Year-end (person)	法人单位数(个) Number of Corporation Enterprises (unit)	年末从业人数(人) Engaged Persons at the Year-end (person)
全 国	**National Total**	**14068**	**1972142**	**11263**	**388338**
北 京	Beijing	240	69178	198	16108
天 津	Tianjin	95	19932	72	3999
河 北	Hebei	500	131359	129	4016
山 西	Shanxi	410	38955	217	5842
内蒙古	Inner Mongolia	121	19526	33	1046
辽 宁	Liaoning	250	44599	117	6281
吉 林	Jilin	151	20012	75	3463
黑龙江	Heilongjiang	210	31406	160	2628
上 海	Shanghai	280	87403	212	27271
江 苏	Jiangsu	806	142510	1399	38356
浙 江	Zhejiang	569	94314	463	19761
安 徽	Anhui	835	87591	507	15123
福 建	Fujian	622	56118	974	27858
江 西	Jiangxi	576	58897	534	18223
山 东	Shandong	706	163247	467	12314
河 南	Henan	1191	116448	630	17921
湖 北	Hubei	781	108570	825	25286
湖 南	Hunan	850	104586	626	15889
广 东	Guangdong	755	143639	583	40491
广 西	Guangxi	437	42681	381	7155
海 南	Hainan	107	18877	26	1656
重 庆	Chongqing	387	63508	505	16114
四 川	Sichuan	903	117309	502	18966
贵 州	Guizhou	329	31640	305	8864
云 南	Yunnan	467	34893	409	11884
西 藏	Tibet	26	2624	13	344
陕 西	Shaanxi	972	67283	589	13487
甘 肃	Gansu	227	22924	100	2971
青 海	Qinghai	43	5266	23	588
宁 夏	Ningxia	33	9211	20	714
新 疆	Xinjiang	189	17636	169	3719

地区	Region	纺织、服装及日用品专门零售 Special Retail of Textiles, Garments and Daily Consumer Articles		文化、体育用品及器材专门零售 Special Retail of Culture, Sports Appliances and Equipments	
		法人单位数 (个) Number of Corporation Enterprises (unit)	年末从业人数 (人) Engaged Persons at the Year-end (person)	法人单位数 (个) Number of Corporation Enterprises (unit)	年末从业人数 (人) Engaged Persons at the Year-end (person)
全国	**National Total**	**5596**	**510756**	**5208**	**243625**
北京	Beijing	220	22938	185	17013
天津	Tianjin	75	7794	57	1811
河北	Hebei	79	6341	64	8187
山西	Shanxi	123	7941	85	3878
内蒙古	Inner Mongolia	52	2746	36	2628
辽宁	Liaoning	107	7968	84	4079
吉林	Jilin	35	1630	71	2780
黑龙江	Heilongjiang	53	4299	87	3034
上海	Shanghai	474	145875	177	20330
江苏	Jiangsu	824	31816	1079	28519
浙江	Zhejiang	206	16919	228	11522
安徽	Anhui	195	10390	189	7390
福建	Fujian	356	47427	225	6754
江西	Jiangxi	168	6321	133	7603
山东	Shandong	254	15451	251	9650
河南	Henan	315	13642	350	17059
湖北	Hubei	276	13719	263	11543
湖南	Hunan	300	8871	234	14600
广东	Guangdong	607	72695	418	23697
广西	Guangxi	96	3730	157	4080
海南	Hainan	31	1261	26	843
重庆	Chongqing	180	15910	90	5256
四川	Sichuan	206	20335	194	10619
贵州	Guizhou	28	1952	44	1336
云南	Yunnan	60	4404	114	6048
西藏	Tibet	NA	7	5	76
陕西	Shaanxi	186	12287	270	7272
甘肃	Gansu	38	2909	23	2702
青海	Qinghai	10	853	9	386
宁夏	Ningxia	NA	118	15	416
新疆	Xinjiang	39	2207	45	2514

地 区	Region	医药及医疗器材专门零售 Special Retail of Medicines and Medical Appliances		汽车、摩托车、零配件和燃料及其他动力销售 Retail of Motor Vehicles, Motorcycles, Parts and Fuel and Other Powers	
		法人单位数 (个) Number of Corporation Enterprises (unit)	年末从业人数 (人) Engaged Persons at the Year-end (person)	法人单位数 (个) Number of Corporation Enterprises (unit)	年末从业人数 (人) Engaged Persons at the Year-end (person)
全 国	**National Total**	**5922**	**776316**	**43651**	**1716450**
北 京	Beijing	115	9530	866	54344
天 津	Tianjin	44	4105	576	28444
河 北	Hebei	239	35091	1495	65056
山 西	Shanxi	177	22850	1178	43921
内 蒙 古	Inner Mongolia	108	17880	627	29820
辽 宁	Liaoning	191	37985	1037	42397
吉 林	Jilin	128	18501	599	26918
黑 龙 江	Heilongjiang	163	18349	708	23990
上 海	Shanghai	169	13165	828	44834
江 苏	Jiangsu	499	56323	3504	127904
浙 江	Zhejiang	320	31657	2705	116222
安 徽	Anhui	210	27854	1470	53991
福 建	Fujian	208	21995	1523	61547
江 西	Jiangxi	160	16584	1418	42096
山 东	Shandong	368	62837	2994	116118
河 南	Henan	361	44172	3065	101886
湖 北	Hubei	282	31598	1620	57273
湖 南	Hunan	333	36767	2945	74504
广 东	Guangdong	448	74527	4195	218876
广 西	Guangxi	163	26893	1125	38061
海 南	Hainan	15	2280	190	12765
重 庆	Chongqing	148	18985	1192	45940
四 川	Sichuan	327	40078	2008	90357
贵 州	Guizhou	112	15243	1324	41721
云 南	Yunnan	106	33929	1131	43310
西 藏	Tibet	5	158	135	3814
陕 西	Shaanxi	296	24191	1450	49175
甘 肃	Gansu	71	14272	581	22690
青 海	Qinghai	17	1310	122	5420
宁 夏	Ningxia	37	3999	161	7404
新 疆	Xinjiang	102	13208	879	25652

地　区	Region	家用电器及电子产品专门零售 Special Retail of Household Electric Appliances and Electronic Products		五金、家具及室内装饰材料专门零售 Special Retail of Hardware, Furniture and Interior Decoration Materials		货摊、无店铺及其他零售业 Stall, Non-shop and Other Retails	
		法人单位数（个）Number of Corporation Enterprises (unit)	年末从业人数（人）Engaged Persons at the Year-end (person)	法人单位数（个）Number of Corporation Enterprises (unit)	年末从业人数（人）Engaged Persons at the Year-end (person)	法人单位数（个）Number of Corporation Enterprises (unit)	年末从业人数（人）Engaged Persons at the Year-end (person)
全　国	**National Total**	**12740**	**353779**	**6425**	**129540**	**13124**	**421858**
北　京	Beijing	223	18997	78	8000	363	21206
天　津	Tianjin	76	3046	39	1702	96	3332
河　北	Hebei	355	9096	42	996	129	2769
山　西	Shanxi	329	6011	83	2098	134	4702
内蒙古	Inner Mongolia	135	3830	11	150	20	592
辽　宁	Liaoning	245	5412	58	1414	74	3062
吉　林	Jilin	160	3664	40	561	50	755
黑龙江	Heilongjiang	130	4364	36	1038	99	1116
上　海	Shanghai	215	11900	131	6948	417	34199
江　苏	Jiangsu	1327	36587	978	14785	1894	43797
浙　江	Zhejiang	540	17645	126	3448	1379	52222
安　徽	Anhui	608	15070	242	4447	896	25202
福　建	Fujian	584	11943	593	9793	2254	48910
江　西	Jiangxi	601	10563	467	6546	614	12391
山　东	Shandong	784	20647	233	4147	384	12974
河　南	Henan	1085	24944	442	9104	355	16233
湖　北	Hubei	824	26728	506	7738	482	12644
湖　南	Hunan	727	15135	485	7259	747	18516
广　东	Guangdong	1000	32972	441	11689	1144	61370
广　西	Guangxi	429	10453	134	1885	179	6036
海　南	Hainan	48	1600	15	240	21	903
重　庆	Chongqing	432	12391	391	5350	336	8393
四　川	Sichuan	645	21036	300	5208	372	12825
贵　州	Guizhou	213	3746	56	730	67	1406
云　南	Yunnan	206	6625	111	1870	92	1968
西　藏	Tibet	14	433	NA	40	7	126
陕　西	Shaanxi	497	11187	308	6711	406	10487
甘　肃	Gansu	110	2181	23	384	43	1121
青　海	Qinghai	22	849	4	148	8	247
宁　夏	Ningxia	23	1294	NA		14	867
新　疆	Xinjiang	153	3430	49	5111	48	1487

3-2-1 限额以上批发和零售业企业商品购、销、存情况

项　目	Item	商品购进额 Total Purchases Value	#进口 Imports
总　计	**Total**	**10379663103**	**680222436**
一、批发业	**Wholesale Trade**	**9118497372**	**643392150**
#国有控股	State-controlled Enterprises	3202038915	223820405
(一)按登记注册类型分	**by Type of Registration**		
1.内资企业	**Domestic Funded Enterprises**	**7930870044**	**385883920**
国有企业	State-owned Enterprises	361502042	8742381
集体企业	Collective-owned Enterprises	6015394	578987
股份合作企业	Cooperative Enterprises	5218422	87193
联营企业	Joint Ownership Enterprises	5224246	11325
国有联营企业	State Joint Ownership Enterprises	4545477	7031
集体联营企业	Collective Joint Ownership Enterprises	157501	4295
国有与集体联营企业	Joint State-collective Enterprises	190896	
其他联营企业	Other Joint Ownership Enterprises	330373	
有限责任公司	Limited Liability Corporations	3334085249	238508333
国有独资公司	State Sole Funded Corporations	513981509	38537810
其他有限责任公司	Other Limited Liability Corporations	2820103740	199970523
股份有限公司	Share-holding Corporations Ltd.	531334220	20785206
私营企业	Private Enterprises	3683082102	117168448
私营独资企业	Private-funded Enterprises	28779586	665637
私营合伙企业	Private Partnership Enterprises	3529269	79754
私营有限责任公司	Private Limited Liability Corporations	3598217270	112168480
私营股份有限公司	Private Share-holding Corporations Ltd.	52555977	4254577
其他企业	Other Enterprises	4408367	2047
2.港、澳、台商投资企业	**Enterprises with Funds from Hongkong, Macao and Taiwan**	**408720956**	**53607395**
合资经营企业	Joint-venture Enterprises	54373410	4665487
合作经营企业	Cooperative Enterprises	3181887	20799
独资经营企业	Enterprises with Sole Investment	330206839	44743255
投资股份有限公司	Share-holding Corporations Ltd. with Investment	17253674	3576433
其他港澳台商投资企业	Other Enterprises with Funds from Hongkong, Macao and Taiwan	3705146	601422
3.外商投资企业	**Foreign Funded Enterprises**	**778906372**	**203900834**
中外合资经营企业	Joint-venture Enterprises	223362893	7278490
中外合作经营企业	Cooperative Enterprises	222685	10049
外资企业	Enterprises with Sole Foreign Investment	539314166	195089602
外商投资股份有限公司	Share-holding Corporations Ltd. with Foreign Investment	11137403	1015395
其他外商投资企业	Other Foreign Funded Enterprises	4869224	507298

注：部分数据合计数由于单位取舍不同而产生的计算误差，未做机械调整(下表同)。

Total Purchases, Sales and Inventory of Enterprises above Designated Size of Wholesale and Retail Trades

单位：万元

Unit: 10 000 yuan

商品销售额 Total Sales Value	#出口 Exports	期末商品库存额 Inventory (year-end)
11077271574	**335372977**	**545393626**
9596352168	**334601190**	**431526462**
3315398132	62036562	145332513
8284915085	**264247000**	**349934251**
421765701	4880354	21745028
6444607	93039	363741
5793440	22923	201342
5608528	120708	176492
4939831	119562	145619
161845	544	384
181350		28104
325501	602	2385
3448597123	78780760	149005845
528826460	6903546	23741354
2919770663	71877214	125264491
527122853	15078500	21124944
3864677265	165258734	157169750
30526668	853774	1469336
3889745	44874	211935
3772858367	161428939	151467647
57402485	2931147	4020831
4905568	11982	147110
456377658	**9612342**	**31761897**
57089472	1663394	3935466
3479365	51589	72890
371844788	7555472	25871195
19940763	212217	1711010
4023269	129670	171336
855059426	**60741848**	**49830314**
221506753	3320118	4942476
266878	21228	22089
610252012	56805526	43341528
15758638	421918	1297433
7275145	173058	226789

Note:Statistical discrepancies on totals figures due to rounding are not adjusted. The same applies to the tables following.

项 目	Item	商品购进额 Total Purchases Value	#进 口 Imports
(二)按国民经济行业分	by Sector		
农、林、牧、渔产品批发	Wholesale of Agricultural, Forestry, Livestock and Fishery Products	244954596	30615312
食品、饮料及烟草制品批发	Wholesale of Food, Beverages and Tobaccos	603495919	41193611
#米、面制品及食用油批发	Wholesale of Rice, Flour and Edible Oil	117923157	13479039
肉、禽、蛋、奶及水产品批发	Wholesale of Meal, Fowls, Eggs and Aquatic Products	82699819	15160118
酒、饮料及茶叶批发	Wholesale of Wine, Beverages and Teas	103536523	1728885
烟草制品批发	Wholesales of Tobaccos	143292937	297287
纺织、服装及家庭用品批发	Wholesale of Textiles, Wearing Apparel and Household Articles	613378757	34114163
#服装批发	Wholesale of Garments	94267675	6107473
鞋帽批发	Wholesale of Shoes and Hats	24839032	2085831
日用家电批发	Wholesale of Household Electrical Appliances	160342504	1767345
文化、体育用品及器材批发	Wholesale of Culture, Sports Appliances and Equipments	158721111	7130235
#文具用品批发	Wholesale of Stationeries	51937378	1904124
体育用品及器材批发	Wholesale of Sports Appliances and Equipments	18210226	375003
图书批发	Wholesale of Books	10755543	60767
医药及医疗器材批发	Wholesale of Medicines and Medical Appliances	374522571	26776223
#西药批发	Wholesale of Western Medicines	230323718	10131835
中药批发	Wholesale of Chinese Traditional Medicines	49758908	852945
矿产品、建材及化工产品批发	Wholesale of Mineral Products, Building Materials and Chemical Products	5736223485	283808889
#煤炭及制品批发	Wholesale of Coal and Related Products	701022576	25405713
石油及制品批发	Wholesale of Petroleum and Related Products	899538374	66586757
金属及金属矿批发	Wholesale of Metal Materials	2834036342	121284462
建材批发	Wholesale of Building Materials	330278509	10467548
化肥批发	Wholesale of Chemical Fertilizer	69169398	4450918
农药批发	Wholesale of Pesticides	9056903	233248
机械设备、五金产品及电子产品批发	Wholesale of Machinery, Hardware and Electronic Products	1152215717	189255264
#汽车及零配件批发	Wholesale of Motor Vehicles and Their Parts	379445478	47972131
计算机、软件及辅助设备批发	Wholesale of Computer, Software and Assistant Appliances	142977678	58553995
通讯设备批发	Wholesale of Communication Equipments	140949364	2406082
贸易经纪与代理	Trade Broker and Agency	63539896	19892449
其他批发业	Other Wholesale Industries	171445319	10606005

单位：万元
Unit: 10 000 yuan

商品销售额 Total Sales Value	#出 口 Exports	期末商品库存额 Inventory (year-end)
249974592	2216175	32201049
722169519	10795435	55634143
122871563	1348583	17528832
90122338	1855448	6703316
134544426	557037	11923496
205038229	1559013	10020288
677345819	97215681	45724587
108624085	31317723	10144735
30473444	8338904	3010408
166276335	5097279	12336988
172967400	10387434	16432955
55247437	1806100	2572522
20471790	2522079	1170798
11482987	45229	2534617
428891829	6584724	41449770
253200374	3777004	23963246
59353796	209777	5100797
5846589244	71137171	156075872
727821331	1373047	17394580
881283353	7082100	32534127
2882139485	26427944	63061332
348890227	8169438	12834119
70962442	3036560	5360503
9795959	1852148	935224
1246755895	115863388	72434548
416528131	16021838	21806364
152372099	11414365	8555912
144568513	10610885	6665148
66105521	10438516	2265451
185552348	9962667	9308088

项　目	Item	商品购进额 Total Purchases Value	#进口 Imports
二、零售业	**Retail Trade**	**1261165731**	**36830286**
#国有控股	State-controlled Enterprises	191724483	6621668
(一)按登记注册类型分	**by Type of Registration**		
1.内资企业	**Domestic Funded Enterprises**	**1018978191**	**24085390**
国有企业	State-owned Enterprises	14344397	600775
集体企业	Collective-owned Enterprises	3591561	149
股份合作企业	Cooperative Enterprises	1369939	2030
联营企业	Joint Ownership Enterprises	502737	
国有联营企业	State Joint Ownership Enterprises	229329	
集体联营企业	Collective Joint Ownership Enterprises	46330	
国有与集体联营企业	Joint State-collective Enterprises	131900	
其他联营企业	Other Joint Ownership Enterprises	95179	
有限责任公司	Limited Liability Corporations	352629888	11860078
国有独资公司	State Sole Funded Corporations	18658593	3138388
其他有限责任公司	Other Limited Liability Corporations	333971295	8721690
股份有限公司	Share-holding Corporations Ltd.	79014900	178608
私营企业	Private Enterprises	566804581	11443749
私营独资企业	Private-funded Enterprises	14854201	101954
私营合伙企业	Private Partnership Enterprises	1760480	3554
私营有限责任公司	Private Limited Liability Corporations	536369275	11270521
私营股份有限公司	Private Share-holding Corporations Ltd.	13820625	67719
其他企业	Other Enterprises	720186	
2.港、澳、台商投资企业	**Enterprises with Funds from Hongkong, Macao and Taiwan**	**97341243**	**4964728**
合资经营企业	Joint-venture Enterprises	15817648	715887
合作经营企业	Cooperative Enterprises	771635	
独资经营企业	Enterprises with Sole Investment	75685524	3823681
投资股份有限公司	Share-holding Corporations Ltd. with Investment	3939630	374073
其他港澳台商投资企业	Other Enterprises with Funds from Hongkong, Macao and Taiwan	1126805	51087
3.外商投资企业	**Foreign Funded Enterprises**	**144846298**	**7780169**
中外合资经营企业	Joint-venture Enterprises	31047386	1814575
中外合作经营企业	Cooperative Enterprises	835675	169696
外资企业	Enterprises with Sole Foreign Investment	103609229	5627726
外商投资股份有限公司	Share-holding Corporations Ltd. with Foreign Investment	8141169	41715
其他外商投资企业	Other Foreign Funded Enterprises	1212839	126457

3-2-1 Continued 2

单位：万元

Unit: 10 000 yuan

商品销售额 Total Sales Value	#出 口 Exports	期末商品库存额 Inventory (year-end)
1480919406	**771787**	**113867164**
247856408	87163	18793715
1171349195	**719756**	**94303238**
18289268	1250	1549547
4114572	26669	182216
1462003		119326
587931		19136
258936		11604
54421		597
157013		4577
117561		2358
402746951	355504	32878987
22525687	47490	2611767
380221264	308014	30267219
106469887	2416	4744948
636780659	333917	54772118
16803017	1057	959429
2022102		113441
599841159	328676	52233246
18114381	4185	1466002
897925		36962
121002024	**17878**	**9174325**
19386653	1141	1102034
916164		39226
94960019	16177	7488187
4388029	539	451986
1351159	22	92893
188568187	**34153**	**10389600**
38424974	31252	2197067
1003535		79125
134413768	2601	7509129
13419389	300	467806
1306520		136473

项　目	Item	商品购进额 Total Purchases Value	#进口 Imports
(二)按国民经济行业分	**by Sector**		
综合零售	Integrated Retail	196578963	4671902
#百货零售	Retail of General Merchandise	89837029	4539622
超级市场零售	Retail of Supermarkets	97038912	116803
食品、饮料及烟草制品专门零售	Special Retail of Food, Beverages and Tobaccos	41735566	307169
#粮油零售	Retail of Cereal and Oil	4027242	25527
肉、禽、蛋、奶及水产品零售	Retail of Meat, Poultry, Eggs, Milk and Aquatic Products	6608549	50610
酒、饮料及茶叶零售	Retail of Wine, Beverages and Teas	12669981	102131
烟草制品零售	Retail of Tobaccos	1844134	25188
纺织、服装及日用品专门零售	Special Retail of Textiles, Garments and Daily Consumer Articles	50628284	4737532
#服装零售	Retail of Garments	28443018	3708813
文化、体育用品及器材专门零售	Special Retail of Culture, Sports Appliances and Equipments	31241516	1341655
#体育用品及器材零售	Retail of Sports Appliances and Equipments	1450932	14215
图书、报刊零售	Retail of Books, Newspaper and Magazines	12406191	557738
医药及医疗器材专门零售	Special Retail of Medicines and Medical Appliances	41859273	229310
#西药零售	Retail of Western Medicines	38339387	100696
汽车、摩托车、零配件和燃料及其他动力销售	Retail of Motor Vehicles, Motorcycles, Parts, Fuel and Other Powers	581192371	22778977
#汽车新车零售	Retail of New Motor Vehicles	426081144	22353430
机动车燃油零售	Retail of Fuel Oil of Motor Vehicles	139304298	31127
家用电器及电子产品专门零售	Special Retail of Household Electric Appliances and Electronic Products	82185352	220862
#日用家电零售	Retail of Household Electric Appliances	33911388	84711
计算机、软件及辅助设备零售	Retail of Computer, Software and Assistant Appliances	19237200	36113
通信设备零售	Retail of Communication Equipments	15548017	5344
五金、家具及室内装饰材料专门零售	Special Retail of Hardware, Furniture and Interior Decoration Materials	17882032	258313
货摊、无店铺及其他零售业	Stall, Non-shop and Other Retails	217862375	2284567
#互联网零售	Retail on the Internet	207833921	2212960
(三)按零售业态分	**by Mode of Business Operation**		
有店铺零售	Store-based Retailing	1035612072	34141974
#超市	Supermarket	39319016	43353
大型超市	Hypermarket	84115044	78957
百货店	Department Store	79944589	4878390
专业店	Speciality Store	374871021	6844109
专卖店	Exclusive Shop	435247324	21999965
无店铺零售	Non-Store Selling	307495906	7109136

3-2-1 Continued 3

单位：万元

Unit: 10 000 yuan

商品销售额 Total Sales Value	#出口 Exports	期末商品库存额 Inventory (year-end)
235681079	304883	17533813
117823109	39900	7715463
106058856	237104	9077408
50696306	19377	4036568
4388447	1687	494391
7970431	2098	347343
15246728	3445	1810053
2243333		442561
77386402	83724	11298616
43852767	37476	7066820
37714529	76655	7990926
2036619	4037	301507
14102792	12201	2463237
51938504	7964	6541095
47019856	2080	5979706
666753189	32482	47029757
449605184	19193	40870085
199291834	520	4837604
90641314	14664	6277962
36481562	2777	2590709
22388085	1645	931351
16849619		1540110
21664997	24119	1927920
248443088	207918	11230507
236321211	199496	10644735
1230904764	493297	101275933
45184794	1255	3892926
96135671	237148	8073816
105426326	68146	7615909
462528955	110479	33819369
494928733	44087	47632353
358163700	530868	20813000

3-2-2 各地区限额以上批发业企业商品购、销、存情况

Total Purchases, Sales and Inventory of Enterprises above Designated Size of Wholesale Trade by Region

单位：万元

Unit: 10 000 yuan

地区	Region	商品购进额 Total Purchases Value	#进口 Imports	商品销售额 Total Sales Value	#出口 Exports	期末商品库存额 Inventory (year-end)
全国	**National Total**	**9118497372**	**643392150**	**9596352168**	**334601190**	**431526462**
北京	Beijing	731219514	132371456	772725649	18740446	61917486
天津	Tianjin	403274384	10897685	418560276	7335113	13901919
河北	Hebei	136771042	1016956	143091334	1762323	6002596
山西	Shanxi	179439486	1520750	187314557	674950	5350184
内蒙古	Inner Mongolia	56294675	1753001	60435774	1337424	3958946
辽宁	Liaoning	181586611	6793240	191903974	2604235	9235937
吉林	Jilin	34637530	526677	36959036	114566	2930096
黑龙江	Heilongjiang	56763565	12927851	64611500	484048	3721357
上海	Shanghai	1402459149	186326100	1498626462	56188250	67862159
江苏	Jiangsu	882541350	48380121	920564351	47997738	35089155
浙江	Zhejiang	1038352618	46961898	1077275433	68496986	36287860
安徽	Anhui	135779237	9338780	148496845	2948976	6420512
福建	Fujian	530475001	40556141	546933463	30218364	20601233
江西	Jiangxi	70761591	880861	80709118	2346480	3046448
山东	Shandong	576814112	22956116	599826198	17856896	24704054
河南	Henan	142232235	1921020	154402682	1802667	7400275
湖北	Hubei	146099594	2025983	152594987	2070581	6368984
湖南	Hunan	86333755	3643555	88959299	1996441	4693089
广东	Guangdong	1192516819	72395582	1241122716	53912502	58230178
广西	Guangxi	133607067	4253024	139303586	1590132	4796723
海南	Hainan	109860615	7274373	113025175	1133847	3241388
重庆	Chongqing	136109489	4150780	147499808	4006507	5966880
四川	Sichuan	173256470	2528654	185736357	1427800	9677685
贵州	Guizhou	53052692	578982	66757854	300010	3575164
云南	Yunnan	106873183	3734057	117913970	3262326	5612034
西藏	Tibet	6344185	26	7967689		405898
陕西	Shaanxi	178416593	5387089	186975538	2900330	5637500
甘肃	Gansu	75784865	319514	79382232	108311	2153223
青海	Qinghai	18850597	149340	20573453	94486	507654
宁夏	Ningxia	14569393	84371	14441323	37183	511476
新疆	Xinjiang	127419954	11738164	131661529	851273	11718369

国有控股
State-controlled Enterprises

单位：万元
Unit: 10 000 yuan

地区	Region	商品购进额 Total Purchases Value	#进口 Imports	商品销售额 Total Sales Value	#出口 Exports	期末商品库存额 Inventory (year-end)
全国	**National Total**	**3202038915**	**223820405**	**3315398132**	**62036562**	**145332513**
北京	Beijing	389842089	74882938	400366497	12157666	32408624
天津	Tianjin	125207176	2954240	128129636	2400073	4625278
河北	Hebei	49202626	657773	51959136	100721	1901902
山西	Shanxi	100406872	1235673	103856010	50625	2251284
内蒙古	Inner Mongolia	30260330	278295	32374303	1007975	1616715
辽宁	Liaoning	97909315	4218470	104469314	358030	4496599
吉林	Jilin	22821681	363966	23629251	46669	1639742
黑龙江	Heilongjiang	31835679	12063971	34631281	81467	1866270
上海	Shanghai	425560434	12765503	437544024	9747294	11756433
江苏	Jiangsu	168671698	13058459	167617923	6452708	9801228
浙江	Zhejiang	225301889	18892909	234892591	7038665	9865662
安徽	Anhui	58772557	2967511	63507362	1593592	2897656
福建	Fujian	217191849	29324151	214925694	7200936	8354607
江西	Jiangxi	29637055	376095	34194044	32465	1148490
山东	Shandong	140515010	6772874	146507718	2135710	6434121
河南	Henan	49860221	649157	54715281	159963	2815215
湖北	Hubei	69974175	951089	68669128	407408	2642698
湖南	Hunan	38515507	1969917	35963117	467853	2111266
广东	Guangdong	314625936	13241701	316780314	7090636	10639533
广西	Guangxi	62905435	1929182	67335005	19461	1791501
海南	Hainan	52332058	4537817	53007407	566574	1177403
重庆	Chongqing	37322229	718798	41743463	163892	1773668
四川	Sichuan	81425970	1678500	86832001	502417	4115930
贵州	Guizhou	31357539	419759	42496321	180448	2474222
云南	Yunnan	76067869	2941488	83863794	1252875	3880899
西藏	Tibet	884889	25	1570714		220463
陕西	Shaanxi	107534963	2594454	111929346	418547	2705030
甘肃	Gansu	61100919	109412	63494691	13832	1269219
青海	Qinghai	13860760	140428	15057058	46038	355849
宁夏	Ningxia	7907210	68902	7392732		210035
新疆	Xinjiang	83226973	11056949	85942976	342021	6084970

3-2-3 各地区限额以上批发业企业商品购、销、存情况（按登记注册类型分）

Total Purchases, Sales and Inventory of Enterprises above Designated Size of Wholesale Trade by Region and Type of Registration

内资企业 单位：万元

Domestic Funded Enterprises Unit: 10 000 yuan

地 区	Region	商品购进额 Total Purchases Value	#进 口 Imports	商品销售额 Total Sales Value	#出 口 Exports	期末商品库存额 Inventory (year-end)
全 国	**National Total**	**7930870044**	**385883920**	**8284915085**	**264247000**	**349934251**
北 京	Beijing	509476280	88541519	529735867	15656267	42928538
天 津	Tianjin	343013402	6059398	352313507	6240981	11692113
河 北	Hebei	132932954	998827	139202607	1762322	5871374
山 西	Shanxi	178763015	1505089	186692998	629056	5330644
内蒙古	Inner Mongolia	55437334	1650077	59520781	1307120	3943966
辽 宁	Liaoning	178501589	6366966	188538191	2392681	8951402
吉 林	Jilin	33010631	522906	36285410	113634	2890887
黑龙江	Heilongjiang	55079794	12927851	59241576	484048	3629775
上 海	Shanghai	954507001	30986406	981458817	23677035	31082490
江 苏	Jiangsu	789783283	26512920	828665297	30305602	29719149
浙 江	Zhejiang	954184195	43964913	994692064	65341307	32448738
安 徽	Anhui	123250207	5582740	133131357	2921601	6004318
福 建	Fujian	502905091	39455610	517080634	28799498	19217608
江 西	Jiangxi	70125348	844602	78833491	1980578	3001381
山 东	Shandong	548266747	20658382	569329750	15775453	23152529
河 南	Henan	141494111	1778042	153236830	1741753	7347891
湖 北	Hubei	119554341	1541576	123143655	1763369	5693817
湖 南	Hunan	84703111	3499173	86597322	1932965	4589536
广 东	Guangdong	1074472035	55977353	1111172359	48024557	51105041
广 西	Guangxi	126128089	4067101	131809553	1551606	4601212
海 南	Hainan	95555292	7146741	99129841	1126360	2483840
重 庆	Chongqing	128322350	3475244	139061168	3664141	5450756
四 川	Sichuan	167206421	2363512	179040896	1427300	9215470
贵 州	Guizhou	51821343	578982	65405062	300010	3525370
云 南	Yunnan	106003590	3729291	116723048	3248512	5567513
西 藏	Tibet	6181892	26	7598928		393859
陕 西	Shaanxi	164230428	2867234	171962711	998901	5251950
甘 肃	Gansu	75569250	319514	79166525	108311	2134623
青 海	Qinghai	18642385	149340	20295324	94486	507594
宁 夏	Ningxia	14569393	84371	14441323	37183	511476
新 疆	Xinjiang	127179139	11728216	131408192	840364	11689390

国有企业
State-owned Enterprises

单位：万元
Unit: 10 000 yuan

地区	Region	商品购进额 Total Purchases Value	#进口 Imports	商品销售额 Total Sales Value	#出口 Exports	期末商品库存额 Inventory (year-end)
全国	**National Total**	**361502042**	**8742381**	**421765701**	**4880354**	**21745028**
北京	Beijing	6260129	853013	7198363	28213	128527
天津	Tianjin	5361180	23637	6193993	32135	144278
河北	Hebei	7445668	2282	9626199	31372	494156
山西	Shanxi	3983888		5263543		184390
内蒙古	Inner Mongolia	2297335	129	3303412	2833	136008
辽宁	Liaoning	7222400	64967	8810140	137816	660046
吉林	Jilin	2332848	2569	3096596		209696
黑龙江	Heilongjiang	8287851	8643	9385499	346	559324
上海	Shanghai	53028063	978780	52939156	2320562	1982162
江苏	Jiangsu	21697216	538127	26055824	718427	2240550
浙江	Zhejiang	12073646	401921	16482474	381544	552926
安徽	Anhui	8154819	51	10877714		370467
福建	Fujian	4678418	5751	7271442	71049	238483
江西	Jiangxi	5652484	30593	7853295	6662	284318
山东	Shandong	23184202	607628	24430842	114429	1206900
河南	Henan	9595101	4638	13630913		1284372
湖北	Hubei	11971651	44618	14168482	11504	893284
湖南	Hunan	8398703	32964	11834172	29492	298329
广东	Guangdong	30955320	953549	32392952	624811	2233413
广西	Guangxi	4179359	241	5899538		252216
海南	Hainan	21447608	1194498	22216442	13237	324433
重庆	Chongqing	9120435	65152	12550574	2772	421646
四川	Sichuan	10748697	1904	13851078	280724	987974
贵州	Guizhou	6489892	135500	9614192	4466	964232
云南	Yunnan	14668406	288517	19275408	5081	2115937
西藏	Tibet	700575	25	1381620		156287
陕西	Shaanxi	37882672	2423880	40062078	24382	998569
甘肃	Gansu	10360326	354	11719210		359506
青海	Qinghai	1212945	78450	1473362	38499	53340
宁夏	Ningxia	1742798		2022453		45541
新疆	Xinjiang	10367407		10884735		963721

3-2-3 续表 2 Continued 2

集体企业 单位：万元

Collective-owned Enterprises Unit: 10 000 yuan

地　区	Region	商品购进额 Total Purchases Value	#进口 Imports	商品销售额 Total Sales Value	#出口 Exports	期末商品库存额 Inventory (year-end)
全　国	**National Total**	**6015394**	**578987**	**6444607**	**93039**	**363741**
北　京	Beijing	631158	543930	644183		8015
天　津	Tianjin	88690	11318	89651		3348
河　北	Hebei	21521		25875		5080
山　西	Shanxi	847142	78	944352		36108
内蒙古	Inner Mongolia					
辽　宁	Liaoning	92088		94187		518
吉　林	Jilin					
黑龙江	Heilongjiang	18793	5208	25323		2579
上　海	Shanghai	42781		49044		4830
江　苏	Jiangsu	653150		801749	23612	122814
浙　江	Zhejiang	64489		70945		7284
安　徽	Anhui	5766		7437		99
福　建	Fujian	266885		278111	18508	45047
江　西	Jiangxi	34778		39324		1229
山　东	Shandong	144306		156790		6971
河　南	Henan	1880152		1941644		3117
湖　北	Hubei	46235		54563		1544
湖　南	Hunan	106434		106810		12808
广　东	Guangdong	230206		240388	32477	12277
广　西	Guangxi	38542		41860		2932
海　南	Hainan					
重　庆	Chongqing	32787	531	38349	359	720
四　川	Sichuan	361874	10255	369682	18005	8606
贵　州	Guizhou	50712		52896		10493
云　南	Yunnan	97166	7666	106442	79	11748
西　藏	Tibet					
陕　西	Shaanxi	74211		89164		4437
甘　肃	Gansu	11870		11759		8191
青　海	Qinghai	2185		2768		176
宁　夏	Ningxia					
新　疆	Xinjiang	171477		161310		42771

3-2-3 续表 3 Continued 3

股份合作企业

Cooperative Enterprises

单位：万元

Unit: 10 000 yuan

地 区	Region	商品购进额 Total Purchases Value	#进 口 Imports	商品销售额 Total Sales Value	#出 口 Exports	期末商品库存额 Inventory (year-end)
全 国	**National Total**	**5218422**	**87193**	**5793440**	**22923**	**201342**
北 京	Beijing	446093	13688	485294		34369
天 津	Tianjin	592924		607496		11504
河 北	Hebei	10262		10479		2135
山 西	Shanxi	17627		23301		23
内 蒙 古	Inner Mongolia					
辽 宁	Liaoning	20561		25260		4262
吉 林	Jilin	4189		8015		35
黑 龙 江	Heilongjiang	44520		44364		5963
上 海	Shanghai	100961	7980	103419		1007
江 苏	Jiangsu	2389362	61630	2400365	17245	21127
浙 江	Zhejiang	242358		253424		21576
安 徽	Anhui	59400		66422		10656
福 建	Fujian					
江 西	Jiangxi	24618		25167		1452
山 东	Shandong	170911	265	215436	5678	3922
河 南	Henan	2419		2360		166
湖 北	Hubei	17187		17175		26
湖 南	Hunan	3852		5217		54
广 东	Guangdong	236314	3618	272874		40330
广 西	Guangxi			349137		
海 南	Hainan	96795		128396		177
重 庆	Chongqing	566874		587392		19989
四 川	Sichuan	31418	13	37804		5683
贵 州	Guizhou					
云 南	Yunnan	1782		3022		1691
西 藏	Tibet					
陕 西	Shaanxi	85650		79764		12808
甘 肃	Gansu	49084		38536		2273
青 海	Qinghai					
宁 夏	Ningxia					
新 疆	Xinjiang	3264		3324		114

3-2-3 续表 4　Continued 4

联营企业
Joint Ownership Enterprises

单位：万元
Unit: 10 000 yuan

地　区	Region	商品购进额 Total Purchases Value	#进口 Imports	商品销售额 Total Sales Value	#出口 Exports	期末商品库存额 Inventory (year-end)
全　国	**National Total**	**5224246**	**11325**	**5608528**	**120708**	**176492**
北　京	Beijing	24878	710	27556	7979	411
天　津	Tianjin	7552		8000	602	87
河　北	Hebei					
山　西	Shanxi					
内蒙古	Inner Mongolia					
辽　宁	Liaoning	58606		61041		1622
吉　林	Jilin					
黑龙江	Heilongjiang					
上　海	Shanghai	134447	5549	136129		6155
江　苏	Jiangsu	245967		244930		20264
浙　江	Zhejiang	174950	4295	175109	544	143
安　徽	Anhui					
福　建	Fujian					
江　西	Jiangxi	293682		298171		167
山　东	Shandong	555825		559943		68977
河　南	Henan	252414		245347		
湖　北	Hubei	2714		2772		
湖　南	Hunan	212840		212694		329
广　东	Guangdong	381510	771	384163	111583	16749
广　西	Guangxi					
海　南	Hainan	102164		107032		8696
重　庆	Chongqing	2697667		3078276		33286
四　川	Sichuan	54337		56131		5810
贵　州	Guizhou					
云　南	Yunnan					
西　藏	Tibet					
陕　西	Shaanxi					
甘　肃	Gansu					
青　海	Qinghai					
宁　夏	Ningxia					
新　疆	Xinjiang	24694		11235		13796

有限责任公司
Limited Liability Corporations

单位：万元
Unit: 10 000 yuan

地区	Region	商品购进额 Total Purchases Value	#进口 Imports	商品销售额 Total Sales Value	#出口 Exports	期末商品库存额 Inventory (year-end)
全国	**National Total**	**3334085249**	**238508333**	**3448597123**	**78780760**	**149005845**
北京	Beijing	397059330	78552353	408726372	12244886	34082171
天津	Tianjin	131017168	2910763	134298911	1691809	5799221
河北	Hebei	55243053	739208	56656050	374152	2049416
山西	Shanxi	112193222	1247407	115104027	127948	2355594
内蒙古	Inner Mongolia	33394091	920949	34935620	1152063	2000640
辽宁	Liaoning	48844515	5104969	52902218	724848	3150765
吉林	Jilin	19485879	391634	20682527	56947	1604395
黑龙江	Heilongjiang	32931157	12238157	34191955	119484	1645035
上海	Shanghai	417361941	16745900	429376088	8862812	13692611
江苏	Jiangsu	228863054	14101285	239082117	7415075	9703274
浙江	Zhejiang	302648248	20355965	311550159	13914501	11151193
安徽	Anhui	64888584	3453188	68911429	991822	2779273
福建	Fujian	209543006	26499673	205284116	7737579	8676279
江西	Jiangxi	30781347	418281	33156755	1491808	1095363
山东	Shandong	202511726	9200633	208599374	4683611	7397928
河南	Henan	57819102	843892	61265359	523384	2492646
湖北	Hubei	54092452	1037716	56744508	916130	2194395
湖南	Hunan	30350878	2536191	32000741	890651	2042949
广东	Guangdong	361010035	16964567	377059947	10258902	12414322
广西	Guangxi	78129710	2465851	79492323	172288	2223172
海南	Hainan	62129653	5493086	63770869	965537	1605410
重庆	Chongqing	41275966	626609	42289177	338474	1338629
四川	Sichuan	92120214	1950531	96171781	392955	4638159
贵州	Guizhou	30831476	311034	39333743	203381	1845898
云南	Yunnan	57441652	2673366	59682401	1569424	1991178
西藏	Tibet	692879	1	1126027		113002
陕西	Shaanxi	79441490	202551	81724520	608376	2600806
甘肃	Gansu	34734674	134120	35280769	48224	588286
青海	Qinghai	9682975	61977	10123308	36286	241342
宁夏	Ningxia	2159859	5983	2321636		121663
新疆	Xinjiang	55405914	10320493	56752294	267402	5370831

股份有限公司 单位：万元
Share-holding Corporations Ltd. Unit: 10 000 yuan

地 区	Region	商品购进额 Total Purchases Value	#进口 Imports	商品销售额 Total Sales Value	#出口 Exports	期末商品库存额 Inventory (year-end)
全 国	**National Total**	**531334220**	**20785206**	**527122853**	**15078500**	**21124944**
北 京	Beijing	29532012	3809731	30600419	1448880	2335711
天 津	Tianjin	7934969	351048	8251860	1318157	267343
河 北	Hebei	3807191		3872988	8170	97999
山 西	Shanxi	6310811		6358841		193832
内 蒙 古	Inner Mongolia	2491843		2466986		87845
辽 宁	Liaoning	59264734	8974	60540732	43640	1577084
吉 林	Jilin	2016640		2272047		147236
黑 龙 江	Heilongjiang	2069990	35502	2892348		148616
上 海	Shanghai	72678695	711347	75887207	1665853	2547000
江 苏	Jiangsu	35049965	1337547	34267499	1495798	1983153
浙 江	Zhejiang	45998638	5160748	48602551	4019599	1854934
安 徽	Anhui	6881553	1812229	6090786	1017814	685415
福 建	Fujian	34119363	4973063	34296274	145737	815777
江 西	Jiangxi	2605049	40	3663439	48064	239181
山 东	Shandong	12242393	636504	12734410	478231	1000926
河 南	Henan	6312219		5584577	37900	258401
湖 北	Hubei	9179642		4464815	14824	432275
湖 南	Hunan	8884045	9366	2068398	57250	479042
广 东	Guangdong	82003682	981730	74978864	3048357	2513465
广 西	Guangxi	4810058		4249019		280053
海 南	Hainan	579944	1631	613028	699	11215
重 庆	Chongqing	4232284	27355	4558297	23089	331588
四 川	Sichuan	12196210	88	13039801	818	751143
贵 州	Guizhou	875837		922730		29076
云 南	Yunnan	10185125	53207	12306446	48678	305629
西 藏	Tibet					
陕 西	Shaanxi	14160622	278	15051560	20455	71342
甘 肃	Gansu	19732872		20522082		585003
青 海	Qinghai	3480598		4142520		98140
宁 夏	Ningxia	4299830	62920	3405768		77158
新 疆	Xinjiang	27397406	811899	28416562	136485	919366

3-2-3 续表 7 Continued 7

私营企业 单位：万元

Private Enterprises Unit: 10 000 yuan

地区	Region	商品购进额 Total Purchases Value	#进口 Imports	商品销售额 Total Sales Value	#出口 Exports	期末商品库存额 Inventory (year-end)
全国	**National Total**	**3683082102**	**117168448**	**3864677265**	**165258734**	**157169750**
北京	Beijing	75505999	4768094	82034792	1926309	6338871
天津	Tianjin	197959525	2762631	202806756	3198277	5465246
河北	Hebei	66397631	257337	69001520	1348628	3214918
山西	Shanxi	55407726	257604	58995611	501108	2560601
内蒙古	Inner Mongolia	17254066	728999	18814764	152223	1719473
辽宁	Liaoning	62500351	1187841	65586666	1486377	3553159
吉林	Jilin	9107814	128703	10165607	56687	918807
黑龙江	Heilongjiang	11689833	640342	12661145	364217	1267206
上海	Shanghai	410991062	12535040	422796041	10827807	12845905
江苏	Jiangsu	499127597	10474331	523897400	20631191	15584735
浙江	Zhejiang	592940276	18041961	617511228	47017393	18860070
安徽	Anhui	43164173	317272	47049537	911965	2155528
福建	Fujian	254286289	7977123	269938732	20826625	9441954
江西	Jiangxi	30697670	395689	33760819	434044	1379278
山东	Shandong	309220409	10213353	322369388	10493505	13461808
河南	Henan	65607887	929512	70534656	1180469	3308509
湖北	Hubei	43904091	459241	47296888	820912	2166347
湖南	Hunan	36675620	920653	40291378	955572	1754875
广东	Guangdong	599491825	37073118	625653817	33948427	33841322
广西	Guangxi	38901598	1601008	41700276	1379318	1842329
海南	Hainan	11195649	457526	12289879	146887	533910
重庆	Chongqing	70379232	2755596	75939632	3299447	3304792
四川	Sichuan	51649405	400721	55467952	734798	2817594
贵州	Guizhou	13573427	132448	15481501	92163	675671
云南	Yunnan	23292309	706535	25007226	1625250	1138120
西藏	Tibet	4788438		5091282		124570
陕西	Shaanxi	32417380	240525	34769592	345687	1558485
甘肃	Gansu	10647997	185040	11547905	60087	591227
青海	Qinghai	4263682	8912	4553367	19701	114597
宁夏	Ningxia	6366907	15469	6691466	37183	267115
新疆	Xinjiang	33676233	595823	34970442	436477	4362730

其他企业
Other Enterprises

单位：万元
Unit: 10 000 yuan

地区	Region	商品购进额 Total Purchases Value	#进口 Imports	商品销售额 Total Sales Value	#出口 Exports	期末商品库存额 Inventory (year-end)
全国	**National Total**	**4408367**	**2047**	**4905568**	**11982**	**147110**
北京	Beijing	16680		18888		463
天津	Tianjin	51394		56841		1087
河北	Hebei	7628		9495		7671
山西	Shanxi	2599		3323		96
内蒙古	Inner Mongolia					
辽宁	Liaoning	498335	214	517947		3948
吉林	Jilin	63261		60619		10719
黑龙江	Heilongjiang	37650		40944		1053
上海	Shanghai	169052	1810	171732		2819
江苏	Jiangsu	1756973		1915415	4255	43232
浙江	Zhejiang	41591	23	46173	7727	612
安徽	Anhui	95912		128032		2881
福建	Fujian	11130		11958		68
江西	Jiangxi	35720		36521		395
山东	Shandong	236976		263567		5097
河南	Henan	24817		31974		681
湖北	Hubei	340369		394452		5946
湖南	Hunan	70740		77912		1152
广东	Guangdong	163144		189354		33164
广西	Guangxi	68821		77399		511
海南	Hainan	3478		4195		
重庆	Chongqing	17106		19471		105
四川	Sichuan	44268		46666		500
贵州	Guizhou					
云南	Yunnan	317150		342103		3208
西藏	Tibet					
陕西	Shaanxi	168404		186033		5504
甘肃	Gansu	32428		46265		138
青海	Qinghai					
宁夏	Ningxia					
新疆	Xinjiang	132743		208291		16060

3-2-3 续表 9　Continued 9

港、澳、台商投资企业　　单位：万元

Enterprises with Funds from Hongkong, Macao and Taiwan　　Unit: 10 000 yuan

地　区	Region	商品购进额 Total Purchases Value	#进　口 Imports	商品销售额 Total Sales Value	#出　口 Exports	期末商品库存额 Inventory (year-end)
全　国	**National Total**	**408720956**	**53607395**	**456377658**	**9612342**	**31761897**
北　京	Beijing	99154019	5416560	101256226	421478	7268819
天　津	Tianjin	13244406	1227389	15520919	443939	1075377
河　北	Hebei	793355		888181		4217
山　西	Shanxi	22508		45268		4778
内蒙古	Inner Mongolia	761226	20702	799431	29610	12399
辽　宁	Liaoning	984430	24614	1073575	69169	126592
吉　林	Jilin					
黑龙江	Heilongjiang	1677115		2279220		85308
上　海	Shanghai	131216062	27418376	154269917	2486823	12463044
江　苏	Jiangsu	25061746	2592537	29891234	572261	1816816
浙　江	Zhejiang	16617118	1054547	18312734	774150	838364
安　徽	Anhui	5544312	3740820	5929213	26002	114944
福　建	Fujian	11559344	820462	12631820	844124	413517
江　西	Jiangxi	533952	35936	566654	312418	27293
山　东	Shandong	10588417	1637468	11102665	1791887	923154
河　南	Henan	411950	4582	539872	15850	3659
湖　北	Hubei	3508256	6941	5239968	89001	197860
湖　南	Hunan	412360	118941	825249	15622	27348
广　东	Guangdong	61979295	8620703	70026885	1645322	4663804
广　西	Guangxi	757959	183990	798130	34441	17248
海　南	Hainan	13693014	38727	13232816	4038	747927
重　庆	Chongqing	3555872	490915	3851936	6759	382100
四　川	Sichuan	4294810	148419	4409429		314452
贵　州	Guizhou	774798		888225		44284
云　南	Yunnan	430954	4766	442839		3021
西　藏	Tibet	162293		368761		12039
陕　西	Shaanxi	799968		1004613	29451	146884
甘　肃	Gansu	16000		20103		64
青　海	Qinghai					
宁　夏	Ningxia					
新　疆	Xinjiang	165416		161777		26584

3-2-3 续表 10 Continued 10

外商投资企业 单位：万元

Foreign Funded Enterprises Unit: 10 000 yuan

地 区	Region	商品购进额 Total Purchases Value	#进 口 Imports	商品销售额 Total Sales Value	#出 口 Exports	期末商品库存额 Inventory (year-end)
全 国	**National Total**	**778906372**	**203900834**	**855059426**	**60741848**	**49830314**
北 京	Beijing	122589215	38413378	141733557	2662700	11720129
天 津	Tianjin	47016576	3610898	50725849	650194	1134429
河 北	Hebei	3044734	18129	3000546	1	127005
山 西	Shanxi	653963	15662	576291	45894	14763
内 蒙 古	Inner Mongolia	96115	82222	115561	694	2582
辽 宁	Liaoning	2100592	401661	2292208	142386	157943
吉 林	Jilin	1626899	3772	673626	932	39209
黑 龙 江	Heilongjiang	6656		3090704		6274
上 海	Shanghai	316736087	127921317	362897729	30024393	24316626
江 苏	Jiangsu	67696321	19274663	62007820	17119875	3553190
浙 江	Zhejiang	67551306	1942439	64270635	2381530	3000758
安 徽	Anhui	6984718	15220	9436276	1372	301250
福 建	Fujian	16010566	280069	17221010	574742	970108
江 西	Jiangxi	102292	323	1308972	53485	17774
山 东	Shandong	17958948	660265	19393783	289555	628371
河 南	Henan	326174	138396	625980	45065	48725
湖 北	Hubei	23036998	477467	24211364	218211	477307
湖 南	Hunan	1218284	25441	1536728	47854	76204
广 东	Guangdong	56065489	7797527	59923472	4242623	2461333
广 西	Guangxi	6721019	1934	6695903	4085	178263
海 南	Hainan	612309	88905	662519	3450	9621
重 庆	Chongqing	4231267	184621	4586704	335606	134025
四 川	Sichuan	1755239	16724	2286032	500	147763
贵 州	Guizhou	456550		464567		5510
云 南	Yunnan	438638		748084	13815	41500
西 藏	Tibet					
陕 西	Shaanxi	13386196	2519855	14008214	1871978	238666
甘 肃	Gansu	199616		195604		18536
青 海	Qinghai	208211		278128		60
宁 夏	Ningxia					
新 疆	Xinjiang	75399	9948	91560	10909	2395

3-2-4 各地区限额以上批发业企业商品购、销、存情况（按国民经济行业分）

Total Purchases, Sales and Inventory of Enterprises above Designated Size of Wholesale Trade by Region and Sector

农、林、牧、渔产品批发　　单位：万元

Wholesale of Agricultural, Forestry, Livestock and Fishery Products　　Unit: 10 000 yuan

地　区	Region	商品购进额 Total Purchases Value	#进口 Imports	商品销售额 Total Sales Value	#出口 Exports	期末商品库存额 Inventory (year-end)
全　国	**National Total**	**244954596**	**30615312**	**249974592**	**2216175**	**32201049**
北　京	Beijing	38609965	12264313	37384937	4567	4562644
天　津	Tianjin	10096686	548466	10662086	17489	1039647
河　北	Hebei	4197820	50697	4191970	2197	576034
山　西	Shanxi	425842	4509	543054	394	156489
内蒙古	Inner Mongolia	2707852	18128	2947106	96345	908623
辽　宁	Liaoning	12945681	116575	13280909	194225	1489301
吉　林	Jilin	2960044	3445	3383692	15141	946057
黑龙江	Heilongjiang	8302252	164431	8661975	13438	1636697
上　海	Shanghai	23316337	2265603	23006656	72385	1687189
江　苏	Jiangsu	26524084	6899139	27446431	149397	2453069
浙　江	Zhejiang	8592941	243879	8863599	186710	461362
安　徽	Anhui	2212856	16793	2347369	23279	156012
福　建	Fujian	15656923	3558004	16372139	268116	1874189
江　西	Jiangxi	1001784	7477	1135812	58638	172049
山　东	Shandong	17733545	1423763	18257298	342897	1328460
河　南	Henan	7204723	146178	7825530	199395	1576341
湖　北	Hubei	3890292	3443	4207284	20811	234687
湖　南	Hunan	2356481	127006	2474599	43641	315998
广　东	Guangdong	18438259	1755033	18895983	314295	1558989
广　西	Guangxi	2612984	386722	2747648	49364	172361
海　南	Hainan	1694907	315967	1424000	3320	206993
重　庆	Chongqing	1275416	65115	1291614	6394	89691
四　川	Sichuan	6498459	37195	6616979	25709	431923
贵　州	Guizhou	526299	51717	559350	50899	208853
云　南	Yunnan	2246181	92657	2328277	21484	351483
西　藏	Tibet					
陕　西	Shaanxi	645080	9336	740107	8894	74638
甘　肃	Gansu	962266	3222	1095155	25154	178159
青　海	Qinghai	148048	2709	152054		6819
宁　夏	Ningxia	1226686		1353028		35195
新　疆	Xinjiang	19943903	33790	19777953	1597	7311098

3-2-4 续表 1 Continued 1

食品、饮料及烟草制品批发
Wholesale of Food, Beverages and Tobaccos

单位：万元
Unit: 10 000 yuan

地 区	Region	商品购进额 Total Purchases Value	#进口 Imports	商品销售额 Total Sales Value	#出口 Exports	期末商品库存额 Inventory (year-end)
全 国	**National Total**	**603495919**	**41193611**	**722169519**	**10795435**	**55634143**
北 京	Beijing	40421987	8510428	43533163	720479	8648847
天 津	Tianjin	22132449	1648035	25499100	92477	1642004
河 北	Hebei	8431995	53610	10974571	57428	771762
山 西	Shanxi	6605860	13	8654062	62241	1006740
内蒙古	Inner Mongolia	4162304	693383	5527405	1680	495732
辽 宁	Liaoning	9280059	410915	11276059	88315	891388
吉 林	Jilin	3456052	49782	4425060	4767	207443
黑龙江	Heilongjiang	7857191	37950	9816067	59806	610613
上 海	Shanghai	79824664	12174517	90673582	566065	6050228
江 苏	Jiangsu	39314831	852058	47565489	364399	3508959
浙 江	Zhejiang	39353373	1730398	46431252	1080412	3053286
安 徽	Anhui	14309754	1780464	18275641	170477	1069711
福 建	Fujian	28914816	1978535	33555983	1339672	2380547
江 西	Jiangxi	6202426	28507	8454657	8848	334949
山 东	Shandong	36120372	2479127	41675033	1378517	2820225
河 南	Henan	15872057	392176	20327873	88051	997632
湖 北	Hubei	19835893	236962	24693197	9444	1249289
湖 南	Hunan	12886613	216866	17397774	220190	543928
广 东	Guangdong	87968734	6971113	97775692	2479320	7355673
广 西	Guangxi	18461401	115847	20428612	305323	796149
海 南	Hainan	4333054	23242	5069898	7752	240113
重 庆	Chongqing	13995949	396062	18242183	3273	621768
四 川	Sichuan	26377301	92903	32241772	80284	3580865
贵 州	Guizhou	17849932	70373	29882292	85308	1946635
云 南	Yunnan	17713112	120384	22646764	1411643	2664901
西 藏	Tibet	745560	25	1217328		183149
陕 西	Shaanxi	8574403	7813	10715857	28400	784462
甘 肃	Gansu	3337905	4752	4426688	24176	310796
青 海	Qinghai	1230965	5000	1499117		66421
宁 夏	Ningxia	1358680		1661782		53991
新 疆	Xinjiang	6566229	112369	7605567	56687	745938

纺织、服装及家庭用品批发 单位：万元

Wholesale of Textiles, Wearing Apparel and Household Articles Unit: 10 000 yuan

地区	Region	商品购进额 Total Purchases Value	#进口 Imports	商品销售额 Total Sales Value	#出口 Exports	期末商品库存额 Inventory (year-end)
全国	**National Total**	**613378757**	**34114163**	**677345819**	**97215681**	**45724587**
北京	Beijing	91403137	3441206	93257292	654128	8029331
天津	Tianjin	11817467	233781	13599970	1273721	1382676
河北	Hebei	2729992	21500	2739833	263101	373727
山西	Shanxi	1670645		1714608	23714	98709
内蒙古	Inner Mongolia	287471		332226	2119	75226
辽宁	Liaoning	3065267	347221	3183987	821277	239148
吉林	Jilin	229515		252788		24880
黑龙江	Heilongjiang	473364	18335	772219	17734	75782
上海	Shanghai	69264749	14862660	92312092	9822500	10823645
江苏	Jiangsu	133476885	5355743	140409903	13923371	6885293
浙江	Zhejiang	101658407	4455228	109321646	33348339	5216790
安徽	Anhui	12320800	646527	15596507	1157894	907847
福建	Fujian	56725849	664934	62951713	13813952	1810362
江西	Jiangxi	1824926	27189	2015478	196690	172627
山东	Shandong	25478343	522904	26763147	3303451	1122606
河南	Henan	3524106	33274	3949453	387627	368475
湖北	Hubei	4547074	7409	5061932	344005	394990
湖南	Hunan	2502801	13527	3066237	348147	232901
广东	Guangdong	65414796	2048502	73322146	16120919	5447353
广西	Guangxi	3188006	228365	3272548	340822	259563
海南	Hainan	2294219	994797	2485657	195655	147122
重庆	Chongqing	8267591	10343	8849941	10969	516605
四川	Sichuan	5193803	127970	5509234	436555	353366
贵州	Guizhou	294902		316613	5422	45533
云南	Yunnan	960988	1411	998832	134479	61183
西藏	Tibet	102171		172959		16671
陕西	Shaanxi	1863151	44658	2129512	222663	419445
甘肃	Gansu	149716		163499		30790
青海	Qinghai	24732		26595	24127	1726
宁夏	Ningxia	321772		326983		15348
新疆	Xinjiang	2302114	6678	2470271	22299	174870

文化、体育用品及器材批发
Wholesale of Culture, Sports Appliances and Equipments

单位：万元
Unit: 10 000 yuan

地区	Region	商品购进额 Total Purchases Value	#进口 Imports	商品销售额 Total Sales Value	#出口 Exports	期末商品库存额 Inventory (year-end)
全国	**National Total**	**158721111**	**7130235**	**172967400**	**10387434**	**16432955**
北京	Beijing	17184228	976033	18958122	156004	2653824
天津	Tianjin	2978999	55367	3112893	130629	214377
河北	Hebei	862881		1142652	29603	76648
山西	Shanxi	942849		1046490	78517	107190
内蒙古	Inner Mongolia	231327		189471		21933
辽宁	Liaoning	893133	7202	1011352	36273	83520
吉林	Jilin	233276		285277		37935
黑龙江	Heilongjiang	198330		243367		18138
上海	Shanghai	28220796	2409016	32437693	781539	3331400
江苏	Jiangsu	11239937	408857	12143421	1271742	872945
浙江	Zhejiang	20566274	687930	22334162	4295542	1389649
安徽	Anhui	4090106	1051135	4211154	345221	679299
福建	Fujian	13209997	630974	13829143	774987	438628
江西	Jiangxi	737630	40	803300	82086	59011
山东	Shandong	9987024	232047	10401090	527635	692285
河南	Henan	2989841	5638	2880428	76003	410354
湖北	Hubei	1587114	1119	1960422	11445	83782
湖南	Hunan	1440735	9556	1582425	157722	127999
广东	Guangdong	30025258	627427	32604977	1284380	4206342
广西	Guangxi	827107	15659	866174	30875	57745
海南	Hainan	3139160		3242123	260056	128384
重庆	Chongqing	1684269		1963821		227274
四川	Sichuan	2097364		2166698	2944	136969
贵州	Guizhou	555549		551435	27563	70442
云南	Yunnan	764304		803008		77134
西藏	Tibet					
陕西	Shaanxi	1194581	12236	1313493	26667	67419
甘肃	Gansu	257037		286319		46835
青海	Qinghai	27022		26873		2990
宁夏	Ningxia	118610		99227		22412
新疆	Xinjiang	436376		470389		90094

3-2-4 续表 4 Continued 4

医药及医疗器材批发　　　　单位：万元

Wholesale of Medicines and Medical Appliances　　　　Unit: 10 000 yuan

地区	Region	商品购进额 Total Purchases Value	#进口 Imports	商品销售额 Total Sales Value	#出口 Exports	期末商品库存额 Inventory (year-end)
全国	**National Total**	**374522571**	**26776223**	**428891829**	**6584724**	**41449770**
北京	Beijing	31647797	5308558	36384719	703246	4186463
天津	Tianjin	7067628	336415	8115437	96992	1090201
河北	Hebei	12140483	54364	13152264	65294	1146171
山西	Shanxi	5644346	10602	6368006	45995	504441
内蒙古	Inner Mongolia	2849358	9784	3021264		339129
辽宁	Liaoning	8254006	334437	8939071	82644	729337
吉林	Jilin	4726716	5711	5348470	10257	438963
黑龙江	Heilongjiang	4198075	2348	4710771	965	364621
上海	Shanghai	46324615	12384062	55604057	1224317	7702011
江苏	Jiangsu	29399659	1145127	34638014	628561	3719575
浙江	Zhejiang	22737846	621779	25331232	1410464	2144252
安徽	Anhui	10035524	61915	11994648	162606	794122
福建	Fujian	8446741	66064	9393944	37525	831328
江西	Jiangxi	9335686	49201	12185502	32803	758625
山东	Shandong	23935374	347209	26937472	319040	1879115
河南	Henan	15820925	181431	17861878	10102	1235055
湖北	Hubei	14696291	93086	16388050	233744	1337374
湖南	Hunan	10619317	29973	11754642	39535	968948
广东	Guangdong	47538018	3289368	52847172	1342859	4992023
广西	Guangxi	6627031	23161	7179135	146	530421
海南	Hainan	2690868	272230	3600537	5211	265635
重庆	Chongqing	9313521	1842115	10669138	43536	1426848
四川	Sichuan	15890621	162111	17690919	51987	1429079
贵州	Guizhou	3781646	17669	4157447		348740
云南	Yunnan	6227263	17534	7576167	10024	746470
西藏	Tibet	665518	1	1544279		46276
陕西	Shaanxi	6767349	37632	7406549	23628	658756
甘肃	Gansu	2354525	3234	2641279	3135	276752
青海	Qinghai	433141		496109		45412
宁夏	Ningxia	581834	68902	651786	106	71925
新疆	Xinjiang	3770849	198	4301871		441704

3-2-4 续表 5 Continued 5

矿产品、建材及化工产品批发

Wholesale of Mineral Products, Building Materials and Chemical Products

单位：万元

Unit: 10 000 yuan

地区	Region	商品购进额 Total Purchases Value	#进口 Imports	商品销售额 Total Sales Value	#出口 Exports	期末商品库存额 Inventory (year-end)
全国	**National Total**	**5736223485**	**283808889**	**5846589244**	**71137171**	**156075872**
北京	Beijing	332147475	63535871	343142251	9150724	17923488
天津	Tianjin	303729692	3608642	309150276	2672325	6413685
河北	Hebei	95187642	693488	97349009	573560	2330902
山西	Shanxi	154769884	1458405	159651050	366707	2868355
内蒙古	Inner Mongolia	42984388	1030544	45262189	1189247	1714829
辽宁	Liaoning	137958257	5140524	144485117	799666	4896295
吉林	Jilin	9767138	417778	9491242	46669	551993
黑龙江	Heilongjiang	32084995	12584520	33575709	81169	768963
上海	Shanghai	871278253	44327949	888482779	10300306	20726884
江苏	Jiangsu	526472847	14397401	534673933	6455009	12137185
浙江	Zhejiang	723825978	35957014	735488923	12057044	18119374
安徽	Anhui	58606686	527950	60236868	269820	1419533
福建	Fujian	355520259	29679411	355545869	8870026	9523568
江西	Jiangxi	42065061	568673	45896053	114225	1195550
山东	Shandong	411395214	15726652	420578547	5921135	13486276
河南	Henan	79396804	1122678	82854559	563447	2035410
湖北	Hubei	82478301	442389	80395659	846375	2021451
湖南	Hunan	47090366	1581247	41735175	790621	1769050
广东	Guangdong	663660077	22451022	668701688	6156118	18316112
广西	Guangxi	89272012	3305190	91004248	427908	2394701
海南	Hainan	86858831	4232770	88396712	333713	1892547
重庆	Chongqing	61094099	929279	63504155	196548	1640097
四川	Sichuan	95278329	1785694	98675002	538729	2562446
贵州	Guizhou	26606932	439222	27577003	70016	679718
云南	Yunnan	75644242	3349805	79910621	1470861	1449356
西藏	Tibet	511034		674926		80588
陕西	Shaanxi	148483740	2557073	153283336	345739	2968147
甘肃	Gansu	65143974	268782	66955027	20259	1204038
青海	Qinghai	16816946	140428	18167058	70348	366439
宁夏	Ningxia	10469571	15469	9831060	37077	267864
新疆	Xinjiang	89624458	11533019	91913197	401781	2351031

3-2-4 续表 6 Continued 6

机械设备、五金产品及电子产品批发 单位：万元

Wholesale of Machinery, Hardware and Electronic Products Unit: 10 000 yuan

地 区	Region	商品购进额 Total Purchases Value	#进 口 Imports	商品销售额 Total Sales Value	#出 口 Exports	期末商品库存额 Inventory (year-end)
全 国	**National Total**	**1152215717**	**189255264**	**1246755895**	**115863388**	**72434548**
北 京	Beijing	170596726	35931264	189827802	5675062	14888734
天 津	Tianjin	32265283	4151461	34422682	1982053	1774238
河 北	Hebei	11322364	105655	11580987	503772	685057
山 西	Shanxi	6235678	17057	6094780	77732	589760
内蒙古	Inner Mongolia	2163238	179	2201649	47384	386889
辽 宁	Liaoning	6820764	376111	7267513	458841	807451
吉 林	Jilin	12971761	45291	13480892	27781	686188
黑龙江	Heilongjiang	3046513	9156	6196526	290200	191009
上 海	Shanghai	265067948	94920329	295129066	30976629	16387106
江 苏	Jiangsu	89310542	18679555	95314642	22077775	4043351
浙 江	Zhejiang	95646869	1674231	100373353	15018560	4789328
安 徽	Anhui	25874359	4049620	26907377	702909	1029793
福 建	Fujian	25787271	1228644	27367355	1642287	1451014
江 西	Jiangxi	7063844	42645	7446605	1738915	251370
山 东	Shandong	42399868	1121327	44649450	5377425	3000723
河 南	Henan	13863808	39593	14748823	271345	728955
湖 北	Hubei	16707157	1223195	17385339	518069	984518
湖 南	Hunan	6953356	1449762	7983748	116855	513894
广 东	Guangdong	230801971	19899198	246416437	20932427	14963632
广 西	Guangxi	7209624	170786	7603862	423798	426048
海 南	Hainan	2479044	139613	2591822	259263	91495
重 庆	Chongqing	35818361	869663	38009177	3737437	1221782
四 川	Sichuan	15649124	288298	16308629	233944	958912
贵 州	Guizhou	2602459	1	2787674	60668	174000
云 南	Yunnan	2971116	137209	3163670	212058	241774
西 藏	Tibet	4311342		4344037		76944
陕 西	Shaanxi	9721723	2618209	10190639	2103699	372677
甘 肃	Gansu	2083478	34464	2197705	35587	100600
青 海	Qinghai	87226	1204	106949	12	17848
宁 夏	Ningxia	408970		431544		39327
新 疆	Xinjiang	3973929	31546	4225160	360902	560130

贸易经纪与代理
Trade Broker and Agency

单位：万元
Unit: 10 000 yuan

地 区	Region	商品购进额 Total Purchases Value	#进 口 Imports	商品销售额 Total Sales Value	#出 口 Exports	期末商品库存额 Inventory (year-end)
全 国	**National Total**	**63539896**	**19892449**	**66105521**	**10438516**	**2265451**
北 京	Beijing	2733549	1617575	2840367	590407	261346
天 津	Tianjin	1738687	181330	1797601	908934	62761
河 北	Hebei	305877	37642	296222	226993	7871
山 西	Shanxi	58931	30163	61505	18641	6423
内 蒙 古	Inner Mongolia					
辽 宁	Liaoning	183487	14651	191608	42623	9881
吉 林	Jilin					
黑 龙 江	Heilongjiang	41325	20510	69520	11181	13149
上 海	Shanghai	10288171	1442314	10603081	1737961	424384
江 苏	Jiangsu	5340125	286751	6029985	1163458	179929
浙 江	Zhejiang	957689	24901	998142	613532	11582
安 徽	Anhui	1459466	1179376	1550983	61928	122628
福 建	Fujian	2146427	69941	2160019	762961	89336
江 西	Jiangxi	656519	152729	716198	36822	50565
山 东	Shandong	3770055	908677	3908917	419457	152996
河 南	Henan	381443		390465	52111	1792
湖 北	Hubei	148564	17282	148764	66804	7354
湖 南	Hunan	356094	96022	371949	8673	170458
广 东	Guangdong	29145324	13677027	29978939	3488990	560714
广 西	Guangxi	13863		11462	4765	6723
海 南	Hainan	2396310	62392	2505945	68878	18705
重 庆	Chongqing	954205	17836	971657	8219	75070
四 川	Sichuan	9409	708	10435	394	432
贵 州	Guizhou	98939		102365	133	118
云 南	Yunnan	26321	8939	41742	1776	13335
西 藏	Tibet					
陕 西	Shaanxi	246493	28179	264785	135494	12048
甘 肃	Gansu	58405	5062	57118		2754
青 海	Qinghai					
宁 夏	Ningxia					
新 疆	Xinjiang	24219	12441	25750	7382	3099

3-2-4 续表 8　Continued 8

其他批发业　　单位：万元

Other Wholesale not Classified Elsewhere　　Unit: 10 000 yuan

地　区	Region	商品购进额 Total Purchases Value	#进口 Imports	商品销售额 Total Sales Value	#出口 Exports	期末商品库存额 Inventory (year-end)
全　国	**National Total**	**171445319**	**10606005**	**185552348**	**9962667**	**9308088**
北　京	Beijing	6474650	786208	7396997	1085831	762810
天　津	Tianjin	11447494	134187	12200231	160493	282331
河　北	Hebei	1591988		1663824	40375	34423
山　西	Shanxi	3085452		3181002	1009	12077
内蒙古	Inner Mongolia	908739	983	954464	649	16584
辽　宁	Liaoning	2185956	45604	2268358	80371	89618
吉　林	Jilin	293029	4671	291615	9951	36638
黑龙江	Heilongjiang	561522	90602	565348	9556	42385
上　海	Shanghai	8873615	1539652	10377458	706547	729313
江　苏	Jiangsu	21462440	355488	22342532	1964025	1288849
浙　江	Zhejiang	25013241	1566537	28133124	486383	1102237
安　徽	Anhui	6869686	25000	7376297	54842	241568
福　建	Fujian	24066718	2679633	25757298	2708837	2202261
江　西	Jiangxi	1873715	4400	2055513	77453	51702
山　东	Shandong	5994318	194410	6655244	267337	221369
河　南	Henan	3178528	52	3563673	154588	46261
湖　北	Hubei	2208908	1098	2354340	19884	55538
湖　南	Hunan	2127992	119595	2592751	271056	49914
广　东	Guangdong	19524381	1676891	20579683	1793195	829341
广　西	Guangxi	5395038	7295	6189898	7130	153014
海　南	Hainan	3974224	1233363	3708482		250395
重　庆	Chongqing	3706078	20368	3998123	132	147745
四　川	Sichuan	6262060	33775	6516688	57253	223694
贵　州	Guizhou	736034		823674		101126
云　南	Yunnan	319657	6118	444890		6398
西　藏	Tibet	8559		14160		2270
陕　西	Shaanxi	920073	71952	931260	5146	279908
甘　肃	Gansu	1437559		1559443		2500
青　海	Qinghai	82517		98697		
宁　夏	Ningxia	83269		85913		5414
新　疆	Xinjiang	777878	8122	871372	625	40404

3-2-5 各地区限额以上零售业企业商品购、销、存情况

Total Purchases, Sales and Inventory of Enterprises above Designated Size of Retail Trade by Region

单位：万元

Unit: 10 000 yuan

地区	Region	商品购进额 Total Purchases Value	#进口 Imports	商品销售额 Total Sales Value	#出口 Exports	期末商品库存额 Inventory (year-end)
全国	**National Total**	**1261165731**	**36830286**	**1480919406**	**771787**	**113867164**
北京	Beijing	100776085	2303803	109668222	14826	7449815
天津	Tianjin	19504634	203085	21669918	150	1393941
河北	Hebei	36929463	573184	41246388	5097	3793489
山西	Shanxi	19563339	297664	22779290	44759	2106149
内蒙古	Inner Mongolia	11700304	158680	13726510		1195741
辽宁	Liaoning	27712378	696812	32971061		2175418
吉林	Jilin	10886724	344436	14218042		1161541
黑龙江	Heilongjiang	15324391	170852	16499504	1	4189498
上海	Shanghai	94922147	7760897	121108122	48047	12091726
江苏	Jiangsu	117367796	2494269	133832788	50796	9388334
浙江	Zhejiang	87354910	3428973	106253344	58269	8262516
安徽	Anhui	40789258	642306	48675071	6428	3316270
福建	Fujian	63003754	1418394	72708863	27739	4136915
江西	Jiangxi	26594863	606422	32336635	30813	2159355
山东	Shandong	69823335	1282079	79213275	19608	7334170
河南	Henan	48365775	823669	56794564	5943	4190762
湖北	Hubei	52818501	970050	61607600	16302	4108426
湖南	Hunan	43012279	777850	55584832	16200	2916975
广东	Guangdong	136911948	3759808	162321236	124040	11351798
广西	Guangxi	19166017	343497	21245590	11138	1852661
海南	Hainan	13576068	3435844	14610697		2126614
重庆	Chongqing	33079593	915522	38490875	15633	2252397
四川	Sichuan	69871005	1546708	77436136	3676	4715301
贵州	Guizhou	19483579	422009	24972714	912	1734501
云南	Yunnan	21451869	549094	27097954	267342	2256945
西藏	Tibet	1638105	102	2347904		156361
陕西	Shaanxi	32634448	615221	40698213	1949	2967379
甘肃	Gansu	9943894	134148	11495412		1004574
青海	Qinghai	2015436	52636	2370636	520	213284
宁夏	Ningxia	3019960	13765	3407468	963	371907
新疆	Xinjiang	11923872	88507	13530541	637	1492403

3-2-5 续表 Continued

国有控股
State-controlled Enterprises

单位：万元
Unit: 10 000 yuan

地　区	Region	商品购进额 Total Purchases Value	#进口 Imports	商品销售额 Total Sales Value	#出口 Exports	期末商品库存额 Inventory (year-end)
全　国	**National Total**	**191724483**	**6621668**	**247856408**	**87163**	**18793715**
北　京	Beijing	14823410	847252	16362665	9794	1651431
天　津	Tianjin	4481605	13158	5200227		300425
河　北	Hebei	4237370	30439	5326009		479886
山　西	Shanxi	2999603	21123	3404535	40269	306936
内蒙古	Inner Mongolia	3863494		5064976		182496
辽　宁	Liaoning	4857294	3633	6897397		254664
吉　林	Jilin	1807601	51579	3696790		177406
黑龙江	Heilongjiang	3518508	1472	2935221		2935572
上　海	Shanghai	12542150	1240304	15704661	30710	1387997
江　苏	Jiangsu	14957642	38423	17507158	831	1330252
浙　江	Zhejiang	10558391	349305	12432682		693021
安　徽	Anhui	8211831	9681	9415819	1255	424789
福　建	Fujian	10355120	222699	11517698	2905	589499
江　西	Jiangxi	3547209	62267	5666143		380245
山　东	Shandong	5747667	32103	8269924		690582
河　南	Henan	5902049	42655	7334455		427512
湖　北	Hubei	8025234	11548	11103113		683693
湖　南	Hunan	3828186	31757	9135800	15	299831
广　东	Guangdong	15203472	247173	25899434	728	1339603
广　西	Guangxi	3136647	18228	3553326		226184
海　南	Hainan	7938128	3215691	8491255		1575627
重　庆	Chongqing	6449242	22022	7897029		281744
四　川	Sichuan	11987404	2145	13333208		590193
贵　州	Guizhou	5693590	36389	9337988		284087
云　南	Yunnan	5133482	621	8733402		369319
西　藏	Tibet	740769		1189043		34862
陕　西	Shaanxi	4079299	26295	4540772	18	510347
甘　肃	Gansu	3629857	41119	4057508		148798
青　海	Qinghai	358337	256	454294		21090
宁　夏	Ningxia	428299		568655		21494
新　疆	Xinjiang	2681589	2330	2825220	637	194129

3-2-6 各地区限额以上零售业企业商品购、销、存情况（按登记注册类型分）

Total Purchases, Sales and Inventory of Enterprises above Designated Size of Retail Trade by Region and Type of Registration

内资企业

Domestic Funded Enterprises

地区	Region	商品购进额 Total Purchases Value	#进口 Imports	商品销售额 Total Sales Value	#出口 Exports	期末商品库存额 Inventory (year-end)
全国	**National Total**	**1018978191**	**24085390**	**1171349195**	**719756**	**94303238**
北京	Beijing	49399439	1652254	54526506	14388	5276247
天津	Tianjin	14941265	192713	16249906	58	1108522
河北	Hebei	32203988	533531	35378257	5097	3537656
山西	Shanxi	18111271	245319	20829869	44759	2006370
内蒙古	Inner Mongolia	10907788	152674	12835643		1145270
辽宁	Liaoning	24693597	364860	29463446		1941162
吉林	Jilin	10346136	289061	12889693		1113078
黑龙江	Heilongjiang	14312039	169492	15322150	1	4053277
上海	Shanghai	54322045	740374	62599389	14875	5426230
江苏	Jiangsu	96416304	2094499	108966870	50193	8041113
浙江	Zhejiang	70532095	2498202	79450025	52657	6661336
安徽	Anhui	37107095	522268	41705609	6428	3101236
福建	Fujian	52585346	1129030	60772335	23795	3639086
江西	Jiangxi	24994366	457489	30456364	27492	2070828
山东	Shandong	62271236	1038852	70301548	19523	6500235
河南	Henan	45180385	800316	51948831	5943	4014771
湖北	Hubei	44126081	629757	51682256	16302	3754144
湖南	Hunan	40163868	607447	50528103	15863	2565413
广东	Guangdong	105328722	2836278	124711460	120425	8976939
广西	Guangxi	16993207	268786	18800941	11138	1680842
海南	Hainan	13138301	3377011	14129811		2101921
重庆	Chongqing	28948093	697320	34084636	15633	2062090
四川	Sichuan	60441450	1273538	66375971	3676	4092134
贵州	Guizhou	17751243	420902	20721377	912	1614257
云南	Yunnan	19470451	451166	24837071	266529	2094216
西藏	Tibet	1603988	102	2308254		152328
陕西	Shaanxi	26435158	353255	29460116	1949	2612242
甘肃	Gansu	9754604	133988	11219623		970254
青海	Qinghai	1968862	52636	2307239	520	208193
宁夏	Ningxia	2936869	13765	3310920	963	364562
新疆	Xinjiang	11592901	88507	13174974	637	1417286

3-2-6 续表 1 Continued 1

国有企业
State-owned Enterprises

单位：万元
Unit: 10 000 yuan

地 区	Region	商品购进额 Total Purchases Value	#进 口 Imports	商品销售额 Total Sales Value	#出 口 Exports	期末商品库存额 Inventory (year-end)
全 国	**National Total**	**14344397**	**600775**	**18289268**	**1250**	**1549547**
北 京	Beijing	259782	19061	321449		28573
天 津	Tianjin	68458		73845		31916
河 北	Hebei	85647	7363	89471		5660
山 西	Shanxi	628936		645509		25047
内蒙古	Inner Mongolia	2212		3052		103
辽 宁	Liaoning	388916		438342		17792
吉 林	Jilin	72832		86771		10691
黑龙江	Heilongjiang	256721	170	308830		32758
上 海	Shanghai	374689	39692	444244	507	89203
江 苏	Jiangsu	2630315	2737	2700386		137274
浙 江	Zhejiang	252051	27203	298990		38531
安 徽	Anhui	898405	1897	960233		59432
福 建	Fujian	13305		14398		777
江 西	Jiangxi	168683		589778		8885
山 东	Shandong	743115		788522		63843
河 南	Henan	530464		617940		44620
湖 北	Hubei	1273519	507	1419136		74389
湖 南	Hunan	301167	300	1279126	15	10555
广 东	Guangdong	571267	31474	1208020	728	95833
广 西	Guangxi	35177		41670		8325
海 南	Hainan	2016097	433882	1736725		328794
重 庆	Chongqing	163782		557581		13847
四 川	Sichuan	209575		210272		20612
贵 州	Guizhou	150848	36389	958259		18634
云 南	Yunnan	631722	101	631944		37974
西 藏	Tibet	89038		108716		10574
陕 西	Shaanxi	639600		777213		221016
甘 肃	Gansu	412077		434201		22461
青 海	Qinghai	155842		209111		3960
宁 夏	Ningxia	22088		25796		8183
新 疆	Xinjiang	298068		309737		79285

3-2-6 续表 2 Continued 2

集体企业
Collective-owned Enterprises

单位：万元
Unit: 10 000 yuan

地 区	Region	商品购进额 Total Purchases Value	#进 口 Imports	商品销售额 Total Sales Value	#出 口 Exports	期末商品库存额 Inventory (year-end)
全 国	**National Total**	**3591561**	**149**	**4114572**	**26669**	**182216**
北 京	Beijing	186996		213688		14834
天 津	Tianjin	93772		106289		3650
河 北	Hebei	55305		59774		4337
山 西	Shanxi	78539		85940		6008
内 蒙 古	Inner Mongolia	738		1703		180
辽 宁	Liaoning	68746		73906		6397
吉 林	Jilin	7341		9791		424
黑 龙 江	Heilongjiang	18430		22527		2454
上 海	Shanghai	56932	149	72677		7627
江 苏	Jiangsu	302816		344395		8391
浙 江	Zhejiang	140974		151062		6014
安 徽	Anhui	29064		31173		399
福 建	Fujian	440183		556304		6296
江 西	Jiangxi	37914		40370		2165
山 东	Shandong	134892		142303		9846
河 南	Henan	44652		53295		6082
湖 北	Hubei	590011		660655		57262
湖 南	Hunan	166582		198789		3154
广 东	Guangdong	461001		541874		21138
广 西	Guangxi	12047		14775		945
海 南	Hainan	4150		4596		414
重 庆	Chongqing	40129		43629		1221
四 川	Sichuan	47989		54840		1440
贵 州	Guizhou	24858		35235		522
云 南	Yunnan	91506		97593	26669	2052
西 藏	Tibet					
陕 西	Shaanxi	398939		437888		6950
甘 肃	Gansu	11285		12113		432
青 海	Qinghai					
宁 夏	Ningxia	2506		3010		26
新 疆	Xinjiang	43267		44378		1557

股份合作企业
Cooperative Enterprises

单位：万元
Unit: 10 000 yuan

地 区	Region	商品购进额 Total Purchases Value	#进 口 Imports	商品销售额 Total Sales Value	#出 口 Exports	期末商品库存额 Inventory (year-end)
全 国	**National Total**	**1369939**	**2030**	**1462003**		**119326**
北 京	Beijing	131985		146373		6268
天 津	Tianjin	19877		23320		429
河 北	Hebei	224677		192180		57716
山 西	Shanxi					
内 蒙 古	Inner Mongolia	3212		3797		94
辽 宁	Liaoning	16636		19985		268
吉 林	Jilin	14063		16768		399
黑 龙 江	Heilongjiang	46152		46204		2942
上 海	Shanghai	32460	2029	38666		987
江 苏	Jiangsu	84610	1	92416		4313
浙 江	Zhejiang	201155		232901		8576
安 徽	Anhui	8342		9475		2244
福 建	Fujian	3723		4205		68
江 西	Jiangxi	10649		11821		195
山 东	Shandong	77755		79318		11209
河 南	Henan	1297		2918		293
湖 北	Hubei	11516		15244		500
湖 南	Hunan	11045		11484		450
广 东	Guangdong	135898		154211		7997
广 西	Guangxi	1729		2114		55
海 南	Hainan	2752		3895		409
重 庆	Chongqing	28039		34643		1083
四 川	Sichuan	31229		35384		1030
贵 州	Guizhou	10400		12776		915
云 南	Yunnan	233478		241135		9192
西 藏	Tibet					
陕 西	Shaanxi	22715		25816		565
甘 肃	Gansu	4270		4576		1095
青 海	Qinghai					
宁 夏	Ningxia					
新 疆	Xinjiang	277		379		37

3-2-6 续表 4 Continued 4

联营企业 单位：万元
Joint Ownership Enterprises Unit: 10 000 yuan

地 区	Region	商品购进额 Total Purchases Value	#进 口 Imports	商品销售额 Total Sales Value	#出 口 Exports	期末商品库存额 Inventory (year-end)
全 国	**National Total**	**502737**		**587931**		**19136**
北 京	Beijing	10036		11952		271
天 津	Tianjin	18027		20779		467
河 北	Hebei					
山 西	Shanxi					
内 蒙 古	Inner Mongolia					
辽 宁	Liaoning	9878		11219		69
吉 林	Jilin					
黑 龙 江	Heilongjiang	8609		9068		55
上 海	Shanghai	111166		125080		3701
江 苏	Jiangsu	38739		42877		223
浙 江	Zhejiang	72226		86911		1477
安 徽	Anhui	7274		8709		65
福 建	Fujian	2612		3073		161
江 西	Jiangxi	604		649		28
山 东	Shandong	14474		16445		372
河 南	Henan					
湖 北	Hubei	4014		4561		305
湖 南	Hunan					
广 东	Guangdong	169196		199807		11308
广 西	Guangxi					
海 南	Hainan	675		776		2
重 庆	Chongqing	3164		7833		41
四 川	Sichuan	6595		7695		494
贵 州	Guizhou					
云 南	Yunnan	20580		25088		24
西 藏	Tibet					
陕 西	Shaanxi	615		606		60
甘 肃	Gansu	4255		4804		15
青 海	Qinghai					
宁 夏	Ningxia					
新 疆	Xinjiang					

3-2-6 续表 5 Continued 5

有限责任公司
Limited Liability Corporations

单位：万元
Unit: 10 000 yuan

地区	Region	商品购进额 Total Purchases Value	#进口 Imports	商品销售额 Total Sales Value	#出口 Exports	期末商品库存额 Inventory (year-end)
全国	**National Total**	**352629888**	**11860078**	**402746951**	**355504**	**32878987**
北京	Beijing	32101431	1335715	34959053	13670	3070773
天津	Tianjin	4602177	68020	5038911		364937
河北	Hebei	12474007	302870	13803554	791	1231976
山西	Shanxi	5228616	118358	5757184	40269	529539
内蒙古	Inner Mongolia	3115858	66091	3589770		309907
辽宁	Liaoning	6128485	124285	7833660		562140
吉林	Jilin	2993893	85171	4682032		338078
黑龙江	Heilongjiang	4509143	71024	5082137	1	3165950
上海	Shanghai	28115721	367488	33390117	603	2072404
江苏	Jiangsu	24747123	802184	27780908	831	1907101
浙江	Zhejiang	23430548	704721	25761979	20328	1667517
安徽	Anhui	12676659	289340	14687184	5515	981098
福建	Fujian	6913274	255753	7925508	2905	582096
江西	Jiangxi	8474499	119060	10522201	4762	651361
山东	Shandong	20147807	298945	22415785	13012	1962795
河南	Henan	13725248	508590	15906312	2060	1140768
湖北	Hubei	17256439	401828	20341274	1113	1592655
湖南	Hunan	6533919	131915	8528067		577366
广东	Guangdong	43494581	1316581	47387990	5495	2860374
广西	Guangxi	7242358	164184	8066760	3525	640471
海南	Hainan	8377559	2877416	9320191		1562224
重庆	Chongqing	6895647	137288	7691641		542885
四川	Sichuan	22519074	694775	25117671	50	1555681
贵州	Guizhou	7721944	140987	8501499		640907
云南	Yunnan	6950746	201761	9737837	239775	719591
西藏	Tibet	566428		966286		58472
陕西	Shaanxi	8038621	148169	9086522	160	871908
甘肃	Gansu	2590164	67986	3128027		260389
青海	Qinghai	580633	8836	721692		59335
宁夏	Ningxia	893849	312	1155917		86077
新疆	Xinjiang	3583434	50424	3859281	637	312211

股份有限公司
Share-holding Corporations Ltd.

单位：万元
Unit: 10 000 yuan

地 区	Region	商品购进额 Total Purchases Value	#进 口 Imports	商品销售额 Total Sales Value	#出 口 Exports	期末商品库存额 Inventory (year-end)
全 国	**National Total**	**79014900**	**178608**	**106469887**	**2416**	**4744948**
北 京	Beijing	6243369	33925	6864016	304	613232
天 津	Tianjin	582787		692162		57693
河 北	Hebei	2281403		2547178		151354
山 西	Shanxi	1070807		1419435		57393
内 蒙 古	Inner Mongolia	2784135		3372067		96282
辽 宁	Liaoning	3590946		5271770		122068
吉 林	Jilin	894020		1156552		66976
黑 龙 江	Heilongjiang	2538098		2018201		32946
上 海	Shanghai	3182694	1475	3444618		477977
江 苏	Jiangsu	4977560	54498	6654330	1028	225807
浙 江	Zhejiang	2167883	13739	3144761		218094
安 徽	Anhui	3743319	2053	4396093		131205
福 建	Fujian	2885641		3193822		151591
江 西	Jiangxi	779188	1691	1362992		137597
山 东	Shandong	5621290	48856	7729194		397792
河 南	Henan	3115415	4204	4071538		294508
湖 北	Hubei	3046296	245	4268352		264224
湖 南	Hunan	2541080		5209062		123463
广 东	Guangdong	6511508	6999	14702547		408608
广 西	Guangxi	387566	1207	448220	1084	17632
海 南	Hainan	1656703		1873078		24740
重 庆	Chongqing	2598666		3338074		42527
四 川	Sichuan	6674050		7492242		273752
贵 州	Guizhou	1644255		2022016		29920
云 南	Yunnan	2528498		4048927		47565
西 藏	Tibet	501681		551762		13687
陕 西	Shaanxi	335770		429246		18345
甘 肃	Gansu	2299740		2521443		52510
青 海	Qinghai	88470		91689		5853
宁 夏	Ningxia	507778		413373		17706
新 疆	Xinjiang	1234282	9717	1721129		171903

3-2-6 续表 7 Continued 7

私营企业
Private Enterprises

单位：万元
Unit: 10 000 yuan

地 区	Region	商品购进额 Total Purchases Value	#进 口 Imports	商品销售额 Total Sales Value	#出 口 Exports	期末商品库存额 Inventory (year-end)
全 国	**National Total**	**566804581**	**11443749**	**636780659**	**333917**	**54772118**
北 京	Beijing	10456820	263554	11999944	414	1542117
天 津	Tianjin	9556167	124693	10294599	58	649431
河 北	Hebei	17082948	223298	18686100	4306	2086613
山 西	Shanxi	11045821	126960	12861170	4490	1388056
内蒙古	Inner Mongolia	5001634	86584	5865254		738704
辽 宁	Liaoning	14480224	240574	15804706		1231167
吉 林	Jilin	6355609	203890	6929645		695996
黑龙江	Heilongjiang	6930805	98298	7829837		816013
上 海	Shanghai	22448384	329542	25083988	13765	2774331
江 苏	Jiangsu	63302922	1235079	70905084	48334	5737934
浙 江	Zhejiang	44254095	1752539	49756330	32329	4720809
安 徽	Anhui	19735254	228977	21599938	912	1926666
福 建	Fujian	42322381	873277	49068805	20890	2897828
江 西	Jiangxi	15491242	336737	17893416	22730	1268959
山 东	Shandong	35509038	691052	39091249	6511	4053598
河 南	Henan	27749622	287522	31281504	3883	2527772
湖 北	Hubei	21898223	227178	24921198	15190	1763699
湖 南	Hunan	30607771	475232	35298364	15848	1850286
广 东	Guangdong	53978970	1481224	60510465	114202	5571298
广 西	Guangxi	9312684	103395	10225714	6529	1013412
海 南	Hainan	1080365	65713	1190549		185338
重 庆	Chongqing	19217731	560032	22410350	15633	1460437
四 川	Sichuan	30936631	578763	33436203	3626	2239012
贵 州	Guizhou	8198939	243526	9191593	912	923360
云 南	Yunnan	8965446	249304	10000367	84	1276383
西 藏	Tibet	445411	102	679848		69553
陕 西	Shaanxi	16958742	205086	18657708	1789	1492593
甘 肃	Gansu	4425322	66002	5104811		632237
青 海	Qinghai	1143917	43800	1284746	520	139045
宁 夏	Ningxia	1506804	13453	1708955	963	252571
新 疆	Xinjiang	6404659	28366	7208219		846898

3-2-6 续表 8 Continued 8

其他企业

Other Enterprises

单位：万元

Unit: 10 000 yuan

地 区	Region	商品购进额 Total Purchases Value	#进口 Imports	商品销售额 Total Sales Value	#出口 Exports	期末商品库存额 Inventory (year-end)
全 国	**National Total**	**720186**		**897925**		**36962**
北 京	Beijing	9021		10031		179
天 津	Tianjin					
河 北	Hebei					
山 西	Shanxi	58552		60631		327
内蒙古	Inner Mongolia					
辽 宁	Liaoning	9766		9857		1262
吉 林	Jilin	8377		8133		513
黑龙江	Heilongjiang	4080		5346		159
上 海	Shanghai					
江 苏	Jiangsu	332219		446474		20070
浙 江	Zhejiang	13162		17092		319
安 徽	Anhui	8778		12806		127
福 建	Fujian	4228		6221		269
江 西	Jiangxi	31588		35139		1638
山 东	Shandong	22864		38731		781
河 南	Henan	13688		15324		728
湖 北	Hubei	46063		51837		1111
湖 南	Hunan	2303		3211		139
广 东	Guangdong	6301		6547		383
广 西	Guangxi	1646		1689		3
海 南	Hainan					
重 庆	Chongqing	935		885		50
四 川	Sichuan	16307		21664		114
贵 州	Guizhou					
云 南	Yunnan	48474		54181		1436
西 藏	Tibet	1429		1641		43
陕 西	Shaanxi	40157		45117		805
甘 肃	Gansu	7493		9648		1114
青 海	Qinghai					
宁 夏	Ningxia	3843		3870		
新 疆	Xinjiang	28914		31851		5394

3-2-6 续表 9 Continued 9

港、澳、台商投资企业
Enterprises with Funds from Hong Kong, Macao and Taiwan

单位：万元
Unit: 10 000 yuan

地 区	Region	商品购进额 Total Purchases Value	#进 口 Imports	商品销售额 Total Sales Value	#出 口 Exports	期末商品库存额 Inventory (year-end)
全 国	**National Total**	**97341243**	**4964728**	**121002024**	**17878**	**9174325**
北 京	Beijing	6216201	268919	7535659		498862
天 津	Tianjin	1394869		1709122		113211
河 北	Hebei	719158	15683	772969		52632
山 西	Shanxi	309922	38108	343305		16386
内 蒙 古	Inner Mongolia	299939	4555	354570		29657
辽 宁	Liaoning	1669181	194201	2017194		128512
吉 林	Jilin	446447	55375	677290		38437
黑 龙 江	Heilongjiang	512427		544566		40037
上 海	Shanghai	26536358	2347147	34976814	1594	3610810
江 苏	Jiangsu	10917093	176763	11445398	373	683568
浙 江	Zhejiang	7623241	300905	9071226	5612	752720
安 徽	Anhui	2761499	75158	3258476		118682
福 建	Fujian	2113630	69317	2490324	3944	153644
江 西	Jiangxi	922448	71688	1092122	3321	46293
山 东	Shandong	3470529	75670	3930469	85	478169
河 南	Henan	2179069	17075	3109991		105391
湖 北	Hubei	2887699	5933	3297536		212341
湖 南	Hunan	1394379	129444	1736012	37	157500
广 东	Guangdong	16320748	554697	19077129	2913	1281360
广 西	Guangxi	925151	74712	1042635		70223
海 南	Hainan	339383	58833	375828		16352
重 庆	Chongqing	1336547	146309	1504165		95004
四 川	Sichuan	2272698	148802	2714444		147105
贵 州	Guizhou	314385		362694		14056
云 南	Yunnan	1030155	73033	1246650		67773
西 藏	Tibet					
陕 西	Shaanxi	2091219	62239	5899487		208380
甘 肃	Gansu	64515	161	102687		6891
青 海	Qinghai	43586		59173		5078
宁 夏	Ningxia	78586		89810		7343
新 疆	Xinjiang	150181		164279		17910

外商投资企业
Foreign Funded Enterprises

单位：万元
Unit: 10 000 yuan

地区	Region	商品购进额 Total Purchases Value	#进口 Imports	商品销售额 Total Sales Value	#出口 Exports	期末商品库存额 Inventory (year-end)
全国	**National Total**	**144846298**	**7780169**	**188568187**	**34153**	**10389600**
北京	Beijing	45160445	382629	47606056	438	1674706
天津	Tianjin	3168500	10372	3710890	92	172207
河北	Hebei	4006318	23970	5095161		203201
山西	Shanxi	1142146	14237	1606117		83393
内蒙古	Inner Mongolia	492578	1451	536298		20814
辽宁	Liaoning	1349600	137752	1490421		105745
吉林	Jilin	94141		651060		10026
黑龙江	Heilongjiang	499925	1360	632789		96184
上海	Shanghai	14063744	4673375	23531919	31578	3054685
江苏	Jiangsu	10034399	223007	13420520	230	663652
浙江	Zhejiang	9199574	629866	17732092		848460
安徽	Anhui	920664	44880	3710985		96353
福建	Fujian	8304778	220047	9446205		344186
江西	Jiangxi	678049	77245	788148		42234
山东	Shandong	4081570	167557	4981258		355766
河南	Henan	1006322	6278	1735742		70600
湖北	Hubei	5804721	334361	6627808		141941
湖南	Hunan	1454032	40959	3320717	300	194062
广东	Guangdong	15262478	368833	18532647	702	1093499
广西	Guangxi	1247659		1402014		101596
海南	Hainan	98384		105058		8341
重庆	Chongqing	2794954	71893	2902074		95303
四川	Sichuan	7156856	124368	8345721		476062
贵州	Guizhou	1417950	1106	3888642		106188
云南	Yunnan	951263	24895	1014233	813	94956
西藏	Tibet	34117		39650		4033
陕西	Shaanxi	4108071	199727	5338610		146757
甘肃	Gansu	124775		173102		27429
青海	Qinghai	2988		4224		14
宁夏	Ningxia	4506		6738		1
新疆	Xinjiang	180791		191289		57207

3−2−7 各地区限额以上零售业企业商品购、销、存情况（按国民经济行业分）

Total Purchases, Sales and Inventory of Enterprises above Designated Size of Retail Trade by Region and Sector

综合零售
Integrated Retail

单位：万元
Unit: 10 000 yuan

地　区	Region	商品购进额 Total Purchases Value	#进口 Imports	商品销售额 Total Sales Value	#出口 Exports	期末商品库存额 Inventory (year-end)
全　国	**National Total**	**196578963**	**4671902**	**235681079**	**304883**	**17533813**
北　京	Beijing	11938608	268884	14238444		817031
天　津	Tianjin	1798180	269	2110714		186355
河　北	Hebei	8066657	12192	9615298		943473
山　西	Shanxi	2972728		3868548		355070
内蒙古	Inner Mongolia	1123839		1495928		121195
辽　宁	Liaoning	4171633	6015	5541549		349907
吉　林	Jilin	1384282	179	2356593		162607
黑龙江	Heilongjiang	2980007	346	4134628	1	165590
上　海	Shanghai	15024393	1190557	16369510	32937	918100
江　苏	Jiangsu	17812200	6008	20681687	15	1446653
浙　江	Zhejiang	11888854	11205	13684819		1007293
安　徽	Anhui	7628493	8566	9166455	1255	588116
福　建	Fujian	6636132	4304	7677941		361887
江　西	Jiangxi	4496252	3988	5531942		339564
山　东	Shandong	13888786	53196	17352098		1555807
河　南	Henan	7600714	7597	9837011		624291
湖　北	Hubei	10875350	12236	12951003		1043743
湖　南	Hunan	8299614	58584	10066767	300	462227
广　东	Guangdong	16167579	7193	18314193	5709	1340817
广　西	Guangxi	2906738	2715	3473367	1209	283962
海　南	Hainan	6027540	3004350	6641032		1374091
重　庆	Chongqing	5811187	2900	7737133		500800
四　川	Sichuan	10608958	6237	12475721		840599
贵　州	Guizhou	2435002	861	2795288		288438
云　南	Yunnan	3334398	450	3641779	263458	286464
西　藏	Tibet	187531	102	242834		23090
陕　西	Shaanxi	6802960	555	8670439		742107
甘　肃	Gansu	1206661	61	1709208		149222
青　海	Qinghai	281234		410893		38923
宁　夏	Ningxia	764044		826951		77068
新　疆	Xinjiang	1458408	2354	2061307		139321

食品、饮料及烟草制品专门零售
Special Retail of Food, Beverages and Tobaccos

单位：万元
Unit: 10 000 yuan

地 区	Region	商品购进额 Total Purchases Value	#进 口 Imports	商品销售额 Total Sales Value	#出 口 Exports	期末商品库存额 Inventory (year-end)
全 国	**National Total**	**41735566**	**307169**	**50696306**	**19377**	**4036568**
北 京	Beijing	1554756	4120	2048519		355017
天 津	Tianjin	382930	593	566696		35191
河 北	Hebei	743521		776475	791	137824
山 西	Shanxi	795324	69	872388	1700	96470
内蒙古	Inner Mongolia	113510		138042		42634
辽 宁	Liaoning	537150	2524	646051		51146
吉 林	Jilin	309896	14	357924		44194
黑龙江	Heilongjiang	468097	9700	526227		58697
上 海	Shanghai	1806922	29925	2406430		198181
江 苏	Jiangsu	4528440	67373	5503654	2642	362899
浙 江	Zhejiang	1898341	12388	2239695		165094
安 徽	Anhui	1825765	7147	2045537	101	119889
福 建	Fujian	3876303	26383	4510066	250	274616
江 西	Jiangxi	1643649	44806	2060470		120275
山 东	Shandong	1368906	18738	1609351		164652
河 南	Henan	1710762	3264	2087840	604	214906
湖 北	Hubei	2719583	3032	3318601	1672	237090
湖 南	Hunan	1979748	6802	2342111	2628	89729
广 东	Guangdong	3320849	53865	4584851	1133	406073
广 西	Guangxi	978226	191	1109657	3594	71179
海 南	Hainan	121137		147536		27910
重 庆	Chongqing	1880258	507	2139055		90286
四 川	Sichuan	1609753	3518	1953621	1200	110877
贵 州	Guizhou	1992205		2486502		179750
云 南	Yunnan	1321647	3391	1461373	3062	130579
西 藏	Tibet	41552		162806		5761
陕 西	Shaanxi	1464627	8563	1733721		134363
甘 肃	Gansu	261156	256	301849		32066
青 海	Qinghai	46693		67088		7152
宁 夏	Ningxia	77360		94591		6864
新 疆	Xinjiang	356499		397580		65201

纺织、服装及日用品专门零售

Special Retail of Textiles, Garments and Daily Consumer Articles

单位：万元

Unit: 10 000 yuan

地 区	Region	商品购进额 Total Purchases Value	#进 口 Imports	商品销售额 Total Sales Value	#出 口 Exports	期末商品库存额 Inventory (year-end)
全 国	**National Total**	**50628284**	**4737532**	**77386402**	**83724**	**11298616**
北 京	Beijing	1867413	121939	3029016	2338	623768
天 津	Tianjin	830367	14727	1171283	92	82662
河 北	Hebei	508414	671	628466	195	49378
山 西	Shanxi	595436	123	753883		124573
内蒙古	Inner Mongolia	169148	716	211735		32568
辽 宁	Liaoning	855216	42922	1045495		202917
吉 林	Jilin	142570		187232		36872
黑龙江	Heilongjiang	360946	1302	379434		51828
上 海	Shanghai	19570409	4377977	35697605	10730	5449434
江 苏	Jiangsu	4567184	4041	5629416	21710	474078
浙 江	Zhejiang	1961148	16640	2542090	293	490587
安 徽	Anhui	740259	16	976398		157168
福 建	Fujian	3722401	1021	4978671	438	263092
江 西	Jiangxi	535852	300	719795	6562	39291
山 东	Shandong	1769368	9051	2268783	13012	498889
河 南	Henan	1059773	4270	1368645	2107	112079
湖 北	Hubei	1070217	9419	1404744	6527	323916
湖 南	Hunan	968420	2914	1201461	730	87578
广 东	Guangdong	4643852	119832	7083724	18991	1347247
广 西	Guangxi	176034	356	271229		39654
海 南	Hainan	80689	1369	95865		47240
重 庆	Chongqing	1166391	253	1367333		176536
四 川	Sichuan	1447401	3199	1888701		277868
贵 州	Guizhou	103555		128909		33413
云 南	Yunnan	319035	421	479723		47612
西 藏	Tibet	4057		5306		1
陕 西	Shaanxi	979034	4055	1340834		159732
甘 肃	Gansu	172802		226978		35285
青 海	Qinghai	89320		102691		11859
宁 夏	Ningxia	2699		3284		6085
新 疆	Xinjiang	148874		197673		15407

文化、体育用品及器材专门零售
Special Retail of Culture, Sports Appliances and Equipments

单位：万元
Unit: 10 000 yuan

地 区	Region	商品购进额 Total Purchases Value	#进 口 Imports	商品销售额 Total Sales Value	#出 口 Exports	期末商品库存额 Inventory (year-end)
全 国	**National Total**	**31241516**	**1341655**	**37714529**	**76655**	**7990926**
北 京	Beijing	4002380	589829	4627449	8771	1149759
天 津	Tianjin	192929	746	275753		66847
河 北	Hebei	637946		720327		146269
山 西	Shanxi	342275		403587		110565
内 蒙 古	Inner Mongolia	246003		272315		57740
辽 宁	Liaoning	577741	2	633236		124958
吉 林	Jilin	192998	1295	211627		87228
黑 龙 江	Heilongjiang	257346		300608		125966
上 海	Shanghai	3081440	708530	4604201	2243	1285729
江 苏	Jiangsu	3861174	2742	4851504	8995	1079670
浙 江	Zhejiang	1059337	4383	1312893	1796	355892
安 徽	Anhui	1058260	1929	1076011		173435
福 建	Fujian	1926479	10287	2150515	19763	207676
江 西	Jiangxi	1027518		1321792	11247	96486
山 东	Shandong	1385356	505	1524841	1876	572908
河 南	Henan	1423505	21	1570484		190541
湖 北	Hubei	1110433	1227	1578024		237588
湖 南	Hunan	1503859		1595448		209810
广 东	Guangdong	2320130	2000	3148172	20761	829123
广 西	Guangxi	594942	2327	640050	1161	115555
海 南	Hainan	79776		89521		19627
重 庆	Chongqing	745647	72	781399		116054
四 川	Sichuan	1318694	486	1622677		219149
贵 州	Guizhou	265363		268814		25075
云 南	Yunnan	661955	92	692109	8	58459
西 藏	Tibet	13343		13369		4263
陕 西	Shaanxi	783191	15184	824309	33	160461
甘 肃	Gansu	221209		229020		17558
青 海	Qinghai	12581		13967		3192
宁 夏	Ningxia	30718		36062		28333
新 疆	Xinjiang	306990		324445		115009

3-2-7 续表 4 Continued 4

医药及医疗器材专门零售
Special Retail of Medicines and Medical Appliances

单位：万元
Unit: 10 000 yuan

地区	Region	商品购进额 Total Purchases Value	#进口 Imports	商品销售额 Total Sales Value	#出口 Exports	期末商品库存额 Inventory (year-end)
全国	**National Total**	**41859273**	**229310**	**51938504**	**7964**	**6541095**
北京	Beijing	823202	63973	993561	1842	153475
天津	Tianjin	306215		360895		46218
河北	Hebei	1350019		1667108		258221
山西	Shanxi	932563	10534	1147827		184471
内蒙古	Inner Mongolia	581584		729809		135811
辽宁	Liaoning	1604134	529	2068060		281842
吉林	Jilin	799960	13817	991608		205869
黑龙江	Heilongjiang	857110	961	1010896		164303
上海	Shanghai	1289018	11117	1549251		147226
江苏	Jiangsu	4199069	6089	4939519	3701	531899
浙江	Zhejiang	2384991		2995652		358760
安徽	Anhui	1177417	45658	1424908		197776
福建	Fujian	1505479	14	1786758		183668
江西	Jiangxi	1027333	6845	1318715		136887
山东	Shandong	3475418	16880	4014214		539243
河南	Henan	2278897	9498	2877717		348620
湖北	Hubei	1821001	11266	2263488	1113	239927
湖南	Hunan	2099931		2692475		217646
广东	Guangdong	4108948	8536	5122342		642041
广西	Guangxi	1152803	23025	1395069	1070	232035
海南	Hainan	63206		85659		30682
重庆	Chongqing	1121223		1416399		153644
四川	Sichuan	2293908	441	2753668	238	253878
贵州	Guizhou	571595		747838		105842
云南	Yunnan	1060605		1825500		261076
西藏	Tibet	12803		16936		1680
陕西	Shaanxi	1623036	98	2004175		226140
甘肃	Gansu	417500		561981		109081
青海	Qinghai	52279		72698		14713
宁夏	Ningxia	126054	30	157186		30913
新疆	Xinjiang	741971		946589		147511

3-2-7 续表 5 Continued 5

汽车、摩托车、零配件和燃料及其他动力销售 单位：万元
Retail of Motor Vehicles, Motorcycles, Parts and Fuel and Other Powers Unit: 10 000 yuan

地区	Region	商品购进额 Total Purchases Value	#进口 Imports	商品销售额 Total Sales Value	#出口 Exports	期末商品库存额 Inventory (year-end)
全国	**National Total**	**581192371**	**22778977**	**666753189**	**32482**	**47029757**
北京	Beijing	22845595	1076977	23808949	438	1837624
天津	Tianjin	10640884	175715	11347099	58	796396
河北	Hebei	18885387	559961	20788737	3112	1777210
山西	Shanxi	10994858	282141	12585771		1008561
内蒙古	Inner Mongolia	8712405	156744	9957893		686864
辽宁	Liaoning	14452423	629041	16813603		959192
吉林	Jilin	7024874	328603	8999249		526843
黑龙江	Heilongjiang	8587090	157704	8179552		3500432
上海	Shanghai	24505000	974471	25468018	613	2000763
江苏	Jiangsu	55029296	2366315	61512326		3927071
浙江	Zhejiang	47387950	3020120	57691279	3558	3569618
安徽	Anhui	19266667	460750	23559318	710	1332695
福建	Fujian	25876076	1102483	28043732	555	1553003
江西	Jiangxi	12323161	463860	15016078	4725	979695
山东	Shandong	35305253	1104561	38838330	833	3023695
河南	Henan	28152820	763815	32079574	181	2247095
湖北	Hubei	19034398	607561	21874351	6172	1523276
湖南	Hunan	20676844	698422	28877140		1506527
广东	Guangdong	64624083	3226649	77462027	66	4473681
广西	Guangxi	10572699	308321	11239989	528	892285
海南	Hainan	5170734	214039	5663022		341904
重庆	Chongqing	15509975	811800	17583932	8690	915974
四川	Sichuan	35721829	1510186	38272117		2345142
贵州	Guizhou	12341803	421147	16725952	912	964590
云南	Yunnan	13367717	540129	17401787	813	1294310
西藏	Tibet	1265510		1777881		106779
陕西	Shaanxi	14719621	540825	15639305		1258843
甘肃	Gansu	7091299	133831	7768171		603099
青海	Qinghai	1391754	52636	1511092	520	121729
宁夏	Ningxia	1824562	13736	2048371		185638
新疆	Xinjiang	7889803	76436	8218541		769227

3-2-7 续表 6 Continued 6

家用电器及电子产品专门零售
Special Retail of Household Electric Appliances and Electronic Products

单位：万元
Unit: 10 000 yuan

地 区	Region	商品购进额 Total Purchases Value	#进 口 Imports	商品销售额 Total Sales Value	#出 口 Exports	期末商品库存额 Inventory (year-end)
全 国	**National Total**	**82185352**	**220862**	**90641314**	**14664**	**6277962**
北 京	Beijing	15095805	51751	16985480		401797
天 津	Tianjin	739427	7416	787787		47899
河 北	Hebei	1394726		1435862		192086
山 西	Shanxi	1299354		1382988		159312
内蒙古	Inner Mongolia	632997		788593		110774
辽 宁	Liaoning	1405300		1506641		113490
吉 林	Jilin	515778	528	581798		73277
黑龙江	Heilongjiang	1026594		1124209		86626
上 海	Shanghai	5642587	20034	5942605	92	486473
江 苏	Jiangsu	7492367	11342	8236090	3921	639971
浙 江	Zhejiang	2815614	12387	3066701	1615	477920
安 徽	Anhui	2771479	6270	2987245		230480
福 建	Fujian	2868131	1595	3594437		187026
江 西	Jiangxi	1644869	1216	1856261	308	152769
山 东	Shandong	3905493	16691	4134045	85	378251
河 南	Henan	3290345	7198	3650390		298379
湖 北	Hubei	5752139	19986	6300630	10	274038
湖 南	Hunan	2630854	12	2942882		157440
广 东	Guangdong	6722957	20297	7275811	2659	703240
广 西	Guangxi	1340813	4803	1469947	3525	148826
海 南	Hainan	191867		203593		40543
重 庆	Chongqing	2998073	3884	3296897	1436	124908
四 川	Sichuan	5168414	6565	5770778	50	249973
贵 州	Guizhou	568471		591240		72695
云 南	Yunnan	1040218	25	1179567		138975
西 藏	Tibet	55981		60593		8410
陕 西	Shaanxi	1936740	28862	2065335		163008
甘 肃	Gansu	371547		427399		38442
青 海	Qinghai	108703		140333		12494
宁 夏	Ningxia	151998		180934	963	32082
新 疆	Xinjiang	605714		674247		76358

3-2-7 续表 7 Continued 7

五金、家具及室内装饰材料专门零售 单位：万元

Special Retail of Hardware, Furniture and Interior Decoration Materials Unit: 10 000 yuan

地 区	Region	商品购进额 Total Purchases Value	#进 口 Imports	商品销售额 Total Sales Value	#出 口 Exports	期末商品库存额 Inventory (year-end)
全 国	**National Total**	**17882032**	**258313**	**21664997**	**24119**	**1927920**
北 京	Beijing	730748	36950	1132136	304	158863
天 津	Tianjin	162497	1542	223602		33554
河 北	Hebei	100144		119728		13852
山 西	Shanxi	255540	19	328912		16617
内 蒙 古	Inner Mongolia	16669		19034		3126
辽 宁	Liaoning	174212		202115		25687
吉 林	Jilin	58641		71853		13667
黑 龙 江	Heilongjiang	93710		110698		15679
上 海	Shanghai	1006947	84039	1424950	416	218658
江 苏	Jiangsu	2085800	13375	2451204	5928	168524
浙 江	Zhejiang	427290	39269	546591		71516
安 徽	Anhui	593614	570	635580	101	31448
福 建	Fujian	3191268	17973	3471070		257937
江 西	Jiangxi	709781	6232	798437	32	47219
山 东	Shandong	522998	8584	635678	1516	63202
河 南	Henan	748838		906518		68035
湖 北	Hubei	1131394	143	1365796	809	77333
湖 南	Hunan	1095135	1415	1344492	6178	60887
广 东	Guangdong	1310656	34025	1641925	6998	210432
广 西	Guangxi	213587	1577	230183		30777
海 南	Hainan	24040	149	32816		7692
重 庆	Chongqing	933336	2133	1066942	384	42074
四 川	Sichuan	581965	309	698790		43895
贵 州	Guizhou	69283		78151		11940
云 南	Yunnan	199606	293	243887		32713
西 藏	Tibet	15344		16394		371
陕 西	Shaanxi	1117025		1275729	1454	41975
甘 肃	Gansu	50293		53673		8512
青 海	Qinghai	14115		27873		2226
宁 夏	Ningxia	2		27		
新 疆	Xinjiang	247551	9717	510212		149511

货摊、无店铺及其他零售业
Stalls, Non-shop and Other Retails

单位：万元
Unit: 10 000 yuan

地 区	Region	商品购进额 Total Purchases Value	#进 口 Imports	商品销售额 Total Sales Value	#出 口 Exports	期末商品库存额 Inventory (year-end)
全 国	**National Total**	**217862375**	**2284567**	**248443088**	**207918**	**11230507**
北 京	Beijing	41917579	89381	42804667	1133	1952482
天 津	Tianjin	4451205	2078	4826089		98820
河 北	Hebei	5242651	361	5494387	1000	275175
山 西	Shanxi	1375261	4779	1435387	43059	50511
内蒙古	Inner Mongolia	104149	1221	113160		5030
辽 宁	Liaoning	3934570	15780	4514311		66280
吉 林	Jilin	457726		460158		10984
黑龙江	Heilongjiang	693490	839	733253		20377
上 海	Shanghai	22995429	364248	27645552	1016	1387162
江 苏	Jiangsu	17792266	16985	20027388	3884	757568
浙 江	Zhejiang	17531384	312581	22173624	51007	1765835
安 徽	Anhui	5727305	111399	6803618	4261	485263
福 建	Fujian	13401485	254334	16495674	6734	848010
江 西	Jiangxi	3186448	79175	3713146	7939	247168
山 东	Shandong	8201758	53874	8835935	2285	537523
河 南	Henan	2100122	28008	2416385	3052	86816
湖 北	Hubei	9303986	305181	10550963		151515
湖 南	Hunan	3757874	9702	4522055	6364	125132
广 东	Guangdong	33692894	287412	37688191	67723	1399144
广 西	Guangxi	1230174	183	1416099	51	38388
海 南	Hainan	1817079	215937	1651652		236925
重 庆	Chongqing	2913504	93973	3101785	5123	132123
四 川	Sichuan	11120082	15766	12000063	2188	373919
贵 州	Guizhou	1136300		1150020		52758
云 南	Yunnan	146687	4291	172230		6757
西 藏	Tibet	41984		51785		6007
陕 西	Shaanxi	3208213	17080	7144367	462	80750
甘 肃	Gansu	151426		217131		11310
青 海	Qinghai	18757		24000		995
宁 夏	Ningxia	42523		60063		4924
新 疆	Xinjiang	168062		199949	637	14858

3-3-1 限额以上批发和零售业企业年末资产负债

项目	Item	流动资产合计 Total Current Assets	#存货 Stock
总计	**Total**	**3606355305**	**526457378**
一、批发业	**Wholesale Trade**	**3112797327**	**419115992**
#国有控股	State-controlled Enterprises	1034178944	145048554
(一)按登记注册类型分	**by Type of Registration**		
1.内资企业	**Domestic Funded Enterprises**	**2612649325**	**340182208**
国有企业	State-owned Enterprises	132489877	21225037
集体企业	Collective-owned Enterprises	2353824	239642
股份合作企业	Cooperative Enterprises	1584966	225872
联营企业	Joint Ownership Enterprises	1672702	183046
国有联营企业	State Joint Ownership Enterprises	1361782	146961
集体联营企业	Collective Joint Ownership Enterprises	17412	3599
国有与集体联营企业	Joint State-collective Enterprises	271002	30631
其他联营企业	Other Joint Ownership Enterprises	22506	1855
有限责任公司	Limited Liability Corporations	1148026369	148170798
国有独资公司	State Sole Funded Corporations	185415082	26253449
其他有限责任公司	Other Limited Liability Corporations	962611287	121917349
股份有限公司	Share-holding Corporations Ltd.	193174956	20601268
私营企业	Private Enterprises	1132093252	149373676
私营独资企业	Private-funded Enterprises	8120377	1282075
私营合伙企业	Private Partnership Enterprises	1120236	161984
私营有限责任公司	Private Limited Liability Corporations	1088647329	143677568
私营股份有限公司	Private Share-holding Corporations Ltd.	34205310	4252049
其他企业	Other Enterprises	1253379	162868
2.港、澳、台商投资企业	**Enterprises with Funds from Hongkong, Macao and Taiwan**	**194935639**	**30554430**
合资经营企业	Joint-venture Enterprises	30640974	3919679
合作经营企业	Cooperative Enterprises	1760425	87306
独资经营企业	Enterprises with Sole Investment	149226945	24843324
投资股份有限公司	Share-holding Corporations Ltd. with Investment	11196302	1523314
其他港澳台商投资企业	Other Enterprises with Funds from Hongkong, Macao and Taiwan	2110993	180807
3.外商投资企业	**Foreign Funded Enterprises**	**305212363**	**48379354**
中外合资经营企业	Joint-venture Enterprises	54796249	5320648
中外合作经营企业	Cooperative Enterprises	636585	20450
外资企业	Enterprises with Sole Foreign Investment	228977928	41441457
外商投资股份有限公司	Share-holding Corporations Ltd. with Foreign Investment	17887515	1331904
其他外商投资企业	Other Foreign Funded Enterprises	2914085	264896

注：限额以上批发和零售业企业中包含视同法人企业，部分视同法人企业资产不等于负债与所有者权益之和(下表同)。

Assets and Liabilities of Enterprises above Designated Size of Wholesale and Retail Trades at the Year-end

单位：万元
Unit: 10 000 yuan

固定资产原价 Original Value of Fixed Assets	累计折旧 Accumulated Depreciation	#本年折旧 Current Year Depreciation	资产总计 Total Assets	负债合计 Total Liabilities	所有者权益合计 Total Owners' Equities	实收资本 Paid-up Capitals
312287996	**131194943**	**20355787**	**4712384808**	**3403612712**	**1301908982**	**793735061**
180889827	**75908867**	**11705821**	**3986399744**	**2881576691**	**1099752802**	**625554906**
76612425	32553422	3847641	1463590655	972201334	490175288	219666919
153482698	**62263305**	**9538231**	**3359834233**	**2457222217**	**897690380**	**544847283**
17660349	9087089	872550	161047291	77729450	83654296	14920542
546707	265479	19241	3816337	3062492	751870	302185
195471	87313	8228	1878412	1329745	548667	233535
81435	30010	3422	2535627	1620182	915445	667649
52601	13939	2070	2182368	1420779	761589	538813
2668	1089	27	20384	12408	7976	5771
25752	14719	1179	309436	178834	130602	108665
415	263	147	23438	8161	15278	14400
58231559	21495260	3095976	1525996454	1113602753	410778573	242574797
13548340	4626691	681674	309439371	203384747	105574892	53198610
44683219	16868569	2414301	1216557083	910218006	305203680	189376187
17573665	8049385	1005906	325290039	200748346	123672746	37651839
58957340	23182282	4518950	1337748643	1058152452	276832440	248316935
439729	126230	33835	8767515	7196311	1566136	842179
47704	16789	2913	1181589	983502	197911	122980
55929423	22108505	4308595	1273926531	1020795265	250646311	240139564
2540484	930757	173606	53873007	29177375	24422083	7212212
236173	66488	13958	1521431	976799	536343	179801
10212411	**4758389**	**827238**	**248636759**	**168609062**	**79925928**	**36374350**
2175915	1064190	82550	39740448	26094931	13645422	5831051
25569	18285	1259	2224967	1709680	515287	276831
7466773	3384839	690533	187409233	131258359	56049200	27400769
505398	272019	50750	17067169	8252844	8814325	2291919
38756	19056	2146	2194942	1293248	901694	573780
17194718	**8887173**	**1340352**	**377928752**	**255745412**	**122136495**	**44333274**
3083646	1576678	202985	65609323	53664403	11933011	7471406
67790	39437	2876	694788	611006	83782	108290
12336138	6501454	1051410	277239586	185136337	92042843	32176954
1664713	749858	79755	31303037	14024735	17303813	3936271
42432	19747	3326	3082018	2308931	773046	640354

Note: For the financial data of Wholesale and Retail Trades enterprises above designated size, total assets may not equal to liabities plus total owner's equities, due to the fact that there are some establishments which are regarded as enterprises. The same applies to the tables following.

项　目	Item	流动资产合　计 Total Current Assets	#存 货 Stock
(二)按国民经济行业分	**by Sector**		
农、林、牧、渔产品批发	Wholesale of Agricultural, Forestry, Livestock and Fishery Products	119706594	32902501
食品、饮料及烟草制品批发	Wholesale of Food, Beverages and Tobaccos	303497672	57224627
#米、面制品及食用油批发	Wholesale of Rice, Flour and Edible Oil	57909102	18385753
肉、禽、蛋、奶及水产品批发	Wholesale of Meal, Fowls, Eggs, Milk and Aquatic Products	33091072	7283626
酒、饮料及茶叶批发	Wholesale of Wine, Beverages and Teas	79071470	12294814
烟草制品批发	Wholesale of Tobaccos	66828485	9754184
纺织、服装及家庭用品批发	Wholesale of Textiles, Wearing Apparel and Household Articles	278857743	43350524
#服装批发	Wholesale of Garments	48250073	9838158
鞋帽批发	Wholesale of Shoes and Hats	12912458	2849724
日用家电批发	Wholesale of Household Electrical Appliances	89770111	11330965
文化、体育用品及器材批发	Wholesale of Culture, Sports Appliances and Equipments	76840719	16040725
#文具用品批发	Wholesale of Stationeries	21097955	2586263
体育用品及器材批发	Wholesale of Sports Appliances and Equipments	8676416	1085942
图书批发	Wholesale of Books	12292445	2376388
医药及医疗器材批发	Wholesale of Medicines and Medical Appliances	246460736	38027404
#西药批发	Wholesale of Western Medicines	145493257	21939855
中药批发	Wholesale of Chinese Traditional Medicines	32950327	4623986
矿产品、建材及化工产品批发	Wholesale of Mineral Products, Building Materials and Chemical Products	1468586775	153524133
#煤炭及制品批发	Wholesale of Coal and Related Products	214437360	17417626
石油及制品批发	Wholesale of Petroleum and Related Products	191149730	33545821
金属及金属矿批发	Wholesale of Metal Materials	608502936	59769541
建材批发	Wholesale of Building Materials	183736067	12957040
化肥批发	Wholesale of Chemical Fertilizer	28772770	5539349
农药批发	Wholesale of Pesticides	6150679	943928
机械设备、五金产品及电子产品批发	Wholesale of Machinery, Hardware and Electronic Products	518870537	68239028
#汽车及零配件批发	Wholesale of Motor Vehicles and Their Parts	167756024	22489142
计算机、软件及辅助设备批发	Wholesale of Computer, Software and Assistant Appliances	46691848	7634010
通讯设备批发	Wholesale of Communication Equipments	45833727	5983011
贸易经纪与代理	Trade Broker and Agency	42568071	2207231
其他批发业	Other Wholesale not Classified Elsewhere	57408479	7599819

3-3-1 Continued 1

单位：万元

Unit: 10 000 yuan

固定资产原价 Original Value of Fixed Assets	累计折旧 Accumulated Depreciation	#本年折旧 Current Year Depreciation	资产总计 Total Assets	负债合计 Total Liabilities	所有者权益合计 Total Owners' Equities	实收资本 Paid-up Capitals
11524462	3730551	532745	158765601	118687103	40038324	24222804
31389217	14320140	1727983	368975503	223282635	145638813	46629231
5388029	1641749	291901	70112833	56858829	13231012	8088137
3267744	1167004	198717	40284918	31850061	8435969	7197476
3504389	1476790	233246	93169682	59355133	33801674	12438940
12924948	7751612	623909	79576740	12618603	66957105	1930787
15485991	6653216	1102224	349169164	261775186	87307006	48744146
4303101	1915784	307268	61591384	41264726	20317899	8861378
978607	462337	84916	15128798	10191762	4936479	1401817
1953425	733990	90339	106218568	92690857	13528448	7165094
4736786	2242129	239289	95763834	64163395	31550117	16634441
1498746	908868	60173	25291139	19441147	5828739	3964292
393288	159940	23449	9735656	5934319	3789345	704224
1333163	464661	56698	18091434	10368419	7723359	1911987
14614677	6331896	1117365	293902000	211733102	81902820	45977412
6754783	2537043	444970	175015012	127869498	46916613	32278545
1992508	661371	109250	38326400	30004745	8317092	4403410
78436441	32123442	4801338	1966390886	1450632407	511872756	318280591
10357154	3745643	565381	335164813	225319137	109234122	62039774
34886363	15484736	1989653	272880935	197567761	74151099	49789883
14841120	5790381	807331	766358269	590535077	174498389	117687764
7180883	2295747	693806	222609290	170782538	51830170	33644242
1302493	408962	60476	39049570	29320721	9719256	5540964
326024	145001	20131	8523959	5870408	2653294	1017547
20434490	8936544	1908700	629678118	459591062	169497311	108429910
5476073	2291421	639204	205752374	156591083	49089449	44794812
1101841	505686	102961	51534577	39502269	12032803	6872086
879468	371732	51854	53586606	41346105	12117169	15760699
977659	358229	48642	49317037	39134860	10163594	3988623
3290105	1212720	227535	74437600	52576940	21782062	12647749

项 目	Item	流动资产合计 Total Current Assets	#存货 Stock
二、零售业	**Retail Trade**	**493557978**	**107341386**
#国有控股	State-controlled Enterprises	79382657	15150686
(一)按登记注册类型分	**by Type of Registration**		
1.内资企业	**Domestic Funded Enterprises**	**396022818**	**89156350**
国有企业	State-owned Enterprises	7208448	1590160
集体企业	Collective-owned Enterprises	955963	152764
股份合作企业	Cooperative Enterprises	327570	81905
联营企业	Joint Ownership Enterprises	116641	17386
国有联营企业	State Joint Ownership Enterprises	58353	10404
集体联营企业	Collective Joint Ownership Enterprises	7621	607
国有与集体联营企业	Joint State-collective Enterprises	24763	4214
其他联营企业	Other Joint Ownership Enterprises	25904	2162
有限责任公司	Limited Liability Corporations	142239322	27917343
国有独资公司	State Sole Funded Corporations	8957310	2266023
其他有限责任公司	Other Limited Liability Corporations	133282012	25651320
股份有限公司	Share-holding Corporations Ltd.	37413767	4957940
私营企业	Private Enterprises	207534961	54395088
私营独资企业	Private-funded Enterprises	3620231	952502
私营合伙企业	Private Partnership Enterprises	441679	95159
私营有限责任公司	Private Limited Liability Corporations	195389053	51356467
私营股份有限公司	Private Share-holding Corporations Ltd.	8083998	1990960
其他企业	Other Enterprises	226146	43763
2.港、澳、台商投资企业	**Enterprises with Funds from Hongkong, Macao and Taiwan**	**40482621**	**8333774**
合资经营企业	Joint-venture Enterprises	8185430	1013338
合作经营企业	Cooperative Enterprises	338906	28624
独资经营企业	Enterprises with Sole Investment	28411594	6769301
投资股份有限公司	Share-holding Corporations Ltd. with Investment	3002427	430362
其他港澳台商投资企业	Other Enterprises with Funds from Hongkong, Macao and Taiwan	544265	92150
3.外商投资企业	**Foreign Funded Enterprises**	**57052538**	**9851262**
中外合资经营企业	Joint-venture Enterprises	9268521	1983505
中外合作经营企业	Cooperative Enterprises	253175	55679
外资企业	Enterprises with Sole Foreign Investment	45312738	6986694
外商投资股份有限公司	Share-holding Corporations Ltd. with Foreign Investment	1737912	682539
其他外商投资企业	Other Foreign Funded Enterprises	480192	142846

单位：万元
Unit: 10 000 yuan

固定资产原价 Original Value of Fixed Assets	累计折旧 Accumulated Depreciation	#本年折旧 Current Year Depreciation	资产总计 Total Assets	负债合计 Total Liabilities	所有者权益合计 Total Owners' Equities	实收资本 Paid-up Capitals
131398169	**55286076**	**8649966**	**725985065**	**522036021**	**202156180**	**168180155**
34516419	14916766	1841979	149888588	84862102	65331499	20336208
103995201	**42503538**	**6799554**	**576659273**	**411255011**	**162260665**	**142602935**
2540845	1019237	165640	11538738	5956501	5464292	1251247
366893	162369	18291	1327030	691282	614387	380901
155589	67698	15329	500082	269850	229291	110200
37235	18957	3526	224944	112060	112884	54726
14327	5868	838	150408	88645	61763	44179
3991	2930	474	9792	4358	5434	1028
10751	5819	1033	31354	9533	21821	3844
8167	4340	1182	33390	9524	23866	5675
35653774	14519341	2256209	210284107	155390521	54753614	41211291
2710728	1061274	131117	14765365	7788984	6915005	2100130
32943046	13458067	2125092	195518742	147601537	47838609	39111161
17772032	8343010	944616	75160893	39665881	34782865	6812009
47297274	18322332	3381717	277160910	208943134	66076054	92684975
1688837	472340	110197	5667044	3184962	2426837	3105708
214790	59263	11685	1203256	361733	824053	1193561
42193532	16486031	3133529	255784341	197329517	56407162	86724420
3200116	1304698	126306	14506268	8066922	6418002	1661285
171558	50596	14226	462570	225781	227279	97586
11244864	**5665993**	**834887**	**60132255**	**43751363**	**16270166**	**12269425**
2242400	1104668	122064	13473073	8984454	4488619	2315596
189829	133604	22385	522670	263665	258954	132937
8560182	4297400	673140	41401336	31660445	9630215	9234894
198032	98278	12584	3964973	2317903	1647069	391206
54421	32044	4713	770204	524896	245308	194793
16158104	**7116545**	**1015525**	**89193536**	**67029647**	**23625350**	**13307794**
4906301	2056494	280812	20636343	13254110	7454093	3500048
200471	138881	10154	470004	262297	207706	201225
8308794	3863241	566187	61587931	49051444	12870009	8143203
2629372	1016834	136416	5745301	4112960	2689662	1043741
113166	41095	21957	753957	348836	403880	419577

项 目	Item	流动资产合计 Total Current Assets	#存货 Stock
(二)按国民经济行业分	by Sector		
综合零售	Integrated Retail	101573771	16803070
#百货零售	Retail of General Merchandise	62388256	7736969
超级市场零售	Retail of Supermarkets	34942637	8316585
食品、饮料及烟草制品专门零售	Special Retail of Food, Beverages and Tobaccos	24162445	5013557
#粮油零售	Retail of Cereal and Oil	2027133	581301
肉、禽、蛋、奶及水产品零售	Retail of Meat, Poultry, Eggs, Milk and Aquatic Products	2968537	435885
酒、饮料及茶叶零售	Retail of Wine, Beverages and Teas	7839863	1975237
烟草制品零售	Retail of Tobaccos	1440299	424784
纺织、服装及日用品专门零售	Special Retail of Textiles, Garments and Daily Consumer Articles	33786665	11124847
#服装零售	Retail of Garments	20520355	7104907
文化、体育用品及器材专门零售	Special Retail of Culture, Sports Appliances and Equipments	27931134	7537772
#体育用品及器材零售	Retail of Sports Appliances and Equipments	776597	285464
图书、报刊零售	Retail of Books, Newspapers and Magazines	13999625	2128183
医药及医疗器材专门零售	Special Retail of Medicines and Medical Appliances	23092954	6920046
#西药零售	Retail of Western Medicines	20270581	6326071
汽车、摩托车、零配件和燃料及其他动力销售	Retail of Motor Vehicles, Motorcycles, Parts, Fuel and Other Powers	166818411	41513043
#汽车新车零售	Retail of New Motor Vehicles	126396082	34790926
机动车燃油零售	Retail of Fuel Oil of Motor Vehicles	34217836	5354519
家用电器及电子产品专门零售	Special Retail of Household Electric Appliances and Electronic Products	44694628	6198199
#日用家电零售	Retail of Household Electric Appliances	28490700	2633402
计算机、软件及辅助设备零售	Retail of Computer, Software and Assistant Appliances	5183056	988838
通信设备零售	Retail of Communication Equipments	4882182	1270058
五金、家具及室内装饰材料专门零售	Special Retail of Hardware, Furniture and Interior Decoration Materials	8305570	2005028
货摊、无店铺及其他零售业	Stalls, Non-shop and Other Retails	63192400	10225823
#互联网零售	Retail on the Internet	58438730	9603844
(三)按零售业态分	by Mode of Business Operation		
有店铺零售	Store-based Retailing	423249667	95650039
#超市	Supermarket	14861704	3899971
大型超市	Hypermarket	33749598	7309566
百货店	Department Store	55728197	7240203
专业店	Speciality Store	156182207	33525286
专卖店	Exclusive Shop	150139240	42958369
无店铺零售	Non-Store Selling	105122720	19868111

单位：万元
Unit: 10 000 yuan

固定资产原价 Original Value of Fixed Assets	累计折旧 Accumulated Depreciation	#本年折旧 Current Year Depreciation	资产总计 Total Assets	负债合计 Total Liabilities	所有者权益合计 Total Owners' Equities	实收资本 Paid-up Capitals
46312748	20677678	2593245	184250861	137717992	46178292	34154865
29025185	12379808	1359253	116357080	78748824	37307367	19541183
16109552	7808647	1123459	61258272	52627422	8509306	12550306
5290976	1829822	343218	34263116	20982721	12962047	7309016
600964	183950	34712	2983279	1930035	1017868	525895
848605	282763	55165	5025710	2753637	2204211	1271793
1396375	435092	92772	10417737	6381105	3938604	2620013
228468	127887	12025	1834123	617131	1213998	381464
5592921	2536414	477055	46263418	33959384	12227763	8739077
3854088	1688920	326223	29053313	21649576	7365434	5780009
5521615	2270731	269951	38126118	22870504	15127283	6343154
381210	175960	15235	1263422	946631	316404	368659
3704166	1465147	146971	19797944	11022207	8709362	2511329
2871696	1153304	253526	31387131	23084875	8023846	7006178
2566399	1022561	224850	27838875	20634089	6940142	5616109
53501607	22520638	3937996	253025587	171081168	82149754	83274094
26766287	11359728	2324657	162961172	124717805	37610676	68429960
24418557	10219331	1446162	81006866	40547925	41362033	12005393
2901901	1181774	215382	51631385	41206571	10260809	7127283
1395632	527677	86181	32305709	26669325	5567282	3694849
422505	225293	40783	6279313	3723893	2536806	1243934
253295	129915	23226	5582657	4557254	982221	946437
3156477	1006718	170223	13119833	9123099	3652639	3091850
6248228	2108998	389370	73917617	62009706	11573747	11134638
3215628	1004433	219802	65573162	57291663	8259565	9420838
126236840	53508194	8267039	645501218	453610071	190301607	155782534
5192091	2136622	405772	22897506	17302110	5453555	7242417
16937072	8190791	1102275	61270066	52237691	9062208	9862734
22402350	10241179	1028986	99469934	66160790	33042638	13225818
43479107	17436958	2794528	235094690	155916512	78831691	53954602
32077555	13771426	2591681	202557315	142616433	59324477	62120972
11924883	4806004	781247	133317423	105473085	27670974	19883690

3-3-2 各地区限额以上批发业企业年末资产负债

Assets and Liabilities of Enterprises above Designated Size of Wholesale Trade by Region at the Year-end

单位：万元

Unit: 10 000 yuan

地 区	Region	资产总计 Total Assets	#流动资产合计 Total Current Assets	#固定资产净额 Net Value of Fixed Assets	负债合计 Total Liabilities	所有者权益合计 Total Owners' Equities
全 国	**National Total**	**3986399744**	**3112797327**	**95411793**	**2881576691**	**1099752802**
北 京	Beijing	532941291	358629394	8734681	354738787	178350717
天 津	Tianjin	133627888	116767805	2088269	108816905	24692022
河 北	Hebei	57769184	47079475	1684300	41883315	15801419
山 西	Shanxi	96226825	73120186	2528497	71887858	23995120
内蒙古	Inner Mongolia	39211370	25138763	1510168	27073931	12077588
辽 宁	Liaoning	74975807	65398609	2045925	64136178	10589996
吉 林	Jilin	22744860	17520400	1710683	16084538	6557820
黑龙江	Heilongjiang	36643848	29781727	1401862	28258822	8134969
上 海	Shanghai	505224826	409938327	8181821	350914991	153905579
江 苏	Jiangsu	358424388	293500606	9535788	272206046	85997113
浙 江	Zhejiang	369272992	292836130	7828093	272114406	95932811
安 徽	Anhui	63733162	52853180	1803904	46311815	17412671
福 建	Fujian	201703646	147735419	3550909	138975891	62491615
江 西	Jiangxi	38870337	31062133	1715961	27596899	11299678
山 东	Shandong	245121984	201822330	7729605	197767739	46929664
河 南	Henan	64492709	54251125	1971763	46051440	18344582
湖 北	Hubei	60885575	48273081	2388513	43200245	17675206
湖 南	Hunan	34586909	27076883	1515267	22916299	12243950
广 东	Guangdong	542708636	429431572	10903323	403744803	138911501
广 西	Guangxi	57441142	44733255	1858441	41919621	14768664
海 南	Hainan	29173753	24751330	674362	20897058	8275773
重 庆	Chongqing	54327971	45618175	1741312	37921324	16455992
四 川	Sichuan	86739271	68968627	2733578	60601514	26051341
贵 州	Guizhou	43782690	36591251	910804	26727150	17005085
云 南	Yunnan	56178843	39444178	1595838	32728785	23440521
西 藏	Tibet	3067655	2708144	102795	1586896	1420053
陕 西	Shaanxi	58794251	48602426	1472157	43161415	15126447
甘 肃	Gansu	21734106	12994341	1389354	13441588	8284380
青 海	Qinghai	16583752	7329220	434195	8675278	7908396
宁 夏	Ningxia	5585299	3876016	431146	3643867	1990025
新 疆	Xinjiang	73824772	54963221	3238479	55591289	17682102

3-3-2 续表 Continued

国有控股 单位：万元

State-controlled Enterprises Unit: 10 000 yuan

地区	Region	资产总计 Total Assets	#流动资产合计 Total Current Assets	#固定资产净额 Net Value of Fixed Assets	负债合计 Total Liabilities	所有者权益合计 Total Owners' Equities
全国	**National Total**	**1463590655**	**1034178944**	**41187769**	**972201334**	**490175288**
北京	Beijing	320873464	194133356	5543731	202128258	118938648
天津	Tianjin	34954123	28461457	753646	24602252	10333222
河北	Hebei	28335729	21033964	506646	18750459	9585270
山西	Shanxi	66892993	49455304	1571926	49133576	17440597
内蒙古	Inner Mongolia	12037429	9095779	670070	8229935	3791142
辽宁	Liaoning	23380613	19829745	1128418	20211269	2929649
吉林	Jilin	14318874	10654554	1380576	9601396	4627517
黑龙江	Heilongjiang	21486244	17236239	1151081	16632312	4853932
上海	Shanghai	120626729	85748435	1808193	81355752	39193895
江苏	Jiangsu	95362985	75754876	2600992	71629523	23715198
浙江	Zhejiang	73910369	55117803	1584054	47364246	26540552
安徽	Anhui	29166593	23100497	780872	18757714	10405264
福建	Fujian	78839360	50774699	687412	49638054	29201307
江西	Jiangxi	18427543	12935924	1076323	12012903	6448329
山东	Shandong	76285388	58924964	2901389	57277206	18948163
河南	Henan	21954411	17210931	842940	14737289	7214462
湖北	Hubei	24611215	19358417	1128152	17602116	7006919
湖南	Hunan	15420669	11533721	634573	9739327	6311315
广东	Guangdong	109589336	77788450	4659784	70460469	39141604
广西	Guangxi	28360842	19481032	1006778	17796136	9827847
海南	Hainan	11499659	8884539	237882	6744088	4755571
重庆	Chongqing	20215276	14858311	977588	12279383	7991949
四川	Sichuan	37470179	29556669	1439222	25274781	12179790
贵州	Guizhou	31651841	26403624	666888	17803472	13832139
云南	Yunnan	42084332	27941270	969261	22256868	19827465
西藏	Tibet	791121	656868	75415	292801	498321
陕西	Shaanxi	30838061	24165606	853316	21517969	9260523
甘肃	Gansu	15162876	7657223	921902	8622001	6540875
青海	Qinghai	14470109	5864996	328317	7027013	7443096
宁夏	Ningxia	2153279	1206221	292193	1209184	996554
新疆	Xinjiang	42419010	29353471	2008231	31513585	10394177

3-3-3 各地区限额以上批发业企业年末资产负债(按登记注册类型分)

Assets and Liabilities of Enterprises above Designated Size of Wholesale Trade by Region and Type of Registration at the Year-end

内资企业
Domestic Funded Enterprises

单位：万元
Unit: 10 000 yuan

地 区	Region	资产总计 Total Assets	#流动资产合计 Total Current Assets	#固定资产净额 Net Value of Fixed Assets	负债合计 Total Liabilities	所有者权益合计 Total Owners' Equities
全 国	**National Total**	**3359834233**	**2612649325**	**82693317**	**2457222217**	**897690380**
北 京	Beijing	393585274	257634349	7157654	261586026	132193999
天 津	Tianjin	113765781	98534886	1678633	94524309	19184163
河 北	Hebei	56446612	46203770	1590468	41254754	15107408
山 西	Shanxi	95929268	72978481	2523998	71657583	23927838
内蒙古	Inner Mongolia	38778268	24758704	1504371	26718449	11999967
辽 宁	Liaoning	68728605	61237508	1994008	59988341	8490631
吉 林	Jilin	22455080	17284257	1703160	15912892	6439686
黑龙江	Heilongjiang	35512044	28650137	1401793	27001400	8260587
上 海	Shanghai	287558510	225866467	4427040	205777529	81367267
江 苏	Jiangsu	318209049	261562301	7987563	244217115	73867418
浙 江	Zhejiang	326722117	259464587	6919317	241920920	83597106
安 徽	Anhui	55177515	45254593	1583571	38757868	16410971
福 建	Fujian	184758911	133134139	2960560	127284515	57241596
江 西	Jiangxi	36143070	28814378	1589574	25528143	10641167
山 东	Shandong	222753807	183895030	7253819	183893222	38379568
河 南	Henan	63980987	53907740	1950872	45855350	18030823
湖 北	Hubei	52798051	41844495	2065123	36752155	16035792
湖 南	Hunan	33667628	26272054	1486448	22154328	12086640
广 东	Guangdong	469353473	372631614	9489322	356173986	113135352
广 西	Guangxi	54750650	43287999	1486602	39988717	13980556
海 南	Hainan	26317979	22400385	404037	19040679	7276379
重 庆	Chongqing	51083694	43365444	1546994	36193450	14939589
四 川	Sichuan	82822017	66027727	2556274	57945927	24789675
贵 州	Guizhou	42569973	35822286	901372	26005090	16514429
云 南	Yunnan	55616940	39039184	1566191	32352265	23255138
西 藏	Tibet	2794304	2525917	98355	1517533	1216065
陕 西	Shaanxi	51284042	41950006	1451020	36570777	14209885
甘 肃	Gansu	21599861	12929195	1361972	13372062	8219661
青 海	Qinghai	16035878	6875599	403212	8304975	7730825
宁 夏	Ningxia	5585299	3876016	431146	3643867	1990025
新 疆	Xinjiang	73049546	54620080	3218846	55327992	17170174

3-3-3 续表 1 Continued 1

国有企业
State-owned Enterprises

单位：万元
Unit: 10 000 yuan

地 区	Region	资产总计 Total Assets	#流动资产合计 Total Current Assets	#固定资产净额 Net Value of Fixed Assets	负债合计 Total Liabilities	所有者权益合计 Total Owners' Equities
全 国	**National Total**	**161047291**	**132489877**	**8101720**	**77729450**	**83654296**
北 京	Beijing	4090526	3735363	118998	2150478	2134277
天 津	Tianjin	2224107	1877681	137219	1172715	1051392
河 北	Hebei	2723743	2387173	154698	1003286	1720456
山 西	Shanxi	2693363	1791170	136362	933378	1759985
内蒙古	Inner Mongolia	1071452	940798	107938	139936	931516
辽 宁	Liaoning	3576715	2739563	343811	998867	2578192
吉 林	Jilin	1377449	1072149	130432	590165	787284
黑龙江	Heilongjiang	3252567	2463699	301694	1632664	1619903
上 海	Shanghai	12445410	10283721	99642	9263641	3175494
江 苏	Jiangsu	19641932	17257371	674003	11753448	7880947
浙 江	Zhejiang	6684512	6251881	253110	1796000	4888512
安 徽	Anhui	4283643	3798058	197231	1401271	2882372
福 建	Fujian	3355284	2705788	226058	568625	2786659
江 西	Jiangxi	5017324	3004401	223279	1836657	3214356
山 东	Shandong	9164792	8042550	363865	6770625	2394167
河 南	Henan	4405073	3648667	384685	1799003	2606070
湖 北	Hubei	6801047	5257765	431193	3484377	3316671
湖 南	Hunan	3716509	2546658	423318	636094	3080415
广 东	Guangdong	14132693	10241078	826718	7971396	6161509
广 西	Guangxi	1788668	1402069	156899	471852	1316815
海 南	Hainan	3045315	2534525	50811	1476449	1568866
重 庆	Chongqing	4600507	3532115	298160	1966715	2755583
四 川	Sichuan	5077746	4375561	345566	1345074	3732671
贵 州	Guizhou	5210240	4456595	339852	1694622	3515618
云 南	Yunnan	10913468	9749835	456106	2853423	8060045
西 藏	Tibet	568769	468090	61115	164764	404005
陕 西	Shaanxi	9878250	8524619	245918	6684310	3193940
甘 肃	Gansu	2612090	2157954	190606	1268225	1343865
青 海	Qinghai	544783	482584	21056	139668	405116
宁 夏	Ningxia	652287	520254	36488	226252	426035
新 疆	Xinjiang	5497030	4240140	364890	3535469	1961561

集体企业
Collective-owned Enterprises

单位：万元
Unit: 10 000 yuan

地 区	Region	资产总计 Total Assets	#流动资产合计 Total Current Assets	#固定资产净额 Net Value of Fixed Assets	负债合计 Total Liabilities	所有者权益合计 Total Owners' Equities
全 国	**National Total**	**3816337**	**2353824**	**259925**	**3062492**	**751870**
北 京	Beijing	940009	414800	42342	679452	260558
天 津	Tianjin	49724	44721	2040	38044	11680
河 北	Hebei	228798	135960	33689	173249	55549
山 西	Shanxi	314733	277313	29348	271400	43333
内蒙古	Inner Mongolia					
辽 宁	Liaoning	138997	98449	23711	150972	-11974
吉 林	Jilin					
黑龙江	Heilongjiang	27034	17567	2439	32594	-5560
上 海	Shanghai	29517	28124	632	16724	12611
江 苏	Jiangsu	953778	557825	36655	853084	100694
浙 江	Zhejiang	42148	30383	8079	28945	13203
安 徽	Anhui	1286	1032	254	279	1007
福 建	Fujian	109068	98641	3436	94091	14329
江 西	Jiangxi	7898	6321	1567	1622	6276
山 东	Shandong	167782	122603	7718	152888	14894
河 南	Henan	78358	63766	5780	45122	33236
湖 北	Hubei	20821	16539	1276	14717	5712
湖 南	Hunan	9742	4004	4493	5342	4400
广 东	Guangdong	142493	92193	8624	91073	51420
广 西	Guangxi	8422	7747	145	5758	1910
海 南	Hainan					
重 庆	Chongqing	4957	4901	60	3640	1317
四 川	Sichuan	260918	124272	8057	184743	76174
贵 州	Guizhou	43458	33627	3042	34403	9054
云 南	Yunnan	23304	18999	1548	20606	2698
西 藏	Tibet					
陕 西	Shaanxi	51473	31714	9295	31717	19755
甘 肃	Gansu	21102	20078	446	21704	-603
青 海	Qinghai	4997	2143	2239	882	4115
宁 夏	Ningxia					
新 疆	Xinjiang	135524	100102	23011	109442	26082

3-3-3 续表 3 Continued 3

股份合作企业
Cooperative Enterprises

单位：万元
Unit: 10 000 yuan

地 区	Region	资产总计 Total Assets	#流动资产合计 Total Current Assets	#固定资产净额 Net Value of Fixed Assets	负债合计 Total Liabilities	所有者权益合计 Total Owners' Equities
全 国	**National Total**	**1878412**	**1584966**	**88801**	**1329745**	**548667**
北 京	Beijing	220435	189151	5713	141964	78470
天 津	Tianjin	213582	206440	1516	164816	48766
河 北	Hebei	6188	5991	37	4630	1558
山 西	Shanxi	4137	3345	746	4253	-116
内 蒙 古	Inner Mongolia					
辽 宁	Liaoning	20097	18505	669	18599	1498
吉 林	Jilin	9532	6074	2851	4198	5334
黑 龙 江	Heilongjiang	42825	42788	17	19595	23230
上 海	Shanghai	18125	17703	421	10292	7832
江 苏	Jiangsu	319666	301585	4460	283387	36278
浙 江	Zhejiang	96638	85351	5448	62107	34531
安 徽	Anhui	20830	16357	326	18750	2081
福 建	Fujian					
江 西	Jiangxi	5799	5715	84	3158	2641
山 东	Shandong	258670	206739	4005	213576	45094
河 南	Henan	1069	691	44	1964	-895
湖 北	Hubei	2068	1415		1031	1038
湖 南	Hunan	50	50		8	42
广 东	Guangdong	267298	245107	4610	198435	68863
广 西	Guangxi	81884	4104	29382	-16847	98731
海 南	Hainan	32086	32086		31468	619
重 庆	Chongqing	109845	97549	10130	77684	32162
四 川	Sichuan	21426	17523	3597	19690	1737
贵 州	Guizhou					
云 南	Yunnan	7333	3942	1410	4830	2503
西 藏	Tibet					
陕 西	Shaanxi	84678	50456	10353	38134	46543
甘 肃	Gansu	31505	23661	2983	22041	9464
青 海	Qinghai					
宁 夏	Ningxia					
新 疆	Xinjiang	2649	2639		1985	664

3-3-3 续表 4 Continued 4

联营企业
Joint Ownership Enterprises

单位：万元
Unit: 10 000 yuan

地　区	Region	资产总计 Total Assets	#流动资产合计 Total Current Assets	#固定资产净额 Net Value of Fixed Assets	负债合计 Total Liabilities	所有者权益合计 Total Owners' Equities
全　国	**National Total**	**2535627**	**1672702**	**48946**	**1620182**	**915445**
北　京	Beijing	143532	116812	9011	37599	105933
天　津	Tianjin	2540	2507	33	2286	254
河　北	Hebei					
山　西	Shanxi					
内蒙古	Inner Mongolia					
辽　宁	Liaoning	9640	9539	30	6052	3587
吉　林	Jilin					
黑龙江	Heilongjiang					
上　海	Shanghai	65567	65326	242	48719	16848
江　苏	Jiangsu	81294	77241	19	64785	16509
浙　江	Zhejiang	227598	206702	204	208566	19032
安　徽	Anhui					
福　建	Fujian					
江　西	Jiangxi	189193	188667	32	177872	11322
山　东	Shandong	126381	125768	202	62805	63576
河　南	Henan	7641	7635		94	7547
湖　北	Hubei	334	334		231	103
湖　南	Hunan	24855	3373	28	2531	22324
广　东	Guangdong	224879	162247	28747	116219	108660
广　西	Guangxi					
海　南	Hainan	122476	112034	531	105511	16965
重　庆	Chongqing	1260155	553101	6762	752174	507981
四　川	Sichuan	26472	21754	1690	19905	6567
贵　州	Guizhou					
云　南	Yunnan					
西　藏	Tibet					
陕　西	Shaanxi					
甘　肃	Gansu					
青　海	Qinghai					
宁　夏	Ningxia					
新　疆	Xinjiang	23070	19662	1416	14834	8236

有限责任公司 Limited Liability Corporations

单位：万元 Unit: 10 000 yuan

地区	Region	资产总计 Total Assets	#流动资产合计 Total Current Assets	#固定资产净额 Net Value of Fixed Assets	负债合计 Total Liabilities	所有者权益合计 Total Owners' Equities
全国	**National Total**	**1525996454**	**1148026369**	**34124170**	**1113602753**	**410778573**
北京	Beijing	301857376	195626346	5750666	204818124	97051606
天津	Tianjin	44766915	39765176	763565	37666054	7080262
河北	Hebei	23076870	20736122	394003	18679006	4369411
山西	Shanxi	67638568	50632418	1711786	50773726	16546022
内蒙古	Inner Mongolia	26008217	14618691	810765	18423523	7562829
辽宁	Liaoning	23687671	20596889	706571	19328824	4350676
吉林	Jilin	14359735	10927844	1216036	10136717	4222649
黑龙江	Heilongjiang	19757692	17365038	574646	16610081	3147499
上海	Shanghai	117006231	90260683	1731594	83506436	33137277
江苏	Jiangsu	101549150	79116051	2316403	79569006	21956298
浙江	Zhejiang	102007721	80366237	2019182	74947707	27032134
安徽	Anhui	26990843	22351276	590724	20479670	6507322
福建	Fujian	69384948	47330809	511988	46826991	22552319
江西	Jiangxi	14983688	12744575	660307	11736288	3241959
山东	Shandong	89223467	68824127	3359149	66821734	22334247
河南	Henan	25830201	20986319	559461	19636837	6174764
湖北	Hubei	24884004	20370835	798972	19532466	5346039
湖南	Hunan	14981050	12337834	277985	11484962	3464845
广东	Guangdong	152336163	126016927	2817985	116917524	35436586
广西	Guangxi	32260468	24229014	789437	23515739	8743060
海南	Hainan	16609440	14537452	296812	12258656	4349863
重庆	Chongqing	18040410	15844724	507697	13861656	4174321
四川	Sichuan	47163193	38201710	1104636	35874674	11271671
贵州	Guizhou	29261098	24508880	422408	18270422	10973759
云南	Yunnan	32465863	19396832	363857	20381784	12084079
西藏	Tibet	1217777	1110794	19455	830124	327440
陕西	Shaanxi	27223577	21489406	499447	18763658	7953886
甘肃	Gansu	12975663	6325463	754904	8553545	4422118
青海	Qinghai	13228178	5125488	136591	6618554	6609625
宁夏	Ningxia	873091	667116	116768	618647	254444
新疆	Xinjiang	34347185	25615294	1540370	26159618	8099561

股份有限公司 单位：万元

Share-holding Corporations Ltd. Unit: 10 000 yuan

地区	Region	资产总计 Total Assets	#流动资产合计 Total Current Assets	#固定资产净额 Net Value of Fixed Assets	负债合计 Total Liabilities	所有者权益合计 Total Owners' Equities
全国	**National Total**	**325290039**	**193174956**	**8748881**	**200748346**	**123672746**
北京	Beijing	43036854	20001699	208557	21909944	21126909
天津	Tianjin	7480278	3490656	57323	2785971	4694307
河北	Hebei	8418860	3519677	47068	4071136	4347725
山西	Shanxi	5973797	4038055	27337	4199710	1774087
内蒙古	Inner Mongolia	539315	470900	53322	337387	201929
辽宁	Liaoning	3600057	2802398	290079	5905808	-2531877
吉林	Jilin	1706296	1041450	106545	1274180	342524
黑龙江	Heilongjiang	4851515	1845752	342068	2609256	2242259
上海	Shanghai	35438150	20110123	767518	18812846	16617703
江苏	Jiangsu	46056536	34188551	722860	36201526	9839314
浙江	Zhejiang	27892031	16656561	534795	15268563	12623468
安徽	Anhui	6473667	4206582	172685	3816276	2657392
福建	Fujian	17010189	8583527	24230	8672311	8337878
江西	Jiangxi	3759368	1852498	283552	2320116	1439252
山东	Shandong	19018229	15300674	331140	17297364	1716770
河南	Henan	3400158	2150660	134756	2314964	1085194
湖北	Hubei	6288303	3860012	161929	3513517	2774820
湖南	Hunan	1865289	1048235	75927	1162528	1332733
广东	Guangdong	47831188	27817861	2462278	26631005	21200554
广西	Guangxi	2991313	1652683	135349	822915	1431540
海南	Hainan	1275094	716103	15213	833290	441804
重庆	Chongqing	3777666	2550102	68997	2712321	999610
四川	Sichuan	5159117	3992509	287072	3299486	1859631
贵州	Guizhou	395874	362502	4288	335339	60536
云南	Yunnan	3007324	1949298	304899	1794483	1212840
西藏	Tibet					
陕西	Shaanxi	2448649	1651667	235821	2188875	276938
甘肃	Gansu	1703360	871744	137184	379834	1323526
青海	Qinghai	846557	263016	183837	471749	374808
宁夏	Ningxia	786245	145826	153915	469656	369048
新疆	Xinjiang	12258759	6033637	418338	8335991	3499525

3-3-3 续表 7 Continued 7

私营企业 单位：万元

Private Enterprises Unit: 10 000 yuan

地 区	Region	资产总计 Total Assets	#流动资产合计 Total Current Assets	#固定资产净额 Net Value of Fixed Assets	负债合计 Total Liabilities	所有者权益合计 Total Owners' Equities
全 国	**National Total**	**1337748643**	**1132093252**	**31200674**	**1058152452**	**276832440**
北 京	Beijing	43285376	37542877	1019036	31842092	11431451
天 津	Tianjin	59022622	53141724	716923	52687821	6298090
河 北	Hebei	21981145	19409055	960080	17316144	4609003
山 西	Shanxi	19301883	16234352	618420	15474181	3802677
内 蒙 古	Inner Mongolia	11159283	8728315	532345	7817605	3303693
辽 宁	Liaoning	37258542	34542238	627222	33153715	4089147
吉 林	Jilin	4987235	4222103	247218	3896521	1078172
黑 龙 江	Heilongjiang	7566637	6903433	180930	6083809	1232882
上 海	Shanghai	122541599	105087868	1826040	94109060	28395401
江 苏	Jiangsu	149224603	129749642	4205040	115269186	33877980
浙 江	Zhejiang	189742893	155846928	4096254	149599132	38967549
安 徽	Anhui	17388115	14869693	616073	13030976	4352315
福 建	Fujian	94898288	74414739	2194521	71122014	23549761
江 西	Jiangxi	12155885	10992768	416343	9447511	2706365
山 东	Shandong	104705784	91199612	3183114	92513454	11782894
河 南	Henan	30255524	27048533	865979	22056985	8122325
湖 北	Hubei	14704695	12296434	657863	10178703	4521744
湖 南	Hunan	13054686	10323177	702569	8858541	4170756
广 东	Guangdong	254318627	207961390	3336119	204212183	50043780
广 西	Guangxi	17605495	15984802	373908	15184094	2379307
海 南	Hainan	5232324	4466941	40669	4334111	898213
重 庆	Chongqing	23280612	20778309	651331	16818347	6459987
四 川	Sichuan	25094285	19277198	802359	17199657	7825060
贵 州	Guizhou	7659303	6460682	131782	5670305	1955461
云 南	Yunnan	9140999	7883918	427918	7262109	1869353
西 藏	Tibet	1007759	947032	17785	522646	484621
陕 西	Shaanxi	11543882	10168885	432646	8843016	2686355
甘 肃	Gansu	4245602	3521232	275399	3122231	1115232
青 海	Qinghai	1411362	1002368	59489	1074122	337161
宁 夏	Ningxia	3273676	2542820	123976	2329312	940498
新 疆	Xinjiang	20699922	18544182	861323	17122870	3545206

其他企业 单位：万元

Other Enterprises Unit: 10 000 yuan

地 区	Region	资产总计 Total Assets	#流动资产合计 Total Current Assets	#固定资产净额 Net Value of Fixed Assets	负债合计 Total Liabilities	所有者权益合计 Total Owners' Equities
全 国	**National Total**	**1521431**	**1253379**	**120200**	**976799**	**536343**
北 京	Beijing	11166	7301	3332	6372	4794
天 津	Tianjin	6013	5980	13	6602	-589
河 北	Hebei	11009	9793	892	7303	3706
山 西	Shanxi	2787	1828		937	1851
内 蒙 古	Inner Mongolia					
辽 宁	Liaoning	436886	429926	1917	425504	11382
吉 林	Jilin	14833	14637	80	11111	3722
黑 龙 江	Heilongjiang	13775	11861		13399	375
上 海	Shanghai	13911	12919	951	9812	4099
江 苏	Jiangsu	382091	314034	28123	222693	159398
浙 江	Zhejiang	28578	20544	2245	9901	18676
安 徽	Anhui	19131	11594	6280	10648	8483
福 建	Fujian	1134	633	328	484	650
江 西	Jiangxi	23915	19433	4410	4921	18995
山 东	Shandong	88702	72958	4627	60776	27926
河 南	Henan	2963	1470	168	381	2583
湖 北	Hubei	96779	41162	13890	27112	69666
湖 南	Hunan	15448	8723	2128	4322	11126
广 东	Guangdong	100133	94811	4242	36153	63980
广 西	Guangxi	14401	7581	1482	5206	9194
海 南	Hainan	1244	1244		1194	49
重 庆	Chongqing	9541	4642	3857	913	8628
四 川	Sichuan	18860	17200	3296	2697	16163
贵 州	Guizhou					
云 南	Yunnan	58650	36360	10454	35030	23620
西 藏	Tibet					
陕 西	Shaanxi	53533	33258	17539	21065	32467
甘 肃	Gansu	10541	9064	449	4482	6059
青 海	Qinghai					
宁 夏	Ningxia					
新 疆	Xinjiang	85408	64425	9497	47783	29339

3-3-3 续表 9 Continued 9

港、澳、台商投资企业 单位：万元

Enterprises with Funds from Hong Kong,Macao and Taiwan Unit: 10 000 yuan

地区	Region	资产总计 Total Assets	#流动资产合计 Total Current Assets	#固定资产净额 Net Value of Fixed Assets	负债合计 Total Liabilities	所有者权益合计 Total Owners' Equities
全国	**National Total**	**248636759**	**194935639**	**5113778**	**168609062**	**79925928**
北京	Beijing	51173936	36756987	623417	42570948	8592080
天津	Tianjin	10199919	9396067	177098	7107478	3030831
河北	Hebei	615125	504082	2727	313386	301739
山西	Shanxi	17041	5956	1569	-3388	20429
内蒙古	Inner Mongolia	406249	354230	5099	340841	65408
辽宁	Liaoning	4434282	2685362	31297	3035126	1399156
吉林	Jilin					
黑龙江	Heilongjiang	816212	816143	14	954555	-138343
上海	Shanghai	67519073	56261706	1095788	43408290	24125347
江苏	Jiangsu	16196999	12109385	871320	9610037	6551478
浙江	Zhejiang	12808226	10339838	305250	7356447	5451779
安徽	Anhui	3170722	2486692	181043	2172129	998593
福建	Fujian	8304663	6863259	336946	5158343	3146320
江西	Jiangxi	292862	226271	28557	168887	123975
山东	Shandong	13511698	10456887	228615	9494588	4017014
河南	Henan	407220	267890	2700	129496	277581
湖北	Hubei	5177884	4243934	91138	3332234	1845630
湖南	Hunan	343867	309436	21854	246875	96992
广东	Guangdong	44534577	33724815	767653	27486735	17039769
广西	Guangxi	775667	771828	289	728756	46910
海南	Hainan	2625273	2136977	269538	1815417	809857
重庆	Chongqing	1787670	1515274	24065	989726	797944
四川	Sichuan	1169337	1062101	18201	861156	308181
贵州	Guizhou	1130035	688582	7213	703312	426723
云南	Yunnan	231969	140642	1706	149170	82799
西藏	Tibet	273351	182228	4439	69363	203988
陕西	Shaanxi	614721	544296	7274	306783	307938
甘肃	Gansu	8547	8292	76	5332	3215
青海	Qinghai					
宁夏	Ningxia					
新疆	Xinjiang	89637	76480	8891	97039	-7402

3-3-3 续表 10 Continued 10

外商投资企业 单位：万元

Foreign Funded Enterprises Unit: 10 000 yuan

地区	Region	资产总计 Total Assets	#流动资产合计 Total Current Assets	#固定资产净额 Net Value of Fixed Assets	负债合计 Total Liabilities	所有者权益合计 Total Owners' Equities
全国	**National Total**	**377928752**	**305212363**	**7604699**	**255745412**	**122136495**
北京	Beijing	88182082	64238058	953610	50581813	37564638
天津	Tianjin	9662188	8836852	232538	7185118	2477028
河北	Hebei	707447	371623	91105	315176	392272
山西	Shanxi	280516	135749	2930	233663	46853
内蒙古	Inner Mongolia	26854	25828	699	14640	12214
辽宁	Liaoning	1812921	1475739	20620	1112711	700210
吉林	Jilin	289780	236144	7523	171646	118134
黑龙江	Heilongjiang	315593	315446	54	302867	12725
上海	Shanghai	150147243	127810153	2658993	101729171	48412965
江苏	Jiangsu	24018340	19828920	676905	18378894	5578217
浙江	Zhejiang	29742649	23031706	603526	22837038	6883926
安徽	Anhui	5384925	5111895	39291	5381818	3107
福建	Fujian	8640072	7738022	253402	6533033	2103699
江西	Jiangxi	2434405	2021484	97830	1899869	534536
山东	Shandong	8856479	7470412	247171	4379928	4533081
河南	Henan	104503	75495	18191	66595	36177
湖北	Hubei	2909641	2184653	232252	3115856	-206216
湖南	Hunan	575415	495393	6965	515097	60317
广东	Guangdong	28820586	23075142	646348	20084081	8736381
广西	Guangxi	1914825	673428	371550	1202148	741197
海南	Hainan	230500	213967	787	40963	189538
重庆	Chongqing	1456607	737457	170253	738149	718459
四川	Sichuan	2747916	1878800	159104	1794431	953486
贵州	Guizhou	82682	80383	2219	18748	63934
云南	Yunnan	329935	264351	27940	227350	102585
西藏	Tibet					
陕西	Shaanxi	6895489	6108125	13863	6283855	608625
甘肃	Gansu	125698	56855	27307	64194	61504
青海	Qinghai	547874	453621	30983	370303	177571
宁夏	Ningxia					
新疆	Xinjiang	685589	266661	10743	166258	519331

3-3-4 各地区限额以上批发业企业年末资产负债(按国民经济行业分)
Assets and Liabilities of Enterprises above Designated Size of Wholesale Trade by Region and Sector at the Year-end

农、林、牧、渔产品批发　　　　　　　　　　　　单位：万元
Wholesale of Agricultural, Forestry, Livestock and Fishery Products　　　　Unit: 10 000 yuan

地　区	Region	资产总计 Total Assets	#流动资产合计 Total Current Assets	#固定资产净额 Net Value of Fixed Assets	负债合计 Total Liabilities	所有者权益合计 Total Owners' Equities
全　国	**National Total**	**158765601**	**119706594**	**6927285**	**118687103**	**40038324**
北　京	Beijing	36277057	23864004	235356	25573279	10701667
天　津	Tianjin	3577620	3252706	156002	3074070	502520
河　北	Hebei	2834801	2406227	120930	2397073	437728
山　西	Shanxi	606480	466646	43258	304136	302344
内蒙古	Inner Mongolia	2772199	2249745	336647	2160060	612138
辽　宁	Liaoning	5734922	5056096	233532	5013702	720659
吉　林	Jilin	3569231	2531044	208693	2639800	928796
黑龙江	Heilongjiang	10894033	7659015	629009	7418138	3469097
上　海	Shanghai	9799683	8292232	70574	7875459	1921715
江　苏	Jiangsu	9349041	7679043	698671	7446429	1895997
浙　江	Zhejiang	4082018	3074076	232052	3055009	1027006
安　徽	Anhui	1569623	971541	156462	824594	743482
福　建	Fujian	6272060	4809032	167994	4553035	1718627
江　西	Jiangxi	686225	394283	101504	388898	297327
山　东	Shandong	8309414	5950499	818523	6573210	1735322
河　南	Henan	6029177	4992708	219596	4647758	1381419
湖　北	Hubei	2098574	1613831	235160	1522935	575638
湖　南	Hunan	1467432	910641	110306	832340	634271
广　东	Guangdong	13405114	8980396	496806	8141309	5263438
广　西	Guangxi	1168078	982348	65452	919727	247450
海　南	Hainan	620442	601452	4446	547902	72539
重　庆	Chongqing	614283	300770	81836	334044	280239
四　川	Sichuan	3040493	2579579	129254	2529837	510656
贵　州	Guizhou	1011903	717396	78371	750699	261138
云　南	Yunnan	1120155	834143	89147	801242	318913
西　藏	Tibet					
陕　西	Shaanxi	542204	400410	72207	351325	190879
甘　肃	Gansu	769090	550474	105020	513116	255974
青　海	Xinjiang	196232	97576	6548	91134	105098
宁　夏	Ningxia	228304	206091	16036	182098	46206
新　疆	Xinjiang	20119712	17282590	1007893	17224744	2880037

3-3-4 续表 1 Continued 1

食品、饮料及烟草制品批发 单位：万元

Wholesale of Food, Beverages and Tobaccos Unit: 10 000 yuan

地 区	Region	资产总计 Total Assets	#流动资产合计 Total Current Assets	#固定资产净额 Net Value of Fixed Assets	负债合计 Total Liabilities	所有者权益合计 Total Owners' Equities
全 国	**National Total**	**368975503**	**303497672**	**15654947**	**223282635**	**145638813**
北 京	Beijing	34536030	27769178	798684	27133131	7403115
天 津	Tianjin	11454875	9957493	171077	9114020	2345832
河 北	Hebei	4301604	3762152	259617	2161326	2140278
山 西	Shanxi	3956494	3472240	198387	1987357	1967954
内 蒙 古	Inner Mongolia	2003002	1741301	114190	896478	1106524
辽 宁	Liaoning	6715302	5719753	343842	4136999	2589026
吉 林	Jilin	1250128	1036671	132921	447870	802077
黑 龙 江	Heilongjiang	6398783	5601954	194696	4729674	1669108
上 海	Shanghai	41983211	32591422	1190156	27500351	14474886
江 苏	Jiangsu	25134020	21509336	1404203	14866599	10264231
浙 江	Zhejiang	22503840	18956591	999332	12176357	10312735
安 徽	Anhui	10330084	8784744	373017	5702480	4627604
福 建	Fujian	21179157	15610595	870813	12519474	8656981
江 西	Jiangxi	4088373	3306942	322759	1786222	2302152
山 东	Shandong	17290367	14182933	1139200	11693219	5597126
河 南	Henan	5849602	4696156	436522	2355357	3475944
湖 北	Hubei	11437009	9356998	680569	6787310	4648342
湖 南	Hunan	6073498	4374991	607699	2173177	3900321
广 东	Guangdong	48637292	40203020	1648392	33913559	14726811
广 西	Guangxi	10275712	8519319	251124	7634599	2638584
海 南	Hainan	2097248	1858541	99544	1012283	1084965
重 庆	Chongqing	6171850	4726209	543355	2306370	3865480
四 川	Sichuan	18596274	16318521	654118	11131910	7464415
贵 州	Guizhou	19273256	17457298	422876	8260589	11012414
云 南	Yunnan	14062737	11994081	623609	4642107	9416394
西 藏	Tibet	551494	447210	58735	104189	447305
陕 西	Shaanxi	4757046	3874692	291035	2151731	2605313
甘 肃	Gansu	2114822	1425399	288354	909284	1197399
青 海	Xinjiang	570474	484872	24708	134332	436142
宁 夏	Ningxia	701361	554163	39546	242353	459008
新 疆	Xinjiang	4680561	3202896	471866	2671925	2000349

3-3-4 续表 2 Continued 2

纺织、服装及家庭用品批发 单位：万元

Wholesale of Textiles, Wearing Apparel and Household Articles Unit: 10 000 yuan

地区	Region	资产总计 Total Assets	#流动资产合计 Total Current Assets	#固定资产净额 Net Value of Fixed Assets	负债合计 Total Liabilities	所有者权益合计 Total Owners' Equities
全国	**National Total**	**349169164**	**278857743**	**8265792**	**261775186**	**87307006**
北京	Beijing	42792343	32003841	548232	34214888	8566042
天津	Tianjin	10029886	9473238	247727	8497506	1531880
河北	Hebei	1378583	1331971	22874	958074	420509
山西	Shanxi	1221715	1186739	3587	1199862	21555
内蒙古	Inner Mongolia	378508	313095	1753	360693	17815
辽宁	Liaoning	1323342	1170487	55448	978876	344465
吉林	Jilin	169843	152265	4385	131519	38324
黑龙江	Heilongjiang	548683	447221	5192	334136	214548
上海	Shanghai	49994711	40013989	1648843	31924306	18084490
江苏	Jiangsu	80489447	60365789	1920177	60492722	19995744
浙江	Zhejiang	45955586	38742687	1232367	36092594	9829494
安徽	Anhui	7118709	6428230	72283	6754360	365596
福建	Fujian	26011839	18166429	887604	16135865	9850635
江西	Jiangxi	1025562	973560	25901	790362	235200
山东	Shandong	15910624	13489483	324895	13347865	2562758
河南	Henan	1864961	1702541	40216	1459629	405227
湖北	Hubei	1657862	1494784	67008	1353275	304586
湖南	Hunan	1154372	989216	70536	844488	308591
广东	Guangdong	44674565	37355294	879439	34100889	10551142
广西	Guangxi	1635144	1569759	30899	1481087	149279
海南	Hainan	2166867	1130146	35986	939526	1227341
重庆	Chongqing	4719948	4611123	18570	4461122	258559
四川	Sichuan	2310827	2022372	68653	1659324	651502
贵州	Guizhou	168786	151713	6363	139910	28876
云南	Yunnan	849442	811555	10314	815426	34015
西藏	Tibet	313255	255041	5	65246	247516
陕西	Shaanxi	1195903	1065911	14925	779570	415527
甘肃	Gansu	69661	57537	8924	41519	28143
青海	Xinjiang	149906	135623	445	61864	88042
宁夏	Ningxia	40048	37593	634	35832	4216
新疆	Xinjiang	1848236	1208509	11610	1322849	525387

3-3-4 续表 3 Continued 3

文化、体育用品及器材批发
Wholesale of Culture, Sports Appliances and Equipments

单位：万元
Unit: 10 000 yuan

地区	Region	资产总计 Total Assets	#流动资产合计 Total Current Assets	#固定资产净额 Net Value of Fixed Assets	负债合计 Total Liabilities	所有者权益合计 Total Owners' Equities
全国	**National Total**	**95763834**	**76840719**	**2305313**	**64163395**	**31550117**
北京	Beijing	15482047	10960244	316256	9020222	6461825
天津	Tianjin	1814845	1626962	64949	927926	886919
河北	Hebei	866403	607183	22051	540303	326100
山西	Shanxi	631271	480806	24804	389390	241881
内蒙古	Inner Mongolia	388297	314600	27956	184145	204152
辽宁	Liaoning	314062	299989	4901	222885	91521
吉林	Jilin	194611	152490	16045	129500	65112
黑龙江	Heilongjiang	470214	280167	18724	238711	231504
上海	Shanghai	15070853	13057944	210472	10168933	4901921
江苏	Jiangsu	8812032	5983518	320367	5699023	3092293
浙江	Zhejiang	9783316	8308454	269704	7334884	2447890
安徽	Anhui	3436651	2860680	44057	2195303	1239803
福建	Fujian	3812252	2997233	62645	2892972	919120
江西	Jiangxi	479142	427123	7261	348153	130988
山东	Shandong	5940821	4048224	290081	4271890	1668931
河南	Henan	1310548	889925	48388	798789	496822
湖北	Hubei	969638	845978	24254	609203	360435
湖南	Hunan	557151	441672	42284	353723	203428
广东	Guangdong	17066030	15163719	270102	11607055	5461815
广西	Guangxi	1191243	918197	14877	842825	348418
海南	Hainan	806257	683021	28965	530670	275587
重庆	Chongqing	1196310	1129010	8704	689197	507113
四川	Sichuan	2515832	2320351	19192	2328899	171325
贵州	Guizhou	552425	508660	5562	455028	97397
云南	Yunnan	665103	437682	24208	347357	317746
西藏	Tibet					
陕西	Shaanxi	646347	501516	25168	438489	207857
甘肃	Gansu	120908	119124	1049	97500	23408
青海	Xinjiang	65098	45592	8753	48775	16323
宁夏	Ningxia	170992	115993	17943	136462	34530
新疆	Xinjiang	433136	314664	65590	315184	117952

3-3-4 续表 4 Continued 4

医药及医疗器材批发
Wholesale of Medicines and Medical Appliances

单位：万元
Unit: 10 000 yuan

地 区	Region	资产总计 Total Assets	#流动资产合计 Total Current Assets	#固定资产净额 Net Value of Fixed Assets	负债合计 Total Liabilities	所有者权益合计 Total Owners' Equities
全 国	**National Total**	**293902000**	**246460736**	**7352717**	**211733102**	**81902820**
北 京	Beijing	29696344	23539528	370301	19190124	10505634
天 津	Tianjin	4593010	4174128	83471	3484222	1108940
河 北	Hebei	7560494	6771916	215327	6304972	1253631
山 西	Shanxi	4077652	3752515	75339	3161536	916116
内蒙古	Inner Mongolia	2148048	1987391	62131	1659578	488470
辽 宁	Liaoning	5924257	5365437	150130	4657960	1266297
吉 林	Jilin	3638894	3430855	82544	3055449	583445
黑龙江	Heilongjiang	3639199	3257871	82495	2893678	582271
上 海	Shanghai	43483038	32876961	1217278	27520613	15961969
江 苏	Jiangsu	20065914	18034899	458473	15949935	4111214
浙 江	Zhejiang	14514006	11218198	412523	9429883	5069896
安 徽	Anhui	7229180	6322816	268203	5549378	1679566
福 建	Fujian	4403493	3595393	134108	3050460	1353009
江 西	Jiangxi	6841079	6219672	209308	5479157	1356480
山 东	Shandong	19614828	17062470	554774	15952415	3660582
河 南	Henan	12177245	10996585	223328	9867686	2309353
湖 北	Hubei	16570144	12818341	241982	11935843	4634301
湖 南	Hunan	7341231	6524257	244660	5611523	1725692
广 东	Guangdong	32397518	27253779	644733	22707054	9685743
广 西	Guangxi	4895273	4365587	168080	3677840	1217432
海 南	Hainan	3282866	2572594	33640	2432666	850200
重 庆	Chongqing	9349796	7644743	170852	6092627	3257169
四 川	Sichuan	10670939	9027163	664233	7521295	3149644
贵 州	Guizhou	3535039	2884818	80726	2504988	1030051
云 南	Yunnan	4464017	3996458	103365	3241076	1222940
西 藏	Tibet	1144985	1036600	7374	699033	385739
陕 西	Shaanxi	4923479	4593853	125317	4071215	852263
甘 肃	Gansu	1849637	1683214	84642	1378312	471325
青 海	Xinjiang	405012	367994	12710	316919	88093
宁 夏	Ningxia	385211	334338	28231	276355	108856
新 疆	Xinjiang	3080171	2750361	142440	2059308	1016498

3-3-4 续表 5 Continued 5

矿产品、建材及化工产品批发 单位：万元

Wholesale of Mineral Products, Building Materials and Chemical Products Unit: 10 000 yuan

地 区	Region	资产总计 Total Assets	#流动资产合计 Total Current Assets	#固定资产净额 Net Value of Fixed Assets	负债合计 Total Liabilities	所有者权益合计 Total Owners' Equities
全 国	**National Total**	**1966390886**	**1468586775**	**42107812**	**1450632407**	**511872756**
北 京	Beijing	222500470	122482836	4593347	138194692	84506799
天 津	Tianjin	79047915	68893388	763039	66685389	12245943
河 北	Hebei	36586612	28441375	926651	26061843	10461658
山 西	Shanxi	81472617	60351574	1955832	61585693	19544806
内蒙古	Inner Mongolia	29259248	16711519	809093	19856118	9359632
辽 宁	Liaoning	46244785	41551162	1119629	42986168	3025394
吉 林	Jilin	9672078	6519590	1171216	6371864	3198526
黑龙江	Heilongjiang	11196936	9963419	357812	10035138	1160727
上 海	Shanghai	197139076	158104644	2120216	143809333	52936151
江 苏	Jiangsu	153697715	130594587	3619732	121239057	32281704
浙 江	Zhejiang	216843496	166018086	3490372	160545964	55540555
安 徽	Anhui	18650587	13626324	538436	12320406	6325015
福 建	Fujian	120375281	86336810	993418	85491568	34693102
江 西	Jiangxi	19228020	15215583	950982	14561210	4699368
山 东	Shandong	149773462	123388169	3771153	123371471	25928370
河 南	Henan	30916577	25761738	809136	22350006	8518797
湖 北	Hubei	20043940	15218732	925638	13598547	6440815
湖 南	Hunan	13035799	9974645	334746	9092742	4549054
广 东	Guangdong	237939107	177508353	4948128	180843901	57103388
广 西	Guangxi	32506029	23610558	1141173	22441493	9322924
海 南	Hainan	16906343	14704205	458970	12688551	4216872
重 庆	Chongqing	16932173	13107677	707043	11837458	5150430
四 川	Sichuan	38822828	28654736	958172	28143267	10609661
贵 州	Guizhou	17725783	13643354	288496	13396275	4282570
云 南	Yunnan	33381936	19957778	693275	21642155	11735232
西 藏	Tibet	710289	649784	22962	556305	153983
陕 西	Shaanxi	41128385	33379518	756913	31010566	9615246
甘 肃	Gansu	16036193	8474626	840128	9890485	6145708
青 海	Xinjiang	15051168	6099773	375880	7912653	7138436
宁 夏	Ningxia	3871769	2454460	324202	2615043	1305319
新 疆	Xinjiang	39694270	27187773	1342024	29497047	9676571

3-3-4 续表 6 Continued 6

机械设备、五金产品及电子产品批发
Wholesale of Machinery, Hardware and Electronic Products

单位：万元
Unit: 10 000 yuan

地 区	Region	资产总计 Total Assets	#流动资产合计 Total Current Assets	#固定资产净额 Net Value of Fixed Assets	负债合计 Total Liabilities	所有者权益合计 Total Owners' Equities
全 国	**National Total**	**629678118**	**518870537**	**10395126**	**459591062**	**169497311**
北 京	Beijing	123991721	94372203	1641795	78607910	45344896
天 津	Tianjin	18888242	15474232	561701	13387346	5497176
河 北	Hebei	3573793	3198646	78213	2944200	629593
山 西	Shanxi	3716978	2949236	185836	2953548	763182
内蒙古	Inner Mongolia	1783986	1488275	108485	1542994	240992
辽 宁	Liaoning	7900747	5479420	106746	5495645	2378186
吉 林	Jilin	4034534	3568520	73294	3144375	890159
黑龙江	Heilongjiang	3279710	2383746	101401	2428717	772054
上 海	Shanghai	136504803	116222197	1533075	94636591	41863029
江 苏	Jiangsu	50345160	40288568	856992	38491107	11854805
浙 江	Zhejiang	47917103	39675189	968315	37213549	10298408
安 徽	Anhui	13269832	11920045	284381	11223227	2045498
福 建	Fujian	11256558	9667353	259551	8451299	2789352
江 西	Jiangxi	4695061	2962290	84048	2717387	1977618
山 东	Shandong	24929423	20688165	720902	19731696	5249506
河 南	Henan	5151929	4366053	117470	3834067	1310779
湖 北	Hubei	7393849	6272199	186147	6839565	550666
湖 南	Hunan	4137764	3174903	80088	3474687	639210
广 东	Guangdong	120271534	101990925	1640921	93058812	27200237
广 西	Guangxi	4378235	3690774	77560	3504318	871030
海 南	Hainan	1804258	1748166	7909	1618889	185370
重 庆	Chongqing	12807893	11881952	168969	10657392	2144397
四 川	Sichuan	6086008	5395875	201794	4783403	1302605
贵 州	Guizhou	1183620	943253	24760	974013	206422
云 南	Yunnan	1478947	1276520	43883	1139390	338805
西 藏	Tibet	335006	308831	12412	157970	177036
陕 西	Shaanxi	4997312	4400865	99872	3876441	1117861
甘 肃	Gansu	634754	571840	40137	517712	117041
青 海	Xinjiang	110363	81549	3846	81872	28491
宁 夏	Ningxia	133394	119696	4285	112321	21073
新 疆	Xinjiang	2685601	2309055	120339	1990618	691834

3-3-4 续表 7 Continued 7

贸易经纪与代理 单位：万元

Trade Broker and Agency Unit: 10 000 yuan

地区	Region	资产总计 Total Assets	#流动资产合计 Total Current Assets	#固定资产净额 Net Value of Fixed Assets	负债合计 Total Liabilities	所有者权益合计 Total Owners' Equities
全国	**National Total**	**49317037**	**42568071**	**574675**	**39134860**	**10163594**
北京	Beijing	20491509	18240463	167875	17031532	3459977
天津	Tianjin	680182	532251	19300	518703	161650
河北	Hebei	47846	46152	1237	40556	7290
山西	Shanxi	31151	25346	535	14523	16628
内蒙古	Inner Mongolia					
辽宁	Liaoning	136630	111415	19052	98770	37860
吉林	Jilin					
黑龙江	Heilongjiang	48546	44641	1841	40926	7619
上海	Shanghai	5506523	4248396	59360	3438120	2058261
江苏	Jiangsu	2685985	2529390	27267	2206143	471593
浙江	Zhejiang	269473	248565	10405	218702	50771
安徽	Anhui	243788	237673	3873	188693	55095
福建	Fujian	770666	573002	6933	594959	175707
江西	Jiangxi	373732	332303	2435	288914	84817
山东	Shandong	1143700	1107133	8767	989110	154587
河南	Henan	179155	161190	2039	144521	34634
湖北	Hubei	47322	42498	2692	36079	11243
湖南	Hunan	174007	169229	2197	127739	46267
广东	Guangdong	14920058	12444239	209980	11789720	3129991
广西	Guangxi	10994	10931	64	13588	-2594
海南	Hainan	762999	762881	116	663173	99827
重庆	Chongqing	520959	470959	232	473423	47536
四川	Sichuan	21194	17000	906	14060	7134
贵州	Guizhou	26751	21378	8	22362	4378
云南	Yunnan	50836	49838	25	44488	6348
西藏	Tibet					
陕西	Shaanxi	111154	105469	4098	94966	16188
甘肃	Gansu	6832	5320	1007	2647	4186
青海	Xinjiang					
宁夏	Ningxia					
新疆	Xinjiang	55044	30410	22432	38442	16602

3-3-4 续表 8 Continued 8

其他批发业 单位：万元

Other Wholesale not Classified Elsewhere Unit: 10 000 yuan

地　区	Region	资产总计 Total Assets	#流动资产合计 Total Current Assets	#固定资产净额 Net Value of Fixed Assets	负债合计 Total Liabilities	所有者权益合计 Total Owners' Equities
全　国	**National Total**	**74437600**	**57408479**	**1828128**	**52576940**	**21782062**
北　京	Beijing	7173771	5397095	62836	5773009	1400761
天　津	Tianjin	3541313	3383407	21003	3127724	411163
河　北	Hebei	619048	513854	37401	474967	124633
山　西	Shanxi	512468	435084	40920	291813	220655
内蒙古	Inner Mongolia	478082	332836	49913	413865	47865
辽　宁	Liaoning	681759	644850	12645	545171	136588
吉　林	Jilin	215541	128966	21585	164161	51380
黑龙江	Heilongjiang	167743	143693	10693	139703	28040
上　海	Shanghai	5742928	4530542	131847	4041284	1703159
江　苏	Jiangsu	7845075	6515474	229907	5815030	2029532
浙　江	Zhejiang	7404151	6594284	213023	6047463	1356056
安　徽	Anhui	1884708	1701126	63194	1553375	331012
福　建	Fujian	7622341	5979573	167843	5286261	2335080
江　西	Jiangxi	1453142	1230377	11763	1236595	215728
山　东	Shandong	2209346	1905253	101311	1836864	372482
河　南	Henan	1013516	684229	75067	593628	411607
湖　北	Hubei	667238	609720	25064	517487	149180
湖　南	Hunan	645656	517330	22752	405881	237117
广　东	Guangdong	13397419	8531848	164822	7582503	5788935
广　西	Guangxi	1380435	1065782	109211	1404144	-23859
海　南	Hainan	726472	690325	4786	463398	263074
重　庆	Chongqing	2014758	1745731	41752	1069690	945068
四　川	Sichuan	4674875	2633030	37257	2489518	2184398
贵　州	Guizhou	305125	263381	3643	223286	81839
云　南	Yunnan	105671	86123	8012	55543	50128
西　藏	Tibet	12627	10678	1307	4152	8475
陕　西	Shaanxi	492423	280193	82621	387110	105313
甘　肃	Gansu	132209	106809	20094	91014	41195
青　海	Xinjiang	35500	16242	1305	27730	7770
宁　夏	Ningxia	54220	53682	268	43402	10818
新　疆	Xinjiang	1228041	676962	54286	471170	756871

3-3-5 各地区限额以上零售业企业年末资产负债

Assets and Liabilities of Enterprises above Designated Size of Retail Trade by Region at the Year-end

单位：万元

Unit: 10 000 yuan

地区	Region	资产总计 Total Assets	#流动资产合计 Total Current Assets	#固定资产净额 Net Value of Fixed Assets	负债合计 Total Liabilities	所有者权益合计 Total Owners' Equities
全国	**National Total**	**725985065**	**493557978**	**63975232**	**522036021**	**202156180**
北京	Beijing	62331001	50379600	2279251	49891601	12522624
天津	Tianjin	10911139	6947927	1068459	9404979	1517694
河北	Hebei	20522153	13405080	2711878	15776725	4431081
山西	Shanxi	11585305	7656440	1335025	10150787	1415637
内蒙古	Inner Mongolia	6168555	3701290	1152143	5110944	1016892
辽宁	Liaoning	20430414	13615069	2204029	15766919	4563748
吉林	Jilin	10751033	6614770	1539565	7557135	3005270
黑龙江	Heilongjiang	8940995	5877781	1242268	7138766	1754555
上海	Shanghai	60604015	44032425	3531341	45043217	15515775
江苏	Jiangsu	68050173	45723966	6498020	47693624	20247320
浙江	Zhejiang	46184496	30599404	4325135	33581664	12412903
安徽	Anhui	21655984	14612024	2081263	14541934	7007822
福建	Fujian	27178851	17275678	2288979	18403309	8338745
江西	Jiangxi	16415604	10526792	1312278	10802692	5401831
山东	Shandong	42888613	30800694	4071241	35313410	8273329
河南	Henan	25480401	17686784	2365395	18306424	7743420
湖北	Hubei	27319204	16608830	2911519	19381521	7786659
湖南	Hunan	25500399	12998269	3030361	14801528	10275430
广东	Guangdong	80597954	58875071	4378547	53760540	26805720
广西	Guangxi	10571648	7725171	1034510	7467036	3049261
海南	Hainan	6901067	5173019	508887	4436902	2402411
重庆	Chongqing	18155826	11487400	1731210	10649937	7053965
四川	Sichuan	30291371	19089759	3064294	20831998	9392416
贵州	Guizhou	13651221	8671061	1371296	9676114	4297068
云南	Yunnan	13112937	7667229	1260899	8371829	4683922
西藏	Tibet	1204480	763185	180310	1004478	362273
陕西	Shaanxi	19504112	13273669	1951034	13579640	5611250
甘肃	Gansu	6088909	3737972	785454	4254105	1678897
青海	Qinghai	1548011	1039819	232183	1230676	299482
宁夏	Ningxia	2497796	1346798	299816	1688283	782373
新疆	Xinjiang	8941398	5645002	1228641	6417303	2506408

3-3-5 续表 Continued

国有控股
State-controlled Enterprises

单位：万元
Unit: 10 000 yuan

地 区	Region	资产总计 Total Assets	#流动资产合计 Total Current Assets	#固定资产净额 Net Value of Fixed Assets	负债合计 Total Liabilities	所有者权益合计 Total Owners' Equities
全 国	**National Total**	**149888588**	**79382657**	**17788055**	**84862102**	**65331499**
北 京	Beijing	13806630	8173716	986259	7321636	6474744
天 津	Tianjin	2848758	932932	461455	1719668	1129090
河 北	Hebei	3740936	2003825	602757	2379688	1096302
山 西	Shanxi	2072615	897690	475445	1760840	341560
内 蒙 古	Inner Mongolia	1240584	277666	538684	1294784	-54913
辽 宁	Liaoning	3398562	1839093	440251	1961493	1344799
吉 林	Jilin	3095467	1330331	645356	1610215	1314733
黑 龙 江	Heilongjiang	1526837	818783	279034	1078000	448336
上 海	Shanghai	11365217	6202693	1343462	6790180	4571520
江 苏	Jiangsu	9979388	6148097	1302801	5986693	3984070
浙 江	Zhejiang	7127251	3109430	729839	4004905	3122445
安 徽	Anhui	4627227	2218407	604046	2281511	2279323
福 建	Fujian	6566372	3291420	620460	3462442	3100506
江 西	Jiangxi	5384852	2776630	360800	3275804	2105815
山 东	Shandong	7595729	4990780	783759	6756232	1469991
河 南	Henan	3050899	1475433	419321	2234102	1708006
湖 北	Hubei	8761313	4045683	1136259	6266189	2494558
湖 南	Hunan	4074547	1754777	743701	2554882	1444410
广 东	Guangdong	16481206	9368564	1358691	4053327	12410475
广 西	Guangxi	1974492	1230218	284467	1079698	874894
海 南	Hainan	3757559	2598598	265347	2275517	1481649
重 庆	Chongqing	6571603	4103089	475398	2259888	3909794
四 川	Sichuan	5747810	2910596	720135	3239908	2471783
贵 州	Guizhou	5164664	2433672	515337	3192089	1907777
云 南	Yunnan	3307008	1178722	515332	1981427	1297688
西 藏	Tibet	570673	287019	124584	595901	145324
陕 西	Shaanxi	2928638	1594994	330436	1738805	1179394
甘 肃	Gansu	1362421	625731	361224	726326	498621
青 海	Qinghai	176579	94217	48341	156613	19965
宁 夏	Ningxia	190161	67182	22201	109308	80853
新 疆	Xinjiang	1392589	602668	292873	714029	677986

3-3-6 各地区限额以上零售业企业年末资产负债(按登记注册类型分)
Assets and Liabilities of Enterprises above Designated Size of Retail Trade by Region and Type of Registration at the Year-end

内资企业　　　　　　　　　　　　　　　　　　　　　　　　　　　　单位：万元

Domestic Funded Enterprises　　　　　　　　　　　　　　　　　　Unit: 10 000 yuan

地区	Region	资产总计 Total Assets	#流动资产合计 Total Current Assets	#固定资产净额 Net Value of Fixed Assets	负债合计 Total Liabilities	所有者权益合计 Total Owners' Equities
全国	**National Total**	**576659273**	**396022818**	**51157519**	**411255011**	**162260665**
北京	Beijing	36675612	27485225	1878857	27199831	9547944
天津	Tianjin	7892119	5900019	601846	6682125	1221529
河北	Hebei	18439092	12316368	2390063	14316180	3815694
山西	Shanxi	10883052	7363016	1182778	9117173	1746999
内蒙古	Inner Mongolia	5860190	3621355	1074797	4873075	946395
辽宁	Liaoning	17652882	12246800	1508229	13946373	3606763
吉林	Jilin	9865660	6131267	1424597	6801214	2875818
黑龙江	Heilongjiang	8138480	5460219	1034435	6457593	1638577
上海	Shanghai	30901211	21856128	2060032	23296814	7578961
江苏	Jiangsu	52926201	36997884	4757347	37076644	15722706
浙江	Zhejiang	36281674	24467079	3311254	27288385	8937677
安徽	Anhui	18283380	12174390	1811654	12423377	5753775
福建	Fujian	22041065	14640246	1786130	14496624	7108844
江西	Jiangxi	15546979	10183840	1254709	10014856	5321041
山东	Shandong	38296953	27987793	3423932	32264325	6546389
河南	Henan	22783319	16119678	2043934	15197951	7283157
湖北	Hubei	23997428	14907051	2527981	16772597	7072203
湖南	Hunan	21531934	11344156	2540198	12561197	8547297
广东	Guangdong	61762789	46866976	3276959	41062005	20668910
广西	Guangxi	9487885	7167360	730636	6801416	2631118
海南	Hainan	6704633	5023768	489370	4311303	2331576
重庆	Chongqing	16493142	10724602	1437157	9623560	6417658
四川	Sichuan	25278554	16901063	2285006	17828714	7382883
贵州	Guizhou	11712285	7842878	1006322	8114836	3477425
云南	Yunnan	11812513	6781714	1161497	7684504	4070823
西藏	Tibet	1196687	757290	179336	1000977	357981
陕西	Shaanxi	15462817	11199102	1480895	10627089	4532645
甘肃	Gansu	5971566	3687157	757366	4175222	1640438
青海	Qinghai	1532522	1029785	228285	1220981	293687
宁夏	Ningxia	2475148	1335185	293711	1676683	771326
新疆	Xinjiang	8771500	5503424	1218207	6341386	2412427

3-3-6 续表 1 Continued 1

国有企业
State-owned Enterprises

单位：万元
Unit: 10 000 yuan

地区	Region	资产总计 Total Assets	#流动资产合计 Total Current Assets	#固定资产净额 Net Value of Fixed Assets	负债合计 Total Liabilities	所有者权益合计 Total Owners' Equities
全国	**National Total**	**11538738**	**7208448**	**1270216**	**5956501**	**5464292**
北京	Beijing	170374	155116	11587	57903	112470
天津	Tianjin	88183	83737	1940	54654	33530
河北	Hebei	41493	25009	11279	29674	11818
山西	Shanxi	286185	114611	67908	371528	-85344
内蒙古	Inner Mongolia	1243	1160	83	256	274
辽宁	Liaoning	188852	112230	13548	91905	95924
吉林	Jilin	650096	647644	1599	22149	627947
黑龙江	Heilongjiang	152626	114975	19098	129327	22798
上海	Shanghai	371318	278897	45739	211466	159813
江苏	Jiangsu	1733645	1168251	166690	1010372	717421
浙江	Zhejiang	133527	102694	16699	86929	46599
安徽	Anhui	359517	105042	66674	142764	171747
福建	Fujian	3371	1742	577	842	1507
江西	Jiangxi	246033	73686	48711	108651	135282
山东	Shandong	459606	345997	30664	380916	73377
河南	Henan	240122	112967	11288	78254	161069
湖北	Hubei	517274	231380	81808	471679	45430
湖南	Hunan	620034	331159	94340	450205	156627
广东	Guangdong	1011146	458384	149250	161729	848930
广西	Guangxi	24448	16642	2648	23058	1390
海南	Hainan	1008340	779386	5480	738208	269739
重庆	Chongqing	1189201	725094	37806	153785	1035416
四川	Sichuan	150366	123005	8062	91607	24461
贵州	Guizhou	283702	99383	82797	219727	59258
云南	Yunnan	259654	132874	60538	162741	96716
西藏	Tibet	93252	74668	6053	68297	24954
陕西	Shaanxi	553696	468741	39921	234672	316908
甘肃	Gansu	173945	86903	47903	107664	66281
青海	Qinghai	43576	10097	23601	38985	4591
宁夏	Ningxia	33695	15612	14365	26835	6860
新疆	Xinjiang	450220	211365	101561	229722	220499

3-3-6 续表 2 Continued 2

集体企业
Collective-owned Enterprises

单位：万元
Unit: 10 000 yuan

地 区	Region	资产总计 Total Assets	#流动资产合计 Total Current Assets	#固定资产净额 Net Value of Fixed Assets	负债合计 Total Liabilities	所有者权益合计 Total Owners' Equities
全 国	**National Total**	**1327030**	**955963**	**148404**	**691282**	**614387**
北 京	Beijing	88603	68487	12343	63484	22854
天 津	Tianjin	43371	37344	2806	16036	26039
河 北	Hebei	20890	16394	2962	17189	3701
山 西	Shanxi	26977	17719	3312	12372	14148
内蒙古	Inner Mongolia	1523	1520	2	153	1370
辽 宁	Liaoning	19238	16999	1467	14641	4598
吉 林	Jilin	2714	2581	83	960	1368
黑龙江	Heilongjiang	15746	12641	1095	9169	6577
上 海	Shanghai	167781	95464	2241	32169	135612
江 苏	Jiangsu	168087	138236	22282	114368	53482
浙 江	Zhejiang	71150	52014	13548	33821	37328
安 徽	Anhui	6120	4015	372	1800	4321
福 建	Fujian	50203	30114	6841	11913	36574
江 西	Jiangxi	10934	8725	2253	6390	4544
山 东	Shandong	71983	53680	10323	54802	17180
河 南	Henan	36386	29612	1453	17213	18485
湖 北	Hubei	107271	68214	17590	66628	38812
湖 南	Hunan	59599	24494	13261	22379	34503
广 东	Guangdong	199616	159732	14250	111855	81710
广 西	Guangxi	13827	12010	1452	2395	10771
海 南	Hainan	1317	1015	187	427	890
重 庆	Chongqing	14482	8245	1593	5094	9388
四 川	Sichuan	19932	17125	2142	7016	12916
贵 州	Guizhou	6317	3358	361	2086	4231
云 南	Yunnan	37893	31565	2764	26827	8011
西 藏	Tibet					
陕 西	Shaanxi	45406	32183	5616	27715	17691
甘 肃	Gansu	5861	3293	2031	3766	2095
青 海	Qinghai					
宁 夏	Ningxia	1620	1152	43	357	1263
新 疆	Xinjiang	12186	8031	3728	8260	3926

3-3-6 续表 3 Continued 3

股份合作企业 单位：万元

Cooperative Enterprises Unit: 10 000 yuan

地区	Region	资产总计 Total Assets	#流动资产合计 Total Current Assets	#固定资产净额 Net Value of Fixed Assets	负债合计 Total Liabilities	所有者权益合计 Total Owners' Equities
全国	**National Total**	**500082**	**327570**	**67810**	**269850**	**229291**
北京	Beijing	42143	35357	4380	30290	11852
天津	Tianjin	14360	9076	1208	7816	6544
河北	Hebei	51857	25474	20931	17163	34694
山西	Shanxi					
内蒙古	Inner Mongolia	1051	325	396	173	877
辽宁	Liaoning	8544	7561	496	2898	5647
吉林	Jilin	5000	979	3870	4614	386
黑龙江	Heilongjiang	44018	26391	2488	32133	11885
上海	Shanghai	24981	22153	615	10342	14639
江苏	Jiangsu	28510	19917	3431	14776	13734
浙江	Zhejiang	81161	60005	5489	38300	42861
安徽	Anhui	7001	5428	1224	2166	4835
福建	Fujian	353	291	22	111	242
江西	Jiangxi	7233	5077	866	3875	3357
山东	Shandong	44203	27455	4488	30726	13477
河南	Henan	2087	696	559	322	1765
湖北	Hubei	5783	1595	1046	2412	3371
湖南	Hunan	4401	2836	381	3043	1358
广东	Guangdong	60000	34101	5542	26914	32146
广西	Guangxi	785	417	146	390	396
海南	Hainan	913	881	9	8	905
重庆	Chongqing	9801	5992	2710	5540	4261
四川	Sichuan	11825	10047	1496	5553	6272
贵州	Guizhou	16350	6800	1315	12536	3815
云南	Yunnan	19626	12255	3392	12952	6674
西藏	Tibet					
陕西	Shaanxi	5304	3798	1180	3435	1869
甘肃	Gansu	2195	2080	115	1100	1095
青海	Qinghai					
宁夏	Ningxia					
新疆	Xinjiang	598	585	12	262	336

3-3-6 续表 4 Continued 4

联营企业
Joint Ownership Enterprises

单位：万元
Unit: 10 000 yuan

地　区	Region	资产总计 Total Assets	#流动资产合计 Total Current Assets	#固定资产净额 Net Value of Fixed Assets	负债合计 Total Liabilities	所有者权益合计 Total Owners' Equities
全　国	**National Total**	**224944**	**116641**	**16367**	**112060**	**112884**
北　京	Beijing	6020	5014	896	5495	526
天　津	Tianjin	4524	3652	866	1533	2991
河　北	Hebei					
山　西	Shanxi					
内蒙古	Inner Mongolia					
辽　宁	Liaoning	2424	1582	257	177	2247
吉　林	Jilin					
黑龙江	Heilongjiang	821	555	203	46	775
上　海	Shanghai	21944	13655	4672	7777	14167
江　苏	Jiangsu	15057	9346	2313	5593	9464
浙　江	Zhejiang	11886	9127	1773	3540	8346
安　徽	Anhui	2918	2913		872	2046
福　建	Fujian	1296	1263	162	188	1108
江　西	Jiangxi	521	85	480		521
山　东	Shandong	2298	1120	434	493	1806
河　南	Henan					
湖　北	Hubei	2531	983	525	65	2466
湖　南	Hunan					
广　东	Guangdong	63499	51514	2622	32038	31462
广　西	Guangxi					
海　南	Hainan	180	137	40	15	166
重　庆	Chongqing	1191	825	232	49	1142
四　川	Sichuan	2514	1399	265	715	1799
贵　州	Guizhou					
云　南	Yunnan	81927	10348	399	52015	29912
西　藏	Tibet					
陕　西	Shaanxi	323	315		292	32
甘　肃	Gansu	3070	2810	229	1159	1910
青　海	Qinghai					
宁　夏	Ningxia					
新　疆	Xinjiang					

3-3-6 续表 5 Continued 5

有限责任公司 单位：万元

Limited Liability Corporations Unit: 10 000 yuan

地 区	Region	资产总计 Total Assets	#流动资产合计 Total Current Assets	#固定资产净额 Net Value of Fixed Assets	负债合计 Total Liabilities	所有者权益合计 Total Owners' Equities
全 国	**National Total**	**210284107**	**142239322**	**18372263**	**155390521**	**54753614**
北 京	Beijing	22497874	17956962	1103458	18105636	4411875
天 津	Tianjin	3127276	2179064	298888	2816452	309195
河 北	Hebei	7247936	4839889	838064	5573144	1656806
山 西	Shanxi	2799465	1828491	371049	2091205	707271
内 蒙 古	Inner Mongolia	2597555	1623783	417986	1950265	637498
辽 宁	Liaoning	6887439	4402701	551434	5977792	939555
吉 林	Jilin	4423086	1982166	863054	3225355	1184304
黑 龙 江	Heilongjiang	3630047	2148743	541352	2819647	807057
上 海	Shanghai	13900082	9116634	1066015	10584997	3291081
江 苏	Jiangsu	13701387	9560838	1277560	10042393	3657091
浙 江	Zhejiang	12275953	7032032	1109872	8709789	3572004
安 徽	Anhui	7578523	4926486	705900	5586016	1990146
福 建	Fujian	4495798	2913054	394885	2918727	1572433
江 西	Jiangxi	7566627	4615318	448658	4991582	2562627
山 东	Shandong	11370836	8076263	1301375	8972837	2384163
河 南	Henan	7341397	5168164	535806	5369201	1941892
湖 北	Hubei	10229199	7153152	1029505	7798876	2423771
湖 南	Hunan	4328155	2714419	492324	2923697	1378427
广 东	Guangdong	20443087	15253361	1007076	14839145	5598404
广 西	Guangxi	4420723	3194789	323295	3105299	1295949
海 南	Hainan	4642860	3582181	282413	2835055	1752105
重 庆	Chongqing	3878671	2275805	354885	1508765	2402210
四 川	Sichuan	10354865	7169206	709463	7945953	2406074
贵 州	Guizhou	5165255	3426944	395437	3676390	1445989
云 南	Yunnan	4606074	2650294	435698	3202277	1383520
西 藏	Tibet	576481	363378	73213	500437	213067
陕 西	Shaanxi	5056365	3247464	641542	3779655	1262492
甘 肃	Gansu	1790859	952835	260534	1230739	533781
青 海	Qinghai	651266	333997	137842	557606	93661
宁 夏	Ningxia	703622	343878	74116	532820	167056
新 疆	Xinjiang	1995344	1207031	329565	1218774	772109

3-3-6 续表 6 Continued 6

股份有限公司 单位：万元

Share-holding Corporations Ltd. Unit: 10 000 yuan

地 区	Region	资产总计 Total Assets	#流动资产合计 Total Current Assets	#固定资产净额 Net Value of Fixed Assets	负债合计 Total Liabilities	所有者权益合计 Total Owners' Equities
全 国	**National Total**	**75160893**	**37413767**	**8511982**	**39665881**	**34782865**
北 京	Beijing	7960027	4080114	495028	3757605	4202421
天 津	Tianjin	338453	88246	73450	153599	184854
河 北	Hebei	2270605	1202037	306242	1728700	278772
山 西	Shanxi	792643	281465	182145	984964	-162254
内蒙古	Inner Mongolia	521399	-66662	340077	675501	-154102
辽 宁	Liaoning	2818237	1517098	380803	1370570	1356421
吉 林	Jilin	905207	597940	163242	634148	100812
黑龙江	Heilongjiang	699592	405997	123244	775774	-86340
上 海	Shanghai	4533972	2700494	481212	1814700	2719273
江 苏	Jiangsu	6698339	2812205	562974	2896452	3800688
浙 江	Zhejiang	2018538	871708	175295	958543	1059995
安 徽	Anhui	1924725	795857	353553	949609	951981
福 建	Fujian	2160618	1031633	175948	683557	1477061
江 西	Jiangxi	622447	289690	128206	389696	232751
山 东	Shandong	8562096	5886061	531876	7893684	1273817
河 南	Henan	1573936	671127	262426	507581	1066355
湖 北	Hubei	4072677	1086167	513765	2492248	1580429
湖 南	Hunan	3505208	888647	796109	1936017	1505436
广 东	Guangdong	9683015	6288161	583127	1160220	8520878
广 西	Guangxi	300838	132415	83690	157775	141934
海 南	Hainan	409348	98460	154953	217542	191806
重 庆	Chongqing	3212051	2245142	182132	2126751	652134
四 川	Sichuan	3002602	1219321	456169	1587505	1415097
贵 州	Guizhou	1321915	406020	139901	565381	726489
云 南	Yunnan	1031136	165983	211807	601106	421185
西 藏	Tibet	113791	17370	70841	153710	-12453
陕 西	Shaanxi	656812	365645	16900	180301	311217
甘 肃	Gansu	1023411	532323	194733	666182	245413
青 海	Qinghai	45242	22231	27546	70726	-25484
宁 夏	Ningxia	554631	149816	61536	356320	198312
新 疆	Xinjiang	1827381	631057	283052	1219412	607969

私营企业
Private Enterprises

单位：万元
Unit: 10 000 yuan

地区	Region	资产总计 Total Assets	#流动资产合计 Total Current Assets	#固定资产净额 Net Value of Fixed Assets	负债合计 Total Liabilities	所有者权益合计 Total Owners' Equities
全国	**National Total**	**277160910**	**207534961**	**22693236**	**208943134**	**66076054**
北京	Beijing	5907679	5182459	250493	5178004	784468
天津	Tianjin	4275953	3498900	222687	3632035	658376
河北	Hebei	8806311	6207566	1210584	6950310	1829902
山西	Shanxi	6972987	5116939	557353	5655789	1269697
内蒙古	Inner Mongolia	2737419	2061229	316253	2246727	460479
辽宁	Liaoning	7721785	6184289	560213	6485073	1199327
吉林	Jilin	3876795	2897315	392631	2911934	960295
黑龙江	Heilongjiang	3591586	2748789	345066	2689166	874110
上海	Shanghai	11881133	9628832	459537	10635364	1244377
江苏	Jiangsu	30389989	23182863	2687363	22916110	7359468
浙江	Zhejiang	21682878	16335114	1986935	17452990	4168436
安徽	Anhui	8393122	6329662	682597	5737828	2619568
福建	Fujian	15327448	10661434	1206883	10881143	4018085
江西	Jiangxi	7079238	5184165	622374	4508830	2374466
山东	Shandong	17708980	13581231	1539362	14876062	2760424
河南	Henan	13580862	10128916	1232222	9217885	4092558
湖北	Hubei	9025383	6350061	874820	5922500	2961906
湖南	Hunan	13012937	7381850	1142876	7225350	5469852
广东	Guangdong	30299202	24618693	1515093	24726962	5555299
广西	Guangxi	4726487	3810602	318973	3512332	1180067
海南	Hainan	641674	561708	46289	520047	115966
重庆	Chongqing	8187232	5462997	857773	5823279	2312891
四川	Sichuan	11717371	8356477	1105516	8185185	3502365
贵州	Guizhou	4918747	3900373	386511	3638716	1237644
云南	Yunnan	5750454	3770081	437559	3617542	2108100
西藏	Tibet	412424	301171	29192	277867	132340
陕西	Shaanxi	9127753	7071037	772610	6392409	2613887
甘肃	Gansu	2965906	2102070	251333	2159353	788930
青海	Qinghai	792438	663461	39296	553665	220919
宁夏	Ningxia	1181335	824680	143452	760213	397728
新疆	Xinjiang	4467402	3430000	499391	3652462	804121

3-3-6 续表 8 Continued 8

其他企业 Other Enterprises

单位：万元 Unit: 10 000 yuan

地区	Region	资产总计 Total Assets	#流动资产合计 Total Current Assets	#固定资产净额 Net Value of Fixed Assets	负债合计 Total Liabilities	所有者权益合计 Total Owners' Equities
全国	**National Total**	**462570**	**226146**	**77242**	**225781**	**227279**
北京	Beijing	2891	1716	673	1414	1478
天津	Tianjin					
河北	Hebei					
山西	Shanxi	4795	3792	1011	1315	3480
内蒙古	Inner Mongolia					
辽宁	Liaoning	6363	4340	11	3318	3044
吉林	Jilin	2761	2643	118	2055	705
黑龙江	Heilongjiang	4045	2128	1891	2330	1716
上海	Shanghai					
江苏	Jiangsu	191187	106229	34734	76581	111357
浙江	Zhejiang	6581	4387	1644	4474	2108
安徽	Anhui	11454	4987	1335	2323	9132
福建	Fujian	1979	715	811	144	1835
江西	Jiangxi	13947	7093	3161	5833	7492
山东	Shandong	76950	15986	5410	54804	22146
河南	Henan	8529	8197	180	7496	1033
湖北	Hubei	37310	15500	8922	18188	16019
湖南	Hunan	1601	753	909	506	1095
广东	Guangdong	3224	3031		3143	82
广西	Guangxi	777	486	432	167	610
海南	Hainan					
重庆	Chongqing	513	501	26	298	215
四川	Sichuan	19080	4482	1894	5180	13900
贵州	Guizhou					
云南	Yunnan	25750	8313	9340	9045	16705
西藏	Tibet	740	704	36	667	72
陕西	Shaanxi	17159	9919	3126	8610	8548
甘肃	Gansu	6320	4842	486	5259	932
青海	Qinghai					
宁夏	Ningxia	246	48	198	138	107
新疆	Xinjiang	18370	15355	898	12495	3468

港、澳、台商投资企业
Enterprises with Funds from Hong Kong, Macao and Taiwan

单位：万元
Unit: 10 000 yuan

地区	Region	资产总计 Total Assets	#流动资产合计 Total Current Assets	#固定资产净额 Net Value of Fixed Assets	负债合计 Total Liabilities	所有者权益合计 Total Owners' Equities
全国	**National Total**	**60132255**	**40482621**	**4895983**	**43751363**	**16270166**
北京	Beijing	4090059	3331917	173311	3592144	497915
天津	Tianjin	870482	557636	54548	1133903	-263421
河北	Hebei	241294	128420	53223	136844	104450
山西	Shanxi	101941	85297	8909	61567	40374
内蒙古	Inner Mongolia	102686	41081	33138	80853	21833
辽宁	Liaoning	1648719	721961	595374	917827	730892
吉林	Jilin	658888	466049	31943	634616	24271
黑龙江	Heilongjiang	453424	289637	105219	436596	11465
上海	Shanghai	17111648	12750874	786388	12885266	4129499
江苏	Jiangsu	7044868	4224834	734507	5291888	1752873
浙江	Zhejiang	4033104	2611381	348075	2671394	1361711
安徽	Anhui	1669586	1414608	95543	1270283	399303
福建	Fujian	1344459	780999	118514	798346	546113
江西	Jiangxi	584706	140212	37002	535487	49219
山东	Shandong	1473232	1081947	217552	1022583	450649
河南	Henan	1722412	942484	178223	1342984	379428
湖北	Hubei	739861	440897	160115	578195	163271
湖南	Hunan	2357525	1161007	168093	1325118	1032406
广东	Guangdong	8908191	6032366	407389	5774197	3134226
广西	Guangxi	439777	271690	115872	252557	187220
海南	Hainan	110748	89192	9738	67725	43023
重庆	Chongqing	647840	452859	101554	404928	242912
四川	Sichuan	866427	624213	131565	485824	380604
贵州	Guizhou	313772	141102	41224	208039	105733
云南	Yunnan	548365	419911	43781	232234	316131
西藏	Tibet					
陕西	Shaanxi	1931282	1198047	125278	1544702	376370
甘肃	Gansu	41794	30985	7211	22726	19068
青海	Qinghai	13774	8649	3593	7506	6267
宁夏	Ningxia	19310	9198	5292	11147	8163
新疆	Xinjiang	42084	33170	3810	23887	18197

3-3-6 续表 10 Continued 10

外商投资企业 Foreign Funded Enterprises

单位：万元 Unit: 10 000 yuan

地 区	Region	资产总计 Total Assets	#流动资产合计 Total Current Assets	#固定资产净额 Net Value of Fixed Assets	负债合计 Total Liabilities	所有者权益合计 Total Owners' Equities
全 国	**National Total**	**89193536**	**57052538**	**7921730**	**67029647**	**23625350**
北 京	Beijing	21565331	19562457	227084	19099626	2476764
天 津	Tianjin	2148538	490273	412066	1588952	559587
河 北	Hebei	1841767	960292	268592	1323701	510937
山 西	Shanxi	600312	208126	143338	972048	-371735
内 蒙 古	Inner Mongolia	205680	38854	44208	157016	48664
辽 宁	Liaoning	1128813	646309	100425	902720	226093
吉 林	Jilin	226485	17454	83026	121304	105181
黑 龙 江	Heilongjiang	349091	127926	102614	244578	104513
上 海	Shanghai	12591157	9425423	684920	8861137	3807316
江 苏	Jiangsu	8079104	4501249	1006166	5325091	2771741
浙 江	Zhejiang	5869718	3520944	665806	3621886	2113515
安 徽	Anhui	1703018	1023027	174066	848274	854743
福 建	Fujian	3793327	1854434	384335	3108338	683788
江 西	Jiangxi	283919	202740	20567	252348	31570
山 东	Shandong	3118428	1730954	429756	2026502	1276291
河 南	Henan	974671	624622	143238	1765489	80834
湖 北	Hubei	2581915	1260881	223423	2030729	551186
湖 南	Hunan	1610940	493106	322069	915213	695727
广 东	Guangdong	9926974	5975730	694199	6924339	3002584
广 西	Guangxi	643986	286121	188003	413063	230923
海 南	Hainan	85687	60059	9779	57874	27813
重 庆	Chongqing	1014844	309938	192500	621449	393395
四 川	Sichuan	4146389	1564483	647723	2517460	1628929
贵 州	Guizhou	1625163	687081	323751	1353239	713909
云 南	Yunnan	752059	465604	55621	455090	296969
西 藏	Tibet	7793	5895	974	3501	4292
陕 西	Shaanxi	2110013	876520	344861	1407849	702235
甘 肃	Gansu	75549	19830	20878	56157	19392
青 海	Qinghai	1716	1386	306	2188	-472
宁 夏	Ningxia	3338	2414	813	454	2884
新 疆	Xinjiang	127814	108408	6624	52030	75784

3-3-7 各地区限额以上零售业企业年末资产负债(按国民经济行业分)

Assets and Liabilities of Enterprises above Designated Size of Retail Trade by Region and Sector at the Year-end

综合零售 单位：万元

Integrated Retail Unit: 10 000 yuan

地区	Region	资产总计 Total Assets	#流动资产合计 Total Current Assets	#固定资产净额 Net Value of Fixed Assets	负债合计 Total Liabilities	所有者权益合计 Total Owners' Equities
全国	**National Total**	**184250861**	**101573771**	**21214549**	**137717992**	**46178292**
北京	Beijing	13702284	8029292	876930	8749007	4953319
天津	Tianjin	2106266	1031371	271836	2531518	-410557
河北	Hebei	7244882	3800926	1460550	5737741	1504080
山西	Shanxi	3156460	2022378	254218	2854829	294857
内蒙古	Inner Mongolia	1695493	963175	287728	1284929	409835
辽宁	Liaoning	9435510	5346333	1197300	6976913	2488504
吉林	Jilin	3850940	1941385	834331	2859069	978716
黑龙江	Heilongjiang	3055935	1701760	521793	2721574	317266
上海	Shanghai	12566164	6790183	1384876	9656940	2973843
江苏	Jiangsu	18792987	10012295	1998819	13141820	5654885
浙江	Zhejiang	12741057	6757577	1668048	9081166	3626446
安徽	Anhui	4922709	2624883	678415	3868042	1049744
福建	Fujian	4017765	2155634	402803	3307311	682770
江西	Jiangxi	2956293	1319621	310723	2374878	567048
山东	Shandong	16321270	11023673	1790081	13633963	2640013
河南	Henan	5314742	3210977	517287	4197655	1066691
湖北	Hubei	8916651	3597721	1152901	6074397	2818389
湖南	Hunan	7751180	2899135	966484	4461803	3198499
广东	Guangdong	14951518	8719741	909897	11602809	3326603
广西	Guangxi	2301377	1328886	403726	1706388	592142
海南	Hainan	3922872	2980734	143367	2307369	1561137
重庆	Chongqing	3674737	1673304	444740	2832783	876308
四川	Sichuan	6429134	3700775	771085	4754361	1670142
贵州	Guizhou	1994818	1220174	217577	1511928	471417
云南	Yunnan	2111252	1301674	158884	1516814	570367
西藏	Tibet	161641	139873	1985	140791	19924
陕西	Shaanxi	5096372	2842700	756554	3762009	1289182
甘肃	Gansu	1704565	963813	214851	1272441	430619
青海	Qinghai	386151	149330	98418	382659	3113
宁夏	Ningxia	1034746	362950	123708	782344	251853
新疆	Xinjiang	1933090	961499	394638	1631737	301136

食品、饮料及烟草制品专门零售
Special Retail of Food, Beverages and Tobaccos

单位：万元
Unit: 10 000 yuan

地区	Region	资产总计 Total Assets	#流动资产合计 Total Current Assets	#固定资产净额 Net Value of Fixed Assets	负债合计 Total Liabilities	所有者权益合计 Total Owners' Equities
全国	**National Total**	**34263116**	**24162445**	**2682116**	**20982721**	**12962047**
北京	Beijing	2210350	1838193	136746	1406133	802676
天津	Tianjin	479993	412854	29139	262872	217148
河北	Hebei	444626	353516	30084	287085	147632
山西	Shanxi	555967	425740	44021	324570	231275
内蒙古	Inner Mongolia	102713	88524	6799	63886	38827
辽宁	Liaoning	369266	285710	15467	263305	105868
吉林	Jilin	297953	234254	14224	249440	48212
黑龙江	Heilongjiang	283952	235240	24688	185557	95950
上海	Shanghai	1583515	1115714	63375	1213841	379690
江苏	Jiangsu	2776637	1924074	280005	1670893	1064908
浙江	Zhejiang	1480434	1107587	115092	1016327	463429
安徽	Anhui	1159048	959664	50343	810072	347494
福建	Fujian	1731608	942096	293610	695325	963322
江西	Jiangxi	1182243	741385	148445	512292	662339
山东	Shandong	1302712	1005084	156081	966582	336077
河南	Henan	1162120	730313	101419	650689	503109
湖北	Hubei	2362705	1826590	168918	1526411	809738
湖南	Hunan	737060	452213	97251	379366	318009
广东	Guangdong	4685959	3417014	211487	2417105	2269140
广西	Guangxi	704349	500320	46645	488544	206129
海南	Hainan	122610	107069	4950	125758	-2657
重庆	Chongqing	800191	518659	68404	504987	292583
四川	Sichuan	933022	659159	75289	619369	310839
贵州	Guizhou	2552288	1646634	186731	1671007	828777
云南	Yunnan	1585224	635792	134597	762297	813906
西藏	Tibet	182911	89698	9812	83234	99677
陕西	Shaanxi	1655044	1396831	81158	1279901	363782
甘肃	Gansu	194176	148441	25254	128632	65544
青海	Qinghai	69084	45059	6267	53888	15196
宁夏	Ningxia	67547	43747	6421	20504	27326
新疆	Xinjiang	487807	275268	49395	342848	136101

3-3-7 续表 2 Continued 2

纺织、服装及日用品专门零售 单位：万元

Special Retail of Textiles, Garments and Daily Consumer Articles Unit: 10 000 yuan

地 区	Region	资产总计 Total Assets	#流动资产合计 Total Current Assets	#固定资产净额 Net Value of Fixed Assets	负债合计 Total Liabilities	所有者权益合计 Total Owners' Equities
全 国	**National Total**	**46263418**	**33786665**	**2639633**	**33959384**	**12227763**
北 京	Beijing	1893874	1532290	72700	1763745	116488
天 津	Tianjin	540249	415695	63332	427856	112393
河 北	Hebei	606310	401325	48164	559745	46342
山 西	Shanxi	428796	339408	42871	326067	102730
内蒙古	Inner Mongolia	126295	97400	17108	114286	12009
辽 宁	Liaoning	667849	569997	29061	682386	-15340
吉 林	Jilin	182311	117722	33910	123166	57736
黑龙江	Heilongjiang	313758	175489	73987	214549	121554
上 海	Shanghai	19804342	15372329	746822	13409789	6397245
江 苏	Jiangsu	4033236	2495681	278886	3206662	808383
浙 江	Zhejiang	1983627	1453753	162558	1469902	520185
安 徽	Anhui	585512	387956	111977	421367	164129
福 建	Fujian	2237342	1309762	54194	1800013	414013
江 西	Jiangxi	501087	328143	42715	328238	169661
山 东	Shandong	1534489	1148794	74872	1054374	481009
河 南	Henan	710939	479667	91106	518415	182970
湖 北	Hubei	833768	547009	167890	626228	204626
湖 南	Hunan	372125	269897	28318	226614	121398
广 东	Guangdong	5160913	3846251	118263	3903961	1272828
广 西	Guangxi	130185	108602	3208	122417	7026
海 南	Hainan	134426	126945	1924	126428	6211
重 庆	Chongqing	918482	577000	103134	678211	236918
四 川	Sichuan	962338	713928	52231	699662	261767
贵 州	Guizhou	70909	52565	12603	61590	9318
云 南	Yunnan	323590	214689	7169	208987	114396
西 藏	Tibet	182	74		132	50
陕 西	Shaanxi	748301	445982	97863	476963	265932
甘 肃	Gansu	168520	113383	11399	121762	31992
青 海	Qinghai	73014	22069	21442	69090	3925
宁 夏	Ningxia	9358	8744	579	9698	-340
新 疆	Xinjiang	207292	114115	69351	207080	211

3-3-7 续表 3 Continued 3

文化、体育用品及器材专门零售 单位：万元

Special Retail of Culture, Sports Appliances and Equipments Unit: 10 000 yuan

地 区	Region	资产总计 Total Assets	#流动资产合计 Total Current Assets	#固定资产净额 Net Value of Fixed Assets	负债合计 Total Liabilities	所有者权益合计 Total Owners' Equities
全 国	**National Total**	**38126118**	**27931134**	**2929651**	**22870504**	**15127283**
北 京	Beijing	4157970	3429381	140257	2552985	1598490
天 津	Tianjin	233159	189766	31028	174746	60352
河 北	Hebei	758175	569581	83554	329526	428650
山 西	Shanxi	438940	306391	70684	230061	208879
内蒙古	Inner Mongolia	347269	272553	40882	262356	84199
辽 宁	Liaoning	510426	335873	35559	384226	126200
吉 林	Jilin	268397	218089	29274	211344	57053
黑龙江	Heilongjiang	526691	260543	120355	274277	252414
上 海	Shanghai	3211493	2522081	161416	2183217	1027857
江 苏	Jiangsu	4311621	3397423	368256	2867328	1439299
浙 江	Zhejiang	1556449	1149898	206217	931274	620325
安 徽	Anhui	877655	691387	34643	472846	405006
福 建	Fujian	1468265	1107262	94190	816011	638042
江 西	Jiangxi	3506404	2054163	114901	1917852	1588349
山 东	Shandong	927497	750496	61623	635308	279053
河 南	Henan	1027510	729193	121813	525502	490444
湖 北	Hubei	2302607	1982909	168015	1748178	553421
湖 南	Hunan	1292633	953426	117654	794276	482904
广 东	Guangdong	3333838	2546281	200178	1989808	1344550
广 西	Guangxi	552743	414893	51091	278922	263998
海 南	Hainan	166891	113492	44255	136173	30656
重 庆	Chongqing	1146788	666915	76787	506007	639145
四 川	Sichuan	2561420	1351884	210952	1274516	1250365
贵 州	Guizhou	364870	347826	6088	227819	131489
云 南	Yunnan	497905	311728	82223	201250	296656
西 藏	Tibet	10409	7093	1357	4372	6037
陕 西	Shaanxi	822801	596000	129501	444377	374150
甘 肃	Gansu	393207	291860	34711	238516	154652
青 海	Qinghai	27901	19681	3819	16590	11311
宁 夏	Ningxia	79597	50413	19802	48031	31565
新 疆	Xinjiang	444587	292654	68569	192811	251776

医药及医疗器材专门零售 单位：万元

Special Retail of Medicines and Medical Appliances Unit: 10 000 yuan

地 区	Region	资产总计 Total Assets	#流动资产合计 Total Current Assets	#固定资产净额 Net Value of Fixed Assets	负债合计 Total Liabilities	所有者权益合计 Total Owners' Equities
全 国	**National Total**	**31387131**	**23092954**	**1436008**	**23084875**	**8023846**
北 京	Beijing	565333	438843	10397	488315	77634
天 津	Tianjin	150261	115875	9140	133480	16781
河 北	Hebei	1036892	784303	28609	651973	368838
山 西	Shanxi	698584	501644	17884	532878	160768
内蒙古	Inner Mongolia	432535	327274	17765	357705	69435
辽 宁	Liaoning	1033422	841685	32250	831723	168241
吉 林	Jilin	875676	722504	37706	754856	120820
黑龙江	Heilongjiang	597961	532528	18272	410185	171421
上 海	Shanghai	804842	519324	27452	617495	185266
江 苏	Jiangsu	2617872	1946732	118699	2006848	604097
浙 江	Zhejiang	1242862	1011546	39175	951857	290761
安 徽	Anhui	901735	634429	37371	666351	234958
福 建	Fujian	773160	522743	43454	458208	178273
江 西	Jiangxi	815328	622162	51193	597548	216683
山 东	Shandong	2356267	1849196	73448	1913864	443318
河 南	Henan	1753749	1516265	78847	1390063	359940
湖 北	Hubei	1417321	1061059	83642	1214236	198891
湖 南	Hunan	2920034	1553396	121203	1569177	1334273
广 东	Guangdong	2990926	2337046	253733	2336119	635577
广 西	Guangxi	841459	565224	41848	621670	216142
海 南	Hainan	82309	46848	176	54325	27984
重 庆	Chongqing	566586	419003	40764	446685	118516
四 川	Sichuan	1268297	894299	42123	982352	288865
贵 州	Guizhou	714832	536531	42240	592172	116527
云 南	Yunnan	1546158	873908	62598	850246	695064
西 藏	Tibet	14302	7154	2984	7108	7194
陕 西	Shaanxi	1298113	1107513	39620	815705	478993
甘 肃	Gansu	394778	258059	18959	274215	120563
青 海	Qinghai	54333	36877	5966	38289	16044
宁 夏	Ningxia	120211	87512	13834	90615	29596
新 疆	Xinjiang	500993	421473	24658	428611	72382

3-3-7 续表 5 Continued 5

汽车、摩托车、零配件和燃料及其他动力销售 单位：万元

Retail of Motor Vehicles, Motorcycles, Parts and Fuel and Other Powers Unit: 10 000 yuan

地区	Region	资产总计 Total Assets	#流动资产合计 Total Current Assets	#固定资产净额 Net Value of Fixed Assets	负债合计 Total Liabilities	所有者权益合计 Total Owners' Equities
全国	**National Total**	**253025587**	**166818411**	**26843256**	**171081168**	**82149754**
北京	Beijing	9877384	7299940	859157	7520790	2377978
天津	Tianjin	5506909	3095046	565044	3702385	1799694
河北	Hebei	8179469	5389558	1008288	6170200	1727972
山西	Shanxi	5042726	3083595	769792	4929369	130618
内蒙古	Inner Mongolia	2880486	1524216	713954	2601286	266496
辽宁	Liaoning	6334264	4536115	703761	4861902	1377444
吉林	Jilin	4743084	2928653	570215	2977586	1594037
黑龙江	Heilongjiang	3309636	2321230	392465	2662498	613846
上海	Shanghai	8236076	6137792	645726	5776525	2451291
江苏	Jiangsu	23032382	15650604	2601290	15005620	7992532
浙江	Zhejiang	18017898	11341590	1675845	12686828	5200543
安徽	Anhui	8747326	5585575	935319	5082478	3569515
福建	Fujian	10519743	6342661	986075	6760561	3701920
江西	Jiangxi	4889616	3403572	524106	3338356	1520282
山东	Shandong	15214379	10790983	1530281	12867931	3143836
河南	Henan	12096055	8429501	1108074	8783989	4042478
湖北	Hubei	7183134	4302803	899202	5095190	2016194
湖南	Hunan	9569850	4871621	1481321	5876201	3541795
广东	Guangdong	32648063	23585505	2250174	17606344	15020845
广西	Guangxi	4107425	3248603	314243	2776721	1314818
海南	Hainan	1758672	1126661	302349	1090608	662036
重庆	Chongqing	9166394	6180818	837862	4350976	4354357
四川	Sichuan	13074577	7571346	1584851	8454917	4602529
贵州	Guizhou	7161705	4224968	845120	4999034	2567357
云南	Yunnan	6148432	3571064	788826	4152166	1973740
西藏	Tibet	772967	467467	159298	733402	204053
陕西	Shaanxi	6851659	4566184	657694	4765940	2048414
甘肃	Gansu	2716318	1540291	435062	1884049	691489
青海	Qinghai	761356	612890	86001	546841	197886
宁夏	Ningxia	928868	604499	125616	572194	351294
新疆	Xinjiang	3548732	2483059	486247	2448279	1092464

家用电器及电子产品专门零售
Special Retail of Household Electric Appliances and Electronic Products

单位：万元
Unit: 10 000 yuan

地 区	Region	资产总计 Total Assets	#流动资产合计 Total Current Assets	#固定资产净额 Net Value of Fixed Assets	负债合计 Total Liabilities	所有者权益合计 Total Owners' Equities
全 国	**National Total**	**51631385**	**44694628**	**1306491**	**41206571**	**10260809**
北 京	Beijing	13267190	12156758	43367	10545804	2715703
天 津	Tianjin	596882	562881	4400	1068823	-471942
河 北	Hebei	714528	622865	32241	573821	137051
山 西	Shanxi	570053	512572	21771	438665	129709
内蒙古	Inner Mongolia	484390	360073	60505	352575	131085
辽 宁	Liaoning	1206335	1049801	37777	1023830	182123
吉 林	Jilin	390661	333399	9595	287090	103571
黑龙江	Heilongjiang	541543	446941	35414	424619	116924
上 海	Shanghai	2877470	2401970	37043	2379076	498394
江 苏	Jiangsu	5128609	4230668	207907	3976451	1143313
浙 江	Zhejiang	1788307	1465400	83174	1365305	419189
安 徽	Anhui	1581339	1343820	33025	1150547	429568
福 建	Fujian	1108941	884197	45562	779122	308965
江 西	Jiangxi	845774	728738	22005	614381	225887
山 东	Shandong	2226521	1844083	103492	1943326	281218
河 南	Henan	1953906	1688089	86728	1409478	507784
湖 北	Hubei	2060494	1627827	82603	1485541	565607
湖 南	Hunan	959467	725435	55874	644757	274799
广 东	Guangdong	5221982	4729402	89283	4630066	604821
广 西	Guangxi	1285696	1151827	35317	1061575	212923
海 南	Hainan	157213	126772	10710	130798	26415
重 庆	Chongqing	905467	739928	41513	671720	228501
四 川	Sichuan	2312310	1934694	55087	1744665	564356
贵 州	Guizhou	439361	393267	6034	349538	88192
云 南	Yunnan	651657	566767	10145	516650	135008
西 藏	Tibet	35249	28160	2598	17717	16242
陕 西	Shaanxi	1049473	875195	39864	675255	361777
甘 肃	Gansu	324600	297319	2476	241154	83279
青 海	Qinghai	115964	108557	2256	80611	35353
宁 夏	Ningxia	196049	153222	2005	124070	71202
新 疆	Xinjiang	633955	604002	6722	499543	133790

五金、家具及室内装饰材料专门零售 单位：万元

Special Retail of Hardware, Furniture and Interior Decoration Materials Unit: 10 000 yuan

地 区	Region	资产总计 Total Assets	#流动资产合计 Total Current Assets	#固定资产净额 Net Value of Fixed Assets	负债合计 Total Liabilities	所有者权益合计 Total Owners' Equities
全 国	**National Total**	**13119833**	**8305570**	**1718018**	**9123099**	**3652639**
北 京	Beijing	972484	575043	41661	704295	268189
天 津	Tianjin	216926	104720	75504	193886	23040
河 北	Hebei	66736	48066	1229	33758	32937
山 西	Shanxi	171446	130506	12318	116570	32288
内蒙古	Inner Mongolia	33696	18209	83	11843	1407
辽 宁	Liaoning	148537	79168	49278	161603	-13066
吉 林	Jilin	51572	46472	2176	33507	15763
黑龙江	Heilongjiang	157128	72203	43419	139703	17425
上 海	Shanghai	1722112	1031027	230571	1340296	271129
江 苏	Jiangsu	1329501	973633	201584	1033517	287948
浙 江	Zhejiang	389351	274978	83446	331162	57806
安 徽	Anhui	317948	190543	69736	190257	127691
福 建	Fujian	908001	620822	79532	544322	325346
江 西	Jiangxi	494104	380205	28947	277835	162386
山 东	Shandong	538772	316577	91795	364121	173958
河 南	Henan	649909	403819	105873	385889	248394
湖 北	Hubei	615345	413366	84223	390741	220460
湖 南	Hunan	417333	285971	29674	200305	185523
广 东	Guangdong	999549	717249	90469	788339	209968
广 西	Guangxi	238192	124248	80840	179065	58352
海 南	Hainan	22069	13733	88	20025	2044
重 庆	Chongqing	337186	217579	53776	200728	128301
四 川	Sichuan	304395	164492	68449	196767	106004
贵 州	Guizhou	154179	83059	46386	131105	22592
云 南	Yunnan	132001	111239	4213	83134	48354
西 藏	Tibet	2177	2173	4	891	1286
陕 西	Shaanxi	714907	460746	81890	506078	186914
甘 肃	Gansu	26463	21472	657	16020	10443
青 海	Qinghai	33418	26849	2510	24578	8840
宁 夏	Ningxia	718	155			
新 疆	Xinjiang	953677	397245	57686	522759	430918

3-3-7 续表 8 Continued 8

货摊、无店铺及其他零售业 单位：万元

Stalls, Non-shop and Other Retails Unit: 10 000 yuan

地 区	Region	资产总计 Total Assets	#流动资产合计 Total Current Assets	#固定资产净额 Net Value of Fixed Assets	负债合计 Total Liabilities	所有者权益合计 Total Owners' Equities
全 国	**National Total**	**73917617**	**63192400**	**3205508**	**62009706**	**11573747**
北 京	Beijing	15684132	15079859	98036	16160528	-387853
天 津	Tianjin	1080496	1019720	19038	909414	170785
河 北	Hebei	1470534	1434940	19161	1432877	37582
山 西	Shanxi	522333	334206	101468	397780	124514
内 蒙 古	Inner Mongolia	65678	49866	7321	62078	3599
辽 宁	Liaoning	724804	570387	103577	581031	143773
吉 林	Jilin	90439	72291	8135	61078	29361
黑 龙 江	Heilongjiang	154391	131848	11877	105804	47755
上 海	Shanghai	9798001	8142006	234060	8466038	1331060
江 苏	Jiangsu	6027329	5092856	442575	4784484	1251955
浙 江	Zhejiang	6984513	6037075	291580	5747844	1214219
安 徽	Anhui	2562712	2193767	130435	1879974	679716
福 建	Fujian	4414025	3390500	289559	3242436	1126095
江 西	Jiangxi	1224755	948802	69244	841311	289195
山 东	Shandong	2466706	2071808	189568	1933940	494848
河 南	Henan	811471	498961	154249	444743	341609
湖 北	Hubei	1627179	1249547	104124	1220598	399333
湖 南	Hunan	1480717	987173	132582	649028	818230
广 东	Guangdong	10605206	8976582	255063	8485987	2121390
广 西	Guangxi	410222	282569	57592	231733	177731
海 南	Hainan	534005	530766	1068	445419	88587
重 庆	Chongqing	639994	494195	64230	457839	179336
四 川	Sichuan	2445879	2099182	204227	2105388	337547
贵 州	Guizhou	198259	166035	8517	131921	61398
云 南	Yunnan	116716	80367	12244	80284	36433
西 藏	Tibet	24642	21493	2273	16831	7811
陕 西	Shaanxi	1267443	982518	66891	853412	242107
甘 肃	Gansu	166281	103333	42084	77316	90315
青 海	Qinghai	26790	18509	5504	18129	7814
宁 夏	Ningxia	60703	35555	7852	40827	19876
新 疆	Xinjiang	231265	95686	71375	143635	87630

3-4-1 限额以上批发和零售业企业损益及分配

项　目	Item	营业收入 Business Revenue	营业成本 Business Cost
总　计	**Total**	**9908554845**	**9273362056**
一、批发业	**Wholesale Trade**	**8574858688**	**8120293661**
#国有控股	State-controlled Enterprises	2927257589	2793752717
(一)按登记注册类型分	**by Type of Registration**		
1.内资企业	**Domestic Funded Enterprises**	**7393035296**	**7065342484**
国有企业	State-owned Enterprises	378202066	328515794
集体企业	Collective-owned Enterprises	5965970	5651836
股份合作企业	Cooperative Enterprises	5124754	4933143
联营企业	Joint Ownership Enterprises	4972338	4916011
国有联营企业	State Joint Ownership Enterprises	4369136	4333135
集体联营企业	Collective Joint Ownership Enterprises	144574	140645
国有与集体联营企业	Joint State-collective Enterprises	173878	159691
其他联营企业	Other Joint Ownership Enterprises	284750	282541
有限责任公司	Limited Liability Corporations	3056282373	2944724246
国有独资公司	State Sole Funded Corporations	461221602	448799299
其他有限责任公司	Other Limited Liability Corporations	2595060771	2495924947
股份有限公司	Share-holding Corporations Ltd.	469456244	453194240
私营企业	Private Enterprises	3468414253	3319184751
私营独资企业	Private-funded Enterprises	27651500	26110230
私营合伙企业	Private Partnership Enterprises	3492454	3200486
私营有限责任公司	Private Limited Liability Corporations	3384846055	3242236452
私营股份有限公司	Private Share-holding Corporations Ltd.	52424245	47637582
其他企业	Other Enterprises	4617298	4222463
2.港、澳、台商投资企业	**Enterprises with Funds from Hongkong, Macao and Taiwan**	**405350422**	**359881802**
合资经营企业	Joint-venture Enterprises	50619427	47913039
合作经营企业	Cooperative Enterprises	3134625	2958300
独资经营企业	Enterprises with Sole Investment	329800868	290055934
投资股份有限公司	Share-holding Corporations Ltd. with Investment	18126329	15654426
其他港澳台商投资企业	Other Enterprises with Funds from Hongkong, Macao and Taiwan	3669173	3300103
3.外商投资企业	**Foreign Funded Enterprises**	**776472971**	**695069375**
中外合资经营企业	Joint-venture Enterprises	192674876	182040657
中外合作经营企业	Cooperative Enterprises	250610	195532
外资企业	Enterprises with Sole Foreign Investment	562465838	494649933
外商投资股份有限公司	Share-holding Corporations Ltd. with Foreign Investment	14426013	12106840
其他外商投资企业	Other Foreign Funded Enterprises	6655635	6076412

Income and Distribution of Enterprises above Designated Size of Wholesale and Retail Trades

单位：万元
Unit: 10 000 yuan

税金及附加 Taxes and Other Charges	其他业务利润 Profits from Other Business	销售费用 Selling Expenses	管理费用 Administrative Expenses
37005642	**23493006**	**292452764**	**138963380**
31959887	**12071511**	**184885498**	**98774091**
24429270	3190241	33482174	21224657
29727410	**7868062**	**123962645**	**70585045**
18769054	530667	5810076	7677601
12791	33315	145024	91939
4278	7337	84714	53902
5085	1197	18405	22520
4248	216	12064	14202
148		1571	578
521	981	4523	6829
168		248	911
6323587	3389039	41863532	19910387
1579172	516194	3991587	3167714
4744416	2872845	37871945	16742674
446765	691367	8151354	3605592
4157935	3213555	67783545	39158468
70477	15605	559479	334714
5810	1679	56807	61845
4000739	3000436	65352098	37676196
80909	195834	1815162	1085713
7914	1586	105996	64636
682853	**1286957**	**21883313**	**13524457**
79952	143190	1135331	924230
4442	1959	85664	32186
555084	1103562	19212735	12125163
35161	34891	1218362	381858
8214	3355	231221	61019
1549624	**2916491**	**39039539**	**14664588**
181663	316530	5844596	1134041
836	36	34332	13154
1326218	2433977	31187150	12986852
33378	162522	1589329	466796
7530	3426	384133	63746

项目	Item	财务费用 Financial Expenses	#利息支出 Interest Expense
总计	**Total**	**30408535**	**27426573**
一、批发业	**Wholesale Trade**	**23726666**	**23910546**
#国有控股	State-controlled Enterprises	8781913	10809211
(一)按登记注册类型分	**by Type of Registration**		
1.内资企业	**Domestic Funded Enterprises**	**23016633**	**21700009**
国有企业	State-owned Enterprises	-744347	808227
集体企业	Collective-owned Enterprises	49710	49579
股份合作企业	Cooperative Enterprises	16439	12440
联营企业	Joint Ownership Enterprises	29005	31673
国有联营企业	State Joint Ownership Enterprises	27494	31400
集体联营企业	Collective Joint Ownership Enterprises	1	
国有与集体联营企业	Joint State-collective Enterprises	1038	221
其他联营企业	Other Joint Ownership Enterprises	471	52
有限责任公司	Limited Liability Corporations	11288347	10762332
国有独资公司	State Sole Funded Corporations	2692096	3098266
其他有限责任公司	Other Limited Liability Corporations	8596251	7664066
股份有限公司	Share-holding Corporations Ltd.	2243738	2945888
私营企业	Private Enterprises	10126311	7087311
私营独资企业	Private-funded Enterprises	49953	23457
私营合伙企业	Private Partnership Enterprises	6199	3269
私营有限责任公司	Private Limited Liability Corporations	9707136	6761177
私营股份有限公司	Private Share-holding Corporations Ltd.	363023	299408
其他企业	Other Enterprises	7431	2560
2.港、澳、台商投资企业	**Enterprises with Funds from Hongkong, Macao and Taiwan**	**149306**	**889883**
合资经营企业	Joint-venture Enterprises	85964	151974
合作经营企业	Cooperative Enterprises	9367	18721
独资经营企业	Enterprises with Sole Investment	666	592906
投资股份有限公司	Share-holding Corporations Ltd. With Investment	42359	117401
其他港澳台商投资企业	Other Enterprises with Funds from Hongkong, Macao and Taiwan	10951	8880
3.外商投资企业	**Foreign Funded Enterprises**	**560727**	**1320655**
中外合资经营企业	Joint-venture Enterprises	131645	271222
中外合作经营企业	Cooperative Enterprises	1473	2400
外资企业	Enterprises with Sole Foreign Investment	311476	876109
外商投资股份有限公司	Share-holding Corporations Ltd. With Foreign Investment	112156	163645
其他外商投资企业	Other Foreign Funded Enterprises	3977	7279

单位：万元
Unit: 10 000 yuan

营业利润 Operating Profits	利润总额 Total Profits	应交所得税 Income Tax Payable	应付职工薪酬 Payables to Employees	应交增值税 VAT Payable
185523297	**193218627**	**38264112**	**139496340**	**72881566**
161972915	**168415065**	**32123112**	**90541662**	**57203196**
67661688	69687255	13324551	25469989	19260328
117032288	**122061431**	**22290442**	**64766981**	**46906784**
19678773	19855821	5056327	8012306	6745261
28198	40337	7569	72797	27361
16392	10472	4701	46436	15543
55344	57451	3980	22529	5631
50798	50242	3223	15998	3128
1597	1693	41	730	189
2588	5154	664	5513	2130
363	363	52	288	184
49429422	51804594	9609589	22787233	16361798
8068390	8588968	1065234	3305131	2399520
41361033	43215626	8544355	19482103	13962279
8543625	8621984	1075593	5054699	2297118
39118064	41507338	6527401	28673376	21443340
475441	509627	71804	232512	276592
141359	146409	4053	30904	35104
35919662	38212916	6179673	27314568	20665446
2581602	2638386	271870	1095391	466198
162470	163433	5283	97606	10733
14113260	**14809479**	**2879973**	**9568275**	**3790018**
1085197	1342362	277846	712215	517320
49768	50458	11950	41530	19770
11059676	11510372	2393722	8105566	3037526
1874748	1907107	177870	645962	162888
43868	-821	18585	63002	52514
30827367	**31544155**	**6952697**	**16206406**	**6506393**
3321771	3410178	854076	1500275	863917
3708	3967	2312	18229	4407
25470593	26108641	5934930	14045742	5424832
1888867	1865503	100945	574830	171844
142434	155866	60433	67331	41393

项　目	Item	营业收入 Business Revenue	营业成本 Business Cost
(二)按国民经济行业分	by Sector		
农、林、牧、渔产品批发	Wholesale of Agricultural, Forestry, Livestock and Fishery Products	229526044	221903546
食品、饮料及烟草制品批发	Wholesale of Food, Beverages and Tobaccos	656511124	548460180
#米、面制品及食用油批发	Wholesale of Rice, Flour and Edible Oil	112690807	105994174
肉、禽、蛋、奶及水产品批发	Wholesale of Meal, Fowls, Eggs, Milk and Aquatic Products	85183530	79244705
酒、饮料及茶叶批发	Wholesale of Wine, Beverages and Teas	120179634	90308490
烟草制品批发	Wholesale of Tobaccos	182616596	132036966
纺织、服装及家庭用品批发	Wholesale of Textiles, Wearing Apparel and Household Articles	620788427	555038922
#服装批发	Wholesale of Garments	100576571	85465923
鞋帽批发	Wholesale of Shoes and Hats	28170477	23114326
日用家电批发	Wholesale of Household Electrical Appliances	152085642	141937270
文化、体育用品及器材批发	Wholesale of Culture, Sports Appliances and Equipments	156645747	143088764
#文具用品批发	Wholesale of Stationeries	49380530	46721961
体育用品及器材批发	Wholesale of Sports Appliances and Equipments	18528784	16426220
图书批发	Wholesale of Books	11044626	8904150
医药及医疗器材批发	Wholesale of Medicines and Medical Appliances	388789855	336016483
#西药批发	Wholesale of Western Medicines	228632270	204164324
中药批发	Wholesale of Chinese Traditional Medicines	53613440	45914836
矿产品、建材及化工产品批发	Wholesale of Mineral Products, Building Materials and Chemical Products	5183338534	5068737948
#煤炭及制品批发	Wholesale of Coal and Related Products	645101341	625454349
石油及制品批发	Wholesale of Petroleum and Related Products	803043136	779259969
金属及金属矿批发	Wholesale of Metal Materials	2516731507	2485150319
建材批发	Wholesale of Building Materials	315154513	300640625
化肥批发	Wholesale of Chemical Fertilizer	64861487	62423087
农药批发	Wholesale of Pesticides	9649597	8660249
机械设备、五金产品及电子产品批发	Wholesale of Machinery, Hardware and Electronic Products	1116934639	1035957440
#汽车及零配件批发	Wholesale of Motor Vehicles and Their Parts	374191645	348888578
计算机、软件及辅助设备批发	Wholesale of Computer, Software and Assistant Appliances	138625133	129994188
通讯设备批发	Wholesale of Communication Equipments	120083238	114876344
贸易经纪与代理	Trade Broker and Agency	56215992	53394742
其他批发业	Other Wholesale not Classified Elsewhere	166108326	157695636

单位：万元
Unit: 10 000 yuan

税金及附加 Taxes and Other Charges	其他业务利润 Profits from Other Business	销售费用 Selling Expenses	管理费用 Administrative Expenses
239661	397117	2624181	2284438
22464715	2060807	30576213	17203763
135804	234969	3509886	1380639
95974	113210	3517062	1642582
530424	403684	11378842	2899768
21449427	429073	4284865	7554618
980294	1211204	37413421	18059841
200452	377471	7951503	4049486
56438	23193	1708321	2090389
138343	220385	6503366	5268966
308304	374630	5620488	3246900
52521	72503	1005407	657886
31184	62016	853386	568302
18590	62442	732544	671603
1004025	1389730	28160113	11256139
529575	764884	13031656	4805174
148954	264871	5272418	1314834
4230803	3307243	43037622	25500086
890997	468521	7062411	3525181
633383	952546	9860771	3825450
1518381	742124	8937874	7157154
480005	329841	5381343	3593870
59047	37335	993885	498430
12696	20724	513222	225797
1956368	3041720	32597874	18535131
877421	609075	12744797	3463178
146456	168216	2786251	1466661
169849	406848	2347604	1220380
48731	122950	799615	667975
726985	166110	4055971	2019818

项　目	Item	财务费用 Financial Expenses	#利息支出 Interest Expenses
(二)按国民经济行业分	by Sector		
农、林、牧、渔产品批发	Wholesale of Agricultural, Forestry, Livestock and Fishery Products	1685698	1600156
食品、饮料及烟草制品批发	Wholesale of Food, Beverages and Tobaccos	-101519	1673507
#米、面制品及食用油批发	Wholesale of Rice, Flour and Edible Oil	410054	633757
肉、禽、蛋、奶及水产品批发	Wholesale of Meal, Fowls, Eggs, Milk and Aquatic Products	305668	239400
酒、饮料及茶叶批发	Wholesale of Wine, Beverages and Teas	-7477	300620
烟草制品批发	Wholesale of Tobaccos	-1561557	9495
纺织、服装及家庭用品批发	Wholesale of Textiles, Wearing Apparel and Household Articles	1259703	1253398
#服装批发	Wholesale of Garments	258706	305632
鞋帽批发	Wholesale of Shoes and Hats	75267	35126
日用家电批发	Wholesale of Household Electrical Appliances	-19916	158717
文化、体育用品及器材批发	Wholesale of Culture, Sports Appliances and Equipments	340339	453813
#文具用品批发	Wholesale of Stationeries	134808	144766
体育用品及器材批发	Wholesale of Sports Appliances and Equipments	11146	15703
图书批发	Wholesale of Books	-60839	68731
医药及医疗器材批发	Wholesale of Medicines and Medical Appliances	1980782	2206635
#西药批发	Wholesale of Western Medicines	1362101	1531367
中药批发	Wholesale of Chinese Traditional Medicines	270138	242975
矿产品、建材及化工产品批发	Wholesale of Mineral Products, Building Materials and Chemical Products	15779624	13460016
#煤炭及制品批发	Wholesale of Coal and Related Products	2977878	1109056
石油及制品批发	Wholesale of Petroleum and Related Products	2221524	1837137
金属及金属矿批发	Wholesale of Metal Materials	6613391	6564075
建材批发	Wholesale of Building Materials	1742557	1597948
化肥批发	Wholesale of Chemical Fertilizer	344225	413293
农药批发	Wholesale of Pesticides	64449	62340
机械设备、五金产品及电子产品批发	Wholesale of Machinery, Hardware and Electronic Products	2213834	2494878
#汽车及零配件批发	Wholesale of Motor Vehicles and Their Parts	301459	670849
计算机、软件及辅助设备批发	Wholesale of Computer, Software and Assistant Appliances	126946	185758
通讯设备批发	Wholesale of Communication Equipments	403729	454834
贸易经纪与代理	Trade Broker and Agency	141015	329969
其他批发业	Other Wholesale not Classified Elsewhere	427190	438173

单位：万元
Unit: 10 000 yuan

营业利润 Operating Profits	利润总额 Total Profits	应交所得税 Income Tax Payable	应付职工薪酬 Payables to Employees	应交增值税 VAT Payable
2360110	2765399	347111	1761176	456077
41888628	42175025	10255123	18287917	11795959
1106614	1203170	331615	1489902	486648
391042	404919	164367	1541032	461964
16894015	16955053	3926640	3928362	3249752
20361035	20273492	5163943	7953621	6451375
11088983	11835655	2982235	12982166	5150185
2924489	3083988	703632	3405765	878358
1195251	1330062	328224	792285	433469
-1074421	-967048	219206	2276575	720035
5075182	5289889	754380	3461251	1064197
878573	899542	188732	582686	276798
1135152	1178445	163551	531196	195245
973178	972217	74171	701519	9096
12874516	13009819	2589632	11888311	6559698
6592235	6588526	1169819	5434775	3269404
1051134	1087267	233516	1574686	891420
54950553	57614388	8156529	20554817	18656324
14453721	14707525	1554326	2270802	3882806
7449868	7614808	1475141	4869141	3456869
14214359	15720189	2347581	5091295	5287196
6445067	6771954	756574	2658656	2080549
913992	968343	92049	492388	470465
256846	260391	43998	303847	17310
30688112	31450219	6319948	19241986	8262667
10622349	10828099	2360275	3472633	2624910
3567358	3649047	853352	2160843	844779
1339399	1456064	233340	1294578	485611
1472635	1520362	269366	560599	212106
1574198	2754309	448788	1803438	5045983

项　目	Item	营业收入 Business Revenue	营业成本 Business Cost
二、零售业	**Retail Trade**	**1333696157**	**1153068396**
#国有控股	State-controlled Enterprises	216360231	190884275
(一)按登记注册类型分	**by Type of Registration**		
1.内资企业	**Domestic Funded Enterprises**	**1058246581**	**927008042**
国有企业	State-owned Enterprises	16207791	14439778
集体企业	Collective-owned Enterprises	3678862	3199219
股份合作企业	Cooperative Enterprises	1305612	1122022
联营企业	Joint Ownership Enterprises	506993	439801
国有联营企业	State Joint Ownership Enterprises	213601	186324
集体联营企业	Collective Joint Ownership Enterprises	48927	41871
国有与集体联营企业	Joint State-collective Enterprises	139920	121490
其他联营企业	Other Joint Ownership Enterprises	104544	90117
有限责任公司	Limited Liability Corporations	363996381	319694909
国有独资公司	State Sole Funded Corporations	20549798	17862083
其他有限责任公司	Other Limited Liability Corporations	343446583	301832826
股份有限公司	Share-holding Corporations Ltd.	89645831	79832154
私营企业	Private Enterprises	582067335	507567769
私营独资企业	Private-funded Enterprises	15491683	13156861
私营合伙企业	Private Partnership Enterprises	1845267	1559903
私营有限责任公司	Private Limited Liability Corporations	549122752	480581359
私营股份有限公司	Private Share-holding Corporations Ltd.	15607633	12269645
其他企业	Other Enterprises	837777	712390
2.港、澳、台商投资企业	**Enterprises with Funds from Hongkong, Macao and Taiwan**	**111622761**	**87685488**
合资经营企业	Joint-venture Enterprises	17392730	14204681
合作经营企业	Cooperative Enterprises	846513	697228
独资经营企业	Enterprises with Sole Investment	87905906	68804511
投资股份有限公司	Share-holding Corporations Ltd. with Investment	4234051	3061348
其他港澳台商投资企业	Other Enterprises with Funds from Hongkong, Macao and Taiwan	1243562	917720
3.外商投资企业	**Foreign Funded Enterprises**	**163826815**	**138374866**
中外合资经营企业	Joint-venture Enterprises	34108604	28674984
中外合作经营企业	Cooperative Enterprises	911703	762823
外资企业	Enterprises with Sole Foreign Investment	115432888	97120710
外商投资股份有限公司	Share-holding Corporations Ltd. with Foreign Investment	12127886	10831612
其他外商投资企业	Other Foreign Funded Enterprises	1245734	984737

单位：万元
Unit: 10 000 yuan

税金及附加 Taxes and Other Charges	其他业务利润 Profits from Other Business	销售费用 Selling Expenses	管理费用 Administrative Expenses
5045755	**11421496**	**107567266**	**40189289**
877828	1837781	14224408	4610886
3895134	**8173904**	**75649228**	**31434210**
84403	75707	1014677	395368
15753	17340	167708	167563
11053	3791	70782	51990
1689	2401	25895	11112
908	1	10767	5278
130		2944	1019
398	443	6869	1414
253	1958	5316	3402
1359209	3412239	27502836	9289848
173203	139378	1123943	586110
1186006	3272861	26378894	8703739
343266	774874	6077556	1964218
2076930	3886994	40757789	19526738
106164	30888	681781	634917
14681	834	92614	80038
1888838	3588449	38025135	18236769
67247	266822	1958259	575014
2831	557	31985	27372
624848	**1619167**	**15550780**	**4126336**
115638	320867	2071974	584314
4123	7844	94624	18123
490706	1239356	12232919	3316202
10956	37052	889907	151580
3425	14047	261356	56118
525772	**1628424**	**16367258**	**4628744**
94077	456747	3584069	1008394
8646	22638	103655	27737
396568	1115148	11669583	3323689
20397	31087	805963	204250
6085	2805	203989	64674

项　目	Item	财务费用 Financial Expenses	#利息支出 Interest Expenses
二、零售业	**Retail Trade**	**6681869**	**3516027**
#国有控股	State-controlled Enterprises	840998	702828
(一)按登记注册类型分	**by Type of Registration**		
1.内资企业	**Domestic Funded Enterprises**	**5711176**	**2912089**
国有企业	State-owned Enterprises	53688	28129
集体企业	Collective-owned Enterprises	7829	3372
股份合作企业	Cooperative Enterprises	7062	4579
联营企业	Joint Ownership Enterprises	843	603
国有联营企业	State Joint Ownership Enterprises	580	467
集体联营企业	Collective Joint Ownership Enterprises	65	
国有与集体联营企业	Joint State-collective Enterprises	48	25
其他联营企业	Other Joint Ownership Enterprises	149	112
有限责任公司	Limited Liability Corporations	1844925	1111880
国有独资公司	State Sole Funded Corporations	52210	68003
其他有限责任公司	Other Limited Liability Corporations	1792715	1043877
股份有限公司	Share-holding Corporations Ltd.	418058	314408
私营企业	Private Enterprises	3372554	1448104
私营独资企业	Private-funded Enterprises	81419	25633
私营合伙企业	Private Partnership Enterprises	8762	2934
私营有限责任公司	Private Limited Liability Corporations	3164488	1345524
私营股份有限公司	Private Share-holding Corporations Ltd.	117886	74013
其他企业	Other Enterprises	6218	1014
2.港、澳、台商投资企业	**Enterprises with Funds from Hongkong, Macao and Taiwan**	**344285**	**191068**
合资经营企业	Joint-venture Enterprises	109629	80289
合作经营企业	Cooperative Enterprises	3344	383
独资经营企业	Enterprises with Sole Investment	216819	103100
投资股份有限公司	Share-holding Corporations Ltd. with Investment	11316	3346
其他港澳台商投资企业	Other Enterprises with Funds from Hongkong, Macao and Taiwan	3177	3950
3.外商投资企业	**Foreign Funded Enterprises**	**626409**	**412870**
中外合资经营企业	Joint-venture Enterprises	218387	155122
中外合作经营企业	Cooperative Enterprises	3782	724
外资企业	Enterprises with Sole Foreign Investment	355442	234939
外商投资股份有限公司	Share-holding Corporations Ltd. with Foreign Investment	49022	20360
其他外商投资企业	Other Foreign Funded Enterprises	-224	1724

单位：万元
Unit: 10 000 yuan

营业利润 Operating Profits	利润总额 Total Profits	应交所得税 Income Tax Payable	应付职工薪酬 Payables to Employees	应交增值税 VAT payable
23550384	**24803562**	**6141001**	**48954678**	**15678370**
5941301	6100701	1114811	8265041	2679597
15921684	**16916826**	**3604318**	**38529192**	**12095353**
237158	266656	42011	582348	178534
94390	98661	11671	123632	44819
34467	38534	6910	43390	13827
30027	30304	6573	16741	8553
10267	10452	2455	7262	2845
3031	3031	629	1063	842
10391	10455	2433	4380	2646
6338	6366	1055	4036	2221
5909565	6140415	1589269	13348997	4239027
914825	964158	99659	850134	150226
4994744	5176257	1489609	12498863	4088802
1371312	1495377	333009	3155407	1082946
8192460	8794665	1613211	21222811	6522750
710058	711181	58010	462523	179380
76777	76867	6769	50782	29812
6791476	7373699	1464746	19758545	6060516
614150	632918	83685	950961	253043
52310	52213	1664	35865	4897
3849919	**3950700**	**1385910**	**5587205**	**1437545**
478112	490969	180919	766336	256491
31985	31158	8648	42014	10837
3255835	3325262	1158415	4464089	1093396
81872	98760	27966	256730	64529
2114	4552	9962	58036	12292
3778785	**3936037**	**1150773**	**4838282**	**2145473**
760322	813742	231140	1293266	474525
10615	13212	9942	53193	13778
2844705	2947870	892647	3184029	1458829
170551	164203	15314	254418	171509
-7408	-2991	1730	53376	26833

项 目	Item	营业收入 Business Revenue	营业成本 Business Cost
(二)按国民经济行业分	**by Sector**		
综合零售	Integrated Retail	204234026	165972618
#百货零售	Retail of General Merchandise	94741712	75489483
超级市场零售	Retail of Supermarkets	98538273	81908127
食品、饮料及烟草制品专门零售	Special Retail of Food, Beverages and Tobaccos	47843550	38708602
#粮油零售	Retail of Cereal and Oil	4114504	3703231
肉、禽、蛋、奶及水产品零售	Retail of Meat, Poultry, Eggs, Milk and Aquatic Products	7463807	6341099
酒、饮料及茶叶零售	Retail of Wine, Beverages and Teas	13956021	11118629
烟草制品零售	Retail of Tobaccos	2127918	1772213
纺织、服装及日用品专门零售	Special Retail of Textiles, Garments and Daily Consumer Articles	69410838	44204008
#服装零售	Retail of Garments	39159829	24761500
文化、体育用品及器材专门零售	Special Retail of Culture, Sports Appliances and Equipments	35475395	27009444
#体育用品及器材零售	Retail of Sports Appliances and Equipments	1842687	1302469
图书、报刊零售	Retail of Books, Newspapers and Magazines	13917238	10365440
医药及医疗器材专门零售	Special Retail of Medicines and Medical Appliances	47977496	37542073
#西药零售	Retail of Western Medicines	43467625	34046511
汽车、摩托车、零配件和燃料及其他动力销售	Retail of Motor Vehicles, Motorcycles, Parts, Fuel and Other Powers	600763962	551998342
#汽车新车零售	Retail of New Motor Vehicles	414429457	382144738
机动车燃油零售	Retail of Fuel Oil of Motor Vehicles	169953501	155212421
家用电器及电子产品专门零售	Special Retail of Household Electric Appliances and Electronic Products	80465545	72781436
#日用家电零售	Retail of Household Electric Appliances	32332437	29742883
计算机、软件及辅助设备零售	Retail of Computer, Software and Assistant Appliances	19675710	17549190
通信设备零售	Retail of Communication Equipments	15524721	14039823
五金、家具及室内装饰材料专门零售	Special Retail of Hardware, Furniture and Interior Decoration Materials	19684632	15914310
货摊、无店铺及其他零售业	Stalls, Non-shop and Other Retails	227840713	198937562
#互联网零售	Retail on the Internet	216681719	189831168
(三)按零售业态分	**by Mode of Business Operation**		
有店铺零售	Store-based Retailing	1097080008	946884889
#超市	Supermarket	41583536	34985081
大型超市	Hypermarket	87006283	71348984
百货店	Department Store	84767684	65627143
专业店	Speciality Store	406113229	358527256
专卖店	Exclusive Shop	452020727	395137434
无店铺零售	Non-Store Selling	325779646	278815849

单位：万元

Unit: 10 000 yuan

税金及附加 Taxes and Other Charges	其他业务利润 Profits from Other Business	销售费用 Selling Expenses	管理费用 Administrative Expenses
1347039	5659112	23211040	9542408
1018652	2616638	8805995	5422320
286502	2765231	12710796	3399002
193226	154772	4589089	2133339
11735	10454	173453	154312
20884	32637	610929	302470
78088	26317	946946	511050
11549	10675	161600	114940
415174	384587	15626396	4267907
211067	256155	8638364	2751245
351133	423960	4094515	2286346
8131	5235	389298	128149
52954	240663	1488631	1147827
159273	325450	7092012	2234788
142720	303845	6501187	1974730
1782036	3259485	23963677	11529848
1358720	2877687	14977682	8925007
375094	340124	8219708	2140193
209411	300660	4571897	2128591
65182	141437	2082642	847557
75086	16945	825201	452762
26369	103288	921886	410610
129539	59924	1614586	1133273
458923	853547	22804054	4932790
412033	745203	21848932	4373454
4580966	10588453	83494291	34738528
160772	724320	4197451	1862442
286027	2863732	11750594	3097843
921339	2270984	9209201	4779173
1308215	1963567	25719922	11185141
1784779	2817858	30180715	12429154
893342	1807164	34389020	8379598

项　目	Item	财务费用 Financial Expenses	#利息支出 Interest Expenses
(二)按国民经济行业分	**by Sector**		
综合零售	Integrated Retail	1986164	1020597
#百货零售	Retail of General Merchandise	1107021	704014
超级市场零售	Retail of Supermarkets	811701	284975
食品、饮料及烟草制品专门零售	Special Retail of Food, Beverages and Tobaccos	232207	130419
#粮油零售	Retail of Cereal and Oil	27536	15341
肉、禽、蛋、奶及水产品零售	Retail of Meat, Poultry, Eggs, Milk and Aquatic Products	31253	18621
酒、饮料及茶叶零售	Retail of Wine, Beverages and Teas	90157	44894
烟草制品零售	Retail of Tobaccos	-6439	3090
纺织、服装及日用品专门零售	Special Retail of Textiles, Garments and Daily Consumer Articles	338370	166853
#服装零售	Retail of Garments	210735	118253
文化、体育用品及器材专门零售	Special Retail of Culture, Sports Appliances and Equipments	126597	88030
#体育用品及器材零售	Retail of Sports Appliances and Equipments	18430	4236
图书、报刊零售	Retail of Books, Newspapers and Magazines	-31582	21092
医药及医疗器材专门零售	Special Retail of Medicines and Medical Appliances	284588	146163
#西药零售	Retail of Western Medicines	253013	121924
汽车、摩托车、零配件和燃料及其他动力销售	Retail of Motor Vehicles, Motorcycles, Parts, Fuel and Other Powers	2888048	1555491
#汽车新车零售	Retail of New Motor Vehicles	2166129	1152475
机动车燃油零售	Retail of Fuel Oil of Motor Vehicles	649944	369333
家用电器及电子产品专门零售	Special Retail of Household Electric Appliances and Electronic Products	359217	152293
#日用家电零售	Retail of Household Electric Appliances	165303	79052
计算机、软件及辅助设备零售	Retail of Computer, Software and Assistant Appliances	22721	25493
通信设备零售	Retail of Communication Equipments	57130	23898
五金、家具及室内装饰材料专门零售	Special Retail of Hardware, Furniture and Interior Decoration Materials	163942	86326
货摊、无店铺及其他零售业	Stalls, Non-shop and Other Retails	302737	169855
#互联网零售	Retail on the Internet	257324	143492
(三)按零售业态分	**by Mode of Business Operation**		
有店铺零售	Store-based Retailing	6290484	3309791
#超市	Supermarket	252803	101973
大型超市	Hypermarket	796374	311976
百货店	Department Store	902788	592489
专业店	Speciality Store	1929766	1034600
专卖店	Exclusive Shop	2153196	1128638
无店铺零售	Non-Store Selling	759103	424065

单位：万元
Unit: 10 000 yuan

营业利润 Operating Profits	利润总额 Total Profits	应交所得税 Income Tax Payable	应付职工薪酬 Payables to Employees	应交增值税 VAT payable
3496139	3782984	1075562	12263373	2321309
4276616	4363831	893795	4909146	1294493
-650809	-456538	153738	6712874	893135
2765698	2717641	381150	2375442	700085
36141	83294	8429	140580	31035
170029	196226	17222	363893	64371
1655905	1665910	221869	442815	274206
134077	150231	22511	146220	33021
4953989	5104037	1393848	4984252	1519680
2624427	2727758	785296	3080674	817380
1809878	1853601	209623	2605004	421712
-14645	-8715	-1511	122087	46519
1093159	1091751	42178	1488878	71626
735925	814136	203675	4322001	835726
610828	682512	181424	3939690	746402
8863741	9226887	2101391	14724089	6491703
5560580	5862812	1469508	10712992	4260753
2942423	2990827	583153	3524276	2071672
257380	318150	208644	2480014	739162
-548897	-534818	20463	907138	204003
689415	702104	144861	600109	284572
46516	57749	15540	546478	115275
607025	617090	66689	899540	315800
60616	369036	500419	4300964	2333194
-360227	-72169	428114	3744843	2177989
23727015	24625249	5637354	44228373	13209257
197341	286257	58871	2494408	382009
-334294	-189847	230916	6005486	880029
4519210	4586888	939104	4485067	1367007
7603328	7673117	1471704	14967233	4891931
11580832	12099207	2837647	15378291	5345922
2310131	2729744	1101081	8876764	3603827

3-4-2 各地区限额以上批发业企业损益及分配

地 区	Region	营业收入 Business Revenue	营业成本 Business Cost	税金及附加 Taxes and Other Charges	其他业务利润 Profits from Other Business	销售费用 Selling Expenses	管理费用 Administrative Expenses
全 国	**National Total**	**8574858688**	**8120293661**	**31959887**	**12071511**	**184885498**	**98774091**
北 京	Beijing	667127481	623193492	1202008	2941235	17691696	13654313
天 津	Tianjin	369773884	358005596	905727	244432	5549649	2366971
河 北	Hebei	128531599	122359546	989556	74985	1822275	1160412
山 西	Shanxi	168640015	161698039	827328	211243	2465433	1579194
内蒙古	Inner Mongolia	54400283	51097637	493700	145867	1213721	699311
辽 宁	Liaoning	175584151	169396046	734057	126673	2082593	1275800
吉 林	Jilin	33466009	37509808	357257	80250	1063059	478296
黑龙江	Heilongjiang	59008995	55828791	451408	48750	1685796	644248
上 海	Shanghai	1320743316	1231435882	1775809	1844432	42750690	18339192
江 苏	Jiangsu	829126607	787989426	2303486	720671	14856311	9565039
浙 江	Zhejiang	973481075	936065336	2243744	927611	15616453	8030508
安 徽	Anhui	133679158	124693626	1123842	173211	4749046	1489991
福 建	Fujian	482179886	462875034	1226640	450307	6911833	3606411
江 西	Jiangxi	73822372	67224405	795215	169572	2878809	1313719
山 东	Shandong	538231769	518195172	1725422	506152	8817447	4598063
河 南	Henan	139526588	129858200	1521380	174448	2905045	1969229
湖 北	Hubei	135091753	124849678	1124541	290121	3642792	1906303
湖 南	Hunan	81279507	73147476	1402154	181776	2555549	1393609
广 东	Guangdong	1123691238	1065081361	3203910	1506888	25400970	14622400
广 西	Guangxi	124035216	119218321	850553	105420	1621483	1064410
海 南	Hainan	100938125	96912561	353141	62724	1116807	616211
重 庆	Chongqing	132741265	122919401	1193117	247418	3025152	1353625
四 川	Sichuan	167035396	154066306	1437977	248106	4290415	2008566
贵 州	Guizhou	60106867	47012637	864630	81966	1986835	1034171
云 南	Yunnan	106107593	99155288	915820	149272	1947675	1000544
西 藏	Tibet	6938154	5682661	124501	3793	739873	148313
陕 西	Shaanxi	163678316	157333206	777373	152590	2457531	1144481
甘 肃	Gansu	74490084	72049465	399812	50228	891622	493960
青 海	Qinghai	19208058	18472448	105720	10668	307606	130812
宁 夏	Ningxia	12851203	12172146	112807	9906	257608	131605
新 疆	Xinjiang	119342726	114794670	417252	130796	1583726	954383

Income and Distribution of Enterprises above Designated Size of Wholesale Trade by Region

单位：万元
Unit: 10 000 yuan

财务费用 Financial Expenses	#利息支出 Interest Expenses	营业利润 Operating Profits	利润总额 Total Profits	应交所得税 Income Tax Payable	应付职工薪酬 Payables to Employees	应交增值税 VAT Payable
23726666	**23910546**	**161972915**	**168415065**	**32123112**	**90541662**	**57203196**
2166018	4379845	22510384	22659716	3310938	11881124	4494669
784325	653111	2761296	3093093	730277	2666039	1997615
504691	502599	1600936	1661782	371323	1003184	1085346
579630	-1312973	2061709	2053072	420825	1051554	915970
348333	297973	1661417	1708397	195875	598759	485437
1022307	472595	1462467	1370531	404777	996805	695655
188228	200764	280522	410766	113437	411265	327394
188237	339951	621203	672713	176702	672808	454743
1668126	1991197	30925763	31976950	6967554	17130819	6637343
2367067	1738960	11158015	11786226	2882347	7171027	5256799
2729974	3113250	14416526	15179678	2805400	7479953	5175821
246165	333916	2203785	2470853	511536	1561388	1508658
1484305	1585003	7891884	8204815	1235964	2748739	2322243
216627	226580	1987195	2080021	378959	941679	1074574
1970610	1407676	4710525	6026946	1034007	3943308	3194621
535504	451248	2641987	2791876	573110	1650467	1441995
380562	500164	3526642	3497806	706137	2010464	1427859
285898	266494	2476586	2589272	468405	1319039	1013696
2834152	3128722	17448864	17853256	3069351	14987953	6505282
431546	554135	1162887	1265187	292632	909652	1616170
83821	118229	2332456	2543173	352449	498590	1040612
300007	312671	3850674	3951529	586375	1448388	1162971
567189	637295	4383541	4469163	873571	2197823	1730087
30552	171252	9412934	9453112	2244355	1136905	1691566
339949	512383	3331317	3375738	693699	1139044	1333798
3544	11715	264296	285172	29805	137589	150694
379821	374083	2077826	2073559	333904	1044906	943407
251042	239625	792975	799778	95839	538325	548200
167208	38091	81494	71119	20955	167796	118176
17053	22200	180283	179584	28297	148189	173328
654175	641792	1754526	1860181	214306	948084	678467

国有控股

State-controlled Enterprises

地 区	Region	营业收入 Business Revenue	营业成本 Business Cost	税金及附加 Taxes and Other Charges	其他业务利润 Profits from Other Business	销售费用 Selling Expenses	管理费用 Administrative Expenses
全 国	**National Total**	**2927257589**	**2793752717**	**24429270**	**3190241**	**33482174**	**21224657**
北 京	Beijing	332101207	320821433	698813	1084549	4009712	3106453
天 津	Tianjin	110832530	108876840	295461	33770	509653	411675
河 北	Hebei	46480037	43654948	893885	21585	380365	451017
山 西	Shanxi	93884248	90219589	672120	126620	742640	913148
内蒙古	Inner Mongolia	28823265	27344775	438035	7730	265321	305002
辽 宁	Liaoning	95142732	92413393	640851	21296	616345	412124
吉 林	Jilin	21261766	20031441	332666	21317	511475	186668
黑龙江	Heilongjiang	31697212	30246531	415997	26781	535869	357989
上 海	Shanghai	384642649	374406911	725782	246938	4507701	1487631
江 苏	Jiangsu	151091541	141764578	1585983	112257	1816715	1074199
浙 江	Zhejiang	204784817	197007461	1655196	114392	1371654	1167595
安 徽	Anhui	56743699	53048543	928835	40724	1204613	492166
福 建	Fujian	180504766	175773588	853324	131699	1049853	649022
江 西	Jiangxi	31127789	28661714	680051	130649	438639	412711
山 东	Shandong	131167959	125463928	1296852	140653	1583101	1197039
河 南	Henan	48643167	44519796	1293809	52247	668581	851133
湖 北	Hubei	61084595	57765077	929272	106195	757214	659384
湖 南	Hunan	32966841	29159125	1165498	139541	609500	575640
广 东	Guangdong	294303507	279779316	2239223	121511	4879898	1748040
广 西	Guangxi	59289779	56808050	740398	47080	485704	470044
海 南	Hainan	47284649	46097305	255993	7429	190473	257606
重 庆	Chongqing	37723639	34668950	1030434	48852	639547	539408
四 川	Sichuan	77367077	70996332	1241959	83589	1144247	753306
贵 州	Guizhou	38252517	27756994	815061	21065	987269	667515
云 南	Yunnan	75373535	70359497	875470	95067	987822	619176
西 藏	Tibet	1242761	897192	109559	1092	121440	64682
陕 西	Shaanxi	95352074	92181059	680976	105690	998159	493321
甘 肃	Gansu	60077331	58491996	378178	38134	422021	294256
青 海	Qinghai	14073659	13528048	100189	1532	187946	81809
宁 夏	Ningxia	6474768	6085508	97596	4308	118521	74589
新 疆	Xinjiang	77461470	74922797	361802	55948	740178	450310

单位：万元
Unit: 10 000 yuan

财务费用 Financial Expenses	#利息支出 Interest Expenses	营业利润 Operating Profits	利润总额 Total Profits	应交所得税 Income Tax Payable	应付职工薪酬 Payables to Employees	应交增值税 VAT Payable
8781913	**10809211**	**67661688**	**69687255**	**13324551**	**25469989**	**19260328**
1871296	3141626	12178113	12131683	1275310	3710707	1582746
227103	260476	775298	853948	181041	519666	328378
303349	372917	711165	720942	194907	491341	500066
353026	-1490180	1326043	1323870	304232	692016	484558
49216	64088	378655	418745	136813	344028	280953
629869	302846	706857	711843	220348	512353	313394
97604	132802	138649	257161	75562	236372	176284
84660	275195	345822	355544	107464	422559	236980
538322	816403	6128623	6198681	884915	1749015	1067844
634188	793514	3983917	4128740	1003990	1224237	1090333
361331	625878	4702506	4812128	916467	1329605	1051030
45476	224419	1409398	1475000	316101	643288	529351
532692	877979	3296119	3345794	561683	788657	638827
86832	129625	915822	921821	207952	473909	455047
600056	575435	1573612	2642320	477609	1352546	970969
157421	232466	1134979	1160510	312287	754190	515612
67106	230707	1168717	1182538	330511	813641	507254
90617	136379	1441316	1480007	299057	594748	407129
440883	803899	5992836	6072923	1338793	3155231	1836607
232041	355648	798459	844583	208546	447286	946374
30991	61849	878693	892464	102111	212159	139286
91603	185625	785272	781344	167340	634817	384768
188451	301189	2243921	2269202	558350	945810	826889
-38324	122990	8577176	8582768	2071458	792838	1354810
248585	450630	2746709	2768435	614943	820093	974779
-8464	227	70972	71302	6227	76324	40165
209517	232404	1296388	1269048	197757	573501	586673
165788	188080	703317	698591	76780	364960	452156
151765	28051	55683	39621	14495	128395	71040
-3520	6161	127157	125082	20735	107845	130413
342434	369882	1069494	1150620	140767	557853	379613

3-4-3 各地区限额以上批发业企业损益及分配(按登记注册类型分)

内资企业

Domestic Funded Enterprises

地　区	Region	营业收入 Business Revenue	营业成本 Business Cost	税金及附加 Taxes and Other Charges	其他业务利　润 Profits from Other Business	销售费用 Selling Expenses	管理费用 Administr-ative Expenses
全　国	**National Total**	**7393035296**	**7065342484**	**29727410**	**7868062**	**123962645**	**70585045**
北　京	Beijing	453705915	432406023	848195	1484871	8448033	6135450
天　津	Tianjin	311327086	303685142	527245	139545	3185330	1794903
河　北	Hebei	125007073	119005107	984344	62829	1731127	1126222
山　西	Shanxi	168034183	161025175	826476	211145	2448801	1573868
内 蒙 古	Inner Mongolia	53588182	50324187	492419	145412	1187203	696534
辽　宁	Liaoning	172731723	166973617	727722	83635	1880026	1170358
吉　林	Jilin	32867123	36965942	355380	80126	1011648	470809
黑 龙 江	Heilongjiang	54261441	51575499	444126	48750	1133455	626998
上　海	Shanghai	858808873	832932397	996337	679663	11163382	6457651
江　苏	Jiangsu	745189948	714237725	2116777	581229	11259545	6686973
浙　江	Zhejiang	889181431	856491066	2170386	709057	12883147	7148941
安　徽	Anhui	119675263	111776412	1098661	170205	3858693	1331013
福　建	Fujian	454860242	438100875	1186638	249209	5793488	3175446
江　西	Jiangxi	72122938	65675972	793486	165776	2804885	1288268
山　东	Shandong	510719543	491570518	1694674	491098	8414769	4356775
河　南	Henan	138441066	128953091	1518579	174324	2848840	1945379
湖　北	Hubei	109142552	100726013	1091166	204061	2607367	1618245
湖　南	Hunan	79172453	71549845	1394268	181776	2181509	1365435
广　东	Guangdong	1007056634	959477078	2986406	832887	20074017	11880612
广　西	Guangxi	117452634	112938838	843880	93199	1458619	1006083
海　南	Hainan	88460192	84696664	321709	28914	1055234	555381
重　庆	Chongqing	124892137	115636350	1177091	240435	2764817	1289701
四　川	Sichuan	160980994	148457854	1429402	227040	4069953	1953020
贵　州	Guizhou	58899029	45974375	862636	81217	1893801	1017873
云　南	Yunnan	105029753	98201790	913955	147642	1876830	986794
西　藏	Tibet	6599026	5516841	121907	1514	617069	146146
陕　西	Shaanxi	149622564	143583503	769675	150337	2316145	1089875
甘　肃	Gansu	74291827	71889589	399272	50618	855987	485498
青　海	Qinghai	18954759	18236299	105410	10668	302318	128849
宁　夏	Ningxia	12851203	12172146	112807	9906	257608	131605
新　疆	Xinjiang	119107510	114586555	416380	130977	1579001	944342

Income and Distribution of Enterprises above Designated Size of Wholesale Trade by Region and Type of Registration

单位：万元
Unit: 10 000 yuan

财务费用 Financial Expenses	#利息支出 Interest Expenses	营业利润 Operating Profits	利润总额 Total Profits	应交所得税 Income Tax Payable	应付职工薪酬 Payables to Employees	应交增值税 VAT Payable
23016633	**21700009**	**117032288**	**122061431**	**22290442**	**64766981**	**46906784**
2394470	3720074	12549289	12498987	1613097	6505659	2483212
700145	607155	1899405	2166148	513112	1573822	1523783
499825	496598	1474828	1534751	368835	966934	1064711
579797	-1312981	2178648	2170069	419371	1044655	912664
347249	296281	1654224	1701402	193839	596623	483062
986656	465036	1161023	1268287	371267	915292	647617
188260	200293	337872	467606	111965	401889	324831
192498	339854	701327	745884	175744	578845	425196
1408669	1392036	9771079	10148066	1697172	5312490	2461196
2187285	1622134	7965768	8431870	2088267	5607761	4460526
2557174	2874333	12613605	13300906	2487517	6510884	4625458
308697	329662	2133903	2376927	492783	1343539	1391143
1466220	1534458	7019146	7311377	978422	2408922	2130171
210251	223948	1937544	2031673	375142	908894	1058502
1887976	1343858	4241615	5553582	961225	3743552	3093548
533029	448292	2544006	2694459	556820	1601889	1420198
353172	440817	3108351	3080861	568165	1705644	1303457
285290	264721	2391499	2502041	445713	1264615	957728
2782788	2849899	12700480	12854586	2286858	11915078	5447558
414383	542990	1062648	1171932	271409	832374	1575059
83346	114359	2179793	2275896	309217	477848	788651
297326	307367	3583009	3668847	538587	1320151	1101423
542832	613770	4243718	4328916	858573	2124449	1659526
23240	154529	9361767	9401385	2233704	1111303	1678733
337546	509298	3279932	3324602	688610	1114112	1328392
4954	11709	214790	230838	24962	135193	134633
347447	373437	1971738	1966343	306939	980428	915271
250234	239033	799998	807250	94066	517181	544455
169465	38070	70728	60352	19623	159144	117636
17053	22200	180283	179584	28297	148189	173328
659358	636776	1700272	1806002	211140	939620	675118

国有企业

State-owned Enterprises

地 区	Region	营业收入 Business Revenue	营业成本 Business Cost	税金及附加 Taxes and Other Charges	其他业务利润 Profits from Other Business	销售费用 Selling Expenses	管理费用 Administrative Expenses
全 国	**National Total**	**378202066**	**328515794**	**18769054**	**530667**	**5810076**	**7677601**
北 京	Beijing	6389379	5533270	335167	1648	92757	96544
天 津	Tianjin	5584205	5173934	152887	1195	26434	78738
河 北	Hebei	8514047	6601088	867539	2541	134525	305740
山 西	Shanxi	4689561	3595572	503059	739	56364	164894
内 蒙 古	Inner Mongolia	2933327	2174253	390726	1848	59418	162773
辽 宁	Liaoning	9438940	8019880	595003	4556	177921	224112
吉 林	Jilin	2783792	2123663	307394	969	83498	90526
黑 龙 江	Heilongjiang	8657557	7568763	392656	8648	166952	233029
上 海	Shanghai	47232547	46332822	29092	35769	416736	159787
江 苏	Jiangsu	23535268	19734274	1463023	33779	249087	425985
浙 江	Zhejiang	14704651	10991579	1529240	7841	196520	347591
安 徽	Anhui	9678682	7751430	857037	2620	131856	273279
福 建	Fujian	6528152	4897124	737825	3826	133002	274145
江 西	Jiangxi	7096964	5485632	651160	102020	108695	277459
山 东	Shandong	21360295	20358326	318968	8593	132337	203234
河 南	Henan	12123192	9209881	1247338	19607	346995	666366
湖 北	Hubei	12599019	10308641	888879	84611	255641	405575
湖 南	Hunan	10726747	7760431	1125931	4014	242544	407070
广 东	Guangdong	29054932	27478050	446198	23749	362974	300467
广 西	Guangxi	5269966	3855046	634977	3276	110689	228586
海 南	Hainan	19889084	19168065	230491	3583	32437	112728
重 庆	Chongqing	11142971	9032843	990595	7204	233157	364300
四 川	Sichuan	11999601	9123254	1146183	19307	253449	427313
贵 州	Guizhou	8653339	6113006	681211	11496	484677	453676
云 南	Yunnan	17279267	13627564	828523	11712	616930	356196
西 藏	Tibet	1059264	739702	101156	1044	116108	55906
陕 西	Shaanxi	36085624	34429855	608675	94046	291577	250728
甘 肃	Gansu	10296503	9423768	328587	19302	150119	129754
青 海	Qinghai	1303702	1085238	88907	219	18609	46057
宁 夏	Ningxia	1811750	1582693	91686	820	17550	49138
新 疆	Xinjiang	9779737	9236151	198944	10085	110520	105904

单位：万元
Unit: 10 000 yuan

财务费用 Financial Expenses	#利息支出 Interest Expenses	营业利润 Operating Profits	利润总额 Total Profits	应交所得税 Income Tax Payable	应付职工薪酬 Payables to Employees	应交增值税 VAT Payable
-744347	**808227**	**19678773**	**19855821**	**5056327**	**8012306**	**6745261**
-70995	58	471245	470032	103170	130587	99900
-9446	17222	171478	167759	44697	83831	49765
-28832	8090	669335	670200	173125	323218	367343
-31778	4815	403152	401984	102947	151159	126159
-29942	958	258832	263134	74665	160955	110923
-48476	7003	527097	527670	141621	224020	168148
-10800	3845	193061	192342	49811	104907	98352
66	30430	314595	318294	73451	227309	126991
100995	97639	333282	336654	45099	162187	69951
-37739	101846	1657548	1722050	433945	366561	546942
-124544	10790	1746708	1748903	463264	401944	469317
-55991	29393	791932	794240	196449	251847	257418
-17092	1163	703275	696091	181407	250431	222459
-34482	6650	611046	617983	162403	224192	285687
48259	53930	209104	226288	74538	179130	154410
-42813	40058	729857	731033	235657	538745	364991
-64381	53863	833134	835855	233162	471268	289860
-32494	4155	1223309	1219708	261390	395738	311844
16152	76626	682248	728228	163712	459350	221747
-15906	9356	473925	476712	125157	178395	218761
-19688	7890	412269	418434	84774	103972	75514
-37043	16805	430178	424873	123518	406351	273046
-67078	12134	1237734	1238729	324485	490666	354125
-38440	6083	1289797	1288551	324424	553833	340620
-136022	29361	2126858	2139569	545599	523715	486156
-9403	32	58518	58568	5328	70912	38014
50452	113045	485985	493694	139864	249244	207669
2104	17328	298329	300370	60711	118604	253370
-17356	520	94324	93503	16334	38499	30216
-9758	923	116553	117088	19933	47942	67024
28122	46218	124065	137281	71686	122795	58542

3-4-3 续表 2

集体企业

Collective-owned Enterprises

地 区	Region	营业收入 Business Revenue	营业成本 Business Cost	税金及附加 Taxes and Other Charges	其他业务利润 Profits from Other Business	销售费用 Selling Expenses	管理费用 Administrative Expenses
全 国	**National Total**	**5965970**	**5651836**	**12791**	**33315**	**145024**	**91939**
北 京	Beijing	612166	580166	1618	20298	5423	12462
天 津	Tianjin	80165	79203	42	229	412	548
河 北	Hebei	25847	22037	283		454	1573
山 西	Shanxi	945150	841342	2098	1761	85897	12078
内蒙古	Inner Mongolia						
辽 宁	Liaoning	84938	82800	73		447	3050
吉 林	Jilin						
黑龙江	Heilongjiang	25086	22410	44		1103	953
上 海	Shanghai	44094	40215	114	659	1734	1990
江 苏	Jiangsu	719579	680569	1366	748	10302	8564
浙 江	Zhejiang	65377	60385	206	310	1911	1832
安 徽	Anhui	6587	5773	17		367	230
福 建	Fujian	267364	234973	1245	678	8001	6651
江 西	Jiangxi	39147	34871	516		1050	1259
山 东	Shandong	140618	130919	276	119	1509	12310
河 南	Henan	1707329	1693149	1334		6364	4413
湖 北	Hubei	48197	42999	76		2228	1284
湖 南	Hunan	99294	95849	1077	-5	742	1184
广 东	Guangdong	257671	239891	481	652	5633	9095
广 西	Guangxi	45893	42482	345		750	931
海 南	Hainan						
重 庆	Chongqing	35138	32550	48		1207	928
四 川	Sichuan	340228	328666	634	2262	3368	3803
贵 州	Guizhou	29974	26822	46		1370	1386
云 南	Yunnan	104132	102195	126	86	892	421
西 藏	Tibet						
陕 西	Shaanxi	64107	58454	129	148	1862	2294
甘 肃	Gansu	10773	10147	23		376	203
青 海	Qinghai	2516	1986	11		291	595
宁 夏	Ningxia						
新 疆	Xinjiang	164601	160983	565	5370	1331	1903

3-4-3 Continued 2

单位：万元
Unit: 10 000 yuan

财务费用 Financial Expenses	#利息支出 Interest Expenses	营业利润 Operating Profits	利润总额 Total Profits	应交所得税 Income Tax Payable	应付职工薪酬 Payables to Employees	应交增值税 VAT Payable
49710	**49579**	**28198**	**40337**	**7569**	**72797**	**27361**
16634	15576	-127	7944	328	10171	729
12	16	123	129	5	468	105
8420	8238	-6536	-6308	8	386	61
3152	2155	670	489	60	6698	6418
-3199	3471	1720	1720	13	266	90
426	53	466	1291	2	190	-2
190		1698	1682	440	1613	506
10231	12456	12395	13140	1865	3167	2864
69	152	1048	1261	261	1779	288
1		198	198	20	90	73
402	308	5779	5048	115	3147	1397
62	43	1006	1006	169	450	356
5445	13	-9817	-8470	35	9978	2172
340	74	11070	7331	2357	4664	2754
	15	1610	2263	453	1774	2242
83	65	541	554	33	721	15
799	1294	2054	4976	901	8453	2495
21		1129	1149	93	797	178
21		384	390	38	1460	253
4399	4195	3006	2987	212	3986	1251
812	494	-460	64	33	796	392
181	151	470	476	25	347	69
256	91	44	401	84	1584	239
126	64	172	203		121	9
13		-380	19	1	202	11
814	656	-65	394	20	9485	2397

股份合作企业

Cooperative Enterprises

地　区	Region	营业收入 Business Revenue	营业成本 Business Cost	税金及附加 Taxes and Other Charges	其他业务利　润 Profits from Other Business	销售费用 Selling Expenses	管理费用 Administr-ative Expenses
全　国	**National Total**	**5124754**	**4933143**	**4278**	**7337**	**84714**	**53902**
北　京	Beijing	436284	404373	523	3451	14596	14722
天　津	Tianjin	539015	522081	402	303	3050	2160
河　北	Hebei	9828	9134	14		162	455
山　西	Shanxi	20620	17334	60		2635	242
内蒙古	Inner Mongolia						
辽　宁	Liaoning	22893	20870	39		823	751
吉　林	Jilin	7353	7075	42		20	387
黑龙江	Heilongjiang	40785	39536	26		856	271
上　海	Shanghai	93939	91628	21		549	886
江　苏	Jiangsu	2127290	2097407	532	817	18760	3905
浙　江	Zhejiang	227385	212888	285	561	5689	4356
安　徽	Anhui	58757	55167	82	271	676	370
福　建	Fujian						
江　西	Jiangxi	23280	21735	12		674	549
山　东	Shandong	181525	173807	184	652	476	3284
河　南	Henan	2243	1863	2		150	313
湖　北	Hubei	13715	9283	26		144	111
湖　南	Hunan	5281	3529	262		141	149
广　东	Guangdong	246983	226075	746	-793	10363	10627
广　西	Guangxi	291354	270916	260	1925	11499	2888
海　南	Hainan	113624	112957	36		9	4
重　庆	Chongqing	520723	507166	427	141	9018	1614
四　川	Sichuan	33881	28701	94	10	2561	1053
贵　州	Guizhou						
云　南	Yunnan	2755	2390	18		140	262
西　藏	Tibet						
陕　西	Shaanxi	69696	64874	161		406	3628
甘　肃	Gansu	32495	29416	26		1313	881
青　海	Qinghai						
宁　夏	Ningxia						
新　疆	Xinjiang	3050	2939			6	36

单位：万元
Unit: 10 000 yuan

财务费用 Financial Expenses	#利息支出 Interest Expenses	营业利润 Operating Profits	利润总额 Total Profits	应交所得税 Income Tax Payable	应付职工薪酬 Payables to Employees	应交增值税 VAT Payable
16439	**12440**	**16392**	**10472**	**4701**	**46436**	**15543**
782	1117	2045	1785	812	9109	4346
3329	4043	8132	7554	46	3008	1596
48	46	-12	-10		161	69
381	381	-4	4		74	392
592	529	-182	-205	60	340	172
-1	-1	-651	-667		898	
-92	-61	157	157	46	70	28
14	22	674	690	29	516	208
2309	3833	6329	4721	1233	3005	1169
514	259	5301	6330	779	3737	1284
2712	10	27	45	2	373	146
9	9	310	313	1	474	59
2570	-78	1736	-1744	48	2412	156
32	32	-117	-117	3	392	22
94	31	2159	2159	114	488	38
151		1050	1050	3	62	2
1353	757	-21127	-21110	587	11720	2596
902	814	5051	4295		4644	1292
3		618	619	10	4	10
354	239	2142	2135	638	749	584
82	83	1265	1280	38	1560	373
	-1	-33	-27		231	12
-72	1	973	943	250	1829	977
364	367	491	214	1	557	7
10	10	58	58	1	23	5

联营企业
Joint Ownership Enterprises

地 区	Region	营业收入 Business Revenue	营业成本 Business Cost	税金及附加 Taxes and Other Charges	其他业务利润 Profits from Other Business	销售费用 Selling Expenses	管理费用 Administr-ative Expenses
全 国	**National Total**	**4972338**	**4916011**	**5085**	**1197**	**18405**	**22520**
北 京	Beijing	26005	25194	172	13	167	3676
天 津	Tianjin	7079	6756	9		95	105
河 北	Hebei						
山 西	Shanxi						
内蒙古	Inner Mongolia						
辽 宁	Liaoning	54673	52275	47		402	637
吉 林	Jilin						
黑龙江	Heilongjiang						
上 海	Shanghai	114816	111761	62		1158	279
江 苏	Jiangsu	218454	214177	40		478	137
浙 江	Zhejiang	158069	156529	397		71	467
安 徽	Anhui						
福 建	Fujian						
江 西	Jiangxi	261162	256757	152		396	446
山 东	Shandong	495622	488770	408	84	841	1696
河 南	Henan	213646	213367	134		6	78
湖 北	Hubei	2542	2411	2		129	
湖 南	Hunan	188414	187593	258		237	331
广 东	Guangdong	326070	304426	1110	216	8669	6732
广 西	Guangxi						
海 南	Hainan	101888	92970	215	884	2196	1522
重 庆	Chongqing	2737525	2740719	1911		1889	4617
四 川	Sichuan	56116	52167	157		1546	1420
贵 州	Guizhou						
云 南	Yunnan						
西 藏	Tibet						
陕 西	Shaanxi						
甘 肃	Gansu						
青 海	Qinghai						
宁 夏	Ningxia						
新 疆	Xinjiang	10257	10141	10		124	379

3-4-3 Continued 4

单位：万元
Unit: 10 000 yuan

财务费用 Financial Expenses	#利息支出 Interest Expenses	营业利润 Operating Profits	利润总额 Total Profits	应交所得税 Income Tax Payable	应付职工薪酬 Payables to Employees	应交增值税 VAT Payable
29005	**31673**	**55344**	**57451**	**3980**	**22529**	**5631**
-1469	37	-1212	1253	190	1964	71
23	21	91	91	3	54	60
494	75	793	793	168	429	57
136	82	1378	1385	229	238	313
2825	2828	933	933	226	535	-104
3985	3999	-3321	-3241	25	429	25
2273	2165	1153	1153	258	385	468
134	-80	3859	3859	965	967	884
		62	62	16	42	
		1	1		24	
-203	19	203	215	125	122	68
-1689	320	6141	5696	1337	9691	402
2295	188	3347	3346	276	2069	1443
20038	21834	41698	41584	142	3987	1732
136	158	642	640	16	1229	201
26	28	-424	-318	4	364	12

有限责任公司
Limited Liability Corporations

地区	Region	营业收入 Business Revenue	营业成本 Business Cost	税金及附加 Taxes and Other Charges	其他业务利润 Profits from Other Business	销售费用 Selling Expenses	管理费用 Administrative Expenses
全国	**National Total**	**3056282373**	**2944724246**	**6323587**	**3389039**	**41863532**	**19910387**
北京	Beijing	344718605	332420199	369765	1122626	4808921	3508747
天津	Tianjin	116346410	113571772	186300	30678	1226785	543479
河北	Hebei	51029370	49420561	40023	24430	567943	229123
山西	Shanxi	103634392	100631926	183978	137097	972573	810697
内蒙古	Inner Mongolia	31389684	30297439	61218	117092	362195	248822
辽宁	Liaoning	47980319	46841133	55398	22321	425959	242640
吉林	Jilin	18654301	17814271	28383	22498	524047	135617
黑龙江	Heilongjiang	31269557	30612064	25413	27903	506419	190351
上海	Shanghai	379120856	369420033	692834	255702	3921425	2028610
江苏	Jiangsu	215059989	207659088	191272	142132	3129758	1014336
浙江	Zhejiang	277525940	269013736	200604	202271	3425773	1470483
安徽	Anhui	61776528	58728801	111412	31603	1893927	390536
福建	Fujian	177178240	173859910	146220	74220	1053345	421034
江西	Jiangxi	30492933	28772720	52630	33190	843442	229518
山东	Shandong	186313515	179157740	1027012	220279	2634036	1549199
河南	Henan	55030684	52646871	80840	113092	932188	411875
湖北	Hubei	49628666	47186514	67802	25997	1019618	444998
湖南	Hunan	28710009	27227566	65918	136246	668205	275745
广东	Guangdong	338171369	322372322	1829177	266000	6138323	2684401
广西	Guangxi	70305997	68879507	127275	50244	501212	312827
海南	Hainan	56819834	54869133	72038	18471	623013	304146
重庆	Chongqing	37773609	36028289	55954	24034	748441	202887
四川	Sichuan	86733727	81380236	142608	94879	1656883	648513
贵州	Guizhou	35365217	27004888	145174	27676	689348	293649
云南	Yunnan	53876351	52502236	49870	83129	439730	304477
西藏	Tibet	1017301	600855	13674	168	314400	50268
陕西	Shaanxi	73058746	71018761	85610	16640	866703	367884
甘肃	Gansu	35164626	34572766	46554	2112	333319	165514
青海	Qinghai	8620401	8451881	7312	9337	52378	37594
宁夏	Ningxia	2069360	1995289	3586	362	33215	16139
新疆	Xinjiang	51445841	49765740	157735	56614	550009	376276

单位：万元
Unit: 10 000 yuan

财务费用 Financial Expenses	#利息支出 Interest Expenses	营业利润 Operating Profits	利润总额 Total Profits	应交所得税 Income Tax Payable	应付职工薪酬 Payables to Employees	应交增值税 VAT Payable
11288347	**10762332**	**49429422**	**51804594**	**9609589**	**22787233**	**16361798**
1911005	2902252	9217567	9134583	1137590	4102474	1545601
293346	237500	473134	630732	225414	647747	508925
290511	282133	213016	237828	61262	255566	239682
403475	-1466077	848987	850732	231842	589790	416897
277384	219141	382457	420436	81657	262308	221980
593719	165657	163809	165813	94810	263755	136556
117533	136760	96573	217093	44300	142107	105442
112029	253591	152839	176152	52019	174425	112714
562091	720855	5259771	5384559	802868	2130304	1082732
842652	752345	1792475	1943662	505365	1476437	972978
654229	876234	4427027	4638671	873473	1819507	1002005
137756	204463	713787	801321	167020	516974	483809
446906	674172	1835769	1947570	359497	556109	615720
127344	136865	540337	565895	122656	346937	238529
799221	708009	2414332	3488860	505944	1572253	1124114
278197	229779	674551	716990	166956	424066	299008
224918	229954	876784	885362	179731	523109	363704
167284	166547	422062	464033	76557	278882	192585
971854	1144571	4932336	4946026	1116611	3304669	1869180
304884	381293	407223	464456	110618	324702	870035
72265	62852	1347185	1400582	137710	275370	533490
84687	94000	729160	735618	130433	249685	201499
379867	414937	1649381	1688209	379936	799470	781391
16771	124994	7366947	7380595	1767296	322536	1089121
380293	414121	648763	666850	75760	309281	513459
4940	2672	48313	55945	6672	34022	57542
177467	177136	1059815	1027612	97680	361135	379881
171668	174457	124599	122435	22753	259491	170526
177098	32518	-46572	-57622	-1288	29610	13828
4128	4378	19814	20560	4653	21230	16390
302824	304219	637181	683034	71795	413279	202476

股份有限公司

Share-holding Corporations Ltd.

地 区	Region	营业收入 Business Revenue	营业成本 Business Cost	税金及附加 Taxes and Other Charges	其他业务利润 Profits from Other Business	销售费用 Selling Expenses	管理费用 Administrative Expenses
全 国	**National Total**	**469456244**	**453194240**	**446765**	**691367**	**8151354**	**3605592**
北 京	Beijing	26845899	25625567	35807	91174	461217	315943
天 津	Tianjin	7549428	7206499	6673	17034	72954	67168
河 北	Hebei	3442515	3359636	3662	1679	19048	10240
山 西	Shanxi	5638404	5392055	6482	2258	45062	64761
内蒙古	Inner Mongolia	2161343	2178639	479		20959	7745
辽 宁	Liaoning	54023133	53446193	13317	2155	219402	56865
吉 林	Jilin	2054386	1988944	2453	1905	66457	1245
黑龙江	Heilongjiang	2537585	2358726	7673	195	137387	18204
上 海	Shanghai	67307577	65231767	50850	92465	890864	512437
江 苏	Jiangsu	30953698	30682744	39834	86890	915652	604595
浙 江	Zhejiang	40700567	39184781	30319	53969	504644	396092
安 徽	Anhui	5470934	5223641	6321	10901	126505	62621
福 建	Fujian	24834124	24528604	10810	77350	89363	82214
江 西	Jiangxi	3402693	3205818	3836	4275	102793	58010
山 东	Shandong	11581259	10767635	25800	26340	459004	126975
河 南	Henan	4985069	4657840	9967	-759	96222	37954
湖 北	Hubei	4048755	3723938	8338	49318	133198	92998
湖 南	Hunan	2576343	2454963	3576	5506	61740	42269
广 东	Guangdong	77495659	73343684	97773	60683	2123228	699661
广 西	Guangxi	3684200	3450873	9113	437	111390	33486
海 南	Hainan	542330	516634	730	-1049	8572	10974
重 庆	Chongqing	4137513	3937730	5647	22840	71630	39162
四 川	Sichuan	11639971	10934205	15576	5517	508079	45317
贵 州	Guizhou	840147	802919	1530		16460	7500
云 南	Yunnan	10905345	10501162	6699	36410	170502	55513
西 藏	Tibet						
陕 西	Shaanxi	8655655	8357600	9460	2249	239819	26292
甘 肃	Gansu	18248979	17906851	9368	17949	46252	47885
青 海	Qinghai	4819417	4640734	4654	90	140797	9980
宁 夏	Ningxia	2922039	2823642	2893	3126	71793	13071
新 疆	Xinjiang	25451278	24760215	17126	20461	220360	58415

单位：万元
Unit: 10 000 yuan

财务费用 Financial Expenses	#利息支出 Interest Expenses	营业利润 Operating Profits	利润总额 Total Profits	应交所得税 Income Tax Payable	应付职工薪酬 Payables to Employees	应交增值税 VAT Payable
2243738	**2945888**	**8543625**	**8621984**	**1075593**	**5054699**	**2297118**
287687	519299	1749650	1774158	150120	429638	136459
39885	43207	328799	332088	13328	67540	23069
85075	114129	-10747	-10734	708	15769	20780
22723	33177	330432	330441	5263	48462	20341
-673	176	-24341	-24433	195	14193	-5117
176069	175030	99529	106514	6197	114595	50917
13524	18681	-7619	-6358	623	32777	27958
21162	22166	23668	20269	1335	86699	50602
126605	197036	1142812	1157439	134807	545887	205097
204169	166953	-1032162	-1019255	231311	507496	199247
309041	388049	1409662	1432255	80049	400762	227886
18097	24325	131427	128512	6341	73447	14509
172461	279255	965778	968639	72067	109532	17234
23206	18215	59742	48795	4119	49231	92447
108722	128159	181638	191786	39782	208632	121221
29613	31049	166812	163132	14416	64361	30580
59143	78791	275476	257487	36550	117765	66733
13336	19425	25328	28763	3058	70838	17107
293925	388647	1382160	1372843	198006	1471034	443822
10774	18957	89537	87713	6551	52667	43246
17192	21629	-91810	-91740	1960	4936	3420
43493	76763	85790	82435	4069	41216	28996
-2353	22857	149563	149873	29152	119928	33523
-501	3544	34564	34666	5534	4553	8544
25786	17965	113751	112275	11738	82004	27082
15944	13115	-23949	-21035	4623	76501	89638
12017	11679	317029	317826	1009	30871	52894
441	635	7574	7938	621	67087	29924
3739	2451	-6352	-9711	-1713	40636	48662
113436	110524	669884	699402	13775	105642	170298

私营企业
Private Enterprises

地 区	Region	营业收入 Business Revenue	营业成本 Business Cost	税金及附加 Taxes and Other Charges	其他业务利润 Profits from Other Business	销售费用 Selling Expenses	管理费用 Administr-ative Expenses
全 国	**National Total**	**3468414253**	**3319184751**	**4157935**	**3213555**	**67783545**	**39158468**
北 京	Beijing	74658720	67799527	105142	245611	3064772	2182776
天 津	Tianjin	181169998	177075983	180924	90107	1853720	1101076
河 北	Hebei	61975970	59583867	72821	34179	1008877	578546
山 西	Shanxi	53102951	50544461	130796	69290	1286209	521138
内蒙古	Inner Mongolia	17103827	15673856	39997	26472	744631	277193
辽 宁	Liaoning	60655489	58057555	63553	54604	1047280	638603
吉 林	Jilin	9312402	14979944	17060	54754	336096	242616
黑龙江	Heilongjiang	11690521	10934610	18310	12004	320097	183985
上 海	Shanghai	364744368	351555858	223337	295068	5930057	3752651
江 苏	Jiangsu	470788423	451509207	418977	316842	6908473	4609766
浙 江	Zhejiang	555759729	536833681	409325	444105	8748318	4927001
安 徽	Anhui	42555771	39888343	123752	124810	1704488	603045
福 建	Fujian	246040405	234568912	290536	93135	4509566	2391170
江 西	Jiangxi	30771149	27867804	85126	26284	1747543	720627
山 东	Shandong	290398449	280257729	321505	234719	5183215	2457436
河 南	Henan	64349222	60502649	178857	42385	1466359	823985
湖 北	Hubei	42432895	39165851	122021	44134	1187402	665207
湖 南	Hunan	36789516	33750242	197052	35876	1205228	636862
广 东	Guangdong	561331685	535368101	610783	482379	11397366	8164247
广 西	Guangxi	37778125	36371771	71907	37318	720379	424039
海 南	Hainan	10989553	9933052	18200	7025	389007	125986
重 庆	Chongqing	68526218	63343519	122241	186216	1699022	675851
四 川	Sichuan	50131870	46568861	124146	105064	1642811	824788
贵 州	Guizhou	14010353	12026740	34675	42044	701947	261663
云 南	Yunnan	22520765	21153457	28678	16305	641173	265221
西 藏	Tibet	4522461	4176284	7077	302	186561	39973
陕 西	Shaanxi	31508749	29489898	65436	37255	909797	435393
甘 肃	Gansu	10492187	9902427	14677	11255	323841	140835
青 海	Qinghai	4208724	4056460	4525	1022	90243	34623
宁 夏	Ningxia	6048055	5770521	14641	5598	135050	53256
新 疆	Xinjiang	32045707	30473580	41855	37391	694016	398908

单位：万元
Unit: 10 000 yuan

财务费用 Financial Expenses	#利息支出 Interest Expenses	营业利润 Operating Profits	利润总额 Total Profits	应交所得税 Income Tax Payable	应付职工薪酬 Payables to Employees	应交增值税 VAT Payable
10126311	**7087311**	**39118064**	**41507338**	**6527401**	**28673376**	**21443340**
250770	281680	1109809	1108906	220878	1821402	696098
372980	305146	919306	1029042	229616	770244	940273
144601	83962	609728	643751	133730	371047	436776
181836	112570	595177	586184	79248	248408	342454
100480	76005	1037276	1042266	37323	159167	155275
267749	113248	366158	463915	128335	308997	290619
67921	41005	55753	64451	17183	120962	92850
58874	33632	209526	229641	48889	90087	134843
618622	376348	3031013	3265201	713675	2471442	1102429
1160044	581381	5463130	5702072	911449	3212042	2735051
1713721	1594794	5026517	5475984	1069664	3882014	2924568
205998	71376	493752	649464	122814	499423	635095
863542	579560	3508386	3693868	365322	1489579	1273361
91825	59992	723520	796098	85531	286386	440942
923136	453868	1435790	1647844	339350	1766138	1689554
267605	147299	960752	1075009	137401	569356	722833
131879	77618	1079000	1057485	117103	582825	576247
137052	74490	716627	785338	104508	516829	435941
1500328	1237674	5721190	5822265	805703	6632226	2907056
113482	132446	83576	135394	28984	266806	441540
11279	21800	508182	544656	84488	91478	174774
185713	97717	2291190	2379345	279673	615681	595113
227652	159297	1200495	1245565	124734	704652	488496
44598	19413	670918	697510	136417	229585	240057
66636	47513	375133	390439	55483	195159	301601
9417	9005	107960	116324	12962	30259	39077
102793	69730	443474	459274	64365	287505	236669
63943	35127	58728	65557	9592	107025	67649
9269	4397	15781	16514	3956	23746	43657
18944	14449	50268	51647	5425	38381	41253
213623	174767	249949	266328	53599	284526	241187

其他企业
Other Enterprises

地 区	Region	营业收入 Business Revenue	营业成本 Business Cost	税金及附加 Taxes and Other Charges	其他业务利润 Profits from Other Business	销售费用 Selling Expenses	管理费用 Administr-ative Expenses
全 国	**National Total**	**4617298**	**4222463**	**7914**	**1586**	**105996**	**64636**
北 京	Beijing	18856	17727	2	51	180	579
天 津	Tianjin	50787	48914	9		1879	1629
河 北	Hebei	9495	8784	4		117	544
山 西	Shanxi	3106	2485	3		61	58
内蒙古	Inner Mongolia						
辽 宁	Liaoning	471337	452912	292		7793	3700
吉 林	Jilin	54890	52046	48		1530	418
黑龙江	Heilongjiang	40351	39389	5		641	205
上 海	Shanghai	150675	148314	26		858	1012
江 苏	Jiangsu	1787247	1660259	1732	21	27034	19685
浙 江	Zhejiang	39713	37487	10		221	1118
安 徽	Anhui	128006	123257	40		874	932
福 建	Fujian	11958	11352	1		212	232
江 西	Jiangxi	35611	30635	55	7	292	400
山 东	Shandong	248259	235593	521	312	3351	2641
河 南	Henan	29681	27471	107		555	396
湖 北	Hubei	368763	286377	4022		9007	8071
湖 南	Hunan	76848	69673	194	138	2673	1824
广 东	Guangdong	172265	144528	138		27462	5382
广 西	Guangxi	77098	68243	4		2700	3327
海 南	Hainan	3878	3854				22
重 庆	Chongqing	18442	13534	269		452	342
四 川	Sichuan	45600	41765	4		1256	813
贵 州	Guizhou						
云 南	Yunnan	341139	312786	41		7465	4704
西 藏	Tibet						
陕 西	Shaanxi	179988	164060	205		5981	3656
甘 肃	Gansu	46265	44214	37		766	426
青 海	Qinghai						
宁 夏	Ningxia						
新 疆	Xinjiang	207039	176807	146	1057	2634	2521

单位：万元
Unit: 10 000 yuan

财务费用 Financial Expenses	#利息支出 Interest Expenses	营业利润 Operating Profits	利润总额 Total Profits	应交所得税 Income Tax Payable	应付职工薪酬 Payables to Employees	应交增值税 VAT Payable
7431	**2560**	**162470**	**163433**	**5283**	**97606**	**10733**
56	55	312	327	8	313	7
15		-1659	-1246	4	930	-9
2	1	45	24		787	
8		235	235	10	63	4
-291	23	2099	2067	63	2890	1058
81	3	756	744	48	238	230
33	43	78	78	3	63	19
15	55	451	456	26	302	-41
2794	492	65121	64546	2875	38519	2380
158	56	662	744	3	712	86
124	96	2779	3147	137	1384	94
1		160	160	13	125	1
15	12	429	428	3	839	15
488	38	4972	5160	562	4043	1037
55		1019	1019	15	265	10
1520	545	40187	40249	1052	8391	4632
81	20	2379	2380	39	1422	167
67	10	-4523	-4338	2	17935	259
227	124	2207	2213	7	4363	8
		3			20	
64	9	2467	2467	77	1022	200
127	110	1633	1633		2959	166
671	186	14990	15021	5	3375	13
607	320	5395	5454	71	2629	198
11	11	650	644		513	
503	353	19623	19823	260	3506	201

港、澳、台商投资企业

Enterprises with Funds from Hong Kong, Macao and Taiwan

地 区	Region	营业收入 Business Revenue	营业成本 Business Cost	税金及附加 Taxes and Other Charges	其他业务利润 Profits from Other Business	销售费用 Selling Expenses	管理费用 Administrative Expenses
全 国	**National Total**	**405350422**	**359881802**	**682853**	**1286957**	**21883313**	**13524457**
北 京	Beijing	95578154	87597852	72987	228083	3383292	4675814
天 津	Tianjin	14331192	12248825	39952	43021	1481045	278953
河 北	Hebei	786343	703427	1565		38273	16563
山 西	Shanxi	40063	35695	264	90	3039	1174
内蒙古	Inner Mongolia	708790	674365	1026	163	24288	1407
辽 宁	Liaoning	964670	855960	2178	39	29587	27701
吉 林	Jilin						
黑龙江	Heilongjiang	2017752	1525245	5639		552067	16549
上 海	Shanghai	128108400	109330702	227670	571134	9151604	4337595
江 苏	Jiangsu	26464522	22740081	51310	21394	989199	1606347
浙 江	Zhejiang	16549046	15050673	22699	35705	891741	277723
安 徽	Anhui	5626974	5544062	6010	84	43860	62433
福 建	Fujian	11742841	10684236	17193	46017	516610	185595
江 西	Jiangxi	535707	496500	231	-465	29386	8160
山 东	Shandong	10244740	9895146	15239	9288	108725	117496
河 南	Henan	528944	405981	1832	115	48092	18515
湖 北	Hubei	4641278	3366566	20637	11927	652621	170682
湖 南	Hunan	738637	440600	4688		182491	16827
广 东	Guangdong	63192968	56833723	139020	275707	3232395	1559539
广 西	Guangxi	712042	702954	686	75	1876	1752
海 南	Hainan	11890454	11690950	30130	32474	50980	55041
重 庆	Chongqing	3426787	3164295	11159	1480	109232	19974
四 川	Sichuan	3905217	3756237	3119	5268	71912	18478
贵 州	Guizhou	796047	671026	1648	750	72436	12412
云 南	Yunnan	410733	390040	277	63	11270	4899
西 藏	Tibet	339128	165821	2594	2280	122804	2167
陕 西	Shaanxi	901461	759945	2608	2253	77697	25731
甘 肃	Gansu	17790	14159	67		2960	
青 海	Qinghai						
宁 夏	Ningxia						
新 疆	Xinjiang	149742	136738	426	13	3831	4931

单位：万元
Unit: 10 000 yuan

财务费用 Financial Expenses	#利息支出 Interest Expenses	营业利润 Operating Profits	利润总额 Total Profits	应交所得税 Income Tax Payable	应付职工薪酬 Payables to Employees	应交增值税 VAT Payable
149306	**889883**	**14113260**	**14809479**	**2879973**	**9568275**	**3790018**
-195470	194475	626512	742861	136876	1468511	336555
14290	21432	408509	461894	70814	745332	272721
-533	1	147106	147781	7000	4447	10186
433		-454	-449		2179	2135
1145	1681	6492	6311	1682	537	1663
26259	5402	224602	167380	7380	17326	19766
-4728		-79542	-72233	968	93855	29547
26567	176896	6064985	6233210	1439913	3784661	1405502
126102	75016	1186266	1284024	377202	454158	331965
55013	70980	848321	849945	108583	423094	143688
-48463	113	18279	18483	3741	42652	21853
12852	25277	217269	221226	97756	111254	73105
2530	2555	6451	7558	1950	8924	5512
63637	35014	342631	343160	31859	67932	46496
1467	1925	70717	70111	15717	39783	19089
14494	48618	406087	421626	107829	191213	62363
290	895	82122	81661	15640	37777	35904
32117	190124	3013512	3173716	362748	1875009	638127
1781	1245	3277	3422	433	1467	863
-1098	3863	109361	222517	35745	10514	243168
2916	4602	119974	125140	21047	74601	29661
10679	10413	89919	89966	7439	36402	12444
4697	16245	34005	36659	10140	17524	10459
2151	2360	17074	17176	731	9834	1439
-1410	6	49505	54335	4843	2395	16061
513	348	67687	69324	10505	40253	17408
8	10	599	596	149	1538	472
1069	388	31994	32078	1281	5103	1868

外商投资企业

Foreign Funded Enterprises

地 区	Region	营业收入 Business Revenue	营业成本 Business Cost	税金及附加 Taxes and Other Charges	其他业务利润 Profits from Other Business	销售费用 Selling Expenses	管理费用 Administr-ative Expenses
全 国	**National Total**	**776472971**	**695069375**	**1549624**	**2916491**	**39039539**	**14664588**
北 京	Beijing	117843412	103189617	280826	1228281	5860370	2843049
天 津	Tianjin	44115606	42071629	338530	61866	883274	293115
河 北	Hebei	2738184	2651012	3646	12156	52874	17628
山 西	Shanxi	565769	637170	589	8	13594	4152
内蒙古	Inner Mongolia	103312	99085	255	293	2229	1371
辽 宁	Liaoning	1887758	1566469	4157	42998	172979	77741
吉 林	Jilin	598885	543866	1877	124	51411	7488
黑龙江	Heilongjiang	2729802	2728047	1642		274	700
上 海	Shanghai	333826043	289172783	551802	593635	22435704	7543946
江 苏	Jiangsu	57472137	51011620	135399	118048	2607567	1271719
浙 江	Zhejiang	67750598	64523597	50659	182850	1841565	603844
安 徽	Anhui	8376920	7373152	19172	2923	846494	96545
福 建	Fujian	15576803	14089923	22809	155082	601734	245370
江 西	Jiangxi	1163726	1051933	1498	4261	44538	17291
山 东	Shandong	17267486	16729507	15508	5766	293953	123792
河 南	Henan	556579	499129	969	9	8112	5335
湖 北	Hubei	21307923	20757099	12738	74133	382804	117376
湖 南	Hunan	1368418	1157031	3197		191550	11347
广 东	Guangdong	53441636	48770560	78484	398295	2094557	1182248
广 西	Guangxi	5870540	5576528	5987	12146	160988	56574
海 南	Hainan	587479	524948	1301	1336	10594	5789
重 庆	Chongqing	4422342	4118756	4867	5503	151104	43950
四 川	Sichuan	2149185	1852215	5457	15798	148549	37068
贵 州	Guizhou	411791	367237	346		20598	3887
云 南	Yunnan	667107	563458	1588	1566	59575	8852
西 藏	Tibet						
陕 西	Shaanxi	13154291	12989759	5090		63690	28876
甘 肃	Gansu	180467	145718	473	-390	32676	8462
青 海	Qinghai	253299	236149	311		5288	1962
宁 夏	Ningxia						
新 疆	Xinjiang	85475	71378	446	-195	894	5111

单位：万元
Unit: 10 000 yuan

财务费用 Financial Expenses	#利息支出 Interest Expenses	营业利润 Operating Profits	利润总额 Total Profits	应交所得税 Income Tax Payable	应付职工薪酬 Payables to Employees	应交增值税 VAT Payable
560727	**1320655**	**30827367**	**31544155**	**6952697**	**16206406**	**6506393**
-32983	465296	9334583	9417868	1560965	3906953	1674902
69890	24523	453382	465050	146351	346886	201112
5399	6000	-20997	-20750	-4511	31803	10449
-599	8	-116485	-116548	1454	4721	1171
-61	10	701	683	355	1599	712
9392	2157	76841	-65135	26130	64188	28272
-31	472	-57351	-56840	1472	9375	2563
467	97	-583	-938	-10	109	
232890	422265	15089699	15595674	3830469	8033668	2770645
53680	41811	2005981	2070333	416878	1109108	464308
117787	167937	954600	1028826	209299	545975	406675
-14070	4140	51603	75442	15011	175197	95662
5233	25268	655469	672212	159786	228563	118967
3845	77	43200	40790	1867	23860	10560
18997	28804	126279	130203	40923	131824	54577
1008	1032	27264	27306	573	8794	2708
12896	10729	12204	-4681	30144	113607	62039
318	878	2965	5569	7052	16647	20064
19247	88700	1734873	1824954	419746	1197866	419597
15383	9900	96963	89834	20790	75810	40249
1573	6	43302	44761	7487	10228	8794
-235	702	147691	157542	26740	53636	31887
13678	13112	49905	50281	7558	36972	58118
2616	479	17162	15068	511	8078	2374
253	725	34311	33960	4358	15097	3967
31862	298	38401	37892	16460	24226	10729
800	582	-7622	-8068	1624	19605	3274
-2257	21	10766	10766	1332	8652	540
-6252	4628	22260	22101	1885	3360	1481

3-4-4 各地区限额以上批发业企业损益及分配(按国民经济行业分)

农、林、牧、渔产品批发

Wholesale of Agricultural, Forestry, Livestock and Fishery Products

地　区	Region	营业收入 Business Revenue	营业成本 Business Cost	税金及附加 Taxes and Other Charges	其他业务利润 Profits from Other Business	销售费用 Selling Expenses	管理费用 Administrative Expenses
全　国	**National Total**	**229526044**	**221903546**	**239661**	**397117**	**2624181**	**2284438**
北　京	Beijing	30844434	29617254	28855	96052	314983	385266
天　津	Tianjin	9960172	9680673	6046	3359	112208	61576
河　北	Hebei	3936625	3833756	2742	3034	46069	33636
山　西	Shanxi	505983	421382	447	1085	23924	15268
内蒙古	Inner Mongolia	2774754	2625217	5137	109923	94942	43213
辽　宁	Liaoning	12478300	12182481	7250	148	121633	64589
吉　林	Jilin	3328666	3235174	3400	20175	73038	47328
黑龙江	Heilongjiang	8539929	8423944	20967	12229	152150	126568
上　海	Shanghai	21043106	20357058	13763	12643	281661	144010
江　苏	Jiangsu	25357829	24571294	15238	7356	152212	163354
浙　江	Zhejiang	8223798	8066382	8704	6962	67513	69981
安　徽	Anhui	2210883	2079032	2733	3080	56660	34344
福　建	Fujian	15067350	14638677	9815	4458	160419	71423
江　西	Jiangxi	1053849	977710	1020	3729	29902	26811
山　东	Shandong	17205945	16754711	8364	31921	178393	148423
河　南	Henan	7375036	7051162	24121	24075	100385	78171
湖　北	Hubei	3728367	3483755	12730	2569	53668	52725
湖　南	Hunan	2347812	2154905	14091	3552	53766	51273
广　东	Guangdong	17844329	17184651	13866	25906	208986	284106
广　西	Guangxi	2592851	2509272	2808	1397	27638	17944
海　南	Hainan	1326531	1308614	827	20	1761	8508
重　庆	Chongqing	1224684	1145884	2669	4828	24094	19673
四　川	Sichuan	6189693	6022255	8311	8070	42964	75357
贵　州	Guizhou	530080	489742	302	225	8557	15787
云　南	Yunnan	2237617	2136828	1740	859	27562	28250
西　藏	Tibet						
陕　西	Shaanxi	680041	636165	1068	233	15192	11696
甘　肃	Gansu	1039137	1000225	706	530	20062	21480
青　海	Qinghai	151778	148571	114		1083	1474
宁　夏	Ningxia	1219420	1191494	6141	124	14332	3708
新　疆	Xinjiang	18507048	17975278	15687	8576	158425	178495

Income and Distribution of Enterprises above Designated Size of Wholesale Trade by Region and Sector

单位：万元
Unit: 10 000 yuan

财务费用 Financial Expenses	#利息支出 Interest Expenses	营业利润 Operating Profits	利润总额 Total Profits	应交所得税 Income Tax Payable	应付职工薪酬 Payables to Employees	应交增值税 VAT Payable
1685698	**1600156**	**2360110**	**2765399**	**347111**	**1761176**	**456077**
370424	497687	1020601	1004126	70926	301264	90452
82392	31019	-66742	-5730	5594	37730	21020
26866	23478	-7497	275	4204	19707	-608
2477	2297	48365	50783	395	9047	545
26424	21224	-7385	10807	4712	29002	3428
96732	51918	18685	33213	17732	37629	-2781
29594	40048	-26266	-17114	1359	35942	17675
105215	186576	123722	142377	19568	53662	5264
158640	68358	183690	200785	44295	92043	138
59689	48967	154592	195984	18710	179900	99168
49608	44767	7638	45179	7851	60724	-11145
19172	19589	47033	54284	3079	29929	16770
93709	55465	125626	141274	28089	61084	21177
6332	4741	38628	39859	3340	21879	12007
154655	126532	27756	60305	15751	115219	16558
46654	51217	76840	89076	12370	59619	22609
20838	14353	127480	123449	5695	49600	41882
23383	14496	29634	49006	8875	45189	7598
88153	77907	203419	247148	38142	233601	37559
6695	7109	27612	31984	2619	12373	27649
861	7049	6135	6518	1182	6499	4376
2895	4956	14948	18007	2215	19128	7604
28092	30298	22660	35077	12146	62536	6377
7871	1975	2679	4749	429	8872	4189
6102	5834	46334	47861	2116	21296	-800
4741	3423	5370	7934	1017	9500	2593
5518	4002	3462	6947	811	11216	619
1063	398	-237	238	7	823	207
1528	1554	4828	4965	580	5197	3070
159375	152918	100500	136034	13302	130969	878

食品、饮料及烟草制品批发
Wholesale of Food, Beverages and Tobaccos

地 区	Region	营业收入 Business Revenue	营业成本 Business Cost	税金及附加 Taxes and Other Charges	其他业务利 润 Profits from Other Business	销售费用 Selling Expenses	管理费用 Administr-ative Expenses
全 国	**National Total**	**656511124**	**548460180**	**22464715**	**2060807**	**30576213**	**17203763**
北 京	Beijing	40521533	35933889	420279	423318	2391226	790907
天 津	Tianjin	21715788	19508928	249481	28215	1257557	330567
河 北	Hebei	9837496	7629272	871847	23006	341259	370317
山 西	Shanxi	7824458	5853871	514594	17818	470322	228226
内蒙古	Inner Mongolia	4952251	3900559	395029	6437	279902	193506
辽 宁	Liaoning	10297820	8740389	599865	12005	271710	324421
吉 林	Jilin	3978403	3240472	309800	3333	129338	117384
黑龙江	Heilongjiang	8834230	7319789	385751	18074	762488	225351
上 海	Shanghai	82514204	72325734	562228	166324	5350956	2166033
江 苏	Jiangsu	42789685	35725209	1503353	82341	1641658	794673
浙 江	Zhejiang	42679465	36139239	1571910	88272	1596368	1068218
安 徽	Anhui	16590710	13407178	830487	8725	937986	387364
福 建	Fujian	31060534	27124879	776960	82240	1225817	736509
江 西	Jiangxi	7742268	5830364	658747	98772	192675	352444
山 东	Shandong	38397802	33804705	1180823	115552	1335546	932063
河 南	Henan	18568384	14703041	1267809	7624	671399	786234
湖 北	Hubei	21004730	16467495	931176	86172	1206611	722866
湖 南	Hunan	15836746	12008985	1145022	8592	805929	521827
广 东	Guangdong	90281969	79377820	2025080	445427	3880625	2551068
广 西	Guangxi	18322807	16538414	651966	23974	307672	341846
海 南	Hainan	4567602	3895280	222851	8028	89166	103500
重 庆	Chongqing	16696030	13765906	999550	60546	541710	479699
四 川	Sichuan	29436295	23300420	1244510	78900	1753717	767851
贵 州	Guizhou	26967887	15400308	818037	15138	1405073	678172
云 南	Yunnan	20531243	16485962	831629	20462	778459	470205
西 藏	Tibet	920128	678677	108003	1085	29441	57750
陕 西	Shaanxi	9855152	7772819	604285	103563	534716	289895
甘 肃	Gansu	4045338	3171153	309010	18400	175595	139565
青 海	Qinghai	1330522	1104680	89203	219	30122	51262
宁 夏	Ningxia	1479551	1231872	92132	1878	25692	52597
新 疆	Xinjiang	6930096	6072874	293303	6369	155476	171443

单位：万元
Unit: 10 000 yuan

财务费用 Financial Expenses	#利息支出 Interest Expenses	营业利润 Operating Profits	利润总额 Total Profits	应交所得税 Income Tax Payable	应付职工薪酬 Payables to Employees	应交增值税 VAT Payable
-101519	**1673507**	**41888628**	**42175025**	**10255123**	**18287917**	**11795959**
77941	316944	1660579	1660721	370585	1164690	434696
41815	81008	460295	472108	139804	569888	244184
-12888	21162	662224	674366	174731	393162	288572
-37943	3624	749375	757118	193518	244584	213199
-23883	6694	289126	290005	82346	205140	141403
-17482	19804	327061	138115	135021	282249	185238
-9427	1917	193299	194703	51848	121536	92919
-35351	71494	180173	186947	79329	320195	161196
113183	170002	2310779	2286095	616747	1735278	679107
-40649	74769	3188695	3233206	751228	887298	847684
-74050	80653	3149833	3240461	684401	1120169	793134
14146	50756	1106281	1121388	276651	539915	400294
191101	106695	1408407	1447768	353387	613441	372393
-47720	17641	760029	767674	207173	277621	252519
106193	111710	1159918	1153952	312426	1007249	507292
-34644	13049	1187985	1184799	332949	718085	455498
-56128	77114	1688852	1663953	405966	797705	440938
-6007	25223	1393835	1398064	300023	582561	416245
27630	143307	3026763	3225209	720802	2654962	1104020
33750	82331	457239	468248	132667	289807	275810
-21325	2786	297585	299348	62480	97855	81182
-30614	10322	881653	880446	159271	537319	314177
16053	74407	2433286	2441380	605230	894768	681367
-153065	12802	9180158	9197104	2196983	829872	1424044
-126085	29462	2268933	2285906	558976	643966	489422
-8462	247	55929	55736	5305	59337	31360
7520	9272	642342	653550	175843	277864	241958
8462	12299	255462	260028	59732	149909	78717
-17245	553	85215	84652	18609	43530	29999
-8974	723	122421	123611	21914	49401	33204
22631	44736	304896	328364	69175	178564	84188

纺织、服装及家庭用品批发

Wholesale of Textiles, Wearing Apparel and Household Articles

地　区	Region	营业收入 Business Revenue	营业成本 Business Cost	税金及附加 Taxes and Other Charges	其他业务利润 Profits from Other Business	销售费用 Selling Expenses	管理费用 Administr-ative Expenses
全　国	**National Total**	**620788427**	**555038922**	**980294**	**1211204**	**37413421**	**18059841**
北　京	Beijing	85739241	77267983	69750	222026	3515001	4414454
天　津	Tianjin	12392929	10701657	19303	34497	1278617	327387
河　北	Hebei	2477835	2342706	2555	1509	77267	39508
山　西	Shanxi	1264914	1223164	1115	1440	24528	13550
内蒙古	Inner Mongolia	295990	247358	612	2160	43082	8333
辽　宁	Liaoning	2922846	2667197	3762	6747	129970	77327
吉　林	Jilin	231094	204776	406	1603	14873	6656
黑龙江	Heilongjiang	688297	523256	2250	3770	60738	17196
上　海	Shanghai	84389148	62415588	242891	160967	14135201	3693323
江　苏	Jiangsu	126871790	120095541	126553	116754	3505167	3525110
浙　江	Zhejiang	101298115	93699230	100694	109329	4184683	1804823
安　徽	Anhui	13976098	12418940	30208	15613	1625173	139113
福　建	Fujian	59420658	55193288	59972	121439	1475613	798627
江　西	Jiangxi	1855317	1743832	2025	654	69122	23243
山　东	Shandong	24487489	23010879	41392	46645	844911	345733
河　南	Henan	3607880	3302252	11986	2819	122564	65591
湖　北	Hubei	4164052	3715845	7376	76043	274619	95682
湖　南	Hunan	2814960	2385380	15566	1960	247888	66120
广　东	Guangdong	67843378	59711707	198628	272524	4848130	2220839
广　西	Guangxi	2745990	2627368	3779	3225	69859	33460
海　南	Hainan	2325290	2177618	2475	313	86534	74936
重　庆	Chongqing	7895660	7370444	8167	-10315	264572	86814
四　川	Sichuan	4999450	4592187	8016	2713	236344	79812
贵　州	Guizhou	283010	249671	552	434	21184	8516
云　南	Yunnan	907866	876921	706	429	22275	8616
西　藏	Tibet	168108	108565	801	2698	24193	706
陕　西	Shaanxi	2071571	1712065	16421	11201	161811	58748
甘　肃	Gansu	148025	133382	190	371	11680	2282
青　海	Qinghai	27432	26572	8	2	678	558
宁　夏	Ningxia	294296	289436	375		568	1646
新　疆	Xinjiang	2179700	2004113	1759	1636	36576	21133

3-4-4 Continued 2

单位：万元
Unit: 10 000 yuan

财务费用 Financial Expenses	#利息支出 Interest Expenses	营业利润 Operating Profits	利润总额 Total Profits	应交所得税 Income Tax Payable	应付职工薪酬 Payables to Employees	应交增值税 VAT Payable
1259703	**1253398**	**11088983**	**11835655**	**2982235**	**12982166**	**5150185**
-202875	89233	1009113	1073112	187867	1432521	294178
60842	46156	24387	-3446	30987	552722	106286
9107	4534	46056	58669	4321	38316	12937
2454	3065	-2087	2263	1005	12334	5821
3156	4214	-15812	-15598	17	14099	2946
5852	2518	53067	55750	9493	62477	28773
670	141	4139	4403	455	4406	1607
2013	2006	93361	94782	23506	15626	25258
50029	111518	4488105	4744671	1239072	3202269	1387686
451528	219950	118911	308682	506215	1633212	681556
386335	341329	1413876	1529555	338010	1827491	916801
-9591	11156	99917	123901	21856	286390	186642
87002	78501	1723813	1795140	228940	555580	190914
2927	3113	1868	3771	4302	30783	13594
86725	71329	211009	219789	50026	400904	216775
16351	11143	120165	117130	16880	59666	26465
5956	4870	38344	30568	12346	80260	47679
10348	6306	87150	90681	7544	60627	43216
208236	184816	756327	762670	250419	2372132	810273
4620	7659	8450	9408	2180	31680	13765
2608	3319	367701	369150	-3233	42525	11261
40047	6846	144218	144707	27982	55758	40479
7218	6764	62852	75911	11285	84503	39372
835	503	-450	164	1002	13694	3619
3557	4504	-4358	-3123	-353	9043	7007
-1791	32	38619	39035	3751	1107	1818
1846	2732	107954	109200	4501	67544	25569
507	441	9	3	322	4990	2173
333	85	-668	480		504	
444	306	1826	2013	373	214	393
22414	24309	91121	92213	1165	28788	5322

文化、体育用品及器材批发

Wholesale of Culture, Sports Appliances and Equipments

地 区	Region	营业收入 Business Revenue	营业成本 Business Cost	税金及附加 Taxes and Other Charges	其他业务利润 Profits from Other Business	销售费用 Selling Expenses	管理费用 Administrative Expenses
全 国	**National Total**	**156645747**	**143088764**	**308304**	**374630**	**5620488**	**3246900**
北 京	Beijing	17489704	15625599	31312	146894	811912	520021
天 津	Tianjin	2939446	2746254	2988	33452	84759	65199
河 北	Hebei	1085490	825587	895	51	41249	20702
山 西	Shanxi	960987	907248	1036	262	21317	19764
内蒙古	Inner Mongolia	176789	162803	611	4	4680	8874
辽 宁	Liaoning	920483	833270	4670	152	41626	23335
吉 林	Jilin	258845	238588	513	399	7426	11938
黑龙江	Heilongjiang	231571	210281	417	584	7516	7422
上 海	Shanghai	28952296	25187021	61668	70700	1510060	689741
江 苏	Jiangsu	11032843	10124617	17856	24543	392963	245838
浙 江	Zhejiang	20480685	19057796	38270	15706	534388	307512
安 徽	Anhui	3644036	3493300	3193	2468	75716	30292
福 建	Fujian	12128105	11658484	13531	6420	210942	105344
江 西	Jiangxi	748513	691642	968	70	17502	11404
山 东	Shandong	9504946	8845155	11057	24339	265593	173948
河 南	Henan	2590723	2410810	8166	2361	68352	38004
湖 北	Hubei	1742769	1492719	10575	4090	104112	38239
湖 南	Hunan	1438608	1269431	12235	9203	49715	38685
广 东	Guangdong	29458993	27266327	66880	19544	1092953	707152
广 西	Guangxi	810717	750666	1140	479	27502	20498
海 南	Hainan	2919628	2758134	3974	4644	27700	21087
重 庆	Chongqing	1788005	1513229	9525	1414	87404	26830
四 川	Sichuan	2082931	2025347	1924	858	28197	19905
贵 州	Guizhou	515510	477848	164		14528	10526
云 南	Yunnan	773699	716290	855	1875	25732	22425
西 藏	Tibet						
陕 西	Shaanxi	1203500	1109054	1236	860	32193	38877
甘 肃	Gansu	257568	237850	1357		11557	4399
青 海	Qinghai	24045	15721	186	818	5326	2275
宁 夏	Ningxia	99309	92293	139	152	1363	4658
新 疆	Xinjiang	385004	345400	963	2289	16206	12004

3-4-4 Continued 3

单位：万元

Unit: 10 000 yuan

财务费用 Financial Expenses	#利息支出 Interest Expenses	营业利润 Operating Profits	利润总额 Total Profits	应交所得税 Income Tax Payable	应付职工薪酬 Payables to Employees	应交增值税 VAT Payable
340339	**453813**	**5075182**	**5289889**	**754380**	**3461251**	**1064197**
64515	94497	663856	664924	105031	604798	119986
2611	3342	38645	40237	12334	36113	7464
-2543	1324	54445	54655	437	18837	2217
663	928	16651	17493	2890	14376	1518
-924	4	22221	22517	61	6119	-1593
1260	438	9909	10422	2378	31720	7511
-21	301	4476	5411	477	8416	2434
-2961	308	12685	12545	64	5026	673
19516	54942	1676628	1790185	265408	617778	224403
19299	39285	380525	394540	43115	231629	86582
53394	54851	542826	560627	123007	302419	163929
6843	17719	86044	87473	2359	36703	2643
48590	37067	135612	141376	12646	80045	41010
600	624	21795	21771	1636	11088	1684
43724	51052	187539	193325	17929	215027	29730
7682	2837	68109	72857	7314	42135	13762
4836	3777	122121	121523	24096	46898	30989
5180	4309	48429	48889	3002	40323	21419
57443	64595	588630	621309	76525	910209	247959
-1773	2614	17670	16377	1042	17429	1927
12053	823	109379	116594	16410	15721	22679
-1335	1125	148620	155245	24132	69798	19120
-654	9102	9971	10227	1601	17342	8846
3180	3194	9894	9635	1271	7618	901
-1634	924	65315	65296	3993	13917	755
570	2893	19926	19965	2482	26399	2809
1744	741	755	806	118	7654	1527
-274		386	1336		5844	57
-315	32	1104	1838	3	3838	230
-929	167	11016	10489	2618	16032	1029

3-4-4 续表 4

医药及医疗器材批发

Wholesale of Medicines and Medical Appliances

地　区	Region	营业收入 Business Revenue	营业成本 Business Cost	税金及附加 Taxes and Other Charges	其他业务利润 Profits from Other Business	销售费用 Selling Expenses	管理费用 Administrative Expenses
全　国	**National Total**	**388789855**	**336016483**	**1004025**	**1389730**	**28160113**	**11256139**
北　京	Beijing	33620559	28494808	87027	262304	2386329	1216935
天　津	Tianjin	7312976	6381772	18552	12517	513590	191732
河　北	Hebei	11830689	11021995	21091	6565	370594	204743
山　西	Shanxi	5664421	5068954	13877	13869	322154	133766
内蒙古	Inner Mongolia	2717181	2449929	8650	3898	109754	78990
辽　宁	Liaoning	8075300	7255372	19905	56284	363490	176139
吉　林	Jilin	4805291	4161485	15126	11041	320050	124590
黑龙江	Heilongjiang	4284618	3759271	9345	5208	307570	113638
上　海	Shanghai	51803444	41807827	124311	209742	5348173	2248705
江　苏	Jiangsu	31793965	26914264	81370	136229	3197784	786926
浙　江	Zhejiang	22857701	20224586	44642	24921	1502916	563731
安　徽	Anhui	10810060	9497966	37774	19457	883391	331430
福　建	Fujian	8443787	7635390	22531	10623	339263	217391
江　西	Jiangxi	10991095	8454699	45272	11925	1720305	319769
山　东	Shandong	23829028	21208922	56092	45512	1458891	540090
河　南	Henan	16018080	14419954	43952	86248	669628	346357
湖　北	Hubei	14727963	12859912	44398	74778	883058	413466
湖　南	Hunan	10681838	9464967	31855	23083	521501	269793
广　东	Guangdong	47368988	41558670	110528	153570	3044586	1453842
广　西	Guangxi	6391969	5788133	14943	13542	231821	160096
海　南	Hainan	3269044	2398198	13542	12962	599138	125592
重　庆	Chongqing	9789458	8308752	30884	70824	513141	206627
四　川	Sichuan	15894525	14251857	38940	52200	800640	388417
贵　州	Guizhou	3737880	3351519	8821	6083	171960	99709
云　南	Yunnan	6778339	6068567	14287	40965	406627	127501
西　藏	Tibet	1363704	583679	11114	3	649402	72293
陕　西	Shaanxi	6656809	6085228	14662	4498	262292	149760
甘　肃	Gansu	2378013	2140273	5279	2919	94524	71833
青　海	Qinghai	449012	400860	990	8335	23361	11140
宁　夏	Ningxia	584209	529060	1489	581	21445	14954
新　疆	Xinjiang	3859911	3469614	12776	9047	122736	96186

单位：万元
Unit: 10 000 yuan

财务费用 Financial Expenses	#利息支出 Interest Expenses	营业利润 Operating Profits	利润总额 Total Profits	应交所得税 Income Tax Payable	应付职工薪酬 Payables to Employees	应交增值税 VAT Payable
1980782	**2206635**	**12874516**	**13009819**	**2589632**	**11888311**	**6559698**
70473	194943	1572771	1563993	329124	1420572	588031
32229	33874	200017	205124	51650	192365	130793
70107	57655	150785	152698	37747	148455	123090
40032	40388	85889	86303	22335	127927	88590
24811	20920	64331	63524	11020	73040	55031
54771	54664	233930	230859	58128	145496	113797
39448	40935	124537	125904	31323	95684	79125
42669	28077	40359	43520	16156	107077	62194
47824	207424	2697675	2755752	620768	2601468	937506
156831	144265	628005	635098	184356	1402961	573788
96209	113514	676902	688704	147706	597926	361089
67342	60220	216877	236228	55623	200357	185806
36991	44986	197826	199131	36699	168378	92207
56046	49756	335074	372974	76350	240350	300083
153400	141372	394219	399180	87689	490943	344451
147041	102877	396008	390631	81295	268954	251236
166990	213302	715355	707254	109469	414954	298330
80382	76755	326886	326113	66484	244987	155095
163437	185222	1532938	1520316	247551	1494330	727246
44566	36029	144756	143916	25114	121929	84907
33600	38127	22442	26683	19099	124167	129591
75448	103701	1121552	1116333	101052	203439	172324
78020	68171	357064	361344	66088	383073	241297
35764	30986	146165	147425	14195	95134	46840
29301	24165	150191	152505	28019	145616	113347
2017	3682	57729	72530	8778	62593	102807
76004	41268	95741	100292	17960	138036	88377
20213	15542	37482	38189	9880	58020	32041
8980	8392	-803	-536	1535	13411	6603
4643	4699	12664	12476	2181	17231	10943
25193	20725	139149	135354	24258	89439	63133

矿产品、建材及化工产品批发

Wholesale of Mineral Products, Building Materials and Chemical Products

地　区	Region	营业收入 Business Revenue	营业成本 Business Cost	税金及附加 Taxes and Other Charges	其他业务利润 Profits from Other Business	销售费用 Selling Expenses	管理费用 Administrative Expenses
全　国	**National Total**	**5183338534**	**5068737948**	**4230803**	**3307243**	**43037622**	**25500086**
北　京	Beijing	291406053	284961793	256104	599857	2378090	2353783
天　津	Tianjin	274178131	269982292	163065	42512	1437909	727023
河　北	Hebei	87038175	84958341	76721	29927	765491	372451
山　西	Shanxi	144031452	140147794	281572	166625	1449111	1033326
内蒙古	Inner Mongolia	40536493	38971285	75597	19009	589516	305966
辽　宁	Liaoning	132069791	129490623	85498	40877	963788	429369
吉　林	Jilin	8640567	14775654	13073	18526	129790	78676
黑龙江	Heilongjiang	30280799	29589563	25541	5344	330648	87036
上　海	Shanghai	761720102	746439021	373165	352421	5341259	3860123
江　苏	Jiangsu	477684121	463668637	317666	249619	3785052	2540380
浙　江	Zhejiang	659152568	646243852	343183	502390	4395432	2692615
安　徽	Anhui	54053613	52584447	75958	7536	527592	279697
福　建	Fujian	307318164	300846561	223609	146801	2094935	1058274
江　西	Jiangxi	41898302	40480141	69545	32833	599048	449080
山　东	Shandong	375137761	367332169	319058	199512	3561455	1716068
河　南	Henan	74665462	72230265	110383	41441	836041	432460
湖　北	Hubei	71504162	69530571	84468	19558	673288	370550
湖　南	Hunan	38301626	37030104	92597	127979	415225	288109
广　东	Guangdong	608056539	592553928	489081	278335	6200927	3446005
广　西	Guangxi	80750598	78846472	109108	48092	732175	369736
海　南	Hainan	78530716	76601443	78983	36390	253282	238523
重　庆	Chongqing	56707325	54825071	76037	14449	630257	285173
四　川	Sichuan	88518207	84851433	104899	77824	1025540	467941
贵　州	Guizhou	24737275	23903807	27567	32026	278841	173815
云　南	Yunnan	71540919	69753129	59332	83638	595301	283638
西　藏	Tibet	618034	535517	1497	7	18381	11845
陕　西	Shaanxi	132625284	129957921	125470	25206	1208012	455374
甘　肃	Gansu	63257655	62155925	62688	27008	488788	227921
青　海	Qinghai	17026453	16595982	14913	514	239875	57723
宁　夏	Ningxia	8702121	8397061	11850	5448	178891	48252
新　疆	Xinjiang	82650068	80497145	82576	75539	913681	359153

单位：万元
Unit: 10 000 yuan

财务费用 Financial Expenses	#利息支出 Interest Expenses	营业利润 Operating Profits	利润总额 Total Profits	应交所得税 Income Tax Payable	应付职工薪酬 Payables to Employees	应交增值税 VAT Payable
15779624	**13460016**	**54950553**	**57614388**	**8156529**	**20554817**	**18656324**
1678648	2418921	7772362	7761356	730225	2368754	1025073
509175	403189	1512024	1561467	343227	567764	552522
375686	374801	648885	669036	140290	283748	609875
536238	-1396306	1205017	1187792	179644	557559	544064
304058	234936	1277473	1306354	90043	223072	269508
819376	329227	476224	541712	146750	318038	299034
116479	106652	-110236	5551	12184	61908	73765
63785	40120	217334	230426	31614	133287	175091
989807	1021326	8230812	8469835	1449713	2946973	1328693
1298086	869915	4274213	4471729	840141	1563567	1676964
1917000	2177292	7394866	7675963	1140983	2026493	1989452
141435	100572	581353	645522	103776	213710	248705
900970	1135967	3494554	3511977	453730	831345	721941
145038	123370	719225	746193	70218	257089	377960
1177553	788689	2407178	3629789	457862	1066863	1475221
303523	244484	630016	690199	84428	310134	396159
160064	133329	702579	696406	98273	394455	379810
121265	103909	428970	481688	53330	199666	245286
1750752	1824034	6090273	6177237	808885	3388028	1913889
302980	403099	622855	678266	117218	322955	786564
65676	59963	1387483	1452619	221956	168742	519906
147286	132486	443949	466084	75341	286129	246529
351514	364367	1021918	1043414	147936	451967	585345
123806	114369	38304	43021	15858	137820	134291
417458	440584	794939	801632	94957	239453	681554
3497	282	55931	57546	4784	9544	8190
267465	297051	1094452	1066241	127333	391187	514419
203585	196909	494845	486412	20546	272786	221841
173110	27492	-6126	-19299	437	98942	80195
17595	13680	33979	30899	2605	64952	122767
396715	375307	1014902	1047319	92243	397886	451712

机械设备、五金产品及电子产品批发
Wholesale of Machinery, Hardware and Electronic Products

地 区	Region	营业收入 Business Revenue	营业成本 Business Cost	税金及附加 Taxes and Other Charges	其他业务利润 Profits from Other Business	销售费用 Selling Expenses	管理费用 Administrative Expenses
全 国	**National Total**	**1116934639**	**1035957440**	**1956368**	**3041720**	**32597874**	**18535131**
北 京	Beijing	157769018	142677259	291336	1092347	5577924	3646160
天 津	Tianjin	28562784	26412638	350549	83366	716062	598545
河 北	Hebei	10525577	10192084	8914	10786	161633	105453
山 西	Shanxi	5558038	5328800	11814	9829	135779	118440
内蒙古	Inner Mongolia	2063894	1903467	5178	2627	76098	49902
辽 宁	Liaoning	6610774	6121525	9576	10267	151674	151343
吉 林	Jilin	11959918	11412190	14395	25146	380376	80723
黑龙江	Heilongjiang	5561078	5435852	6176	3305	56154	60318
上 海	Shanghai	270934442	245353330	368525	820769	9964982	5008553
江 苏	Jiangsu	88002027	82481581	158232	81730	1772286	1269913
浙 江	Zhejiang	91584730	86547723	81320	165197	2521870	1246533
安 徽	Anhui	24451334	23499004	34471	114457	592376	222659
福 建	Fujian	25003312	23479263	34907	56835	441445	412822
江 西	Jiangxi	6924345	6573424	7850	11864	200085	97881
山 东	Shandong	40531421	38356508	78742	34614	1017284	668554
河 南	Henan	13061508	12259501	21127	9134	382319	176170
湖 北	Hubei	15984112	15209890	26144	25518	418897	187929
湖 南	Hunan	7397826	6632077	71555	5565	337607	117912
广 东	Guangdong	221513353	207792433	266927	289028	5538587	3451025
广 西	Guangxi	6907952	6611866	9146	14659	214472	102591
海 南	Hainan	2357210	2242668	2552	367	39182	35924
重 庆	Chongqing	33954296	31796813	48362	89534	880854	212157
四 川	Sichuan	14536654	13807161	16721	21483	362634	162950
贵 州	Guizhou	2511720	2381778	3044	27938	65953	43554
云 南	Yunnan	2900896	2738155	3734	1045	87654	54854
西 藏	Tibet	3849856	3762795	2961		16819	5170
陕 西	Shaanxi	9492782	9021197	12689	6314	215587	121577
甘 肃	Gansu	1936286	1822144	1997	1000	84827	23455
青 海	Qinghai	111473	94237	254	453	6209	5516
宁 夏	Ningxia	396268	367359	583	1723	14660	5379
新 疆	Xinjiang	3979756	3642719	6588	24819	165584	91167

3-4-4 Continued 6

单位：万元
Unit: 10 000 yuan

财务费用 Financial Expenses	#利息支出 Interest Expenses	营业利润 Operating Profits	利润总额 Total Profits	应交所得税 Income Tax Payable	应付职工薪酬 Payables to Employees	应交增值税 VAT Payable
2213834	**2494878**	**30688112**	**31450219**	**6319948**	**19241986**	**8262667**
125096	652232	8185707	8304823	1402408	4250227	1863881
35800	40669	757637	776583	120917	588054	199987
28646	17869	40376	42675	7247	91280	37230
33349	30878	-88545	-97430	9985	77056	45941
9061	3588	19625	19212	5392	41501	10963
43546	11440	332091	335484	28789	102889	46067
9933	8211	89425	90556	15639	78466	52219
11334	10990	-49458	-44827	5378	36227	19023
253159	295292	10780066	11118336	2591892	5400979	1956013
355810	288272	2071914	2105352	444071	1089483	577989
264009	251982	1291253	1392393	313282	1326135	402394
-14147	56116	78853	99536	23122	220605	114794
80470	48740	517898	491555	68683	331954	135634
36494	13467	51318	54558	11943	84683	37168
215519	98052	337161	350304	84734	583017	372754
35290	22017	162924	175214	31135	157324	83308
72202	52359	83042	97203	43641	185294	145410
41044	33614	106757	108361	16777	106177	43193
386047	429406	4422999	4461521	839611	3507773	1495643
33201	11075	-49520	-52467	9526	98741	68631
-4123	2083	41824	46519	8434	34865	27901
29497	29472	1096121	1132405	189893	243227	246573
51438	34120	176356	184222	21552	249997	78886
11438	6703	2648	4222	2444	35880	25733
10128	6024	7273	10397	3883	62107	16181
8284	7473	53505	57756	6775	3574	5614
11710	8306	116605	120780	3561	121533	64725
9548	8307	-6462	-4894	1622	32236	34298
1313	1157	4008	4186	366	3890	1028
1271	647	3001	3312	562	6856	2416
27468	14316	51710	62373	6684	89956	51072

贸易经纪与代理

Trade Broker and Agency

地 区	Region	营业收入 Business Revenue	营业成本 Business Cost	税金及附加 Taxes and Other Charges	其他业务利润 Profits from Other Business	销售费用 Selling Expenses	管理费用 Administrative Expenses
全 国	**National Total**	**56215992**	**53394742**	**48731**	**122950**	**799615**	**667975**
北 京	Beijing	2919219	2489017	8010	80279	104340	148047
天 津	Tianjin	1714026	1670831	756	4825	19760	11617
河 北	Hebei	290551	277793	57	4	9023	3150
山 西	Shanxi	57144	55028	132		1039	638
内蒙古	Inner Mongolia						
辽 宁	Liaoning	186905	171500	426		7449	4795
吉 林	Jilin						
黑龙江	Heilongjiang	68762	63389	73	20	1860	1443
上 海	Shanghai	9902469	9208733	9504	20989	270917	199354
江 苏	Jiangsu	5444319	5012513	5257	3365	70421	39728
浙 江	Zhejiang	975192	922241	438	454	29291	15592
安 徽	Anhui	1433987	1353558	1243		4140	2857
福 建	Fujian	2021965	1947595	2242	1455	42542	17380
江 西	Jiangxi	689536	663586	411	33	9197	6197
山 东	Shandong	3600730	3523492	1976	1074	36432	12240
河 南	Henan	354784	345023	537	513	2465	3212
湖 北	Hubei	134077	129227	84	18	1372	1861
湖 南	Hunan	342744	329958	1399		3414	3448
广 东	Guangdong	22514614	21802982	12142	6461	164963	185255
广 西	Guangxi	10691	10708	17		90	166
海 南	Hainan	2220250	2120704	2873		554	863
重 庆	Chongqing	859380	851188	640	1585	5311	2724
四 川	Sichuan	10974	9612	99		700	920
贵 州	Guizhou	91930	90745	87	120	202	318
云 南	Yunnan	37862	35668	26		1567	248
西 藏	Tibet						
陕 西	Shaanxi	245821	232254	134	588	7069	3458
甘 肃	Gansu	54739	50583	69		2632	609
青 海	Qinghai						
宁 夏	Ningxia						
新 疆	Xinjiang	33322	26813	100	1171	2864	1857

单位：万元
Unit: 10 000 yuan

财务费用 Financial Expenses	#利息支出 Interest Expenses	营业利润 Operating Profits	利润总额 Total Profits	应交所得税 Income Tax Payable	应付职工薪酬 Payables to Employees	应交增值税 VAT Payable
141015	**329969**	**1472635**	**1520362**	**269366**	**560599**	**212106**
-73161	56893	463467	462538	78782	133954	21669
6516	6244	6266	6588	1967	14650	2181
132	-676	395	1077	83	2119	231
985	1025	90	164	94	392	216
868	309	1854	3188	266	2230	603
284	76	1671	2057	465	617	567
9358	33117	312110	327335	57554	185689	42550
28540	22250	269601	274497	55643	32549	64364
2630	1304	6691	7963	788	12741	1368
2476	2619	24616	25106	5605	3105	1574
9985	6419	7554	8045	888	10111	4112
6333	4266	7088	7387	1527	3858	1632
18494	10615	8371	10144	2373	11945	4195
1364	99	2089	2204	423	1819	1647
638	70	827	1060	20	854	457
1582	15	2401	2770	480	1309	-16677
102736	169674	287609	297393	47232	135275	64820
23	4	-312	-314	1	99	126
316	108	94939	104502	15676	475	13190
18877	14188	-28407	-28536	-1377	2254	1323
-63	2	227	248	35	453	488
472	481	-5	991	227	514	135
119	34	138	182	24	446	-522
456	20	1875	1860	431	2210	597
85	20	761	997	44	323	889
971	793	719	916	115	608	371

其他批发业

Other Wholesale not Classified Elsewhere

地 区	Region	营业收入 Business Revenue	营业成本 Business Cost	税金及附加 Taxes and Other Charges	其他业务利润 Profits from Other Business	销售费用 Selling Expenses	管理费用 Administrative Expenses
全 国	**National Total**	**166108326**	**157695636**	**726985**	**166110**	**4055971**	**2019818**
北 京	Beijing	6817721	6125892	9336	18160	211890	178740
天 津	Tianjin	10997633	10920551	94986	1689	129188	53327
河 北	Hebei	1509162	1278012	4734	102	9690	10452
山 西	Shanxi	2772618	2691798	2741	317	17257	16216
内蒙古	Inner Mongolia	882933	837019	2885	1809	15747	10528
辽 宁	Liaoning	2021932	1933689	3104	193	31253	24482
吉 林	Jilin	263225	241469	544	28	8168	11002
黑龙江	Heilongjiang	519712	503445	888	215	6672	5276
上 海	Shanghai	9484106	8341569	19753	29878	547481	329350
江 苏	Jiangsu	20150029	19395770	77962	18735	338767	199116
浙 江	Zhejiang	26228821	25164287	54583	14380	783992	261503
安 徽	Anhui	6508438	6360200	107776	1875	46013	62234
福 建	Fujian	21716011	20350898	83072	20036	920856	188643
江 西	Jiangxi	1919148	1809005	9377	9693	40973	26890
山 东	Shandong	5536645	5358630	27917	6984	118942	60943
河 南	Henan	3284730	3136194	33300	234	51891	43031
湖 北	Hubei	2101521	1960263	7590	1375	27169	22986
湖 南	Hunan	2117349	1871669	17835	1843	120504	36441
广 东	Guangdong	18809076	17832844	20778	16094	421213	323107
广 西	Guangxi	5501641	5535421	57646	52	10253	18072
海 南	Hainan	3421856	3409902	25064		19490	7277
重 庆	Chongqing	3826428	3342114	17284	14554	77809	33928
四 川	Sichuan	5366666	5206034	14559	6058	39680	45414
贵 州	Guizhou	731576	667220	6057		20536	3774
云 南	Yunnan	399152	343769	3513		2497	4808
西 藏	Tibet	18325	13428	124		1636	550
陕 西	Shaanxi	847356	806502	1408	127	20659	15096
甘 肃	Gansu	1373324	1337930	18516		1957	2416
青 海	Qinghai	87342	85826	53	327	952	863
宁 夏	Ningxia	76030	73572	98		658	410
新 疆	Xinjiang	817821	760713	3499	1350	12178	22944

单位：万元
Unit: 10 000 yuan

财务费用 Financial Expenses	#利息支出 Interest Expenses	营业利润 Operating Profits	利润总额 Total Profits	应交所得税 Income Tax Payable	应付职工薪酬 Payables to Employees	应交增值税 VAT Payable
427190	**438173**	**1574198**	**2754309**	**448788**	**1803438**	**5045983**
54957	58494	161928	164123	35992	204343	56703
12945	7609	-171231	40161	23798	106753	733178
9578	2453	5268	8331	2263	7561	11802
1375	1128	46955	48585	10959	8279	16078
5630	6393	11837	11575	2285	6788	3753
17385	2277	9646	21787	6221	14077	17412
1552	2560	1149	1352	151	4907	7650
1250	304	1355	4886	622	1092	5478
26611	29217	245898	283957	82104	348341	81246
37932	31287	71559	167138	38867	150428	648705
34839	47556	-67359	38833	49373	205855	558799
18490	15169	-37189	77417	19465	30673	351429
35487	71161	280594	468548	52901	96802	742854
10576	9603	52171	65833	2470	14327	77928
14346	8325	-22626	10157	5216	52142	227645
12243	3526	-2150	69767	6316	32732	191310
5167	991	48042	56389	6630	40445	42364
8721	1868	52524	83701	11890	38200	98323
49716	49760	539906	540453	40184	291643	103873
7484	4215	-65864	-30232	2266	14639	356791
-5843	3972	4967	121241	10446	7740	230527
17906	9574	28021	66838	7865	31335	114841
35572	50064	299206	317340	7698	53183	88110
253	240	33540	45799	11945	7501	51813
1003	852	2553	15084	2084	3199	26853
-2		2583	2569	412	1433	906
9508	9118	-6439	-6264	775	10633	2361
1380	1365	6661	11291	2763	1192	176096
-72	14	-280	61	1	852	88
861	558	461	470	79	501	306
339	8522	40512	47119	4747	15843	20762

3-4-5 各地区限额以上零售业企业损益及分配

地区	Region	营业收入 Business Revenue	营业成本 Business Cost	税金及附加 Taxes and Other Charges	其他业务利润 Profits from Other Business	销售费用 Selling Expenses	管理费用 Administrative Expenses
全国	**National Total**	**1333696157**	**1153068396**	**5045755**	**11421496**	**107567266**	**40189289**
北京	Beijing	100183716	88203581	323277	1670847	7975448	2487952
天津	Tianjin	20015125	17574256	63876	251802	1710202	534462
河北	Hebei	37342861	33296762	143854	481834	2372090	1122007
山西	Shanxi	19860813	18161955	53149	158140	1172216	632393
内蒙古	Inner Mongolia	12508574	11136522	41279	86355	843418	348790
辽宁	Liaoning	28136989	24891411	113479	240513	1863685	930362
吉林	Jilin	12810187	11140224	50908	108271	814720	556435
黑龙江	Heilongjiang	14182632	12841660	51905	181598	894709	447070
上海	Shanghai	110315603	81876334	551141	881201	18423933	5212449
江苏	Jiangsu	121511723	106983387	391515	1077508	8181338	3370930
浙江	Zhejiang	90729617	78129859	307514	912672	8160973	2755495
安徽	Anhui	42903796	37724190	131116	172453	2855525	1156113
福建	Fujian	67098262	58230799	238474	301639	4871351	1793485
江西	Jiangxi	29170724	25533601	110927	249426	1729111	771637
山东	Shandong	70214513	62028324	233836	612789	5106535	2205145
河南	Henan	51200256	44397474	215284	341224	2922636	1609118
湖北	Hubei	54760384	47509458	228093	503288	3783088	1507458
湖南	Hunan	50319771	43281438	300179	251721	3127324	1532968
广东	Guangdong	149047104	128416384	548398	1250000	14451891	4706134
广西	Guangxi	19304059	17111105	55105	130490	1275923	598303
海南	Hainan	13588194	11461843	203678	98547	792306	341050
重庆	Chongqing	32888625	28387065	130112	351831	2306224	926013
四川	Sichuan	70670266	63299448	191002	443939	4583866	1519545
贵州	Guizhou	22461784	19924466	52335	89628	1157822	569379
云南	Yunnan	24657832	21943967	57505	128977	1656560	537338
西藏	Tibet	2098152	1908809	4492	2071	106100	50781
陕西	Shaanxi	37619131	32907626	146413	236746	2532946	1180581
甘肃	Gansu	10383237	9262738	36848	56479	671984	248983
青海	Qinghai	2147175	1883842	7904	46946	136604	66270
宁夏	Ningxia	3156577	2736832	12990	11532	242785	96086
新疆	Xinjiang	12408474	10883035	49171	91027	843954	374558

Income and Distribution of Enterprises above Designated Size of Retail Trade by Region

单位：万元

Unit: 10 000 yuan

财务费用 Financial Expenses	#利息支出 Interest Expenses	营业利润 Operating Profits	利润总额 Total Profits	应交所得税 Income Tax Payable	应付职工薪酬 Payables to Employees	应交增值税 VAT Payable
6681869	**3516027**	**23550384**	**24803562**	**6141001**	**48954678**	**15678370**
256668	301998	1105516	1170105	478222	3453627	987098
170711	75080	9206	21052	76936	740555	198625
264607	109714	330757	361844	112787	1386486	438842
133683	70011	-382231	-259101	42649	616346	188573
69060	34018	74618	87711	23200	539054	252856
187383	104244	320671	357469	98820	977826	284200
148293	91965	146110	166259	36778	432405	172879
128462	64857	129037	136807	46586	443532	327229
396731	202507	4402259	4681906	1532216	5308418	1636585
639093	252473	2273603	2423764	537325	4069385	1338100
400086	311151	1331532	1459175	482879	3476948	1181864
204000	69701	666057	727950	124634	1446985	418279
261359	138176	1570971	1617950	222892	2154936	593288
130634	77061	732733	754177	84637	1057614	317902
418042	199478	524791	592426	220792	2554248	720995
344421	122206	1484085	1504376	241932	1733573	575658
251139	117667	1592788	1633100	217768	2031711	781119
337332	147682	1538649	1375058	165590	1702851	576015
656007	338571	728015	907107	624236	6360927	1834631
89540	59335	172402	195681	55795	765320	213721
67292	46281	747155	751281	69802	399008	109888
154313	93150	826119	845851	91497	1401957	460539
277533	146297	999677	988123	194093	2137494	665123
132623	71053	875886	886669	92996	610092	270395
118597	83415	379237	399952	74202	768453	276727
6719	3900	23679	24244	2281	64825	58503
217270	87003	534002	571746	98653	1168792	422516
60737	25181	171751	178285	32381	385407	121359
23689	13968	18528	21553	8374	77476	68189
42167	15307	26722	29691	9433	126580	47474
93677	42580	196059	191353	40616	561844	139199

3-4-5 续表

国有控股

State-controlled Enterprises

地区	Region	营业收入 Business Revenue	营业成本 Business Cost	税金及附加 Taxes and Other Charges	其他业务利润 Profits from Other Business	销售费用 Selling Expenses	管理费用 Administr-ative Expenses
全国	**National Total**	**216360231**	**190884275**	**877828**	**1837781**	**14224408**	**4610886**
北京	Beijing	14570902	12618091	81693	267453	880109	503862
天津	Tianjin	4646703	4201108	12276	18282	327269	113849
河北	Hebei	4454992	3760572	21917	107142	366331	171134
山西	Shanxi	3074405	2834638	8647	15313	266545	94625
内蒙古	Inner Mongolia	4503675	4088564	11812	6913	308587	43346
辽宁	Liaoning	5166679	4650429	17443	41075	357779	89291
吉林	Jilin	3226049	2783022	15527	24026	252719	102518
黑龙江	Heilongjiang	2618411	2359417	8619	2818	156541	36549
上海	Shanghai	13010485	10710847	61271	234277	1429857	581430
江苏	Jiangsu	15722304	14268205	35981	172548	942149	261906
浙江	Zhejiang	11393476	10044158	47165	87735	750073	204548
安徽	Anhui	7736569	6890679	25354	59312	437846	172037
福建	Fujian	10660482	9664360	22997	79675	540075	150366
江西	Jiangxi	5048552	4434867	16969	39270	299646	139496
山东	Shandong	6652196	5715718	33091	100403	602926	161405
河南	Henan	6318423	5347055	19517	27600	388639	126246
湖北	Hubei	9362909	7957279	42246	142986	858471	207386
湖南	Hunan	8125119	7058992	26188	10130	452558	167990
广东	Guangdong	22534488	20158866	67040	181500	1653160	436186
广西	Guangxi	3118451	2742107	11921	18697	168733	88715
海南	Hainan	8017819	6642366	188367	25611	398671	112804
重庆	Chongqing	6109219	5365101	14640	60520	381937	94090
四川	Sichuan	12034438	11049481	19244	32776	553303	166865
贵州	Guizhou	8244097	7470427	12874	14598	294185	94319
云南	Yunnan	7725649	7103444	14557	36189	373847	78152
西藏	Tibet	1093555	1018271	2690	1050	53883	12104
陕西	Shaanxi	4047753	3469803	14703	9863	312993	130563
甘肃	Gansu	3620218	3319314	13037	12300	198466	30545
青海	Qinghai	428303	364856	1432	95	24799	8010
宁夏	Ningxia	482059	445386	1576	1499	23434	6717
新疆	Xinjiang	2611850	2346853	7036	6126	168875	23831

3-4-5 Continued

单位：万元
Unit: 10 000 yuan

财务费用 Financial Expenses	#利息支出 Interest Expenses	营业利润 Operating Profits	利润总额 Total Profits	应交所得税 Income Tax Payable	应付职工薪酬 Payables to Employees	应交增值税 VAT Payable
840998	**702828**	**5941301**	**6100701**	**1114811**	**8265041**	**2679597**
55449	92377	609319	635528	156770	855472	170338
40178	21488	-30507	-50860	8919	206642	47835
26625	15385	125104	123146	17514	263996	80990
15510	9145	-235587	-240705	9900	142168	35456
7953	6629	50155	50002	4313	187766	170680
12768	18288	142914	145815	21219	242630	50878
25009	16399	53636	54674	8329	129242	56446
7757	4234	33864	33396	5252	105254	170873
54594	60362	409265	440028	103126	682096	176482
51051	26456	277361	320453	55486	444910	127506
48937	50925	426324	446636	112230	397544	144339
20992	12420	166606	165730	23622	227173	82116
24314	30526	344348	348709	76903	260834	101176
15137	14181	189860	182852	20642	270130	74401
55530	35923	114487	114003	30265	331226	94342
28441	19727	354033	345814	61721	189452	64200
38569	25781	305527	310485	39826	436782	103547
14613	10659	181696	179085	26739	268061	91245
126849	90484	138552	191570	111366	984739	244868
11259	11237	103203	106802	21938	113463	31860
33175	29872	645428	645830	44741	188270	42964
5953	7402	176297	179335	13236	229531	115161
11554	23233	298533	299569	24963	315369	81254
33522	20087	677248	681178	46051	130517	79646
36366	31019	104928	111266	20245	164803	41771
2866	2064	1739	1850	432	32219	47868
26317	10398	102957	109849	25469	203894	52245
4029	1459	104368	99097	10198	125479	49848
235	127	5128	5982	610	9617	3734
2652	226	4822	5465	648	15104	19680
2793	4314	59693	58117	12136	110659	25850

3-4-6 各地区限额以上零售业企业损益及分配(按登记注册类型分)

内资企业

Domestic Funded Enterprises

地 区	Region	营业收入 Business Revenue	营业成本 Business Cost	税金及附加 Taxes and Other Charges	其他业务利润 Profits from Other Business	销售费用 Selling Expenses	管理费用 Administrative Expenses
全 国	**National Total**	**1058246581**	**927008042**	**3895134**	**8173904**	**75649228**	**31434210**
北 京	Beijing	51094884	43707219	202443	1214568	5003765	1784976
天 津	Tianjin	15063208	13313683	47464	152379	1221235	396085
河 北	Hebei	32107195	28556699	129680	469233	2063984	1063474
山 西	Shanxi	18082841	16390666	48493	149753	1066587	603890
内蒙古	Inner Mongolia	11692049	10390999	38436	84410	798135	339906
辽 宁	Liaoning	24938239	22279467	91509	145321	1545477	796989
吉 林	Jilin	11526178	10059386	44285	104657	730568	532432
黑龙江	Heilongjiang	13042551	11864621	45921	173215	776636	412818
上 海	Shanghai	56836174	48003139	185885	459756	6384252	1927544
江 苏	Jiangsu	98681828	87354143	308149	731779	5933354	2867302
浙 江	Zhejiang	72038012	62571622	201725	714386	6266385	2204186
安 徽	Anhui	36578124	32211839	112136	153941	2295400	1071193
福 建	Fujian	55748454	48452034	206877	232808	3799051	1541266
江 西	Jiangxi	27503937	24063573	104903	139640	1605375	740205
山 东	Shandong	61904275	54904607	197942	549479	4320354	1954105
河 南	Henan	47083572	40901325	192429	179041	2669222	1420937
湖 北	Hubei	45754041	39518180	205732	263845	3072619	1269374
湖 南	Hunan	45985097	39658445	285383	170076	2667135	1385284
广 东	Guangdong	114886216	100736290	411194	751545	9611832	3365548
广 西	Guangxi	17187579	15289541	45861	101368	1098184	546076
海 南	Hainan	13157856	11095378	201799	87542	758278	327292
重 庆	Chongqing	28912056	24901217	114446	312498	2025266	796039
四 川	Sichuan	60396907	54233091	158760	337768	3811119	1261235
贵 州	Guizhou	18694272	16564026	44207	83800	988294	513653
云 南	Yunnan	22577510	20169220	49236	95570	1477154	490101
西 藏	Tibet	2058187	1873462	4407	2071	104033	50130
陕 西	Shaanxi	27374571	23833983	112798	115492	1711427	1001311
甘 肃	Gansu	10116111	9033003	35127	54149	647254	243977
青 海	Qinghai	2083844	1829344	7738	46905	131094	65037
宁 夏	Ningxia	3067620	2657486	12411	10360	237152	94961
新 疆	Xinjiang	12073194	10590352	47757	86546	828605	366884

Income and Distribution of Enterprises above Designated Size of Retail Trade by Region and Type of Registration

单位：万元

Unit: 10 000 yuan

财务费用 Financial Expenses	#利息支出 Interest Expenses	营业利润 Operating Profits	利润总额 Total Profits	应交所得税 Income Tax Payable	应付职工薪酬 Payables to Employees	应交增值税 VAT Payable
5711176	**2912089**	**15921684**	**16916826**	**3604318**	**38529192**	**12095353**
199982	204959	372773	429556	212905	2492069	589032
119593	37497	7897	37443	61326	528204	146009
243716	99876	238116	277547	101850	1289656	368682
128465	68562	-240507	-114497	38831	577289	180652
67311	33626	64230	78936	20201	518758	249315
168408	90947	225868	257577	64063	829059	242194
124241	70575	77978	98320	34468	412855	156705
114835	55033	143024	153364	45130	411581	307986
212376	118871	327077	462235	237948	2061855	608032
549839	211193	1741078	1876403	428088	3303117	1079593
352681	277374	716225	849954	311663	2765502	916648
188075	64434	520698	564955	97099	1288894	344213
212645	106059	1385342	1425727	149195	1759560	470619
125536	74175	700298	717141	77352	1001608	300920
387859	174262	437268	505347	172324	2293038	641490
332132	116051	1342687	1370721	203072	1614071	505469
231047	107152	1417579	1451394	169799	1749146	642119
316680	134233	1431227	1268029	145500	1459812	516023
493336	249105	617418	749732	416115	4668216	1301985
80011	52626	119656	140169	39886	687835	186782
66499	46021	733215	736469	66624	373508	105773
137153	81402	778662	792328	75751	1269196	420316
234113	125131	886207	847641	143449	1813225	579196
117987	68149	750091	767074	85038	550984	253452
111102	77995	297330	316150	59734	693287	249965
6700	3894	21581	22150	2036	63896	58580
168044	66319	425934	444688	63951	926245	307298
60355	24845	166033	172966	30553	378807	118670
23648	13936	16473	19327	6583	74365	67320
42153	15300	23984	26951	8502	124355	46315
94655	42485	176242	171028	35281	549203	133998

国有企业

State-owned Enterprises

地　区	Region	营业收入 Business Revenue	营业成本 Business Cost	税金及附加 Taxes and Other Charges	其他业务利润 Profits from Other Business	销售费用 Selling Expenses	管理费用 Administr-ative Expenses
全　国	**National Total**	**16207791**	**14439778**	**84403**	**75707**	**1014677**	**395368**
北　京	Beijing	297798	266696	512	1138	15928	7099
天　津	Tianjin	71671	62639	160	757	5461	3482
河　北	Hebei	85678	79615	353	1101	4621	3268
山　西	Shanxi	534529	527913	506	826	34136	10990
内蒙古	Inner Mongolia	2703	2263	5		194	89
辽　宁	Liaoning	131090	104006	646	1755	5349	14855
吉　林	Jilin	94461	44200	710	1239	40827	8032
黑龙江	Heilongjiang	290119	236135	3244	606	34290	10622
上　海	Shanghai	408096	331994	1452	5414	38151	40016
江　苏	Jiangsu	2420332	2374615	4156	4968	95250	31256
浙　江	Zhejiang	284599	249344	701	2252	14660	9612
安　徽	Anhui	828020	717294	1656	25490	43589	4048
福　建	Fujian	12324	10408	86		567	690
江　西	Jiangxi	544455	502871	686	273	21024	7102
山　东	Shandong	724462	651600	1979	2371	46435	19134
河　南	Henan	566513	477022	1666	213	32587	18295
湖　北	Hubei	1182464	1056209	4072	2538	135684	22623
湖　南	Hunan	1160068	1076125	5644	149	40757	18683
广　东	Guangdong	1086004	920044	3295	12104	99135	61938
广　西	Guangxi	35542	29993	91	656	3229	2300
海　南	Hainan	1603049	1359614	40530	5602	95087	17829
重　庆	Chongqing	476853	449691	772	-37	18447	2406
四　川	Sichuan	202587	185306	389		9820	5281
贵　州	Guizhou	843492	726162	1306	520	32204	7708
云　南	Yunnan	564273	517691	964	2438	22221	6254
西　藏	Tibet	103328	90034	266	574	1639	3866
陕　西	Shaanxi	717393	607781	4779	432	45042	34351
甘　肃	Gansu	396491	349944	990	579	26087	5985
青　海	Qinghai	209146	175485	470		11287	572
宁　夏	Ningxia	23333	18153	116	672	2960	2880
新　疆	Xinjiang	306918	238932	2203	1077	38008	14100

单位：万元
Unit: 10 000 yuan

财务费用 Financial Expenses	#利息支出 Interest Expenses	营业利润 Operating Profits	利润总额 Total Profits	应交所得税 Income Tax Payable	应付职工薪酬 Payables to Employees	应交增值税 VAT Payable
53688	**28129**	**237158**	**266656**	**42011**	**582348**	**178534**
-844	147	8164	8169	2314	14434	2627
36	14	-22	742	276	6647	1328
-29	-7	-1917	-606	79	6669	870
1269	797	-34683	-36009	-113	11370	826
5		148	180	4	66	37
988	654	5910	6376	1496	11468	1834
2	18	723	1145	268	5567	8227
895	442	7646	8022	277	17369	4519
-323	516	8829	7877	6831	33597	3687
7422	2895	-82112	-77260	10478	44440	18367
162	685	12543	14511	3139	13621	5078
1520	158	14761	15705	538	21766	15293
40	18	532	529	4	740	227
1602	153	17575	17886	168	5952	4315
6477	2681	5413	6258	2131	31014	22793
1608	571	31308	29896	808	16300	4142
4458	2802	-44498	-39045	-12769	49129	7870
3478	1331	20084	19371	887	27617	6738
6054	1783	26702	35407	4547	80383	11134
401	281	901	1427	304	3078	614
10450	6481	83850	84248	3935	38920	21361
511	125	5243	5031	713	12676	2273
430	222	2013	3609	871	3227	2020
2142	1558	77450	76373	1266	11860	3447
2540	1675	13597	16779	312	11053	2478
328	39	4317	4889	163	1533	101
365	1333	28815	29696	6742	58815	14141
1227	142	8311	8183	1930	12445	8884
96	46	1259	1676		1077	295
223	19	-307	208	113	1197	1335
156	550	14603	15384	4301	28319	1673

集体企业
Collective-owned Enterprises

地 区	Region	营业收入 Business Revenue	营业成本 Business Cost	税金及附加 Taxes and Other Charges	其他业务利 润 Profits from Other Business	销售费用 Selling Expenses	管理费用 Administr-ative Expenses
全 国	**National Total**	**3678862**	**3199219**	**15753**	**17340**	**167708**	**167563**
北 京	Beijing	199610	166400	1314	7573	16761	15053
天 津	Tianjin	94314	82700	183		3788	3594
河 北	Hebei	54655	49922	147	974	3178	1806
山 西	Shanxi	61339	52970	197	104	1069	14244
内蒙古	Inner Mongolia	1510	695	14	761	641	140
辽 宁	Liaoning	66038	58633	127		3599	1679
吉 林	Jilin	8662	6895	12		368	263
黑龙江	Heilongjiang	21493	17127	121		2283	1102
上 海	Shanghai	72435	56660	330	410	7738	7732
江 苏	Jiangsu	312002	268643	902	412	13671	13060
浙 江	Zhejiang	135649	120505	508	2375	7099	5576
安 徽	Anhui	28055	26134	74	31	696	738
福 建	Fujian	536082	480563	1514	88	16140	14749
江 西	Jiangxi	40020	37634	81		498	991
山 东	Shandong	126732	111656	660	939	4258	8882
河 南	Henan	49333	41947	250	35	2173	2088
湖 北	Hubei	509945	452436	2517	989	8790	13482
湖 南	Hunan	188711	165665	2040	1563	7692	5872
广 东	Guangdong	492879	417723	1999	169	33637	15619
广 西	Guangxi	13512	10269	42		1151	865
海 南	Hainan	3622	2938	8		9	391
重 庆	Chongqing	41949	40191	45		581	746
四 川	Sichuan	49327	41167	168	-9	2143	3361
贵 州	Guizhou	31513	27033	150		1253	1140
云 南	Yunnan	82673	74618	119	592	3530	1620
西 藏	Tibet						
陕 西	Shaanxi	398984	335357	2196	335	23585	30017
甘 肃	Gansu	11667	10404	17		635	434
青 海	Qinghai						
宁 夏	Ningxia	2663	2207	7		24	184
新 疆	Xinjiang	43487	40128	11		718	2137

3-4-6 Continued 2

单位：万元
Unit: 10 000 yuan

财务费用 Financial Expenses	#利息支出 Interest Expenses	营业利润 Operating Profits	利润总额 Total Profits	应交所得税 Income Tax Payable	应付职工薪酬 Payables to Employees	应交增值税 VAT Payable
7829	**3372**	**94390**	**98661**	**11671**	**123632**	**44819**
356	227	-172	646	142	14117	2874
-24	19	4181	4182	712	3044	1285
241	6	-79	-92	67	2152	565
91	58	452	525	32	2406	961
-4		25	25	1	715	104
49	7	1949	1960	222	3145	634
148	1	120	116	6	298	159
-20	30	246	156	6	1968	209
4	23	1602	2601	418	6459	1436
908	146	14732	15944	1711	10701	4833
-127	-50	2626	3098	579	4993	1353
129		559	559	48	527	103
1167	769	13141	12589	415	4573	1888
81	78	570	565	84	958	324
912	663	801	1340	261	6941	1933
236	99	2518	2543	479	2020	606
542	424	3989	4745	636	21497	2186
313	25	9576	9584	368	5395	1616
1337	296	22677	22785	4203	17881	8581
-4	9	1167	1251	220	876	225
10		266	266	2	174	84
-19	13	1196	1226	94	845	301
40	24	2394	2417	414	2257	859
210	146	906	898	72	454	267
211	101	2523	2420	148	2692	999
853	210	5703	5585	294	5639	10151
56	51	121	126	5	402	91
		242	242	16	94	56
134		359	360	16	410	137

股份合作企业
Cooperative Enterprises

地 区	Region	营业收入 Business Revenue	营业成本 Business Cost	税金及附加 Taxes and Other Charges	其他业务利润 Profits from Other Business	销售费用 Selling Expenses	管理费用 Administr-ative Expenses
全 国	**National Total**	**1305612**	**1122022**	**11053**	**3791**	**70782**	**51990**
北 京	Beijing	130942	115944	234	303	7702	5811
天 津	Tianjin	20851	16953	57		1102	1305
河 北	Hebei	184873	151921	7682	83	13321	8793
山 西	Shanxi						
内蒙古	Inner Mongolia	3363	2841	15		150	182
辽 宁	Liaoning	17756	14748	42	326	800	859
吉 林	Jilin	14839	12975	54	864	2	1552
黑龙江	Heilongjiang	47589	28196	155	57	4156	3296
上 海	Shanghai	34728	29138	84	12	1590	2193
江 苏	Jiangsu	84932	74377	133	991	4527	3450
浙 江	Zhejiang	202783	171658	620	444	10537	8944
安 徽	Anhui	8901	7076	95	84	606	463
福 建	Fujian	3658	3384	7		100	40
江 西	Jiangxi	10377	9433	46		374	219
山 东	Shandong	71313	62491	326	339	4819	3387
河 南	Henan	2754	1930	99	12	345	144
湖 北	Hubei	12562	10512	101	185	353	352
湖 南	Hunan	9256	8709	71		213	129
广 东	Guangdong	136159	121872	299	13	6527	1937
广 西	Guangxi	1975	1457	5		275	282
海 南	Hainan	3447	2594	12		248	343
重 庆	Chongqing	29456	21245	554		1593	1308
四 川	Sichuan	32905	28543	93		1659	1696
贵 州	Guizhou	11592	10511	29	75	506	1207
云 南	Yunnan	199811	187222	159	4	8157	3154
西 藏	Tibet						
陕 西	Shaanxi	24815	23221	71		598	671
甘 肃	Gansu	3639	2815	9		520	234
青 海	Qinghai						
宁 夏	Ningxia						
新 疆	Xinjiang	334	258	2		2	40

单位：万元
Unit: 10 000 yuan

财务费用 Financial Expenses	#利息支出 Interest Expenses	营业利润 Operating Profits	利润总额 Total Profits	应交所得税 Income Tax Payable	应付职工薪酬 Payables to Employees	应交增值税 VAT Payable
7062	**4579**	**34467**	**38534**	**6910**	**43390**	**13827**
722	301	614	701	140	5324	1667
-69	20	1506	1510	361	2040	493
2113	2099	1047	1429	533	4613	566
14	10	162	161	5	186	55
333	11	974	994	170	446	324
91		165	91	9	318	116
1	2	710	785	5	3131	135
-345		2069	4331	973	2044	635
190	69	2553	2403	1018	2757	301
1448	546	9874	11092	2008	6180	4157
4	3	118	122	7	553	139
1		127	127	2	80	51
10	3	288	289	13	295	62
425	357	99	146	77	3292	722
422		185	185		121	29
24	1	1406	1423	1	616	474
70	11	64	90	13	614	38
517	469	4932	4948	1275	3878	1661
6	6	-50	-49		315	42
1		250	250	17	234	97
483	318	4871	4871	209	1158	905
31	19	833	867	25	1708	511
85	83	-738	-666	15	929	300
484	250	2063	2081	20	1436	197
4	3	248	252	10	364	68
-5		67	70	2	738	79
2		30	30	1	22	2

联营企业
Joint Ownership Enterprises

地 区	Region	营业收入 Business Revenue	营业成本 Business Cost	税金及附加 Taxes and Other Charges	其他业务利润 Profits from Other Business	销售费用 Selling Expenses	管理费用 Administrative Expenses
全 国	**National Total**	**506993**	**439801**	**1689**	**2401**	**25895**	**11112**
北 京	Beijing	10994	9068	34	409	1152	343
天 津	Tianjin	18389	15806	37		1030	88
河 北	Hebei						
山 西	Shanxi						
内蒙古	Inner Mongolia						
辽 宁	Liaoning	10099	9758	26	1	474	376
吉 林	Jilin						
黑龙江	Heilongjiang	8050	7722	5		123	139
上 海	Shanghai	110896	98105	248	24	5215	1345
江 苏	Jiangsu	37999	34543	77	94	1845	461
浙 江	Zhejiang	76936	66756	159		2406	473
安 徽	Anhui	7707	6433	17		551	294
福 建	Fujian	2712	2101	11	55	89	201
江 西	Jiangxi	649	601	2		5	4
山 东	Shandong	14591	13915	34		487	290
河 南	Henan						
湖 北	Hubei	4036	3434	3		204	114
湖 南	Hunan						
广 东	Guangdong	179875	149929	488	1819	10187	5685
广 西	Guangxi						
海 南	Hainan	712	624	1		89	1
重 庆	Chongqing	6932	6528	17		266	41
四 川	Sichuan	6871	6293	14		297	142
贵 州	Guizhou						
云 南	Yunnan	4682	3952	503		1355	956
西 藏	Tibet						
陕 西	Shaanxi	606	506	4		23	37
甘 肃	Gansu	4258	3729	9		99	122
青 海	Qinghai						
宁 夏	Ningxia						
新 疆	Xinjiang						

3-4-6 Continued 4

单位：万元
Unit: 10 000 yuan

财务费用 Financial Expenses	#利息支出 Interest Expenses	营业利润 Operating Profits	利润总额 Total Profits	应交所得税 Income Tax Payable	应付职工薪酬 Payables to Employees	应交增值税 VAT Payable
843	**603**	**30027**	**30304**	**6573**	**16741**	**8553**
200	158	199	189	73	384	182
-3		1431	1427	264	438	280
16	6	125	113	-16	467	137
18		41	34	2	105	44
64	9	5850	5944	1197	3260	1873
6	2	1214	1412	295	752	289
23	22	7513	7491	1735	1477	1191
58	57	353	354	26	563	172
-7		317	350	48	181	57
3		34	34		50	
24	13	459	459	103	354	195
3		278	278	2	149	507
422	295	13691	13689	3325	6993	2935
		-3	-3		57	7
-13	2	176	177	-1	170	56
3	3	121	121	21	145	56
-12		-2072	-2064	-522	1112	15
		39	39		34	3
39	36	261	261	19	50	554

有限责任公司
Limited Liability Corporations

地　区	Region	营业收入 Business Revenue	营业成本 Business Cost	税金及附加 Taxes and Other Charges	其他业务利润 Profits from Other Business	销售费用 Selling Expenses	管理费用 Administrative Expenses
全　国	**National Total**	**363996381**	**319694909**	**1359209**	**3412239**	**27502836**	**9289848**
北　京	Beijing	33055330	28578440	134114	887250	3150741	1016952
天　津	Tianjin	4712283	4007253	20263	83445	454169	130430
河　北	Hebei	12692138	11364867	46220	161004	804668	378752
山　西	Shanxi	4993766	4449763	16979	39964	319987	167380
内蒙古	Inner Mongolia	3356123	2831878	16747	26295	330087	120355
辽　宁	Liaoning	6444965	5587642	26173	52729	476261	250576
吉　林	Jilin	3984231	3390383	23427	56508	269369	224563
黑龙江	Heilongjiang	4219385	3710491	18342	52050	280173	141252
上　海	Shanghai	29404199	25414236	105908	290904	2787047	804549
江　苏	Jiangsu	25457598	22546270	85772	237329	1688058	529109
浙　江	Zhejiang	24007193	21231536	66719	226569	1836700	503666
安　徽	Anhui	12722149	11073144	46579	61532	1015533	333518
福　建	Fujian	7210327	6297055	23597	62051	599540	143463
江　西	Jiangxi	9425817	8370182	35231	55538	563309	247036
山　东	Shandong	19961658	17640100	63055	197955	1528614	512589
河　南	Henan	13946382	12273913	52411	75116	852800	362613
湖　北	Hubei	18174779	15799067	60858	154901	1413043	430003
湖　南	Hunan	7732606	6687043	31538	28324	528901	272652
广　东	Guangdong	43479779	38684795	126137	234934	3421561	897015
广　西	Guangxi	7311900	6477133	21361	42002	530565	165560
海　南	Hainan	8777240	7217236	156199	63967	529773	250927
重　庆	Chongqing	6877487	5928548	19538	73076	637074	172198
四　川	Sichuan	22659494	20491722	50915	98296	1397685	417808
贵　州	Guizhou	7689760	6776118	18681	24555	397800	187877
云　南	Yunnan	8759661	7868245	19464	49460	614223	161213
西　藏	Tibet	898141	827121	1460	620	35701	22041
陕　西	Shaanxi	8089957	7112030	41264	38816	488255	276473
甘　肃	Gansu	2770396	2404333	12027	14331	234684	71197
青　海	Qinghai	554512	478828	4286	6885	41556	25217
宁　夏	Ningxia	1078646	933668	3625	2547	96191	27792
新　疆	Xinjiang	3548480	3241870	10323	13286	178768	45074

单位：万元
Unit: 10 000 yuan

财务费用 Financial Expenses	#利息支出 Interest Expenses	营业利润 Operating Profits	利润总额 Total Profits	应交所得税 Income Tax Payable	应付职工薪酬 Payables to Employees	应交增值税 VAT Payable
1844925	**1111880**	**5909565**	**6140415**	**1589269**	**13348997**	**4239027**
148218	127843	133757	186509	140514	1515468	367725
78203	16058	49240	63941	37580	254339	53507
99498	37650	107395	122926	37672	488710	144055
28723	14681	47129	53577	22214	185756	72908
31153	16174	51020	51195	13180	199681	41753
73668	40235	78654	92404	27712	269256	74698
54550	35825	57356	65952	14077	167158	64021
54504	27520	38490	41533	20468	148528	50201
95983	59543	325207	403055	143807	883224	320085
98158	56594	568346	623758	122639	774333	255401
85387	101613	379452	421204	123690	817273	257698
77368	27903	140701	152371	51871	482955	154006
22279	15052	151585	166662	33676	309769	86096
35270	27109	204058	202874	29214	397519	122579
119600	70206	182467	199563	66477	690392	204022
88339	37913	300958	321196	77780	469530	175833
69850	36759	445545	462816	88014	745854	248843
35850	27204	366861	190394	39866	339335	106066
141952	89735	287242	350953	179828	1534364	463115
34879	23055	83523	94879	26767	290114	76691
45690	34856	598210	600558	54704	264639	62638
33805	13045	150394	154649	14367	385420	89085
67741	50342	321278	242741	80931	577274	236528
47227	28475	535942	550172	58386	203020	108930
46948	32736	106710	113583	31026	311710	120941
3747	2588	11043	10566	757	27114	46225
67913	32174	71509	81605	20076	292610	100848
18480	6264	43032	46191	11418	125298	43230
12672	10711	950	1806	3532	26568	43394
15833	3485	5284	5461	2526	45702	11270
11439	8532	66227	65322	14502	126086	36635

股份有限公司
Share-holding Corporations Ltd.

地　区	Region	营业收入 Business Revenue	营业成本 Business Cost	税金及附加 Taxes and Other Charges	其他业务利润 Profits from Other Business	销售费用 Selling Expenses	管理费用 Administrative Expenses
全　国	**National Total**	**89645831**	**79832154**	**343266**	**774874**	**6077556**	**1964218**
北　京	Beijing	6029026	5192436	41680	136871	524563	170055
天　津	Tianjin	619619	581055	1971	2985	45990	18614
河　北	Hebei	1997764	1685726	12733	73628	168926	89111
山　西	Shanxi	1206283	1208308	2492	3005	91653	17420
内蒙古	Inner Mongolia	2947773	2736805	6270	3492	175646	10432
辽　宁	Liaoning	3895932	3557628	15758	39609	232643	51258
吉　林	Jilin	1032053	912098	3134	7602	110113	21484
黑龙江	Heilongjiang	1512073	1396528	6180	12483	75393	11069
上　海	Shanghai	3142552	2600103	11001	20397	421311	103221
江　苏	Jiangsu	5202709	4741879	30205	83599	233260	185655
浙　江	Zhejiang	2848865	2458488	9700	36095	307512	57183
安　徽	Anhui	3339334	3027419	8686	12747	190852	65849
福　建	Fujian	2751172	2522492	4643	34860	116478	33837
江　西	Jiangxi	1221587	1042694	7021	12099	81312	24914
山　东	Shandong	5967869	5193642	23578	88151	518695	222075
河　南	Henan	3643376	2984263	9396	14540	347395	52141
湖　北	Hubei	3229315	2674695	23353	32207	243473	134819
湖　南	Hunan	4306696	3682922	20670	33865	228543	137840
广　东	Guangdong	12898038	11740141	48686	33538	825544	204816
广　西	Guangxi	408137	358495	3155	6183	23603	20324
海　南	Hainan	1681495	1573326	2076	10545	54093	18376
重　庆	Chongqing	2361895	2070684	3792	20986	106138	23500
四　川	Sichuan	6925974	6340009	9546	25476	348567	133342
贵　州	Guizhou	1727381	1608795	2481	6883	98196	22065
云　南	Yunnan	3632152	3434014	4339	5991	111990	16461
西　藏	Tibet	508918	482210	1580	503	31885	483
陕　西	Shaanxi	360986	330742	1535	887	12541	22563
甘　肃	Gansu	2250094	2089448	9182	1916	110055	15250
青　海	Qinghai	89047	78875	381	4309	9751	5098
宁　夏	Ningxia	403695	328218	3455		39617	7798
新　疆	Xinjiang	1504023	1198016	14590	9425	191819	67168

单位：万元
Unit: 10 000 yuan

财务费用 Financial Expenses	#利息支出 Interest Expenses	营业利润 Operating Profits	利润总额 Total Profits	应交所得税 Income Tax Payable	应付职工薪酬 Payables to Employees	应交增值税 VAT Payable
418058	**314408**	**1371312**	**1495377**	**333009**	**3155407**	**1082946**
15886	47582	185904	186382	34354	308615	55265
2541	2541	-22296	-20832	35	36747	6509
26217	18554	26745	24347	11657	111193	29414
8834	5180	-256603	-157819	591	30758	5061
3345	1186	15184	15306	300	96690	112444
7745	13833	103352	105683	15003	183079	36289
5099	2231	-18552	-19057	3221	65923	24255
10608	2431	25210	23638	5656	51498	159488
9181	19207	71669	79387	14149	156527	28166
37760	23749	25532	36515	43161	164827	48807
15899	14858	60866	72344	21132	115730	31806
8823	5732	46809	47028	7125	81447	15705
2783	3725	136158	138306	26006	42636	12183
4655	3520	20436	18317	3089	51966	9853
36498	19833	66422	71605	9281	232070	52922
15628	7389	187482	181270	36808	147721	28825
24228	19496	166663	166822	22936	135868	38978
41647	40019	19574	16836	10686	129777	34687
56331	10140	131194	139881	42080	369138	133691
2370	2266	1581	1779	918	19987	3453
2717	1795	31280	31283	2479	25205	6871
3060	8050	38380	38271	5072	44220	83096
12531	12139	145422	142498	3706	221248	27959
2686	2414	13992	13601	1746	43648	18527
15555	14022	28676	27726	1232	38802	16696
173	46	-6600	-6995	4	16439	5149
4798	1487	14356	21447	2233	21009	1887
2236	2255	76876	70729	4646	74396	17366
422	88	-2149	-1945	68	3941	982
11343	3665	4748	4569	445	12134	15566
26462	4975	33001	26458	3191	122170	21045

私营企业

Private Enterprises

地 区	Region	营业收入 Business Revenue	营业成本 Business Cost	税金及附加 Taxes and Other Charges	其他业务利 润 Profits from Other Business	销售费用 Selling Expenses	管理费用 Administr-ative Expenses
全 国	**National Total**	**582067335**	**507567769**	**2076930**	**3886994**	**40757789**	**19526738**
北 京	Beijing	11361152	9368811	24555	181025	1286750	569369
天 津	Tianjin	9526079	8547278	24795	65193	709696	238573
河 北	Hebei	17092087	15224649	62545	232443	1069272	581744
山 西	Shanxi	11226388	10097084	28306	105854	614825	393339
内 蒙 古	Inner Mongolia	5380577	4816518	15385	53862	291417	208708
辽 宁	Liaoning	14362754	12938323	48733	50901	826165	476908
吉 林	Jilin	6383177	5684506	16948	38443	309491	276540
黑 龙 江	Heilongjiang	6939206	6464778	17867	108019	380127	245087
上 海	Shanghai	23663269	19472903	66863	142596	3123200	968488
江 苏	Jiangsu	64746533	56965372	185270	403864	3887292	2091133
浙 江	Zhejiang	44465317	38260416	123309	446650	4082614	1618370
安 徽	Anhui	19631152	17344454	55028	54059	1042660	665521
福 建	Fujian	45226426	39131828	176968	135754	3065734	1347890
江 西	Jiangxi	16225912	14068651	61829	71731	937767	458912
山 东	Shandong	35009488	31208958	108208	259724	2215154	1186392
河 南	Henan	28864723	25112625	128603	89091	1432978	985657
湖 北	Hubei	22599231	19485389	114082	73025	1269853	666734
湖 南	Hunan	32584598	28035762	225416	106175	1860954	949779
广 东	Guangdong	56607116	48695887	230287	468969	5214934	2178489
广 西	Guangxi	9414824	8410752	21206	52527	539360	356587
海 南	Hainan	1088291	939046	2974	7429	78979	39425
重 庆	Chongqing	19116660	16383619	89726	218473	1261091	595757
四 川	Sichuan	30499330	27124768	97632	214005	2050617	698990
贵 州	Guizhou	8390534	7415407	21559	51766	458336	293657
云 南	Yunnan	9281321	8035729	23652	37086	714976	297529
西 藏	Tibet	546348	472798	1076	375	34743	23692
陕 西	Shaanxi	17737987	15385349	62878	75022	1139484	635074
甘 肃	Gansu	4670390	4165974	12850	37323	273707	150385
青 海	Qinghai	1231139	1096156	2602	35711	68500	34150
宁 夏	Ningxia	1555210	1371195	5208	7140	98360	56307
新 疆	Xinjiang	6640114	5842783	20572	62758	418753	237552

3-4-6 Continued 7

单位：万元
Unit: 10 000 yuan

财务费用 Financial Expenses	#利息支出 Interest Expenses	营业利润 Operating Profits	利润总额 Total Profits	应交所得税 Income Tax Payable	应付职工薪酬 Payables to Employees	应交增值税 VAT Payable
3372554	**1448104**	**8192460**	**8794665**	**1613211**	**21222811**	**6522750**
35423	28686	44181	46835	35369	633330	158692
38909	18847	-26141	-13527	22098	224950	82607
115676	41574	104926	129544	51841	676318	193212
89507	47828	2787	24589	16099	345777	100863
32798	16256	-2308	12070	6712	221420	94921
85578	36180	34685	49970	19476	360733	128273
64237	32500	38251	50160	16888	173471	59927
48819	24598	70064	78513	18714	188784	93358
107814	39573	-88150	-40961	70574	976744	252150
402819	127077	1170549	1234014	247428	2285481	748125
249814	159642	244902	321728	159377	1805437	615307
100112	30554	316462	347888	37478	700872	158796
186357	86495	1082806	1106489	89023	1401261	370096
83745	43282	455893	475717	44762	543413	163769
221828	80507	181153	225451	93950	1326984	358825
225953	70079	820228	835611	87192	978186	295978
131496	47586	842591	852724	70865	794140	342941
235308	65643	1014819	1031494	93678	956562	366874
286697	146388	130896	182008	180857	2655430	680853
42359	27008	32446	40795	11677	373386	105757
7632	2890	19362	19867	5486	44279	14715
99324	59849	578377	588078	55295	824614	244599
153223	62366	409874	451114	57481	1006306	311260
65637	35472	122539	126695	23554	291073	121981
45087	29190	144953	154631	27509	325300	108508
2447	1221	12789	13657	1107	18717	7080
94005	31097	304751	305531	34581	546118	180122
38307	16082	36442	46476	12532	164503	48342
10459	3091	16413	17790	2982	42779	22649
14754	8132	13991	16445	5402	65210	18088
56431	28410	61929	63268	13225	271233	74081

其他企业

Other Enterprises

地　区	Region	营业收入 Business Revenue	营业成本 Business Cost	税金及附加 Taxes and Other Charges	其他业务利润 Profits from Other Business	销售费用 Selling Expenses	管理费用 Administrative Expenses
全　国	**National Total**	**837777**	**712390**	**2831**	**557**	**31985**	**27372**
北　京	Beijing	10031	9424			167	294
天　津	Tianjin						
河　北	Hebei						
山　西	Shanxi	60535	54629	13		4918	517
内蒙古	Inner Mongolia						
辽　宁	Liaoning	9606	8730	3		186	477
吉　林	Jilin	8754	8329			398	
黑龙江	Heilongjiang	4636	3644	7		91	251
上　海	Shanghai						
江　苏	Jiangsu	419724	348445	1635	523	9452	13178
浙　江	Zhejiang	16670	12919	8		4859	361
安　徽	Anhui	12806	9886	2		913	762
福　建	Fujian	5752	4202	51		402	395
江　西	Jiangxi	35120	31507	8		1086	1028
山　东	Shandong	28162	22245	104		1893	1356
河　南	Henan	10492	9625	4	34	944	
湖　北	Hubei	41709	36439	747		1221	1247
湖　南	Hunan	3162	2219	5		75	329
广　东	Guangdong	6365	5899	2		306	47
广　西	Guangxi	1689	1441				158
海　南	Hainan						
重　庆	Chongqing	824	712	3		77	84
四　川	Sichuan	20420	15283	3		330	615
贵　州	Guizhou						
云　南	Yunnan	52937	47749	37		702	2915
西　藏	Tibet	1452	1299	26		64	49
陕　西	Shaanxi	43845	38997	72		1898	2127
甘　肃	Gansu	9177	6356	45		1467	371
青　海	Qinghai						
宁　夏	Ningxia	4073	4046				
新　疆	Xinjiang	29838	28365	56		537	812

单位：万元
Unit: 10 000 yuan

财务费用 Financial Expenses	#利息支出 Interest Expenses	营业利润 Operating Profits	利润总额 Total Profits	应交所得税 Income Tax Payable	应付职工薪酬 Payables to Employees	应交增值税 VAT Payable
6218	**1014**	**52310**	**52213**	**1664**	**35865**	**4897**
22	14	125	125		398	
40	17	412	640	7	1222	32
31	22	219	79	1	466	6
114		-86	-86		120	
10	10	616	683	3	198	32
2578	662	40265	39618	1358	19827	3469
75	59	-1550	-1513	2	791	57
61	26	934	928	5	211	1
26		675	675	21	320	21
171	31	1445	1460	22	1455	19
2095	3	455	525	44	1991	78
-55		8	20	5	193	56
446	85	1605	1630	114	1893	320
15		249	259	2	512	5
26		84	62		150	15
1	1	88	88		79	
1	1	26	26	2	94	1
113	17	4273	4274	1	1059	4
289	21	880	994	9	1182	130
5		32	32	6	93	26
106	14	513	532	14	1655	78
17	14	922	930	3	975	125
		27	27		18	
32	18	93	206	44	963	425

3-4-6 续表 9

港、澳、台商投资企业

Enterprises with Funds from Hong Kong,Macao and Taiwan

地 区	Region	营业收入 Business Revenue	营业成本 Business Cost	税金及附加 Taxes and Other Charges	其他业务利润 Profits from Other Business	销售费用 Selling Expenses	管理费用 Administr-ative Expenses
全 国	**National Total**	**111622761**	**87685488**	**624848**	**1619167**	**15550780**	**4126336**
北 京	Beijing	6985594	5409602	54633	272497	1029504	294761
天 津	Tianjin	1598784	1279607	6607	79666	199800	35834
河 北	Hebei	708635	618570	4038	7529	43928	15464
山 西	Shanxi	305251	255104	2848	6894	26128	9725
内蒙古	Inner Mongolia	328412	287915	1923	1804	23179	4640
辽 宁	Liaoning	1722560	1455451	12397	8865	168189	71406
吉 林	Jilin	637042	535601	5561	2758	52012	18889
黑龙江	Heilongjiang	528638	440204	3906	2029	68224	20851
上 海	Shanghai	32159930	21678446	224861	144782	6483738	1568214
江 苏	Jiangsu	10741502	8966721	47885	104258	1380660	215023
浙 江	Zhejiang	8538371	7004978	46037	81198	938558	247098
安 徽	Anhui	3085695	2577135	12724	9478	357984	56430
福 建	Fujian	2315494	1863929	11885	11922	345364	67442
江 西	Jiangxi	974905	882106	2539	15418	64329	14790
山 东	Shandong	3648223	3129968	19401	36478	288011	67229
河 南	Henan	2578660	2076334	19530	160094	171963	162663
湖 北	Hubei	3007024	2617966	6490	201336	269576	127466
湖 南	Hunan	1689912	1259750	6985	63415	295425	82044
广 东	Guangdong	17549818	14442974	82681	224059	2326469	731617
广 西	Guangxi	938792	787658	5325	19773	97641	23323
海 南	Hainan	328267	282821	1727	6262	22796	8004
重 庆	Chongqing	1434765	1231730	9005	24281	98883	74396
四 川	Sichuan	2665994	2298449	8939	20654	208412	89069
贵 州	Guizhou	231375	170944	1941	1132	31443	7663
云 南	Yunnan	1130212	984145	5840	8815	80132	26465
西 藏	Tibet						
陕 西	Shaanxi	5390225	4807922	16978	98513	443217	78215
甘 肃	Gansu	103273	83452	599	2327	16181	2631
青 海	Qinghai	59592	51575	158	42	4920	829
宁 夏	Ningxia	82756	74703	547	1173	4990	872
新 疆	Xinjiang	153063	129729	855	1717	9130	3286

3-4-6 Continued 9

单位：万元
Unit: 10 000 yuan

财务费用 Financial Expenses	#利息支出 Interest Expenses	营业利润 Operating Profits	利润总额 Total Profits	应交所得税 Income Tax Payable	应付职工薪酬 Payables to Employees	应交增值税 VAT Payable
344285	**191068**	**3849919**	**3950700**	**1385910**	**5587205**	**1437545**
18444	14673	156074	146045	71589	403128	95887
6215	6482	68085	78320	12646	79110	22043
3122	2836	25262	25480	7488	19430	6116
103	89	11723	11794	3157	8080	3295
430	228	9769	9355	2512	11655	4757
5383	2182	13869	15115	10256	81638	20991
21749	20330	6530	6394	2368	14722	6222
9933	9248	-13398	-16583	1644	19798	11569
115098	41787	2202425	2260474	778985	1943711	385536
40464	23413	157874	150174	76756	452652	112869
6200	8646	310076	290145	86922	361864	128368
1340	-283	84841	102784	24233	97437	47360
3635	1844	50687	51095	20038	126357	33663
1931	1153	10922	17606	5348	29636	6972
7504	6808	127279	128660	34451	114005	36109
1311	2261	141455	135483	38356	91051	43165
-653	1017	122241	124864	25097	123608	43570
10598	9010	78027	79456	13333	170982	36295
50016	14353	65930	85297	101755	977119	252925
4061	3607	23067	24035	6358	41310	11637
552	88	12878	13063	2929	18717	3010
6632	5667	16109	16671	8349	72893	15945
1305	2421	59645	67241	17642	119204	28746
902	586	28366	28472	4524	17508	4376
458	1299	46731	47371	10629	35619	16263
27080	10812	18328	36480	11706	143601	54282
371	339	250	216	563	3310	1298
41	32	2240	2360	1771	2514	809
49	7	2074	2074	751	1722	1032
9	135	10560	10757	3756	4826	2433

外商投资企业
Foreign Funded Enterprises

地 区	Region	营业收入 Business Revenue	营业成本 Business Cost	税金及附加 Taxes and Other Charges	其他业务利 润 Profits from Other Business	销售费用 Selling Expenses	管理费用 Administr-ative Expenses
全 国	**National Total**	**163826815**	**138374866**	**525772**	**1628424**	**16367258**	**4628744**
北 京	Beijing	42103238	39086759	66201	183782	1942179	408215
天 津	Tianjin	3353134	2980966	9804	19757	289167	102543
河 北	Hebei	4527031	4121493	10135	5071	264178	43069
山 西	Shanxi	1472721	1516185	1808	1493	79501	18777
内 蒙 古	Inner Mongolia	488113	457608	920	141	22105	4244
辽 宁	Liaoning	1476190	1156494	9573	86328	150018	61967
吉 林	Jilin	646967	545237	1062	856	32141	5114
黑 龙 江	Heilongjiang	611444	536835	2078	6353	49850	13401
上 海	Shanghai	21319499	12194749	140394	276662	5555943	1716691
江 苏	Jiangsu	12088393	10662523	35480	241471	867324	288604
浙 江	Zhejiang	10153235	8553259	59752	117089	956030	304211
安 徽	Anhui	3239978	2935216	6255	9034	202141	28490
福 建	Fujian	9034314	7914837	19711	56909	726937	184778
江 西	Jiangxi	691882	587923	3485	94368	59408	16642
山 东	Shandong	4662015	3993749	16493	26833	498170	183810
河 南	Henan	1538023	1419815	3325	2090	81451	25519
湖 北	Hubei	5999319	5373312	15871	38107	440893	110618
湖 南	Hunan	2644763	2363243	7810	18231	164765	65640
广 东	Guangdong	16611070	13237120	54524	274395	2513591	608969
广 西	Guangxi	1177689	1033906	3919	9349	80098	28904
海 南	Hainan	102071	83643	153	4743	11232	5754
重 庆	Chongqing	2541803	2254118	6660	15053	182075	55579
四 川	Sichuan	7607365	6767908	23303	85516	564335	169241
贵 州	Guizhou	3536137	3189496	6187	4696	138085	48063
云 南	Yunnan	950110	790602	2428	24592	99274	20772
西 藏	Tibet	39965	35347	85		2067	651
陕 西	Shaanxi	4854335	4265720	16636	22741	378302	101055
甘 肃	Gansu	163854	146283	1121	2	8549	2375
青 海	Qinghai	3739	2923	7		589	404
宁 夏	Ningxia	6200	4643	32		643	253
新 疆	Xinjiang	182218	162954	559	2764	6218	4389

3-4-6 Continued 10

单位：万元

Unit: 10 000 yuan

财务费用 Financial Expenses	#利息支出 Interest Expenses	营业利润 Operating Profits	利润总额 Total Profits	应交所得税 Income Tax Payable	应付职工薪酬 Payables to Employees	应交增值税 VAT Payable
626409	**412870**	**3778785**	**3936037**	**1150773**	**4838282**	**2145473**
38242	82365	576670	594503	193729	558430	302178
44903	31100	-66776	-94710	2964	133242	30573
17768	7003	67380	58816	3449	77400	64044
5115	1360	-153447	-156399	661	30977	4626
1319	164	619	-580	487	8641	-1217
13592	11115	80933	84776	24501	67130	21014
2303	1060	61603	61544	-58	4828	9952
3694	576	-590	26	-188	12153	7674
69257	41849	1872757	1959198	515283	1302853	643017
48790	17868	374651	397187	32480	313616	145638
41205	25131	305230	319076	84294	349583	136847
14586	5550	60519	60211	3303	60655	26707
45079	30272	134942	141128	53659	269020	89006
3167	1733	21512	19429	1937	26371	10009
22680	18408	-39755	-41581	14018	147206	43396
10978	3893	-57	-1828	504	28452	27024
20745	9498	52968	56842	22871	158958	95431
10054	4439	29394	27573	6757	72058	23697
112655	75113	44668	72078	106366	715591	279721
5468	3101	29679	31478	9551	36175	15302
241	172	1063	1749	249	6784	1105
10528	6081	31348	36852	7397	59867	24279
42115	18745	53825	73241	33003	205065	57181
13734	2318	97429	91123	3434	41601	12568
7037	4121	35176	36430	3839	39547	10499
19	6	2098	2093	245	929	-78
22145	9872	89740	90579	22996	98946	60936
11	-3	5469	5103	1265	3290	1392
		-184	-134	20	598	60
-35		664	666	180	504	127
-987	-40	9257	9568	1579	7816	2768

3-4-7 各地区限额以上零售业企业损益及分配(按国民经济行业分)

综合零售

Integrated Retail

地　区	Region	营业收入 Business Revenue	营业成本 Business Cost	税金及附加 Taxes and Other Charges	其他业务利润 Profits from Other Business	销售费用 Selling Expenses	管理费用 Administrative Expenses
全　国	**National Total**	**204234026**	**165972618**	**1347039**	**5659112**	**23211040**	**9542408**
北　京	Beijing	12647945	9862986	70599	875124	1622491	682734
天　津	Tianjin	2031437	1634899	12730	151202	307438	103635
河　北	Hebei	8496260	6886819	74176	340117	910834	524921
山　西	Shanxi	3003891	2526470	11696	62240	273979	155332
内蒙古	Inner Mongolia	1375569	1042105	11640	39910	190997	100555
辽　宁	Liaoning	4089412	3172312	40974	81067	438117	300187
吉　林	Jilin	1811065	1334502	22840	42241	155627	218487
黑龙江	Heilongjiang	2790903	2235138	21040	90927	322692	139240
上　海	Shanghai	14517088	11571739	60543	318054	2087667	777898
江　苏	Jiangsu	18018085	14842039	104443	551033	2169405	781105
浙　江	Zhejiang	12854214	10599124	80796	453990	1417159	560498
安　徽	Anhui	7551171	6250701	40399	69099	738050	330625
福　建	Fujian	6956684	5974091	28691	76300	714685	252049
江　西	Jiangxi	4884374	4097199	25311	79434	456417	147816
山　东	Shandong	14148716	11612595	78757	377061	1521628	742148
河　南	Henan	8124980	6490265	54785	202737	757693	433664
湖　北	Hubei	11103699	8993228	77641	378649	1196463	515818
湖　南	Hunan	8675121	6918852	75564	98325	853963	380275
广　东	Guangdong	15940613	12761039	59978	530011	2413851	713434
广　西	Guangxi	3030855	2478013	13180	70542	400766	136086
海　南	Hainan	6289723	4970629	188598	23821	406152	137310
重　庆	Chongqing	6183360	4895075	38381	195821	801837	273463
四　川	Sichuan	11544839	9789509	48800	229747	1247195	327757
贵　州	Guizhou	2483103	1956743	10690	39959	332955	111172
云　南	Yunnan	3319356	2846651	6921	35009	289769	100940
西　藏	Tibet	237571	192076	570	564	19498	13197
陕　西	Shaanxi	7750750	6485208	48262	146410	677245	365806
甘　肃	Gansu	1537947	1252307	11318	30705	161291	71202
青　海	Qinghai	281295	216958	3057	11770	42670	17451
宁　夏	Ningxia	764718	581390	5772	3394	112957	31096
新　疆	Xinjiang	1789283	1501956	18888	53852	169552	96508

Income and Distribution of Enterprises above Designated Size of Retail Trade by Region and Sector

单位：万元

Unit: 10 000 yuan

财务费用 Financial Expenses	#利息支出 Interest Expenses	营业利润 Operating Profits	利润总额 Total Profits	应交所得税 Income Tax Payable	应付职工薪酬 Payables to Employees	应交增值税 VAT Payable
1986164	**1020597**	**3496139**	**3782984**	**1075562**	**12263373**	**2321309**
97623	117466	394591	426854	145752	844500	131458
44221	28330	-73308	-66713	9730	164757	17629
108416	31711	140849	168238	53684	597981	125436
40581	20696	434	3867	11464	125857	26051
27760	10325	3675	6285	5193	99172	17918
74426	42906	153921	159680	49397	269996	55862
66436	49489	47347	50995	8272	98335	25721
60258	23202	46342	47964	21625	129601	50997
104429	61188	138705	150248	89482	1176937	196624
143004	62852	398431	432984	115447	991804	200759
83582	87429	271623	281516	84978	815385	128524
74639	16197	62871	72029	21739	416865	64978
65434	29453	-50268	-49525	9412	338668	47832
40216	18878	53569	63050	4430	276602	39838
116629	42785	245381	269996	69317	826717	162867
63703	19637	275520	273752	58110	470985	110710
83509	39415	424492	439138	68818	673938	162015
145620	64264	205618	206801	30762	443428	68139
150298	74662	-213108	-177054	76830	1159214	173796
32400	18666	-37977	-35056	5732	183266	33728
38753	29358	565768	567016	36431	194666	34689
54131	33119	135269	138991	21049	478127	111269
71039	22649	116573	136243	25572	588542	118591
23541	11179	25141	25976	10697	138109	27756
21548	9653	43973	46147	7658	144411	29165
1114	545	9939	8777	327	8934	2300
73243	24641	84810	108701	16263	352368	72450
16463	4932	22467	25974	9492	83249	16971
9594	6292	-153	340	2381	19031	39156
27020	7185	-1196	-49	1475	39569	6038
26537	11494	4840	-181	4044	112359	22040

食品、饮料及烟草制品专门零售
Special Retail of Food, Beverages and Tobaccos

地区	Region	营业收入 Business Revenue	营业成本 Business Cost	税金及附加 Taxes and Other Charges	其他业务利润 Profits from Other Business	销售费用 Selling Expenses	管理费用 Administr-ative Expenses
全国	**National Total**	**47843550**	**38708602**	**193226**	**154772**	**4589089**	**2133339**
北京	Beijing	2127633	1553529	6990	14735	323025	107600
天津	Tianjin	515936	356440	2250	442	56222	25127
河北	Hebei	705632	601329	1544	5538	42234	24138
山西	Shanxi	794005	708366	1551	2077	42017	28464
内蒙古	Inner Mongolia	127959	104198	417	313	10263	5982
辽宁	Liaoning	618359	501791	1181	1601	64622	43641
吉林	Jilin	335468	281466	947	2224	32645	16944
黑龙江	Heilongjiang	489509	436274	595	397	22343	17193
上海	Shanghai	2350331	1570026	8384	24146	622906	144350
江苏	Jiangsu	5071482	4358654	11858	13589	334325	194630
浙江	Zhejiang	2058698	1771554	3790	16287	193503	135143
安徽	Anhui	1890407	1597381	6415	6690	155981	71258
福建	Fujian	4277482	3435144	32161	5258	289612	182288
江西	Jiangxi	1929212	1552904	5687	6030	160932	81250
山东	Shandong	1500883	1289483	4298	18248	84394	60233
河南	Henan	1930982	1553255	11121	1350	123783	70878
湖北	Hubei	3136361	2421199	21437	5687	320139	117120
湖南	Hunan	2182049	1854599	15568	3826	108699	91324
广东	Guangdong	3978913	2760543	20990	5233	837583	237107
广西	Guangxi	1058050	931291	2494	1108	47817	40487
海南	Hainan	137493	105295	413	160	12881	12399
重庆	Chongqing	1979020	1691361	8025	963	113199	71640
四川	Sichuan	1826341	1532993	7522	3369	147660	79311
贵州	Guizhou	2259519	1902923	7195	3863	56408	75530
云南	Yunnan	1406224	1251517	2311	5068	72594	50526
西藏	Tibet	55255	47267	194	245	1008	5002
陕西	Shaanxi	2287384	1822211	5675	1789	273296	109864
甘肃	Gansu	281711	245274	1018	2377	16425	10242
青海	Qinghai	60092	52528	52	782	4342	2415
宁夏	Ningxia	91583	81127	214	755	5699	3181
新疆	Xinjiang	379579	336679	932	620	12532	18073

单位：万元
Unit: 10 000 yuan

财务费用 Financial Expenses	#利息支出 Interest Expenses	营业利润 Operating Profits	利润总额 Total Profits	应交所得税 Income Tax Payable	应付职工薪酬 Payables to Employees	应交增值税 VAT Payable
232207	**130419**	**2765698**	**2717641**	**381150**	**2375442**	**700085**
4013	5351	153095	161354	39789	194951	45586
1698	1306	75344	80424	22137	36577	16016
3071	2195	35203	38613	8283	17370	9089
1897	2248	10725	15389	3908	25974	8769
555	170	6356	6296	1519	4364	939
1976	1136	1666	6188	2360	39581	5327
4391	1357	-938	-1307	2146	11385	15835
3172	1547	11856	11672	2240	11751	6855
10049	3682	22139	47926	17647	204993	53135
20489	7849	160069	169816	25998	250756	54358
7904	10001	1707	17794	8889	149792	21569
8483	3380	68736	70765	11415	79005	19260
15621	3070	340386	342489	15580	164283	38640
11114	9910	115589	121227	9704	77659	19302
6849	3847	49042	52070	9779	68428	18031
26226	4659	148506	149656	27872	84503	51445
18990	8383	266047	265452	35867	161751	65523
12301	4391	274068	96945	10324	67657	20351
3405	8749	196006	212023	38798	320408	89817
5726	4741	27548	29839	4285	28222	9138
1581	1294	5300	5597	2758	8711	2711
7637	2432	86339	85414	11677	83772	24235
8862	5315	46940	54266	7788	89209	19762
23992	19769	558916	565258	46913	49837	50287
9434	7715	11579	19043	1677	50100	10014
291	42	1565	2301	186	1896	213
7865	3043	76053	68912	7080	56553	13697
1549	638	8925	12001	1992	15461	6614
1054	719	-255	-138	64	3045	433
229	99	1580	2450	457	3459	436
1783	1377	5606	7907	2019	13991	2697

纺织、服装及日用品专门零售

Special Retail of Textiles, Garments and Daily Consumer Articles

地 区	Region	营业收入 Business Revenue	营业成本 Business Cost	税金及附加 Taxes and Other Charges	其他业务利润 Profits from Other Business	销售费用 Selling Expenses	管理费用 Administr-ative Expenses
全 国	**National Total**	**69410838**	**44204008**	**415174**	**384587**	**15626396**	**4267907**
北 京	Beijing	2747172	1567315	11887	58937	1039337	188353
天 津	Tianjin	993292	665769	9501	17726	234148	36262
河 北	Hebei	587423	475517	2305	7918	65785	28160
山 西	Shanxi	659350	528461	2524	14280	69106	46320
内蒙古	Inner Mongolia	204771	154904	1446	7891	34452	11946
辽 宁	Liaoning	886409	703901	2945	8381	120341	53787
吉 林	Jilin	164225	125486	948	440	21092	11638
黑龙江	Heilongjiang	344088	272446	2922	6777	33596	16388
上 海	Shanghai	32053086	16868094	231023	76959	8648384	2268458
江 苏	Jiangsu	5074838	4182812	28172	20211	482321	175805
浙 江	Zhejiang	2305404	1590682	8926	25752	478357	126873
安 徽	Anhui	879633	693255	3731	2186	107942	39758
福 建	Fujian	4765805	3530830	14653	3049	846124	178286
江 西	Jiangxi	671884	508616	7428	2723	100094	28226
山 东	Shandong	1993429	1587545	8584	5418	264696	102281
河 南	Henan	1239759	995982	8141	2437	128877	67018
湖 北	Hubei	1148154	837764	6930	12394	209466	68156
湖 南	Hunan	1125915	869821	10611	17339	129628	53332
广 东	Guangdong	6111620	3952384	27626	32725	1744094	460691
广 西	Guangxi	246598	190179	733	822	45351	10937
海 南	Hainan	88138	65011	366	1429	16673	8828
重 庆	Chongqing	1268847	924947	5779	21703	193278	66354
四 川	Sichuan	1703350	1274551	5821	8380	307885	77275
贵 州	Guizhou	116313	90781	379	549	19925	5585
云 南	Yunnan	430253	348020	2331	564	100659	23926
西 藏	Tibet	4928	4010	12		268	16
陕 西	Shaanxi	1133033	830038	5968	9899	127789	74358
甘 肃	Gansu	200391	148144	1091	1716	30293	17783
青 海	Qinghai	67483	58143	714	4453	5121	7039
宁 夏	Ningxia	4003	3032	33		883	222
新 疆	Xinjiang	191244	155570	1646	11531	20431	13844

3-4-7 Continued 2

单位：万元
Unit: 10 000 yuan

财务费用 Financial Expenses	#利息支出 Interest Expenses	营业利润 Operating Profits	利润总额 Total Profits	应交所得税 Income Tax Payable	应付职工薪酬 Payables to Employees	应交增值税 VAT Payable
338370	**166853**	**4953989**	**5104037**	**1393848**	**4984252**	**1519680**
4595	3442	-16426	-15386	11567	363419	85586
3098	1390	50049	49338	13877	83173	27635
14055	12877	6196	6788	1362	27846	9157
4890	2805	7124	7171	2628	32802	11019
1732	405	-1657	-978	819	16032	4140
3454	986	6417	6497	5279	45471	12028
2006	1830	2703	3997	259	6498	2454
1596	1325	17282	16756	3431	16840	4651
96480	46830	4094472	4207107	1131994	2018579	752825
44586	9196	165655	167139	42672	211240	86504
6595	5491	112348	116905	39574	175275	55132
6304	1418	25170	27456	3744	71440	13073
21373	8856	181479	182672	30661	420271	66447
2842	1258	26512	26797	4357	55551	14607
11620	5568	34681	40077	10867	109016	36341
7408	2759	30762	30459	9058	67929	20236
7754	3628	58613	59978	9568	101196	29313
4731	953	60516	60844	6196	56161	16823
43919	26637	-15222	-6392	43477	700702	170193
1057	566	-1470	-1105	394	16313	3466
1392	791	-2964	-3099	341	9068	2127
9157	11159	62853	65973	8665	106176	29655
7631	3062	22283	25822	5471	118982	26293
649	417	-592	-108	370	6378	1968
4540	2735	7414	8224	1753	35144	12507
20		603	593		11	107
17077	6055	20880	22226	4103	85008	17287
2767	426	398	264	467	11140	3447
2478	2068	-2230	-2024	90	3251	1105
297	298	-463	-465	40	728	182
2266	1624	603	510	768	12611	3374

文化、体育用品及器材专门零售
Special Retail of Culture, Sports Appliances and Equipments

地 区	Region	营业收入 Business Revenue	营业成本 Business Cost	税金及附加 Taxes and Other Charges	其他业务利润 Profits from Other Business	销售费用 Selling Expenses	管理费用 Administrative Expenses
全 国	**National Total**	**35475395**	**27009444**	**351133**	**423960**	**4094515**	**2286346**
北 京	Beijing	4372155	3441690	50436	49662	423813	263586
天 津	Tianjin	267972	212725	3801	9580	31982	16747
河 北	Hebei	699239	496947	4017	16707	79632	57621
山 西	Shanxi	378620	294890	3807	4155	53734	17108
内蒙古	Inner Mongolia	263904	194521	1757	2540	22878	23800
辽 宁	Liaoning	567041	486492	3764	2573	33835	39858
吉 林	Jilin	201168	159508	1581	2449	14513	20994
黑龙江	Heilongjiang	296190	228013	1696	1561	33301	16063
上 海	Shanghai	4183932	2486376	79154	124999	1202766	272116
江 苏	Jiangsu	4636388	3781233	26952	41861	373800	228973
浙 江	Zhejiang	1205454	923460	10350	11796	169653	83667
安 徽	Anhui	1014074	793074	5447	6934	86141	53897
福 建	Fujian	1914585	1620269	21442	18697	114196	73744
江 西	Jiangxi	1323471	1027179	5219	6127	68935	104793
山 东	Shandong	1411756	1215009	14410	5699	96879	49932
河 南	Henan	1497446	1182772	11054	3018	135060	73449
湖 北	Hubei	1541966	1224483	9174	9577	92581	92554
湖 南	Hunan	1549264	1156165	11193	7128	165445	105283
广 东	Guangdong	2945739	2088352	62519	23295	375414	287104
广 西	Guangxi	615834	493152	2061	2480	55352	39662
海 南	Hainan	88919	67353	650	2120	13331	6184
重 庆	Chongqing	594326	394107	4595	40969	64946	62117
四 川	Sichuan	1583479	1192002	5582	16986	155692	140694
贵 州	Guizhou	261962	216493	303	188	12736	14495
云 南	Yunnan	646250	470581	3341	7373	77549	41510
西 藏	Tibet	13428	11640	36	6	368	1207
陕 西	Shaanxi	815440	654444	3400	2784	75318	53123
甘 肃	Gansu	223948	213618	1055		24356	24147
青 海	Qinghai	13833	9478	110	30	2583	1257
宁 夏	Ningxia	33668	25978	174	872	3736	4094
新 疆	Xinjiang	313944	247442	2053	1797	33987	16567

3-4-7 Continued 3

单位：万元
Unit: 10 000 yuan

财务费用 Financial Expenses	#利息支出 Interest Expenses	营业利润 Operating Profits	利润总额 Total Profits	应交所得税 Income Tax Payable	应付职工薪酬 Payables to Employees	应交增值税 VAT Payable
126597	**88030**	**1809878**	**1853601**	**209623**	**2605004**	**421712**
15704	15709	202913	204973	55931	306438	69211
-162	268	3112	5744	915	19676	2994
1016	109	60767	60696	1464	88630	4353
915	288	10061	10600	3275	25647	2684
359	1100	23088	23999	59	29363	1967
6070	4134	1027	2789	2521	29176	6407
5835	1819	-655	602	330	17498	1097
3210	2132	1985	2340	-1809	21850	1059
39807	12588	121466	132263	57909	290592	83390
13947	9603	222626	225538	11159	288259	45292
-2208	3590	24809	34118	-754	120228	13047
4071	3724	66249	63651	1519	65591	24698
2760	2171	85374	101904	4538	77773	9483
-6350	974	113239	104549	1807	107535	5043
6376	3496	29194	31474	4510	66460	13277
9404	1315	79026	79775	4321	93760	11877
3534	797	105001	102990	4130	107162	15923
4696	3203	104088	103005	2227	130168	14663
11907	4384	191383	193464	36806	259228	62508
186	396	27774	27868	665	43068	3250
2575	2349	-67	-136	15	7858	530
853	1061	75739	77206	929	78773	5842
782	8876	136997	133899	3278	129166	6977
13	17	19860	20006	289	12849	582
1010	1542	53663	53339	7630	69062	4662
-16		296	666	94	859	34
1259	1904	28958	33713	1418	56330	6288
-1898	43	5723	6012	111	28003	765
8		-129	52	3	2021	226
611	313	-194	151	2	1994	1351
323	124	16505	16352	4334	29986	2231

医药及医疗器材专门零售
Special Retail of Medicines and Medical Appliances

地　区	Region	营业收入 Business Revenue	营业成本 Business Cost	税金及附加 Taxes and Other Charges	其他业务利润 Profits from Other Business	销售费用 Selling Expenses	管理费用 Administr-ative Expenses
全　国	**National Total**	**47977496**	**37542073**	**159273**	**325450**	**7092012**	**2234788**
北　京	Beijing	938544	726660	2264	23599	167355	55442
天　津	Tianjin	337012	277852	782	2162	48984	12251
河　北	Hebei	1514448	1175875	9839	15205	205562	98374
山　西	Shanxi	1050286	869326	2238	7898	147868	49538
内蒙古	Inner Mongolia	676744	524028	1924	1274	107816	40188
辽　宁	Liaoning	1913561	1508600	4738	1194	295384	99515
吉　林	Jilin	905130	694719	3251	7158	150862	56125
黑龙江	Heilongjiang	915498	736699	2906	3161	105409	56160
上　海	Shanghai	1467098	1159015	4164	18215	208217	78868
江　苏	Jiangsu	4543500	3557707	12251	28413	604434	184428
浙　江	Zhejiang	2736191	2236179	6382	10378	338944	115558
安　徽	Anhui	1295423	989622	4184	3916	218669	64696
福　建	Fujian	1650275	1376271	4242	5093	158780	42741
江　西	Jiangxi	1214091	941632	4580	5668	165141	53870
山　东	Shandong	3710901	2981080	13788	23925	487509	211864
河　南	Henan	2644240	2053295	12057	15054	349369	109700
湖　北	Hubei	2067652	1676986	8529	12315	269565	77949
湖　南	Hunan	2576601	2003813	12432	34749	344075	120098
广　东	Guangdong	4691777	3512370	11744	58459	968034	211390
广　西	Guangxi	1297396	985582	3750	3923	211485	71088
海　南	Hainan	89719	56072	481	3413	22134	6535
重　庆	Chongqing	1311909	1034866	4436	3769	188605	63938
四　川	Sichuan	2570280	2076266	7420	2968	329577	94716
贵　州	Guizhou	673562	489496	2553	21135	112634	56415
云　南	Yunnan	1762883	1192327	4429	1926	405123	48352
西　藏	Tibet	16017	11095	91	-14	2290	569
陕　西	Shaanxi	1827926	1481366	8814	5103	212997	74635
甘　肃	Gansu	523194	376673	1446	259	121801	21508
青　海	Qinghai	67296	52911	207	1203	10502	3787
宁　夏	Ningxia	144204	109884	682	1113	23728	10690
新　疆	Xinjiang	844136	673807	2670	2816	109160	43801

3-4-7 Continued 4

单位：万元
Unit: 10 000 yuan

财务费用 Financial Expenses	#利息支出 Interest Expenses	营业利润 Operating Profits	利润总额 Total Profits	应交所得税 Income Tax Payable	应付职工薪酬 Payables to Employees	应交增值税 VAT Payable
284588	**146163**	**735925**	**814136**	**203675**	**4322001**	**835726**
32	3339	-11637	-14364	3091	94153	16474
1702	327	-4206	-4087	786	29797	5268
2954	1278	34640	36680	9483	154581	34172
4996	3678	3903	6921	3289	91728	14205
3839	3023	12241	13662	3245	89401	11020
5579	2636	6971	11491	8717	172823	32382
6614	2628	-3332	-1516	3622	83436	17402
2729	1571	6000	6553	3684	66878	19693
5862	4525	28956	33386	11054	134901	28950
23582	8738	107763	112639	27976	378651	78679
8628	6658	39753	43684	12340	227788	48438
9838	3390	13834	19771	3594	143418	19521
6881	4384	65022	65779	6253	139852	28677
6174	2085	34141	38475	5645	80652	25269
23708	6722	1318	6287	10277	326832	54018
25103	18011	62436	64802	11434	207432	41875
20442	7380	25557	28139	7124	178123	37807
21657	13009	121117	122027	13272	227545	54088
18523	6543	-33685	-25617	16714	539089	76530
8625	5816	17924	23585	3746	143118	26494
1453	462	2995	3304	718	12621	1774
8359	3767	11536	13209	1508	121522	19892
13369	6367	41275	44349	4768	191712	38763
7761	5980	5961	9006	1831	79129	16950
8206	10126	106023	112379	17743	115601	29530
79	83	1938	1948	232	1487	566
17189	7246	30154	32006	5294	126931	28569
4932	1290	-1243	-599	1985	58396	8723
569	343	-563	-453	218	6321	1272
1202	1049	-1197	-548	519	18826	2698
14000	3709	10330	11237	3511	79255	16028

汽车、摩托车、零配件和燃料及其他动力销售
Retail of Motor Vehicles, Motorcycles, Parts and Fuel and Other Powers

地区	Region	营业收入 Business Revenue	营业成本 Business Cost	税金及附加 Taxes and Other Charges	其他业务利润 Profits from Other Business	销售费用 Selling Expenses	管理费用 Administrative Expenses
全国	**National Total**	**600763962**	**551998342**	**1782036**	**3259485**	**23963677**	**11529848**
北京	Beijing	22112765	20051732	109539	307370	1095749	582059
天津	Tianjin	10480021	9681453	24626	54363	509612	215208
河北	Hebei	18933521	17578637	42171	91356	796928	310805
山西	Shanxi	11273145	10740566	27918	66285	465433	265454
内蒙古	Inner Mongolia	9020445	8376079	21567	26150	424666	131229
辽宁	Liaoning	14415189	13381721	51357	141879	519185	288448
吉林	Jilin	8376826	7623840	19324	34956	378854	197182
黑龙江	Heilongjiang	7604318	7051335	18659	28668	275987	148218
上海	Shanghai	23884045	21943128	106239	77394	870997	528425
江苏	Jiangsu	55924916	51231600	157134	302432	2126153	1028648
浙江	Zhejiang	46569381	42708252	145464	349013	1767738	936561
安徽	Anhui	20881307	19401659	43746	63935	693127	298572
福建	Fujian	25733138	23730651	77146	165175	933093	424648
江西	Jiangxi	13386387	12380504	40695	125995	427984	219483
山东	Shandong	35392954	32636841	92847	154667	1508819	730002
河南	Henan	29488167	26725292	86136	98780	1054901	655342
湖北	Hubei	19653219	17886021	58361	60684	777406	346698
湖南	Hunan	26033314	23561859	109406	78165	939534	506457
广东	Guangdong	71524901	65312468	223812	495606	3391905	1601296
广西	Guangxi	10227508	9500557	26721	47310	352292	200086
海南	Hainan	5147049	4656629	9797	32693	207801	97503
重庆	Chongqing	15128857	13798008	49013	65036	593082	224356
四川	Sichuan	34911926	32363425	83819	160195	1353422	536695
贵州	Guizhou	15010183	13790789	27848	29098	544150	267080
云南	Yunnan	15685924	14595785	35497	76473	615475	222592
西藏	Tibet	1650379	1532948	3372	1161	77107	26692
陕西	Shaanxi	14367740	13198924	44412	55653	563699	285638
甘肃	Gansu	6976644	6473630	19128	19403	270202	75311
青海	Qinghai	1475589	1335788	3403	26315	59646	25636
宁夏	Ningxia	1894718	1759906	5515	5533	60588	36901
新疆	Xinjiang	7599483	6988316	17367	17744	308142	116621

3-4-7 Continued 5

单位：万元
Unit: 10 000 yuan

财务费用 Financial Expenses	#利息支出 Interest Expenses	营业利润 Operating Profits	利润总额 Total Profits	应交所得税 Income Tax Payable	应付职工薪酬 Payables to Employees	应交增值税 VAT Payable
2888048	**1555491**	**8863741**	**9226887**	**2101391**	**14724089**	**6491703**
108672	91990	209779	216534	82178	797932	231919
65488	36775	8548	-4265	19148	322658	82637
107699	47240	109032	103104	36706	437971	210138
65214	33595	-407554	-303252	15986	262330	110932
29752	17539	26906	32440	10698	268053	206417
78452	43034	170592	187100	30316	356338	129918
57744	32760	105579	114592	20793	191912	116769
49213	32492	65512	69305	14842	168248	225549
62767	33132	434880	454881	115260	564856	164695
314006	118926	1166799	1233526	250547	1220272	606638
253297	164419	893170	934233	265041	1176277	521578
80181	34695	297507	309980	57106	404353	172088
97736	71440	514841	526986	112150	507079	215115
60319	36572	220100	223877	43537	320539	166963
222882	122463	292461	311993	89050	911422	337272
172862	66769	694923	713444	114467	612946	277196
75060	39843	423849	434883	53004	473539	235581
106681	47475	525049	533217	77987	541078	304079
327438	167885	955688	1018966	304704	2195474	766186
31069	23625	148603	158160	37500	253982	104059
19608	11210	160532	162256	23712	144909	46834
52103	34018	337918	347866	37316	366675	200269
150141	83685	577181	515613	125828	767951	305541
68153	32318	279807	275992	30658	291386	162846
67506	49472	146129	149364	35828	300343	150375
4787	2999	8933	9319	1403	47353	54769
75337	32875	191599	199050	49950	349475	184204
31502	15893	130772	125494	15006	167787	71956
8855	3642	18701	19768	4494	35094	20575
10489	5579	27438	26991	6209	49137	33841
33036	21131	128467	125467	19967	216719	74765

家用电器及电子产品专门零售

Special Retail of Household Electric Appliances and Electronic Products

地 区	Region	营业收入 Business Revenue	营业成本 Business Cost	税金及附加 Taxes and Other Charges	其他业务利润 Profits from Other Business	销售费用 Selling Expenses	管理费用 Administr-ative Expenses
全 国	**National Total**	**80465545**	**72781436**	**209411**	**300660**	**4571897**	**2128591**
北 京	Beijing	14623544	13411514	26262	58946	681092	203090
天 津	Tianjin	726244	667242	836	2884	40414	24595
河 北	Hebei	1303585	1205511	2983	3323	67764	55230
山 西	Shanxi	1081750	1002634	1661	528	49843	32930
内蒙古	Inner Mongolia	720161	636154	2216	5536	43420	30795
辽 宁	Liaoning	1378545	1261451	1778	3273	83279	41884
吉 林	Jilin	533128	479389	1023	1342	32920	23500
黑龙江	Heilongjiang	1009996	1232208	1350	49893	46658	29742
上 海	Shanghai	5391111	4826172	7307	19285	413876	121325
江 苏	Jiangsu	7600778	6886174	13773	27844	459426	231041
浙 江	Zhejiang	2804058	2524789	3996	12616	184166	113958
安 徽	Anhui	2587557	2270125	7092	4349	146099	73567
福 建	Fujian	3270723	2808112	5675	5459	130117	78707
江 西	Jiangxi	1597282	1442199	8030	2369	75142	43253
山 东	Shandong	3402227	3139314	4605	11632	174177	118904
河 南	Henan	3265093	2915550	14645	14239	174173	100015
湖 北	Hubei	5670664	4965546	16670	14986	334414	138733
湖 南	Hunan	2705360	2398521	20102	3226	117856	79428
广 东	Guangdong	6697028	6003230	34936	19891	480463	217617
广 西	Guangxi	1345240	1198806	2265	2970	70481	52160
海 南	Hainan	186073	162443	676	1677	17399	8894
重 庆	Chongqing	2606592	2330979	9303	6931	137660	60312
四 川	Sichuan	5175008	4717875	10274	13612	280711	85093
贵 州	Guizhou	538211	491663	969	616	34697	17565
云 南	Yunnan	995492	902175	1627	1571	67265	29922
西 藏	Tibet	57197	51642	83	110	2758	2264
陕 西	Shaanxi	1874997	1666763	7041	8721	133515	64775
甘 肃	Gansu	382906	353367	593	115	25005	14259
青 海	Qinghai	139886	126075	205	1629	8265	5592
宁 夏	Ningxia	164276	132938	447	137	22599	5817
新 疆	Xinjiang	630833	570874	987	952	36244	23625

单位：万元
Unit: 10 000 yuan

财务费用 Financial Expenses	#利息支出 Interest Expenses	营业利润 Operating Profits	利润总额 Total Profits	应交所得税 Income Tax Payable	应付职工薪酬 Payables to Employees	应交增值税 VAT Payable
359217	**152293**	**257380**	**318150**	**208644**	**2480014**	**739162**
2754	42436	299241	302818	112927	299567	156514
48879	1064	-40979	-35127	692	29299	5459
15453	2995	-35394	-35183	1060	40299	9855
5398	1082	-15105	-12486	882	25245	7867
4489	1102	3119	4792	1568	28034	8728
10166	4316	-21836	-21442	-3269	30461	7646
3375	896	-6149	-3505	878	17390	-11266
3996	1573	-14403	-13619	2192	19167	8040
18349	9951	-24125	-23204	18908	175711	50082
35604	14078	-49049	-32192	9361	295869	67239
15658	8019	-35823	-29813	2633	131658	28729
10969	3989	16447	18331	3795	89421	25178
9410	3576	47899	48144	2984	68022	18675
6547	1980	7972	10180	1888	51607	11068
16490	6080	-43417	-42728	2493	108314	21613
19517	3013	33754	33288	5536	106436	23580
15914	7594	166863	169144	23021	188082	66623
15865	4247	73299	74083	4670	66958	25527
35288	9067	-77962	-75128	1630	281149	55279
8615	4010	-11035	-10862	1543	54842	10321
911	374	-3698	-3798	1	10110	2903
11762	2709	24241	24727	3324	69342	21833
14965	10363	7702	12526	4979	128934	41556
5207	756	-11501	-10810	396	18819	5143
4897	1076	-11972	-11063	729	35357	34429
380	216	2	119	22	3244	402
9974	3244	-6310	-5083	1979	55794	20311
3598	506	-11723	-11388	90	13526	3748
514	14	-368	-340	564	6121	3578
2005	542	621	546	708	8059	2442
2267	1423	-2931	-2777	460	23177	6059

五金、家具及室内装饰材料专门零售

Special Retail of Hardware, Furniture and Interior Decoration Materials

地　区	Region	营业收入 Business Revenue	营业成本 Business Cost	税金及附加 Taxes and Other Charges	其他业务利润 Profits from Other Business	销售费用 Selling Expenses	管理费用 Administrative Expenses
全　国	**National Total**	**19684632**	**15914310**	**129539**	**59924**	**1614586**	**1133273**
北　京	Beijing	1057780	703302	7017	27180	258267	83978
天　津	Tianjin	205783	162759	1531	102	21623	27526
河　北	Hebei	109902	96299	573	95	7231	3913
山　西	Shanxi	254216	225817	495	183	10487	9370
内蒙古	Inner Mongolia	17154	15464	52		729	610
辽　宁	Liaoning	189353	148041	1577	76	16749	22417
吉　林	Jilin	65607	55778	223	233	2468	5116
黑龙江	Heilongjiang	102869	85333	994	41	7280	12711
上　海	Shanghai	1261816	932107	5864	4544	211408	112433
江　苏	Jiangsu	2208784	1905019	8843	4361	100156	124249
浙　江	Zhejiang	496523	356364	2798	3480	75846	48315
安　徽	Anhui	592265	496351	3287	272	50917	19056
福　建	Fujian	3135199	2784998	12251	441	101841	113133
江　西	Jiangxi	733360	626040	3954	858	28992	25866
山　东	Shandong	580358	478228	3024	82	50018	45092
河　南	Henan	808601	643978	7851	487	34784	39737
湖　北	Hubei	1209765	960681	10792	1446	73154	58141
湖　南	Hunan	1272333	1044214	18104	1560	61977	55374
广　东	Guangdong	1509064	1158010	13057	4361	198729	110866
广　西	Guangxi	207598	181456	1129	1028	11790	16276
海　南	Hainan	29469	24987	43	9	3696	1180
重　庆	Chongqing	999540	787117	5539	352	34179	37819
四　川	Sichuan	659695	524051	5060	497	53080	41416
贵　州	Guizhou	73763	56742	863		5150	11032
云　南	Yunnan	239103	195682	599	113	11917	9342
西　藏	Tibet	14962	14670	4		15	161
陕　西	Shaanxi	1118971	934639	10177	6113	51231	57898
甘　肃	Gansu	52060	43360	122	8	3217	3380
青　海	Qinghai	17497	11934	59	765	2133	1670
宁　夏	Ningxia	58	38	1		19	36
新　疆	Xinjiang	461184	260852	3657	1238	125505	35163

单位：万元
Unit: 10 000 yuan

财务费用 Financial Expenses	#利息支出 Interest Expenses	营业利润 Operating Profits	利润总额 Total Profits	应交所得税 Income Tax Payable	应付职工薪酬 Payables to Employees	应交增值税 VAT Payable
163942	**86326**	**607025**	**617090**	**66689**	**899540**	**315800**
4270	4503	-1897	-1709	2861	106582	30391
4566	4492	-11827	-11070	194	12978	4017
401	73	1270	1315	134	4230	1266
2459	2134	5699	6128	404	8285	3105
162	33	137	156	6	934	292
3833	3903	-3819	-3566	346	9157	2949
158	109	1962	1955	182	2359	1243
3490	693	-6837	-6640	177	4263	2046
13702	6310	12038	7774	2891	84196	24560
18386	9709	30911	34166	6278	95174	32186
5706	4915	12944	13565	4796	39988	11532
2650	655	17371	17529	1169	27791	7646
8798	2813	108156	107601	7586	55719	22499
4543	3081	33285	34174	1708	28285	8260
6568	5188	-4568	-2368	1222	26590	9307
10376	3903	60179	60486	3325	33796	14235
12040	4615	72797	72959	4158	49563	30547
8637	2270	67467	67610	5305	34690	18872
12464	9267	17116	19459	7614	98967	27116
1435	1034	-4681	-4288	210	9006	2034
447	409	-880	-1002	4	1472	243
5973	3686	74087	74554	2333	28776	14694
5178	3875	30794	31029	3605	30114	9363
2409	120	-5342	-5132	156	2103	753
609	353	19929	20072	702	9341	4700
13	9	103	103	2	199	-47
11002	6494	54958	56033	5155	30731	23929
182	23	1999	2023	214	1747	470
893	881	1573	1831	283	1072	391
1	1	-37	-38			3
12589	776	22138	22381	3666	61433	7201

货摊、无店铺及其他零售业
Stalls, Non-shop and Other Retails

地 区	Region	营业收入 Business Revenue	营业成本 Business Cost	税金及附加 Taxes and Other Charges	其他业务利润 Profits from Other Business	销售费用 Selling Expenses	管理费用 Administr-ative Expenses
全 国	**National Total**	**227840713**	**198937562**	**458923**	**853547**	**22804054**	**4932790**
北 京	Beijing	39556178	36884852	38284	255294	2364320	321110
天 津	Tianjin	4457428	3915117	7819	13342	459778	73111
河 北	Hebei	4992850	4779828	6246	1576	196120	18846
山 西	Shanxi	1365551	1265423	1259	495	59750	27878
内蒙古	Inner Mongolia	101867	89069	260	2741	8198	3687
辽 宁	Liaoning	4079120	3727103	5165	470	292172	40625
吉 林	Jilin	417570	385535	769	17229	25739	6449
黑龙江	Heilongjiang	629260	564215	1744	172	47444	11354
上 海	Shanghai	25207096	20519677	48463	217605	4157713	908576
江 苏	Jiangsu	18432951	16238150	28090	87765	1531316	422051
浙 江	Zhejiang	19699694	15419457	45012	29360	3535608	634922
安 徽	Anhui	6211960	5232023	16815	15073	658599	204684
福 建	Fujian	15394372	12970433	42212	22169	1582903	447888
江 西	Jiangxi	3430663	2957329	10024	20221	245473	67080
山 东	Shandong	8073290	7088229	13524	16057	918415	144690
河 南	Henan	2200987	1837086	9493	3123	163995	59316
湖 北	Hubei	9228904	8543551	18559	7550	509901	92289
湖 南	Hunan	4199814	3473596	27198	7402	406148	141397
广 东	Guangdong	35647447	30867989	93737	80420	4041817	866628
广 西	Guangxi	1274981	1152068	2772	308	80590	31521
海 南	Hainan	1531610	1353423	2655	33225	92239	62216
重 庆	Chongqing	2816174	2530604	5040	16288	179439	66014
四 川	Sichuan	10695348	9828776	16704	8185	708644	136589
贵 州	Guizhou	1045167	928837	1535	-5780	39167	10506
云 南	Yunnan	172347	141229	450	880	16209	10228
西 藏	Tibet	48415	43460	132		2787	1673
陕 西	Shaanxi	6442890	5834032	12664	275	417857	94484
甘 肃	Gansu	204436	156366	1076	1898	19394	11151
青 海	Qinghai	24205	20028	98		1342	1421
宁 夏	Ningxia	59349	42538	153	-271	12577	4049
新 疆	Xinjiang	198788	147537	971	476	28401	10358

单位：万元
Unit: 10 000 yuan

财务费用 Financial Expenses	#利息支出 Interest Expenses	营业利润 Operating Profits	利润总额 Total Profits	应交所得税 Income Tax Payable	应付职工薪酬 Payables to Employees	应交增值税 VAT Payable
302737	**169855**	**60616**	**369036**	**500419**	**4300964**	**2333194**
19005	17762	-124143	-110969	24126	446085	219960
1220	1128	2473	6808	9458	41641	36971
11543	11237	-21806	-18408	610	17579	35377
7333	3485	2483	6561	814	18479	3940
410	319	752	1059	93	3700	1434
3427	1193	5732	8732	3152	24824	31680
1733	1076	-406	443	296	3592	3625
797	322	1300	2475	204	4933	8338
45286	24300	-426273	-328474	87071	657654	282323
25489	11523	70397	80149	47887	337359	166446
20925	20629	11001	47172	65382	640559	353313
6865	2254	97872	128439	20552	149101	71837
33346	12413	278082	291899	33728	383269	145919
5229	2325	128325	131848	11561	59182	27552
6922	3327	-79301	-74374	23279	110469	68268
9822	2140	98980	98714	7809	55785	24505
13896	6012	49570	60417	12078	98357	137788
17145	7869	107428	110526	14846	135167	53472
52765	31376	-292199	-252614	97662	806696	413207
427	481	5716	7539	1720	33502	21232
573	34	20169	21142	5823	9593	18077
4338	1199	18137	17911	4696	68793	32850
5566	2105	19933	34374	12805	92882	98277
899	497	3637	6481	1686	11483	4110
848	744	2498	2447	482	9094	1345
52	5	301	418	15	842	158
4324	1501	52901	56188	7411	55602	55782
1641	1430	14433	18504	3023	6098	8667
-276	9	1952	2517	279	1520	1453
312	240	170	655	22	4809	482
876	920	10502	10457	1846	12313	4806

3-5-1 大中型批发和零售业企业基本情况

Basic Conditions of Large and Medium-sized Enterprises of Wholesale and Retail Trades

项　目	Item	法人单位数（个）Number of Corporation Enterprises (unit)	年末从业人数（人）Employed Persons at Year-end (person)
总　计	**Total**	**70587**	**9596401**
一、批发业	**Wholesale Trade**	**44725**	**4613521**
#国有控股	State-controlled Enterprises	6671	1065893
(一)按登记注册类型分	**by Type of Registration**		
1.内资企业	**Domestic Funded Enterprises**	**40509**	**3664922**
国有企业	State-owned Enterprises	1164	287115
集体企业	Collective-owned Enterprises	56	6202
股份合作企业	Cooperative Enterprises	44	3153
联营企业	Joint Ownership Enterprises	15	1269
国有联营企业	State Joint Ownership Enterprises	9	721
集体联营企业	Collective Joint Ownership Enterprises	NA	50
国有与集体联营企业	Joint State-collective Enterprises	5	498
其他联营企业	Other Joint Ownership Enterprises		
有限责任公司	Limited Liability Corporations	10530	1226625
国有独资公司	State Sole Funded Corporations	1185	129791
其他有限责任公司	Other Limited Liability Corporations	9345	1096834
股份有限公司	Share-holding Corporations Ltd.	966	266454
私营企业	Private Enterprises	27612	1865387
私营独资企业	Private-funded Enterprises	210	11584
私营合伙企业	Private Partnership Enterprises	37	1469
私营有限责任公司	Private Limited Liability Corporations	26738	1775410
私营股份有限公司	Private Share-holding Corporations Ltd.	627	76924
其他企业	Other Enterprises	122	8717
2.港、澳、台商投资企业	**Enterprises with Funds from Hongkong, Macao and Taiwan**	**1633**	**407432**
合资经营企业	Joint-venture Enterprises	243	33822
合作经营企业	Cooperative Enterprises	9	1970
独资经营企业	Enterprises with Sole Investment	1303	342950
投资股份有限公司	Share-holding Corporations Ltd. with Investment	43	24920
其他港澳台商投资企业	Other Enterprises with Funds from Hongkong, Macao and Taiwan	35	3770
3.外商投资企业	**Foreign Funded Enterprises**	**2583**	**541167**
中外合资经营企业	Joint-venture Enterprises	374	74012
中外合作经营企业	Cooperative Enterprises	6	1173
外资企业	Enterprises with Sole Foreign Investment	2119	440419
外商投资股份有限公司	Share-holding Corporations Ltd. with Foreign Investment	58	21873
其他外商投资企业	Other Foreign Funded Enterprises	26	3690

项 目	Item	法人单位数（个）Number of Corporation Enterprises (unit)	年末从业人数（人）Employed Persons at Year-end (person)
(二)按国民经济行业分	**by Sector**		
农、林、牧、渔产品批发	Wholesale of Agricultural, Forestry, Livestock and Fishery Products	1621	118875
食品、饮料及烟草制品批发	Wholesale of Food, Beverages and Tobaccos	6151	973889
#米、面制品及食用油批发	Wholesale of Rice, Flour and Edible Oil	858	97115
肉、禽、蛋、奶及水产品批发	Wholesale of Meal, Fowls, Eggs, Milk and Aquatic Products	1023	126185
酒、饮料及茶叶批发	Wholesale of Wine, Beverages and Teas	1484	254685
烟草制品批发	Wholesale of Tobaccos	471	248450
纺织、服装及家庭用品批发	Wholesale of Textiles, Wearing Apparel and Household Articles	5648	750055
#服装批发	Wholesale of Garments	1325	234218
鞋帽批发	Wholesale of Shoes and Hats	311	56756
日用家电批发	Wholesale of Household Electrical Appliances	764	106711
文化、体育用品及器材批发	Wholesale of Culture, Sports Appliances and Equipments	1715	190664
#文具用品批发	Wholesale of Stationeries	472	31825
体育用品及器材批发	Wholesale of Sports Appliances and Equipments	152	21442
图书批发	Wholesale of Books	272	39975
医药及医疗器材批发	Wholesale of Medicines and Medical Appliances	6770	769963
#西药批发	Wholesale of Western Medicines	3393	433386
中药批发	Wholesale of Chinese Traditional Medicines	1138	145208
矿产品、建材及化工产品批发	Wholesale of Mineral Products, Building Materials and Chemical Products	11339	861610
#煤炭及制品批发	Wholesale of Coal and Related Products	1228	106455
石油及制品批发	Wholesale of Petroleum and Related Products	1727	238617
金属及金属矿批发	Wholesale of Metal Materials	3096	175883
建材批发	Wholesale of Building Materials	1828	126518
化肥批发	Wholesale of Chemical Fertilizer	373	28079
农药批发	Wholesale of Pesticides	190	18290
机械设备、五金产品及电子产品批发	Wholesale of Machinery, Hardware and Electronic Products	10050	833116
#汽车及零配件批发	Wholesale of Motor Vehicles and Their Parts	1866	149106
计算机、软件及辅助设备批发	Wholesale of Computer, Software and Assistant Appliances	1005	87854
通讯设备批发	Wholesale of Communication Equipments	711	85329
贸易经纪与代理	Trade Broker and Agency	300	21012
其他批发业	Other Wholesale not Classified Elsewhere	1131	94337

3-5-1 续表 2 Continued 2

项　目	Item	法人单位数（个） Number of Corporation Enterprises (unit)	年末从业人数（人） Employed Persons at Year-end (person)	年末零售营业面积（平方米） Business Area of Retail Trade at Year-end (sq.m)
二、零售业	**Retail Trade**	**25862**	**4982880**	**284189012**
#国有控股	State-controlled Enterprises	2497	717012	63711186
（一）按登记注册类型分	**by Type of Registration**			
1.内资企业	**Domestic Funded Enterprises**	**23667**	**4081083**	**227423197**
国有企业	State-owned Enterprises	274	57640	4073348
集体企业	Collective-owned Enterprises	82	14211	574179
股份合作企业	Cooperative Enterprises	24	3836	187524
联营企业	Joint Ownership Enterprises	4	345	64320
国有联营企业	State Joint Ownership Enterprises	4	345	64320
集体联营企业	Collective Joint Ownership Enterprises			
国有与集体联营企业	Joint State-collective Enterprises			
其他联营企业	Other Joint Ownership Enterprises			
有限责任公司	Limited Liability Corporations	6960	1385389	83879326
国有独资公司	State Sole Funded Corporations	309	59503	2942184
其他有限责任公司	Other Limited Liability Corporations	6651	1325886	80937142
股份有限公司	Share-holding Corporations Ltd.	626	311853	35840442
私营企业	Private Enterprises	15670	2304938	102733833
私营独资企业	Private-funded Enterprises	263	26875	1153537
私营合伙企业	Private Partnership Enterprises	21	1899	69278
私营有限责任公司	Private Limited Liability Corporations	15154	2135042	95282210
私营股份有限公司	Private Share-holding Corporations Ltd.	232	141122	6228808
其他企业	Other Enterprises	27	2871	70225
2.港、澳、台商投资企业	**Enterprises with Funds from Hongkong, Macao and Taiwan**	**1169**	**466376**	**23843242**
合资经营企业	Joint-venture Enterprises	197	64595	4738040
合作经营企业	Cooperative Enterprises	17	4205	219233
独资经营企业	Enterprises with Sole Investment	911	368962	18129045
投资股份有限公司	Share-holding Corporations Ltd. with Investment	20	23747	602045

项　目	Item	法人单位数(个) Number of Corporation Enterprises (unit)	年末从业人数(人) Employed Persons at Year-end (person)	年末零售营业面积(平方米) Business Area of Retail Trade at Year-end (sq.m)
其他港澳台商投资企业	Other Enterprises with Funds from Hongkong, Macao and Taiwan	24	4867	154879
3.外商投资企业	**Foreign Funded Enterprises**	**1026**	**435421**	**32922573**
中外合资经营企业	Joint-venture Enterprises	193	116155	10651685
中外合作经营企业	Cooperative Enterprises	19	5245	310835
外资企业	Enterprises with Sole Foreign Investment	744	285881	18437092
外商投资股份有限公司	Share-holding Corporations Ltd. with Foreign Investment	50	23882	3370401
其他外商投资企业	Other Foreign Funded Enterprises	20	4258	152560
(二)按国民经济行业分	**by Sector**			
综合零售	Integrated Retail	5994	1802792	129544340
#百货零售	Retail of General Merchandise	2521	662100	72578163
超级市场零售	Retail of Supermarkets	3098	1057603	53497526
食品、饮料及烟草制品专门零售	Special Retail of Food, Beverages and Tobaccos	1260	237692	5176722
#粮油零售	Retail of Cereal and Oil	79	9645	696968
肉、禽、蛋、奶及水产品零售	Retail of Meat, Poultry, Eggs, Milk and Aquatic Products	205	44039	871963
酒、饮料及茶叶零售	Retail of Wine, Beverages and Teas	216	27909	330384
烟草制品零售	Retail of Tobaccos	67	9081	154614
纺织、服装及日用品专门零售	Special Retail of Textiles, Garments and Daily Consumer Articles	1495	430019	16024239
#服装零售	Retail of Garments	902	268826	12662084
文化、体育用品及器材专门零售	Special Retail of Culture, Sports Appliances and Equipments	903	173884	5865101
#体育用品及器材零售	Retail of Sports Appliances and Equipments	42	11197	927827
图书、报刊零售	Retail of Books, Newspapers and Magazines	422	92561	3170589

3-5-1 续表 4 Continued 4

项　目	Item	法人单位数（个）Number of Corporation Enterprises (unit)	年末从业人数（人）Employed Persons at Year-end (person)	年末零售营业面积（平方米）Business Area of Retail Trade at Year-end (sq.m)
医药及医疗器材专门零售	Special Retail of Medicines and Medical Appliances	2631	713693	18595127
#西药零售	Retail of Western Medicines	2373	667282	17386966
汽车、摩托车、零配件和燃料及其他动力销售	Retail of Motor Vehicles, Motorcycles, Parts, Fuel and Other Powers	10501	1122826	90167493
#汽车新车零售	Retail of New Motor Vehicles	9465	839889	47282821
机动车燃油零售	Retail of Fuel Oil of Motor Vehicles	788	253887	40780185
家用电器及电子产品专门零售	Special Retail of Household Electric Appliances and Electronic Products	1235	188036	11370579
#日用家电零售	Retail of Household Electric Appliances	399	66440	7533227
计算机、软件及辅助设备零售	Retail of Computer, Software and Assistant Appliances	178	26900	205800
通信设备零售	Retail of Communication Equipments	417	60755	954411
五金、家具及室内装饰材料专门零售	Special Retail of Hardware, Furniture and Interior Decoration Materials	369	58785	3984306
货摊、无店铺及其他零售业	Stalls, Non-shop and Other Retails	1474	255153	3461105
#互联网零售	Retail on the Internet	1185	215848	2003273
(三)按零售业态分	**by Mode of Business Operation**			
有店铺零售	Store-based Retailing	24230	4702073	281600946
#超市	Supermarket	2589	415293	13279163
大型超市	Hypermarket	1829	953385	61952949
百货店	Department Store	1879	532408	55650088
专业店	Speciality Store	8090	1482155	80476620
专卖店	Exclusive Shop	9329	1265958	62114416
无店铺零售	Non-Store Selling	2398	685538	25156831

3-5-2 各地区大中型批发和零售业企业基本情况

Basic Conditions of Large and Medium-sized Enterprises of Wholesale and Retail Trades by Region

地区	Region	批发业 Wholesale Trade		零售业 Retail Trade	
		法人单位数（个）Number of Corporation Enterprises (unit)	年末从业人数（人）Employed Persons at Year-end (person)	法人单位数（个）Number of Corporation Enterprises (unit)	年末从业人数（人）Employed Persons at Year-end (person)
全国	**National Total**	**44725**	**4613521**	**25862**	**4982880**
北京	Beijing	2882	367033	941	209638
天津	Tianjin	947	127031	328	61294
河北	Hebei	853	77050	973	222708
山西	Shanxi	796	79394	615	99189
内蒙古	Inner Mongolia	392	33724	340	62279
辽宁	Liaoning	797	62972	604	124130
吉林	Jilin	351	31752	341	60985
黑龙江	Heilongjiang	340	42605	397	70920
上海	Shanghai	4811	639352	1076	359266
江苏	Jiangsu	4119	379063	2096	376129
浙江	Zhejiang	4372	392933	1820	278944
安徽	Anhui	979	102595	977	174654
福建	Fujian	1825	140255	886	177226
江西	Jiangxi	626	74526	732	117286
山东	Shandong	2901	262758	1743	335255
河南	Henan	1262	136067	1594	260891
湖北	Hubei	1216	125070	1011	219129
湖南	Hunan	886	93832	958	204596
广东	Guangdong	8057	775308	2841	557949
广西	Guangxi	587	64596	682	99450
海南	Hainan	222	25147	178	34458
重庆	Chongqing	976	91467	608	145798
四川	Sichuan	1485	149954	1295	263585
贵州	Guizhou	424	55665	527	76247
云南	Yunnan	538	69148	575	107694
西藏	Tibet	50	7921	35	5156
陕西	Shaanxi	741	81035	847	139978
甘肃	Gansu	325	34798	305	53291
青海	Qinghai	76	10019	94	11745
宁夏	Ningxia	96	10814	105	19431
新疆	Xinjiang	793	69637	338	53579

3-6-1 大中型批发和零售业企业商品购、销、存情况

项　目	Item	商品购进额 Total Purchases Value	#进 口 Imports
总　计	**Total**	**6223053556**	**523387126**
一、批发业	**Wholesale Trade**	**5331364219**	**491749333**
#国有控股	State-controlled Enterprises	2593058007	187431575
(一)按登记注册类型分	**by Type of Registration**		
1.内资企业	**Domestic Funded Enterprises**	**4368507315**	**276203803**
国有企业	State-owned Enterprises	300785050	5677570
集体企业	Collective-owned Enterprises	4271545	541450
股份合作企业	Cooperative Enterprises	4242539	67139
联营企业	Joint Ownership Enterprises	3435242	771
国有联营企业	State Joint Ownership Enterprises	3238815	771
集体联营企业	Collective Joint Ownership Enterprises	8245	
国有与集体联营企业	Joint State-collective Enterprises	188182	
其他联营企业	Other Joint Ownership Enterprises		
有限责任公司	Limited Liability Corporations	2342977149	189290379
国有独资公司	State Sole Funded Corporations	405403299	34105536
其他有限责任公司	Other Limited Liability Corporations	1937573851	155184843
股份有限公司	Share-holding Corporations Ltd.	470023972	18714795
私营企业	Private Enterprises	1241044621	61911676
私营独资企业	Private-funded Enterprises	5366243	154141
私营合伙企业	Private Partnership Enterprises	744030	13124
私营有限责任公司	Private Limited Liability Corporations	1196093042	57969779
私营股份有限公司	Private Share-holding Corporations Ltd.	38841306	3774632
其他企业	Other Enterprises	1727197	23
2.港、澳、台商投资企业	**Enterprises with Funds from Hongkong, Macao and Taiwan**	**318427940**	**42144395**
合资经营企业	Joint-venture Enterprises	41161693	4291778
合作经营企业	Cooperative Enterprises	2182125	
独资经营企业	Enterprises with Sole Investment	258844757	34066800
投资股份有限公司	Share-holding Corporations Ltd. with Investment	13963410	3287193
其他港澳台商投资企业	Other Enterprises with Funds from Hongkong, Macao and Taiwan	2275953	498625
3.外商投资企业	**Foreign Funded Enterprises**	**644428965**	**173401135**
中外合资经营企业	Joint-venture Enterprises	193991225	5655821
中外合作经营企业	Cooperative Enterprises	126192	41
外资企业	Enterprises with Sole Foreign Investment	438488524	166379063
外商投资股份有限公司	Share-holding Corporations Ltd. with Foreign Investment	10470124	897829
其他外商投资企业	Other Foreign Funded Enterprises	1352899	468382

Total Purchases, Sales and Inventory of Large and Medium-sized Enterprises of Wholesale and Retail Trades

单位：万元

Unit: 10 000 yuan

商品销售额 Total Sales Value	#出口 Exports	期末商品库存额 Inventory (year-end)
6740714015	**197484753**	**375463462**
5680305880	**196983897**	**292694725**
2696312228	50956102	120112685
4602554260	**147391881**	**223134973**
359862901	3970383	19775560
4646355	13761	229205
4743511	10595	113000
3811436	111583	95041
3622557	111583	66852
10300		86
178579		28104
2429246866	57277713	112594943
418654632	5887439	19862461
2010592235	51390274	92732482
469817022	14251125	19361206
1328437673	71748994	70893348
5892023	219278	286214
818742	500	46394
1278796992	69491892	67272218
42929917	2037325	3288522
1988496	7727	72670
363384587	**6191702**	**28136744**
43913331	1406255	3121406
2424117	12233	50503
297883571	4503522	23244457
16624420	172293	1605028
2539147	97399	115351
714367034	**43400314**	**41423009**
191612671	1720041	4454454
163587	6908	12319
504192610	41130452	35557854
14950580	409551	1266272
3447586	133364	132110

项　目	Item	商品购进额 Total Purchases Value	#进 口 Imports
(二)按国民经济行业分	**by Sector**		
农、林、牧、渔产品批发	holesale of Agricultural, Forestry, Livestock and Fishery Products	137776823	21628044
食品、饮料及烟草制品批发	Wholesale of Food, Beverages and Tobaccos	448487285	28169903
#米、面制品及食用油批发	Wholesale of Rice, Flour and Edible Oil	81478455	12037980
肉、禽、蛋、奶及水产品批发	Wholesale of Meal, Fowls, Eggs and Aquatic Products	50114344	8918237
酒、饮料及茶叶批发	Wholesale of Wine, Beverages and Teas	80563731	833246
烟草制品批发	Wholesales of Tobaccos	142099401	263052
纺织、服装及家庭用品批发	Wholesale of Textiles, Wearing Apparel and Household Articles	377391437	26475291
#服装批发	Wholesale of Garments	64123811	5284935
鞋帽批发	Wholesale of Shoes and Hats	16121728	1931746
日用家电批发	Wholesale of Household Electrical Appliances	128871781	1292839
文化、体育用品及器材批发	Wholesale of Culture, Sports Appliances and Equipments	108437276	4060872
#文具用品批发	Wholesale of Stationeries	26485615	594279
体育用品及器材批发	Wholesale of Sports Appliances and Equipments	15542943	311005
图书批发	Wholesale of Books	9749925	26879
医药及医疗器材批发	Wholesale of Medicines and Medical Appliances	329636062	22740128
#西药批发	Wholesale of Western Medicines	216384966	8806817
中药批发	Wholesale of Chinese Traditional Medicines	45695027	791694
矿产品、建材及化工产品批发	Wholesale of Mineral Products, Building Materials and Chemical Products	2975306889	201582546
#煤炭及制品批发	Wholesale of Coal and Related Products	446453822	18709039
石油及制品批发	Wholesale of Petroleum and Related Products	626981284	52949678
金属及金属矿批发	Wholesale of Metal Materials	1289203304	82212494
建材批发	Wholesale of Building Materials	151093345	6409749
化肥批发	Wholesale of Chemical Fertilizer	50589987	3848473
农药批发	Wholesale of Pesticides	6137394	213548
机械设备、五金产品及电子产品批发	Wholesale of Machinery, Hardware and Electronic Products	823629099	164324936
#汽车及零配件批发	Wholesale of Motor Vehicles and Their Parts	282718120	45470822
计算机、软件及辅助设备批发	Wholesale of Computer, Software and Assistant Appliances	111593885	49277324
通讯设备批发	Wholesale of Communication Equipments	95747920	2166839
贸易经纪与代理	Trade Broker and Agency	43303272	16871443
其他批发业	Other Wholesale not Classified Elsewhere	87396076	5896170

3-6-1 Continued 1

单位：万元
Unit: 10 000 yuan

商品销售额 Total Sales Value	#出口 Exports	期末商品库存额 Inventory (year-end)
139272424	804803	22536458
556660711	6100268	42509612
85171097	1208007	14718563
56040416	849517	3504016
108556648	327466	8652620
203592678	1465460	10001126
428322522	50950684	36166983
76253816	19477610	8382198
20960984	3582738	2662324
133929432	2621721	10727742
119246658	5753229	12740585
28466101	1159711	1425233
17508540	1381498	1054902
10278936	27982	2324253
374883061	4616350	36102637
237070109	2990125	21769488
54512896	153081	4633742
3024900684	42313166	83227083
461705227	1090860	10175650
610971555	5936728	15934800
1312503524	16205605	35318471
160178197	3664988	5294388
51504138	2351022	4132347
6730917	1135739	684400
896442923	76158323	52988897
311933737	11344029	17942488
119782251	2650696	7112825
98699298	4693613	5213813
44820730	6260345	1357687
95756167	4026729	5064783

项 目	Item	商品购进额 Total Purchases Value	#进口 Imports
二、零售业	**Retail Trade**	**891689337**	**31637793**
#国有控股	State-controlled Enterprises	166933301	6362879
(一)按登记注册类型分	**by Type of Registration**		
1.内资企业	**Domestic Funded Enterprises**	**672775111**	**19814465**
国有企业	State-owned Enterprises	12103333	592799
集体企业	Collective-owned Enterprises	1342457	149
股份合作企业	Cooperative Enterprises	386636	
联营企业	Joint Ownership Enterprises	72417	
国有联营企业	State Joint Ownership Enterprises	72417	
集体联营企业	Collective Joint Ownership Enterprises		
国有与集体联营企业	Joint State-collective Enterprises		
其他联营企业	Other Joint Ownership Enterprises		
有限责任公司	Limited Liability Corporations	265381442	10404213
国有独资公司	State Sole Funded Corporations	13955141	3130912
其他有限责任公司	Other Limited Liability Corporations	251426301	7273301
股份有限公司	Share-holding Corporations Ltd.	74808629	164004
私营企业	Private Enterprises	318499791	8653300
私营独资企业	Private-funded Enterprises	2233370	89066
私营合伙企业	Private Partnership Enterprises	277944	
私营有限责任公司	Private Limited Liability Corporations	303595852	8545174
私营股份有限公司	Private Share-holding Corporations Ltd.	12392626	19061
其他企业	Other Enterprises	180406	
2.港、澳、台商投资企业	**Enterprises with Funds from Hongkong, Macao and Taiwan**	**88794686**	**4676472**
合资经营企业	Joint-venture Enterprises	15323881	715048
合作经营企业	Cooperative Enterprises	711121	
独资经营企业	Enterprises with Sole Investment	68005653	3555550
投资股份有限公司	Share-holding Corporations Ltd. with Investment	3870782	374073
其他港澳台商投资企业	Other Enterprises with Funds from Hongkong, Macao and Taiwan	883249	31800
3.外商投资企业	**Foreign Funded Enterprises**	**130119540**	**7146857**
中外合资经营企业	Joint-venture Enterprises	29683188	1797800
中外合作经营企业	Cooperative Enterprises	805933	169685
外资企业	Enterprises with Sole Foreign Investment	90885512	5012079
外商投资股份有限公司	Share-holding Corporations Ltd. with Foreign Investment	8048702	41715
其他外商投资企业	Other Foreign Funded Enterprises	696206	125578

3-6-1 Continued 2

单位：万元
Unit: 10 000 yuan

商品销售额 Total Sales Value	#出口 Exports	期末商品库存额 Inventory (year-end)
1060408135	**500856**	**82768737**
218932506	84434	16388162
783654052	**460909**	**64497956**
15726771	1250	1276730
1487625	26669	95584
359750		77733
80319		7994
80319		7994
306241193	330328	26477085
17114796	47490	1858792
289126397	282838	24618292
101836122	304	4529676
357701729	102359	32020883
2549313	516	243041
304349		32418
338384519	98678	30486384
16463548	3164	1259041
220543		12271
110842274	**7193**	**8644538**
18728045		1026788
843747		35841
85892375	6632	7059206
4318693	539	444425
1059415	22	78279
165911808	**32754**	**9626243**
36888929	31252	2140826
967805		76237
113870468	1202	6815926
13297079	300	460908
887528		132346

项 目	Item	商品购进额 Total Purchases Value	#进 口 Imports
(二)按国民经济行业分	**by Sector**		
综合零售	Integrated Retail	178130348	4625148
#百货零售	Retail of General Merchandise	80831289	4509991
超级市场零售	Retail of Supermarkets	90488382	113096
食品、饮料及烟草制品专门零售	Special Retail of Food, Beverages and Tobaccos	17145181	73913
#粮油零售	Retail of Cereal and Oil	889093	300
肉、禽、蛋、奶及水产品零售	Retail of Meat, Poultry, Eggs, Milk and Aquatic Products	2624225	
酒、饮料及茶叶零售	Retail of Wine, Beverages and Teas	3656140	6406
烟草制品零售	Retail of Tobaccos	994314	23415
纺织、服装及日用品专门零售	Special Retail of Textiles, Garments and Daily Consumer Articles	36791938	4574583
#服装零售	Retail of Garments	23435424	3665266
文化、体育用品及器材专门零售	Special Retail of Culture, Sports Appliances and Equipments	20281662	1279457
#体育用品及器材零售	Retail of Sports Appliances and Equipments	949257	41
图书、报刊零售	Retail of Books，Newspaper and Magazines	10056300	552699
医药及医疗器材专门零售	Special Retail of Medicines and Medical Appliances	34533115	183713
#西药零售	Retail of Western Medicines	32534401	97158
汽车、摩托车、零配件和燃料及其他动力销售	Retail of Motor Vehicles, Motorcycles, Parts, Fuel and Other Powers	422444312	19418202
#汽车新车零售	Retail of New Motor Vehicles	309489212	19224265
机动车燃油零售	Retail of Fuel Oil of Motor Vehicles	105702830	
家用电器及电子产品专门零售	Special Retail of Household Electric Appliances and Electronic Products	52507538	114133
#日用家电零售	Retail of Household Electric Appliances	22406790	63180
计算机、软件及辅助设备零售	Retail of Computer, Software and Assistant Appliances	13044627	3594
通信设备零售	Retail of Communication Equipments	10442895	103
五金、家具及室内装饰材料专门零售	Special Retail of Hardware, Furniture and Interior Decoration Materials	5395650	169098
货摊、无店铺及其他零售业	Stall, Non-shop and Other Retails	124459593	1199547
#互联网零售	Retail on the Internet	120695466	1174806
(三)按零售业态分	**by Mode of Business Operation**		
有店铺零售	Store-based Retailing	765680410	30105288
#超市	Supermarket	28376056	17261
大型超市	Hypermarket	82798696	78847
百货店	Department Store	70977298	4821544
专业店	Speciality Store	253087229	5614085
专卖店	Exclusive Shop	318025298	19325034
无店铺零售	Non-Store Selling	199226611	5804445

3-6-1 Continued 3

单位：万元

Unit: 10 000 yuan

商品销售额 Total Sales Value	#出口 Exports	期末商品库存额 Inventory (year-end)
213681648	302419	16162513
106597767	38646	7151500
98722977	237104	8475748
22004872	15	1595083
930632	15	132106
3277380		119077
4450243		599456
1230479		298813
60000674	38297	9734251
37199802	28964	6197281
25125218	16988	5572657
1417443		203744
11488054	12196	2147102
43316947	1842	5746618
40347942	1842	5361388
487523838	11469	33522282
324891173	4874	29317724
154401927		3536942
57651912	1512	2839508
23842698		1127230
15461032	50	396452
11210269		869476
7212359	7509	753219
143890666	120806	6842605
139091311	118889	6528992
914077260	362836	75541746
32853376		2914687
94611272	237148	7968147
94293159	60257	6605976
312988760	31801	22773906
364554934	16380	35411017
236666979	383646	14233534

3-6-2 各地区大中型批发业企业商品购、销、存情况

Total Purchases, Sales and Inventory of Large and Medium-sized Enterprises of Wholesale Trade by Region

单位：万元

Unit: 10 000 yuan

地　区	Region	商品购进额 Total Purchases Value	#进口 Imports	商品销售额 Total Sales Value	#出口 Exports	期末商品库存额 Inventory (year-end)
全　国	**National Total**	**5331364219**	**491749333**	**5680305880**	**196983897**	**292694725**
北　京	Beijing	642666401	119847902	675204326	15597602	49087930
天　津	Tianjin	186403986	7223870	196494872	3660232	8012559
河　北	Hebei	82528655	708201	86737940	965138	4296933
山　西	Shanxi	125269549	1256508	130659270	280400	3795880
内蒙古	Inner Mongolia	40683267	726412	43991289	1189271	2717648
辽　宁	Liaoning	97072241	5490563	104820306	995328	6068792
吉　林	Jilin	25744992	404027	28565855	9530	2092214
黑龙江	Heilongjiang	42263985	12106259	46209359	125532	2441389
上　海	Shanghai	938706736	155882484	1024716988	44283223	51428613
江　苏	Jiangsu	405845876	32884018	424528742	25869347	23776205
浙　江	Zhejiang	493842235	31714924	513061292	38370188	22225280
安　徽	Anhui	88500121	7845553	98452538	2294347	4919712
福　建	Fujian	212231429	20296689	216141604	10426786	8681412
江　西	Jiangxi	35337647	523123	43304495	1297907	1811698
山　东	Shandong	263043312	8690544	277782359	9872943	12898494
河　南	Henan	83153774	1313723	91889222	990273	5338309
湖　北	Hubei	105391630	1421003	109248790	1404884	4931136
湖　南	Hunan	56340253	2439417	62302770	637249	3165177
广　东	Guangdong	669273975	54993468	700325089	29578227	35516269
广　西	Guangxi	70940626	2115261	80359721	257893	2825705
海　南	Hainan	42552473	3316854	44637845	692554	1673272
重　庆	Chongqing	91896372	3031987	100993477	3573106	4829208
四　川	Sichuan	126327973	1694652	136084834	968328	7363285
贵　州	Guizhou	36594381	469143	49121124	206121	3037913
云　南	Yunnan	82322907	2050705	92157025	2165368	4758092
西　藏	Tibet	1726592	26	3190163		297768
陕　西	Shaanxi	130164497	2575694	137147830	716155	4144913
甘　肃	Gansu	53538434	124005	56623570	68418	1734022
青　海	Qinghai	12347182	120434	13836156	47536	400425
宁　夏	Ningxia	9351774	74498	9061107		343285
新　疆	Xinjiang	79300943	10407384	82655923	440013	8081190

3-6-3 各地区大中型零售业企业商品购、销、存情况

Total Purchases, Sales and Inventory of Large and Medium-sized Enterprises of Retail Trade by Region

单位：万元

Unit: 10 000 yuan

地　区	Region	商品购进额 Total Purchases Value	#进口 Imports	商品销售额 Total Sales Value	#出口 Exports	期末商品库存额 Inventory (year-end)
全　国	**National Total**	**891689337**	**31637793**	**1060408135**	**500856**	**82768737**
北　京	Beijing	87301279	1976436	94766760	14763	6067465
天　津	Tianjin	13658514	104895	15490111	92	945532
河　北	Hebei	24525872	503134	28019472		2650717
山　西	Shanxi	12758921	244609	15345252	40269	1388088
内蒙古	Inner Mongolia	8562928	132842	10325384		738487
辽　宁	Liaoning	19942356	491122	24023630		1433598
吉　林	Jilin	7430745	332593	10474518		766027
黑龙江	Heilongjiang	10763372	125857	11568151		3721243
上　海	Shanghai	77698580	7067133	100779317	35795	9959202
江　苏	Jiangsu	78267085	1936252	89532594	9328	6654897
浙　江	Zhejiang	62749536	3089392	72586799	32611	6166489
安　徽	Anhui	27144756	459940	33653167	2694	2009528
福　建	Fujian	32584183	872309	37599462	2924	2228555
江　西	Jiangxi	15065907	424457	19247905	3818	1325717
山　东	Shandong	51986508	1093192	59771684	15298	5486256
河　南	Henan	31280491	631673	37153041	3052	2718183
湖　北	Hubei	35142428	832279	41374400		2985395
湖　南	Hunan	24549156	689214	34468656	3976	1927153
广　东	Guangdong	102348732	3224362	123493087	57992	8293819
广　西	Guangxi	11730243	327675	13258123		1205744
海　南	Hainan	11246854	3425649	12144143		1963953
重　庆	Chongqing	21367297	743897	25572901	11718	1556907
四　川	Sichuan	54691474	1382640	60696112	2238	3725360
贵　州	Guizhou	13065895	367947	17908513		1184408
云　南	Yunnan	15311773	396799	20414958	264271	1531896
西　藏	Tibet	989195	102	1527063		59531
陕　西	Shaanxi	21111229	500942	27908875	18	2123633
甘　肃	Gansu	7080846	127816	8297482		627655
青　海	Qinghai	1598077	50929	1875745		168392
宁　夏	Ningxia	2303283	13736	2392393		268426
新　疆	Xinjiang	7431824	67971	8738437		886482

3-7-1 大中型批发和零售业企业年末资产负债

项目	Item	流动资产合计 Total Current Assets	#存货 Stock
总计	**Total**	**2309709234**	**364067512**
一、批发业	**Wholesale Trade**	**1950711125**	**287460766**
#国有控股	State-controlled Enterprises	833671659	120024241
(一)按登记注册类型分	**by Type of Registration**		
1.内资企业	**Domestic Funded Enterprises**	**1543946781**	**220504646**
国有企业	State-owned Enterprises	109969417	18688101
集体企业	Collective-owned Enterprises	1280688	126732
股份合作企业	Cooperative Enterprises	1028538	146378
联营企业	Joint Ownership Enterprises	1254073	99938
国有联营企业	State Joint Ownership Enterprises	983225	69238
集体联营企业	Collective Joint Ownership Enterprises	180	69
国有与集体联营企业	Joint State-collective Enterprises	270668	30631
其他联营企业	Other Joint Ownership Enterprises		
有限责任公司	Limited Liability Corporations	814197959	112360895
国有独资公司	State Sole Funded Corporations	140652374	21742988
其他有限责任公司	Other Limited Liability Corporations	673545585	90617907
股份有限公司	Share-holding Corporations Ltd.	177079832	19127736
私营企业	Private Enterprises	438722349	69879193
私营独资企业	Private-funded Enterprises	1701112	322302
私营合伙企业	Private Partnership Enterprises	339087	44854
私营有限责任公司	Private Limited Liability Corporations	411165918	66018540
私营股份有限公司	Private Share-holding Corporations Ltd.	25516232	3493497
其他企业	Other Enterprises	413926	75672
2.港、澳、台商投资企业	**Enterprises with Funds from Hongkong, Macao and Taiwan**	**153459420**	**27250596**
合资经营企业	Joint-venture Enterprises	19179151	3163199
合作经营企业	Cooperative Enterprises	780408	63588
独资经营企业	Enterprises with Sole Investment	122784375	22480887
投资股份有限公司	Share-holding Corporations Ltd. with Investment	9487334	1416243
其他港澳台商投资企业	Other Enterprises with Funds from Hongkong, Macao and Taiwan	1228152	126679
3.外商投资企业	**Foreign Funded Enterprises**	**253304924**	**39705524**
中外合资经营企业	Joint-venture Enterprises	46377017	4864749
中外合作经营企业	Cooperative Enterprises	101651	11967
外资企业	Enterprises with Sole Foreign Investment	187876438	33369050
外商投资股份有限公司	Share-holding Corporations Ltd. with Foreign Investment	16552537	1292057
其他外商投资企业	Other Foreign Funded Enterprises	2397280	167701

注：限额以上批发和零售业企业中包含视同法人企业，部分视同法人企业资产不等于负债与所有者权益之和(下表同)。

Assets and Liabilities of Large and Medium-sized Enterprises of Wholesale and Retail Trades at Year-end

单位：万元

Unit：10 000 yuan

固定资产原价 Original Value of Fixed Assets	累计折旧 Accumulated Depreciation	#本年折旧 Current Year Depreciation	资产总计 Total Assets	负债合计 Total Liabilities	所有者权益合计 Total Owners' Equities	实收资本 Paid-up Capitals
237757211	**104154489**	**15237996**	**3161444349**	**2188942421**	**972714373**	**493134574**
134716705	**58761868**	**8611937**	**2617115851**	**1797368762**	**818986670**	**387326727**
66911846	29756817	3484908	1207495099	785368841	421344023	175047850
110761007	**46567147**	**6632429**	**2098996138**	**1450170645**	**647978891**	**326239386**
16640130	8771733	836088	133853041	57155257	76853266	11577006
418471	214686	14008	2439679	1882236	557443	193911
149315	59646	5881	1259689	885553	374137	125636
78567	27924	3209	2084264	1309584	774680	572028
50956	12760	2015	1773577	1130914	642663	463464
1860	445	15	1585	68	1517	
25752	14719	1179	309103	178603	130500	108564
45611593	17642640	2529532	1121964200	801657984	320150213	175074832
11475886	4139288	619745	249072406	160181720	88808509	44420620
34135707	13503351	1909787	872891794	641476265	231341703	130654212
16766704	7721245	970462	296588704	185383278	110363499	32505206
30996375	12097990	2266625	540284178	401620444	138659579	106123286
120561	31108	8976	1870558	1534002	336556	201489
10701	4548	718	350988	287400	63588	25541
28905237	11334275	2117352	496839481	379430877	117404451	100171665
1959875	728059	139579	41223150	20368166	20854984	5724591
99852	31282	6625	522383	276308	246075	67481
8378111	**4122756**	**729019**	**198432235**	**135649950**	**62783417**	**25552450**
1535611	835713	60465	25100353	15929746	9170607	3598441
17025	11173	736	916223	736589	179634	78557
6315187	2999603	617148	157241945	110992334	46250744	19905395
483746	260771	49329	13900214	7191881	6708333	1798677
26541	15496	1342	1273500	799400	474099	171381
15577586	**8071966**	**1250488**	**319687479**	**211548167**	**108224362**	**35534892**
2756811	1389822	183480	55414088	45903757	9566861	5556153
29491	19276	1648	118259	111653	6606	85458
11124774	5915561	984464	232375847	150844357	81531490	25640748
1633609	731834	78187	29227093	12785679	16469933	3649116
32900	15473	2709	2552194	1902720	649473	603417

Note：For the financial data of Wholesale and Retail Trades enterprises above designated size, total assets may not equal to liabities plus total owner's equities, due to the fact that there are some establishments which are regarded as enterprises. The same applies to the tables following.

项　目	Item	流动资产合计 Total Current Assets	#存货 Stock
(二)按国民经济行业分	by Sector		
农、林、牧、渔产品批发	Wholesale of Agricultural, Forestry, Livestock and Fishery Products	81448754	23921529
食品、饮料及烟草制品批发	Wholesale of Food, Beverages and Tobaccos	235279249	43772466
#米、面制品及食用油批发	Wholesale of Rice, Flour and Edible Oil	43835139	15576920
肉、禽、蛋、奶及水产品批发	Wholesale of Meal, Fowls, Eggs, Milk and Aquatic Products	19597719	3802480
酒、饮料及茶叶批发	Wholesale of Wine, Beverages and Teas	64547480	9010934
烟草制品批发	Wholesale of Tobaccos	66342880	9733025
纺织、服装及家庭用品批发	Wholesale of Textiles, Wearing Apparel and Household Articles	197009019	33918284
#服装批发	Wholesale of Garments	35196577	8009040
鞋帽批发	Wholesale of Shoes and Hats	9685328	2518387
日用家电批发	Wholesale of Household Electrical Appliances	70880573	9840615
文化、体育用品及器材批发	Wholesale of Culture, Sports Appliances and Equipments	55624744	12588042
#文具用品批发	Wholesale of Stationeries	11203275	1526659
体育用品及器材批发	Wholesale of Sports Appliances and Equipments	7216947	976497
图书批发	Wholesale of Books	11159196	2132903
医药及医疗器材批发	Wholesale of Medicines and Medical Appliances	212975768	32426496
#西药批发	Wholesale of Western Medicines	135425506	19343206
中药批发	Wholesale of Chinese Traditional Medicines	29807268	4134353
矿产品、建材及化工产品批发	Wholesale of Mineral Products, Building Materials and Chemical Products	736851193	84031567
#煤炭及制品批发	Wholesale of Coal and Related Products	141024936	10379970
石油及制品批发	Wholesale of Petroleum and Related Products	103915736	17843234
金属及金属矿批发	Wholesale of Metal Materials	278406789	34126887
建材批发	Wholesale of Building Materials	79787045	5080652
化肥批发	Wholesale of Chemical Fertilizer	22451774	4330013
农药批发	Wholesale of Pesticides	4306848	691528
机械设备、五金产品及电子产品批发	Wholesale of Machinery, Hardware and Electronic Products	366614163	50888638
#汽车及零配件批发	Wholesale of Motor Vehicles and Their Parts	126777811	17312743
计算机、软件及辅助设备批发	Wholesale of Computer, Software and Assistant Appliances	33994980	6147212
通讯设备批发	Wholesale of Communication Equipments	30711952	4403036
贸易经纪与代理	Trade Broker and Agency	33079566	1364355
其他批发业	Other Wholesale not Classified Elsewhere	31828668	4549389

单位：万元

Unit: 10 000 yuan

固定资产原价 Original Value of Fixed Assets	累计折旧 Accumulated Depreciation	#本年折旧 Current Year Depreciation	资产总计 Total Assets	负债合计 Total Liabilities	所有者权益合计 Total Owners' Equities	实收资本 Paid-up Capitals
7841464	2688995	360238	111915116	81579448	30335667	15421270
26929686	12944234	1463086	287068770	159416792	127654252	30302702
4541960	1383284	245943	53971691	43592423	10379268	5429530
2713533	982900	154765	25232089	19357325	5875449	4402301
2490902	1180298	172745	74400384	46729515	27670864	9333015
12905930	7742272	623040	79072397	12504642	66567755	1911979
10822349	4933686	835753	246157804	184254165	61904143	26393096
3418890	1585576	254619	46024388	29587067	16437321	6206061
827116	389737	75920	11296729	7491452	3805780	941783
1724436	636286	70960	86464843	74228945	12235898	5431485
3793397	1846672	181474	72091049	45550394	26540655	10130304
1153236	750851	36814	14373799	10420046	3953753	2292249
311960	141714	19844	8136876	4743511	3393364	604549
1233461	417929	52352	16750267	9592837	7157430	1687776
12649534	5508819	946551	254983637	184289122	70632251	35941179
6139533	2272028	401258	163216141	119643752	43512176	26032526
1724871	564134	90249	34425454	27005085	7418318	3677646
54995891	23376814	3213048	1108335985	760586911	346991472	187141430
8210433	3045196	400036	250680776	158254809	92425967	50731344
28517049	13304082	1694580	168826206	111867890	56204600	32569179
7843741	3132636	388745	384032857	282577225	101454177	57163665
3725696	1055979	321569	104275765	74908302	29365031	14033537
828787	249365	31221	31568114	23521189	8046925	4307322
230089	104226	12800	6177558	3862471	2315088	792308
14791714	6432273	1427873	453111280	320374961	132792990	71026727
4286805	1827170	533075	159917956	116995521	42922435	37216610
801567	369301	73243	37506862	29055324	8451538	4857276
660661	271707	37657	34704710	25558698	9146012	3668568
741880	252113	36016	38332564	31012822	7319742	2488140
2150791	778261	147899	45119645	30304147	14815498	8481879

项　　目	Item	流动资产合　计 Total Current Assets	#存 货 Stock
二、零售业	**Retail Trade**	**358998109**	**76606746**
#国有控股	State-controlled Enterprises	67969112	13182246
(一)按登记注册类型分	**by Type of Registration**		
1.内资企业	**Domestic Funded Enterprises**	**270232690**	**59500203**
国有企业	State-owned Enterprises	5927263	1332872
集体企业	Collective-owned Enterprises	344721	50878
股份合作企业	Cooperative Enterprises	84899	42188
联营企业	Joint Ownership Enterprises	31274	6462
国有联营企业	State Joint Ownership Enterprises	31274	6462
集体联营企业	Collective Joint Ownership Enterprises		
国有与集体联营企业	Joint State-collective Enterprises		
其他联营企业	Other Joint Ownership Enterprises		
有限责任公司	Limited Liability Corporations	110043127	22052930
国有独资公司	State Sole Funded Corporations	5983599	1787581
其他有限责任公司	Other Limited Liability Corporations	104059528	20265349
股份有限公司	Share-holding Corporations Ltd.	35948574	4755242
私营企业	Private Enterprises	117798790	31244139
私营独资企业	Private-funded Enterprises	629439	253109
私营合伙企业	Private Partnership Enterprises	75093	20754
私营有限责任公司	Private Limited Liability Corporations	109841339	29198713
私营股份有限公司	Private Share-holding Corporations Ltd.	7252919	1771564
其他企业	Other Enterprises	54042	15492
2.港、澳、台商投资企业	**Enterprises with Funds from Hongkong, Macao and Taiwan**	**36297387**	**7846087**
合资经营企业	Joint-venture Enterprises	7231478	933105
合作经营企业	Cooperative Enterprises	306502	25573
独资经营企业	Enterprises with Sole Investment	25368454	6384909
投资股份有限公司	Share-holding Corporations Ltd. with Investment	2941604	422517
其他港澳台商投资企业	Other Enterprises with Funds from Hongkong, Macao and Taiwan	449348	79983
3.外商投资企业	**Foreign Funded Enterprises**	**52468032**	**9260457**
中外合资经营企业	Joint-venture Enterprises	8796787	1925434
中外合作经营企业	Cooperative Enterprises	245102	53196
外资企业	Enterprises with Sole Foreign Investment	41410236	6460139
外商投资股份有限公司	Share-holding Corporations Ltd. with Foreign Investment	1662989	683386
其他外商投资企业	Other Foreign Funded Enterprises	352918	138303

单位：万元
Unit：10 000 yuan

固定资产原价 Original Value of Fixed Assets	累计折旧 Accumulated Depreciation	#本年折旧 Current Year Depreciation	资产总计 Total Assets	负债合计 Total Liabilities	所有者权益合计 Total Owners' Equities	实收资本 Paid-up Capitals
103040506	**45392621**	**6626059**	**544328498**	**391573660**	**153727703**	**105807847**
31354491	13880322	1663222	129692105	72576482	57532475	15883046
76907382	**33102586**	**4865334**	**407235617**	**290003656**	**116800896**	**84182057**
2187000	894402	143152	9736083	4951152	4739925	959898
182066	91819	5686	545098	279944	265155	46803
59758	19685	5861	148697	89165	59532	47190
735	180	98	110450	75287	35163	35270
735	180	98	110450	75287	35163	35270
29111867	12256449	1835888	163578604	120880328	42809281	27890375
2170319	869316	101184	10453688	5097362	5330669	1488662
26941548	11387133	1734704	153124916	115782966	37478612	26401713
17387852	8201224	923605	72421374	38198467	33713290	6228089
27935475	11624024	1946172	160548664	125428567	35132649	48958636
199619	57930	14007	950344	694871	254169	1145832
22322	6436	823	93305	69771	23534	16769
24775554	10345435	1820877	146254833	117361884	28906805	46483891
2937980	1214223	110465	13250182	7302040	5948142	1312144
42629	14803	4872	146647	100747	45900	15795
10754566	**5445971**	**798437**	**53853806**	**39272315**	**14583097**	**10206159**
2136886	1041457	116548	12010624	8023291	3987334	2061770
180775	127752	22113	485019	251124	233895	118272
8194155	4151903	643767	36946348	28305096	8642858	7604525
196110	97163	12301	3897949	2296345	1601604	381667
46640	27697	3707	513866	396459	117406	39925
15378558	**6844064**	**962288**	**83239075**	**62297689**	**22343711**	**11419631**
4774563	1980677	271613	19816125	12551874	7264251	3179171
198880	138568	9962	459564	256455	203109	191985
7733172	3684841	531051	56760879	45238350	11866901	6669899
2561285	999875	127910	5580193	4015487	2622660	979456
110658	40104	21752	622313	235523	386790	399120

项 目	Item	流动资产合计 Total Current Assets	#存 货 Stock
(二)按国民经济行业分	**by Sector**		
综合零售	Integrated Retail	92004265	15313363
#百货零售	Retail of General Merchandise	56879087	7105481
超级市场零售	Retail of Supermarkets	32487048	7678096
食品、饮料及烟草制品专门零售	Special Retail of Food, Beverages and Tobaccos	11638299	1823259
#粮油零售	Retail of Cereal and Oil	495147	149055
肉、禽、蛋、奶及水产品零售	Retail of Meat, Poultry, Eggs, Milk and Aquatic Products	1420749	192539
酒、饮料及茶叶零售	Retail of Wine, Beverages and Teas	2902801	662230
烟草制品零售	Retail of Tobaccos	942304	280601
纺织、服装及日用品专门零售	Special Retail of Textiles, Garments and Daily Consumer Articles	26910434	9471633
#服装零售	Retail of Garments	16913688	6186280
文化、体育用品及器材专门零售	Special Retail of Culture, Sports Appliances and Equipments	20620371	5023382
#体育用品及器材零售	Retail of Sports Appliances and Equipments	420602	183100
图书、报刊零售	Retail of Books, Newspapers and Magazines	12283190	1838758
医药及医疗器材专门零售	Special Retail of Medicines and Medical Appliances	19546843	6035009
#西药零售	Retail of Western Medicines	18015014	5635989
汽车、摩托车、零配件和燃料及其他动力销售	Retail of Motor Vehicles, Motorcycles, Parts, Fuel and Other Powers	115352718	28907215
#汽车新车零售	Retail of New Motor Vehicles	86383734	24058199
机动车燃油零售	Retail of Fuel Oil of Motor Vehicles	25617346	4163631
家用电器及电子产品专门零售	Special Retail of Household Electric Appliances and Electronic Products	31380891	2712869
#日用家电零售	Retail of Household Electric Appliances	23188028	1077581
计算机、软件及辅助设备零售	Retail of Computer, Software and Assistant Appliances	2198356	420934
通信设备零售	Retail of Communication Equipments	2708146	727579
五金、家具及室内装饰材料专门零售	Special Retail of Hardware, Furniture and Interior Decoration Materials	2609438	779353
货摊、无店铺及其他零售业	Stalls, Non-shop and Other Retails	38934849	6540663
#互联网零售	Retail on the Internet	36522103	6248799
(三)按零售业态分	**by Mode of Business Operation**		
有店铺零售	Store-based Retailing	317647819	69702461
#超市	Supermarket	10860473	2852485
大型超市	Hypermarket	33105031	7184978
百货店	Department Store	49955984	6447841
专业店	Speciality Store	110951513	22828266
专卖店	Exclusive Shop	105517550	30478276
无店铺零售	Non-Store Selling	72335851	14205979

3-7-1 Continued 3

单位：万元
Unit：10 000 yuan

固定资产原价 Original Value of Fixed Assets	累计折旧 Accumulated Depreciation	#本年折旧 Current Year Depreciation	资产总计 Total Assets	负债合计 Total Liabilities	所有者权益合计 Total Owners' Equities	实收资本 Paid-up Capitals
42724226	19535058	2390299	166742953	123678626	43069188	30708945
26690507	11642133	1245453	105031918	69765850	35266969	17561343
15213301	7499961	1061728	57391793	49829722	7566032	11497723
2372560	972887	170754	16754301	10446944	6307356	2780701
144399	64524	10198	712401	493172	219230	169768
395941	141654	22909	2223475	1358472	865002	347038
421681	146454	42023	4145061	2644648	1500413	740572
167815	99106	7610	1218769	347499	871271	239304
4297113	2124561	392243	36315770	26069337	10265024	6157546
3009387	1441116	277007	23620962	17323721	6315766	4371822
4263030	1827949	189728	28812347	16777571	12034375	4543616
314216	148558	10099	809647	597331	212316	224248
3193185	1300748	123143	17454737	9824162	7630575	2112663
2415799	980340	218570	27164860	20440064	6724796	6375448
2252623	904283	200884	25110947	18831157	6279790	5198197
40248619	17478342	2863624	181427904	119897158	62519185	44509893
18666271	8098636	1596085	112228029	84513494	27713139	37001913
20393944	8844553	1188320	64357552	32063872	33275607	6823672
1319562	611777	98005	36212874	30660780	5550213	3533506
708322	302377	47520	26024766	22216174	3806810	2348997
152885	105675	16465	2981113	1796892	1184222	326747
152512	85224	12491	3231230	2734737	496393	364894
2089251	686615	95905	6058344	4635359	1422985	1733969
3310345	1175094	206932	44839145	38967820	5834581	5464222
1592087	497642	110602	40459625	36334514	4124013	4635788
100458188	44472790	6443961	497476391	350553689	147896666	99842582
3839595	1696886	306134	16980460	13452235	3552825	5728756
16709245	8107323	1087513	60289892	51391816	8903249	9555714
20802432	9657771	947554	89011915	57878272	31147329	11556313
31580660	13315714	1965696	170235394	115307573	55831334	32234433
23215364	10443642	1884361	145319191	99988731	45358573	33407838
8830573	3780847	540197	94706420	74385205	20320116	12453458

3-7-2 各地区大中型批发业企业年末资产负债
Assets and Liabilities of Large and Medium-sized Enterprises of Wholesale Trade by Region at Year-end

单位：万元
Unit: 10 000 yuan

地区	Region	资产总计 Total Assets	#流动资产合计 Total Current Assets	#固定资产净额 Net Value of Fixed Assets	负债合计 Total Liabilities	所有者权益合计 Total Owners' Equities
全国	**National Total**	**2617115851**	**1950711125**	**70338244**	**1797368762**	**818986670**
北京	Beijing	461408001	299264147	5639376	299577211	161830790
天津	Tianjin	63369462	50931812	1386746	47645406	15724057
河北	Hebei	37553411	28611326	1224327	25555046	11998365
山西	Shanxi	81286793	59634918	2235031	59775501	21511292
内蒙古	Inner Mongolia	31084221	18362273	1220508	20445805	10638416
辽宁	Liaoning	38173207	30783468	1677293	31008412	6938670
吉林	Jilin	17744294	13744939	1556392	12451151	5203551
黑龙江	Heilongjiang	26790052	20813826	1190444	19905108	6884944
上海	Shanghai	367810322	290584506	6716622	243426307	124384015
江苏	Jiangsu	194929788	156746008	6380520	146645359	48282906
浙江	Zhejiang	198573406	148205784	5346128	137168895	61404512
安徽	Anhui	49309846	40624403	1324820	35688400	13621446
福建	Fujian	80235354	55760310	1557770	54517162	25718651
江西	Jiangxi	23628768	18437929	1395362	16527620	7134838
山东	Shandong	132883364	105565778	5009469	105020533	27905749
河南	Henan	40249187	33830638	1273405	27771123	12477432
湖北	Hubei	46476772	35930503	1905516	32206393	14270412
湖南	Hunan	25661990	19944694	1142956	16867197	9424765
广东	Guangdong	333995100	255087568	8664082	230409306	103583783
广西	Guangxi	32859940	22855618	1588649	20934852	11216749
海南	Hainan	14130594	11008845	583683	8522603	5607991
重庆	Chongqing	39326395	32079064	1391244	26657868	12724583
四川	Sichuan	64398251	50498832	2259194	44278551	20120386
贵州	Guizhou	33395520	28198593	749215	18836643	14558877
云南	Yunnan	46187517	31070226	1252726	24733414	21454104
西藏	Tibet	2107653	1818305	95621	1081902	965538
陕西	Shaanxi	45470779	36851558	1148527	33572437	11915505
甘肃	Gansu	17302014	9210054	1125355	10147583	7154431
青海	Qinghai	14606328	5956712	321428	7252986	7353342
宁夏	Ningxia	3896297	2739660	387872	2503990	1444766
新疆	Xinjiang	52271224	35558827	2587963	36234001	15531803

3-7-3 各地区大中型零售业企业年末资产负债

Assets and Liabilities of Large and Medium-sized Enterprises of Retail Trade by Region at Year-end

单位：万元

Unit: 10 000 yuan

地区	Region	资产总计 Total Assets	#流动资产合计 Total Current Assets	#固定资产净额 Net Value of Fixed Assets	负债合计 Total Liabilities	所有者权益合计 Total Owners' Equities
全国	**National Total**	**544328498**	**358998109**	**50008050**	**391573660**	**153727703**
北京	Beijing	53923821	43041217	2046578	41948892	11974929
天津	Tianjin	7991286	4599884	936780	7031364	959922
河北	Hebei	15212407	9097346	2366781	11271695	3677580
山西	Shanxi	7956777	4739399	962735	7358714	627894
内蒙古	Inner Mongolia	4339430	2259723	994400	3684272	655157
辽宁	Liaoning	16200397	10394066	1831684	12340938	3768213
吉林	Jilin	8633904	5118814	1308807	5842229	2621429
黑龙江	Heilongjiang	6485971	4106511	926239	5224508	1264286
上海	Shanghai	49925082	36374007	3158150	36523706	13401375
江苏	Jiangsu	47852925	30127175	4932783	32644783	15214187
浙江	Zhejiang	32763682	22000619	3318447	24112576	8552463
安徽	Anhui	15317898	9722310	1656074	10271246	4980259
福建	Fujian	16515457	10459043	1319904	11908974	4606092
江西	Jiangxi	11269476	6578340	930244	7619882	3649504
山东	Shandong	33026873	23045266	3245933	27497321	6356063
河南	Henan	16627802	11229246	1557506	12740776	4754330
湖北	Hubei	20747044	11965571	2222461	15260177	5488472
湖南	Hunan	18981761	9033181	2272395	11710093	7210009
广东	Guangdong	63218107	45000592	3591071	40182020	23059099
广西	Guangxi	6857601	4802098	738019	4835451	2022149
海南	Hainan	5995056	4430883	443235	3816947	2178108
重庆	Chongqing	14399216	8738949	1404867	8230676	5703244
四川	Sichuan	24227164	14671870	2597993	16753671	7473492
贵州	Guizhou	10016103	6113012	951219	7449411	2985316
云南	Yunnan	9286159	5451517	927737	6077713	3189595
西藏	Tibet	743673	423336	128805	729502	184723
陕西	Shaanxi	12525066	8024761	1310423	9176327	3348719
甘肃	Gansu	4274185	2419046	582424	3003035	1133676
青海	Qinghai	1135615	701197	200622	970986	164628
宁夏	Ningxia	1984093	992240	243529	1340630	643462
新疆	Xinjiang	5894470	3336889	900206	4015143	1879327

3-8-1 大中型批发和零售业企业损益及分配

项目	Item	营业收入 Business Revenue	营业成本 Business Cost
总计	**Total**	**6030552564**	**5539203135**
一、批发业	**Wholesale Trade**	**5074202953**	**4719443119**
#国有控股	State-controlled Enterprises	2380151278	2256930487
(一)按登记注册类型分	**by Type of Registration**		
1.内资企业	**Domestic Funded Enterprises**	**4093314297**	**3853834261**
国有企业	State-owned Enterprises	322910133	274193552
集体企业	Collective-owned Enterprises	4344952	4117618
股份合作企业	Cooperative Enterprises	4177554	4039531
联营企业	Joint Ownership Enterprises	3391661	3350957
国有联营企业	State Joint Ownership Enterprises	3210118	3184819
集体联营企业	Collective Joint Ownership Enterprises	10208	8858
国有与集体联营企业	Joint State-collective Enterprises	171336	157280
其他联营企业	Other Joint Ownership Enterprises		
有限责任公司	Limited Liability Corporations	2150057720	2058278525
国有独资公司	State Sole Funded Corporations	364186909	353511582
其他有限责任公司	Other Limited Liability Corporations	1785870811	1704766943
股份有限公司	Share-holding Corporations Ltd.	419518672	404181206
私营企业	Private Enterprises	1187030815	1103988523
私营独资企业	Private-funded Enterprises	5449101	4939228
私营合伙企业	Private Partnership Enterprises	737104	652744
私营有限责任公司	Private Limited Liability Corporations	1141371876	1063163721
私营股份有限公司	Private Share-holding Corporations Ltd.	39472734	35232830
其他企业	Other Enterprises	1882789	1684349
2.港、澳、台商投资企业	**Enterprises with Funds from Hongkong, Macao and Taiwan**	**331274747**	**289236823**
合资经营企业	Joint-venture Enterprises	38795611	36490292
合作经营企业	Cooperative Enterprises	2189675	2064967
独资经营企业	Enterprises with Sole Investment	272959707	236116202
投资股份有限公司	Share-holding Corporations Ltd. with Investment	14997642	12572689
其他港澳台商投资企业	Other Enterprises with Funds from Hongkong, Macao and Taiwan	2332113	1992672
3.外商投资企业	**Foreign Funded Enterprises**	**649613910**	**576372035**
中外合资经营企业	Joint-venture Enterprises	166183542	157055739
中外合作经营企业	Cooperative Enterprises	146947	104910
外资企业	Enterprises with Sole Foreign Investment	466362597	404962621
外商投资股份有限公司	Share-holding Corporations Ltd. with Foreign Investment	13675875	11427908
其他外商投资企业	Other Foreign Funded Enterprises	3244949	2820857

Income and Distribution of Large and Medium-sized Enterprises of Wholesale and Retail Trades

单位：万元
Unit: 10 000 yuan

税金及附加 Taxes and Other Charges	其他业务利润 Profits from Other Business	销售费用 Selling Expenses	管理费用 Administrative Expenses
32043473	**20069355**	**232063129**	**100795454**
28603493	**10016948**	**145635892**	**72471152**
23939164	2844588	31021270	19771891
26649110	**6138760**	**88868233**	**46965492**
18708022	498304	5621222	7458695
8391	28052	122824	65078
2694	6266	62820	35245
3952	983	15057	19664
3341	2	10380	12562
92		283	274
519	981	4394	6829
5537362	2879474	35571925	16438619
1478667	427150	3702739	2822627
4058694	2452324	31869186	13615992
424111	619139	7934779	3360168
1959857	2106369	39470767	19559302
22890	4765	213398	101212
1412	426	21888	25169
1867845	1923319	37643408	18546752
67710	177858	1592073	886169
4720	174	68840	28720
597376	**1133164**	**20463852**	**12685042**
67749	138214	1008500	797458
2782	1846	75162	26417
488701	956225	17966856	11447849
33672	34201	1198703	365940
4472	2679	214631	
			47380
1357008	**2745024**	**36303807**	**12820617**
150709	293951	5308057	974515
463	36	30100	8836
1170227	2286407	29064494	11422622
32219	161868	1545407	364452
3390	2762	355750	50193

项　目	Item	财务费用 Financial Expenses	#利息支出 Interest Expense
总　计	**Total**	**18780982**	**18940347**
一、批发业	**Wholesale Trade**	**14057393**	**16278316**
#国有控股	State-controlled Enterprises	6814205	8483754
(一)按登记注册类型分	**by Type of Registration**		
1.内资企业	**Domestic Funded Enterprises**	**13712327**	**14437702**
国有企业	State-owned Enterprises	-911509	642217
集体企业	Collective-owned Enterprises	43994	36254
股份合作企业	Cooperative Enterprises	13361	10233
联营企业	Joint Ownership Enterprises	27514	30384
国有联营企业	State Joint Ownership Enterprises	26476	30164
集体联营企业	Collective Joint Ownership Enterprises		
国有与集体联营企业	Joint State-collective Enterprises	1038	221
其他联营企业	Other Joint Ownership Enterprises		
有限责任公司	Limited Liability Corporations	8362936	7794340
国有独资公司	State Sole Funded Corporations	2083087	2489380
其他有限责任公司	Other Limited Liability Corporations	6279849	5304959
股份有限公司	Share-holding Corporations Ltd.	1990844	2647337
私营企业	Private Enterprises	4181944	3275987
私营独资企业	Private-funded Enterprises	15757	9288
私营合伙企业	Private Partnership Enterprises	2091	206
私营有限责任公司	Private Limited Liability Corporations	3922651	3063946
私营股份有限公司	Private Share-holding Corporations Ltd.	241446	202547
其他企业	Other Enterprises	3242	949
2.港、澳、台商投资企业	**Enterprises with Funds from Hongkong, Macao and Taiwan**	**-77421**	**683662**
合资经营企业	Joint-venture Enterprises	23614	95215
合作经营企业	Cooperative Enterprises	5396	9472
独资经营企业	Enterprises with Sole Investment	-121762	487747
投资股份有限公司	Share-holding Corporations Ltd. With Investment	12898	86165
其他港澳台商投资企业			
其他港澳台商投资企业	Other Enterprises with Funds from Hongkong, Macao and Taiwan	2433	5063
3.外商投资企业	**Foreign Funded Enterprises**	**422488**	**1156952**
中外合资经营企业	Joint-venture Enterprises	111837	241742
中外合作经营企业	Cooperative Enterprises	724	1215
外资企业	Enterprises with Sole Foreign Investment	189765	745882
外商投资股份有限公司	Share-holding Corporations Ltd. With Foreign Investment	116080	161019
其他外商投资企业	Other Foreign Funded Enterprises	4081	7094

单位：万元
Unit: 10 000 yuan

营业利润 Opreating Profits	利润总额 Total Profits	应交所得税 Income Tax Payable	应付职工薪酬 Payables to Employees	应交增值税 VAT Payable
147303023	**152652513**	**31152893**	**115751662**	**51773009**
130580831	**134829834**	**26087752**	**75846532**	**40013544**
62293827	63979524	12032502	24240314	17273055
90641447	**93636677**	**17556281**	**51446197**	**30984639**
19341804	19431846	4970831	7841060	6351779
6766	16852	5395	53732	19981
26685	19970	2837	32065	10567
48462	50454	2620	20892	4258
45340	44764	1941	15227	2076
536	536	15	176	53
2586	5153	664	5489	2130
41584935	43442069	7733785	20414703	12857983
7548753	7938628	951449	3059593	1994200
34036182	35503441	6782336	17355110	10863782
7701660	7760031	1012457	4884758	2220264
21861030	22844117	3824716	18144090	9514495
148611	151580	16328	105699	46189
35614	37068	2192	15743	7837
19222583	20167889	3548924	17052707	9071272
2454221	2487580	257273	969941	389197
70107	71338	3640	54896	5312
12534315	**13188048**	**2457298**	**9082063**	**3454206**
697112	939415	152321	644218	479572
19856	20471	4462	39508	14383
10105150	10483905	2159732	7718021	2774416
1655516	1686416	125933	624971	159015
56682	57840	14851	55345	26820
27405069	**28005110**	**6074173**	**15318271**	**5574699**
2504698	2574951	649996	1405826	641029
1307	1397	1390	13944	2966
23022101	23568789	5302097	13280236	4747330
1850230	1825701	92044	560980	165809
26732	34271	28646	57286	17565

项 目	Item	营业收入 Business Revenue	营业成本 Business Cost
(二)按国民经济行业分	**by Sector**		
农、林、牧、渔产品批发	Wholesale of Agricultural, Forestry, Livestock and Fishery Products	126087340	121197138
食品、饮料及烟草制品批发	Wholesale of Food, Beverages and Tobaccos	504266183	405862947
#米、面制品及食用油批发	Wholesale of Rice, Flour and Edible Oil	77824587	72241853
肉、禽、蛋、奶及水产品批发	Wholesale of Meal, Fowls, Eggs, Milk and Aquatic Products	53065456	48428671
酒、饮料及茶叶批发	Wholesale of Wine, Beverages and Teas	96610470	69770208
烟草制品批发	Wholesale of Tobaccos	181323673	130962700
纺织、服装及家庭用品批发	Wholesale of Textiles, Wearing Apparel and Household Articles	391530550	336998162
#服装批发	Wholesale of Garments	69988209	57354096
鞋帽批发	Wholesale of Shoes and Hats	19150060	14766642
日用家电批发	Wholesale of Household Electrical Appliances	123074735	114212169
文化、体育用品及器材批发	Wholesale of Culture, Sports Appliances and Equipments	108292902	97345933
#文具用品批发	Wholesale of Stationeries	25563216	24045801
体育用品及器材批发	Wholesale of Sports Appliances and Equipments	15736324	13903299
图书批发	Wholesale of Books	9835935	7920019
医药及医疗器材批发	Wholesale of Medicines and Medical Appliances	339581251	295153576
#西药批发	Wholesale of Western Medicines	213802533	191725913
中药批发	Wholesale of Chinese Traditional Medicines	49140267	42135542
矿产品、建材及化工产品批发	Wholesale of Mineral Products, Building Materials and Chemical Products	2682775167	2612615326
#煤炭及制品批发	Wholesale of Coal and Related Products	408173593	397403791
石油及制品批发	Wholesale of Petroleum and Related Products	563910715	544869674
金属及金属矿批发	Wholesale of Metal Materials	1134664096	1119802631
建材批发	Wholesale of Building Materials	144354733	137206942
化肥批发	Wholesale of Chemical Fertilizer	46864704	45136563
农药批发	Wholesale of Pesticides	6718262	5947772
机械设备、五金产品及电子产品批发	Wholesale of Machinery, Hardware and Electronic Products	797535481	733763293
#汽车及零配件批发	Wholesale of Motor Vehicles and Their Parts	280116970	259012436
计算机、软件及辅助设备批发	Wholesale of Computer, Software and Assistant Appliances	108000158	100756597
通讯设备批发	Wholesale of Communication Equipments	78464532	74340308
贸易经纪与代理	Trade Broker and Agency	36590798	34636981
其他批发业	Other Wholesale not Classified Elsewhere	87543282	81869764

3-8-1 Continued 2

单位：万元
Unit: 10 000 yuan

税金及附加 Taxes and Other Charges	其他业务利润 Profits from Other Business	销售费用 Selling Expenses	管理费用 Administrative Expenses
157582	318188	1618931	1601010
22261788	1768609	26625486	14719679
104244	210178	3117453	1067582
68498	88598	3029333	1065165
467670	348910	10135852	2375445
21444889	428839	4276886	7546258
764366	963249	33037433	14927846
147177	259620	7031114	3366793
48054	18421	1396540	1882759
115543	196978	5854085	4907521
230038	315666	4719890	2506582
31453	61701	711948	409601
27765	52663	746042	496050
17042	56218	654407	581247
846683	1174430	24132581	8887005
491306	642911	11626871	4314252
134994	217964	4903533	1117450
2422286	2618090	25286009	14703246
587435	341511	2891546	2481990
475558	819343	8305939	2846503
748247	589027	4186405	3844101
217499	241474	2819989	1559347
40308	31807	743119	345313
9490	20158	428839	161741
1516012	2647151	27148502	13352372
719494	502098	11005069	2690346
118812	148011	2414492	973800
138764	354641	1969951	947725
29822	105820	551800	472474
374915	105745	2515261	1300940

项　目	Item	财务费用 Financial Expenses	#利息支出 Interest Expenses
(二)按国民经济行业分	by Sector		
农、林、牧、渔产品批发	Wholesale of Agricultural, Forestry, Livestock and Fishery Products	1209618	1251146
食品、饮料及烟草制品批发	Wholesale of Food, Beverages and Tobaccos	-720502	1221934
#米、面制品及食用油批发	Wholesale of Rice, Flour and Edible Oil	314762	538255
肉、禽、蛋、奶及水产品批发	Wholesale of Meal, Fowls, Eggs, Milk and Aquatic Products	223641	196806
酒、饮料及茶叶批发	Wholesale of Wine, Beverages and Teas	-138994	189561
烟草制品批发	Wholesale of Tobaccos	-1549745	8944
纺织、服装及家庭用品批发	Wholesale of Textiles, Wearing Apparel and Household Articles	431541	824894
#服装批发	Wholesale of Garments	179360	261445
鞋帽批发	Wholesale of Shoes and Hats	46500	27500
日用家电批发	Wholesale of Household Electrical Appliances	-124671	92882
文化、体育用品及器材批发	Wholesale of Culture, Sports Appliances and Equipments	174405	326280
#文具用品批发	Wholesale of Stationeries	53167	67803
体育用品及器材批发	Wholesale of Sports Appliances and Equipments	-1313	12202
图书批发	Wholesale of Books	-65714	62222
医药及医疗器材批发	Wholesale of Medicines and Medical Appliances	1764176	2031019
#西药批发	Wholesale of Western Medicines	1287082	1473013
中药批发	Wholesale of Chinese Traditional Medicines	236451	218055
矿产品、建材及化工产品批发	Wholesale of Mineral Products, Building Materials and Chemical Products	9675776	8396744
#煤炭及制品批发	Wholesale of Coal and Related Products	2341545	634483
石油及制品批发	Wholesale of Petroleum and Related Products	1571093	1254729
金属及金属矿批发	Wholesale of Metal Materials	3621200	4042464
建材批发	Wholesale of Building Materials	794987	881329
化肥批发	Wholesale of Chemical Fertilizer	273524	350118
农药批发	Wholesale of Pesticides	51261	54640
机械设备、五金产品及电子产品批发	Wholesale of Machinery, Hardware and Electronic Products	1178437	1700724
#汽车及零配件批发	Wholesale of Motor Vehicles and Their Parts	145671	508944
计算机、软件及辅助设备批发	Wholesale of Computer, Software and Assistant Appliances	53635	151874
通讯设备批发	Wholesale of Communication Equipments	211957	271776
贸易经纪与代理	Trade Broker and Agency	106140	248227
其他批发业	Other Wholesale not Classified Elsewhere	237802	277348

3-8-1 Continued 3

单位：万元
Unit: 10 000 yuan

营业利润 Opreating Profits	利润总额 Total Profits	应交所得税 Income Tax Payable	应付职工薪酬 Payables to Employees	应交增值税 VAT Payable
1812765	2121174	231455	1326978	298733
39258528	39462713	9642159	16748652	10826205
770163	840615	268070	1288985	362226
252727	306258	118487	1274137	303418
15739112	15758675	3619494	3572475	2937916
20159406	20071886	5114575	7946873	6425199
7996161	8587308	2421780	10980206	3944962
1963383	2064544	514731	2923685	798704
1061723	1192504	301981	653997	392553
-1176042	-1088602	190827	2063437	546031
4290352	4397895	584658	2970591	771907
402994	416101	80368	424502	153529
976009	1013072	146942	483424	174633
922209	920732	63687	633321	6462
11327590	11447846	2328260	10643012	5479513
6338200	6342278	1116297	5110848	3006332
986214	1015167	217642	1431084	811423
38179837	39956357	5195135	15312449	9853364
11438572	11539004	975417	1851853	1962614
5983553	6137867	1102405	4424151	2445882
8034344	9140749	1221126	3450384	2202753
3907663	4062365	450582	1745063	948143
789981	829897	74170	391620	411060
146661	146763	38012	258943	5610
25265340	25885037	5187533	16011219	6334175
9264347	9439830	2031500	3019173	2244784
3183187	3252690	780821	1843620	689105
985882	1058934	161340	1140837	357139
947531	970644	201457	433596	166616
1502728	2000862	295315	1419830	2338070

项 目	Item	营业收入 Business Revenue	营业成本 Business Cost
二、零售业	**Retail Trade**	**956349611**	**819760017**
#国有控股	State-controlled Enterprises	192548192	170171375
(一)按登记注册类型分	**by Type of Registration**		
1.内资企业	**Domestic Funded Enterprises**	**705311435**	**614246531**
国有企业	State-owned Enterprises	14095094	12656753
集体企业	Collective-owned Enterprises	1279996	1082158
股份合作企业	Cooperative Enterprises	341003	272938
联营企业	Joint Ownership Enterprises	54862	47987
国有联营企业	State Joint Ownership Enterprises	54862	47987
集体联营企业	Collective Joint Ownership Enterprises		
国有与集体联营企业	Joint State-collective Enterprises		
其他联营企业	Other Joint Ownership Enterprises		
有限责任公司	Limited Liability Corporations	276927884	241211844
国有独资公司	State Sole Funded Corporations	16035471	13890545
其他有限责任公司	Other Limited Liability Corporations	260892413	227321299
股份有限公司	Share-holding Corporations Ltd.	86118561	76622295
私营企业	Private Enterprises	326295900	282183841
私营独资企业	Private-funded Enterprises	2390687	2044759
私营合伙企业	Private Partnership Enterprises	277340	237649
私营有限责任公司	Private Limited Liability Corporations	309566429	268953013
私营股份有限公司	Private Share-holding Corporations Ltd.	14061444	10948420
其他企业	Other Enterprises	198135	168715
2.港、澳、台商投资企业	**Enterprises with Funds from Hongkong, Macao and Taiwan**	**102145798**	**79988204**
合资经营企业	Joint-venture Enterprises	16793518	13706966
合作经营企业	Cooperative Enterprises	781513	643199
独资经营企业	Enterprises with Sole Investment	79392759	61916605
投资股份有限公司	Share-holding Corporations Ltd. with Investment	4170265	3003657
其他港澳台商投资企业	Other Enterprises with Funds from Hongkong, Macao and Taiwan	1007743	717777
3.外商投资企业	**Foreign Funded Enterprises**	**148892377**	**125525281**
中外合资经营企业	Joint-venture Enterprises	32740385	27481795
中外合作经营企业	Cooperative Enterprises	878836	737764
外资企业	Enterprises with Sole Foreign Investment	102417344	85924646
外商投资股份有限公司	Share-holding Corporations Ltd. with Foreign Investment	11994216	10709528
其他外商投资企业	Other Foreign Funded Enterprises	861597	671548

单位：万元
Unit: 10 000 yuan

税金及附加 Taxes and Other Charges	其他业务利润 Profits from Other Business	销售费用 Selling Expenses	管理费用 Administrative Expenses
3439980	**10052407**	**86427236**	**28324302**
781529	1698954	12956971	3927925
2459407	**7007049**	**57369876**	**20331528**
75210	61715	899016	293053
6880	14203	75557	78106
8335	1930	24609	17820
557		4268	4070
557		4268	4070
1039339	3026714	22728720	7368598
160018	119268	940430	391937
879321	2907447	21788291	6976662
331672	741153	5931585	1870513
996490	3161333	27694869	10692507
7624	19486	202355	87899
598		15312	16930
926075	2878093	25620025	10086235
62193	263754	1857178	501444
924		11251	6861
528111	**1529036**	**14271667**	**3762664**
112172	313012	2005275	532406
3917	7206	90334	15811
398408	1160322	11044018	3013413
10888	36319	884698	148965
2727	12177	247342	52069
452462	**1516322**	**14785693**	**4230110**
91340	445240	3470201	971216
5188	22458	101005	26804
331354	1015309	10266517	2980792
20046	30523	793494	200531
4535	2791	154477	50767

项 目	Item	财务费用 Financial Expenses	#利息支出 Interest Expenses
二、零售业	**Retail Trade**	**4723589**	**2662031**
#国有控股	State-controlled Enterprises	685424	563848
(一)按登记注册类型分	**by Type of Registration**		
1.内资企业	**Domestic Funded Enterprises**	**3815063**	**2090106**
国有企业	State-owned Enterprises	45899	23070
集体企业	Collective-owned Enterprises	2273	856
股份合作企业	Cooperative Enterprises	3111	2533
联营企业	Joint Ownership Enterprises	315	283
国有联营企业	State Joint Ownership Enterprises	315	283
集体联营企业	Collective Joint Ownership Enterprises		
国有与集体联营企业	Joint State-collective Enterprises		
其他联营企业	Other Joint Ownership Enterprises		
有限责任公司	Limited Liability Corporations	1412088	844186
国有独资公司	State Sole Funded Corporations	33162	50928
其他有限责任公司	Other Limited Liability Corporations	1378926	793258
股份有限公司	Share-holding Corporations Ltd.	397583	302402
私营企业	Private Enterprises	1951199	916632
私营独资企业	Private-funded Enterprises	12875	5408
私营合伙企业	Private Partnership Enterprises	1023	-134
私营有限责任公司	Private Limited Liability Corporations	1831258	844544
私营股份有限公司	Private Share-holding Corporations Ltd.	106043	66814
其他企业	Other Enterprises	2595	142
2.港、澳、台商投资企业	**Enterprises with Funds from Hongkong, Macao and Taiwan**	**313111**	**173823**
合资经营企业	Joint-venture Enterprises	101486	72596
合作经营企业	Cooperative Enterprises	3256	355
独资经营企业	Enterprises with Sole Investment	195240	96173
投资股份有限公司	Share-holding Corporations Ltd. with Investment	11444	3369
其他港澳台商投资企业	Other Enterprises with Funds from Hongkong, Macao and Taiwan	1685	1331
3.外商投资企业	**Foreign Funded Enterprises**	**595415**	**398102**
中外合资经营企业	Joint-venture Enterprises	212342	152802
中外合作经营企业	Cooperative Enterprises	3801	703
外资企业	Enterprises with Sole Foreign Investment	330636	222611
外商投资股份有限公司	Share-holding Corporations Ltd. with Foreign Investment	48804	20284
其他外商投资企业	Other Foreign Funded Enterprises	-168	1702

3-8-1 Continued 5

单位：万元
Unit: 10 000 yuan

营业利润 Opreating Profits	利润总额 Total Profits	应交所得税 Income Tax Payable	应付职工薪酬 Payables to Employees	应交增值税 VAT payable
16722192	**17822679**	**5065142**	**39905131**	**11759465**
4907603	5002099	855757	7576876	2365920
9162632	**10004743**	**2662021**	**29772242**	**8494192**
111531	127773	16881	496744	146092
14256	17343	2625	67691	19108
3160	3188	928	14305	1959
-1827	-1819	-522	3892	334
-1827	-1819	-522	3892	334
4702729	4983698	1237179	11641531	3335586
763094	784588	71014	708789	117155
3939635	4199110	1166165	10932741	3218431
1331751	1449428	321551	3090442	1059845
2991966	3415878	1083284	14445374	3928782
29089	30602	6721	117874	19017
4897	4921	779	7291	8262
2372061	2780250	998616	13426327	3663599
585918	600105	77169	893882	237904
9065	9256	94	12264	2486
3793142	**3920729**	**1325790**	**5436293**	**1333825**
492142	509615	178975	736176	244115
27392	26801	7550	39008	9619
3202562	3294328	1104224	4352963	1006682
83982	100787	27829	253334	64341
-12936	-10803	7212	54811	9067
3766418	**3897207**	**1077330**	**4696597**	**1931447**
742032	791972	219015	1262059	450345
9900	12493	9600	52341	12812
2853966	2934122	835096	3082387	1279574
173901	167484	14994	250099	170559
-13381	-8864	-1375	49710	18156

项　　目	Item	营业收入 Business Revenue	营业成本 Business Cost
(二)按国民经济行业分	by Sector		
综合零售	Integrated Retail	184714316	149725196
#百货零售	Retail of General Merchandise	85033173	67534574
超级市场零售	Retail of Supermarkets	91898358	76273520
食品、饮料及烟草制品专门零售	Special Retail of Food, Beverages and Tobaccos	20534211	15591890
#粮油零售	Retail of Cereal and Oil	895486	788806
肉、禽、蛋、奶及水产品零售	Retail of Meat, Poultry, Eggs, Milk and Aquatic Products	3118676	2493157
酒、饮料及茶叶零售	Retail of Wine, Beverages and Teas	4049509	3091305
烟草制品零售	Retail of Tobaccos	1191752	955109
纺织、服装及日用品专门零售	Special Retail of Textiles, Garments and Daily Consumer Articles	53604303	31556603
#服装零售	Retail of Garments	33185459	20061445
文化、体育用品及器材专门零售	Special Retail of Culture, Sports Appliances and Equipments	23789675	17213016
#体育用品及器材零售	Retail of Sports Appliances and Equipments	1279134	857600
图书、报刊零售	Retail of Books, Newspapers and Magazines	11305848	8282586
医药及医疗器材专门零售	Special Retail of Medicines and Medical Appliances	40066000	30802671
#西药零售	Retail of Western Medicines	37322722	28729296
汽车、摩托车、零配件和燃料及其他动力销售	Retail of Motor Vehicles, Motorcycles, Parts, Fuel and Other Powers	444199338	409402298
#汽车新车零售	Retail of New Motor Vehicles	300108010	276523037
机动车燃油零售	Retail of Fuel Oil of Motor Vehicles	136584420	126147249
家用电器及电子产品专门零售	Special Retail of Household Electric Appliances and Electronic Products	50373570	45961994
#日用家电零售	Retail of Household Electric Appliances	20930313	19575420
计算机、软件及辅助设备零售	Retail of Computer, Software and Assistant Appliances	13310313	11948560
通信设备零售	Retail of Communication Equipments	10287793	9264859
五金、家具及室内装饰材料专门零售	Special Retail of Hardware, Furniture and Interior Decoration Materials	6545155	4756886
货摊、无店铺及其他零售业	Stalls, Non-shop and Other Retails	132523042	114749463
#互联网零售	Retail on the Internet	127901990	111166387
(三)按零售业态分	by Mode of Business Operation		
有店铺零售	Store-based Retailing	821344165	703451061
#超市	Supermarket	30303831	25409870
大型超市	Hypermarket	85642940	70208955
百货店	Department Store	75054119	57623092
专业店	Speciality Store	282115829	248904988
专卖店	Exclusive Shop	333524685	289238890
无店铺零售	Non-Store Selling	215057094	181022479

3-8-1 Continued 6

单位：万元
Unit: 10 000 yuan

税金及附加 Taxes and Other Charges	其他业务利润 Profits from Other Business	销售费用 Selling Expenses	管理费用 Administrative Expenses
1196824	5470826	21850253	8522793
915338	2498143	8172657	4873916
254667	2709198	12247177	3086592
72720	86145	3241934	1030197
2934	3546	80015	48553
9434	10230	442867	131503
16866	7301	509420	147333
4374	4644	120052	66994
297359	296016	13631011	3570728
183029	177946	7799738	2391196
269441	380017	3342714	1721537
6245	3200	318007	94041
45472	223120	1249086	985548
118794	310192	6609799	1850878
110495	292333	6146444	1714915
1105256	2636297	18041620	7314415
857644	2312113	10821540	6061471
228072	296562	6798593	1064080
84143	203909	3257518	1059288
24195	78349	1472904	487049
29408	8113	618168	158444
17784	88515	713459	242395
52849	37148	984338	606390
242594	631855	15468049	2648076
228943	553775	14839723	2408901
3184839	9465380	70239949	25448876
99781	662838	3536781	1362390
280142	2839084	11615840	3028175
836632	2156850	8504916	4250199
739022	1656895	20373072	7057332
1165289	2263411	24395416	8901548
657465	1520585	25896843	5482486

项 目	Item	财务费用 Financial Expense	#利息支出 Interest Expenses
(二)按国民经济行业分	**by Sector**		
综合零售	Integrated Retail	1716776	905181
#百货零售	Retail of General Merchandise	898712	609179
超级市场零售	Retail of Supermarkets	771329	272580
食品、饮料及烟草制品专门零售	Special Retail of Food, Beverages and Tobaccos	91831	68588
#粮油零售	Retail of Cereal and Oil	5115	4515
肉、禽、蛋、奶及水产品零售	Retail of Meat, Poultry, Eggs, Milk and Aquatic Products	11012	7619
酒、饮料及茶叶零售	Retail of Wine, Beverages and Teas	35110	23826
烟草制品零售	Retail of Tobaccos	-5787	1941
纺织、服装及日用品专门零售	Special Retail of Textiles, Garments and Daily Consumer Articles	220912	119075
#服装零售	Retail of Garments	156576	81286
文化、体育用品及器材专门零售	Special Retail of Culture, Sports Appliances and Equipments	60268	54064
#体育用品及器材零售	Retail of Sports Appliances and Equipments	13146	3791
图书、报刊零售	Retail of Books, Newspapers and Magazines	-32895	17596
医药及医疗器材专门零售	Special Retail of Medicines and Medical Appliances	249261	132492
#西药零售	Retail of Western Medicines	227082	112553
汽车、摩托车、零配件和燃料及其他动力销售	Retail of Motor Vehicles, Motorcycles, Parts, Fuel and Other Powers	1915155	1139307
#汽车新车零售	Retail of New Motor Vehicles	1406943	848161
机动车燃油零售	Retail of Fuel Oil of Motor Vehicles	474947	273842
家用电器及电子产品专门零售	Special Retail of Household Electric Appliances and Electronic Products	220296	99732
#日用家电零售	Retail of Household Electric Appliances	106894	58432
计算机、软件及辅助设备零售	Retail of Computer, Software and Assistant Appliances	-3271	14177
通信设备零售	Retail of Communication Equipments	37653	17258
五金、家具及室内装饰材料专门零售	Special Retail of Hardware, Furniture and Interior Decoration Materials	102488	62544
货摊、无店铺及其他零售	Stalls, Non-shop and Other Retails	146601	81049
#互联网零售	Retail on the Internet	135914	69792
(三)按零售业态分	**by Mode of Business Operation**		
有店铺零售	Store-based Retailing	4506773	2562029
#超市	Supermarket	182039	79984
大型超市	Hypermarket	784737	307421
百货店	Department Store	724515	532010
专业店	Speciality Store	1236917	730679
专卖店	Exclusive Shop	1423641	851121
无店铺零售	Non-Store Selling	551228	303830

3-8-1 Continued 7

Unit: 10 000 yuan

营业利润 Opreating Profits	利润总额 Total Profits	应交所得税 Income Tax Payable	应付职工薪酬 Payables to Employees	应交增值税 VAT payable
3133392	3403114	1005538	11505355	2120062
4063316	4146842	852482	4566847	1179427
-757494	-571446	140024	6403026	839055
1142617	1202015	189429	1599468	390232
-13404	-6483	3101	56656	9748
51386	64131	8546	237312	38642
681284	687181	67969	206523	96953
92039	102925	17841	109870	21200
4603544	4763294	1334506	4359110	1322744
2611664	2700720	767842	2850816	729711
1434480	1459999	170555	2116527	297092
-21855	-15182	-3795	98335	37840
974323	966757	32255	1311148	61947
511497	576683	169474	3988334	696298
462071	524168	156659	3688023	648347
6864881	7146245	1706998	11073587	4940097
5196571	5424464	1340014	8047821	3255597
1556485	1604495	349932	2766784	1612475
-238366	-194557	158399	1588018	443410
-659054	-650954	6339	582922	111364
521317	528516	131989	376825	207901
1090	9646	10293	401679	75320
17485	24866	28940	522139	131461
-747339	-558979	301302	3152592	1418069
-910968	-736143	259020	2785469	1344045
17461148	18348183	4760522	36499955	10276065
-149495	-86198	34963	2022369	282301
-309364	-160686	227804	5939530	869015
4310668	4419548	895111	4137687	1259831
4074380	4221136	1019230	11584034	3487924
9720451	10139712	2530087	12196825	4162344
1552700	1820005	874756	7326212	2538001

3-8-2 各地区大中型批发业企业损益及分配

地区	Region	营业收入 Business Revenue	营业成本 Business Cost	税金及附加 Taxes and Other Charges	其他业务利润 Profits from Other Business	销售费用 Selling Expenses	管理费用 Administrative Expenses
全国	**National Total**	**5074202953**	**4719443119**	**28603493**	**10016948**	**145635892**	**72471152**
北京	Beijing	578761176	539522608	1102687	2718494	15872762	12120117
天津	Tianjin	170853496	163165015	716984	216854	3851406	1403026
河北	Hebei	77883205	73085839	935591	49544	1244439	867927
山西	Shanxi	118289251	112727917	781987	188014	1762255	1265211
内蒙古	Inner Mongolia	39526683	36871002	466189	132938	902519	539035
辽宁	Liaoning	97617585	93278193	677725	63441	1330281	830728
吉林	Jilin	25749925	23878718	344085	58613	829061	317277
黑龙江	Heilongjiang	42110300	39485133	432495	41851	1443812	512885
上海	Shanghai	907189212	828594391	1560168	1763613	38755939	15280990
江苏	Jiangsu	383856291	356545597	1915745	515051	10994839	6577980
浙江	Zhejiang	469923166	444687259	1909219	751700	11317485	5036726
安徽	Anhui	88465700	81342220	1007950	142602	3916320	1138333
福建	Fujian	185985978	176430007	963081	167216	3294776	1718932
江西	Jiangxi	39629367	34659370	725421	137595	2075730	777476
山东	Shandong	249495395	236586006	1472930	296165	5609267	2897179
河南	Henan	83094613	75880506	1399400	137808	2033392	1439204
湖北	Hubei	97118875	88854246	1051092	272202	3026883	1498866
湖南	Hunan	57180402	50502915	1283630	161691	2099350	1062890
广东	Guangdong	637019253	594738745	2761553	1147130	19412638	9471573
广西	Guangxi	71257342	67375900	766960	80460	1115658	773852
海南	Hainan	40204795	37791614	288969	49970	875373	483988
重庆	Chongqing	91119778	83156873	1122293	219506	2384640	1039502
四川	Sichuan	122275638	111524967	1362769	185314	3434715	1508314
贵州	Guizhou	44265091	31994625	843698	75355	1700317	853252
云南	Yunnan	82867078	76697225	892496	142711	1639444	829253
西藏	Tibet	2693864	1628623	120094	1397	685335	136568
陕西	Shaanxi	118899014	114024089	728662	133875	1802110	837696
甘肃	Gansu	54168257	52128888	381527	46983	685145	389494
青海	Qinghai	13535804	12906592	100959	9898	233994	99373
宁夏	Ningxia	7997144	7466442	105713	7635	188406	104743
新疆	Xinjiang	75169275	71911595	381425	101322	1117603	658767

Income and Distribution of Large and Medium-sized Enterprises of Wholesale Trade by Region

单位：万元
Unit: 10 000 yuan

财务费用 Financial Expenses	#利息支出 Interest Expenses	营业利润 Opreating Profits	利润总额 Total Profits	应交所得税 Income Tax Payable	应付职工薪酬 Payables to Employees	应交增值税 VAT Payable
14057393	**16278316**	**130580831**	**134829834**	**26087752**	**75846532**	**40013544**
1753307	3741046	21325221	21483933	2932189	10867316	3867158
353717	391375	1910729	2097927	428731	2169760	1059505
262601	313407	1383356	1416005	317026	856730	635769
474509	-1389934	1958616	1970662	371928	918147	714617
301679	263203	1548089	1588938	173053	518208	387876
753906	365651	1321265	1283187	334269	788790	489193
145832	169742	261992	385372	100236	347092	267253
111489	290967	496129	520772	144821	618424	336049
1023738	1472003	27141210	27952896	6107074	15702724	5747388
1148373	1049384	6429976	6775951	2092612	5554476	3101807
1392271	1887026	10418532	10833981	1839299	5989660	2873776
58200	253361	1758658	1852077	403245	1335806	959451
602565	702742	4213944	4373337	752598	1596390	1149853
97532	155571	1415287	1442452	311428	769667	675911
940297	865396	2747661	3864660	753482	3016699	1778843
279407	278830	2101228	2168097	484823	1340192	927717
220322	384971	2798137	2760789	622017	1718566	1076874
206435	221329	2092085	2128680	424609	1109187	724154
1741725	2206563	13178403	13522860	2357530	11759366	4453826
272795	348128	1122467	1145834	238178	749447	1122407
60430	71531	1135114	1258280	150631	406850	723616
196337	245475	3243806	3301206	487599	1234832	898724
371578	440949	3733625	3771270	768440	1848585	1413597
-34014	142715	9347761	9368424	2227120	1036448	1579158
263649	442464	3172969	3186131	667735	1033036	1074820
-6012	4240	152780	168717	17590	131752	138753
307107	311503	1612674	1599228	261813	885578	679022
209601	203610	759131	758982	87951	476652	506415
142631	18034	135993	119603	23214	153335	74521
5122	11559	150484	148538	24369	135222	108038
400265	415475	1513508	1581045	182141	777595	467454

3-8-3 各地区大中型零售业企业损益及分配

地区	Region	营业收入 Business Revenue	营业成本 Business Cost	税金及附加 Taxes and Other Charges	其他业务利润 Profits from Other Business	销售费用 Selling Expenses	管理费用 Administr-ative Expenses
全国	**National Total**	**956349611**	**819760017**	**3439980**	**10052407**	**86427236**	**28324302**
北京	Beijing	86395859	76166322	262341	1541722	6781973	2070965
天津	Tianjin	14290643	12431701	48463	231459	1302820	404481
河北	Hebei	25300030	22005502	114098	435564	1901632	895404
山西	Shanxi	13176174	12035105	36554	129338	896595	416973
内蒙古	Inner Mongolia	9396237	8300597	33033	67372	701584	243044
辽宁	Liaoning	20940211	18334394	84684	220061	1580378	682705
吉林	Jilin	9322360	7997040	42450	78308	660685	421327
黑龙江	Heilongjiang	9688630	8763539	39779	125681	702639	302294
上海	Shanghai	91978573	66925782	402689	730662	16258270	4382237
江苏	Jiangsu	81250715	70814401	271993	937886	6538657	2215947
浙江	Zhejiang	66623124	56797870	228399	830278	6551197	1938335
安徽	Anhui	29250765	25512712	87493	149310	2215398	730111
福建	Fujian	34961353	30391803	110947	254532	2908199	845427
江西	Jiangxi	17322296	15085171	62933	144386	1247031	463805
山东	Shandong	52580872	46032712	178029	536740	4094983	1637836
河南	Henan	33294035	28742766	116693	315080	2237980	1003362
湖北	Hubei	36363935	31358193	126155	478537	3028710	1043152
湖南	Hunan	30727644	26335363	124305	211106	2286291	919474
广东	Guangdong	113156173	97280150	365968	1156245	11495371	3419989
广西	Guangxi	12034288	10504919	35894	110262	956035	371637
海南	Hainan	11312200	9482936	198757	65163	636729	237853
重庆	Chongqing	21108895	18007998	75694	311909	1804864	611697
四川	Sichuan	55319724	49479760	138266	412707	3870729	1125194
贵州	Guizhou	16061515	14296847	33275	81689	938354	362464
云南	Yunnan	18525402	16439524	41332	109158	1360424	349184
西藏	Tibet	1434232	1306930	3450	1349	84458	22729
陕西	Shaanxi	25170787	22122786	89657	213252	1860100	714504
甘肃	Gansu	7461188	6602117	30140	43344	547576	151266
青海	Qinghai	1689632	1476425	6819	42693	110496	47760
宁夏	Ningxia	2222493	1869032	10703	9818	207709	67413
新疆	Xinjiang	7989626	6859619	38990	76797	659369	225736

Income and Distribution of Large and Medium-sized Enterprises of Retail Trade by Region

单位：万元
Unit: 10 000 yuan

财务费用 Financial Expenses	#利息支出 Interest Expenses	营业利润 Opreating Profits	利润总额 Total Profits	应交所得税 Income Tax Payable	应付职工薪酬 Payables to Employees	应交增值税 VAT Payable
4723589	**2662031**	**16722192**	**17822679**	**5065142**	**39905131**	**11759465**
199409	252613	1056625	1115742	437418	3104646	835174
149208	66074	3737	7743	56363	625687	143978
201424	79193	360616	384451	99098	1199477	339082
95438	50601	-393392	-284768	33418	466450	126158
46686	23950	95498	100250	20198	441325	222151
136181	85711	287254	318316	83501	833206	225893
118719	75371	130769	144677	29846	347270	146226
89535	37883	113491	119778	38310	358275	276188
301114	143357	4213377	4472975	1430023	4897482	1440334
389279	186781	1438200	1554112	406955	3119527	914302
277325	221617	1122111	1230251	384238	2812376	869876
143848	52533	452687	499191	96195	1091660	302347
162996	106340	512704	542447	161071	1400608	368018
83290	55439	364118	369213	56003	776423	206601
310376	155634	615323	656606	195492	2069853	554891
209863	91462	873447	887680	184937	1318001	398224
157959	82654	844950	880467	169909	1601708	493401
212740	109128	583601	592514	111016	1286525	385412
526012	277011	494121	635537	489391	5429844	1390324
59441	39636	102823	120802	39610	562005	146036
61359	43286	722876	724902	59767	353727	83197
105578	69297	416327	426385	60885	1143612	332210
199181	107951	736106	703869	162400	1775140	501421
95934	55802	656885	660149	46577	458103	177857
84298	61358	306590	313313	60985	598362	219178
3942	2957	13288	11759	1396	45627	51739
143011	62452	220085	260464	73527	894846	322627
35777	13960	156604	157542	28072	300002	91184
20077	12800	15200	17521	6998	60442	61813
35635	11529	32061	33680	8644	100602	36695
67954	27653	174107	165113	32895	432320	96927

3-9-1 按业态分连锁零售企业基本情况

Basic Conditions of Chain Retail Enterprises by Business Categories

业　态	Business Categories	门店总数（个）Number of Stores (unit)	从业人员（万人）Engaged Persons (10 000 persons)	营业面积（万平方米）Operational Area (10 000 sq.m)	商品销售额（亿元）Total Sales Value (100 million yuan)	#零售额 Retail Value
总　计	**Total**	**292383**	**221.7**	**18695.9**	**38400.2**	**30200.7**
便利店	Convenience Store	39308	10.3	307.8	715.8	650.6
折扣店	Discount Store	432	0.1	29.3	25.6	25.6
超市	Supermarket	24685	35.8	1953.3	3618.9	3208.1
大型超市	Hypermarket	5031	43.9	3669.6	4535.2	4197.0
仓储会员店	Warehouse Club	106	1.4	58.3	258.4	258.4
百货店	Department Store	4540	18.2	2729.8	3404.4	2854.9
专业店	Specialty Store	168993	84.5	9020.1	20889.4	15321.3
#加油站	Gas Station	37360	22.5	6355.5	14353.4	10021.2
专卖店	Franchised Store	40517	24.2	793.6	4498.6	3443.9
家居建材商店	Building Material Store	38	0.1	12.1	29.2	27.3
厂家直销中心	Factory Outlets Center	449	0.2	13.9	81.1	3.7
其他	Other Store	8284	2.9	108.0	343.6	210.0

3-9-2 按登记注册类型分连锁零售企业基本情况

Basic Conditions of Chain Retail Enterprises by Status of Registration

项目	Item	门店总数(个) Number of Stores (unit)	从业人员(万人) Employed Person (10 000 persons)	营业面积(万平方米) Operational Area (10 000 sq.m)	商品销售额(亿元) Total Sales Value (100 million yuan)	#零售额 Retail Value
总计	**Total**	**292383**	**221.7**	**18695.9**	**38400.2**	**30200.7**
内资企业	**Domestic Funded Enterprises**	**255332**	**165.4**	**13426.4**	**25852.9**	**19810.3**
国有企业	State-owned Enterprises	9864	7.5	1009.7	3274.7	2029.0
集体企业	Collective-owned Enterprises	251	0.6	46.7	57.8	56.0
股份合作企业	Cooperative Enterprises	436	0.5	33.4	151.6	128.4
联营企业	Joint Ownership Enterprises	240	0.1	2.4	11.6	11.2
国有联营企业	State Joint Ownership Enterprises	199	0.1	1.8	9.0	9.0
集体联营企业	Collective Joint Ownership Enterprises					
国有与集体联营企业	Joint State-collective Enterprises					
其他联营企业	Other Joint Ownership Enterprises	41	0.0	0.6	2.6	2.2
有限责任公司	Limited Liability Corporations	103354	69.6	3806.1	8055.0	6201.5
国有独资公司	State Sole Funded Corporations	1196	0.7	82.5	224.3	102.7
其他有限责任公司	Other Limited Liability Corporations	102158	68.9	3723.7	7830.7	6098.8
股份有限公司	Share-holding Corporations Ltd.	39819	40.0	6578.5	10756.6	8125.4
私营企业	Private Enterprises	99617	46.5	1927.3	3508.4	3221.9
私营独资企业	Private-funded Enterprises	1479	0.5	18.8	37.7	36.6
私营合伙企业	Private Partnership Enterprises	452	0.1	6.4	5.5	4.3
私营有限责任公司	Private Limited Liability Corporations	87290	41.6	1747.0	3211.8	2945.8
私营股份有限公司	Private Share-holding Corporations Ltd.	10396	4.3	155.1	253.4	235.2
其他企业	Other Enterprises	1751	0.7	22.2	37.0	36.9
港、澳、台商投资企业	**Enterprises with Funds from Hong Kong, Macao and Taiwan**	**15188**	**21.9**	**1655.1**	**3002.9**	**2913.6**
港、澳、台商合资经营企业	Joint-venture Enterprises	2844	2.1	531.6	271.8	256.9
港、澳、台商合作经营企业	Cooperative Enterprises	265	5.5	330.6	529.7	529.7
港、澳、台商独资经营企业	Enterprises with Sole Investment	9570	12.0	649.0	2060.2	1987.6
港、澳、台商投资股份有限公司	Share-holding Corporations Ltd. with Investment	2301	2.3	143.0	138.5	137.0
其他港澳台商投资企业	Other Enterprises with Funds from Hongkong, Macao and Taiwan	208	0.1	0.9	2.7	2.5
外商投资企业	**Foreign Funded Enterprises**	**21863**	**34.3**	**3614.4**	**9544.5**	**7476.8**
中外合资经营企业	Joint-venture Enterprises	8852	9.1	1088.8	3239.1	2564.5
中外合作经营企业	Cooperative Enterprises	520	1.1	93.3	106.8	75.8
外资企业	Enterprises with Sole Foreign Investment	7151	13.2	629.2	3213.2	2727.7
外商投资股份有限公司	Share-holding Corporations Ltd. with Foreign Investment	4486	10.4	1676.2	2718.1	1893.3
其他外商投资企业	Other Foreign Funded Enterprises	854	0.4	126.9	267.4	215.5

3-9-3 按行业分连锁零售企业基本情况

Basic Conditions of Chain Retail Enterprises by Sector

项　　目	Item	门店总数 (个) Number of Stores (unit)	从业人员 (万人) Employed Person (10 000 persons)	营业面积 (万平方米) Operational Area (10 000 sq.m)
总　　计	**Total**	**292383**	**221.7**	**18695.9**
一、批发业	**Wholesale Trade**	**31442**	**16.8**	**3153.5**
农、林、牧产品批发	Wholesale of Farm Produce and Livestock Products	915	0.2	16.9
食品、饮料及烟草制品专门批发	Wholesale of Food, Beverages and Tobaccos	5112	2.5	53.5
纺织、服装及家庭用品批发	Wholesale of Textiles, Garments and Daily Consumer Articles	909	0.5	11.4
文化、体育用品及器材批发	Wholesale of Culture, Sports Appliances and Equipments	632	0.8	40.5
医药及医疗器材批发	Wholesale of Medicines and Medical Appliances	2820	0.9	26.0
矿产品、建材及化工产品批发	Wholesale of Mineral Products, Building Materials and Chemical Products	20573	11.6	2989.9
机械设备、五金产品及电子产品批发	Wholesale of Machinery, Hardware and Electronic Equipment	144	0.2	14.9
贸易经纪及代理	Trade Broker and Agency			
其他批发业	Other Wholesale not Classified Elsewhere	337	0.1	0.5
二、零售业	**Retail Trade**	**260941**	**204.8**	**15542.4**
综合零售	Integrated Retail	77579	111.9	8902.0
食品、饮料及烟草制品专门零售	Special Retail of Food, Beverages and Tobaccos	15041	6.6	105.4
纺织、服装及日用品专门零售	Special Retail of Textiles, Garments and Daily Consumer Articles	21623	13.9	521.9
文化、体育用品及器材专门零售	Special Retail of Culture, Sports Appliances and Equipments	3497	4.6	216.9
医药及医疗器材专门零售	Special Retail of Medicines and Medical Appliances	118067	47.9	1343.3
汽车、摩托车、燃料及零配件专门零售	Special Retail of Motor Vehicles, Motorcycles, Fuel and Parts	18388	12.1	3492.1
家用电器及电子产品专门零售	Special Retail of Household Electric Appliances and Electronic Products	5803	6.8	894.6
五金、家具及室内装饰材料专门零售	Special Retail of Hardware, Furniture and Interior Decoration Materials	660	0.8	59.2
货摊、无店铺及其他零售业	Stalls, Non-shop and Other Retails	283	0.1	7.0

项 目	Item	商品销售额(亿元) Total Sales Value (100 million yuan)	#零售额 Retail Value
总 计	**Total**	**38400.2**	**30200.7**
一、批发业	**Wholesale Trade**	**8687.4**	**5074.8**
农、林、牧产品批发	Wholesale of Farm Produce and Livestock Products	8.0	2.8
食品、饮料及烟草制品专门批发	Wholesale of Food, Beverages and Tobaccos	689.3	68.7
纺织、服装及家庭用品批发	Wholesale of Textiles, Garments and Daily Consumer Articles	45.9	18.8
文化、体育用品及器材批发	Wholesale of Culture, Sports Appliances and Equipments	221.6	98.2
医药及医疗器材批发	Wholesale of Medicines and Medical Appliances	51.2	23.2
矿产品、建材及化工产品批发	Wholesale of Mineral Products, Building Materials and Chemical Products	7579.9	4842.2
机械设备、五金产品及电子产品批发	Wholesale of Machinery, Hardware and Electronic Equipment	59.8	14.0
贸易经纪及代理	Trade Broker and Agency		
其他批发业	Other Wholesale not Classified Elsewhere	31.8	6.8
二、零售业	**Retail Trade**	**29712.9**	**25125.9**
综合零售	Integrated Retail	12867.3	11487.7
食品、饮料及烟草制品专门零售	Special Retail of Food, Beverages and Tobaccos	460.8	397.7
纺织、服装及日用品专门零售	Special Retail of Textiles, Garments and Daily Consumer Articles	1689.7	1593.4
文化、体育用品及器材专门零售	Special Retail of Culture, Sports Appliances and Equipments	1125.4	539.3
医药及医疗器材专门零售	Special Retail of Medicines and Medical Appliances	2600.2	2386.7
汽车、摩托车、燃料及零配件专门零售	Special Retail of Motor Vehicles, Motorcycles, Fuel and Parts	7168.3	5440.2
家用电器及电子产品专门零售	Special Retail of Household Electric Appliances and Electronic Products	3637.7	3184.4
五金、家具及室内装饰材料专门零售	Special Retail of Hardware, Furniture and Interior Decoration Materials	155.7	89.8
货摊、无店铺及其他零售业	Stalls, Non-shop and Other Retails	7.8	6.7

3–9–4 各地区连锁零售企业基本情况

Basic Conditions of Chain Retail Enterprises by Region

年份 Year	地区 Region	门店总数(个) Number of Stores (unit)	从业人数(万人) Employed Person (10 000 persons)	营业面积(万平方米) Operational Area (10 000 sq.m)	商品销售额(亿元) Total Sales Value (100 million yuan)	#零售额 Retail Value
	2004	77631	128.2	7202.6	8393.6	6163.1
	2005	105684	160.1	8687.5	12587.8	8569.5
	2006	128924	187.1	8979.0	14952.2	10764.8
	2007	145366	186.2	10044.0	17754.3	13066.8
	2008	168502	197.1	10197.8	20466.5	14369.7
	2009	175677	210.9	11809.2	22240.0	15860.3
	2010	176792	225.2	12756.8	27385.4	19009.5
	2011	195779	249.1	13670.7	34510.7	23812.5
	2012	192870	256.3	14765.9	35462.1	24605.3
	2013	204090	255.9	15640.3	38006.9	26340.8
	2014	206415	250.2	16221.3	37340.6	27356.5
	2015	209812	248.1	16862.4	35400.4	25749.3
	2016	232444	245.0	17960.1	35922.9	26856.2
	2017	236103	234.9	17329.6	35629.1	27617.2
	2018	249711	239.0	17924.7	38012.7	28919.0
	2019	252656	226.6	18384.9	37256.9	29566.9
	2020	269345	220.2	18276.6	33903.9	27043.2
	2021	292383	221.7	18695.9	38400.2	30200.7
北 京	Beijing	11092	12.1	767.4	3600.0	3124.7
天 津	Tianjin	2923	2.7	219.8	545.3	436.5
河 北	Hebei	9497	6.2	651.7	841.4	640.2
山 西	Shanxi	6524	3.8	297.8	466.9	377.3
内蒙古	Inner Mongolia	2689	1.2	53.6	65.1	48.4
辽 宁	Liaoning	7422	4.7	360.4	630.9	504.4
吉 林	Jilin	3668	1.8	66.1	189.9	181.2
黑龙江	Heilongjiang	2072	1.4	48.9	232.5	158.2
上 海	Shanghai	21902	23.9	1196.1	4628.0	3608.4
江 苏	Jiangsu	21816	15.7	1275.4	3208.7	2697.2
浙 江	Zhejiang	23367	10.2	1083.2	2480.0	1478.3
安 徽	Anhui	9434	8.3	690.6	1662.4	1172.7
福 建	Fujian	15555	18.1	1433.9	2048.8	1893.4
江 西	Jiangxi	7223	4.5	366.5	1055.0	716.0
山 东	Shandong	20447	17.7	2908.7	2521.5	2196.4
河 南	Henan	7645	6.4	567.4	938.7	817.4
湖 北	Hubei	12533	11.0	483.1	1692.7	1249.3
湖 南	Hunan	14095	12.1	1111.7	1590.6	1435.0
广 东	Guangdong	28143	19.1	1775.7	3441.2	2631.8
广 西	Guangxi	8688	4.1	511.9	952.1	611.9
海 南	Hainan	1188	0.5	27.6	251.4	124.4
重 庆	Chongqing	6994	6.8	483.2	1001.3	807.8
四 川	Sichuan	17952	11.5	523.6	1206.9	1137.9
贵 州	Guizhou	2505	1.4	62.3	95.4	90.2
云 南	Yunnan	8990	3.8	213.1	527.9	437.1
西 藏	Tibet	89	0.1	2.8	5.4	4.2
陕 西	Shaanxi	6552	5.7	454.3	1069.2	698.1
甘 肃	Gansu	3011	1.7	131.4	308.6	277.5
青 海	Qinghai	130	0.2	11.4	13.2	10.3
宁 夏	Ningxia	1612	1.6	241.3	301.7	190.1
新 疆	Xinjiang	6625	3.4	675.1	827.3	444.1

3-9-4 续表 Continued

年 份 Year	地 区 Region	商品购进总额 (亿元) Total Purchases (100 million yuan)	统一配送商品购进额 (亿元) Centralized Purchase and Delivery (100 million yuan)	自有配送中心配送商品购进额 Self Centralized Purchase and Delivery	非自有配送中心配送商品购进额 Non-self Centralized Purchase and Delivery
2004		7130.1	5545.6	4481.7	1063.9
2005		10734.6	8409.4	6696.1	1251.8
2006		13447.4	10565.7	7729.7	1384.0
2007		15917.0	12542.4	9057.0	1707.3
2008		17193.1	13782.1	8654.9	3118.8
2009		19343.7	14723.1	9616.9	2647.2
2010		24044.6	17412.5	10910.3	3373.4
2011		29653.0	22919.6	13458.8	3384.1
2012		30825.5	23975.8	13932.9	3522.8
2013		32258.7	25341.8	14598.7	4554.0
2014		31298.5	24582.4	14637.3	4265.7
2015		30556.8	23379.9	13656.3	3669.4
2016		31036.9	24173.7	13989.2	4342.3
2017		30520.8	23737.6	13994.0	3174.5
2018		32133.0	24294.4	14979.0	3016.3
2019		31358.0	23356.3	14294.1	2722.4
2020		27830.2	20250.8	12339.6	2971.5
2021		31440.7	22389.1	13842.1	3527.3
北 京	Beijing	3110.4	1583.4	1037.9	384.1
天 津	Tianjin	474.6	311.8	227.1	43.2
河 北	Hebei	698.9	500.4	304.9	49.1
山 西	Shanxi	409.8	237.6	114.8	0.3
内蒙古	Inner Mongolia	52.0	38.7	23.5	3.0
辽 宁	Liaoning	544.8	406.1	89.7	6.3
吉 林	Jilin	73.9	62.3	34.0	6.4
黑龙江	Heilongjiang	166.9	150.8	28.3	26.8
上 海	Shanghai	3977.5	2902.0	2015.1	858.1
江 苏	Jiangsu	2987.6	2827.2	2292.2	170.0
浙 江	Zhejiang	2210.8	1876.4	1554.8	141.9
安 徽	Anhui	1445.9	969.3	327.4	38.0
福 建	Fujian	1644.8	418.6	149.4	35.3
江 西	Jiangxi	551.1	465.0	321.2	39.7
山 东	Shandong	2028.4	1432.3	950.8	252.5
河 南	Henan	705.2	368.9	195.3	47.2
湖 北	Hubei	1391.9	822.6	556.6	69.2
湖 南	Hunan	948.6	809.8	487.3	162.7
广 东	Guangdong	2488.9	1623.6	844.5	268.9
广 西	Guangxi	859.2	815.3	446.4	307.8
海 南	Hainan	223.5	217.1	164.8	0.0
重 庆	Chongqing	815.8	700.1	451.1	192.7
四 川	Sichuan	993.7	776.5	373.2	53.0
贵 州	Guizhou	82.2	69.1	49.2	0.1
云 南	Yunnan	355.0	326.6	79.9	13.8
西 藏	Tibet	3.4	2.5		
陕 西	Shaanxi	918.8	642.1	281.4	68.3
甘 肃	Gansu	259.0	186.4	26.9	3.2
青 海	Qinghai	8.7	5.9	0.4	
宁 夏	Ningxia	282.0	149.2	86.7	1.3
新 疆	Xinjiang	727.5	691.3	327.4	284.6

住宿和餐饮业
HOTELS AND CATERING SERVICES

第4篇

4-1-1 限额以上住宿和餐饮业企业基本情况

Basic Conditions of Enterprises above Designated Size of Hotels and Catering Services

项　目	Item	法人单位数（个）Number of Corporation Enterprises (unit)	年末从业人数（人）Engaged Persons at the Year-end (person)	年末餐饮营业面积（平方米）Business Area of Catering Services at the Year-end (m²)
总　计	**Total**	**65666**	**4511001**	**183271872**
一、住宿业	**Hotels**	**27766**	**1661129**	**96973102**
#国有控股	State-controlled Enterprises	3083	412600	15423428
(一)按登记注册类型分	**by Type of Registration**			
1.内资企业	**Domestic Funded Enterprises**	**26908**	**1518717**	**91069977**
国有企业	State-owned Enterprises	1024	121555	4286511
集体企业	Collective-owned Enterprises	163	8875	334971
股份合作企业	Cooperative Enterprises	49	2291	68799
联营企业	Joint Ownership Enterprises	15	877	114994
有限责任公司	Limited Liability Corporations	5589	528861	25618867
国有独资公司	State Sole Funded Corporations	635	88404	3744869
其他有限责任公司	Other Limited Liability Corporations	4954	440457	21873998
股份有限公司	Share-holding Corporations Ltd.	210	20385	948973
私营企业	Private Enterprises	19846	835512	59646272
私营独资企业	Private-funded Enterprises	1236	35992	2504530
私营合伙企业	Private Partnership Enterprises	217	6953	503757
私营有限责任公司	Private Limited Liability Corporations	18228	781498	55778018
私营股份有限公司	Private Share-holding Corporations Ltd.	165	11069	859967
其他企业	Other Enterprises	12	361	50590
2.港、澳、台商投资企业	**Enterprises with Funds from Hongkong, Macao and Taiwan**	**517**	**91421**	**3676007**
合资经营企业	Joint-venture Enterprises	182	34689	1238765
合作经营企业	Cooperative Enterprises	37	7512	173538
独资经营企业	Enterprises with Sole Investment	286	44074	2127760
投资股份有限公司	Share-holding Corporations Ltd. with Investment	5	4083	81579
其他港澳台商投资企业	Other Enterprises with Funds from Hongkong, Macao and Taiwan	7	1063	54365
3.外商投资企业	**Foreign Funded Enterprises**	**341**	**50991**	**2227118**
中外合资经营企业	Joint-venture Enterprises	115	18562	750803
中外合作经营企业	Cooperative Enterprises	12	3965	44578
外资企业	Enterprises with Sole Foreign Investment	192	26199	1322678
外商投资股份有限公司	Share-holding Corporations Ltd. with Foreign Investment	8	1057	42981
其他外商投资企业	Other Foreign Funded Enterprises	14	1208	66078
(二)按国民经济行业分	**by Sector**			
旅游饭店	Tourist Hotel	13152	1157872	61748017
一般旅馆	Fonda	13253	449821	31276391
民宿服务	Home Lodging Services	338	6661	540942
露营地服务	Campground Services	15	648	48263
其他住宿业	Others	1008	46127	3359489

注：NA表示小于或等于3(下表同)。
Note:NA refers to less than or equal to three. The same applies to the tables following.

项 目	Item	法人单位数（个）Number of Corporation Enterprises (unit)	年末从业人数（人）Engaged Persons at the Year-end (person)	年末餐饮营业面积（平方米）Business Area of Catering Services at the Year-end (m²)
二、餐饮业	**Catering Services**	**37900**	**2849872**	**86298770**
#国有控股	State-controlled Enterprises	1014	129567	5443696
（一）按登记注册类型分	**by Type of Registration**			
1.内资企业	**Domestic Funded Enterprises**	**36678**	**2014717**	**76118339**
国有企业	State-owned Enterprises	267	23061	1424186
集体企业	Collective-owned Enterprises	106	5193	283108
股份合作企业	Cooperative Enterprises	92	5555	171422
联营企业	Joint Ownership Enterprises	8	1013	24322
有限责任公司	Limited Liability Corporations	4679	404778	14406681
国有独资公司	State Sole Funded Corporations	211	25948	1356297
其他有限责任公司	Other Limited Liability Corporations	4468	378830	13050384
股份有限公司	Share-holding Corporations Ltd.	128	24623	758942
私营企业	Private Enterprises	31364	1549634	59027428
私营独资企业	Private-funded Enterprises	3366	85841	4196442
私营合伙企业	Private Partnership Enterprises	528	15242	648453
私营有限责任公司	Private Limited Liability Corporations	27252	1404557	53292081
私营股份有限公司	Private Share-holding Corporations Ltd.	218	43994	890452
其他企业	Other Enterprises	34	860	22250
2.港、澳、台商投资企业	**Enterprises with Funds from Hongkong, Macao and Taiwan**	**708**	**371290**	**4892520**
合资经营企业	Joint-venture Enterprises	133	53729	768278
合作经营企业	Cooperative Enterprises	16	3930	86880
独资经营企业	Enterprises with Sole Investment	539	310617	3988796
投资股份有限公司	Share-holding Corporations Ltd. with Investment	7	1049	27917
其他港澳台商投资企业	Other Enterprises with Funds from Hongkong, Macao and Taiwan	13	1965	20649
3.外商投资企业	**Foreign Funded Enterprises**	**514**	**463865**	**5287911**
中外合资经营企业	Joint-venture Enterprises	93	92914	997859
中外合作经营企业	Cooperative Enterprises	6	2047	45389
外资企业	Enterprises with Sole Foreign Investment	386	361356	4105593
外商投资股份有限公司	Share-holding Corporations Ltd. with Foreign Investment	11	1272	15748
其他外商投资企业	Other Foreign Funded Enterprises	18	6276	123322
（二）按国民经济行业分	**by Sector**			
正餐服务	Dinner	32973	1778243	70944774
快餐服务	Snack	1687	653854	8321148
饮料及冷饮服务	Beverage and Cold Drinks	926	141504	2043326
餐饮配送及外卖送餐服务	Catering Distribution and Delivery Services	1473	141545	2197528
其他餐饮业	Others	841	134726	2791994

4-1-2 各地区限额以上住宿业企业基本情况

Basic Conditions of Enterprises above Designated Size of Hotels by Region

地 区	Region	住宿业 Hotels		#国有控股 State-controlled Enterprises	
		法人单位数（个） Number of Corporation Enterprises (unit)	年末从业人数（人） Engaged Persons at the Year-end (person)	法人单位数（个） Number of Corporation Enterprises (unit)	年末从业人数（人） Engaged Persons at the Year-end (person)
全 国	**National Total**	**27766**	**1661129**	**3083**	**412600**
北 京	Beijing	1151	89880	331	45631
天 津	Tianjin	357	15741	57	5810
河 北	Hebei	569	43770	108	12520
山 西	Shanxi	521	34565	61	10347
内蒙古	Inner Mongolia	337	18560	29	2881
辽 宁	Liaoning	489	29082	68	7887
吉 林	Jilin	231	15840	52	5783
黑龙江	Heilongjiang	238	12357	50	4986
上 海	Shanghai	1133	73902	182	30911
江 苏	Jiangsu	1633	97971	225	30200
浙 江	Zhejiang	1898	132661	168	21779
安 徽	Anhui	753	46371	45	9668
福 建	Fujian	1218	82707	122	18207
江 西	Jiangxi	979	45235	96	9514
山 东	Shandong	1403	87096	177	29193
河 南	Henan	1646	79156	108	11906
湖 北	Hubei	1026	47374	67	6488
湖 南	Hunan	1166	61233	67	8085
广 东	Guangdong	3321	211413	229	36224
广 西	Guangxi	935	50684	72	10025
海 南	Hainan	348	42945	54	9061
重 庆	Chongqing	550	33387	48	7287
四 川	Sichuan	1704	89654	134	16759
贵 州	Guizhou	876	37533	97	8745
云 南	Yunnan	844	48692	94	12115
西 藏	Tibet	100	5016	24	2096
陕 西	Shaanxi	1274	68780	112	15980
甘 肃	Gansu	444	24684	72	7678
青 海	Qinghai	127	5673	18	1522
宁 夏	Ningxia	76	4349	5	993
新 疆	Xinjiang	419	24818	111	12319

4-1-3 各地区限额以上住宿业企业基本情况(按登记注册类型分)

Basic Conditions of Enterprises above Designated Size of Hotels by Region and Type of Registration

地区	Region	内资企业 Domestic Funded Enterprises		#国有企业 State-owned Enterprises	
		法人单位数(个) Number of Corporation Enterprises (unit)	年末从业人数(人) Engaged Persons at the Year-end (person)	法人单位数(个) Number of Corporation Enterprises (unit)	年末从业人数(人) Engaged Persons at the Year-end (person)
全国	**National Total**	**26908**	**1518717**	**1024**	**121555**
北京	Beijing	1093	75482	77	10833
天津	Tianjin	344	14087	18	1907
河北	Hebei	565	43142	63	6852
山西	Shanxi	521	34565	27	5594
内蒙古	Inner Mongolia	332	17784	6	590
辽宁	Liaoning	455	25239	31	3835
吉林	Jilin	224	14752	24	3420
黑龙江	Heilongjiang	231	11099	23	2099
上海	Shanghai	1071	60624	28	5219
江苏	Jiangsu	1576	90820	60	6794
浙江	Zhejiang	1817	115399	37	5069
安徽	Anhui	741	44113	8	484
福建	Fujian	1123	68763	19	1349
江西	Jiangxi	967	44383	49	3318
山东	Shandong	1378	83903	85	13527
河南	Henan	1630	77349	62	6742
湖北	Hubei	1005	44330	20	1388
湖南	Hunan	1156	59500	28	3337
广东	Guangdong	3101	179316	91	11770
广西	Guangxi	911	45888	16	1376
海南	Hainan	330	36571	14	952
重庆	Chongqing	540	31167	6	653
四川	Sichuan	1684	87318	33	3945
贵州	Guizhou	872	37465	18	1222
云南	Yunnan	825	46473	32	3685
西藏	Tibet	97	4499	12	1101
陕西	Shaanxi	1257	65745	40	3929
甘肃	Gansu	442	24256	33	3380
青海	Qinghai	126	5575	9	1145
宁夏	Ningxia	76	4349	NA	707
新疆	Xinjiang	418	24761	52	5333

4-1-3 续表 1 Continued 1

地区	Region	集体企业 Collective-owned Enterprises 法人单位数(个) Number of Corporation Enterprises (unit)	集体企业 Collective-owned Enterprises 年末从业人数(人) Engaged Persons at the Year-end (person)	股份合作企业 Cooperative Enterprises 法人单位数(个) Number of Corporation Enterprises (unit)	股份合作企业 Cooperative Enterprises 年末从业人数(人) Engaged Persons at the Year-end (person)
全国	**National Total**	**163**	**8875**	**49**	**2291**
北京	Beijing	30	2334	22	747
天津	Tianjin	NA	147	NA	9
河北	Hebei	5	331		
山西	Shanxi	5	157		
内蒙古	Inner Mongolia	NA	22		
辽宁	Liaoning	6	158		
吉林	Jilin			NA	15
黑龙江	Heilongjiang	NA	107		
上海	Shanghai	6	427		
江苏	Jiangsu	6	176	4	188
浙江	Zhejiang	11	515	5	415
安徽	Anhui				
福建	Fujian	5	89		
江西	Jiangxi				
山东	Shandong	9	545	NA	192
河南	Henan	21	975	NA	116
湖北	Hubei	7	561		
湖南	Hunan	4	359	NA	145
广东	Guangdong	20	738	NA	100
广西	Guangxi	NA	67	NA	28
海南	Hainan				
重庆	Chongqing	5	284		
四川	Sichuan	NA	283	NA	102
贵州	Guizhou				
云南	Yunnan	NA	209		
西藏	Tibet	NA	45		
陕西	Shaanxi	4	211	NA	111
甘肃	Gansu	NA	135	NA	25
青海	Qinghai			NA	75
宁夏	Ningxia				
新疆	Xinjiang			NA	23

4-1-3 续表 2 Continued 2

地　区	Region	联营企业 Joint Ownership Enterprises		有限责任公司 Limited Liability Corporations	
		法人单位数 (个) Number of Corporation Enterprises (unit)	年末从业人数 (人) Engaged Persons at the Year-end (person)	法人单位数 (个) Number of Corporation Enterprises (unit)	年末从业人数 (人) Engaged Persons at the Year-end (person)
全　国	**National Total**	**15**	**877**	**5589**	**528861**
北　京	Beijing	NA	179	460	45780
天　津	Tianjin			88	5648
河　北	Hebei			126	15027
山　西	Shanxi			72	8895
内 蒙 古	Inner Mongolia			79	6089
辽　宁	Liaoning			102	8349
吉　林	Jilin			54	4585
黑 龙 江	Heilongjiang			69	4376
上　海	Shanghai	NA	27	323	29371
江　苏	Jiangsu	4	225	264	30342
浙　江	Zhejiang	NA	169	312	32143
安　徽	Anhui			147	20326
福　建	Fujian			137	19366
江　西	Jiangxi	NA	29	186	13521
山　东	Shandong			284	29057
河　南	Henan			232	17539
湖　北	Hubei	NA	105	181	11430
湖　南	Hunan			123	11703
广　东	Guangdong	NA	32	659	61935
广　西	Guangxi			170	15131
海　南	Hainan	NA	84	199	24971
重　庆	Chongqing			84	10071
四　川	Sichuan			354	30557
贵　州	Guizhou			153	12040
云　南	Yunnan			213	18454
西　藏	Tibet			39	1899
陕　西	Shaanxi			239	21912
甘　肃	Gansu			102	7541
青　海	Qinghai			20	628
宁　夏	Ningxia			8	865
新　疆	Xinjiang	NA	27	110	9310

地 区	Region	股份有限公司 Share-holding Corporations Ltd.		私营企业 Private Enterprises	
		法人单位数 (个) Number of Corporation Enterprises (unit)	年末从业人数 (人) Engaged Persons at the Year-end (person)	法人单位数 (个) Number of Corporation Enterprises (unit)	年末从业人数 (人) Engaged Persons at the Year-end (person)
全 国	**National Total**	**210**	**20385**	**19846**	**835512**
北 京	Beijing	NA	100	501	15509
天 津	Tianjin	7	388	226	5969
河 北	Hebei			371	20932
山 西	Shanxi			417	19919
内 蒙 古	Inner Mongolia	NA	49	245	11034
辽 宁	Liaoning	4	54	312	12843
吉 林	Jilin	NA	325	143	6407
黑 龙 江	Heilongjiang	5	572	128	3917
上 海	Shanghai	7	827	705	24727
江 苏	Jiangsu	21	2959	1215	50113
浙 江	Zhejiang	9	1468	1441	75620
安 徽	Anhui	5	584	581	22719
福 建	Fujian	NA	344	960	47615
江 西	Jiangxi	12	255	717	27200
山 东	Shandong	12	743	984	39684
河 南	Henan	9	651	1304	51291
湖 北	Hubei	10	841	785	29990
湖 南	Hunan	8	720	992	43236
广 东	Guangdong	29	3390	2298	101351
广 西	Guangxi	NA	254	719	29032
海 南	Hainan	9	3276	107	7288
重 庆	Chongqing	4	206	441	19953
四 川	Sichuan	14	495	1277	51936
贵 州	Guizhou			701	24203
云 南	Yunnan	10	645	567	23480
西 藏	Tibet	NA	36	43	1418
陕 西	Shaanxi	13	582	959	39000
甘 肃	Gansu	7	391	297	12784
青 海	Qinghai	NA	130	94	3597
宁 夏	Ningxia			65	2777
新 疆	Xinjiang	NA	100	251	9968

4-1-3 续表 4 Continued 4

地 区	Region	港、澳、台商投资企业 Enterprises with Funds from Hongkong, Macao and Taiwan		外商投资企业 Foreign Funded Enterprises	
		法人单位数 (个) Number of Corporation Enterprises (unit)	年末从业人数 (人) Engaged Persons at the Year-end (person)	法人单位数 (个) Number of Corporation Enterprises (unit)	年末从业人数 (人) Engaged Persons at the Year-end (person)
全 国	**National Total**	**517**	**91421**	**341**	**50991**
北 京	Beijing	29	9543	29	4855
天 津	Tianjin	6	468	7	1186
河 北	Hebei	4	628		
山 西	Shanxi				
内蒙古	Inner Mongolia	NA	616	NA	160
辽 宁	Liaoning	16	2496	18	1347
吉 林	Jilin	NA	185	4	903
黑龙江	Heilongjiang	5	804	NA	454
上 海	Shanghai	38	5718	24	7560
江 苏	Jiangsu	36	4521	21	2630
浙 江	Zhejiang	38	11972	43	5290
安 徽	Anhui	7	1500	5	758
福 建	Fujian	59	9098	36	4846
江 西	Jiangxi	7	552	5	300
山 东	Shandong	14	2410	11	783
河 南	Henan	12	1299	4	508
湖 北	Hubei	12	1655	9	1389
湖 南	Hunan	8	1606	NA	127
广 东	Guangdong	156	22374	64	9723
广 西	Guangxi	16	3472	8	1324
海 南	Hainan	16	5725	NA	649
重 庆	Chongqing	NA	729	7	1491
四 川	Sichuan	8	861	12	1475
贵 州	Guizhou	NA	38	NA	30
云 南	Yunnan	9	1334	10	885
西 藏	Tibet	NA	223	NA	294
陕 西	Shaanxi	7	1389	10	1646
甘 肃	Gansu	NA	148	NA	280
青 海	Qinghai			NA	98
宁 夏	Ningxia				
新 疆	Xinjiang	NA	57		

4-1-4 各地区限额以上住宿业企业基本情况(按国民经济行业分)
Basic Conditions of Enterprises above Designated Size of Hotels by Region and Sector

地区	Region	旅游饭店 Tourist Hotel		一般旅馆 General Hotels		民宿服务 Home Lodging Services	
		法人单位数(个) Number of Corporation Enterprises (unit)	年末从业人数(人) Employed Persons at Year-end (person)	法人单位数(个) Number of Corporation Enterprises (unit)	年末从业人数(人) Employed Persons at Year-end (person)	法人单位数(个) Number of Corporation Enterprises (unit)	年末从业人数(人) Employed Persons at Year-end (person)
全 国	**National Total**	**13152**	**1157872**	**13253**	**449821**	**338**	**6661**
北 京	Beijing	526	65619	573	22343	5	108
天 津	Tianjin	114	8887	218	5810	NA	10
河 北	Hebei	292	27918	257	13666	NA	25
山 西	Shanxi	222	20015	283	13601	NA	94
内蒙古	Inner Mongolia	205	12925	129	5510		
辽 宁	Liaoning	253	20944	211	6467		
吉 林	Jilin	141	12047	77	3398	NA	30
黑龙江	Heilongjiang	116	8613	107	3280	NA	17
上 海	Shanghai	389	48673	715	24324	4	88
江 苏	Jiangsu	655	68861	888	25842	19	335
浙 江	Zhejiang	995	104730	808	26288	88	1471
安 徽	Anhui	358	33956	365	11045	11	274
福 建	Fujian	697	64913	479	16207	15	445
江 西	Jiangxi	425	26790	448	14190	36	450
山 东	Shandong	633	62610	706	21729	12	202
河 南	Henan	635	44716	921	31005	18	482
湖 北	Hubei	410	28917	562	16262	7	113
湖 南	Hunan	519	39180	545	18863	28	594
广 东	Guangdong	1574	151610	1592	53138	16	246
广 西	Guangxi	450	33862	452	15603	5	105
海 南	Hainan	277	39361	53	2685	NA	10
重 庆	Chongqing	270	23350	250	9056	4	97
四 川	Sichuan	795	58635	854	28570	15	294
贵 州	Guizhou	497	26492	339	9788	12	304
云 南	Yunnan	376	29218	414	17092	18	547
西 藏	Tibet	79	4137	16	596		
陕 西	Shaanxi	597	46686	619	19722	11	233
甘 肃	Gansu	271	18666	159	5542		
青 海	Qinghai	74	3647	45	1754		
宁 夏	Ningxia	50	3539	20	718	4	47
新 疆	Xinjiang	257	18355	148	5727	NA	40

4-1-4 续表 continued

地区	Region	露营地服务 Campground Services		其他住宿业 Others	
		法人单位数（个） Number of Corporation Enterprises (unit)	年末从业人数（人） Employed Persons at Year-end (person)	法人单位数（个） Number of Corporation Enterprises (unit)	年末从业人数（人） Employed Persons at Year-end (person)
全 国	**National Total**	**15**	**648**	**1008**	**46127**
北 京	Beijing			47	1810
天 津	Tianjin			23	1034
河 北	Hebei			19	2161
山 西	Shanxi	NA	49	12	806
内 蒙 古	Inner Mongolia			NA	125
辽 宁	Liaoning			25	1671
吉 林	Jilin			12	365
黑 龙 江	Heilongjiang			14	447
上 海	Shanghai	NA	26	24	791
江 苏	Jiangsu	NA	31	70	2902
浙 江	Zhejiang	NA	32	6	140
安 徽	Anhui	NA	68	18	1028
福 建	Fujian	NA	15	26	1127
江 西	Jiangxi	NA	28	69	3777
山 东	Shandong			52	2555
河 南	Henan	NA	10	71	2943
湖 北	Hubei	NA	32	46	2050
湖 南	Hunan	NA	96	73	2500
广 东	Guangdong	NA	16	138	6403
广 西	Guangxi	NA	99	27	1015
海 南	Hainan			17	889
重 庆	Chongqing			26	884
四 川	Sichuan			40	2155
贵 州	Guizhou	NA	33	27	916
云 南	Yunnan			36	1835
西 藏	Tibet			5	283
陕 西	Shaanxi	NA	113	45	2026
甘 肃	Gansu			14	476
青 海	Qinghai			8	272
宁 夏	Ningxia			NA	45
新 疆	Xinjiang			13	696

4-1-5 各地区限额以上餐饮业企业基本情况

Basic Conditions of Enterprises above Designated Size of Catering Services by Region

地　区	Region	餐饮业 Catering Services		#国有控股 State-controlled Enterprises	
		法人单位数（个） Number of Corporation Enterprises (unit)	年末从业人数（人） Engaged Persons at the Year-end (person)	法人单位数（个） Number of Corporation Enterprises (unit)	年末从业人数（人） Engaged Persons at the Year-end (person)
全　国	**National Total**	**37900**	**2849872**	**1014**	**129567**
北　京	Beijing	2043	275946	103	13039
天　津	Tianjin	607	62963	16	1622
河　北	Hebei	600	33837	26	2536
山　西	Shanxi	739	52466	35	5298
内 蒙 古	Inner Mongolia	228	21229	14	2575
辽　宁	Liaoning	366	35757	15	1461
吉　林	Jilin	193	10243	15	1254
黑 龙 江	Heilongjiang	121	6670	5	253
上　海	Shanghai	2587	325218	67	8649
江　苏	Jiangsu	3300	271973	128	15558
浙　江	Zhejiang	2490	176975	48	10282
安　徽	Anhui	1449	95343	19	2637
福　建	Fujian	1599	100892	18	1603
江　西	Jiangxi	1093	42476	33	2925
山　东	Shandong	2072	127877	119	12637
河　南	Henan	1333	56648	22	1809
湖　北	Hubei	1572	114941	17	1175
湖　南	Hunan	1634	78464	19	1638
广　东	Guangdong	5735	487919	58	15885
广　西	Guangxi	745	46079	23	4034
海　南	Hainan	114	8598	NA	30
重　庆	Chongqing	1214	60738	14	892
四　川	Sichuan	2150	170621	48	3831
贵　州	Guizhou	721	24522	43	3293
云　南	Yunnan	878	33471	25	2485
西　藏	Tibet	18	770	NA	30
陕　西	Shaanxi	1526	80673	32	7340
甘　肃	Gansu	408	24187	21	1645
青　海	Qinghai	53	3183		
宁　夏	Ningxia	55	3339	4	355
新　疆	Xinjiang	257	15854	25	2796

4-1-6 各地区限额以上餐饮业企业基本情况(按登记注册类型分)
Basic Conditions of Enterprises above Designated Size of Catering Services by Region and Type of Registration

地区	Region	内资企业 Domestic Funded Enterprises		#国有企业 State-owned Enterprises	
		法人单位数(个) Number of Corporation Enterprises (unit)	年末从业人数(人) Engaged Persons at the Year-end (person)	法人单位数(个) Number of Corporation Enterprises (unit)	年末从业人数(人) Engaged Persons at the Year-end (person)
全国	**National Total**	**36678**	**2014717**	**267**	**23061**
北京	Beijing	1897	126009	6	256
天津	Tianjin	580	30796	NA	268
河北	Hebei	595	33648	12	1158
山西	Shanxi	735	45714	14	891
内蒙古	Inner Mongolia	226	20251		
辽宁	Liaoning	341	16565	5	269
吉林	Jilin	191	9876	4	237
黑龙江	Heilongjiang	118	6158	NA	167
上海	Shanghai	2265	143216	16	903
江苏	Jiangsu	3219	203803	41	4378
浙江	Zhejiang	2445	143306	9	917
安徽	Anhui	1443	94573	NA	546
福建	Fujian	1545	60943	NA	104
江西	Jiangxi	1081	38582	16	1393
山东	Shandong	2038	116545	37	4064
河南	Henan	1328	53275	7	392
湖北	Hubei	1548	73947	8	559
湖南	Hunan	1625	61686	5	480
广东	Guangdong	5404	335655	16	1807
广西	Guangxi	738	39925	5	213
海南	Hainan	110	8169		
重庆	Chongqing	1203	48501	5	297
四川	Sichuan	2118	139868	10	774
贵州	Guizhou	716	24309	5	305
云南	Yunnan	873	27591	4	270
西藏	Tibet	18	770		
陕西	Shaanxi	1509	69185	8	638
甘肃	Gansu	406	21820	11	722
青海	Qinghai	53	3183		
宁夏	Ningxia	55	3339	NA	188
新疆	Xinjiang	255	13509	9	865

4-1-6 续表 1 Continued 1

地区	Region	集体企业 Collective-owned Enterprises 法人单位数(个) Number of Corporation Enterprises (unit)	集体企业 Collective-owned Enterprises 年末从业人数(人) Engaged Persons at the Year-end (person)	股份合作企业 Cooperative Enterprises 法人单位数(个) Number of Corporation Enterprises (unit)	股份合作企业 Cooperative Enterprises 年末从业人数(人) Engaged Persons at the Year-end (person)
全国	**National Total**	**106**	**5193**	**92**	**5555**
北京	Beijing	16	581	26	1100
天津	Tianjin	NA			
河北	Hebei	NA	41	NA	208
山西	Shanxi	NA	103	NA	41
内蒙古	Inner Mongolia	NA			
辽宁	Liaoning	4	136		
吉林	Jilin	NA	31		
黑龙江	Heilongjiang	NA			
上海	Shanghai	11	837	5	328
江苏	Jiangsu	9	701	NA	417
浙江	Zhejiang	NA	28	6	388
安徽	Anhui	NA	125		
福建	Fujian	NA	145		
江西	Jiangxi	NA	54	NA	58
山东	Shandong	4	122	NA	82
河南	Henan			NA	38
湖北	Hubei	5	328	NA	82
湖南	Hunan				
广东	Guangdong	19	865	37	1463
广西	Guangxi	NA	73	NA	36
海南	Hainan				
重庆	Chongqing	6	385		
四川	Sichuan	NA	66	5	1239
贵州	Guizhou	7	227		
云南	Yunnan	NA	199	NA	30
西藏	Tibet				
陕西	Shaanxi	NA	61	NA	27
甘肃	Gansu	NA	85	NA	18
青海	Qinghai				
宁夏	Ningxia				
新疆	Xinjiang				

地区	Region	联营企业 Joint Ownership Enterprises 法人单位数(个) Number of Corporation Enterprises (unit)	联营企业 Joint Ownership Enterprises 年末从业人数(人) Engaged Persons at the Year-end (person)	有限责任公司 Limited Liability Corporations 法人单位数(个) Number of Corporation Enterprises (unit)	有限责任公司 Limited Liability Corporations 年末从业人数(人) Engaged Persons at the Year-end (person)
全国	**National Total**	**8**	**1013**	**4679**	**404778**
北京	Beijing			543	54252
天津	Tianjin			123	10051
河北	Hebei			100	6511
山西	Shanxi			88	8862
内蒙古	Inner Mongolia			52	6240
辽宁	Liaoning			47	2997
吉林	Jilin			23	1810
黑龙江	Heilongjiang			23	2675
上海	Shanghai	NA	4	333	32200
江苏	Jiangsu	NA	29	279	32254
浙江	Zhejiang	NA	258	170	18259
安徽	Anhui			135	19722
福建	Fujian			40	2481
江西	Jiangxi			140	6191
山东	Shandong	NA	153	298	26956
河南	Henan			142	12126
湖北	Hubei			195	9716
湖南	Hunan			211	9606
广东	Guangdong			781	75189
广西	Guangxi			82	7845
海南	Hainan			57	3581
重庆	Chongqing			69	3996
四川	Sichuan			218	14326
贵州	Guizhou	NA	433	83	5370
云南	Yunnan			108	5719
西藏	Tibet			7	436
陕西	Shaanxi	NA	7	200	15671
甘肃	Gansu			80	5543
青海	Qinghai			5	368
宁夏	Ningxia			5	407
新疆	Xinjiang	NA	129	42	3418

地 区	Region	股份有限公司 Share-holding Corporations Ltd.		私营企业 Private Enterprises	
		法人单位数 (个) Number of Corporation Enterprises (unit)	年末从业人数 (人) Engaged Persons at the Year-end (person)	法人单位数 (个) Number of Corporation Enterprises (unit)	年末从业人数 (人) Engaged Persons at the Year-end (person)
全 国	**National Total**	**128**	**24623**	**31364**	**1549634**
北 京	Beijing	NA	1195	1304	68625
天 津	Tianjin	NA	146	451	20313
河 北	Hebei	NA	250	478	25480
山 西	Shanxi			631	35817
内蒙古	Inner Mongolia	NA	752	172	13259
辽 宁	Liaoning	NA	30	283	13133
吉 林	Jilin	NA	715	161	7083
黑龙江	Heilongjiang	NA	30	90	3286
上 海	Shanghai	15	5029	1878	103555
江 苏	Jiangsu	13	1712	2860	164135
浙 江	Zhejiang	6	1438	2252	122018
安 徽	Anhui	NA	209	1301	73971
福 建	Fujian			1501	58213
江 西	Jiangxi	8	461	914	30413
山 东	Shandong	9	1189	1686	83965
河 南	Henan	NA	142	1177	40577
湖 北	Hubei	8	1098	1330	62164
湖 南	Hunan	6	381	1400	51146
广 东	Guangdong	19	3275	4531	253056
广 西	Guangxi			648	31758
海 南	Hainan	NA	39	51	4549
重 庆	Chongqing	NA	197	1120	43619
四 川	Sichuan	4	125	1877	123323
贵 州	Guizhou			620	17974
云 南	Yunnan	5	444	752	20809
西 藏	Tibet	NA	19	10	315
陕 西	Shaanxi	9	5389	1285	47342
甘 肃	Gansu	5	267	307	15185
青 海	Qinghai	NA		46	2815
宁 夏	Ningxia			48	2744
新 疆	Xinjiang	NA	91	200	8992

地区	Region	港、澳、台商投资企业 Enterprises with Funds from Hongkong, Macao and Taiwan		外商投资企业 Foreign Funded Enterprises	
		法人单位数(个) Number of Corporation Enterprises (unit)	年末从业人数(人) Engaged Persons at the Year-end (person)	法人单位数(个) Number of Corporation Enterprises (unit)	年末从业人数(人) Engaged Persons at the Year-end (person)
全 国	**National Total**	**708**	**371290**	**514**	**463865**
北 京	Beijing	72	66967	74	82970
天 津	Tianjin	7	9624	20	22543
河 北	Hebei	NA	108	NA	81
山 西	Shanxi	NA	1660	NA	5092
内蒙古	Inner Mongolia	NA	131	NA	847
辽 宁	Liaoning	17	10446	8	8746
吉 林	Jilin	NA	345	NA	22
黑龙江	Heilongjiang	NA	332	NA	180
上 海	Shanghai	192	76541	130	105461
江 苏	Jiangsu	42	24504	39	43666
浙 江	Zhejiang	13	13315	32	20354
安 徽	Anhui	NA	575	NA	195
福 建	Fujian	25	13054	29	26895
江 西	Jiangxi	5	105	7	3789
山 东	Shandong	17	4880	17	6452
河 南	Henan	NA	79	NA	3294
湖 北	Hubei	14	33807	10	7187
湖 南	Hunan	NA	4396	6	12382
广 东	Guangdong	253	68500	78	83764
广 西	Guangxi	5	558	NA	5596
海 南	Hainan	4	429		
重 庆	Chongqing	NA	3361	9	8876
四 川	Sichuan	14	28263	18	2490
贵 州	Guizhou	NA	167	NA	46
云 南	Yunnan	NA	5709	NA	171
西 藏	Tibet				
陕 西	Shaanxi	5	3434	12	8054
甘 肃	Gansu			NA	2367
青 海	Qinghai				
宁 夏	Ningxia				
新 疆	Xinjiang			NA	2345

4-1-7 各地区限额以上餐饮业企业基本情况(按国民经济行业分)

Basic Conditions of Enterprises above Designated Size of Catering Services by Region and Sector

地 区	Region	正餐服务 Restaurant		快餐服务 Fast Food		饮料及冷饮服务 Beverage and Cold Drink	
		法人单位数 (个) Number of Corporation Enterprises (unit)	年末从业人数 (人) Employed Persons at Year-end (person)	法人单位数 (个) Number of Corporation Enterprises (unit)	年末从业人数 (人) Employed Persons at Year-end (person)	法人单位数 (个) Number of Corporation Enterprises (unit)	年末从业人数 (人) Employed Persons at Year-end (person)
全 国	**National Total**	**32973**	**1778243**	**1687**	**653854**	**926**	**141504**
北 京	Beijing	1613	142068	125	72198	50	18315
天 津	Tianjin	423	20942	43	32998	12	728
河 北	Hebei	565	32324	14	458	NA	73
山 西	Shanxi	711	43297	13	8134	5	199
内蒙古	Inner Mongolia	223	18865	NA	1779		
辽 宁	Liaoning	281	13530	34	17570	11	1570
吉 林	Jilin	155	6686	9	741	NA	10
黑龙江	Heilongjiang	97	3593	8	2239	NA	129
上 海	Shanghai	2152	198850	157	54241	79	49422
江 苏	Jiangsu	2698	163047	195	77250	166	7446
浙 江	Zhejiang	2217	124222	116	40267	59	4554
安 徽	Anhui	1326	64756	66	23885	21	845
福 建	Fujian	1390	56125	83	33737	42	3594
江 西	Jiangxi	1008	35120	26	4374	16	360
山 东	Shandong	1640	90573	250	23060	51	1694
河 南	Henan	1186	47353	61	5240	17	409
湖 北	Hubei	1494	71245	31	32278	19	7793
湖 南	Hunan	1443	56388	23	18741	127	1659
广 东	Guangdong	4779	277528	229	128451	136	29137
广 西	Guangxi	632	30562	52	10148	18	862
海 南	Hainan	92	5277	5	2428	13	382
重 庆	Chongqing	1171	46624	17	11121	8	1442
四 川	Sichuan	2036	83713	41	27049	32	6399
贵 州	Guizhou	670	20830	11	223	7	447
云 南	Yunnan	828	23776	11	5877	11	711
西 藏	Tibet	16	614	NA	156	NA	
陕 西	Shaanxi	1434	65021	32	11221	16	3187
甘 肃	Gansu	380	20219	16	3631	NA	126
青 海	Qinghai	52	2996				
宁 夏	Ningxia	51	2977			NA	11
新 疆	Xinjiang	210	9122	16	4359		

地 区	Region	餐饮配送及外卖送餐服务 Catering Distribution and Delivery Service		其他餐饮业 Others	
		法人单位数 (个) Number of Corporation Enterprises (unit)	年末从业人数 (人) Employed Persons at Year-end (person)	法人单位数 (个) Number of Corporation Enterprises (unit)	年末从业人数 (人) Employed Persons at Year-end (person)
全 国	**National Total**	**1473**	**141545**	**841**	**134726**
北 京	Beijing	87	7762	168	35603
天 津	Tianjin	96	6670	33	1625
河 北	Hebei	17	937	NA	45
山 西	Shanxi	NA	71	7	765
内蒙古	Inner Mongolia	NA	520	NA	65
辽 宁	Liaoning	32	2598	8	489
吉 林	Jilin	25	2424	NA	382
黑龙江	Heilongjiang	12	651	NA	58
上 海	Shanghai	127	14691	72	8014
江 苏	Jiangsu	181	17923	60	6307
浙 江	Zhejiang	67	5230	31	2702
安 徽	Anhui	27	5368	9	489
福 建	Fujian	51	5749	33	1687
江 西	Jiangxi	19	1955	24	667
山 东	Shandong	116	9358	15	3192
河 南	Henan	49	3227	20	419
湖 北	Hubei	19	3302	9	323
湖 南	Hunan	19	784	22	892
广 东	Guangdong	377	37717	214	15086
广 西	Guangxi	29	3638	14	869
海 南	Hainan	NA	38	NA	473
重 庆	Chongqing	11	1274	7	277
四 川	Sichuan	16	990	25	52470
贵 州	Guizhou	22	2508	11	514
云 南	Yunnan	18	2653	10	454
西 藏	Tibet				
陕 西	Shaanxi	21	883	23	361
甘 肃	Gansu	NA	115	6	96
青 海	Qinghai			NA	187
宁 夏	Ningxia	NA	351		
新 疆	Xinjiang	23	2158	8	215

4-2-1 限额以上住宿和餐饮业企业经营情况

项　　目	Item	营业额 Turnover	客房收入 from Hotel Rooms
总　　计	**Total**	**120439862**	**24982409**
一、住宿业	**Hotels**	**40715939**	**22368698**
#国有控股	State-controlled Enterprises	9507702	3999481
(一)按登记注册类型分	**by Type of Registration**		
1.内资企业	**Domestic Funded Enterprises**	**36290293**	**20303796**
国有企业	State-owned Enterprises	2327709	894109
集体企业	Collective-owned Enterprises	230940	105187
股份合作企业	Cooperative Enterprises	73719	29834
联营企业	Joint Ownership Enterprises	24556	12716
有限责任公司	Limited Liability Corporations	12777963	6377736
国有独资公司	State Sole Funded Corporations	1861574	750734
其他有限责任公司	Other Limited Liability Corporations	10916389	5627002
股份有限公司	Share-holding Corporations Ltd.	573198	283290
私营企业	Private Enterprises	20276047	12597263
私营独资企业	Private-funded Enterprises	978181	585073
私营合伙企业	Private Partnership Enterprises	189737	104589
私营有限责任公司	Private Limited Liability Corporations	18842936	11766333
私营股份有限公司	Private Share-holding Corporations Ltd.	265193	141268
其他企业	Other Enterprises	6161	3660
2.港、澳、台商投资企业	**Enterprises with Funds from Hongkong, Macao and Taiwan**	**2806253**	**1299443**
合资经营企业	Joint-venture Enterprises	1063581	488168
合作经营企业	Cooperative Enterprises	215329	86524
独资经营企业	Enterprises with Sole Investment	1406768	680001
投资股份有限公司	Share-holding Corporations Ltd. with Investment	99737	37690
其他港澳台商投资企业	Other Enterprises with Funds from Hongkong, Macao and Taiwan	20838	7061
3.外商投资企业	**Foreign Funded Enterprises**	**1619394**	**765459**
中外合资经营企业	Joint-venture Enterprises	613328	264091
中外合作经营企业	Cooperative Enterprises	187599	81220
外资企业	Enterprises with Sole Foreign Investment	761654	388116
外商投资股份有限公司	Share-holding Corporations Ltd. with Foreign Investment	26977	14124
其他外商投资企业	Other Foreign Funded Enterprises	29836	17908
(二)按国民经济行业分	**by Sector**		
旅游饭店	Tourist Hotel	28144312	13572959
一般旅馆	General Hotels	11283059	8017688
民宿服务	Home Lodging Services	176604	123629
露营地服务	Campground Services	17538	6346
其他住宿业	Others	1094425	648076

注：部分数据合计数由于单位取舍不同而产生的计算误差，未做机械调整(下表同)。

Business of Enterprises above Designated Size of Hotels and Catering Services

单位：万元

Unit: 10 000 yuan

			客房数 (间) Hotel Rooms (unit)	床位数 (个) Hotel Beds (unit)	餐位数 (位) Seats for Meal (unit)
餐费收入 from Meals	商品销售额 from Commodities	其他收入 Others			
84984036	**3906269**	**6567149**	**6277725**	**9797172**	**34386008**
12900990	**960569**	**4485683**	**5252727**	**7961275**	**8427995**
3233605	373450	1901167	750981	1179014	1721259
11514518	**805285**	**3666694**	**4984167**	**7567680**	**7913759**
887600	58696	487305	180829	295288	493784
72347	3218	50188	16680	28483	39021
32361	508	11016	6058	11125	12235
9096	674	2069	2315	3805	6637
4219961	352520	1827746	1256976	1965017	2399196
653089	105638	352112	145130	230282	405020
3566871	246882	1475634	1111846	1734735	1994176
173817	22037	94054	40197	64418	83330
6117243	367412	1194129	3479915	5197816	4877648
325529	32020	35558	147091	236598	227096
72868	4778	7502	25337	38540	36494
5634159	324227	1118216	3283912	4886088	4556094
84686	6386	32854	23575	36590	57964
2095	221	186	1197	1728	1908
941949	**59629**	**505232**	**159196**	**229956**	**351188**
343897	15941	215576	53308	78302	120243
87773	10239	30793	9726	14451	22945
471834	29191	225742	89986	127613	193055
26832	3271	31945	4931	7527	8767
11613	987	1177	1245	2063	6178
444523	**95655**	**313757**	**109364**	**163639**	**163048**
192034	4627	152575	40433	63861	66400
24465	73678	8237	3515	5854	9859
216411	15865	141262	60219	86155	80644
3540	836	8478	2694	3997	2475
8074	649	3206	2503	3772	3670
10282148	721671	3567533	2899200	4484739	6217816
2268044	200535	796793	2123696	3125181	1951567
42773	3074	7129	28155	46904	37340
2596	7709	887	1270	3828	2750
305429	27579	113342	200406	300623	218522

Note:Statistical discrepancies on totals figures due to rounding are not adjusted. The same applies to the tables following.

项　　目	Item	营业额 Business Revenue	客房收入 from Hotel Rooms
二、餐饮业	**Catering Services**	**79723923**	**2613711**
#国有控股	State-controlled Enterprises	3189895	298222
(一)按登记注册类型分	**by Type of Registration**		
1.内资企业	**Domestic Funded Enterprises**	**58839910**	**2558692**
国有企业	State-owned Enterprises	462714	97323
集体企业	Collective-owned Enterprises	144928	13645
股份合作企业	Cooperative Enterprises	153579	3717
联营企业	Joint Ownership Enterprises	21915	1398
有限责任公司	Limited Liability Corporations	12045109	559725
国有独资公司	State Sole Funded Corporations	674575	58872
其他有限责任公司	Other Limited Liability Corporations	11370535	500853
股份有限公司	Share-holding Corporations Ltd.	644425	22146
私营企业	Private Enterprises	45340748	1859909
私营独资企业	Private-funded Enterprises	2781026	124223
私营合伙企业	Private Partnership Enterprises	430033	17058
私营有限责任公司	Private Limited Liability Corporations	40600717	1702360
私营股份有限公司	Private Share-holding Corporations Ltd.	1528973	16269
其他企业	Other Enterprises	26492	829
2.港、澳、台商投资企业	**Enterprises with Funds from Hongkong, Macao and Taiwan**	**9560394**	**32619**
合资经营企业	Joint-venture Enterprises	1478992	11573
合作经营企业	Cooperative Enterprises	119193	4001
独资经营企业	Enterprises with Sole Investment	7860554	17046
投资股份有限公司	Share-holding Corporations Ltd. with Investment	41792	
其他港澳台商投资企业	Other Enterprises with Funds from Hongkong, Macao and Taiwan	59862	
3.外商投资企业	**Foreign Funded Enterprises**	**11323619**	**22400**
中外合资经营企业	Joint-venture Enterprises	2203477	10981
中外合作经营企业	Cooperative Enterprises	72574	
外资企业	Enterprises with Sole Foreign Investment	8751952	11000
外商投资股份有限公司	Share-holding Corporations Ltd. with Foreign Investment	46699	180
其他外商投资企业	Other Foreign Funded Enterprises	248917	240
(二)按国民经济行业分	**by Sector**		
正餐服务	Restaurant	49927404	2591018
快餐服务	Fast Food	15866365	6640
饮料及冷饮服务	Beverage and Cold Drink	5431279	893
餐饮配送及外卖送餐服务	Catering Distribution and Delivery Services	4270940	3247
其他餐饮业	Others	4227936	11913

单位：万元

Unit: 10 000 yuan

餐费收入 from Meals	商品销售额 from Commodities	其他收入 Others	客房数 (间) Hotel Rooms (unit)	床位数 (个) Hotel Beds (unit)	餐位数 (位) Seats for Meal (unit)
72083046	**2945700**	**2081466**	**1024998**	**1835897**	**25958013**
2287233	289167	315273	64220	109174	1039894
52623564	**2129455**	**1528199**	**1013688**	**1817963**	**23075785**
309239	14278	41874	21078	36665	150673
117783	5560	7940	2896	5409	56664
129024	17074	3763	840	1460	43096
13951	4798	1768	327	530	12855
10459942	569120	456323	156094	263271	3260255
482267	55509	77927	13979	24142	255658
9977674	513611	378396	142115	239129	3004597
485186	74003	63090	4529	7450	136862
41087753	1440731	952354	827769	1502837	19406958
2543468	88172	25163	32837	56536	1266455
401155	8715	3105	3408	5857	181141
36799633	1216629	882096	786936	1433840	17654030
1343497	127216	41991	4588	6604	305332
20685	3890	1088	155	341	8422
8767660	**501217**	**258898**	**7019**	**11034**	**1355204**
1384261	36653	46506	2981	4461	196817
101758	5396	8039	281	420	12085
7184930	456999	201580	3757	6153	1139583
39993	381	1418			5139
56719	1789	1355			1580
10691822	**315028**	**294369**	**4291**	**6900**	**1527024**
2134045	14463	43988	1872	3145	278531
67894		4679			17462
8226895	286321	227737	2339	3597	1195471
40596	885	5038	15	30	5681
222391	13359	12927	65	128	29879
44777107	1399048	1160232	1016301	1814955	18945110
15044963	445803	368960	4690	14500	4592550
4762896	502126	165363	289	406	525428
3598354	438037	231302	953	1624	592371
3899727	160686	155610	2765	4412	1302554

4-2-2 各地区限额以上住宿业企业经营情况

Business of Enterprises above Designated Size of Hotels by Region

单位：万元

Unit: 10 000 yuan

地区	Region	营业额 Turnover	客房收入 from Hotel Rooms	餐费收入 from Meals	商品销售额 from Commodities	其他收入 Others
全国	**National Total**	**40715939**	**22368698**	**12900990**	**960569**	**4485683**
北京	Beijing	3328210	1707398	704101	40601	876110
天津	Tianjin	395505	259572	83644	4462	47827
河北	Hebei	747495	344161	304494	14319	84521
山西	Shanxi	537117	274457	203590	5424	53646
内蒙古	Inner Mongolia	328903	186740	114883	2690	24590
辽宁	Liaoning	570025	296793	168708	10071	94454
吉林	Jilin	261090	143827	83094	5344	28826
黑龙江	Heilongjiang	196410	122186	47853	6854	19518
上海	Shanghai	3091084	1805899	680645	95367	509172
江苏	Jiangsu	2502518	1275490	970519	49190	207320
浙江	Zhejiang	3544509	1798342	1308027	45867	392273
安徽	Anhui	877652	417011	345550	63493	51598
福建	Fujian	2519712	1133152	1178022	69358	139181
江西	Jiangxi	1013475	581018	360951	22588	48918
山东	Shandong	1847304	962970	675122	30685	178527
河南	Henan	1380636	749260	493009	39747	98620
湖北	Hubei	1221940	733672	381624	24847	81797
湖南	Hunan	1632468	908504	573978	65586	84400
广东	Guangdong	5261009	3006686	1361084	131134	762105
广西	Guangxi	929955	576117	243264	34182	76392
海南	Hainan	1164099	757581	277748	8347	120423
重庆	Chongqing	973328	565755	315300	28817	63457
四川	Sichuan	2120512	1181060	733120	65345	140988
贵州	Guizhou	853141	579679	178574	36086	58803
云南	Yunnan	858162	547574	201695	20784	88109
西藏	Tibet	104412	71461	22224	424	10302
陕西	Shaanxi	1459083	750518	604067	25340	79158
甘肃	Gansu	421692	261951	131415	4489	23837
青海	Qinghai	90675	68112	18445	769	3348
宁夏	Ningxia	66662	39288	21141	864	5368
新疆	Xinjiang	417156	262465	115098	7497	32096

国有控股

State-controlled Enterprises

单位：万元

Unit: 10 000 yuan

地区	Region	营业额 Turnover	客房收入 from Hotel Rooms	餐费收入 from Meals	商品销售额 from Commodities	其他收入 Others
全国	**National Total**	**9507702**	**3999481**	**3233605**	**373450**	**1901167**
北京	Beijing	1622010	637172	424698	23832	536308
天津	Tianjin	129965	59048	43858	394	26666
河北	Hebei	182230	67444	84778	3299	26710
山西	Shanxi	134044	49237	55439	742	28626
内蒙古	Inner Mongolia	38291	13217	21861	362	2851
辽宁	Liaoning	131243	42493	47934	2639	38177
吉林	Jilin	80250	38510	29080	1094	11566
黑龙江	Heilongjiang	54357	24892	15447	4430	9587
上海	Shanghai	1165607	518149	282570	88340	276548
江苏	Jiangsu	714449	275879	315910	19267	103393
浙江	Zhejiang	569772	242866	226451	7425	93031
安徽	Anhui	142631	34477	57668	38492	11994
福建	Fujian	459424	207898	192816	11855	46855
江西	Jiangxi	175399	70122	85085	2391	17801
山东	Shandong	567737	226793	244511	13289	83144
河南	Henan	170976	66902	71181	4110	28783
湖北	Hubei	138118	65001	50970	4908	17240
湖南	Hunan	176052	73177	74120	4554	24202
广东	Guangdong	908445	367256	261420	43804	235965
广西	Guangxi	170116	59204	54219	24837	31856
海南	Hainan	229177	148926	53742	1494	25014
重庆	Chongqing	187785	85266	70467	9465	22588
四川	Sichuan	284774	125888	92845	13647	52393
贵州	Guizhou	196643	96920	51318	24771	23634
云南	Yunnan	198605	87125	56500	12685	42294
西藏	Tibet	39006	22277	10043	115	6571
陕西	Shaanxi	296490	117470	137142	4666	37212
甘肃	Gansu	124965	63970	43255	2503	15237
青海	Qinghai	22991	11751	8206	579	2454
宁夏	Ningxia	14231	7839	3610	360	2422
新疆	Xinjiang	181919	92312	66461	3100	20047

4-2-3 各地区限额以上住宿业企业经营情况(按登记注册类型分)

Business of Enterprises above Designated Size of Hotels by Region and Type of Registration

内资企业
Domestic Funded Enterprises

单位：万元
Unit: 10 000 yuan

地区	Region	营业额 Turnover	客房收入 from Hotel Rooms	餐费收入 from Meals	商品销售额 from Commodities	其他收入 Others
全国	**National Total**	**36290293**	**20303796**	**11514518**	**805285**	**3666694**
北京	Beijing	2590039	1376963	589899	30817	592360
天津	Tianjin	347401	222944	75555	4446	44456
河北	Hebei	731439	336817	299831	13921	80869
山西	Shanxi	537117	274457	203590	5424	53646
内蒙古	Inner Mongolia	309480	178663	105754	2653	22409
辽宁	Liaoning	474832	249268	137200	6180	82183
吉林	Jilin	238050	135810	73300	3159	25782
黑龙江	Heilongjiang	174833	112030	39403	5901	17498
上海	Shanghai	2442181	1507339	527959	18361	388522
江苏	Jiangsu	2332301	1199914	891826	46355	194207
浙江	Zhejiang	3071674	1615394	1123876	38676	293728
安徽	Anhui	830589	395079	325278	62333	47898
福建	Fujian	2108442	954369	983856	61176	109041
江西	Jiangxi	988922	567419	352240	22396	46867
山东	Shandong	1764299	926958	642493	29217	165631
河南	Henan	1338530	732416	474233	37818	94062
湖北	Hubei	1146442	691861	355304	24431	74846
湖南	Hunan	1590857	884837	558478	64819	82723
广东	Guangdong	4397175	2618945	1077842	102767	597621
广西	Guangxi	831748	532508	200457	30895	67889
海南	Hainan	952441	610017	224252	8056	110116
重庆	Chongqing	914213	534071	295211	27459	57472
四川	Sichuan	2042881	1137562	709985	64313	131021
贵州	Guizhou	843557	572553	176955	35562	58487
云南	Yunnan	828715	530469	193042	20225	84980
西藏	Tibet	87938	60272	17846	241	9578
陕西	Shaanxi	1386588	717564	575774	24065	69185
甘肃	Gansu	414291	257962	129007	4489	22833
青海	Qinghai	89840	67581	18170	769	3319
宁夏	Ningxia	66662	39288	21141	864	5368
新疆	Xinjiang	416816	262465	114758	7497	32096

4-2-3 续表 1 Continued 1

国有企业
State-owned Enterprises

单位：万元
Unit: 10 000 yuan

地　区	Region	营业额 Turnover	客房收入 from Hotel Rooms	餐费收入 from Meals	商品销售额 from Commodities	其他收入 Others
全　国	**National Total**	**2327709**	**894109**	**887600**	**58696**	**487305**
北　京	Beijing	313905	110698	84565	7405	111237
天　津	Tianjin	33166	9670	13337	49	10110
河　北	Hebei	86110	31684	42696	2361	9368
山　西	Shanxi	60117	21583	29924	142	8468
内蒙古	Inner Mongolia	6904	1919	4704		281
辽　宁	Liaoning	56438	17220	22231	681	16306
吉　林	Jilin	41729	20730	14978	440	5581
黑龙江	Heilongjiang	23728	11304	7860	829	3736
上　海	Shanghai	188578	77334	44094	2519	64631
江　苏	Jiangsu	140197	49109	72717	2292	16078
浙　江	Zhejiang	139329	58527	60333	1096	19373
安　徽	Anhui	5930	2016	2876	92	947
福　建	Fujian	26343	13152	9703	120	3368
江　西	Jiangxi	66852	24284	39540	499	2529
山　东	Shandong	250133	90002	118102	7421	34609
河　南	Henan	90217	34035	41485	2960	11738
湖　北	Hubei	27309	12215	10823	505	3766
湖　南	Hunan	74455	32658	33333	2857	5607
广　东	Guangdong	265768	98470	73598	16162	77538
广　西	Guangxi	14040	8858	2719	17	2446
海　南	Hainan	11566	5899	3742	95	1830
重　庆	Chongqing	19300	6109	5192	3274	4726
四　川	Sichuan	65292	24695	21190	1336	18071
贵　州	Guizhou	23960	12938	6628	677	3717
云　南	Yunnan	64863	23816	16446	2182	22419
西　藏	Tibet	15992	8654	3826	37	3475
陕　西	Shaanxi	80792	22872	47098	1194	9628
甘　肃	Gansu	42337	20415	16071	466	5384
青　海	Qinghai	15667	6613	7009	575	1470
宁　夏	Ningxia	8475	3759	2371	116	2228
新　疆	Xinjiang	68220	32871	28409	296	6643

4-2-3 续表 2 Continued 2

集体企业
Collective-owned Enterprises

单位：万元
Unit: 10 000 yuan

地 区	Region	营业额 Turnover	客房收入 from Hotel Rooms	餐费收入 from Meals	商品销售额 from Commodities	其他收入 Others
全 国	**National Total**	**230940**	**105187**	**72347**	**3218**	**50188**
北 京	Beijing	71446	34506	9509	192	27239
天 津	Tianjin	1944	775	226	1	943
河 北	Hebei	6795	1418	4692	81	605
山 西	Shanxi	2469	1433	695	2	340
内蒙古	Inner Mongolia	322	313		9	
辽 宁	Liaoning	3056	827	1634	2	594
吉 林	Jilin					
黑龙江	Heilongjiang	1271	625	380	9	257
上 海	Shanghai	12020	3611	7109	53	1248
江 苏	Jiangsu	4235	1896	2137	119	84
浙 江	Zhejiang	14099	7626	2991	59	3423
安 徽	Anhui					
福 建	Fujian	6487	1751	4692		44
江 西	Jiangxi					
山 东	Shandong	10014	4292	4133	104	1485
河 南	Henan	15801	6404	6860	178	2358
湖 北	Hubei	13864	6846	6332	4	682
湖 南	Hunan	15905	6342	6920	2062	581
广 东	Guangdong	25045	12819	5334	159	6733
广 西	Guangxi	1217	585	80	4	548
海 南	Hainan					
重 庆	Chongqing	7486	4810	2324		351
四 川	Sichuan	5660	2770	1833	142	915
贵 州	Guizhou					
云 南	Yunnan	5886	3416	2326	20	124
西 藏	Tibet	996	493			503
陕 西	Shaanxi	3899	1222	2124	19	535
甘 肃	Gansu	1024	410	19		595
青 海	Qinghai					
宁 夏	Ningxia					
新 疆	Xinjiang					

4-2-3 续表 3 Continued 3

股份合作企业
Cooperative Enterprises

单位：万元
Unit: 10 000 yuan

地　区	Region	营业额 Turnover	客房收入 from Hotel Rooms	餐费收入 from Meals	商品销售额 from Commodities	其他收入 Others
全　国	**National Total**	**73719**	**29834**	**32361**	**508**	**11016**
北　京	Beijing	24040	11349	3277	263	9152
天　津	Tianjin	213	213			
河　北	Hebei					
山　西	Shanxi					
内蒙古	Inner Mongolia					
辽　宁	Liaoning					
吉　林	Jilin	253	44	209		
黑龙江	Heilongjiang					
上　海	Shanghai					
江　苏	Jiangsu	4507	2141	2092	40	234
浙　江	Zhejiang	9026	3521	4985		521
安　徽	Anhui					
福　建	Fujian					
江　西	Jiangxi					
山　东	Shandong	4274	1261	2837	1	175
河　南	Henan	1107	457	626	6	19
湖　北	Hubei					
湖　南	Hunan	7735	4839	2471		425
广　东	Guangdong	792	593	199		
广　西	Guangxi	141	129		10	2
海　南	Hainan					
重　庆	Chongqing					
四　川	Sichuan	3366	2427	290	161	488
贵　州	Guizhou					
云　南	Yunnan					
西　藏	Tibet					
陕　西	Shaanxi	16981	2006	14975		
甘　肃	Gansu	342	258	78	6	
青　海	Qinghai	393	363	31		
宁　夏	Ningxia					
新　疆	Xinjiang	549	235	290	23	

4-2-3 续表 4 Continued 4

联营企业
Joint Ownership Enterprises

单位：万元
Unit: 10 000 yuan

地 区	Region	营业额 Turnover	客房收入 from Hotel Rooms	餐费收入 from Meals	商品销售额 from Commodities	其他收入 Others
全 国	**National Total**	**24556**	**12716**	**9096**	**674**	**2069**
北 京	Beijing	5417	2269	2505		643
天 津	Tianjin					
河 北	Hebei					
山 西	Shanxi					
内 蒙 古	Inner Mongolia					
辽 宁	Liaoning					
吉 林	Jilin					
黑 龙 江	Heilongjiang					
上 海	Shanghai	255	34	36		185
江 苏	Jiangsu	3543	2402	679	68	394
浙 江	Zhejiang	7517	3569	3113	404	432
安 徽	Anhui					
福 建	Fujian					
江 西	Jiangxi	3617	1673	1718	202	25
山 东	Shandong					
河 南	Henan					
湖 北	Hubei	1481	701	695		85
湖 南	Hunan					
广 东	Guangdong	535	450			85
广 西	Guangxi					
海 南	Hainan	2128	1586	323		220
重 庆	Chongqing					
四 川	Sichuan					
贵 州	Guizhou					
云 南	Yunnan					
西 藏	Tibet					
陕 西	Shaanxi					
甘 肃	Gansu					
青 海	Qinghai					
宁 夏	Ningxia					
新 疆	Xinjiang	63	33	28		2

有限责任公司
Limited Liability Corporations

单位：万元
Unit: 10 000 yuan

地 区	Region	营业额 Turnover	客房收入 from Hotel Rooms	餐费收入 from Meals	商品销售额 from Commodities	其他收入 Others
全 国	**National Total**	**12777963**	**6377736**	**4219961**	**352520**	**1827746**
北 京	Beijing	1604369	791841	408698	19612	384218
天 津	Tianjin	145011	84487	37882	775	21867
河 北	Hebei	271957	115288	109691	7839	39140
山 西	Shanxi	134403	58870	49972	1533	24028
内 蒙 古	Inner Mongolia	105956	51457	43991	1147	9361
辽 宁	Liaoning	147586	66749	51419	2673	26745
吉 林	Jilin	79059	40972	28708	1499	7881
黑 龙 江	Heilongjiang	60373	38020	12099	778	9476
上 海	Shanghai	1121666	591321	276345	13143	240856
江 苏	Jiangsu	735001	315222	315904	18934	84942
浙 江	Zhejiang	870864	401396	337041	12703	119725
安 徽	Anhui	363079	125792	159535	51413	26339
福 建	Fujian	522168	231974	226854	12379	50962
江 西	Jiangxi	298957	146583	115451	8305	28618
山 东	Shandong	629234	290248	253725	11966	73296
河 南	Henan	304443	142140	119176	7327	35800
湖 北	Hubei	264381	146395	85767	6082	26138
湖 南	Hunan	286962	135040	101928	17654	32340
广 东	Guangdong	1644436	869653	456837	50826	267121
广 西	Guangxi	296443	143532	90414	25735	36762
海 南	Hainan	609731	387396	157012	3022	62302
重 庆	Chongqing	254396	124398	94349	7708	27941
四 川	Sichuan	676521	336623	264001	21149	54748
贵 州	Guizhou	271604	149957	68805	25487	27355
云 南	Yunnan	316062	179066	87202	12208	37585
西 藏	Tibet	41681	28734	8644	130	4173
陕 西	Shaanxi	399762	200438	157628	4554	37143
甘 肃	Gansu	135408	75148	46655	2507	11098
青 海	Qinghai	13098	10651	1197	20	1230
宁 夏	Ningxia	16524	8075	6470	484	1495
新 疆	Xinjiang	156828	90272	46562	2931	17063

4-2-3 续表 6 Continued 6

股份有限公司
Share-holding Corporations Ltd

单位：万元
Unit: 10 000 yuan

地区	Region	营业额 Turnover	客房收入 from Hotel Rooms	餐费收入 from Meals	商品销售额 from Commodities	其他收入 Others
全国	**National Total**	**573198**	**283290**	**173817**	**22037**	**94054**
北京	Beijing	2740	2356	380	5	
天津	Tianjin	7161	5185	863	4	1109
河北	Hebei					
山西	Shanxi					
内蒙古	Inner Mongolia	269	153	73		42
辽宁	Liaoning	5692	1745	2470		1477
吉林	Jilin	5181	2880	1499		803
黑龙江	Heilongjiang	9839	2693	2462	3321	1363
上海	Shanghai	25463	13725	9108	24	2605
江苏	Jiangsu	102846	35156	40260	5723	21708
浙江	Zhejiang	34818	16809	13649	992	3368
安徽	Anhui	10717	7416	1002	707	1592
福建	Fujian	4902	2058	1469	9	1366
江西	Jiangxi	6331	3601	2472	21	237
山东	Shandong	15044	6840	7465	287	452
河南	Henan	10084	4877	3871	37	1300
湖北	Hubei	18365	8935	7106	911	1413
湖南	Hunan	17112	8594	6843	100	1575
广东	Guangdong	80488	37767	21131	4561	17028
广西	Guangxi	3922	1445	1858	45	574
海南	Hainan	166662	95931	33311	4290	33130
重庆	Chongqing	6518	3746	2174	48	550
四川	Sichuan	9374	5570	2497	679	627
贵州	Guizhou					
云南	Yunnan	6999	5074	587	38	1300
西藏	Tibet	228	180	46	3	
陕西	Shaanxi	13313	4164	8654	225	270
甘肃	Gansu	5281	3162	1953		165
青海	Qinghai	2011	1407	605		
宁夏	Ningxia					
新疆	Xinjiang	1839	1822	10	8	

4-2-3 续表 7 Continued 7

私营企业
Private Enterprises

单位：万元
Unit: 10 000 yuan

地区	Region	营业额 Turnover	客房收入 from Hotel Rooms	餐费收入 from Meals	商品销售额 from Commodities	其他收入 Others
全国	**National Total**	**20276047**	**12597263**	**6117243**	**367412**	**1194129**
北京	Beijing	568124	423945	80966	3341	59871
天津	Tianjin	159196	122046	23106	3617	10427
河北	Hebei	366576	188428	142753	3640	31756
山西	Shanxi	340129	192571	123000	3747	20811
内蒙古	Inner Mongolia	196030	124821	56986	1498	12725
辽宁	Liaoning	262059	162728	59447	2824	37061
吉林	Jilin	111828	71184	27906	1221	11517
黑龙江	Heilongjiang	78510	58317	16563	964	2666
上海	Shanghai	1093605	821126	191039	2618	78823
江苏	Jiangsu	1341379	793854	457621	19137	70767
浙江	Zhejiang	1996019	1123947	701763	23423	146886
安徽	Anhui	450863	259855	161866	10122	19021
福建	Fujian	1548543	705434	741139	48669	53302
江西	Jiangxi	612735	391049	192874	13353	15458
山东	Shandong	853778	533600	255251	9313	55613
河南	Henan	916285	544014	302114	27311	42847
湖北	Hubei	820736	516507	244582	16897	42751
湖南	Hunan	1188688	697364	406982	42146	42196
广东	Guangdong	2380110	1599193	520743	31059	229116
广西	Guangxi	515986	377959	105386	5083	27558
海南	Hainan	162354	119205	29865	649	12635
重庆	Chongqing	626513	395008	191172	16429	23904
四川	Sichuan	1282668	765477	420173	40846	56172
贵州	Guizhou	547993	409658	101522	9397	27415
云南	Yunnan	434906	319097	86481	5776	23552
西藏	Tibet	29041	22212	5331	72	1427
陕西	Shaanxi	871840	486864	345296	18072	21608
甘肃	Gansu	229900	158568	64230	1510	5591
青海	Qinghai	58671	48548	9328	174	620
宁夏	Ningxia	41663	27454	12300	264	1645
新疆	Xinjiang	189318	137232	39458	4240	8389

4-2-3 续表 8 Continued 8

其他企业
Other Enterprises

单位：万元
Unit: 10 000 yuan

地区	Region	营业额 Turnover	客房收入 from Hotel Rooms	餐费收入 from Meals	商品销售额 from Commodities	其他收入 Others
全国	**National Total**	**6161**	**3660**	**2095**	**221**	**186**
北京	Beijing					
天津	Tianjin	711	569	142		
河北	Hebei					
山西	Shanxi					
内蒙古	Inner Mongolia					
辽宁	Liaoning					
吉林	Jilin					
黑龙江	Heilongjiang	1112	1072	40		
上海	Shanghai	594	188	228	4	174
江苏	Jiangsu	593	135	416	42	
浙江	Zhejiang					
安徽	Anhui					
福建	Fujian					
江西	Jiangxi	431	229	185	16	
山东	Shandong	1821	715	981	126	
河南	Henan	592	490	102		
湖北	Hubei	307	262		33	12
湖南	Hunan					
广东	Guangdong					
广西	Guangxi					
海南	Hainan					
重庆	Chongqing					
四川	Sichuan					
贵州	Guizhou					
云南	Yunnan					
西藏	Tibet					
陕西	Shaanxi					
甘肃	Gansu					
青海	Qinghai					
宁夏	Ningxia					
新疆	Xinjiang					

港、澳、台商投资企业
Enterprises with Funds from Hong Kong, Macao and Taiwan

单位：万元
Unit: 10 000 yuan

地　区	Region	营业额 Turnover	客房收入 from Hotel Rooms	餐费收入 from Meals	商品销售额 from Commodities	其他收入 Others
全　国	**National Total**	**2806253**	**1299443**	**941949**	**59629**	**505232**
北　京	Beijing	502696	234636	78574	8990	180497
天　津	Tianjin	11105	7728	3040	1	337
河　北	Hebei	16056	7344	4662	398	3652
山　西	Shanxi					
内蒙古	Inner Mongolia	16628	6390	8236		2002
辽　宁	Liaoning	63975	28070	22201	3842	9863
吉　林	Jilin	4104	760	1264	2073	7
黑龙江	Heilongjiang	10365	4565	4554	526	721
上　海	Shanghai	342011	158330	99013	2670	81998
江　苏	Jiangsu	107713	48178	50865	1613	7057
浙　江	Zhejiang	317554	113928	124807	5628	73191
安　徽	Anhui	33519	15592	14117	774	3037
福　建	Fujian	268918	102167	147081	4661	15008
江　西	Jiangxi	20125	10563	7926	184	1452
山　东	Shandong	62139	24108	27927	1136	8969
河　南	Henan	35471	13212	16109	1729	4421
湖　北	Hubei	40904	24197	13396	101	3209
湖　南	Hunan	40655	22918	15293	768	1677
广　东	Guangdong	537812	244195	190292	20776	82549
广　西	Guangxi	69565	29276	31349	2596	6344
海　南	Hainan	193685	137390	48014	252	8028
重　庆	Chongqing	17814	12002	4450	83	1279
四　川	Sichuan	28124	17661	8675	13	1776
贵　州	Guizhou	4807	4020	528	259	
云　南	Yunnan	19343	10935	5594	308	2506
西　藏	Tibet	7177	5193	1656		327
陕　西	Shaanxi	30338	13549	11250	250	5289
甘　肃	Gansu	3310	2536	737		37
青　海	Qinghai					
宁　夏	Ningxia					
新　疆	Xinjiang	340		340		

4-2-3 续表 10 Continued 10

外商投资企业
Foreign Funded Enterprises

单位：万元
Unit: 10 000 yuan

地区	Region	营业额 Turnover	客房收入 from Hotel Rooms	餐费收入 from Meals	商品销售额 from Commodities	其他收入 Others
全国	**National Total**	**1619394**	**765459**	**444523**	**95655**	**313757**
北京	Beijing	235475	95799	35628	795	103253
天津	Tianjin	36999	28900	5049	16	3035
河北	Hebei					
山西	Shanxi					
内蒙古	Inner Mongolia	2795	1686	893	38	178
辽宁	Liaoning	31219	19454	9307	49	2408
吉林	Jilin	18936	7258	8530	112	3037
黑龙江	Heilongjiang	11213	5591	3896	427	1299
上海	Shanghai	306893	140231	53674	74336	38652
江苏	Jiangsu	62504	27397	27828	1222	6057
浙江	Zhejiang	155282	69021	59344	1562	25354
安徽	Anhui	13545	6340	6155	386	663
福建	Fujian	142353	76616	47084	3520	15133
江西	Jiangxi	4427	3036	785	8	599
山东	Shandong	20865	11904	4702	332	3927
河南	Henan	6635	3632	2667	199	137
湖北	Hubei	34594	17614	12924	315	3741
湖南	Hunan	956	749	207		
广东	Guangdong	326022	143546	92950	7591	81935
广西	Guangxi	28642	14333	11459	692	2159
海南	Hainan	17974	10174	5482	39	2279
重庆	Chongqing	41301	19682	15638	1275	4706
四川	Sichuan	49507	25837	14460	1019	8190
贵州	Guizhou	4777	3106	1090	264	316
云南	Yunnan	10104	6170	3060	252	623
西藏	Tibet	9297	5996	2722	183	397
陕西	Shaanxi	42157	19404	17043	1025	4685
甘肃	Gansu	4091	1453	1672		966
青海	Qinghai	835	531	275		29
宁夏	Ningxia					
新疆	Xinjiang					

4-2-4 各地区限额以上住宿业企业经营情况(按国民经济行业分)
Business of Enterprises above Designated Size of Hotels by Region and Sector

旅游饭店
Tourist Hotel

单位：万元
Unit: 10 000 yuan

地区	Region	营业额 Turnover	客房收入 from Hotel Rooms	餐费收入 from Meals	商品销售额 from Commodities	其他收入 Others
全国	**National Total**	**28144312**	**13572959**	**10282148**	**721671**	**3567533**
北京	Beijing	2430667	1079506	589166	34498	727497
天津	Tianjin	226333	129375	67591	918	28448
河北	Hebei	488772	216493	209191	6759	56329
山西	Shanxi	321068	136376	145756	2753	36183
内蒙古	Inner Mongolia	232964	124990	87524	1443	19007
辽宁	Liaoning	397465	178924	131938	8139	78465
吉林	Jilin	191982	98012	67175	2249	24547
黑龙江	Heilongjiang	129132	70242	36133	6010	16747
上海	Shanghai	2021686	984646	572733	85817	378490
江苏	Jiangsu	1693667	670676	815126	36115	171750
浙江	Zhejiang	2763205	1224046	1168606	41857	328696
安徽	Anhui	628777	252713	278741	58239	39084
福建	Fujian	1948331	802339	985436	47133	113423
江西	Jiangxi	597123	314562	236981	16231	29349
山东	Shandong	1309577	566299	573722	23992	145564
河南	Henan	734246	356060	291916	14937	71333
湖北	Hubei	717087	379471	253172	13882	70561
湖南	Hunan	1006368	499955	406023	39914	60477
广东	Guangdong	3697238	1848553	1156016	101594	591075
广西	Guangxi	628177	335082	196468	31688	64939
海南	Hainan	1090897	705764	262655	8156	114322
重庆	Chongqing	669586	352062	251678	20315	45531
四川	Sichuan	1374838	680148	537083	46611	110995
贵州	Guizhou	609663	384940	144422	31627	48674
云南	Yunnan	501483	286902	135941	13022	65618
西藏	Tibet	87481	57805	19578	261	9836
陕西	Shaanxi	912104	411485	418316	15578	66725
甘肃	Gansu	316718	178741	113981	3814	20182
青海	Qinghai	61743	44246	15068	345	2084
宁夏	Ningxia	54340	30414	19229	579	4118
新疆	Xinjiang	301595	172134	94783	7195	27484

4-2-4 续表 1 Continued 1

一般旅馆
General Hotels

单位：万元
Unit: 10 000 yuan

地 区	Region	营业额 Turnover	客房收入 from Hotel Rooms	餐费收入 from Meals	商品销售额 from Commodities	其他收入 Others
全 国	**National Total**	**11283059**	**8017688**	**2268044**	**200535**	**796793**
北 京	Beijing	815756	588339	95638	5656	126124
天 津	Tianjin	148190	116781	11767	3489	16154
河 北	Hebei	225144	113936	85409	3012	22787
山 西	Shanxi	202628	129884	53396	2504	16844
内蒙古	Inner Mongolia	93805	60352	27055	1243	5156
辽 宁	Liaoning	132390	99285	20646	1322	11136
吉 林	Jilin	60898	39605	14550	2781	3962
黑龙江	Heilongjiang	58433	45067	10695	843	1828
上 海	Shanghai	1023166	784157	102199	9375	127435
江 苏	Jiangsu	718842	549168	127174	11556	30944
浙 江	Zhejiang	722232	530040	127974	3759	60460
安 徽	Anhui	224414	149324	59951	4416	10722
福 建	Fujian	517054	302302	177476	15167	22110
江 西	Jiangxi	311250	214666	84236	4678	7669
山 东	Shandong	483374	362927	84437	5981	30029
河 南	Henan	593825	365097	180961	23604	24163
湖 北	Hubei	453033	322910	111261	9582	9279
湖 南	Hunan	516043	344056	137749	15975	18264
广 东	Guangdong	1410397	1048123	182734	27619	151922
广 西	Guangxi	283821	226611	44663	2280	10267
海 南	Hainan	58577	43969	12254	131	2223
重 庆	Chongqing	279744	196365	57937	8286	17156
四 川	Sichuan	695147	473864	182735	17624	20924
贵 州	Guizhou	221023	177626	29945	4285	9168
云 南	Yunnan	305875	227268	55253	4622	18733
西 藏	Tibet	11048	8836	1596	153	463
陕 西	Shaanxi	480505	308273	151857	9071	11304
甘 肃	Gansu	96451	77550	14965	529	3408
青 海	Qinghai	25631	21416	2527	425	1264
宁 夏	Ningxia	9951	6539	1877	285	1251
新 疆	Xinjiang	104412	83353	17129	284	3647

民宿服务
Home Lodging Services

单位：万元
Unit: 10 000 yuan

地区	Region	营业额 Turnover	客房收入 from Hotel Rooms	餐费收入 from Meals	商品销售额 from Commodities	其他收入 Others
全国	**National Total**	**176604**	**123629**	**42773**	**3074**	**7129**
北京	Beijing	2717	1899	609	14	195
天津	Tianjin	1	1			
河北	Hebei	458	193	199	59	8
山西	Shanxi	2096	1455	501	124	16
内蒙古	Inner Mongolia					
辽宁	Liaoning					
吉林	Jilin	467	467			
黑龙江	Heilongjiang	468	468			
上海	Shanghai	3415	2568	507	80	259
江苏	Jiangsu	11071	7553	2668	735	115
浙江	Zhejiang	55599	42456	10368	239	2536
安徽	Anhui	3853	2579	798	376	101
福建	Fujian	12077	6477	4176	190	1233
江西	Jiangxi	10288	7377	2501	290	120
山东	Shandong	5347	3721	1259	275	92
河南	Henan	8795	3592	4795	90	319
湖北	Hubei	4741	3765	900	17	60
湖南	Hunan	19326	11652	7237	249	188
广东	Guangdong	7901	5973	860	48	1020
广西	Guangxi	1489	1154	294	41	
海南	Hainan	277	86	191		
重庆	Chongqing	1653	1010	539	9	95
四川	Sichuan	5303	3631	1247	102	324
贵州	Guizhou	5827	4776	949	43	59
云南	Yunnan	6559	5117	1058	45	339
西藏	Tibet					
陕西	Shaanxi	5026	3849	1080	49	49
甘肃	Gansu					
青海	Qinghai					
宁夏	Ningxia	1749	1714	36		
新疆	Xinjiang	102	97	3	1	1

露营地服务
Campground Services

单位：万元
Unit: 10 000 yuan

地区	Region	营业额 Turnover	客房收入 from Hotel Rooms	餐费收入 from Meals	商品销售额 from Commodities	其他收入 Others
全国	**National Total**	**17538**	**6346**	**2596**	**7709**	**887**
北京	Beijing					
天津	Tianjin					
河北	Hebei					
山西	Shanxi	1221	594	508	22	98
内蒙古	Inner Mongolia					
辽宁	Liaoning					
吉林	Jilin					
黑龙江	Heilongjiang					
上海	Shanghai	1277	1277			
江苏	Jiangsu	392	248	103	37	5
浙江	Zhejiang	293	192	92		10
安徽	Anhui	1598	653	374	243	328
福建	Fujian	519	41	478		
江西	Jiangxi	532	312	12	208	
山东	Shandong					
河南	Henan	245	37	208		
湖北	Hubei	626	296	235	14	81
湖南	Hunan	8012	952		7060	
广东	Guangdong	254	156	97		2
广西	Guangxi	858	351	181	105	221
海南	Hainan					
重庆	Chongqing					
四川	Sichuan					
贵州	Guizhou	391	305	86		
云南	Yunnan					
西藏	Tibet					
陕西	Shaanxi	1320	934	222	22	142
甘肃	Gansu					
青海	Qinghai					
宁夏	Ningxia					
新疆	Xinjiang					

其他住宿业　　　　　　　　　　　　　　　　　　　　单位：万元

Others　　　　　　　　　　　　　　　　　　　　Unit: 10 000 yuan

地　区	Region	营业额 Turnover	客房收入 from Hotel Rooms	餐费收入 from Meals	商品销售额 from Commodities	其他收入 Others
全　国	**National Total**	**1094425**	**648076**	**305429**	**27579**	**113342**
北　京	Beijing	79070	37654	18688	433	22295
天　津	Tianjin	20982	13415	4287	55	3225
河　北	Hebei	33120	13539	9694	4489	5398
山　西	Shanxi	10105	6149	3429	21	506
内蒙古	Inner Mongolia	2133	1398	304	5	427
辽　宁	Liaoning	40170	18584	16124	610	4853
吉　林	Jilin	7743	5744	1368	314	318
黑龙江	Heilongjiang	8377	6409	1025	1	942
上　海	Shanghai	41540	33252	5206	95	2987
江　苏	Jiangsu	78546	47845	25448	747	4507
浙　江	Zhejiang	3179	1609	988	12	571
安　徽	Anhui	19011	11742	5685	219	1364
福　建	Fujian	41731	21993	10455	6868	2416
江　西	Jiangxi	94282	44101	37222	1180	11780
山　东	Shandong	49006	30023	15703	438	2842
河　南	Henan	43525	24473	15130	1116	2806
湖　北	Hubei	46454	27230	16056	1352	1816
湖　南	Hunan	82719	51889	22969	2389	5471
广　东	Guangdong	145219	103882	21378	1873	18086
广　西	Guangxi	15610	12918	1658	70	964
海　南	Hainan	14349	7761	2649	60	3878
重　庆	Chongqing	22345	16318	5146	207	674
四　川	Sichuan	45224	23418	12055	1008	8744
贵　州	Guizhou	16236	12033	3172	130	901
云　南	Yunnan	44245	28287	9444	3096	3418
西　藏	Tibet	5883	4820	1051	10	3
陕　西	Shaanxi	60128	25977	32592	620	940
甘　肃	Gansu	8523	5661	2469	146	247
青　海	Qinghai	3301	2451	851		
宁　夏	Ningxia	622	622			
新　疆	Xinjiang	11047	6881	3184	19	964

4-2-5 各地区限额以上餐饮业企业经营情况
Business of Enterprises above Designated Size of Catering Services by Region

单位：万元
Unit: 10 000 yuan

地区	Region	营业额 Turnover	客房收入 from Hotel Rooms	餐费收入 from Meals	商品销售额 from Commodities	其他收入 Others
全国	**National Total**	**79723923**	**2613711**	**72083046**	**2945700**	**2081466**
北京	Beijing	8887399	32515	8194449	332682	327753
天津	Tianjin	1524100	39825	1358309	24149	101817
河北	Hebei	667428	64318	546324	18777	38009
山西	Shanxi	913061	80400	789245	9645	33771
内蒙古	Inner Mongolia	407797	51218	329701	2706	24172
辽宁	Liaoning	1080977	29360	990006	38539	23072
吉林	Jilin	272326	13099	230285	4762	24180
黑龙江	Heilongjiang	131800	6179	119161	2782	3678
上海	Shanghai	11311839	18608	10697583	380153	215494
江苏	Jiangsu	7351921	448405	6546589	201473	155454
浙江	Zhejiang	5473514	238207	4928166	152599	154542
安徽	Anhui	2577193	135583	2257248	154917	29445
福建	Fujian	3607151	60358	3226859	199434	120500
江西	Jiangxi	1057196	91036	923877	32344	9938
山东	Shandong	2955902	255946	2503836	78722	117398
河南	Henan	1263643	52816	1155430	25799	29597
湖北	Hubei	3236070	193034	2878454	116652	47931
湖南	Hunan	2240693	138534	1993017	77162	31980
广东	Guangdong	12301220	151848	11188884	641422	319067
广西	Guangxi	944434	25033	824379	47402	47619
海南	Hainan	193067	4013	175990	4254	8812
重庆	Chongqing	1908597	95227	1709969	78460	24942
四川	Sichuan	4603057	161505	4270180	105235	66137
贵州	Guizhou	624132	13144	556614	39333	15040
云南	Yunnan	804056	21072	730620	34234	18130
西藏	Tibet	24900	652	17664	1759	4825
陕西	Shaanxi	2454170	122200	2163309	118935	49725
甘肃	Gansu	426913	38653	377085	5741	5434
青海	Qinghai	50125	8153	40020	360	1592
宁夏	Ningxia	55685	8316	38524	1708	7138
新疆	Xinjiang	373555	14454	321270	13559	24272

国有控股
State-controlled Enterprises

单位：万元
Unit: 10 000 yuan

地 区	Region	营业额 Turnover	客房收入 from Hotel Rooms	餐费收入 from Meals	商品销售额 from Commodities	其他收入 Others
全 国	**National Total**	**3189895**	**298222**	**2287233**	**289167**	**315273**
北 京	Beijing	402768	6451	329511	30540	36266
天 津	Tianjin	40301	2257	31755	1408	4882
河 北	Hebei	43221	8479	29659	214	4869
山 西	Shanxi	54084	9949	29689	151	14296
内蒙古	Inner Mongolia	41064	11677	24320	312	4755
辽 宁	Liaoning	19512	3683	14330	685	814
吉 林	Jilin	22100	1639	5351		15110
黑龙江	Heilongjiang	2853	999	1723		131
上 海	Shanghai	299248	1879	225149	44510	27709
江 苏	Jiangsu	356505	75521	233418	8489	39077
浙 江	Zhejiang	303926	18424	208704	35911	40886
安 徽	Anhui	55861	8608	41525	3784	1943
福 建	Fujian	33747	3038	26423	3425	861
江 西	Jiangxi	61161	8271	50600	1734	556
山 东	Shandong	274826	44694	185490	9302	35340
河 南	Henan	42358	4715	33500	1765	2378
湖 北	Hubei	42457	2636	20351	16050	3421
湖 南	Hunan	43255	8744	31022	1676	1813
广 东	Guangdong	437943	14421	321175	55923	46424
广 西	Guangxi	79202	5064	55765	16651	1722
海 南	Hainan	341		288		53
重 庆	Chongqing	35166	6075	25350	2618	1123
四 川	Sichuan	105248	17379	78612	4987	4271
贵 州	Guizhou	95840	3310	59434	26411	6685
云 南	Yunnan	60833	1556	49715	4497	5065
西 藏	Tibet	478		458		20
陕 西	Shaanxi	134786	13356	105259	6638	9533
甘 肃	Gansu	30217	7335	20330	1852	699
青 海	Qinghai					
宁 夏	Ningxia	6630	1528	3240	1120	743
新 疆	Xinjiang	63965	6535	45088	8514	3827

4-2-6 各地区限额以上餐饮业企业经营情况(按登记注册类型分)

Business of Enterprises above Designated Size of Catering Services by Region and Type of Registration

内资企业 单位：万元

Domestic Funded Enterprises Unit: 10 000 yuan

地区	Region	营业额 Turnover	客房收入 from Hotel Rooms	餐费收入 from Meals	商品销售额 from Commodities	其他收入 Others
全国	**National Total**	**58839910**	**2558692**	**52623564**	**2129455**	**1528199**
北京	Beijing	5064208	32515	4750561	143302	137831
天津	Tianjin	1005272	38738	866626	14586	85322
河北	Hebei	664444	63816	543884	18777	37967
山西	Shanxi	803820	80400	682455	8495	32470
内蒙古	Inner Mongolia	375828	51218	297732	2706	24172
辽宁	Liaoning	434416	29171	370356	19744	15145
吉林	Jilin	256888	13099	215597	4307	23885
黑龙江	Heilongjiang	115076	6179	103759	1460	3678
上海	Shanghai	6027231	18608	5756326	117644	134652
江苏	Jiangsu	5788115	434704	5074599	156045	122767
浙江	Zhejiang	4397232	224483	3890051	147446	135253
安徽	Anhui	2557578	132793	2240854	154879	29052
福建	Fujian	2775574	58537	2557312	87768	71958
江西	Jiangxi	953728	89890	822502	31405	9932
山东	Shandong	2569486	252566	2132664	70969	113286
河南	Henan	1153885	52816	1054138	25746	21185
湖北	Hubei	2358792	192296	2032530	93362	40605
湖南	Hunan	1948786	138534	1709042	75730	25480
广东	Guangdong	8794403	137197	7895700	530737	230770
广西	Guangxi	841247	25033	724946	46405	44863
海南	Hainan	178075	4013	163624	4254	6185
重庆	Chongqing	1576844	95227	1385645	77084	18888
四川	Sichuan	3840460	161505	3536847	91238	50870
贵州	Guizhou	620246	13139	553766	38833	14508
云南	Yunnan	712068	21072	641160	33959	15877
西藏	Tibet	24900	652	17664	1759	4825
陕西	Shaanxi	2182790	121961	1911757	109528	39544
甘肃	Gansu	386292	38653	336658	5663	5318
青海	Qinghai	50125	8153	40020	360	1592
宁夏	Ningxia	55685	8316	38524	1708	7138
新疆	Xinjiang	326416	13408	276267	13559	23182

4-2-6 续表 1 Continued 1

国有企业
State-controlled Enterprises

单位：万元
Unit: 10 000 yuan

地区	Region	营业额 Turnover	客房收入 from Hotel Rooms	餐费收入 from Meals	商品销售额 from Commodities	其他收入 Others
全国	**National Total**	**462714**	**97323**	**309239**	**14278**	**41874**
北京	Beijing	7524	1923	4827	368	407
天津	Tianjin	2904	746	1784	31	342
河北	Hebei	16478	2909	11305	36	2227
山西	Shanxi	8343	3051	5004	19	269
内蒙古	Inner Mongolia					
辽宁	Liaoning	2267	1003	788	95	381
吉林	Jilin	3051	820	1706		526
黑龙江	Heilongjiang	1559	269	1266		23
上海	Shanghai	41631	637	34447	1576	4971
江苏	Jiangsu	106012	24072	64153	3051	14737
浙江	Zhejiang	14581	2411	11360	83	727
安徽	Anhui	8501	2382	5196	164	759
福建	Fujian	2128	627	793	708	
江西	Jiangxi	24123	2357	21104	557	105
山东	Shandong	63344	20163	36849	790	5542
河南	Henan	7149	2226	4811		112
湖北	Hubei	7871	1795	4605	83	1388
湖南	Hunan	16595	4169	12166	210	51
广东	Guangdong	42771	5355	28931	2662	5823
广西	Guangxi	3179	316	2703	45	114
海南	Hainan					
重庆	Chongqing	5014	1112	3499	349	54
四川	Sichuan	22076	7618	11090	2073	1295
贵州	Guizhou	3974	1610	2101		264
云南	Yunnan	6057	1094	4718	243	2
西藏	Tibet					
陕西	Shaanxi	14239	2847	9752	1031	610
甘肃	Gansu	6548	2146	4251	62	89
青海	Qinghai					
宁夏	Ningxia	2307	419	1703		185
新疆	Xinjiang	22490	3246	18329	42	874

4-2-6 续表 2 Continued 2

集体企业
Collective-owned Enterprises

单位：万元
Unit: 10 000 yuan

地 区	Region	营业额 Turnover	客房收入 from Hotel Rooms	餐费收入 from Meals	商品销售额 from Commodities	其他收入 Others
全 国	**National Total**	**144928**	**13645**	**117783**	**5560**	**7940**
北 京	Beijing	15173	1991	11074	160	1948
天 津	Tianjin	142		142		
河 北	Hebei	576	54	522		
山 西	Shanxi	1009	635	374		
内 蒙 古	Inner Mongolia	267		267		
辽 宁	Liaoning	1574	89	1297		188
吉 林	Jilin	199	91	108		
黑 龙 江	Heilongjiang					
上 海	Shanghai	33435	445	32287		703
江 苏	Jiangsu	20315	3264	16963	17	72
浙 江	Zhejiang	521		521		
安 徽	Anhui	2180		1929	245	6
福 建	Fujian	2437		1063	1374	
江 西	Jiangxi	884		884		
山 东	Shandong	2674	1162	1512		
河 南	Henan					
湖 北	Hubei	8271	381	7382	503	6
湖 南	Hunan					
广 东	Guangdong	27621	3602	17449	2161	4409
广 西	Guangxi	837		821	1	15
海 南	Hainan					
重 庆	Chongqing	12230		11202	1028	
四 川	Sichuan	1111		1063	49	
贵 州	Guizhou	4699		4695	3	1
云 南	Yunnan	3269	828	1893	2	545
西 藏	Tibet					
陕 西	Shaanxi	3828	513	3310	5	
甘 肃	Gansu	1675	591	1025	13	47
青 海	Qinghai					
宁 夏	Ningxia					
新 疆	Xinjiang					

4-2-6 续表 3 Continued 3

股份合作企业 单位：万元
Cooperative Enterprises Unit: 10 000 yuan

地 区	Region	营业额 Turnover	客房收入 from Hotel Rooms	餐费收入 from Meals	商品销售额 from Commodities	其他收入 Others
全 国	**National Total**	**153579**	**3717**	**129024**	**17074**	**3763**
北 京	Beijing	38732	1508	36749	120	355
天 津	Tianjin					
河 北	Hebei	6462		6462		
山 西	Shanxi	398	76	260		62
内 蒙 古	Inner Mongolia					
辽 宁	Liaoning					
吉 林	Jilin					
黑 龙 江	Heilongjiang					
上 海	Shanghai	8528	71	7019		1438
江 苏	Jiangsu	7322		7321	1	
浙 江	Zhejiang	12998	485	12388	124	
安 徽	Anhui					
福 建	Fujian					
江 西	Jiangxi	1157		925	232	
山 东	Shandong	1861	813	794	26	229
河 南	Henan	370		370		
湖 北	Hubei	603	123	480	1	
湖 南	Hunan					
广 东	Guangdong	35770		35687	72	11
广 西	Guangxi	1011	11	973		27
海 南	Hainan					
重 庆	Chongqing					
四 川	Sichuan	37466	505	18821	16499	1641
贵 州	Guizhou					
云 南	Yunnan	405		405		
西 藏	Tibet					
陕 西	Shaanxi	210	126	84		
甘 肃	Gansu	287		287		
青 海	Qinghai					
宁 夏	Ningxia					
新 疆	Xinjiang					

4-2-6 续表 4 Continued 4

联营企业
Joint Ownership Enterprises

单位：万元
Unit: 10 000 yuan

地 区	Region	营业额 Turnover	客房收入 from Hotel Rooms	餐费收入 from Meals	商品销售额 from Commodities	其他收入 Others
全 国	**National Total**	**21915**	**1398**	**13951**	**4798**	**1768**
北 京	Beijing					
天 津	Tianjin					
河 北	Hebei					
山 西	Shanxi					
内 蒙 古	Inner Mongolia					
辽 宁	Liaoning					
吉 林	Jilin					
黑 龙 江	Heilongjiang					
上 海	Shanghai	278		8		269
江 苏	Jiangsu	874		874	1	
浙 江	Zhejiang	3296	793	2038	381	85
安 徽	Anhui					
福 建	Fujian					
江 西	Jiangxi					
山 东	Shandong	1452		1452		
河 南	Henan					
湖 北	Hubei					
湖 南	Hunan					
广 东	Guangdong					
广 西	Guangxi					
海 南	Hainan					
重 庆	Chongqing					
四 川	Sichuan					
贵 州	Guizhou	5565		5565		
云 南	Yunnan					
西 藏	Tibet					
陕 西	Shaanxi	3067		3067		
甘 肃	Gansu					
青 海	Qinghai					
宁 夏	Ningxia					
新 疆	Xinjiang	7383	605	947	4417	1413

有限责任公司
Limited Liability Corporations

单位：万元
Unit: 10 000 yuan

地区	Region	营业额 Turnover	客房收入 from Hotel Rooms	餐费收入 from Meals	商品销售额 from Commodities	其他收入 Others
全国	**National Total**	**12045109**	**559725**	**10459942**	**569120**	**456323**
北京	Beijing	2155471	12326	2006368	62072	74705
天津	Tianjin	295963	21158	254264	6111	14431
河北	Hebei	141361	19869	107155	7115	7223
山西	Shanxi	133338	13580	100265	2881	16611
内蒙古	Inner Mongolia	113316	21467	83063	558	8228
辽宁	Liaoning	83508	5099	69143	7840	1425
吉林	Jilin	39431	1787	32288	870	4487
黑龙江	Heilongjiang	46084	2241	42550	355	938
上海	Shanghai	1318446	2619	1252725	26540	36562
江苏	Jiangsu	762262	87098	600941	23865	50358
浙江	Zhejiang	589901	44919	419622	79235	46126
安徽	Anhui	584301	36441	533226	8544	6090
福建	Fujian	79028	2658	71628	2859	1882
江西	Jiangxi	174655	25817	140117	6441	2279
山东	Shandong	662869	70511	519115	21577	51667
河南	Henan	303501	7628	289550	3038	3285
湖北	Hubei	319579	17310	273512	21684	7074
湖南	Hunan	304514	18274	268551	11699	5990
广东	Guangdong	2033563	32259	1792857	154621	53827
广西	Guangxi	179751	10108	142293	19390	7960
海南	Hainan	80925	3058	74046	1961	1860
重庆	Chongqing	150994	8673	131542	6115	4665
四川	Sichuan	347383	34041	292455	11792	9094
贵州	Guizhou	150210	3175	107758	29527	9750
云南	Yunnan	136605	2677	117373	7797	8758
西藏	Tibet	19974		13400	1749	4825
陕西	Shaanxi	646262	30225	569693	35156	11188
甘肃	Gansu	114100	17380	92762	2061	1898
青海	Qinghai	9415	1556	7669	54	136
宁夏	Ningxia	6833	1615	3190	1422	607
新疆	Xinjiang	61566	4156	50823	4192	2396

4-2-6 续表 6 Continued 6

股份有限公司
Share-holding Corporations Ltd.

单位：万元
Unit: 10 000 yuan

地 区	Region	营业额 Turnover	客房收入 from Hotel Rooms	餐费收入 from Meals	商品销售额 from Commodities	其他收入 Others
全 国	**National Total**	**644425**	**22146**	**485186**	**74003**	**63090**
北 京	Beijing	34189		25464	4310	4415
天 津	Tianjin	11823		4511	4768	2544
河 北	Hebei	2400	612	1171		616
山 西	Shanxi					
内 蒙 古	Inner Mongolia	27682		20861		6821
辽 宁	Liaoning	3217		3217		
吉 林	Jilin	16391		2022		14369
黑 龙 江	Heilongjiang	358		358		
上 海	Shanghai	204100		159614	36556	7931
江 苏	Jiangsu	39945	3833	34458	1041	614
浙 江	Zhejiang	38994	1421	36837	234	501
安 徽	Anhui	4052		4052		
福 建	Fujian					
江 西	Jiangxi	4429	1509	2908	12	
山 东	Shandong	17688	3286	11863	414	2125
河 南	Henan	3617		2163	1454	
湖 北	Hubei	19352	982	18262	100	9
湖 南	Hunan	11171	2681	7514	892	85
广 东	Guangdong	86382	2165	61964	14200	8054
广 西	Guangxi					
海 南	Hainan	409		313		96
重 庆	Chongqing	5303	2491	2217	15	580
四 川	Sichuan	3807	226	3523	57	
贵 州	Guizhou					
云 南	Yunnan	10403	26	6023	3505	849
西 藏	Tibet	594		594		
陕 西	Shaanxi	90556	2898	67776	6415	13468
甘 肃	Gansu	4197		4157	32	8
青 海	Qinghai	94	17	77		
宁 夏	Ningxia					
新 疆	Xinjiang	3275		3268		7

私营企业
Private Enterprises

单位：万元
Unit: 10 000 yuan

地　区	Region	营业额 Turnover	客房收入 from Hotel Rooms	餐费收入 from Meals	商品销售额 from Commodities	其他收入 Others
全　国	**National Total**	**45340748**	**1859909**	**41087753**	**1440731**	**952354**
北　京	Beijing	2813120	14768	2666078	76273	56000
天　津	Tianjin	693810	16834	605295	3675	68005
河　北	Hebei	497168	40373	417268	11627	27901
山　西	Shanxi	660732	63059	576552	5594	15527
内蒙古	Inner Mongolia	234563	29751	193541	2148	9123
辽　宁	Liaoning	343851	22980	295911	11808	13151
吉　林	Jilin	197816	10402	179474	3437	4503
黑龙江	Heilongjiang	67076	3669	59584	1105	2718
上　海	Shanghai	4408820	14373	4263163	49589	81695
江　苏	Jiangsu	4845690	316245	4344428	128032	56985
浙　江	Zhejiang	3736941	174453	3407284	67390	87813
安　徽	Anhui	1958544	93971	1696451	145926	22196
福　建	Fujian	2691982	55251	2483828	82826	70076
江　西	Jiangxi	748276	60207	656379	24144	7547
山　东	Shandong	1819260	156631	1560743	48163	53723
河　南	Henan	839249	42962	757244	21254	17789
湖　北	Hubei	2003116	171706	1728291	70991	32128
湖　南	Hunan	1615146	113410	1419736	62645	19355
广　东	Guangdong	6568229	93816	5958745	357022	158646
广　西	Guangxi	656470	14598	578156	26968	36747
海　南	Hainan	94643	954	87167	2293	4228
重　庆	Chongqing	1402833	82951	1236730	69563	13590
四　川	Sichuan	3428380	119099	3209673	60768	38841
贵　州	Guizhou	455798	8354	433648	9302	4494
云　南	Yunnan	552831	16446	508250	22412	5722
西　藏	Tibet	4332	652	3670	10	
陕　西	Shaanxi	1424019	85194	1257776	66771	14279
甘　肃	Gansu	259484	18536	234177	3495	3276
青　海	Qinghai	40616	6580	32274	306	1456
宁　夏	Ningxia	46545	6282	33631	286	6346
新　疆	Xinjiang	231409	5401	202606	4908	18493

4-2-6 续表 8 Continued 8

其他企业
Other Enterprises

单位：万元
Unit: 10 000 yuan

地 区	Region	营业额 Turnover	客房收入 from Hotel Rooms	餐费收入 from Meals	商品销售额 from Commodities	其他收入 Others
全 国	**National Total**	**26492**	**829**	**20685**	**3890**	**1088**
北 京	Beijing					
天 津	Tianjin	630		630		
河 北	Hebei					
山 西	Shanxi					
内 蒙 古	Inner Mongolia					
辽 宁	Liaoning					
吉 林	Jilin					
黑 龙 江	Heilongjiang					
上 海	Shanghai	11994	463	7063	3384	1084
江 苏	Jiangsu	5696	193	5463	37	2
浙 江	Zhejiang					
安 徽	Anhui					
福 建	Fujian					
江 西	Jiangxi	204		184	19	1
山 东	Shandong	337		337		
河 南	Henan					
湖 北	Hubei					
湖 南	Hunan	1359		1075	284	
广 东	Guangdong	68		68		
广 西	Guangxi					
海 南	Hainan	2098		2098		
重 庆	Chongqing	469		455	15	
四 川	Sichuan	237	15	222		
贵 州	Guizhou					
云 南	Yunnan	2498		2498		
西 藏	Tibet					
陕 西	Shaanxi	609	159	300	151	
甘 肃	Gansu					
青 海	Qinghai					
宁 夏	Ningxia					
新 疆	Xinjiang	294		294		

4-2-6 续表 9 Continued 9

港、澳、台商投资企业 单位：万元

Enterprises with Funds from Hongkong, Macao and Taiwan Unit: 10 000 yuan

地 区	Region	营业额 Turnover	客房收入 from Hotel Rooms	餐费收入 from Meals	商品销售额 from Commodities	其他收入 Others
全 国	**National Total**	**9560394**	**32619**	**8767660**	**501217**	**258898**
北 京	Beijing	2028387		1771891	182660	73836
天 津	Tianjin	156472	1086	145840	4284	5262
河 北	Hebei	1665	431	1191		42
山 西	Shanxi	30624		28172	1150	1301
内 蒙 古	Inner Mongolia	3049		3049		
辽 宁	Liaoning	228593	189	216074	8372	3958
吉 林	Jilin	15195		14458	455	282
黑 龙 江	Heilongjiang	12591		11866	726	
上 海	Shanghai	2535102		2350355	127694	57053
江 苏	Jiangsu	500224	11906	429604	40803	17911
浙 江	Zhejiang	244273	2614	230978	2954	7728
安 徽	Anhui	15275	2263	12750		262
福 建	Fujian	242899	1196	217210	10677	13816
江 西	Jiangxi	1665	966	693		6
山 东	Shandong	97001	3095	85355	4590	3962
河 南	Henan	2021		1987	34	
湖 北	Hubei	689986	326	659289	23139	7232
湖 南	Hunan	64856		61411	1110	2335
广 东	Guangdong	1768136	8547	1627760	80975	50853
广 西	Guangxi	12333		11336	996	
海 南	Hainan	14993		12366		2627
重 庆	Chongqing	48571		48571		
四 川	Sichuan	672876		663480	2699	6697
贵 州	Guizhou	2456		1946	490	20
云 南	Yunnan	83519		81667		1852
西 藏	Tibet					
陕 西	Shaanxi	87633		78361	7409	1864
甘 肃	Gansu					
青 海	Qinghai					
宁 夏	Ningxia					
新 疆	Xinjiang					

4-2-6 续表 10 Continued 10

外商投资企业 单位：万元
Foreign Funded Enterprises Unit: 10 000 yuan

地区	Region	营业额 Turnover	客房收入 from Hotel Rooms	餐费收入 from Meals	商品销售额 from Commodities	其他收入 Others
全国	**National Total**	**11323619**	**22400**	**10691822**	**315028**	**294369**
北京	Beijing	1794804		1671998	6720	116087
天津	Tianjin	362356		345843	5279	11234
河北	Hebei	1319	71	1248		
山西	Shanxi	78618		78617		
内蒙古	Inner Mongolia	28921		28921		
辽宁	Liaoning	417969		403576	10424	3969
吉林	Jilin	243		231		12
黑龙江	Heilongjiang	4133		3536	597	
上海	Shanghai	2749505		2590902	134815	23789
江苏	Jiangsu	1063582	1795	1042387	4626	14775
浙江	Zhejiang	832009	11111	807137	2198	11562
安徽	Anhui	4341	527	3644	39	131
福建	Fujian	588679	626	452338	100990	34726
江西	Jiangxi	101802	180	100683	939	
山东	Shandong	289415	285	285817	3163	150
河南	Henan	107737		99306	19	8412
湖北	Hubei	187292	412	186634	152	94
湖南	Hunan	227051		222564	322	4166
广东	Guangdong	1738681	6104	1665425	29710	37444
广西	Guangxi	90855		88097	1	2757
海南	Hainan					
重庆	Chongqing	283182		275753	1376	6054
四川	Sichuan	89721		69852	11298	8571
贵州	Guizhou	1430	5	902	11	512
云南	Yunnan	8469		7793	275	401
西藏	Tibet					
陕西	Shaanxi	183747	240	173191	1997	8319
甘肃	Gansu	40621		40426	79	116
青海	Qinghai					
宁夏	Ningxia					
新疆	Xinjiang	47139	1046	45003		1090

4-2-7 各地区限额以上餐饮业企业经营情况(按国民经济行业分)
Business of Enterprises above Designated Size of Catering Services by Region and Sector

正餐服务　　单位：万元
Restaurant　　Unit: 10 000 yuan

地　区	Region	营业额 Turnover	客房收入 from Hotel Rooms	餐费收入 from Meals	商品销售额 from Commodities	其他收入 Others
全　国	**National Total**	**49927404**	**2591018**	**44777107**	**1399048**	**1160232**
北　京	Beijing	4527625	32104	4284625	102961	107935
天　津	Tianjin	632619	35584	545533	11651	39851
河　北	Hebei	626334	64264	511655	13250	37165
山　西	Shanxi	762450	80074	645251	6724	30402
内蒙古	Inner Mongolia	367211	51218	294372	2706	18915
辽　宁	Liaoning	328243	27362	279790	9685	11406
吉　林	Jilin	169510	13099	133970	4301	18141
黑龙江	Heilongjiang	66064	6179	55371	2101	2413
上　海	Shanghai	6917921	18425	6626421	148457	124618
江　苏	Jiangsu	4704800	446189	4037759	118834	102018
浙　江	Zhejiang	3810115	235463	3377150	82746	114756
安　徽	Anhui	1682455	134676	1452277	71372	24131
福　建	Fujian	2229344	60053	2075523	69390	24378
江　西	Jiangxi	871447	90078	744300	28582	8488
山　东	Shandong	1958292	255120	1558422	43733	101017
河　南	Henan	1013372	52552	919643	22664	18513
湖　北	Hubei	2197169	193034	1878608	88129	37399
湖　南	Hunan	1787841	135957	1565097	62753	24034
广　东	Guangdong	6939035	150583	6484319	158569	145565
广　西	Guangxi	633470	25021	552674	32182	23593
海　南	Hainan	126092	3958	115291	3043	3800
重　庆	Chongqing	1507264	95008	1330121	66593	15543
四　川	Sichuan	2207640	161287	1915141	86050	45161
贵　州	Guizhou	500414	13144	458898	14186	14185
云　南	Yunnan	619224	21046	555623	27924	14631
西　藏	Tibet	14338	652	11965	1701	20
陕　西	Shaanxi	2054386	121716	1790042	103652	38975
甘　肃	Gansu	359124	38653	310200	4979	5292
青　海	Qinghai	47849	7261	38891	360	1337
宁　夏	Ningxia	48898	8316	37638	1708	1236
新　疆	Xinjiang	216858	12943	190537	8065	5314

4-2-7 续表 1 Continued 1

快餐服务
Fast Food

单位：万元
Unit: 10 000 yuan

地 区	Region	营业额 Turnover	客房收入 from Hotel Rooms	餐费收入 from Meals	商品销售额 from Commodities	其他收入 Others
全 国	**National Total**	**15866365**	**6640**	**15044963**	**445803**	**368960**
北 京	Beijing	2080548		1863912	132710	83926
天 津	Tianjin	523392		506632	5613	11147
河 北	Hebei	6738		6678	50	10
山 西	Shanxi	127834	326	123235	2690	1584
内蒙古	Inner Mongolia	30797		30338		459
辽 宁	Liaoning	611460		585194	17335	8930
吉 林	Jilin	25852		24619	455	778
黑龙江	Heilongjiang	44470		43448	582	440
上 海	Shanghai	1756609	184	1674612	31119	50695
江 苏	Jiangsu	1744145	1023	1660809	46839	35474
浙 江	Zhejiang	1223858	2745	1159466	42733	18915
安 徽	Anhui	619326	9	536418	80592	2308
福 建	Fujian	967895		932431	14210	21254
江 西	Jiangxi	116821		116265	414	142
山 东	Shandong	662180	478	638121	17880	5701
河 南	Henan	149925	264	138728	2406	8527
湖 北	Hubei	629556		622156	2923	4477
湖 南	Hunan	347268	564	338334	1463	6907
广 东	Guangdong	2617892	3	2509848	34943	73099
广 西	Guangxi	194348		187757	2722	3869
海 南	Hainan	46651		43351		3300
重 庆	Chongqing	310742		304862	1183	4697
四 川	Sichuan	540209		529193	4238	6778
贵 州	Guizhou	5409		4970	155	284
云 南	Yunnan	95355		95287	29	40
西 藏	Tibet	10562		5699	58	4805
陕 西	Shaanxi	234505		225161	1385	7960
甘 肃	Gansu	57053		56613	429	11
青 海	Qinghai					
宁 夏	Ningxia					
新 疆	Xinjiang	84966	1046	80827	650	2444

4-2-7 续表 2 Continued 2

饮料及冷饮服务
Beverage and Cold Drink

单位：万元
Unit: 10 000 yuan

地 区	Region	营业额 Turnover	客房收入 from Hotel Rooms	餐费收入 from Meals	商品销售额 from Commodities	其他收入 Others
全 国	**National Total**	**5431279**	**893**	**4762896**	**502126**	**165363**
北 京	Beijing	708361		631142	64169	13049
天 津	Tianjin	34920		33600	640	681
河 北	Hebei	2839		2659	78	102
山 西	Shanxi	8521		8210	182	130
内蒙古	Inner Mongolia					
辽 宁	Liaoning	59223		52624	5719	880
吉 林	Jilin	296		296		
黑龙江	Heilongjiang	3595		3323	100	172
上 海	Shanghai	1789575		1583051	169506	37019
江 苏	Jiangsu	288549		276386	8496	3668
浙 江	Zhejiang	193243		180280	4384	8579
安 徽	Anhui	29486		26481	410	2595
福 建	Fujian	239384		104638	102906	31840
江 西	Jiangxi	10137	340	9351	105	341
山 东	Shandong	74712		69111	4278	1323
河 南	Henan	10097		10097		
湖 北	Hubei	297778		273042	21764	2972
湖 南	Hunan	59007	202	48925	9446	434
广 东	Guangdong	1115556	80	972722	88915	53840
广 西	Guangxi	25951		23202	590	2159
海 南	Hainan	12447	55	11975	400	18
重 庆	Chongqing	54627		43866	8503	2258
四 川	Sichuan	248177	218	246321	1255	384
贵 州	Guizhou	18935		17937	563	435
云 南	Yunnan	25040		22155	2214	672
西 藏	Tibet					
陕 西	Shaanxi	113603		104547	7373	1683
甘 肃	Gansu	6817		6553	134	131
青 海	Qinghai					
宁 夏	Ningxia	403		403		
新 疆	Xinjiang					

4-2-7 续表 3 Continued 3

餐饮配送与外卖送餐服务
Catering Distribution and Delivery Service

单位：万元
Unit: 10 000 yuan

地区	Region	营业额 Turnover	客房收入 from Hotel Rooms	餐费收入 from Meals	商品销售额 from Commodities	其他收入 Others
全国	**National Total**	**4270940**	**3247**	**3598354**	**438037**	**231302**
北京	Beijing	320721		317211	1918	1592
天津	Tianjin	245456		194813	1204	49438
河北	Hebei	30234	54	24110	5339	732
山西	Shanxi	2975		1447		1528
内蒙古	Inner Mongolia	8300		3502		4798
辽宁	Liaoning	73036		66848	5082	1107
吉林	Jilin	73780		68527	6	5248
黑龙江	Heilongjiang	17383		16729		654
上海	Shanghai	535658		508218	26199	1241
江苏	Jiangsu	450334	453	422633	13809	13440
浙江	Zhejiang	154910		124653	18193	12064
安徽	Anhui	230671		227716	2543	411
福建	Fujian	99810	305	53540	3003	42962
江西	Jiangxi	28949	531	26296	1175	948
山东	Shandong	215654	347	194577	12589	8141
河南	Henan	79818		76919	411	2488
湖北	Hubei	101448		96215	3789	1444
湖南	Hunan	23772	417	20798	2100	458
广东	Guangdong	1217041	649	871213	307104	38075
广西	Guangxi	69758		41919	11872	15967
海南	Hainan					
重庆	Chongqing	26913		22343	2127	2444
四川	Sichuan	43919		41944	1391	585
贵州	Guizhou	64138		60734	3404	
云南	Yunnan	56714	26	49841	4059	2788
西藏	Tibet					
陕西	Shaanxi	26593		20288	5899	407
甘肃	Gansu	1556		1556		
青海	Qinghai					
宁夏	Ningxia	6384		482		5902
新疆	Xinjiang	65015	465	43284	4826	16440

4-2-7 续表 4 Continued 4

其他餐饮业
Others

单位：万元
Unit: 10 000 yuan

地 区	Region	营业额 Turnover	客房收入 from Hotel Rooms	餐费收入 from Meals	商品销售额 from Commodities	其他收入 Others
全 国	**National Total**	**4227936**	**11913**	**3899727**	**160686**	**155610**
北 京	Beijing	1250143	411	1097559	30923	121250
天 津	Tianjin	87714	4241	77730	5041	701
河 北	Hebei	1284		1222	61	
山 西	Shanxi	11280		11103	50	127
内 蒙 古	Inner Mongolia	1489		1489		
辽 宁	Liaoning	9016	1998	5550	718	749
吉 林	Jilin	2888		2874		14
黑 龙 江	Heilongjiang	289		289		
上 海	Shanghai	312075		305282	4873	1921
江 苏	Jiangsu	164093	740	149003	13496	854
浙 江	Zhejiang	91388		86617	4543	229
安 徽	Anhui	15255	899	14355		
福 建	Fujian	70719		60726	9926	67
江 西	Jiangxi	29841	88	27666	2068	19
山 东	Shandong	45064		43605	243	1216
河 南	Henan	10431		10044	319	68
湖 北	Hubei	10120		8433	47	1639
湖 南	Hunan	22805	1395	19863	1400	147
广 东	Guangdong	411696	533	350783	51892	8488
广 西	Guangxi	20908	12	18827	38	2031
海 南	Hainan	7878		5373	811	1694
重 庆	Chongqing	9051	219	8777	55	
四 川	Sichuan	1563113		1537582	12301	13230
贵 州	Guizhou	35237		14075	21027	136
云 南	Yunnan	7723		7715	8	
西 藏	Tibet					
陕 西	Shaanxi	25083	485	23271	627	701
甘 肃	Gansu	2363		2162	200	
青 海	Qinghai	2276	892	1129		255
宁 夏	Ningxia					
新 疆	Xinjiang	6716		6622	19	75

4-3-1 限额以上住宿和餐饮业企业年末资产负债

项　目	Item	流动资产合　计 Total Current Assets	#存 货 Stock
总　计	**Total**	**100622498**	**5969005**
一、住宿业	**Hotels**	**65678337**	**3628579**
#国有控股	State-controlled Enterprises	15061937	473235
(一)按登记注册类型分	**by Type of Registration**		
1.内资企业	**Domestic Funded Enterprises**	**53146774**	**3235877**
国有企业	State-owned Enterprises	2779967	122788
集体企业	Collective-owned Enterprises	191017	7922
股份合作企业	Cooperative Enterprises	56950	1716
联营企业	Joint Ownership Enterprises	15108	380
有限责任公司	Limited Liability Corporations	24718470	1588388
国有独资公司	State Sole Funded Corporations	3044020	90341
其他有限责任公司	Other Limited Liability Corporations	21674450	1498047
股份有限公司	Share-holding Corporations Ltd.	1420984	27332
私营企业	Private Enterprises	23960203	1487058
私营独资企业	Private-funded Enterprises	501019	33830
私营合伙企业	Private Partnership Enterprises	99801	9414
私营有限责任公司	Private Limited Liability Corporations	23097635	1435682
私营股份有限公司	Private Share-holding Corporations Ltd.	261749	8132
其他企业	Other Enterprises	4075	294
2.港、澳、台商投资企业	**Enterprises with Funds from Hongkong, Macao and Taiwan**	**6629367**	**243889**
合资经营企业	Joint-venture Enterprises	3042501	131053
合作经营企业	Cooperative Enterprises	402631	9987
独资经营企业	Enterprises with Sole Investment	2976038	100683
投资股份有限公司	Share-holding Corporations Ltd. with Investment	174705	491
其他港澳台商投资企业	Other Enterprises with Funds from Hongkong, Macao and Taiwan	33492	1676
3.外商投资企业	**Foreign Funded Enterprises**	**5902196**	**148813**
中外合资经营企业	Joint-venture Enterprises	2767481	91036
中外合作经营企业	Cooperative Enterprises	294993	1656
外资企业	Enterprises with Sole Foreign Investment	2677702	53597
外商投资股份有限公司	Share-holding Corporations Ltd. with Foreign Investment	12712	274
其他外商投资企业	Other Foreign Funded Enterprises	149309	2250
(二)按国民经济行业分	**by Sector**		
旅游饭店	Tourist Hotel	51619210	3043852
一般旅馆	General Hotels	12313541	516615
民宿服务	Home Lodging Services	289262	7109
露营地服务	Campground Services	39959	355
其他住宿业	Others	1416366	60648

注：限额以上住宿和餐饮业企业中包含视同法人企业，部分视同法人企业资产不等于负债与所有者权益之和(下表同)。

Assets and Liabilities of Enterprises above Designated Size of Hotels and Catering Services at the Year-end

单位：万元
Unit: 10 000 yuan

固定资产原价 Original Value of Fixed Assets	累计折旧 Accumulation Depreciation	#本年折旧 Current Year Depreciation	资产总计 Total Assets	负债合计 Total liabilities	所有者权益合计 Total Owners' Equities	实收资本 Paid-up Capitals
121186903	**53466481**	**5770648**	**231636210**	**180337667**	**50280923**	**69263834**
95844729	**42807673**	**4061831**	**162131547**	**128148524**	**33069217**	**48979257**
34594489	15860029	1225945	48453406	29977012	17976443	17573773
76712403	**33139104**	**3393148**	**132344192**	**106102354**	**25333436**	**39105721**
7835136	3809029	326942	9148464	4869481	4265938	2593756
546962	323322	17939	504092	398334	101944	193906
97706	69302	3383	143754	115895	27859	25646
75033	24794	2499	85847	54958	30889	57542
38010758	16768804	1485539	63157112	49018152	14045009	20482587
6129294	2811080	227387	9908665	6024669	3811896	3384859
31881464	13957724	1258152	53248447	42993484	10233113	17097728
1858028	825265	73638	4200720	2316437	1462402	1016474
28283163	11316243	1482782	55096731	49320926	5400093	14733749
813760	311079	48174	1427242	923524	475582	348912
161556	61706	8488	246605	126476	116522	78012
26790951	10741423	1396356	52642053	47637029	4662309	14064896
516896	202035	29763	780830	633896	145679	241929
5618	2345	427	7474	8172	-698	2061
12435331	**6534448**	**434828**	**17185770**	**13967667**	**3273222**	**6475395**
4640368	2699939	147769	7246294	6594278	689123	1703185
938573	604350	21640	904396	638081	282628	619881
6794141	3195083	261413	8661612	6555114	2108196	4076212
42844	23295	3182	294814	111021	183793	50316
19406	11781	825	78655	69173	9481	25800
6696994	**3134122**	**233855**	**12601584**	**8078502**	**4462560**	**3398141**
2822709	1330841	103655	6346671	3569100	2769333	1149500
611954	257050	24462	770451	426333	342557	401733
3017847	1410225	96003	5065302	3771540	1243039	1700315
70179	39033	4691	96371	69004	27367	28967
174306	96973	5043	322790	242525	80264	117627
80959189	37076529	3207881	129958987	102686401	26793444	38890707
12819332	5073762	751023	27348798	21812347	5386473	8890400
172228	37655	8805	619772	301696	320908	332330
54268	8768	3067	135623	83360	52263	31208
1839711	610959	91055	4068366	3264719	516130	834612

Note: For the financial data of Hotel and Catering Service enterprises above designated size, total assets may not equal to liabities plus total owner's equities, due to the fact that there are some establishments which are regarded as enterprises. The same applies to the tables following.

项 目	Item	流动资产合计 Total Current Assets	#存货 Stock
二、餐饮业	**Catering Services**	**34944161**	**2340426**
#国有控股	State-controlled Enterprises	3518018	262921
(一)按登记注册类型分	**by Type of Registration**		
1.内资企业	**Domestic Funded Enterprises**	**27523613**	**1977044**
国有企业	State-owned Enterprises	494574	22483
集体企业	Collective-owned Enterprises	74222	3562
股份合作企业	Cooperative Enterprises	75866	5507
联营企业	Joint Ownership Enterprises	24911	4144
有限责任公司	Limited Liability Corporations	7067279	491083
国有独资公司	State Sole Funded Corporations	618281	61430
其他有限责任公司	Other Limited Liability Corporations	6448998	429654
股份有限公司	Share-holding Corporations Ltd.	748026	19953
私营企业	Private Enterprises	19027523	1428681
私营独资企业	Private-funded Enterprises	680572	79773
私营合伙企业	Private Partnership Enterprises	125783	11895
私营有限责任公司	Private Limited Liability Corporations	17630061	1277383
私营股份有限公司	Private Share-holding Corporations Ltd.	591108	59631
其他企业	Other Enterprises	11213	1630
2.港、澳、台商投资企业	**Enterprises with Funds from Hongkong, Macao and Taiwan**	**4188891**	**202585**
合资经营企业	Joint-venture Enterprises	481703	26094
合作经营企业	Cooperative Enterprises	63462	6037
独资经营企业	Enterprises with Sole Investment	3265987	167177
投资股份有限公司	Share-holding Corporations Ltd. with Investment	77601	1865
其他港澳台商投资企业	Other Enterprises with Funds from Hongkong, Macao and Taiwan	300138	1412
3.外商投资企业	**Foreign Funded Enterprises**	**3231657**	**160798**
中外合资经营企业	Joint-venture Enterprises	300001	25504
中外合作经营企业	Cooperative Enterprises	22729	1334
外资企业	Enterprises with Sole Foreign Investment	2057293	113801
外商投资股份有限公司	Share-holding Corporations Ltd. with Foreign Investment	20286	211
其他外商投资企业	Other Foreign Funded Enterprises	831348	19948
(二)按国民经济行业分	**by Sector**		
正餐服务	Restaurant	25037493	1825688
快餐服务	Fast Food	3149202	251872
饮料及冷饮服务	Beverage and Cold Drink	3341866	95040
餐饮配送及外卖送餐服务	Catering Distribution and Delivery Services	1633672	99605
其他餐饮业	Others	1781928	68222

单位：万元
Unit:10 000 yuan

固定资产原价 Original Value of Fixed Assets	累计折旧 Accumulation Depreciation	#本年折旧 Current Year Depreciation	资产总计 Total Assets	负债合计 Total liabilities	所有者权益合计 Total Owners' Equities	实收资本 Paid-up Capitals
25342174	**10658808**	**1708817**	**69504663**	**52189143**	**17211706**	**20284577**
2889089	1111911	154399	7738248	5248516	2481383	1850183
20535665	**8200463**	**1305929**	**52968653**	**40779964**	**12060567**	**16310848**
623599	233905	28067	1319080	803702	512003	274884
73968	35106	3640	169314	86673	83364	46680
68796	36330	3583	124264	90697	32983	10840
45440	8355	1709	89474	66760	22714	44953
5906342	2353473	356343	13780943	11256300	2544308	4108226
752999	222821	36071	1644855	972185	673418	360842
5153343	2130652	320272	12136089	10284116	1870890	3747384
384317	167873	13004	1825941	886861	938011	424852
13416084	5359243	898795	35634394	27577781	7913696	11389521
897088	310162	51815	1576017	800749	748263	347572
110928	38217	6951	234522	147338	84688	54411
12181684	4908905	824131	32550300	25948350	6490485	10731905
226383	101959	15897	1273555	681344	590260	255633
17119	6176	787	25243	11190	13488	10893
2646223	**1378513**	**199023**	**8552592**	**5757098**	**2817249**	**1764377**
545068	283242	29008	1408148	967026	437900	289898
41182	30519	1693	96031	91513	4517	27418
2031563	1050472	167071	6597891	4567500	2055367	1430363
20736	11168	541	99061	91877	7184	11211
7673	3113	710	351462	39182	312281	5486
2160286	**1079832**	**203866**	**7983419**	**5652082**	**2333891**	**2209352**
645393	269544	80875	1349463	907168	442295	141580
26963	13963	994	156715	98608	58107	23637
1468438	785279	120457	5193248	3877490	1317724	1621456
5701	1990	586	40760	27646	13115	15498
13791	9056	954	1243231	741170	502650	407180
20657602	8377628	1249811	50230575	38863735	11259181	17083305
3298840	1624138	282563	9888067	7272154	2617354	1559797
618450	326753	80114	4414451	2562844	1855748	429379
409443	154187	39707	2107866	1422844	680196	510946
357840	176103	56623	2863704	2067566	799226	701150

4-3-2 各地区限额以上住宿和餐饮业企业年末资产负债
Assets and Liabilities of Enterprises above Designated Size of Hotels and Catering Services by Region at the Year-end

单位：万元
Unit: 10 000 yuan

地区	Region	资产总计 Total Assets	#流动资产合计 Total Current Assets	#固定资产净额 Net Value of Fixed Assets	负债合计 Total Liabilities	所有者权益合计 Total Owners' Equities
全国	**National Total**	**231636210**	**100622498**	**59174817**	**180337667**	**50280923**
北京	Beijing	20807652	9828813	4876502	16811218	4011398
天津	Tianjin	3856692	1887289	978011	3339856	522081
河北	Hebei	5365093	2277510	1540909	4975102	374616
山西	Shanxi	3462013	1376351	1054822	3190478	272720
内蒙古	Inner Mongolia	2014771	674755	827535	1789488	209570
辽宁	Liaoning	4301930	1647709	1149835	3746149	262136
吉林	Jilin	1792193	718091	634673	1542236	271198
黑龙江	Heilongjiang	1262526	383343	603111	946007	314944
上海	Shanghai	21182288	10443213	4430294	15359021	5873456
江苏	Jiangsu	18182256	7727153	5353764	13626114	4486815
浙江	Zhejiang	18866087	7437756	5656620	15601762	3268720
安徽	Anhui	5371183	2027521	1428516	3855929	1494284
福建	Fujian	10842459	4680091	2406570	6758221	4021186
江西	Jiangxi	4279268	1568922	1258279	2968970	1291680
山东	Shandong	9428725	3923191	2869272	7791940	1660126
河南	Henan	5532286	2335350	1309659	3790883	1622738
湖北	Hubei	5807057	2150773	1555047	4045192	1695655
湖南	Hunan	5941522	1873901	1432856	4205095	1406317
广东	Guangdong	30425712	16518129	5303875	26202646	4263658
广西	Guangxi	4396760	1849494	1289030	3324143	1075616
海南	Hainan	8031347	2848262	2584363	6829212	1212555
重庆	Chongqing	4428714	1930640	1052968	3358144	1053261
四川	Sichuan	12233293	5274911	2760958	9399797	2800772
贵州	Guizhou	4651014	2241596	849585	3196937	1373751
云南	Yunnan	4903320	1790978	1483810	3419230	1462592
西藏	Tibet	709040	154351	285008	216487	492553
陕西	Shaanxi	7114822	2629791	2139655	5702983	1394380
甘肃	Gansu	2507493	1011699	688172	1654714	842032
青海	Qinghai	636209	289959	213832	414240	215790
宁夏	Ningxia	422503	152935	195745	361810	68976
新疆	Xinjiang	2879984	968024	961542	1913661	965347

4-3-3 各地区限额以上住宿业企业年末资产负债

Assets and Liabilities of Enterprises above Designated Size of Hotels by Region at the Year-end

单位：万元

Unit: 10 000 yuan

地 区	Region	资产总计 Total Assets	#流动资产合计 Total Current Assets	#固定资产净额 Net Value of Fixed Assets	负债合计 Total Liabilities	所有者权益合计 Total Owners' Equities
全 国	**National Total**	**162131547**	**65678337**	**46863056**	**128148524**	**33069217**
北 京	Beijing	14735266	6126377	4412631	11761229	2976538
天 津	Tianjin	2687493	1342822	747092	2399761	295299
河 北	Hebei	3964702	1537693	1267357	3686237	264840
山 西	Shanxi	2062690	735412	747315	1872962	189109
内蒙古	Inner Mongolia	1186224	351325	531602	1091368	82576
辽 宁	Liaoning	3019152	1174703	921588	2539942	187528
吉 林	Jilin	1504219	581781	564710	1273669	249926
黑龙江	Heilongjiang	1073066	280537	552543	793599	278239
上 海	Shanghai	13730456	5634647	3837288	9910956	3840648
江 苏	Jiangsu	10267624	3752903	3352873	7602622	2595571
浙 江	Zhejiang	13709313	5167033	4530134	11231804	2482150
安 徽	Anhui	2921436	980206	933261	2365604	551928
福 建	Fujian	9136648	3811277	2153057	5577189	3513965
江 西	Jiangxi	3110266	1062893	935626	2220167	885618
山 东	Shandong	5485766	2337023	1746045	4654250	853174
河 南	Henan	4318817	1797895	1072225	3053781	1165901
湖 北	Hubei	3253291	1101066	1004687	2412677	784608
湖 南	Hunan	4238137	1259867	1076909	3084965	850649
广 东	Guangdong	21163104	11354133	4205680	19126664	2038031
广 西	Guangxi	3648759	1460568	1129589	2786460	868676
海 南	Hainan	7846173	2735641	2559681	6678727	1177238
重 庆	Chongqing	2967886	1288553	768612	2519923	445409
四 川	Sichuan	7481932	3010518	2022505	6014436	1443007
贵 州	Guizhou	4004929	1811214	782705	2734493	1197064
云 南	Yunnan	4064198	1315698	1312269	2980213	1067754
西 藏	Tibet	647108	131933	272983	192662	454446
陕 西	Shaanxi	5317924	1851327	1840335	4513211	818210
甘 肃	Gansu	1864607	752781	512860	1205157	651169
青 海	Qinghai	471805	222928	157487	296857	172981
宁 夏	Ningxia	297267	92387	156782	238406	64735
新 疆	Xinjiang	1951288	615198	754622	1328532	622231

国有控股 单位：万元

State-controlled Enterprises Unit: 10 000 yuan

地　区	Region	资产总计 Total Assets	#流动资产合计 Total Current Assets	#固定资产净额 Net Value of Fixed Assets	负债合计 Total Liabilities	所有者权益合计 Total Owners' Equities
全　国	**National Total**	**48453406**	**15061937**	**17369417**	**29977012**	**17976443**
北　京	Beijing	7043857	2154704	2821581	4559915	2484520
天　津	Tianjin	1315293	467851	516237	980414	334124
河　北	Hebei	957070	211379	535992	524556	415657
山　西	Shanxi	557694	121843	270304	508332	48536
内蒙古	Inner Mongolia	203017	39219	119693	134309	68708
辽　宁	Liaoning	667370	141763	274223	491798	76789
吉　林	Jilin	526503	152734	231962	315409	218362
黑龙江	Heilongjiang	430392	60205	299197	259784	169430
上　海	Shanghai	5211889	1743591	1526728	2842966	2368439
江　苏	Jiangsu	4550977	1534840	1579082	2767644	1777624
浙　江	Zhejiang	3357971	1061291	1163329	2056783	1290509
安　徽	Anhui	403107	100811	157202	236542	167154
福　建	Fujian	1544413	610318	476638	578959	964914
江　西	Jiangxi	767531	185963	203195	311420	454185
山　东	Shandong	2150129	919656	759343	1448299	701779
河　南	Henan	865936	263371	357372	530640	331776
湖　北	Hubei	745675	179392	226555	426957	278775
湖　南	Hunan	1337099	257174	293066	834634	212017
广　东	Guangdong	4073099	1597371	1000195	1977567	2082791
广　西	Guangxi	970046	208721	373861	522195	473587
海　南	Hainan	1643097	364093	837036	1416410	226827
重　庆	Chongqing	1131381	400940	289305	1039276	91333
四　川	Sichuan	1289853	354503	572511	868473	407369
贵　州	Guizhou	1702469	797882	236940	959236	709533
云　南	Yunnan	1088437	284604	410968	905754	182683
西　藏	Tibet	405654	62985	149093	73677	331977
陕　西	Shaanxi	1560654	197657	795753	1362587	197382
甘　肃	Gansu	808431	302714	275409	437066	370542
青　海	Qinghai	127311	33637	84679	72808	54502
宁　夏	Ningxia	98819	10113	82927	30479	68911
新　疆	Xinjiang	918229	240610	449041	502126	415707

4-3-4 各地区限额以上住宿业企业年末资产负债(按登记注册类型分)

Assets and Liabilities of Enterprises above Designated Size of Hotels by Region and Type of Registration at the Year-end

内资企业　　　　　　　　　　　　　　　　　　　　单位：万元

Domestic Funded Enterprises　　　　　　　　　　Unit: 10 000 yuan

地区	Region	资产总计 Total Assets	#流动资产合计 Total Current Assets	#固定资产净额 Net Value of Fixed Assets	负债合计 Total Liabilities	所有者权益合计 Total Owners' Equities
全　国	**National Total**	**132344192**	**53146774**	**38077525**	**106102354**	**25333436**
北　京	Beijing	10122316	4481315	3404431	8888022	1236795
天　津	Tianjin	2340150	1091393	680859	2016767	330949
河　北	Hebei	3813176	1527081	1135270	3542261	257289
山　西	Shanxi	2062690	735412	747315	1872962	189109
内蒙古	Inner Mongolia	1080254	343169	436639	1024518	43455
辽　宁	Liaoning	2471094	1016274	591860	2111803	67610
吉　林	Jilin	1348091	509704	524640	1127687	239780
黑龙江	Heilongjiang	880875	245057	408420	644712	234936
上　海	Shanghai	8588064	3474552	2112868	6528630	2080582
江　苏	Jiangsu	9151698	3353152	2909761	6589562	2525578
浙　江	Zhejiang	11528812	4256319	3626295	9434034	2099419
安　徽	Anhui	2550496	924486	777511	1996871	549721
福　建	Fujian	5074305	1874659	1623758	3462928	1584071
江　西	Jiangxi	3020299	1041087	910648	2155094	860724
山　东	Shandong	5124487	2211506	1557801	4350632	793275
河　南	Henan	3984397	1617270	968712	2756351	1119212
湖　北	Hubei	3005044	1048193	864820	2174957	774082
湖　南	Hunan	4010703	1177338	1047080	2935965	772214
广　东	Guangdong	15888551	8172277	3178520	14261164	1629115
广　西	Guangxi	3080080	1322183	814245	2410501	650220
海　南	Hainan	5956037	2218924	1875976	5124442	841388
重　庆	Chongqing	2684096	1146868	698782	2347696	333846
四　川	Sichuan	7192881	2965171	1886583	5793261	1375085
贵　州	Guizhou	3984835	1806279	779513	2731480	1188221
云　南	Yunnan	3761557	1247444	1174635	2828202	917126
西　藏	Tibet	592068	122576	227312	187037	405032
陕　西	Shaanxi	4604417	1551978	1542949	3779988	821612
甘　肃	Gansu	1846243	746211	501446	1190576	647386
青　海	Qinghai	453813	213395	157487	296705	155141
宁　夏	Ningxia	297267	92387	156782	238406	64735
新　疆	Xinjiang	1845396	613115	754606	1299143	545728

4-3-4 续表 1 Continued 1

国有企业 单位：万元

State-owned Enterprises Unit: 10 000 yuan

地 区	Region	资产总计 Total Assets	#流动资产合计 Total Current Assets	#固定资产净额 Net Value of Fixed Assets	负债合计 Total Liabilities	所有者权益合计 Total Owners' Equities
全 国	**National Total**	**9148464**	**2779967**	**3699341**	**4869481**	**4265938**
北 京	Beijing	1202144	452701	518143	619091	583631
天 津	Tianjin	137748	88181	22237	104750	32999
河 北	Hebei	313817	91115	133480	238870	69002
山 西	Shanxi	241199	70419	74024	168141	72232
内蒙古	Inner Mongolia	10775	4065	5527	8611	2164
辽 宁	Liaoning	187214	48051	65049	114199	73016
吉 林	Jilin	191152	26260	88645	77154	121266
黑龙江	Heilongjiang	265308	20514	220276	145698	118431
上 海	Shanghai	692895	296739	137300	314667	377865
江 苏	Jiangsu	734928	340882	264923	408812	328378
浙 江	Zhejiang	623006	125587	240317	293508	337508
安 徽	Anhui	16016	3723	6949	10810	5796
福 建	Fujian	97665	13632	69698	83515	13353
江 西	Jiangxi	221872	51651	74621	65808	154137
山 东	Shandong	824596	287753	311155	428717	395878
河 南	Henan	340537	78748	184390	177134	163283
湖 北	Hubei	112686	33690	53771	84879	25825
湖 南	Hunan	165069	51870	84065	110674	53005
广 东	Guangdong	846464	263767	296268	381085	456653
广 西	Guangxi	130404	23269	54197	68238	62166
海 南	Hainan	21757	6194	5212	42731	-21627
重 庆	Chongqing	70317	21299	30565	53876	15669
四 川	Sichuan	356842	56108	199246	258479	89692
贵 州	Guizhou	66610	17859	22952	55096	11616
云 南	Yunnan	193556	80906	61220	105465	88090
西 藏	Tibet	263018	27181	58830	34624	228394
陕 西	Shaanxi	275363	45479	131072	184105	93576
甘 肃	Gansu	145995	41813	42202	72416	72755
青 海	Qinghai	53945	19295	29829	24219	29726
宁 夏	Ningxia	89359	6880	82266	23048	66311
新 疆	Xinjiang	256207	84338	130914	111060	145146

4-3-4 续表 2 Continued 2

集体企业
Collective-owned Enterprises

单位：万元
Unit: 10 000 yuan

地 区	Region	资产总计 Total Assets	#流动资产合计 Total Current Assets	#固定资产净额 Net Value of Fixed Assets	负债合计 Total Liabilities	所有者权益合计 Total Owners' Equities
全 国	**National Total**	**504092**	**191017**	**208021**	**398334**	**101944**
北 京	Beijing	190879	48820	103948	130043	58215
天 津	Tianjin	964	728	217	1215	-250
河 北	Hebei	12537	5700	4223	6339	6197
山 西	Shanxi	9374	1586	4424	10753	-1379
内蒙古	Inner Mongolia	165	162	3	18	148
辽 宁	Liaoning	4872	2466	925	11280	-6921
吉 林	Jilin					
黑龙江	Heilongjiang	2053	1319	670	756	1296
上 海	Shanghai	20570	8294	10738	4279	16291
江 苏	Jiangsu	26902	3647	6601	24209	2693
浙 江	Zhejiang	29395	10370	12539	19944	9123
安 徽	Anhui					
福 建	Fujian	1469	613	390	850	619
江 西	Jiangxi					
山 东	Shandong	20045	6053	13713	17865	2180
河 南	Henan	47834	24113	11310	51625	-3022
湖 北	Hubei	49536	26419	18528	27728	20862
湖 南	Hunan	17855	14272	646	4812	13042
广 东	Guangdong	25262	13323	5008	43301	-18040
广 西	Guangxi	2913	1460	1398	1367	1546
海 南	Hainan					
重 庆	Chongqing	8770	2056	5899	7282	1468
四 川	Sichuan	6193	5310	327	4038	2155
贵 州	Guizhou					
云 南	Yunnan	5969	2518	2096	1981	3988
西 藏	Tibet	4224	505	1193	1582	2642
陕 西	Shaanxi	11655	8827	1028	21850	-10347
甘 肃	Gansu	4656	2458	2198	5216	-560
青 海	Qinghai					
宁 夏	Ningxia					
新 疆	Xinjiang					

股份合作企业 单位：万元

Cooperative Enterprises Unit: 10 000 yuan

地 区	Region	资产总计 Total Assets	#流动资产合计 Total Current Assets	#固定资产净额 Net Value of Fixed Assets	负债合计 Total Liabilities	所有者权益合计 Total Owners' Equities
全 国	**National Total**	**143754**	**56950**	**25465**	**115895**	**27859**
北 京	Beijing	85465	28595	17091	69085	16380
天 津	Tianjin	154	154		138	16
河 北	Hebei					
山 西	Shanxi					
内蒙古	Inner Mongolia					
辽 宁	Liaoning					
吉 林	Jilin	366	247	13	1308	-942
黑龙江	Heilongjiang					
上 海	Shanghai					
江 苏	Jiangsu	2882	1663	148	2905	-23
浙 江	Zhejiang	18093	4950	3481	12827	5265
安 徽	Anhui					
福 建	Fujian					
江 西	Jiangxi					
山 东	Shandong	20035	14198	807	18385	1650
河 南	Henan	3582	878	2471	894	2688
湖 北	Hubei					
湖 南	Hunan	497			100	398
广 东	Guangdong	2502	351	124	4066	-1564
广 西	Guangxi	651	303	348	51	601
海 南	Hainan					
重 庆	Chongqing					
四 川	Sichuan	5308	4272	267	4489	819
贵 州	Guizhou					
云 南	Yunnan					
西 藏	Tibet					
陕 西	Shaanxi	399	193	221	234	165
甘 肃	Gansu	2466	286		702	1764
青 海	Qinghai	900	407	494	521	379
宁 夏	Ningxia					
新 疆	Xinjiang	455	455		191	264

4-3-4 续表 4 Continued 4

联营企业
Joint Ownership Enterprises

单位：万元
Unit: 10 000 yuan

地 区	Region	资产总计 Total Assets	#流动资产合计 Total Current Assets	#固定资产净额 Net Value of Fixed Assets	负债合计 Total Liabilities	所有者权益合计 Total Owners' Equities
全 国	**National Total**	**85847**	**15108**	**49526**	**54958**	**30889**
北 京	Beijing	6194	5628	444	5462	732
天 津	Tianjin					
河 北	Hebei					
山 西	Shanxi					
内蒙古	Inner Mongolia					
辽 宁	Liaoning					
吉 林	Jilin					
黑龙江	Heilongjiang					
上 海	Shanghai	5792	123	4417	10086	-4294
江 苏	Jiangsu	4519	990	464	4517	2
浙 江	Zhejiang	24947	4251	10238	21950	2997
安 徽	Anhui					
福 建	Fujian					
江 西	Jiangxi	2466	265	1975	2168	299
山 东	Shandong					
河 南	Henan					
湖 北	Hubei	5660	1088	18	8730	-3070
湖 南	Hunan					
广 东	Guangdong	946	730	50	219	727
广 西	Guangxi					
海 南	Hainan	34339	1052	31920	516	33823
重 庆	Chongqing					
四 川	Sichuan					
贵 州	Guizhou					
云 南	Yunnan					
西 藏	Tibet					
陕 西	Shaanxi					
甘 肃	Gansu					
青 海	Qinghai					
宁 夏	Ningxia					
新 疆	Xinjiang	983	983		1310	-327

4-3-4 续表 5 Continued 5

有限责任公司
Limited Liability Corporations

单位：万元
Unit: 10 000 yuan

地区	Region	资产总计 Total Assets	#流动资产合计 Total Current Assets	#固定资产净额 Net Value of Fixed Assets	负债合计 Total Liabilities	所有者权益合计 Total Owners' Equities
全国	**National Total**	**63157112**	**24718470**	**19136373**	**49018152**	**14045009**
北京	Beijing	7040831	2883649	2591534	6356998	684820
天津	Tianjin	1591634	686549	508610	1246298	344581
河北	Hebei	1527196	456135	529938	1154248	369900
山西	Shanxi	672557	193640	355921	545412	127146
内蒙古	Inner Mongolia	530700	98633	243832	512977	17134
辽宁	Liaoning	805392	250654	258955	787044	-10249
吉林	Jilin	592715	264170	190283	522476	80573
黑龙江	Heilongjiang	287122	86806	98039	206235	80888
上海	Shanghai	4741514	1736715	1128969	3022136	1726647
江苏	Jiangsu	4175537	1492266	1397891	2839339	1327547
浙江	Zhejiang	4377236	1584552	1462209	3244998	1114366
安徽	Anhui	1178765	450151	442324	976716	201554
福建	Fujian	1591489	563724	652151	971443	620188
江西	Jiangxi	1167020	338365	318240	802204	365130
山东	Shandong	2065496	1018191	627060	1783184	282124
河南	Henan	1386883	540136	375735	1054762	324321
湖北	Hubei	944630	317998	264146	673566	275077
湖南	Hunan	1064169	304646	436108	774406	287985
广东	Guangdong	8372334	4362053	1740985	7061923	1317986
广西	Guangxi	1253266	389970	443030	780805	471727
海南	Hainan	4132229	1384302	1237864	3332547	810732
重庆	Chongqing	1461317	616208	363501	1356488	104829
四川	Sichuan	3623851	1695922	783706	2862289	756887
贵州	Guizhou	2288771	1063519	323653	1322117	919405
云南	Yunnan	1731839	513933	570445	1428805	289405
西藏	Tibet	201580	63136	108147	72675	128904
陕西	Shaanxi	2381913	655563	973472	2040050	343529
甘肃	Gansu	893129	376930	275719	558404	333310
青海	Qinghai	82688	23439	46791	70131	12558
宁夏	Ningxia	29474	14548	3337	44697	-14651
新疆	Xinjiang	963835	291968	383781	612783	350657

股份有限公司
Share-holding Corporations Ltd.

单位：万元
Unit: 10 000 yuan

地区	Region	资产总计 Total Assets	#流动资产合计 Total Current Assets	#固定资产净额 Net Value of Fixed Assets	负债合计 Total Liabilities	所有者权益合计 Total Owners' Equities
全国	**National Total**	**4200720**	**1420984**	**944372**	**2316437**	**1462402**
北京	Beijing	3233	3129	101	4864	-1632
天津	Tianjin	41307	33639	2570	43010	-1703
河北	Hebei					
山西	Shanxi					
内蒙古	Inner Mongolia	480	303	163	280	200
辽宁	Liaoning	78666	4702	170	8275	-429
吉林	Jilin	21157	4013	15045	11772	9385
黑龙江	Heilongjiang	41964	11206	15640	38531	3433
上海	Shanghai	21327	7452	10547	11005	10322
江苏	Jiangsu	529546	125254	174060	191989	320453
浙江	Zhejiang	291728	81345	41686	170794	120933
安徽	Anhui	77698	11236	5557	28890	48808
福建	Fujian	234477	151132	8661	12114	222363
江西	Jiangxi	12837	2934	4366	8815	4022
山东	Shandong	46752	14095	26286	49033	-2281
河南	Henan	85570	43978	31169	56711	28373
湖北	Hubei	123200	20613	20612	44472	38536
湖南	Hunan	679987	27151	2091	380915	11864
广东	Guangdong	476134	231366	82753	124879	351253
广西	Guangxi	33665	4451	6538	29188	4477
海南	Hainan	1197429	589016	448466	951184	246245
重庆	Chongqing	19637	3384	6194	11402	346
四川	Sichuan	61032	15872	18571	55109	5923
贵州	Guizhou					
云南	Yunnan	54780	12350	3950	47422	7358
西藏	Tibet	1099	257	381	1072	27
陕西	Shaanxi	30395	5110	739	15030	14540
甘肃	Gansu	18559	15553	2500	15521	5684
青海	Qinghai	16873	431	15543	2697	14176
宁夏	Ningxia					
新疆	Xinjiang	1190	1014	13	1464	-273

4-3-4 续表 7 Continued 7

私营企业 单位：万元

Private Enterprises Unit: 10 000 yuan

地　区	Region	资产总计 Total Assets	#流动资产合计 Total Current Assets	#固定资产净额 Net Value of Fixed Assets	负债合计 Total Liabilities	所有者权益合计 Total Owners' Equities
全　国	**National Total**	**55096731**	**23960203**	**14011643**	**49320926**	**5400093**
北　京	Beijing	1593570	1058794	173170	1702479	-105351
天　津	Tianjin	567238	281053	147227	620063	-44503
河　北	Hebei	1959626	974132	467630	2142804	-187811
山　西	Shanxi	1139559	469768	312947	1148656	-8889
内蒙古	Inner Mongolia	538133	240006	187114	502632	23810
辽　宁	Liaoning	1394950	710401	266761	1191005	12194
吉　林	Jilin	542701	215015	230653	514977	29499
黑龙江	Heilongjiang	283833	124790	73719	252860	30925
上　海	Shanghai	3105593	1424860	820895	3166291	-46454
江　苏	Jiangsu	3676895	1388203	1065573	3117525	546304
浙　江	Zhejiang	6164409	2445265	1855825	5670013	509228
安　徽	Anhui	1278016	459376	322681	980455	293562
福　建	Fujian	3149206	1145558	892859	2395006	727549
江　西	Jiangxi	1615117	646886	511157	1275989	336259
山　东	Shandong	2144873	870546	577414	2047941	116540
河　南	Henan	2119331	929218	363150	1415195	602939
湖　北	Hubei	1768757	648297	507281	1335414	416443
湖　南	Hunan	2083126	779399	524170	1665060	405920
广　东	Guangdong	6164909	3300687	1053332	6645692	-477901
广　西	Guangxi	1659181	902730	308734	1530852	109703
海　南	Hainan	570283	238360	152514	797464	-227785
重　庆	Chongqing	1124055	503921	292623	918648	211533
四　川	Sichuan	3139655	1187688	884465	2608856	519610
贵　州	Guizhou	1629455	724900	432908	1354267	257200
云　南	Yunnan	1775413	637736	536924	1244528	528285
西　藏	Tibet	122148	31497	58762	77084	45064
陕　西	Shaanxi	1904692	836806	436418	1518719	380149
甘　肃	Gansu	781439	309170	178827	538317	234433
青　海	Qinghai	299407	169823	64831	199137	98303
宁　夏	Ningxia	178434	70959	71180	170662	13075
新　疆	Xinjiang	622726	234357	239898	572335	50262

4-3-4 续表 8 Continued 8

其他企业

Other Enterprises

单位：万元

Unit: 10 000 yuan

地 区	Region	资产总计 Total Assets	#流动资产合计 Total Current Assets	#固定资产净额 Net Value of Fixed Assets	负债合计 Total Liabilities	所有者权益合计 Total Owners' Equities
全 国	**National Total**	**7474**	**4075**	**2785**	**8172**	**-698**
北 京	Beijing					
天 津	Tianjin	1104	1089		1294	-191
河 北	Hebei					
山 西	Shanxi					
内 蒙 古	Inner Mongolia					
辽 宁	Liaoning					
吉 林	Jilin					
黑 龙 江	Heilongjiang	594	422	76	631	-37
上 海	Shanghai	372	370	2	166	206
江 苏	Jiangsu	490	247	100	266	224
浙 江	Zhejiang					
安 徽	Anhui					
福 建	Fujian					
江 西	Jiangxi	987	987	289	110	877
山 东	Shandong	2691	671	1367	5507	-2816
河 南	Henan	660	200	487	30	630
湖 北	Hubei	576	90	465	167	409
湖 南	Hunan					
广 东	Guangdong					
广 西	Guangxi					
海 南	Hainan					
重 庆	Chongqing					
四 川	Sichuan					
贵 州	Guizhou					
云 南	Yunnan					
西 藏	Tibet					
陕 西	Shaanxi					
甘 肃	Gansu					
青 海	Qinghai					
宁 夏	Ningxia					
新 疆	Xinjiang					

港、澳、台商投资企业 单位：万元

Enterprises with Funds from Hongkong, Macao and Taiwan Unit: 10 000 yuan

地　区	Region	资产总计 Total Assets	#流动资产合计 Total Current Assets	#固定资产净额 Net Value of Fixed Assets	负债合计 Total Liabilities	所有者权益合计 Total Owners' Equities
全　国	**National Total**	**17185770**	**6629367**	**5653962**	**13967667**	**3273222**
北　京	Beijing	2838700	1152635	626962	2008415	830285
天　津	Tianjin	75076	16479	54626	106599	-31523
河　北	Hebei	151526	10612	132087	143976	7551
山　西	Shanxi					
内蒙古	Inner Mongolia	66855	6656	57856	44659	22196
辽　宁	Liaoning	380179	91558	251188	262976	117203
吉　林	Jilin	45378	10781	8396	55771	-10393
黑龙江	Heilongjiang	144338	13203	118756	138909	5429
上　海	Shanghai	3305241	1452917	932640	2172035	1133206
江　苏	Jiangsu	820962	331935	283230	770775	51482
浙　江	Zhejiang	1662212	773636	636194	1408556	253656
安　徽	Anhui	288380	40179	113157	307700	-19319
福　建	Fujian	992532	374391	298397	793016	199491
江　西	Jiangxi	65867	16579	15123	42702	23166
山　东	Shandong	277007	88971	157036	218280	60965
河　南	Henan	257289	170376	54737	245462	21526
湖　北	Hubei	99624	28516	23820	111359	-11736
湖　南	Hunan	217656	82193	23470	142376	75279
广　东	Guangdong	2685359	1178486	823080	2704546	-19324
广　西	Guangxi	392333	123635	212940	305646	112424
海　南	Hainan	1866362	510036	666902	1500556	365807
重　庆	Chongqing	45740	2847	36775	93887	-48148
四　川	Sichuan	37227	15759	7146	125642	-88415
贵　州	Guizhou	6405	3575	2831	98	6307
云　南	Yunnan	165224	49362	38621	61352	103873
西　藏	Tibet	2277	2269		2590	-312
陕　西	Shaanxi	183663	75109	76341	168824	31153
甘　肃	Gansu	6466	4591	1634	1573	4893
青　海	Qinghai					
宁　夏	Ningxia					
新　疆	Xinjiang	105892	2083	16	29389	76503

外商投资企业 单位：万元

Foreign Funded Enterprises Unit: 10 000 yuan

地 区	Region	资产总计 Total Assets	#流动资产合计 Total Current Assets	#固定资产净额 Net Value of Fixed Assets	负债合计 Total Liabilities	所有者权益合计 Total Owners' Equities
全 国	**National Total**	**12601584**	**5902196**	**3131568**	**8078502**	**4462560**
北 京	Beijing	1774250	492427	381237	864792	909458
天 津	Tianjin	272267	234950	11607	276395	-4128
河 北	Hebei					
山 西	Shanxi					
内 蒙 古	Inner Mongolia	39116	1500	37107	22192	16925
辽 宁	Liaoning	167878	66872	78539	165163	2715
吉 林	Jilin	110749	61295	31674	90211	20538
黑 龙 江	Heilongjiang	47852	22277	25367	9979	37874
上 海	Shanghai	1837151	707178	791781	1210291	626861
江 苏	Jiangsu	294964	67817	159882	242285	18511
浙 江	Zhejiang	518288	137078	267645	389214	129074
安 徽	Anhui	82560	15541	42593	61034	21527
福 建	Fujian	3069811	1562227	230902	1321245	1730403
江 西	Jiangxi	24100	5226	9856	22372	1728
山 东	Shandong	84272	36547	31208	85338	-1066
河 南	Henan	77131	10249	48776	51968	25163
湖 北	Hubei	148623	24357	116047	126361	22262
湖 南	Hunan	9779	336	6360	6624	3156
广 东	Guangdong	2589195	2003370	204081	2160954	428241
广 西	Guangxi	176346	14749	102404	70314	106032
海 南	Hainan	23773	6681	16803	53730	-29957
重 庆	Chongqing	238051	138839	33055	78340	159711
四 川	Sichuan	251825	29587	128776	95534	156338
贵 州	Guizhou	13688	1361	362	2915	2536
云 南	Yunnan	137416	18893	99012	90660	46756
西 藏	Tibet	52763	7089	45672	3036	49727
陕 西	Shaanxi	529844	224240	221044	564399	-34554
甘 肃	Gansu	11898	1979	9779	13009	-1110
青 海	Qinghai	17992	9533		152	17840
宁 夏	Ningxia					
新 疆	Xinjiang					

4-3-5 各地区限额以上住宿业企业年末资产负债(按国民经济行业分)

Assets and Liabilities of Enterprises above Designated Size of Hotels by Region and Sector at the Year-end

旅游饭店 Tourist Hotel

单位：万元 Unit: 10 000 yuan

地区	Region	资产总计 Total Assets	#流动资产合计 Total Current Assets	#固定资产净额 Net Value of Fixed Assets	负债合计 Total Liabilities	所有者权益合计 Total Owners' Equities
全国	**National Total**	**129958987**	**51619210**	**39317921**	**102686401**	**26793444**
北京	Beijing	12058176	4789582	3851199	9866331	2191771
天津	Tianjin	2139064	1039193	686546	1820190	325321
河北	Hebei	2747536	1046503	981514	2605395	149415
山西	Shanxi	1215382	414105	472383	1287880	-72645
内蒙古	Inner Mongolia	840155	226973	416251	727569	105313
辽宁	Liaoning	2249483	912708	715737	1913172	46310
吉林	Jilin	1283435	479827	523569	1088225	211742
黑龙江	Heilongjiang	877999	192007	482862	603798	273023
上海	Shanghai	11274126	4436133	3349640	7896745	3387841
江苏	Jiangsu	8444382	3050984	2787406	5966511	2423756
浙江	Zhejiang	12154126	4578152	4058810	9882986	2284934
安徽	Anhui	2219067	716770	761017	1879246	336918
福建	Fujian	7876842	3220271	1912865	4832523	3012365
江西	Jiangxi	2248337	699765	725362	1657479	587763
山东	Shandong	4502247	1840011	1512534	3646670	876405
河南	Henan	2718840	1031591	746322	1919058	722211
湖北	Hubei	2271747	708830	735744	1706655	512352
湖南	Hunan	2718451	989194	870661	2086499	626784
广东	Guangdong	17255073	8968578	3517771	15599240	1655570
广西	Guangxi	2740282	1069064	866829	2100020	661373
海南	Hainan	7556397	2649649	2434376	6344389	1222427
重庆	Chongqing	2476965	1030216	649188	2150653	324431
四川	Sichuan	5603736	2376250	1486724	4494736	1094086
贵州	Guizhou	3305962	1470382	630393	2261277	1009482
云南	Yunnan	2626369	881579	958782	2044166	566107
西藏	Tibet	574866	109702	235163	142861	432005
陕西	Shaanxi	4217692	1326408	1628141	3700147	528137
甘肃	Gansu	1535700	628875	414025	985311	543463
青海	Qinghai	348038	167724	129943	207667	139814
宁夏	Ningxia	259008	73938	151704	202153	62729
新疆	Xinjiang	1619503	494246	624458	1066848	552243

4-3-5 续表 1 Continued 1

一般旅馆
General Hotels

单位：万元
Unit: 10 000 yuan

地 区	Region	资产总计 Total Assets	#流动资产合计 Total Current Assets	#固定资产净额 Net Value of Fixed Assets	负债合计 Total Liabilities	所有者权益合计 Total Owners' Equities
全 国	**National Total**	**27348798**	**12313541**	**6324146**	**21812347**	**5386473**
北 京	Beijing	2463094	1204957	503771	1752984	709460
天 津	Tianjin	299484	166669	51821	297796	705
河 北	Hebei	1085418	439194	257018	973099	90868
山 西	Shanxi	816883	313300	257190	559502	256910
内蒙古	Inner Mongolia	339641	119422	115333	356760	-22127
辽 宁	Liaoning	590373	219321	120926	494279	94506
吉 林	Jilin	184761	91498	32877	150365	34850
黑龙江	Heilongjiang	171051	82267	59275	174655	-3652
上 海	Shanghai	2408277	1164992	484106	1943605	475361
江 苏	Jiangsu	1433490	602023	328289	1239229	179073
浙 江	Zhejiang	1466439	554665	451374	1286352	171050
安 徽	Anhui	577431	235866	161090	409903	166527
福 建	Fujian	962551	428375	195156	700544	249096
江 西	Jiangxi	641358	262700	158410	422522	217621
山 东	Shandong	787447	393425	167280	763031	25246
河 南	Henan	1407461	657541	283850	969726	416189
湖 北	Hubei	806102	317943	211755	565916	237518
湖 南	Hunan	744328	222159	151766	539437	195416
广 东	Guangdong	3506610	2132297	602091	3134887	372719
广 西	Guangxi	844194	362404	245081	632590	196869
海 南	Hainan	194731	51009	86013	226661	-31931
重 庆	Chongqing	428271	246969	79348	338508	89091
四 川	Sichuan	1748598	592028	504624	1459885	280554
贵 州	Guizhou	605963	306969	120255	425430	142361
云 南	Yunnan	1128143	366131	294136	701386	426624
西 藏	Tibet	40504	16262	17897	24959	15544
陕 西	Shaanxi	974324	480357	166690	730919	247039
甘 肃	Gansu	307092	118053	88506	203083	102653
青 海	Qinghai	89232	48077	24362	72437	16794
宁 夏	Ningxia	32781	14619	4753	33555	-774
新 疆	Xinjiang	262768	102047	99102	228342	34313

4-3-5 续表 2 Continued 2

民宿服务 单位：万元

Home Lodging Services Unit: 10 000 yuan

地 区	Region	资产总计 Total Assets	#流动资产合计 Total Current Assets	#固定资产净额 Net Value of Fixed Assets	负债合计 Total Liabilities	所有者权益合计 Total Owners' Equities
全 国	**National Total**	**619772**	**289262**	**116912**	**301696**	**320908**
北 京	Beijing	11643	3209	2551	16896	-4274
天 津	Tianjin	321	289	32	7613	-7291
河 北	Hebei	1797	352	1450	326	1471
山 西	Shanxi	2443	1126	308	1301	1142
内蒙古	Inner Mongolia					
辽 宁	Liaoning					
吉 林	Jilin	2489	885	129	2564	-75
黑龙江	Heilongjiang	1072	149		803	269
上 海	Shanghai	5510	2986	188	5606	-96
江 苏	Jiangsu	26415	8279	8480	12999	13416
浙 江	Zhejiang	84572	31363	19608	60098	24357
安 徽	Anhui	12350	8654	257	11704	646
福 建	Fujian	242589	148468	19616	27996	214593
江 西	Jiangxi	25987	9654	6232	16570	9417
山 东	Shandong	26301	6977	11403	25132	1169
河 南	Henan	18519	7706	4238	6320	12199
湖 北	Hubei	16329	7034	6609	9862	6467
湖 南	Hunan	29194	12003	8089	19967	9227
广 东	Guangdong	12318	3394	4168	8252	6035
广 西	Guangxi	6841	1497	1651	1799	5042
海 南	Hainan	289	283	37	283	6
重 庆	Chongqing	7118	493	1814	2644	4474
四 川	Sichuan	8676	6684	2026	4440	4236
贵 州	Guizhou	13986	4966	3186	6144	7843
云 南	Yunnan	47434	15921	12181	39323	8112
西 藏	Tibet					
陕 西	Shaanxi	10616	4806	2419	11027	-412
甘 肃	Gansu					
青 海	Qinghai					
宁 夏	Ningxia	2362	1776	241	1100	1262
新 疆	Xinjiang	2598	309		926	1672

露营地服务

Campground Services

单位：万元

Unit: 10 000 yuan

地区	Region	资产总计 Total Assets	#流动资产合计 Total Current Assets	#固定资产净额 Net Value of Fixed Assets	负债合计 Total Liabilities	所有者权益合计 Total Owners' Equities
全国	**National Total**	**135623**	**39959**	**40391**	**83360**	**52263**
北京	Beijing					
天津	Tianjin					
河北	Hebei					
山西	Shanxi	9383	152	8726	4542	4841
内蒙古	Inner Mongolia					
辽宁	Liaoning					
吉林	Jilin					
黑龙江	Heilongjiang					
上海	Shanghai	441	415	26	137	304
江苏	Jiangsu	2353	1672	606	11214	-8862
浙江	Zhejiang	145	58	64	156	-11
安徽	Anhui	50631	2166	3250	13954	36677
福建	Fujian	40	17	14		40
江西	Jiangxi	3029	99	1549	1148	1881
山东	Shandong					
河南	Henan	3250	26	2810	3200	50
湖北	Hubei	6795	241	6033	4939	1856
湖南	Hunan	10547	7671	2259	4372	6175
广东	Guangdong	589	44	244	524	65
广西	Guangxi	17129	8639	7892	12039	5091
海南	Hainan					
重庆	Chongqing					
四川	Sichuan					
贵州	Guizhou	3482	1444	15	2555	928
云南	Yunnan					
西藏	Tibet					
陕西	Shaanxi	27810	17316	6903	24582	3229
甘肃	Gansu					
青海	Qinghai					
宁夏	Ningxia					
新疆	Xinjiang					

其他住宿业 单位：万元

Others Unit: 10 000 yuan

地 区	Region	资产总计 Total Assets	#流动资产合计 Total Current Assets	#固定资产净额 Net Value of Fixed Assets	负债合计 Total Liabilities	所有者权益合计 Total Owners' Equities
全 国	**National Total**	**4068366**	**1416366**	**1063686**	**3264719**	**516130**
北 京	Beijing	202354	128629	55110	125017	79580
天 津	Tianjin	248624	136671	8693	274162	-23436
河 北	Hebei	129951	51645	27375	107417	23086
山 西	Shanxi	18599	6729	8708	19737	-1138
内 蒙 古	Inner Mongolia	6428	4930	19	7039	-611
辽 宁	Liaoning	179297	42674	84924	132491	46713
吉 林	Jilin	33534	9570	8134	32514	3410
黑 龙 江	Heilongjiang	22943	6114	10406	14343	8600
上 海	Shanghai	42102	30122	3328	64863	-22762
江 苏	Jiangsu	360985	89945	228091	372669	-11812
浙 江	Zhejiang	4031	2795	279	2211	1819
安 徽	Anhui	61957	16749	7645	50797	11161
福 建	Fujian	54626	14147	25406	16125	37871
江 西	Jiangxi	191555	90674	44073	122448	68936
山 东	Shandong	169771	96611	54828	219417	-49646
河 南	Henan	170747	101031	35006	155477	15252
湖 北	Hubei	152318	67018	44547	125306	26415
湖 南	Hunan	735617	28841	44135	434690	13047
广 东	Guangdong	388514	249820	81406	383762	3642
广 西	Guangxi	40314	18963	8137	40012	301
海 南	Hainan	94756	34700	39255	107395	-13264
重 庆	Chongqing	55531	10875	38262	28118	27413
四 川	Sichuan	120922	35556	29131	55376	64132
贵 州	Guizhou	75535	27453	28857	39087	36450
云 南	Yunnan	262251	52067	47170	195339	66912
西 藏	Tibet	31739	5969	19923	24842	6897
陕 西	Shaanxi	87482	22439	36181	46536	40218
甘 肃	Gansu	21815	5853	10328	16763	5053
青 海	Qinghai	34535	7127	3182	16753	16372
宁 夏	Ningxia	3116	2054	84	1598	1517
新 疆	Xinjiang	66419	18596	31062	32416	34003

4-3-6 各地区限额以上餐饮业企业年末资产负债

Assets and Liabilitiest of Enterprises above Designated Size of Catering Services by Region at the Year-end

单位：万元

Unit: 10 000 yuan

地区	Region	资产总计 Total Assets	#流动资产合计 Total Current Assets	#固定资产净额 Net Value of Fixed Assets	负债合计 Total Liabilities	所有者权益合计 Total Owners' Equities
全　国	**National Total**	**69504663**	**34944161**	**12311761**	**52189143**	**17211706**
北　京	Beijing	6072386	3702437	463871	5049989	1034860
天　津	Tianjin	1169198	544466	230919	940095	226782
河　北	Hebei	1400391	739817	273551	1288866	109777
山　西	Shanxi	1399323	640939	307507	1317517	83610
内蒙古	Inner Mongolia	828547	323430	295934	698120	126994
辽　宁	Liaoning	1282778	473006	228247	1206206	74608
吉　林	Jilin	287975	136310	69963	268567	21272
黑龙江	Heilongjiang	189460	102805	50568	152408	36705
上　海	Shanghai	7451833	4808567	593006	5448065	2032807
江　苏	Jiangsu	7914631	3974249	2000892	6023492	1891244
浙　江	Zhejiang	5156774	2270723	1126486	4369958	786571
安　徽	Anhui	2449746	1047315	495255	1490325	942356
福　建	Fujian	1705811	868814	253514	1181032	507222
江　西	Jiangxi	1169002	506029	322652	748803	406062
山　东	Shandong	3942959	1586167	1123227	3137690	806952
河　南	Henan	1213469	537455	237434	737102	456837
湖　北	Hubei	2553766	1049707	550359	1632515	911048
湖　南	Hunan	1703385	614034	355947	1120130	555668
广　东	Guangdong	9262608	5163996	1098195	7075983	2225626
广　西	Guangxi	748001	388926	159440	537683	206940
海　南	Hainan	185175	112620	24681	150484	35316
重　庆	Chongqing	1460828	642087	284355	838222	607852
四　川	Sichuan	4751361	2264393	738453	3385360	1357765
贵　州	Guizhou	646085	430382	66879	462443	176688
云　南	Yunnan	839123	475280	171542	439017	394837
西　藏	Tibet	61932	22417	12024	23825	38106
陕　西	Shaanxi	1796898	778464	299320	1189773	576170
甘　肃	Gansu	642887	258918	175313	449557	190863
青　海	Qinghai	164404	67031	56344	117383	42809
宁　夏	Ningxia	125235	60548	38963	123404	4242
新　疆	Xinjiang	928696	352826	206920	585129	343116

4-3-6 续表 Continued

国有控股
State-controlled Enterprises

单位：万元
Unit: 10 000 yuan

地　区	Region	资产总计 Total Assets	#流动资产合计 Total Current Assets	#固定资产净额 Net Value of Fixed Assets	负债合计 Total Liabilities	所有者权益合计 Total Owners' Equities
全　国	**National Total**	**7738248**	**3518018**	**1677926**	**5248516**	**2481383**
北　京	Beijing	633044	333205	85922	339657	293387
天　津	Tianjin	44590	23898	10906	40117	4473
河　北	Hebei	246247	156163	65786	196509	49538
山　西	Shanxi	174760	51276	69005	186834	-12492
内蒙古	Inner Mongolia	171484	36360	109275	61598	109885
辽　宁	Liaoning	35870	20554	4241	36516	-646
吉　林	Jilin	21207	18294	1941	23168	-2035
黑龙江	Heilongjiang	6796	4951	1830	3060	3736
上　海	Shanghai	376516	252400	18340	222406	150588
江　苏	Jiangsu	1375367	846245	247211	1199500	176648
浙　江	Zhejiang	519856	225973	81224	383232	136624
安　徽	Anhui	73814	21009	38186	69108	4706
福　建	Fujian	34689	11498	3423	22483	9891
江　西	Jiangxi	189302	95075	61920	151528	37774
山　东	Shandong	830487	275600	325735	395421	435727
河　南	Henan	72128	26268	5360	27133	44995
湖　北	Hubei	69707	27841	11762	25237	44470
湖　南	Hunan	67139	22708	26909	57658	9261
广　东	Guangdong	928427	359577	147423	615951	312476
广　西	Guangxi	136719	45176	41031	103214	33505
海　南	Hainan	1626	109	17	124	1502
重　庆	Chongqing	233488	95445	32305	148090	85398
四　川	Sichuan	302220	182238	43235	227854	74290
贵　州	Guizhou	152939	125290	10365	124457	28482
云　南	Yunnan	66343	28991	17790	30410	35933
西　藏	Tibet	2808	286	180	3469	-661
陕　西	Shaanxi	348863	76243	20203	232159	113736
甘　肃	Gansu	57556	17185	35612	30433	27123
青　海	Qinghai					
宁　夏	Ningxia	16761	7667	7417	29801	-13040
新　疆	Xinjiang	547500	130495	153372	261390	286110

4-3-7 各地区限额以上餐饮业企业年末资产负债(按登记注册类型分)

Assets and Liabilities of Enterprises above Designated Size of Catering Services by Region and Type of Registration at the Year-end

内资企业
Domestic Funded Enterprises

单位：万元
Unit: 10 000 yuan

地区	Region	资产总计 Total Assets	#流动资产合计 Total Current Assets	#固定资产净额 Net Value of Fixed Assets	负债合计 Total Liabilities	所有者权益合计 Total Owners' Equities
全　国	**National Total**	**52968653**	**27523613**	**10264928**	**40779964**	**12060567**
北　京	Beijing	3074282	2139729	246169	2791744	296127
天　津	Tianjin	838659	492353	181769	658762	177575
河　北	Hebei	1389289	732250	270722	1288288	99252
山　西	Shanxi	1313872	635272	288094	1245667	70009
内蒙古	Inner Mongolia	765541	285226	288651	638394	123714
辽　宁	Liaoning	860258	358948	168262	829086	29209
吉　林	Jilin	276836	132333	68329	261776	16925
黑龙江	Heilongjiang	167336	86457	49838	139788	27201
上　海	Shanghai	3467625	2537113	208966	2904549	579980
江　苏	Jiangsu	6980588	3699118	1789788	5394974	1585718
浙　江	Zhejiang	4244211	2093488	891442	3620842	623123
安　徽	Anhui	2391942	1032604	466968	1457152	917725
福　建	Fujian	1205892	689525	183275	736905	451535
江　西	Jiangxi	1113493	494149	309523	709582	390959
山　东	Shandong	3621331	1490835	1050993	2798801	824213
河　南	Henan	1154480	528152	225339	679676	455274
湖　北	Hubei	1979232	837347	475905	1277381	690461
湖　南	Hunan	1529112	599849	314180	971367	530158
广　东	Guangdong	6414348	3979235	707922	5358907	1081411
广　西	Guangxi	692808	375004	149853	505695	183736
海　南	Hainan	162522	96373	20840	138245	24903
重　庆	Chongqing	1290994	566080	256672	734536	541704
四　川	Sichuan	3145055	1295773	663246	2444206	692244
贵　州	Guizhou	636297	429040	64348	463187	166156
云　南	Yunnan	792450	459822	165737	397470	389712
西　藏	Tibet	61932	22417	12024	23825	38106
陕　西	Shaanxi	1602943	704874	274769	1076128	495860
甘　肃	Gansu	616081	257077	171723	426322	187292
青　海	Qinghai	164404	67031	56344	117383	42809
宁　夏	Ningxia	125235	60548	38963	123404	4242
新　疆	Xinjiang	889605	345593	204273	565923	323232

4-3-7 续表 1 Continued 1

国有企业

State-owned Enterprises

单位：万元

Unit: 10 000 yuan

地 区	Region	资产总计 Total Assets	#流动资产合计 Total Current Assets	#固定资产净额 Net Value of Fixed Assets	负债合计 Total Liabilities	所有者权益合计 Total Owners' Equities
全 国	**National Total**	**1319080**	**494574**	**359538**	**803702**	**512003**
北 京	Beijing	8198	6736	726	14133	-5934
天 津	Tianjin	1140	951	180	2304	-1164
河 北	Hebei	23573	5389	16035	14240	9333
山 西	Shanxi	34845	6054	15363	28210	6379
内蒙古	Inner Mongolia					
辽 宁	Liaoning	12025	1727	963	24303	-12278
吉 林	Jilin	2645	1325	1216	1272	1300
黑龙江	Heilongjiang	2463	762	1697	362	2101
上 海	Shanghai	33842	23732	4756	27156	6685
江 苏	Jiangsu	285988	177856	65143	254358	31630
浙 江	Zhejiang	15949	8601	3634	14889	1060
安 徽	Anhui	3623	1703	286	4288	-665
福 建	Fujian	1140	448	439	232	908
江 西	Jiangxi	32624	20080	4615	25456	7168
山 东	Shandong	250255	88490	116314	131842	118413
河 南	Henan	8819	4872	285	2630	6188
湖 北	Hubei	34485	5240	4748	5684	28801
湖 南	Hunan	5315	1492	1114	2182	3133
广 东	Guangdong	89981	21254	15563	53580	36401
广 西	Guangxi	6799	1881	1987	6603	196
海 南	Hainan					
重 庆	Chongqing	2846	1251	1038	785	2061
四 川	Sichuan	26589	11260	10661	18249	8264
贵 州	Guizhou	6071	5695	37	3679	2392
云 南	Yunnan	3000	1439	1612	1900	1100
西 藏	Tibet					
陕 西	Shaanxi	15795	5641	3500	4338	8489
甘 肃	Gansu	17652	4285	9869	8259	9393
青 海	Qinghai					
宁 夏	Ningxia	1936	886		2343	-406
新 疆	Xinjiang	391480	85523	77758	150425	241055

集体企业 Collective-owned Enterprises

单位：万元 Unit: 10 000 yuan

地区	Region	资产总计 Total Assets	#流动资产合计 Total Current Assets	#固定资产净额 Net Value of Fixed Assets	负债合计 Total Liabilities	所有者权益合计 Total Owners' Equities
全国	**National Total**	**169314**	**74222**	**36473**	**86673**	**83364**
北京	Beijing	16139	5925	4786	17476	-2558
天津	Tianjin	51	23			
河北	Hebei	297	296	10	99	198
山西	Shanxi	2973	1868	843	936	2037
内蒙古	Inner Mongolia	548	49		2333	
辽宁	Liaoning	475	219	125	1096	-387
吉林	Jilin					
黑龙江	Heilongjiang					
上海	Shanghai	28129	17622	5946	18687	9419
江苏	Jiangsu	24634	5565	13584	7418	17216
浙江	Zhejiang	77	62	15	221	-144
安徽	Anhui	484	404	3	698	-214
福建	Fujian	6732	5278	109	757	5975
江西	Jiangxi	497	206		98	399
山东	Shandong	2286	1313	494	1402	884
河南	Henan					
湖北	Hubei	48699	17687	7964	17069	31630
湖南	Hunan					
广东	Guangdong	27223	12616	1091	10680	16543
广西	Guangxi	291	286	4	35	256
海南	Hainan					
重庆	Chongqing	2490	1343	126	550	1940
四川	Sichuan	473	199		103	368
贵州	Guizhou	209	132	22	169	40
云南	Yunnan	1632	1332	95	1613	19
西藏	Tibet					
陕西	Shaanxi	306	96	76	192	114
甘肃	Gansu	4670	1703	1182	5042	-372
青海	Qinghai					
宁夏	Ningxia					
新疆	Xinjiang					

股份合作企业
Cooperative Enterprises

单位：万元
Unit: 10 000 yuan

地 区	Region	资产总计 Total Assets	#流动资产合计 Total Current Assets	#固定资产净额 Net Value of Fixed Assets	负债合计 Total Liabilities	所有者权益合计 Total Owners' Equities
全 国	**National Total**	**124264**	**75866**	**28731**	**90697**	**32983**
北 京	Beijing	26652	20012	1625	23404	3248
天 津	Tianjin					
河 北	Hebei	8185	454	6681	7433	752
山 西	Shanxi	260	113	81	23	237
内蒙古	Inner Mongolia					
辽 宁	Liaoning					
吉 林	Jilin					
黑龙江	Heilongjiang					
上 海	Shanghai	4586	3256	20	2160	2427
江 苏	Jiangsu	1984	1959	25	2155	-171
浙 江	Zhejiang	7433	1278	5906	13099	-5667
安 徽	Anhui					
福 建	Fujian					
江 西	Jiangxi	2959	2939	20	4312	-1353
山 东	Shandong	9238	5139	494	7747	907
河 南	Henan	39	8	31	8	31
湖 北	Hubei	500	136	207	185	315
湖 南	Hunan					
广 东	Guangdong	13492	10905	1250	11945	1547
广 西	Guangxi	1174	362	713	1122	52
海 南	Hainan					
重 庆	Chongqing					
四 川	Sichuan	46894	28504	11654	16981	29913
贵 州	Guizhou					
云 南	Yunnan	89	44		47	42
西 藏	Tibet					
陕 西	Shaanxi	750	750		67	683
甘 肃	Gansu	30	6	25	10	20
青 海	Qinghai					
宁 夏	Ningxia					
新 疆	Xinjiang					

4-3-7 续表 4 Continued 4

联营企业 单位：万元

Joint Ownership Enterprises Unit: 10 000 yuan

地 区	Region	资产总计 Total Assets	#流动资产合计 Total Current Assets	#固定资产净额 Net Value of Fixed Assets	负债合计 Total Liabilities	所有者权益合计 Total Owners' Equities
全 国	**National Total**	**89474**	**24911**	**37084**	**66760**	**22714**
北 京	Beijing					
天 津	Tianjin					
河 北	Hebei					
山 西	Shanxi					
内 蒙 古	Inner Mongolia					
辽 宁	Liaoning					
吉 林	Jilin					
黑 龙 江	Heilongjiang					
上 海	Shanghai	544	503	16	29	515
江 苏	Jiangsu	681	582	92	30	651
浙 江	Zhejiang	8775	3701	612	6822	1953
安 徽	Anhui					
福 建	Fujian					
江 西	Jiangxi					
山 东	Shandong	1510	450	986	25	1485
河 南	Henan					
湖 北	Hubei					
湖 南	Hunan					
广 东	Guangdong					
广 西	Guangxi					
海 南	Hainan					
重 庆	Chongqing					
四 川	Sichuan					
贵 州	Guizhou	11214	7214	3827	8194	3020
云 南	Yunnan					
西 藏	Tibet					
陕 西	Shaanxi	54	26	39	21	33
甘 肃	Gansu					
青 海	Qinghai					
宁 夏	Ningxia					
新 疆	Xinjiang	66696	12435	31513	51638	15057

有限责任公司 单位：万元

Limited Liability Corporations Unit: 10 000 yuan

地区	Region	资产总计 Total Assets	#流动资产合计 Total Current Assets	#固定资产净额 Net Value of Fixed Assets	负债合计 Total Liabilities	所有者权益合计 Total Owners' Equities
全国	**National Total**	**13780943**	**7067279**	**3256468**	**11256300**	**2544308**
北京	Beijing	1296362	852540	112983	1232176	72372
天津	Tianjin	257268	157383	25421	277631	-21484
河北	Hebei	524977	293104	111705	478427	46819
山西	Shanxi	329915	129617	109015	345661	-15907
内蒙古	Inner Mongolia	380883	116080	169933	304493	76199
辽宁	Liaoning	87311	56208	19571	64321	22990
吉林	Jilin	34456	25964	2839	38167	-3711
黑龙江	Heilongjiang	31335	13848	7532	30791	544
上海	Shanghai	589063	394756	35989	613128	-17506
江苏	Jiangsu	2534512	1484991	725085	1905753	629348
浙江	Zhejiang	735340	376237	157856	659897	75470
安徽	Anhui	522444	214985	160991	425576	96384
福建	Fujian	48754	17712	4374	32156	13880
江西	Jiangxi	307955	145493	77847	234301	71837
山东	Shandong	1282522	411630	515468	715614	568093
河南	Henan	233521	120642	48275	185508	51766
湖北	Hubei	237611	113736	52502	160589	75977
湖南	Hunan	273821	138711	60891	226390	47063
广东	Guangdong	1447335	732412	316283	1341356	119311
广西	Guangxi	258648	109154	77003	179444	79511
海南	Hainan	71287	44027	9489	57111	14082
重庆	Chongqing	300359	126024	42568	187203	111847
四川	Sichuan	633127	325089	134376	532676	99850
贵州	Guizhou	252549	210797	12602	221312	30948
云南	Yunnan	152857	69184	49344	68312	84545
西藏	Tibet	28949	15834	1471	8577	20373
陕西	Shaanxi	487383	178787	70816	402461	84715
甘肃	Gansu	228506	111939	53842	158480	70026
青海	Qinghai	47274	15742	23775	30348	12792
宁夏	Ningxia	25644	13439	7520	43723	-18079
新疆	Xinjiang	138977	51219	59103	94721	44256

股份有限公司 单位：万元

Share-holding Corporations Ltd. Unit: 10 000 yuan

地 区	Region	资产总计 Total Assets	#流动资产合计 Total Current Assets	#固定资产净额 Net Value of Fixed Assets	负债合计 Total Liabilities	所有者权益合计 Total Owners' Equities
全 国	**National Total**	**1825941**	**748026**	**199363**	**886861**	**938011**
北 京	Beijing	197346	60867	23557	53726	143620
天 津	Tianjin	104863	20615	31158	34607	70256
河 北	Hebei	76472	27347	8733	55677	20795
山 西	Shanxi					
内蒙古	Inner Mongolia	26078	3862	9202	17221	8857
辽 宁	Liaoning	1665	67	1243	853	812
吉 林	Jilin	4863	4531	67	3603	1261
黑龙江	Heilongjiang	3381	3252	129	2216	1165
上 海	Shanghai	331010	227052	7552	169934	161076
江 苏	Jiangsu	75940	26358	1911	30732	45208
浙 江	Zhejiang	33702	23719	3159	22347	10404
安 徽	Anhui	3124	1386	233	2931	193
福 建	Fujian					
江 西	Jiangxi	21474	10509	2207	9935	11539
山 东	Shandong	61355	33648	15704	62335	-980
河 南	Henan	28237	1872	66	1718	26519
湖 北	Hubei	43145	19049	19442	14557	28588
湖 南	Hunan	7636	2262	3624	5263	2373
广 东	Guangdong	539092	197448	52341	252155	286899
广 西	Guangxi					
海 南	Hainan	161	161		140	21
重 庆	Chongqing	18016	1436		7929	10086
四 川	Sichuan	9690	2395	2638	4839	4851
贵 州	Guizhou					
云 南	Yunnan	4922	3756	708	4478	443
西 藏	Tibet	482	443		163	319
陕 西	Shaanxi	221985	67411	15237	122881	99101
甘 肃	Gansu	3424	1314	392	823	2601
青 海	Qinghai	280	280		203	
宁 夏	Ningxia					
新 疆	Xinjiang	7599	6988	62	5596	2003

4-3-7 续表 7 Continued 7

私营企业
Private Enterprises

单位：万元
Unit: 10 000 yuan

地 区	Region	资产总计 Total Assets	#流动资产合计 Total Current Assets	#固定资产净额 Net Value of Fixed Assets	负债合计 Total Liabilities	所有者权益合计 Total Owners' Equities
全 国	**National Total**	**35634394**	**19027523**	**6337003**	**27577781**	**7913696**
北 京	Beijing	1529585	1193649	102491	1450829	85380
天 津	Tianjin	475079	313253	124881	344026	129905
河 北	Hebei	755785	405661	127559	732412	21355
山 西	Shanxi	945880	497621	162792	870838	77263
内 蒙 古	Inner Mongolia	358032	165235	109516	314347	38658
辽 宁	Liaoning	758783	300726	146360	738513	18072
吉 林	Jilin	234872	100514	64207	218735	18076
黑 龙 江	Heilongjiang	130157	68595	40480	106419	23391
上 海	Shanghai	2461774	1861819	146105	2065211	406932
江 苏	Jiangsu	4054534	2000615	983599	3193383	860666
浙 江	Zhejiang	3442935	1679891	720260	2903566	540047
安 徽	Anhui	1862267	814126	305455	1023659	822027
福 建	Fujian	1149266	666087	178352	703760	430773
江 西	Jiangxi	747928	314867	224834	435452	301341
山 东	Shandong	2014007	950047	401534	1879778	135311
河 南	Henan	883865	400759	176682	489811	370770
湖 北	Hubei	1614793	681499	391042	1079297	525151
湖 南	Hunan	1241755	457076	248323	737294	477241
广 东	Guangdong	4297145	3004591	321394	3689198	620710
广 西	Guangxi	425896	263322	70146	318491	103721
海 南	Hainan	90020	51870	11351	80333	10800
重 庆	Chongqing	967101	436003	212929	538070	415586
四 川	Sichuan	2427806	928299	503467	1871356	548523
贵 州	Guizhou	366254	205201	47862	229833	129755
云 南	Yunnan	629932	384049	113979	321115	303548
西 藏	Tibet	32501	6140	10554	15086	17415
陕 西	Shaanxi	875299	451529	184592	545550	302057
甘 肃	Gansu	361798	137831	106415	253709	105623
青 海	Qinghai	116849	51008	32570	86832	30017
宁 夏	Ningxia	97655	46224	31443	77339	22727
新 疆	Xinjiang	284843	189417	35827	263539	20853

4-3-7 续表 8 Continued 8

其他企业 单位：万元

Other Enterprises Unit: 10 000 yuan

地 区	Region	资产总计 Total Assets	#流动资产合计 Total Current Assets	#固定资产净额 Net Value of Fixed Assets	负债合计 Total Liabilities	所有者权益合计 Total Owners' Equities
全 国	**National Total**	**25243**	**11213**	**10269**	**11190**	**13488**
北 京	Beijing					
天 津	Tianjin	257	128	128	194	62
河 北	Hebei					
山 西	Shanxi					
内 蒙 古	Inner Mongolia					
辽 宁	Liaoning					
吉 林	Jilin					
黑 龙 江	Heilongjiang					
上 海	Shanghai	18678	8372	8582	8244	10434
江 苏	Jiangsu	2315	1193	351	1144	1171
浙 江	Zhejiang					
安 徽	Anhui					
福 建	Fujian					
江 西	Jiangxi	56	55		28	28
山 东	Shandong	158	118		58	100
河 南	Henan					
湖 北	Hubei					
湖 南	Hunan	585	308	227	238	348
广 东	Guangdong	81	10		-7	
广 西	Guangxi					
海 南	Hainan	1054	315		661	
重 庆	Chongqing	183	23	11		182
四 川	Sichuan	477	27	450	2	475
贵 州	Guizhou					
云 南	Yunnan	19	19		5	14
西 藏	Tibet					
陕 西	Shaanxi	1372	635	509	619	667
甘 肃	Gansu					
青 海	Qinghai					
宁 夏	Ningxia					
新 疆	Xinjiang	11	11	10	4	7

4-3-7 续表 9 Continued 9

港、澳、台商投资企业 单位：万元

Enterprises with Funds from Hongkong,Macao and Taiwan Unit: 10 000 yuan

地 区	Region	资产总计 Total Assets	#流动资产合计 Total Current Assets	#固定资产净额 Net Value of Fixed Assets	负债合计 Total Liabilities	所有者权益合计 Total Owners' Equities
全 国	**National Total**	**8552592**	**4188891**	**1157057**	**5757098**	**2817249**
北 京	Beijing	2034830	1203400	143020	1315096	718608
天 津	Tianjin	114551	16125	24148	88822	25729
河 北	Hebei	10585	7069	2820	495	10090
山 西	Shanxi	32889	2935	8341	25752	7136
内 蒙 古	Inner Mongolia	1765	1309		703	1062
辽 宁	Liaoning	223027	99464	26494	223465	-438
吉 林	Jilin	10837	3807	1634	6714	4123
黑 龙 江	Heilongjiang	18959	13204	710	9853	9106
上 海	Shanghai	2098336	1089840	245203	1444602	666388
江 苏	Jiangsu	409637	126527	120554	325828	83809
浙 江	Zhejiang	262144	50992	91605	234066	28078
安 徽	Anhui	10401	5249	207	3053	7348
福 建	Fujian	208875	59522	42193	179708	29168
江 西	Jiangxi	8951	2661	4575	8386	-620
山 东	Shandong	171461	62251	51158	237078	-65617
河 南	Henan	1816	1570	233	330	1485
湖 北	Hubei	509012	189488	68582	297962	211050
湖 南	Hunan	53138	2162	11305	46861	6277
广 东	Guangdong	1718071	981394	214251	952756	776403
广 西	Guangxi	14060	10745	1200	2950	11110
海 南	Hainan	22653	16248	3841	12239	10414
重 庆	Chongqing	30181	2299	4579	24215	5966
四 川	Sichuan	446097	181005	71243	242639	203781
贵 州	Guizhou	9034	1022	2308	1325	7709
云 南	Yunnan	44596	13724	5802	38352	6244
西 藏	Tibet					
陕 西	Shaanxi	86691	44879	11053	33849	52842
甘 肃	Gansu					
青 海	Qinghai					
宁 夏	Ningxia					
新 疆	Xinjiang					

外商投资企业
Foreign Funded Enterprises

单位：万元
Unit: 10 000 yuan

地 区	Region	资产总计 Total Assets	#流动资产合计 Total Current Assets	#固定资产净额 Net Value of Fixed Assets	负债合计 Total Liabilities	所有者权益合计 Total Owners' Equities
全 国	**National Total**	**7983419**	**3231657**	**889776**	**5652082**	**2333891**
北 京	Beijing	963274	359307	74683	943149	20124
天 津	Tianjin	215989	35989	25002	192511	23478
河 北	Hebei	517	498	9	83	435
山 西	Shanxi	52562	2732	11073	46097	6466
内蒙古	Inner Mongolia	61241	36895	7282	59023	2218
辽 宁	Liaoning	199493	14595	33491	153656	45838
吉 林	Jilin	302	170		78	224
黑龙江	Heilongjiang	3166	3145	20	2768	398
上 海	Shanghai	1885872	1181614	138837	1098915	786439
江 苏	Jiangsu	524407	148604	90550	302690	221717
浙 江	Zhejiang	650419	126244	143439	515050	135369
安 徽	Anhui	47402	9463	28081	30119	17283
福 建	Fujian	291044	119767	28046	264419	26519
江 西	Jiangxi	46559	9219	8554	30836	15723
山 东	Shandong	150167	33082	21076	101811	48356
河 南	Henan	57173	7733	11862	57096	77
湖 北	Hubei	65522	22872	5872	57172	9536
湖 南	Hunan	121135	12023	30463	101902	19233
广 东	Guangdong	1130189	203367	176022	764320	367813
广 西	Guangxi	41133	3177	8387	29039	12094
海 南	Hainan					
重 庆	Chongqing	139653	73708	23104	79470	60183
四 川	Sichuan	1160209	787615	3964	698516	461741
贵 州	Guizhou	755	321	222	-2068	2823
云 南	Yunnan	2077	1733	2	3195	-1118
西 藏	Tibet					
陕 西	Shaanxi	107264	28712	13499	79795	27468
甘 肃	Gansu	26805	1841	3589	23235	3571
青 海	Qinghai					
宁 夏	Ningxia					
新 疆	Xinjiang	39091	7233	2647	19206	19885

4-3-8 各地区限额以上餐饮业企业年末资产负债(按国民经济行业分)

Assets and Liabilities of Enterprises above Designated Size of Catering Services by Region and Sector at the Year-end

正餐服务 单位：万元

Restaurant Unit: 10 000 yuan

地区	Region	资产总计 Total Assets	#流动资产合计 Total Current Assets	#固定资产净额 Net Value of Fixed Assets	负债合计 Total Liabilities	所有者权益合计 Total Owners' Equities
全国	**National Total**	**50230575**	**25037493**	**10208538**	**38863735**	**11259181**
北京	Beijing	2981251	1836917	236677	2749035	241718
天津	Tianjin	676870	357001	168179	520099	154736
河北	Hebei	1373591	726522	268261	1268427	103825
山西	Shanxi	1272956	605029	284920	1216667	58092
内蒙古	Inner Mongolia	802727	312256	289685	681652	117642
辽宁	Liaoning	809923	328453	155110	799380	8579
吉林	Jilin	218827	95475	58043	217127	3565
黑龙江	Heilongjiang	144440	81718	37089	110924	33168
上海	Shanghai	4415551	2871221	327661	3580476	861926
江苏	Jiangsu	6743329	3452126	1830813	5173475	1570080
浙江	Zhejiang	4199626	1939009	989179	3582398	616984
安徽	Anhui	1989938	835502	435218	1229788	743156
福建	Fujian	1074417	574510	174429	685549	371427
江西	Jiangxi	1069395	467299	305118	677640	377858
山东	Shandong	3343633	1289462	1045886	2709906	635606
河南	Henan	1034004	457682	198273	608017	406492
湖北	Hubei	1896840	769322	474463	1242787	644292
湖南	Hunan	1445210	562031	303162	931512	487428
广东	Guangdong	5569227	3178366	706063	4720574	883279
广西	Guangxi	585386	319286	129511	429586	152816
海南	Hainan	132265	85708	15638	123422	9468
重庆	Chongqing	1257377	547318	252365	716963	525736
四川	Sichuan	2657740	1204870	613784	1933803	715868
贵州	Guizhou	586969	386177	59919	427050	153896
云南	Yunnan	730668	424537	152735	361151	364248
西藏	Tibet	48874	13227	11648	21845	27029
陕西	Shaanxi	1552241	673971	265848	1040884	480402
甘肃	Gansu	596683	248967	167648	413499	181593
青海	Qinghai	133530	53310	47391	87590	41729
宁夏	Ningxia	123641	59318	38601	122830	3222
新疆	Xinjiang	763448	280905	165223	479677	283320

4-3-8 续表 1 Continued 1

快餐服务 单位：万元

Fast Food Unit: 10 000 yuan

地 区	Region	资产总计 Total Assets	#流动资产合计 Total Current Assets	#固定资产净额 Net Value of Fixed Assets	负债合计 Total Liabilities	所有者权益合计 Total Owners' Equities
全 国	**National Total**	**9888067**	**3149202**	**1462888**	**7272154**	**2617354**
北 京	Beijing	1494736	535971	154488	1015764	482279
天 津	Tianjin	333139	52249	51811	283808	49330
河 北	Hebei	2444	2176	184	1360	675
山 西	Shanxi	113328	27288	22289	90414	22915
内蒙古	Inner Mongolia	20133	5883	6104	13226	6907
辽 宁	Liaoning	376627	80695	54646	361270	15357
吉 林	Jilin	15278	6892	2046	8969	6309
黑龙江	Heilongjiang	25223	7774	7716	25829	-606
上 海	Shanghai	1148519	473319	140481	891670	256778
江 苏	Jiangsu	800635	272337	125453	601481	199143
浙 江	Zhejiang	786735	212404	124067	632152	154582
安 徽	Anhui	352897	129622	53233	186104	166721
福 建	Fujian	434865	159519	65709	336444	98421
江 西	Jiangxi	50783	9800	9818	32863	17920
山 东	Shandong	393346	149075	60426	300432	92858
河 南	Henan	90229	26966	18452	72898	17296
湖 北	Hubei	345351	62012	54865	287201	58050
湖 南	Hunan	196084	19175	45728	155942	40138
广 东	Guangdong	1974287	637837	292425	1367082	606228
广 西	Guangxi	97199	26776	21165	67487	29592
海 南	Hainan	34401	14193	7184	14538	19863
重 庆	Chongqing	178028	80823	29143	88540	89488
四 川	Sichuan	298481	69626	63233	224331	74142
贵 州	Guizhou	1241	828	210	755	487
云 南	Yunnan	56629	16606	10317	40887	15743
西 藏	Tibet	13057	9191	377	1980	11077
陕 西	Shaanxi	145172	38745	22893	101270	43902
甘 肃	Gansu	37021	4419	6691	29203	7817
青 海	Qinghai					
宁 夏	Ningxia					
新 疆	Xinjiang	72198	17003	11732	38252	33945

4-3-8 续表 2 Continued 2

饮料及冷饮服务 单位：万元

Beverage and Cold Drink Unit: 10 000 yuan

地 区	Region	资产总计 Total Assets	#流动资产合计 Total Current Assets	#固定资产净额 Net Value of Fixed Assets	负债合计 Total Liabilities	所有者权益合计 Total Owners' Equities
全 国	**National Total**	**4414451**	**3341866**	**267897**	**2562844**	**1855748**
北 京	Beijing	959547	793776	38621	857227	102471
天 津	Tianjin	7641	4900	918	27516	-19875
河 北	Hebei	1010	409	20	3065	-2054
山 西	Shanxi	2545	1513	164	2700	-155
内蒙古	Inner Mongolia					
辽 宁	Liaoning	42791	31870	2291	15047	27744
吉 林	Jilin	588	1		236	352
黑龙江	Heilongjiang	1193	918	29	2100	-907
上 海	Shanghai	1486328	1121540	101306	686764	799564
江 苏	Jiangsu	111480	69585	9894	75845	35667
浙 江	Zhejiang	59988	34035	6270	70260	-10273
安 徽	Anhui	10446	7269	624	8328	2119
福 建	Fujian	109288	87616	3329	104975	4199
江 西	Jiangxi	4042	1754	648	1064	2978
山 东	Shandong	50006	32375	3334	29962	19906
河 南	Henan	3392	1734	501	1969	1424
湖 北	Hubei	236521	165903	16838	61841	174679
湖 南	Hunan	22426	17256	1148	11398	10378
广 东	Guangdong	949822	729185	49898	461441	493399
广 西	Guangxi	16865	9554	4589	8843	8021
海 南	Hainan	15281	9648	1825	10211	5070
重 庆	Chongqing	13706	7529	1102	27069	-13363
四 川	Sichuan	216361	149776	16155	50727	165477
贵 州	Guizhou	5072	2995	687	4399	673
云 南	Yunnan	8621	6076	1073	7449	1173
西 藏	Tibet					
陕 西	Shaanxi	77851	53620	6475	31009	46841
甘 肃	Gansu	1546	941	155	1383	163
青 海	Qinghai					
宁 夏	Ningxia	93	89	4	17	77
新 疆	Xinjiang					

4-3-8 续表 3 Continued 3

餐饮配送及外卖送餐服务

Catering Distribution and Delivery Service

单位：万元

Unit: 10 000 yuan

地　区	Region	资产总计 Total Assets	#流动资产合计 Total Current Assets	#固定资产净额 Net Value of Fixed Assets	负债合计 Total Liabilities	所有者权益合计 Total Owners' Equities
全　国	**National Total**	**2107866**	**1633672**	**222648**	**1422844**	**680196**
北　京	Beijing	147449	123430	14344	99567	47584
天　津	Tianjin	113812	100012	7143	80005	33520
河　北	Hebei	22204	9679	4975	15547	6658
山　西	Shanxi	431	428	4	320	111
内蒙古	Inner Mongolia	4774	4376	144	2458	2316
辽　宁	Liaoning	35269	23062	8625	26701	8568
吉　林	Jilin	51609	32429	9874	41032	10577
黑龙江	Heilongjiang	17532	11326	5734	12635	4897
上　海	Shanghai	251785	220432	13429	165867	85645
江　苏	Jiangsu	171127	143775	15948	114218	56766
浙　江	Zhejiang	61909	51874	3951	47143	14766
安　徽	Anhui	87912	70502	5923	61585	26327
福　建	Fujian	43560	32292	4058	26626	16935
江　西	Jiangxi	27538	16101	2214	18893	8644
山　东	Shandong	124439	86389	12352	72700	51739
河　南	Henan	78533	46855	18074	49173	29360
湖　北	Hubei	66531	49234	2491	34600	31587
湖　南	Hunan	13145	7390	2830	7116	5654
广　东	Guangdong	557993	453409	39319	386314	169764
广　西	Guangxi	34607	25619	2781	25420	8914
海　南	Hainan					
重　庆	Chongqing	6898	4705	1609	3927	2971
四　川	Sichuan	14064	9197	2062	8965	5100
贵　州	Guizhou	34295	24511	5174	22665	10711
云　南	Yunnan	35262	23406	6926	24469	10793
西　藏	Tibet					
陕　西	Shaanxi	9383	6949	1568	4099	5285
甘　肃	Gansu	5436	3966	795	4846	590
青　海	Qinghai					
宁　夏	Ningxia	1501	1142	359	558	943
新　疆	Xinjiang	88867	51182	29945	65396	23471

其他餐饮业 单位：万元

Others Unit: 10 000 yuan

地 区	Region	资产总计 Total Assets	#流动资产合计 Total Current Assets	#固定资产净额 Net Value of Fixed Assets
全 国	**National Total**	**2863704**	**1781928**	**149789**
北 京	Beijing	489402	412343	19741
天 津	Tianjin	37737	30303	2868
河 北	Hebei	1141	1030	111
山 西	Shanxi	10063	6681	131
内蒙古	Inner Mongolia	914	914	
辽 宁	Liaoning	18168	8926	7576
吉 林	Jilin	1673	1514	
黑龙江	Heilongjiang	1072	1069	
上 海	Shanghai	149650	122054	10128
江 苏	Jiangsu	88060	36426	18783
浙 江	Zhejiang	48515	33402	3019
安 徽	Anhui	8554	4421	257
福 建	Fujian	43681	14877	5988
江 西	Jiangxi	17244	11076	4855
山 东	Shandong	31534	28867	1229
河 南	Henan	7310	4220	2133
湖 北	Hubei	8524	3237	1702
湖 南	Hunan	26519	8183	3079
广 东	Guangdong	211280	165199	10490
广 西	Guangxi	13944	7691	1395
海 南	Hainan	3228	3071	34
重 庆	Chongqing	4820	1712	138
四 川	Sichuan	1564714	830924	43219
贵 州	Guizhou	18508	15871	890
云 南	Yunnan	7943	4655	490
西 藏	Tibet			
陕 西	Shaanxi	12250	5181	2536
甘 肃	Gansu	2200	626	24
青 海	Qinghai	30874	13720	8953
宁 夏	Ningxia			
新 疆	Xinjiang	4184	3736	21

其他餐饮业 单位：万元

Others Unit: 10 000 yuan

地　区	Region	负债合计 Total Liabilities	所有者权益合计 Total Owners' Equities
全　国	**National Total**	**2067566**	**799226**
北　京	Beijing	328395	160808
天　津	Tianjin	28666	9071
河　北	Hebei	467	674
山　西	Shanxi	7415	2648
内 蒙 古	Inner Mongolia	784	130
辽　宁	Liaoning	3808	14360
吉　林	Jilin	1203	470
黑 龙 江	Heilongjiang	921	152
上　海	Shanghai	123288	28894
江　苏	Jiangsu	58473	29588
浙　江	Zhejiang	38004	10511
安　徽	Anhui	4520	4034
福　建	Fujian	27438	16240
江　西	Jiangxi	18342	-1338
山　东	Shandong	24691	6844
河　南	Henan	5044	2265
湖　北	Hubei	6085	2439
湖　南	Hunan	14162	12070
广　东	Guangdong	140572	72956
广　西	Guangxi	6347	7597
海　南	Hainan	2312	916
重　庆	Chongqing	1723	3020
四　川	Sichuan	1167535	397179
贵　州	Guizhou	7575	10921
云　南	Yunnan	5062	2881
西　藏	Tibet		
陕　西	Shaanxi	12511	-261
甘　肃	Gansu	625	699
青　海	Qinghai	29793	1081
宁　夏	Ningxia		
新　疆	Xinjiang	1803	2380

4—4—1 限额以上住宿和餐饮业企业损益及分配

项 目	Item	营业收入 Business Revenue	营业成本 Business Cost
总 计	**Total**	**115951670**	**60882530**
一、住宿业	**Hotels**	**39782235**	**18710279**
#国有控股	State-controlled Enterprises	9338825	4489223
(一)按登记注册类型分	**by Type of Registration**		
1.内资企业	**Domestic Funded Enterprises**	**35403695**	**17022911**
国有企业	State-owned Enterprises	2266991	892218
集体企业	Collective-owned Enterprises	219224	83396
股份合作企业	Cooperative Enterprises	66694	39408
联营企业	Joint Ownership Enterprises	23946	11585
有限责任公司	Limited Liability Corporations	12616880	5932759
国有独资公司	State Sole Funded Corporations	1879525	964798
其他有限责任公司	Other Limited Liability Corporations	10737355	4967961
股份有限公司	Share-holding Corporations Ltd.	611566	270342
私营企业	Private Enterprises	19592653	9790484
私营独资企业	Private-funded Enterprises	935973	564336
私营合伙企业	Private Partnership Enterprises	182707	105364
私营有限责任公司	Private Limited Liability Corporations	18219182	8991447
私营股份有限公司	Private Share-holding Corporations Ltd.	254791	129337
其他企业	Other Enterprises	5741	2718
2.港、澳、台商投资企业	**Enterprises with Funds from Hongkong, Macao and Taiwan**	**2710839**	**1022394**
合资经营企业	Joint-venture Enterprises	1028760	363261
合作经营企业	Cooperative Enterprises	203881	92567
独资经营企业	Enterprises with Sole Investment	1364025	535648
投资股份有限公司	Share-holding Corporations Ltd. with Investment	94245	21514
其他港澳台商投资企业	Other Enterprises with Funds from Hongkong, Macao and Taiwan	19929	9404
3.外商投资企业	**Foreign Funded Enterprises**	**1667700**	**664974**
中外合资经营企业	Joint-venture Enterprises	595164	200332
中外合作经营企业	Cooperative Enterprises	207974	117714
外资企业	Enterprises with Sole Foreign Investment	809882	328929
外商投资股份有限公司	Share-holding Corporations Ltd. with Foreign Investment	26174	5975
其他外商投资企业	Other Foreign Funded Enterprises	28506	12025
(二)按国民经济行业分	**by Sector**		
旅游饭店	Tourist Hotel	27628788	12447960
一般旅馆	General Hotels	10911990	5571419
民宿服务	Home Lodging Services	164416	105216
露营地服务	Campground Services	16862	10917
其他住宿业	Others	1060180	574766

Income and Distribution of Enterprises above Designated Size of Hotels and Catering Services

单位：万元

Unit: 10 000 yuan

税金及附加 Taxes and Other Charges	其他业务利润 Profits from Other Business	销售费用 Selling Expenses	管理费用 Administrative Expenses
941073	**1020729**	**33375474**	**21552620**
689617	**596865**	**10584738**	**12487193**
254552	207729	2594342	3397835
548707	**501253**	**9411761**	**10903958**
47498	47741	806794	915005
3216	4022	76351	57405
1533	2076	15491	15718
360	104	7140	7461
279310	248902	3486661	4304006
48849	85818	496120	679426
230460	163084	2990541	3624580
30997	4724	133298	177102
185777	193685	4884975	5423912
10086	3846	143252	149743
2088	472	30528	29769
170644	182670	4660378	5158755
2958	6697	50816	85645
17		1050	3350
96584	**69254**	**790680**	**973680**
46637	18958	273752	378003
7248	216	58098	65160
42338	48208	399102	500947
255		52282	21173
106	1873	7447	8397
44325	**26357**	**382298**	**609555**
22775	18256	155436	221243
1482	2135	22739	54221
18007	5658	181684	314002
443	309	14752	10452
1618		7688	9637
571697	493767	7732673	9106290
99599	92336	2584217	3047348
1186	1087	23931	43368
50	197	1875	3468
17085	9478	242043	286718

项　目	Item	财务费用 Financial Expenses	#利息支出 Interest Expenses
总　计	**Total**	**2950699**	**1912504**
一、住宿业	**Hotels**	**2124470**	**1519545**
#国有控股	State-controlled Enterprises	339648	358459
(一)按登记注册类型分	**by Type of Registration**		
1.内资企业	**Domestic Funded Enterprises**	**1709549**	**1174724**
国有企业	State-owned Enterprises	24638	24647
集体企业	Collective-owned Enterprises	3436	2755
股份合作企业	Cooperative Enterprises	674	446
联营企业	Joint Ownership Enterprises	215	163
有限责任公司	Limited Liability Corporations	768482	632801
国有独资公司	State Sole Funded Corporations	75359	68314
其他有限责任公司	Other Limited Liability Corporations	693123	564488
股份有限公司	Share-holding Corporations Ltd.	36386	7647
私营企业	Private Enterprises	875698	506251
私营独资企业	Private-funded Enterprises	20327	9780
私营合伙企业	Private Partnership Enterprises	2377	1590
私营有限责任公司	Private Limited Liability Corporations	835984	482012
私营股份有限公司	Private Share-holding Corporations Ltd.	17010	12869
其他企业	Other Enterprises	20	12
2.港、澳、台商投资企业	**Enterprises with Funds from Hongkong, Macao and Taiwan**	**296889**	**251645**
合资经营企业	Joint-venture Enterprises	155447	131638
合作经营企业	Cooperative Enterprises	4430	2582
独资经营企业	Enterprises with Sole Investment	139209	116556
投资股份有限公司	Share-holding Corporations Ltd. with Investment	-2588	472
其他港澳台商投资企业	Other Enterprises with Funds from Hongkong, Macao and Taiwan	391	398
3.外商投资企业	**Foreign Funded Enterprises**	**118032**	**93176**
中外合资经营企业	Joint-venture Enterprises	65076	39833
中外合作经营企业	Cooperative Enterprises	15784	18120
外资企业	Enterprises with Sole Foreign Investment	37469	34041
外商投资股份有限公司	Share-holding Corporations Ltd. with Foreign Investment	1229	1179
其他外商投资企业	Other Foreign Funded Enterprises	-1526	3
(二)按国民经济行业分	**by Sector**		
旅游饭店	Tourist Hotel	1765641	1313785
一般旅馆	General Hotels	310847	176121
民宿服务	Home Lodging Services	1026	2716
露营地服务	Campground Services	1125	612
其他住宿业	Others	45832	26312

单位：万元
Unit: 10 000 yuan

营业利润 Operating Profits	利润总额 Total Profits	应交所得税 Income Tax Payable	应付职工薪酬 Payables to Employees	应交增值税 VAT Payable
-3506559	**-2953981**	**706747**	**26363937**	**1188395**
-4458156	**-4190963**	**180995**	**10334554**	**643776**
-1379856	-1270325	63803	3435053	191567
-3924549	**-3704563**	**143378**	**9116658**	**560432**
-378055	-317403	10827	906295	51283
-3356	-1071	1766	67329	4301
-4008	-4397	191	15374	806
-2350	-1911	59	7946	399
-1975519	-2105959	60264	3842932	223414
-303182	-291799	14002	686832	39239
-1672337	-1814160	46262	3156100	184175
-21141	-19445	5618	157238	10566
-1538553	-1253362	64641	4117675	269531
39363	41670	5776	145297	9619
8752	8913	573	28093	2335
-1554989	-1275835	57773	3879076	254441
-31679	-28109	519	65209	3136
-1566	-1016	13	1867	131
-393799	**-363033**	**21098**	**787715**	**51582**
-138791	-117268	6939	318337	23902
-12676	-6634	3990	64139	4141
-243408	-240161	9028	371120	21230
4547	4715	1140	27132	1858
-3471	-3684	1	6987	450
-139808	**-123367**	**16518**	**430181**	**31762**
-67561	-67666	7334	170929	10089
1028	12921	924	39426	7269
-63630	-58117	8246	201801	13044
-9013	-8831	14	8060	817
-631	-1674	1	9965	544
-3673690	-3527160	127388	7717771	485157
-671016	-583099	47574	2337550	142913
-8228	-7624	668	34116	1898
-813	-15	235	3678	61
-104408	-73064	5129	241439	13747

项 目	Item	营业收入 Business Revenue	营业成本 Business Cost
二、餐饮业	**Catering Services**	**76169435**	**42172251**
#国有控股	State-controlled Enterprises	3209876	2268579
(一)按登记注册类型分	**by Type of Registration**		
1.内资企业	**Domestic Funded Enterprises**	**56447784**	**33210809**
国有企业	State-owned Enterprises	455923	275749
集体企业	Collective-owned Enterprises	137859	86648
股份合作企业	Cooperative Enterprises	141187	75367
联营企业	Joint Ownership Enterprises	18241	11962
有限责任公司	Limited Liability Corporations	11628693	6459261
国有独资公司	State Sole Funded Corporations	713495	536116
其他有限责任公司	Other Limited Liability Corporations	10915198	5923145
股份有限公司	Share-holding Corporations Ltd.	623989	393618
私营企业	Private Enterprises	43415788	25890915
私营独资企业	Private-funded Enterprises	2650144	1820558
私营合伙企业	Private Partnership Enterprises	410473	232930
私营有限责任公司	Private Limited Liability Corporations	38906255	22856172
私营股份有限公司	Private Share-holding Corporations Ltd.	1448916	981255
其他企业	Other Enterprises	26103	17289
2.港、澳、台商投资企业	**Enterprises with Funds from Hongkong, Macao and Taiwan**	**8987571**	**3607004**
合资经营企业	Joint-venture Enterprises	1400238	604239
合作经营企业	Cooperative Enterprises	112048	59001
独资经营企业	Enterprises with Sole Investment	7384481	2912443
投资股份有限公司	Share-holding Corporations Ltd. with Investment	39935	13564
其他港澳台商投资企业	Other Enterprises with Funds from Hongkong, Macao and Taiwan	50869	17757
3.外商投资企业	**Foreign Funded Enterprises**	**10734080**	**5354438**
中外合资经营企业	Joint-venture Enterprises	2085601	1038168
中外合作经营企业	Cooperative Enterprises	68078	37318
外资企业	Enterprises with Sole Foreign Investment	8284744	4155895
外商投资股份有限公司	Share-holding Corporations Ltd. with Foreign Investment	44365	23532
其他外商投资企业	Other Foreign Funded Enterprises	251293	99525
(二)按国民经济行业分	**by Sector**		
正餐服务	Restaurant	47843978	26832921
快餐服务	Fast Food	14967751	7856694
饮料及冷饮服务	Beverage and Cold Drink	5206193	2036878
餐饮配送及外卖送餐服务	Catering Distribution and Delivery Services	4120413	3210686
其他餐饮业	Others	4031100	2235073

单位：万元
Unit: 10 000 yuan

税金及附加 Taxes and Other Charges	其他业务利润 Profits from Other Business	销售费用 Selling Expenses	管理费用 Administrative Expenses
251456	**423864**	**22790736**	**9065428**
24861	30749	608562	546591
232369	**342436**	**14771448**	**7344782**
4321	4719	109852	102746
922	780	28982	18788
757	500	46849	20681
69	49	1904	3413
50148	90519	3592342	1623880
4754	1132	124925	122727
45393	89387	3467417	1501154
3782	3292	181237	84787
172260	242577	10804439	5488548
19332	5574	320815	252581
2164	1294	105489	46048
147845	231202	10055624	5096750
2919	4507	322512	93169
110		5844	1939
9775	**53077**	**4317536**	**779388**
1815	17151	595631	131559
329	6	42911	15642
7277	35919	3630153	617730
276		18627	3397
80	1	30214	11060
9312	**28351**	**3701752**	**941258**
1745	647	652465	171914
281		26131	8058
6958	25974	2884919	722478
45	239	15787	3114
283	1491	122450	35693
219291	283551	13600058	6493569
15364	70549	5049801	1346059
4019	57959	2358202	437822
6445	2616	385708	462282
6337	9190	1396967	325695

项　目	Item	财务费用 Financial Expenses	#利息支出 Interest Expenses
二、餐饮业	**Catering Services**	**826228**	**392959**
#国有控股	State-controlled Enterprises	42016	36059
(一)按登记注册类型分	**by Type of Registration**		
1.内资企业	**Domestic Funded Enterprises**	**635739**	**300652**
国有企业	State-owned Enterprises	6306	2923
集体企业	Collective-owned Enterprises	694	500
股份合作企业	Cooperative Enterprises	577	278
联营企业	Joint Ownership Enterprises	1112	1106
有限责任公司	Limited Liability Corporations	137829	63905
国有独资公司	State Sole Funded Corporations	9209	8128
其他有限责任公司	Other Limited Liability Corporations	128620	55777
股份有限公司	Share-holding Corporations Ltd.	6500	5248
私营企业	Private Enterprises	482560	226626
私营独资企业	Private-funded Enterprises	22619	8442
私营合伙企业	Private Partnership Enterprises	3070	1525
私营有限责任公司	Private Limited Liability Corporations	449995	213114
私营股份有限公司	Private Share-holding Corporations Ltd.	6876	3545
其他企业	Other Enterprises	161	66
2.港、澳、台商投资企业	**Enterprises with Funds from Hongkong, Macao and Taiwan**	**95552**	**34165**
合资经营企业	Joint-venture Enterprises	24733	20566
合作经营企业	Cooperative Enterprises	407	
独资经营企业	Enterprises with Sole Investment	65999	8997
投资股份有限公司	Share-holding Corporations Ltd. with Investment	4641	4554
其他港澳台商投资企业	Other Enterprises with Funds from Hongkong, Macao and Taiwan	-229	48
3.外商投资企业	**Foreign Funded Enterprises**	**94938**	**58142**
中外合资经营企业	Joint-venture Enterprises	24104	11655
中外合作经营企业	Cooperative Enterprises	2316	2444
外资企业	Enterprises with Sole Foreign Investment	70565	27458
外商投资股份有限公司	Share-holding Corporations Ltd. with Foreign Investment	24	82
其他外商投资企业	Other Foreign Funded Enterprises	-2071	16503
(二)按国民经济行业分	**by Sector**		
正餐服务	Restaurant	627073	288991
快餐服务	Fast Food	166212	56361
饮料及冷饮服务	Beverage and Cold Drink	-5430	4663
餐饮配送及外卖送餐服务	Catering Distribution and Delivery Services	12019	5911
其他餐饮业	Others	26354	37033

单位：万元

Unit: 10 000 yuan

营业利润 Operating Profits	利润总额 Total Profits	应交所得税 Income Tax Payable	应付职工薪酬 Payables to Employees	应交增值税 VAT Payable
951597	**1236982**	**525752**	**16029383**	**544619**
-86010	-50876	9319	960626	54814
32024	**299343**	**238156**	**10794356**	**516112**
-38303	-28241	-1382	129348	9157
1477	1682	864	34504	1803
-2642	-1935	360	34544	3325
-257	975	2	3287	108
-285289	-196835	61688	2503979	106758
-47961	-34805	3025	190996	9057
-237328	-162030	58663	2312984	97701
44397	50038	1307	191447	7948
311921	472764	175259	7893133	386729
168105	171573	10823	355862	26827
14963	16558	2811	73762	3827
78085	224629	147221	7245307	346455
50770	60004	14404	218202	9620
719	895	57	4115	285
222834	**238543**	**108386**	**2504624**	**20190**
49547	51872	18563	319908	7649
-5749	-5301	-387	31809	1710
182121	194641	90155	2123976	7744
-941	-612	33	9470	517
-2145	-2058	22	19461	2570
696740	**699096**	**179210**	**2730403**	**8317**
201733	199926	52029	412459	1069
39925	39284	18	23708	90
453382	457536	126301	2251498	4171
1229	1235	36	7987	213
470	1115	827	34751	2775
-7641	226586	215138	9326506	432606
541799	553728	160354	3309505	24165
456501	466571	120713	1702443	16315
16230	36037	11177	729094	42885
-55292	-45939	18369	961836	28648

4-4-2 各地区限额以上住宿和餐饮业企业损益及分配

地　区	Region	营业收入 Business Revenue	营业成本 Business Cost	税金及附加 Taxes and Other Charges	其他业务利润 Profits from Other Business	销售费用 Selling Expenses	管理费用 Administr-ative Expenses
全　国	**National Total**	**115951670**	**60882530**	**941073**	**1020729**	**33375474**	**21552620**
北　京	Beijing	11555191	5358685	117057	140745	4133886	2154583
天　津	Tianjin	1850558	946581	12528	7122	563742	364635
河　北	Hebei	1371820	691112	20880	10364	442146	355180
山　西	Shanxi	1386810	715631	12096	14572	431743	322308
内蒙古	Inner Mongolia	703915	319769	6449	9539	244348	212347
辽　宁	Liaoning	1601958	804311	20115	15871	488314	370352
吉　林	Jilin	522566	289376	5539	4725	137280	142440
黑龙江	Heilongjiang	324143	139408	5886	1386	113025	122877
上　海	Shanghai	14044380	6470034	67848	138289	5153902	2303264
江　苏	Jiangsu	9441500	4974328	45115	44122	2726126	1809433
浙　江	Zhejiang	8517649	4092893	43905	106114	2728121	1824506
安　徽	Anhui	3326863	1944801	26163	12225	783510	498193
福　建	Fujian	5919031	3687384	44326	21426	1147589	893437
江　西	Jiangxi	2026700	1209289	21237	16685	349474	367596
山　东	Shandong	4616869	2403242	34344	60107	1344917	1024600
河　南	Henan	2560616	1392411	30137	20041	600272	503340
湖　北	Hubei	4240530	2347243	36061	36374	1032501	543464
湖　南	Hunan	3717201	2336104	48928	18216	597123	555930
广　东	Guangdong	17006760	8798942	97629	165263	5299514	3304695
广　西	Guangxi	1808135	946597	14965	19296	510946	430579
海　南	Hainan	1392557	511209	56289	16513	380509	465994
重　庆	Chongqing	2789971	1872526	24489	11865	395534	385682
四　川	Sichuan	6442904	3323223	48720	48774	1983981	857635
贵　州	Guizhou	1412020	869625	12022	15764	216933	313004
云　南	Yunnan	1607367	991579	23895	9872	291284	368974
西　藏	Tibet	126007	55989	528	1456	27885	46354
陕　西	Shaanxi	3756311	2294701	38210	36890	789289	592139
甘　肃	Gansu	838234	470906	9513	8669	211320	175444
青　海	Qinghai	141844	72557	1688	2746	40496	37639
宁　夏	Ningxia	117790	63293	1448	888	35654	30287
新　疆	Xinjiang	783471	488785	13064	4810	174112	175709

Income and Distribution of Enterprises above Designated Size of Hotels and Catering Services by Region

单位：万元

Unit: 10 000 yuan

财务费用 Financial Expenses	#利息支出 Interest Expenses	营业利润 Operating Profits	利润总额 Total Profits	应交所得税 Income Tax Payable	应付职工薪酬 Payables to Employees	应交增值税 VAT Payable
2950699	**1912504**	**-3506559**	**-2953981**	**706747**	**26363937**	**1188395**
212035	237521	-443869	-620536	83775	3105764	117572
46515	24615	-70732	-61871	8867	424340	16401
104891	63903	-249664	-212212	4632	345725	13148
41139	25622	-138729	-123211	2825	316038	22101
16478	16740	-92591	-83846	614	206682	12487
63603	24073	-135799	-107069	9037	364439	14750
30636	18120	-79605	-74296	540	99543	5735
12967	9503	-69658	-64682	325	64574	3850
238120	166558	-56444	16255	144111	3227126	50731
210143	97119	-245477	-191038	62457	2244802	87958
283172	221109	-370558	-323470	54236	2060904	67284
56969	26575	11381	29264	19626	711925	37536
116219	77268	61584	72594	23009	1023035	44862
58516	35414	675	16070	9571	319687	24629
114979	67891	-278073	-243714	16243	1195037	62198
78994	37395	-34894	-24811	13909	545503	37399
89930	41994	169435	180160	35162	840784	60771
87226	48193	76797	89595	20716	621260	41149
398177	223405	-721981	-492550	83999	4253720	178821
62137	41763	-133744	-126587	6214	418822	26385
135850	84676	-230753	-220947	10967	338376	28628
52355	37284	56758	61337	15639	483042	35107
163551	115925	-55819	-28565	48500	1369086	77944
45932	22317	-57047	-47811	6246	265601	23981
53445	34479	-106638	-98125	2696	335725	23599
1515	767	-3451	-2909	807	39004	3061
109717	68962	-127483	-114544	17350	673702	39228
33906	22958	-60383	-50300	2601	194416	13187
6201	1671	-17370	-15337	21	37405	3523
2487	1791	-15126	-12095	237	33323	2182
22892	16893	-87302	-78728	1815	204546	12186

4-4-3 各地区限额以上住宿业企业损益及分配

地　区	Region	营业收入 Business Revenue	营业成本 Business Cost	税金及附加 Taxes and Other Charges	其他业务利　润 Profits from Other Business	销售费用 Selling Expenses	管理费用 Administr-ative Expenses
全　国	**National Total**	**39782235**	**18710279**	**689617**	**596865**	**10584738**	**12487193**
北　京	Beijing	3180630	1260069	104646	70663	924942	1161837
天　津	Tianjin	395856	138565	9265	506	138202	178995
河　北	Hebei	722131	324931	16934	5661	256744	242831
山　西	Shanxi	527956	225925	8026	9969	170063	197688
内蒙古	Inner Mongolia	315368	120450	3915	2541	114948	117536
辽　宁	Liaoning	570466	253917	15728	11466	174624	224206
吉　林	Jilin	253593	114463	4688	4040	80065	106219
黑龙江	Heilongjiang	192702	68014	5417	1019	67471	103303
上　海	Shanghai	3112497	1338755	59036	86235	781563	1054132
江　苏	Jiangsu	2430015	1079261	23083	24955	724151	881604
浙　江	Zhejiang	3435373	1325091	33237	84172	1191575	1149149
安　徽	Anhui	864568	431042	14244	5674	231074	219555
福　建	Fujian	2464676	1332371	32088	15086	551146	585695
江　西	Jiangxi	989521	529174	13764	7063	198321	250268
山　东	Shandong	1773256	774097	20843	31636	597870	559681
河　南	Henan	1338297	684163	20637	11771	298262	357416
湖　北	Hubei	1166325	566273	17442	6475	271751	283153
湖　南	Hunan	1575730	938041	29335	13743	235586	355457
广　东	Guangdong	5234781	2574183	74609	94174	1423733	1697826
广　西	Guangxi	897372	386564	12001	12198	282747	323592
海　南	Hainan	1205144	426411	55705	13064	305497	439783
重　庆	Chongqing	919290	502934	12439	4725	185008	238611
四　川	Sichuan	2038716	1036799	29454	30103	445577	513372
贵　州	Guizhou	816373	445962	9351	14118	146356	235394
云　南	Yunnan	822917	456805	19473	7338	163329	285248
西　藏	Tibet	102107	42875	432	858	25058	43203
陕　西	Shaanxi	1435659	775121	23140	18303	347222	396215
甘　肃	Gansu	420790	226504	7103	4056	103215	109249
青　海	Qinghai	92505	47356	1329	646	26586	28758
宁　夏	Ningxia	64308	34140	845	456	19046	21561
新　疆	Xinjiang	423312	250027	11406	4149	103007	125654

Income and Distribution of Enterprises above Designated Size of Hotels by Region

单位：万元
Unit: 10 000 yuan

财务费用 Financial Expenses	#利息支出 Interest Expenses	营业利润 Operating Profits	利润总额 Total Profits	应交所得税 Income Tax Payable	应付职工薪酬 Payables to Employees	应交增值税 VAT Payable
2124470	**1519545**	**-4458156**	**-4190963**	**180995**	**10334554**	**643776**
156938	188823	-457899	-674781	29116	1088273	65906
31008	22821	-85154	-79374	-1175	121295	7228
87668	54445	-208068	-174487	3037	215860	6356
21137	11844	-92870	-83385	404	145139	9231
8537	11911	-49812	-45829	389	99211	7035
33906	16130	-121988	-94993	148	146102	10802
26931	16010	-73596	-69830	147	64360	4228
10320	7836	-60805	-57126	197	50665	2780
173632	145511	-213055	-184879	35428	721015	43772
122740	69310	-342034	-323687	535	685750	32362
204053	174355	-432497	-404674	10423	961567	36278
35168	18940	-61385	-53633	678	238192	13167
94345	69414	-92126	-82904	7983	523061	29819
43900	26857	-50127	-40944	3696	184815	14632
63024	45501	-217538	-202068	2575	519616	28415
61633	32015	-76105	-67779	6645	322863	24574
48887	27636	-19080	-13801	6065	256202	24222
57998	32576	-37533	-31138	5150	275088	21015
297311	193957	-718206	-521893	21187	1516689	89360
49765	34269	-137671	-136774	1891	236099	18196
133425	82524	-231473	-223175	9882	297684	26812
36865	27800	-45289	-41831	5963	205391	16462
102172	67001	-89913	-75124	18654	418688	40114
39865	19125	-63471	-58593	4678	178727	16277
48743	32351	-137002	-131426	95	215269	14756
1470	758	-8494	-8154	247	33813	2439
88612	58006	-185883	-176907	4987	326237	18616
25240	18134	-45826	-39147	1206	107397	8505
1973	795	-12140	-10680	6	23200	2061
1571	1153	-12474	-10233	115	19741	1437
15637	11737	-78645	-71712	645	136545	6916

国有控股

State-controlled Enterprises

地 区	Region	营业收入 Business Revenue	营业成本 Business Cost	税金及附加 Taxes and Other Charges	其他业务利润 Profits from Other Business	销售费用 Selling Expenses	管理费用 Administr-ative Expenses
全 国	**National Total**	**9338825**	**4489223**	**254552**	**207729**	**2594342**	**3397835**
北 京	Beijing	1557725	664103	74239	21513	354994	601081
天 津	Tianjin	123384	49584	5458	78	33499	65138
河 北	Hebei	180629	85181	6310	928	72448	66545
山 西	Shanxi	146556	68985	3998	8306	48193	63100
内蒙古	Inner Mongolia	37717	15631	884	88	17311	14654
辽 宁	Liaoning	130724	73499	5571	1755	34538	51705
吉 林	Jilin	77097	36468	2768	2707	25302	39248
黑龙江	Heilongjiang	54134	23385	2808	504	20548	34019
上 海	Shanghai	1174198	522829	25586	76315	295712	394403
江 苏	Jiangsu	714738	293629	10209	6557	250111	310320
浙 江	Zhejiang	563985	210612	13387	27061	206445	203893
安 徽	Anhui	165254	75289	2946	298	70223	35086
福 建	Fujian	447909	241220	5687	2854	130584	127782
江 西	Jiangxi	172177	89650	2586	3235	45220	56041
山 东	Shandong	548893	249998	9278	14212	209104	184911
河 南	Henan	168476	75922	4096	2622	49175	66955
湖 北	Hubei	132460	69649	3630	330	27621	36745
湖 南	Hunan	173461	91778	5956	3269	35510	71835
广 东	Guangdong	862771	440363	17824	10924	216876	308064
广 西	Guangxi	163389	100577	3427	2670	51357	54952
海 南	Hainan	220073	100464	10133	956	41098	99356
重 庆	Chongqing	178826	89653	2926	422	47184	62000
四 川	Sichuan	273250	144989	6211	7138	67604	89276
贵 州	Guizhou	194574	115080	3054	4327	26041	58592
云 南	Yunnan	200424	128955	6044	5025	47630	78357
西 藏	Tibet	38294	14201	123	557	14198	19483
陕 西	Shaanxi	287619	176895	7951	1618	76537	109273
甘 肃	Gansu	124952	78049	3611	356	26935	33790
青 海	Qinghai	23409	15886	710	1	9891	7511
宁 夏	Ningxia	14203	15456	252		626	3815
新 疆	Xinjiang	187521	131243	6889	1104	41829	49906

单位：万元

Unit: 10 000 yuan

财务费用 Financial Expenses	#利息支出 Interest Expenses	营业利润 Operating Profits	利润总额 Total Profits	应交所得税 Income Tax Payable	应付职工薪酬 Payables to Employees	应交增值税 VAT Payable
339648	**358459**	**-1379856**	**-1270325**	**63803**	**3435053**	**191567**
56146	75363	-140382	-133646	17947	635566	39561
11309	5945	-34055	-30241	136	54421	2388
11766	10366	-60953	-42075	205	68963	4257
3900	1100	-39931	-34645	-501	55347	3713
874	881	-10205	-9402	9	17367	1270
3697	3746	-36912	-35010	24	49284	4419
9414	5429	-32460	-27947	10	27172	1603
3507	3095	-28305	-26037	42	25191	1527
20368	34668	-39199	-36577	17613	352277	22959
32166	27350	-138779	-129863	-803	259555	10259
32017	42130	-82938	-78919	3593	208180	8875
2538	3247	-19952	-17668	-19	64597	4153
3710	6582	-36262	-32801	2765	164710	7730
1178	459	-21695	-18205	398	46565	3186
8021	13616	-86008	-79115	665	208738	9824
9060	4288	-33066	-32316	897	62571	3117
6312	7246	-9344	-9722	716	44110	2734
7382	6787	-35453	-34007	634	49095	3043
10894	13986	-101570	-94031	7768	381870	11725
7267	7793	-32286	-32580	842	64836	5260
11373	14945	-38930	-39287	1941	61352	6043
15624	15836	-25195	-22037	1667	60117	3108
10893	8412	-43534	-39066	2333	97162	7195
7538	4577	-11165	-10513	2466	55141	4666
19768	12944	-50639	-49425	891	72147	4494
515	505	-7393	-7165	135	16858	1324
21401	16406	-99499	-97585	740	101786	5793
7571	7022	-25698	-19928	672	40502	3260
69	75	-9602	-8913	-67	7437	855
10	2	-5808	-5782	54	4560	341
3361	3656	-42640	-35818	32	77574	2885

4-4-4 各地区限额以上住宿业企业损益及分配(按登记注册类型分)

内资企业

Domestic Funded Enterprises

地　区	Region	营业收入 Business Revenue	营业成本 Business Cost	税金及附加 Taxes and Other Charges	其他业务利润 Profits from Other Business	销售费用 Selling Expenses	管理费用 Administr-ative Expenses
全　国	**National Total**	**35403695**	**17022911**	**548707**	**501253**	**9411761**	**10903958**
北　京	Beijing	2484374	1034420	66165	32700	709133	948713
天　津	Tianjin	334360	129684	8297	235	104089	143050
河　北	Hebei	707002	319445	15791	5659	254836	232574
山　西	Shanxi	527956	225925	8026	9969	170063	197688
内蒙古	Inner Mongolia	297042	107509	3450	2541	110858	112999
辽　宁	Liaoning	475051	213406	11290	11226	147641	179922
吉　林	Jilin	231371	101807	4412	4040	72602	99534
黑龙江	Heilongjiang	171534	62410	4432	2193	59334	84937
上　海	Shanghai	2404760	1028813	34944	83509	695866	801791
江　苏	Jiangsu	2267894	1013349	21382	22673	661852	822269
浙　江	Zhejiang	2989919	1200202	27242	73028	1003361	994224
安　徽	Anhui	820078	414985	13068	5586	223343	191789
福　建	Fujian	2059054	1151446	24637	11377	461875	453643
江　西	Jiangxi	968451	519694	13375	6830	193441	243708
山　东	Shandong	1694748	751826	18421	27721	575274	522639
河　南	Henan	1297591	665101	19100	11771	285053	339326
湖　北	Hubei	1095021	544924	14858	6355	243818	256055
湖　南	Hunan	1535761	919096	28664	9422	225909	341945
广　东	Guangdong	4402396	2220952	56759	72996	1190938	1416426
广　西	Guangxi	800623	354059	8130	11147	258524	270222
海　南	Hainan	981343	346252	43650	9307	256271	352779
重　庆	Chongqing	866804	480446	10763	4559	173230	221650
四　川	Sichuan	1963011	1005443	26232	27818	432357	487829
贵　州	Guizhou	807335	439704	9204	14118	146075	233607
云　南	Yunnan	794322	445812	17383	7287	152931	265956
西　藏	Tibet	86150	35748	418	858	24199	34469
陕　西	Shaanxi	1348617	734471	18668	18149	330760	373609
甘　肃	Gansu	413769	225206	6716	4056	100501	105706
青　海	Qinghai	91717	47246	1193	646	25992	27846
宁　夏	Ningxia	64308	34140	845	456	19046	21561
新　疆	Xinjiang	421334	249394	11191	3018	102589	125494

Income and Distribution of Enterprises above Designated Size of Hotels by Region and Type of Registration

单位：万元

Unit: 10 000 yuan

财务费用 Financial Expenses	#利息支出 Interest Expenses	营业利润 Operating Profits	利润总额 Total Profits	应交所得税 Income Tax Payable	应付职工薪酬 Payables to Employees	应交增值税 VAT Payable
1709549	**1174724**	**-3924549**	**-3704563**	**143378**	**9116658**	**560432**
99670	117137	-438383	-654601	16201	860947	49706
30331	22774	-66671	-60292	-1372	107709	6173
87399	54149	-204035	-170526	3037	211171	6039
21137	11844	-92870	-83385	404	145139	9231
9787	11281	-47356	-43674	389	93167	6722
26428	10934	-99685	-94249	560	117450	8527
24901	14722	-66765	-60370	145	60284	3711
8441	5090	-46926	-43281	133	47014	2668
66843	48528	-157847	-143828	27127	578538	25551
104225	62055	-302638	-283597	11	630400	32703
170191	152180	-371364	-345147	7922	830171	29563
29636	13433	-48923	-41503	678	224009	11984
61289	49813	-58064	-49860	6853	425816	24013
42243	26812	-48181	-39175	3571	181320	14211
57706	39918	-206353	-191244	2006	494602	27036
60040	31628	-65073	-56609	6632	312982	23720
42787	22182	-4775	-101	6059	233313	22736
54829	30211	-31350	-25449	4861	267527	20542
248874	165940	-621686	-431878	15912	1259902	74665
42294	28136	-112552	-111626	1838	207870	15821
87084	46022	-193402	-188610	8251	241057	21746
32995	26281	-41100	-36709	4996	189504	15566
101581	66239	-88711	-75405	15782	400292	38219
39841	19126	-64594	-59717	4433	178486	16096
46168	30664	-120724	-115327	362	200720	14693
1496	796	-7743	-7261	247	29492	2236
66777	35009	-168858	-160308	4258	304833	17963
25229	18134	-44892	-38429	1206	104482	8276
2119	795	-11334	-9879	6	22689	2029
1571	1153	-12474	-10233	115	19741	1437
15639	11737	-79216	-72290	755	136034	6847

国有企业
State-owned Enterprises

地 区	Region	营业收入 Business Revenue	营业成本 Business Cost	税金及附加 Taxes and Other Charges	其他业务利润 Profits from Other Business	销售费用 Selling Expenses	管理费用 Administrative Expenses
全 国	**National Total**	**2266991**	**892218**	**47498**	**47741**	**806794**	**915005**
北 京	Beijing	303148	60945	12040	5029	116549	148509
天 津	Tianjin	31647	12679	952	19	11671	11054
河 北	Hebei	83097	39867	1975	443	37387	30527
山 西	Shanxi	74051	22393	1867	7831	23627	41323
内蒙古	Inner Mongolia	6493	3618	50		2899	2587
辽 宁	Liaoning	56282	23481	1457	24	19941	24016
吉 林	Jilin	39991	16009	506	763	12341	24166
黑龙江	Heilongjiang	22849	11621	1667	301	8602	17377
上 海	Shanghai	180932	66151	1854	953	52777	70771
江 苏	Jiangsu	132846	43865	1124	1330	62220	61844
浙 江	Zhejiang	132440	41425	1569	1617	60220	51632
安 徽	Anhui	5688	2879	28		2353	2757
福 建	Fujian	24802	7442	314	986	12279	11303
江 西	Jiangxi	64520	35478	987	2398	17637	17516
山 东	Shandong	240042	88092	3393	10412	107483	79684
河 南	Henan	90670	37398	1950	2508	28635	34710
湖 北	Hubei	25845	13995	250	1	6038	7352
湖 南	Hunan	75347	45412	1451	2656	15035	24173
广 东	Guangdong	252252	110952	4032	7624	76780	91938
广 西	Guangxi	14197	4815	342	101	7976	7958
海 南	Hainan	10846	4007	226	8	5901	3316
重 庆	Chongqing	18531	4173	265	37	5029	9574
四 川	Sichuan	64180	29690	1575	380	21922	28796
贵 州	Guizhou	22357	13774	196	127	2964	8868
云 南	Yunnan	63359	35509	1676	1407	16380	19245
西 藏	Tibet	15697	6510	50	538	7102	9146
陕 西	Shaanxi	78743	35340	1975	151	24197	25834
甘 肃	Gansu	41641	16318	943	55	12190	18150
青 海	Qinghai	16448	8275	265		8527	5747
宁 夏	Ningxia	8377	10491	171		507	3471
新 疆	Xinjiang	69671	39615	2346	42	19622	21664

单位：万元
Unit: 10 000 yuan

财务费用 Financial Expenses	#利息支出 Interest Expenses	营业利润 Operating Profits	利润总额 Total Profits	应交所得税 Income Tax Payable	应付职工薪酬 Payables to Employees	应交增值税 VAT Payable
24638	**24647**	**-378055**	**-317403**	**10827**	**906295**	**51283**
-4324	264	-28416	-24632	3273	139753	9470
2551	478	-281	3031	64	14998	715
1587	807	-28017	-9782	69	31013	1945
69	35	-14063	-10321	9	30036	3297
17		-2680	-2974	1	3494	159
474	462	-12610	-11008	14	25163	1877
188	139	-12620	-11345	1	17810	633
2681	2400	-17995	-17378	1	10885	762
-145	1953	2024	-3306	1656	52546	1538
-212	279	-34739	-32488	104	52108	2114
24	2020	-21314	-20415	381	49870	1816
44	46	-2339	-2089	2	1799	116
11	23	-7761	-7113	18	8859	608
439	419	-7748	-5270	-7	13018	943
-2222	466	-30218	-25340	620	100529	4988
3506	245	-15132	-14184	54	32412	1847
1999	2301	-3477	-4599	460	9706	641
194	392	-10065	-8325	69	17805	1179
2888	3517	-33893	-24298	1426	123549	4302
2342	2393	-8554	-10165	5	7155	604
411	404	-3010	-3072	17	3784	295
1030	1121	-1663	-128	210	7480	346
3107	1072	-18675	-18735	382	27031	1708
533	767	-4043	-3270	375	7195	920
38	59	-6777	-5851	726	25167	1651
-16	54	-5890	-5742	68	9124	821
6026	1983	-15221	-15502	588	22672	1701
535	58	-7787	-2523	68	18140	1616
74	72	-5906	-5242	-12	4948	538
5		-6259	-6234		4027	155
783	420	-12928	-9104	186	34222	1978

集体企业

Collective-owned Enterprises

地　区	Region	营业收入 Business Revenue	营业成本 Business Cost	税金及附加 Taxes and Other Charges	其他业务利润 Profits from Other Business	销售费用 Selling Expenses	管理费用 Administrative Expenses
全　国	**National Total**	**219224**	**83396**	**3216**	**4022**	**76351**	**57405**
北　京	Beijing	68655	11774	503	718	31534	20482
天　津	Tianjin	1894	456	6		807	821
河　北	Hebei	6540	2383	115		3254	1081
山　西	Shanxi	1996	942	14		725	628
内蒙古	Inner Mongolia	312	79	1		112	31
辽　宁	Liaoning	2976	1469	33		1388	705
吉　林	Jilin						
黑龙江	Heilongjiang	1257	374	40		585	520
上　海	Shanghai	11468	4420	175		4170	3802
江　苏	Jiangsu	4074	1896	10	824	2092	2010
浙　江	Zhejiang	13550	4109	91	100	6576	4013
安　徽	Anhui						
福　建	Fujian	6193	4628	80		645	435
江　西	Jiangxi						
山　东	Shandong	9409	2783	55	37	5759	2790
河　南	Henan	15176	7898	424	83	3988	2406
湖　北	Hubei	13918	4734	396		3692	4925
湖　南	Hunan	15222	8898	372		1396	3385
广　东	Guangdong	21527	13107	442	603	3896	4531
广　西	Guangxi	1201	189	20		613	337
海　南	Hainan						
重　庆	Chongqing	7468	4983	20	1403	1678	863
四　川	Sichuan	5431	2554	58	139	1882	797
贵　州	Guizhou						
云　南	Yunnan	5108	2513	155	117	780	1172
西　藏	Tibet	996	474	9			297
陕　西	Shaanxi	3844	2467	80		509	869
甘　肃	Gansu	1009	267	117		272	507
青　海	Qinghai						
宁　夏	Ningxia						
新　疆	Xinjiang						

4-4-4 Continued 2

单位：万元

Unit: 10 000 yuan

财务费用 Financial Expenses	#利息支出 Interest Expenses	营业利润 Operating Profits	利润总额 Total Profits	应交所得税 Income Tax Payable	应付职工薪酬 Payables to Employees	应交增值税 VAT Payable
3436	**2755**	**-3356**	**-1071**	**1766**	**67329**	**4301**
-438	26	4822	5642	1385	28559	1375
-1	2	-194	-94		985	37
27	29	-313	-299		2112	186
2		-315	-317	1	541	14
1		89	103	4	97	9
60	1	-680	-665		527	91
-1	2	-258	-230		203	24
2		-1233	-1052	11	3125	187
210	180	-1150	-751		1567	87
9		-1231	-1091	47	4819	373
17	3	386	395	15	427	23
-3	1	-2105	-1904	6	2669	261
1767	813	-1179	-1155	58	3896	368
1003	993	-832	-506	13	3489	224
34		1139	1136	44	2418	165
460	460	-362	-317	63	5440	466
-9		-30	-5	3	520	40
60	28	-95	-81	4	1277	57
12		239	222	83	1959	157
43	40	137	147	7	816	14
22	21	194	232	9	519	54
159	156	-231	-326	11	886	57
	1	-154	-157		477	32

股份合作企业

Cooperative Enterprises

地 区	Region	营业收入 Business Revenue	营业成本 Business Cost	税金及附加 Taxes and Other Charges	其他业务利润 Profits from Other Business	销售费用 Selling Expenses	管理费用 Administr-ative Expenses
全 国	**National Total**	**66694**	**39408**	**1533**	**2076**	**15491**	**15718**
北 京	Beijing	22678	9831	649	64	6341	8244
天 津	Tianjin	209	60			125	10
河 北	Hebei						
山 西	Shanxi						
内蒙古	Inner Mongolia						
辽 宁	Liaoning						
吉 林	Jilin	254	165	3		43	237
黑龙江	Heilongjiang						
上 海	Shanghai						
江 苏	Jiangsu	4367	1400	9		1776	1690
浙 江	Zhejiang	4480	2147	11	22	1733	1448
安 徽	Anhui						
福 建	Fujian						
江 西	Jiangxi						
山 东	Shandong	4134	1958	15	1733	971	1266
河 南	Henan	1326	423	51	219	588	318
湖 北	Hubei						
湖 南	Hunan	6807	4674	545		299	236
广 东	Guangdong	782	205	1		382	270
广 西	Guangxi	179	17	1	38	23	43
海 南	Hainan						
重 庆	Chongqing						
四 川	Sichuan	3237	2178	185		101	644
贵 州	Guizhou						
云 南	Yunnan						
西 藏	Tibet						
陕 西	Shaanxi	16981	15454	62		3110	986
甘 肃	Gansu	342	360				9
青 海	Qinghai	382	54	1			316
宁 夏	Ningxia						
新 疆	Xinjiang	539	483	1			2

4-4-4 Continued 3

单位：万元

Unit: 10 000 yuan

财务费用 Financial Expenses	#利息支出 Interest Expenses	营业利润 Operating Profits	利润总额 Total Profits	应交所得税 Income Tax Payable	应付职工薪酬 Payables to Employees	应交增值税 VAT Payable
674	**446**	**-4008**	**-4397**	**191**	**15374**	**806**
82	282	-2401	-2887	169	7770	329
		13	13		65	4
		-194	-194		69	2
8		-647	-626	7	1206	61
7		-693	-685	4	2430	117
195		-271	-225		947	104
-5		-49	-39		455	51
164		889	889		783	
		-77	-57	1	456	11
1	1	95	95		88	2
30		105	112	4	403	87
30		-654	-654	6	367	6
164	164	-192	-192		77	3
-1		12	-1		146	3
		53	54		113	28

4-4-4 续表 4

联营企业

Joint Ownership Enterprises

地 区	Region	营业收入 Business Revenue	营业成本 Business Cost	税金及附加 Taxes and Other Charges	其他业务利润 Profits from Other Business	销售费用 Selling Expenses	管理费用 Administr-ative Expenses
全 国	**National Total**	**23946**	**11585**	**360**	**104**	**7140**	**7461**
北 京	Beijing	5126	1009	81	76	2666	1235
天 津	Tianjin						
河 北	Hebei						
山 西	Shanxi						
内蒙古	Inner Mongolia						
辽 宁	Liaoning						
吉 林	Jilin						
黑龙江	Heilongjiang						
上 海	Shanghai	260	53	23		195	396
江 苏	Jiangsu	3325	867	-3	28	1296	1962
浙 江	Zhejiang	7402	4184	87		1427	2212
安 徽	Anhui						
福 建	Fujian						
江 西	Jiangxi	3617	1469	14		1140	739
山 东	Shandong						
河 南	Henan						
湖 北	Hubei	1397	1220	11		104	480
湖 南	Hunan						
广 东	Guangdong	511	246	2			105
广 西	Guangxi						
海 南	Hainan	2042	2427	141		313	204
重 庆	Chongqing						
四 川	Sichuan						
贵 州	Guizhou						
云 南	Yunnan						
西 藏	Tibet						
陕 西	Shaanxi						
甘 肃	Gansu						
青 海	Qinghai						
宁 夏	Ningxia						
新 疆	Xinjiang	265	112	4			129

4-4-4 Continued 4

单位：万元

Unit: 10 000 yuan

财务费用 Financial Expenses	#利息支出 Interest Expenses	营业利润 Operating Profits	利润总额 Total Profits	应交所得税 Income Tax Payable	应付职工薪酬 Payables to Employees	应交增值税 VAT Payable
215	**163**	**-2350**	**-1911**	**59**	**7946**	**399**
10		193	235	2	1547	51
		-406	-525		276	9
	1	-806	-296	1	1502	23
151	160	-261	-287	2	3308	28
53		204	204	40	104	4
1	2	-414	-408		335	172
-1		159	179	11	234	19
1		-1039	-1049	3	559	94
		20	37		82	

有限责任公司

Limited Liability Corporations

地 区	Region	营业收入 Business Revenue	营业成本 Business Cost	税金及附加 Taxes and Other Charges	其他业务利润 Profits from Other Business	销售费用 Selling Expenses	管理费用 Administr-ative Expenses
全 国	**National Total**	**12616880**	**5932759**	**279310**	**248902**	**3486661**	**4304006**
北 京	Beijing	1537646	716527	49634	23234	368764	594158
天 津	Tianjin	137100	53127	5110	88	40648	69769
河 北	Hebei	266592	113655	6730	562	108627	84965
山 西	Shanxi	131382	66060	2466	1002	47180	54154
内 蒙 古	Inner Mongolia	101979	36754	1259	125	40882	44543
辽 宁	Liaoning	149705	75246	5894	1997	44809	57493
吉 林	Jilin	76643	37833	2544	1948	26347	31545
黑 龙 江	Heilongjiang	59587	23485	1283	945	21067	28865
上 海	Shanghai	1120109	500366	25355	77248	311534	362198
江 苏	Jiangsu	735129	318366	9596	9207	239728	302087
浙 江	Zhejiang	849204	311057	14795	26652	306660	284447
安 徽	Anhui	372971	167418	8178	2830	127019	91198
福 建	Fujian	517367	286099	7873	2576	135963	136742
江 西	Jiangxi	296416	159598	6126	3645	61853	89288
山 东	Shandong	606434	283842	8297	5628	201968	201918
河 南	Henan	294482	140749	5527	836	81942	104115
湖 北	Hubei	257447	121113	4839	188	65762	69882
湖 南	Hunan	273377	149997	9110	1358	42931	99417
广 东	Guangdong	1736138	809066	35743	43763	465202	537007
广 西	Guangxi	283341	141111	3779	3889	82066	106139
海 南	Hainan	591356	201728	17023	7667	162305	242850
重 庆	Chongqing	242515	122221	3974	1269	60586	83354
四 川	Sichuan	646744	323399	11825	17416	145158	178934
贵 州	Guizhou	268774	143343	4768	4621	43585	84619
云 南	Yunnan	303942	174549	8668	4186	68465	121454
西 藏	Tibet	40728	15144	213	19	11335	15955
陕 西	Shaanxi	391904	216039	8787	3987	107144	149632
甘 肃	Gansu	136508	90195	3392	825	27393	27927
青 海	Qinghai	12748	10166	396	1	2109	2885
宁 夏	Ningxia	15973	7635	128	5	4799	5720
新 疆	Xinjiang	162641	116869	5998	1185	32832	40748

4-4-4 Continued 5

单位：万元

Unit: 10 000 yuan

财务费用 Financial Expenses	#利息支出 Interest Expenses	营业利润 Operating Profits	利润总额 Total Profits	应交所得税 Income Tax Payable	应付职工薪酬 Payables to Employees	应交增值税 VAT Payable
768482	**632801**	**-1975519**	**-2105959**	**60264**	**3842932**	**223414**
88547	102524	-349329	-571592	9612	569992	31206
24947	21237	-50302	-48074	-1578	52076	2377
35583	23100	-82529	-75149	314	86575	-1457
5699	2036	-41288	-39544	-178	43720	1122
2551	6424	-22307	-20735	65	36575	2145
5288	2447	-37388	-35788	300	43824	2743
15084	10500	-33710	-29676	15	17815	1896
1802	1251	-16036	-14229	47	18222	405
18748	16497	-67481	-53942	19506	321444	17618
42625	29982	-138589	-130534	-2158	244341	10974
66568	63499	-113267	-109807	4230	262653	7313
15489	6799	-31999	-26998	71	119048	6881
13776	12654	-43381	-40947	2561	167283	8694
14617	8303	-31135	-28745	577	65518	6124
28828	26164	-95959	-91304	214	188570	8885
21503	16244	-53062	-49761	1953	84897	5941
8744	5953	-12722	-11148	479	70277	6130
12359	9406	-30253	-29826	1137	68028	5054
143158	113792	-181740	-180605	7382	514765	33815
11825	10069	-37630	-35741	1135	85919	6701
38743	36177	-159530	-150993	4996	161570	14677
18748	17778	-31823	-29844	1716	74357	4801
41855	30039	-47741	-43493	4038	153308	15688
9012	5972	-11555	-11412	2915	69927	6151
28050	18969	-71199	-69442	-71	87426	5982
799	484	-946	-787	117	13452	1098
37339	20510	-117437	-114159	330	123746	5607
10558	9395	-22894	-22050	527	36524	2902
301	209	-2588	-2533	-99	3301	339
12	3	-2183	-2138	56	3427	210
5324	4387	-37519	-34964	54	54354	1391

4-4-4 续表 6

股份有限公司

Share-holding Corporations Ltd.

地　区	Region	营业收入 Business Revenue	营业成本 Business Cost	税金及附加 Taxes and Other Charges	其他业务利润 Profits from Other Business	销售费用 Selling Expenses	管理费用 Administrative Expenses
全　国	**National Total**	**611566**	**270342**	**30997**	**4724**	**133298**	**177102**
北　京	Beijing	2585	344			2637	636
天　津	Tianjin	6946	2516	143		2576	2721
河　北	Hebei						
山　西	Shanxi						
内蒙古	Inner Mongolia	266	174			44	46
辽　宁	Liaoning	5025	3405	168	93	90	1605
吉　林	Jilin	4950	955	232		2866	1367
黑龙江	Heilongjiang	11145	3711	455		3030	4268
上　海	Shanghai	24107	5505	497	6	13875	9688
江　苏	Jiangsu	97284	43741	1370	673	20835	33718
浙　江	Zhejiang	33110	9604	160	1004	15231	15905
安　徽	Anhui	10414	3807	53	43	5969	2484
福　建	Fujian	4637	5661	112	6	2606	3351
江　西	Jiangxi	6309	4597	52		633	873
山　东	Shandong	14605	6088	235	754	3819	6442
河　南	Henan	9847	2693	497		3948	6364
湖　北	Hubei	17404	6395	434	1437	7578	4728
湖　南	Hunan	16931	9541	513		1346	3916
广　东	Guangdong	76501	45475	1993	268	13268	25743
广　西	Guangxi	3635	1672	11	346	1292	1410
海　南	Hainan	221720	93395	23041	21	16238	38094
重　庆	Chongqing	6366	5017	10		488	1997
四　川	Sichuan	8916	4435	380	10	3060	2779
贵　州	Guizhou						
云　南	Yunnan	6600	2329	410	43	2388	3456
西　藏	Tibet	202	43	1		182	78
陕　西	Shaanxi	12848	5865	56	4	6117	1404
甘　肃	Gansu	5199	2148	36		1014	1056
青　海	Qinghai	2011	457	137		1932	1318
宁　夏	Ningxia						
新　疆	Xinjiang	2003	773	3	17	236	1655

4-4-4 Continued 6

单位：万元

Unit: 10 000 yuan

财务费用 Financial Expenses	#利息支出 Interest Expenses	营业利润 Operating Profits	利润总额 Total Profits	应交所得税 Income Tax Payable	应付职工薪酬 Payables to Employees	应交增值税 VAT Payable
36386	**7647**	**-21141**	**-19445**	**5618**	**157238**	**10566**
49	42	-1081	-1063		1012	20
38		-990	-977	1	2544	31
		3	3		169	3
-51		-64	-58	1	159	108
238	55	-602	-589		1032	70
73	71	-499	-315	1	3329	210
-1	11	-5452	-5395	15	11937	397
206	869	1985	2463	1457	27932	1779
1439	1544	-7297	-7132	3	13506	346
-238	270	-1743	-1626		4220	227
-3268	211	1195	1181	247	2970	162
12	2	141	136	4	1046	118
160	66	-2343	-2198	19	3412	317
83	127	-2674	-3111	3	3453	254
1255	1763	-1146	-1209	9	4877	186
2125	944	-2512	-2538	1	3606	176
-1603	542	-3823	-3186	449	30593	1583
9	1	-760	-737		197	18
34965	615	16971	16637	3191	30967	3612
7		-1454	-1434	2	824	132
243	166	-1847	-1355	101	2065	104
46	39	-2629	-2593	3	2768	186
6		-107	-105		80	
55	6	-1332	-1197	103	1832	414
535	303	-579	-582		1555	32
6		-1839	-1803		764	48
		-664	-663	8	393	34

私营企业
Private Enterprises

地　区	Region	营业收入 Business Revenue	营业成本 Business Cost	税金及附加 Taxes and Other Charges	其他业务利润 Profits from Other Business	销售费用 Selling Expenses	管理费用 Administrative Expenses
全　国	**National Total**	**19592653**	**9790484**	**185777**	**193685**	**4884975**	**5423912**
北　京	Beijing	544536	233991	3258	3579	180642	175450
天　津	Tianjin	155896	60692	2087	128	48188	58217
河　北	Hebei	350773	163540	6972	4654	105568	116000
山　西	Shanxi	320527	136530	3679	1137	98531	101583
内蒙古	Inner Mongolia	187992	66884	2140	2416	66920	65793
辽　宁	Liaoning	261063	109806	3738	9112	81413	96104
吉　林	Jilin	109533	46846	1127	1328	31005	42220
黑龙江	Heilongjiang	75620	22768	987	947	25972	33393
上　海	Shanghai	1067346	452017	7039	5302	313316	354759
江　苏	Jiangsu	1290314	602765	9274	10611	333863	418942
浙　江	Zhejiang	1949733	827677	10528	43634	611513	634567
安　徽	Anhui	431005	240880	4809	2713	88003	95350
福　建	Fujian	1506056	847615	16257	7809	310382	301813
江　西	Jiangxi	597162	318424	6195	786	112070	135228
山　东	Shandong	818407	368360	6422	9158	254533	228584
河　南	Henan	885635	475630	10644	8126	165945	191401
湖　北	Hubei	778703	397247	8928	4730	160644	168537
湖　南	Hunan	1148076	700575	16674	5408	164903	210817
广　东	Guangdong	2314685	1241901	14546	20739	631409	756832
广　西	Guangxi	498070	206255	3977	6774	166555	154335
海　南	Hainan	155378	44696	3220	1611	71515	68315
重　庆	Chongqing	591923	344051	6494	1851	105450	125862
四　川	Sichuan	1234504	643187	12210	9873	260234	275880
贵　州	Guizhou	516204	282586	4239	9370	99526	140120
云　南	Yunnan	415311	230912	6475	1535	64918	120628
西　藏	Tibet	28527	13577	145	301	5579	8994
陕　西	Shaanxi	844298	459306	7707	14008	189683	194883
甘　肃	Gansu	229071	115918	2228	3177	59631	58056
青　海	Qinghai	60128	28295	394	644	13424	17581
宁　夏	Ningxia	39958	16014	546	451	13740	12369
新　疆	Xinjiang	186216	91542	2839	1774	49899	61296

4-4-4 Continued 7

单位：万元

Unit: 10 000 yuan

财务费用 Financial Expenses	#利息支出 Interest Expenses	营业利润 Operating Profits	利润总额 Total Profits	应交所得税 Income Tax Payable	应付职工薪酬 Payables to Employees	应交增值税 VAT Payable
875698	**506251**	**-1538553**	**-1253362**	**64641**	**4117675**	**269531**
15744	13999	-62171	-60304	1761	112314	7256
2793	1054	-14897	-14177	142	36930	2924
50202	30213	-93176	-85296	2654	91471	5365
15366	9773	-37204	-33204	573	70842	4799
7218	4858	-22460	-20070	319	52833	4406
20658	8023	-48944	-46730	245	47777	3708
9392	4029	-19640	-18566	128	23558	1111
3886	1367	-12014	-11081	84	14333	1265
48239	30068	-85356	-79665	5937	188993	5787
61387	30744	-128737	-121408	595	301651	17662
101993	84958	-227300	-205729	3254	493586	19572
14340	6318	-12843	-10790	605	98943	4760
50752	36922	-8503	-3376	4011	246277	14526
27117	18082	-9765	-5621	2956	101415	7022
30743	13220	-73766	-69046	1147	197385	12464
33185	14199	6906	11526	4558	187840	15254
29782	11168	13882	17830	5099	144562	15380
39953	19469	9452	13216	3611	174887	13968
103972	47629	-401950	-223594	6580	584866	34470
28127	15673	-65674	-65073	695	113991	8456
12964	8826	-46795	-50133	43	44177	3068
13150	7354	-6065	-5222	3064	105566	10230
56335	34962	-20794	-12157	11175	215527	20475
30296	12387	-48997	-45034	1143	101364	9025
17992	11557	-40256	-37589	-304	84543	6859
684	238	-994	-860	53	6317	262
23169	12355	-33983	-28469	3219	155330	10178
13437	8213	-13286	-12925	612	47708	3690
1739	514	-1014	-301	117	13531	1102
1553	1150	-4032	-1862	59	12287	1072
9532	6931	-28178	-27650	507	46871	3417

其他企业

Other Enterprises

地 区	Region	营业收入 Business Revenue	营业成本 Business Cost	税金及附加 Taxes and Other Charges	其他业务利润 Profits from Other Business	销售费用 Selling Expenses	管理费用 Administr-ative Expenses
全 国	**National Total**	**5741**	**2718**	**17**		**1050**	**3350**
北 京	Beijing						
天 津	Tianjin	669	155			73	458
河 北	Hebei						
山 西	Shanxi						
内 蒙 古	Inner Mongolia						
辽 宁	Liaoning						
吉 林	Jilin						
黑 龙 江	Heilongjiang	1076	453	1		78	515
上 海	Shanghai	537	301	2			177
江 苏	Jiangsu	555	449	2		43	17
浙 江	Zhejiang						
安 徽	Anhui						
福 建	Fujian						
江 西	Jiangxi	427	128	1		107	64
山 东	Shandong	1717	704	4		743	1954
河 南	Henan	454	309	7		7	14
湖 北	Hubei	307	220				152
湖 南	Hunan						
广 东	Guangdong						
广 西	Guangxi						
海 南	Hainan						
重 庆	Chongqing						
四 川	Sichuan						
贵 州	Guizhou						
云 南	Yunnan						
西 藏	Tibet						
陕 西	Shaanxi						
甘 肃	Gansu						
青 海	Qinghai						
宁 夏	Ningxia						
新 疆	Xinjiang						

4-4-4 Continued 8

单位：万元

Unit: 10 000 yuan

财务费用 Financial Expenses	#利息支出 Interest Expenses	营业利润 Operating Profits	利润总额 Total Profits	应交所得税 Income Tax Payable	应付职工薪酬 Payables to Employees	应交增值税 VAT Payable
20	**12**	**-1566**	**-1016**	**13**	**1867**	**131**
4	3	-21	-15		112	85
1		-124	-48		41	3
		57	57	1	217	16
1	1	44	44	5	92	4
7	7	121	121		219	1
5		-1692	-1228		1091	16
2		116	116	7	30	3
2	2	-67	-63		68	4

港、澳、台商投资企业

Enterprises with Funds from Hongkong, Macao and Taiwan

地 区	Region	营业收入 Business Revenue	营业成本 Business Cost	税金及附加 Taxes and Other Charges	其他业务利润 Profits from Other Business	销售费用 Selling Expenses	管理费用 Administrative Expenses
全 国	**National Total**	**2710839**	**1022394**	**96584**	**69254**	**790680**	**973680**
北 京	Beijing	474168	145100	25065	21128	163351	145059
天 津	Tianjin	10444	4672	529	2	2743	4645
河 北	Hebei	15129	5485	1143	2	1908	10257
山 西	Shanxi						
内蒙古	Inner Mongolia	15695	11736	272		1453	3764
辽 宁	Liaoning	65681	30428	3967	147	18174	25490
吉 林	Jilin	4102	3530	121		715	1767
黑龙江	Heilongjiang	10457	2757	976	-1174	5041	12235
上 海	Shanghai	334905	155869	18003	2406	44997	110673
江 苏	Jiangsu	102631	40649	947	1004	41128	34828
浙 江	Zhejiang	296125	72304	4846	9508	132426	100835
安 徽	Anhui	31524	9705	780		5986	22467
福 建	Fujian	259982	130091	3415	1215	59817	76235
江 西	Jiangxi	16729	7385	288	233	3244	3987
山 东	Shandong	58923	18334	2126	3651	13802	29578
河 南	Henan	34200	14508	1200		11886	13161
湖 北	Hubei	39079	13756	1033	120	12499	15821
湖 南	Hunan	39013	18214	584	4321	9367	12764
广 东	Guangdong	519543	194377	12836	18737	173140	188092
广 西	Guangxi	72259	21413	3216	1051	18887	40019
海 南	Hainan	206835	74013	11651	3757	44116	81466
重 庆	Chongqing	12763	6494	328	68	3926	7874
四 川	Sichuan	26818	14589	301	1898	4922	5618
贵 州	Guizhou	4518	3692	56		168	184
云 南	Yunnan	18297	4933	1015	51	7852	12551
西 藏	Tibet	7177	2927			348	1809
陕 西	Shaanxi	28741	14418	1581		7295	10467
甘 肃	Gansu	3123	383	91		1071	1874
青 海	Qinghai						
宁 夏	Ningxia						
新 疆	Xinjiang	1978	633	215	1131	418	160

4-4-4 Continued 9

单位：万元
Unit: 10 000 yuan

财务费用 Financial Expenses	#利息支出 Interest Expenses	营业利润 Operating Profits	利润总额 Total Profits	应交所得税 Income Tax Payable	应付职工薪酬 Payables to Employees	应交增值税 VAT Payable
296889	**251645**	**-393799**	**-363033**	**21098**	**787715**	**51582**
46620	61289	-17267	-18280	5758	154757	10311
112	1	-2260	-2553	186	3895	293
269	296	-4033	-3961		4689	316
-977		-553	-254		4995	284
5477	4128	-17436	3750		18062	1789
1965	1287	-3995	-6713		661	204
2730	2745	-13345	-13360		2242	32
65425	60731	-49653	-49832	5697	69505	6658
14971	6522	-27391	-27583	335	35098	-727
28717	19539	-36261	-34945	2203	90199	6493
5489	5493	-11761	-11457		9994	1002
22085	11372	-28900	-25734	576	65219	3481
1795	37	29	68	125	2144	270
3095	3454	-7688	-7640	567	20250	1059
1486	283	-6289	-6589	10	7271	710
2123	1715	-5924	-5526	6	12542	653
2986	2186	-5079	-4633	289	7183	440
31869	23825	-75976	-72004	3039	171074	9730
6344	5740	-18149	-17015	52	21078	1753
48293	36502	-39787	-36322	1632	50864	4908
3045	740	-9008	-8982		5065	192
167	105	-1267	-1169	437	7302	247
20		981	981	245	130	35
750	786	-8428	-8386	-270	9346	701
13		2080	1527		2557	96
2017	2866	-6711	-6864	323	10338	429
5		-302	-136		746	152
-2		571	578	-110	511	70

外商投资企业

Foreign Funded Enterprises

地　区	Region	营业收入 Business Revenue	营业成本 Business Cost	税金及附加 Taxes and Other Charges	其他业务利润 Profits from Other Business	销售费用 Selling Expenses	管理费用 Administr-ative Expenses
全　国	**National Total**	**1667700**	**664974**	**44325**	**26357**	**382298**	**609555**
北　京	Beijing	222087	80549	13415	16835	52458	68064
天　津	Tianjin	51052	4210	439	269	31371	31300
河　北	Hebei						
山　西	Shanxi						
内蒙古	Inner Mongolia	2631	1206	193		2637	772
辽　宁	Liaoning	29734	10084	472	93	8808	18795
吉　林	Jilin	18119	9126	155		6749	4918
黑龙江	Heilongjiang	10711	2847	9		3096	6132
上　海	Shanghai	372832	154073	6089	320	40700	141669
江　苏	Jiangsu	59490	25263	754	1279	21170	24507
浙　江	Zhejiang	149329	52585	1149	1636	55788	54090
安　徽	Anhui	12966	6351	396	88	1745	5300
福　建	Fujian	145640	50834	4036	2494	29454	55816
江　西	Jiangxi	4342	2096	101		1636	2573
山　东	Shandong	19586	3937	296	264	8794	7465
河　南	Henan	6506	4554	336		1323	4930
湖　北	Hubei	32224	7592	1551		15434	11277
湖　南	Hunan	956	730	88		310	748
广　东	Guangdong	312842	158854	5014	2441	59655	93308
广　西	Guangxi	24490	11092	655		5336	13351
海　南	Hainan	16966	6146	404		5111	5539
重　庆	Chongqing	39723	15994	1348	98	7852	9088
四　川	Sichuan	48887	16768	2922	387	8298	19924
贵　州	Guizhou	4520	2566	91		113	1603
云　南	Yunnan	10299	6060	1075		2546	6742
西　藏	Tibet	8780	4200	14		511	6925
陕　西	Shaanxi	58302	26233	2891	153	9167	12139
甘　肃	Gansu	3897	915	296		1644	1669
青　海	Qinghai	788	109	136		593	912
宁　夏	Ningxia						
新　疆	Xinjiang						

单位：万元
Unit: 10 000 yuan

财务费用 Financial Expenses	#利息支出 Interest Expenses	营业利润 Operating Profits	利润总额 Total Profits	应交所得税 Income Tax Payable	应付职工薪酬 Payables to Employees	应交增值税 VAT Payable
118032	**93176**	**-139808**	**-123367**	**16518**	**430181**	**31762**
10648	10396	-2250	-1900	7157	72568	5889
565	46	-16223	-16529	11	9691	762
-273	630	-1903	-1901		1048	29
2001	1068	-4867	-4494	-413	10590	486
65		-2835	-2748	2	3415	313
-851		-534	-486	64	1410	81
41364	36252	-5555	8781	2604	72972	11563
3544	733	-12004	-12507	189	20252	387
5145	2636	-24873	-24582	298	41197	222
43	14	-701	-673		4190	181
10971	8229	-5162	-7310	554	32026	2325
-138	9	-1975	-1837		1351	151
2223	2130	-3497	-3184	2	4765	320
106	104	-4743	-4581	3	2610	145
3977	3739	-8380	-8173		10347	833
182	179	-1103	-1056		379	34
16568	4192	-20544	-18011	2236	85713	4965
1127	393	-6970	-8134	1	7152	622
-1952		1717	1757		5763	158
825	779	4819	3860	967	10823	704
424	658	65	1450	2435	11094	1648
4		143	143		111	146
1825	900	-7851	-7712	2	5204	-639
-39	-38	-2830	-2421		1764	107
19818	20130	-10314	-9736	406	11066	224
6		-632	-583		2169	77
-146		-806	-801		511	32

4-4-5 各地区限额以上住宿业企业损益及分配(按国民经济行业分)

旅游饭店

Tourist Hotel

地　区	Region	营业收入 Business Revenue	营业成本 Business Cost	税金及附加 Taxes and Other Charges	其他业务利润 Profits from Other Business	销售费用 Selling Expenses	管理费用 Administrative Expenses
全　国	**National Total**	**27628788**	**12447960**	**571697**	**493767**	**7732673**	**9106290**
北　京	Beijing	2318135	891648	93315	49672	634107	901629
天　津	Tianjin	233701	69492	6901	445	89981	121786
河　北	Hebei	468712	203404	13307	3388	169043	167619
山　西	Shanxi	317946	139891	6159	9022	101565	114585
内蒙古	Inner Mongolia	223631	86875	2995	1513	83387	79021
辽　宁	Liaoning	397369	173006	12456	8657	123655	167687
吉　林	Jilin	186254	82476	4147	3234	63185	81916
黑龙江	Heilongjiang	127110	41515	4504	734	50501	74397
上　海	Shanghai	2042584	848726	52146	81264	504596	713873
江　苏	Jiangsu	1655760	684047	19222	21598	539409	648283
浙　江	Zhejiang	2697532	986351	29907	72170	976073	899073
安　徽	Anhui	623143	290393	11567	4503	190208	165126
福　建	Fujian	1910531	998555	25863	11198	450183	475950
江　西	Jiangxi	583639	296753	6324	5181	134841	163234
山　东	Shandong	1255711	539168	18067	26671	437768	408442
河　南	Henan	714090	325569	10676	10344	188531	227112
湖　北	Hubei	689995	315981	13670	3764	173998	185011
湖　南	Hunan	976409	557753	20365	9863	162325	247917
广　东	Guangdong	3727594	1808480	64878	82641	1078416	1204657
广　西	Guangxi	605296	242566	10291	7135	200175	222752
海　南	Hainan	1133054	396915	54869	13016	282024	417541
重　庆	Chongqing	629285	329845	9909	3931	138103	177020
四　川	Sichuan	1320033	647222	21271	26778	305378	346018
贵　州	Guizhou	583821	313313	7343	13460	109166	172998
云　南	Yunnan	480545	259187	14086	5157	113165	190397
西　藏	Tibet	85535	35460	360	910	23167	36623
陕　西	Shaanxi	902854	470669	19389	9431	218498	285551
甘　肃	Gansu	317904	171719	6321	3810	74865	85453
青　海	Qinghai	62543	31015	907	643	19312	19391
宁　夏	Ningxia	52369	29258	787	326	15133	18397
新　疆	Xinjiang	305705	180710	9695	3307	81917	86827

Income and Distribution of Enterprises above Designated Size of Hotels by Region and Sector

单位：万元

Unit: 10 000 yuan

财务费用 Financial Expenses	#利息支出 Interest Expenses	营业利润 Operating Profits	利润总额 Total Profits	应交所得税 Income Tax Payable	应付职工薪酬 Payables to Employees	应交增值税 VAT Payable
1765641	**1313785**	**-3673690**	**-3527160**	**127388**	**7717771**	**485157**
133428	163613	-378141	-597743	24104	858623	51957
28188	22421	-69937	-68245	-1446	74397	4585
58609	32401	-144733	-119185	2575	143592	9265
14675	8115	-57351	-51977	24	90908	7504
5138	9254	-32793	-29880	201	70686	5275
26039	13170	-96402	-90976	-316	109133	8337
24014	15021	-63985	-60800	49	50585	3524
7847	6334	-51089	-49787	135	36873	1352
154304	134140	-178286	-162312	24912	530832	34567
105574	63361	-286007	-273313	-1005	511142	23077
188548	164321	-339172	-316606	8243	777788	28827
28961	15218	-55520	-49372	612	183755	10449
84459	63436	-88248	-84198	5093	415950	23198
32602	21829	-53553	-46496	2896	118801	9403
48569	36808	-167580	-154790	2220	401435	21846
42427	26882	-74360	-70827	2805	193678	14431
30287	20338	-25956	-21306	5057	166346	15385
44477	27437	-45703	-40756	2911	183235	14205
253162	167308	-580928	-397596	15698	1140629	67659
37022	27226	-94648	-95103	1440	165226	14269
130184	81678	-223651	-216131	9215	282476	25322
34036	26397	-46096	-41746	4130	155419	12659
71390	44942	-66662	-58163	8847	295358	26237
31234	16387	-51756	-49351	4093	134680	12517
38617	26966	-112975	-109752	354	143675	9241
1031	685	-8022	-7642	169	29530	2338
75328	51567	-159214	-153835	2898	234548	13004
21852	16105	-37999	-35424	969	83699	7117
1025	568	-8813	-7523	27	14257	1686
1171	1002	-12079	-9889	85	16308	1201
11444	8853	-62032	-56435	393	104207	4721

4-4-5 续表 1

一般旅馆

General Hotels

地　区	Region	营业收入 Business Revenue	营业成本 Business Cost	税金及附加 Taxes and Other Charges	其他业务利润 Profits from Other Business	销售费用 Selling Expenses	管理费用 Administrative Expenses
全　国	**National Total**	**10911990**	**5571419**	**99599**	**92336**	**2584217**	**3047348**
北　京	Beijing	785322	331154	10635	19960	273004	236678
天　津	Tianjin	141972	58520	1455	59	43655	48792
河　北	Hebei	220056	106115	3266	1737	76880	63825
山　西	Shanxi	197321	81601	1658	947	62712	80131
内蒙古	Inner Mongolia	89699	32729	892	1027	31113	37559
辽　宁	Liaoning	134349	64202	1743	2611	36196	43715
吉　林	Jilin	59135	29229	366	805	14485	21169
黑龙江	Heilongjiang	56880	22836	875	278	15952	24879
上　海	Shanghai	1025781	465553	6775	4908	260288	332290
江　苏	Jiangsu	688710	358017	3117	3181	158273	201666
浙　江	Zhejiang	689189	311140	3261	11335	207939	235656
安　徽	Anhui	217803	125565	2182	1132	37905	48222
福　建	Fujian	502049	295830	5689	3787	93852	99493
江　西	Jiangxi	302771	171992	3537	847	52842	65574
山　东	Shandong	462897	211341	2000	4101	140662	129421
河　南	Henan	572743	329996	8637	1380	100955	119373
湖　北	Hubei	427180	226962	3270	2608	86412	86308
湖　南	Hunan	494015	305288	8041	1058	64423	92832
广　东	Guangdong	1357122	681944	8138	11257	309741	447947
广　西	Guangxi	274526	134614	1650	5063	78655	95767
海　南	Hainan	55511	23189	576	48	17346	18189
重　庆	Chongqing	267195	159733	2142	616	44095	56073
四　川	Sichuan	670090	356624	7645	2855	134309	156678
贵　州	Guizhou	211706	120685	1603	526	33079	56594
云　南	Yunnan	293502	166615	4853	2138	42521	83639
西　藏	Tibet	10862	5133	61	-52	1753	2620
陕　西	Shaanxi	467830	266847	3038	6999	109673	95563
甘　肃	Gansu	94599	48814	702	175	26550	22223
青　海	Qinghai	25459	13720	403	3	6534	7879
宁　夏	Ningxia	9580	3683	42	130	3850	2527
新　疆	Xinjiang	106137	61748	1349	819	18560	34065

单位：万元
Unit: 10 000 yuan

财务费用 Financial Expenses	#利息支出 Interest Expenses	营业利润 Operating Profits	利润总额 Total Profits	应交所得税 Income Tax Payable	应付职工薪酬 Payables to Employees	应交增值税 VAT Payable
310847	**176121**	**-671016**	**-583099**	**47574**	**2337550**	**142913**
23639	24649	-77920	-76263	4057	207210	12549
779	243	-9222	-7158	268	39336	2570
25357	20415	-55171	-47533	422	62766	-2159
6104	3672	-34477	-30468	377	51956	1557
3219	2523	-16435	-15397	187	27971	1682
6743	2500	-17574	-17947	273	28373	2174
1773	966	-8260	-7702	83	12456	732
2235	1300	-9459	-7136	57	12123	1200
18700	11350	-30013	-18440	10465	182744	8843
14401	4069	-44655	-39527	1445	152959	8389
14687	9284	-91316	-86508	2130	174192	6764
5646	3104	-4295	-2708	48	49578	2496
12990	5768	-3303	2239	2557	95402	6024
6390	3422	968	2450	602	49995	3931
9687	4338	-34595	-31605	316	104565	6007
14720	4741	932	5168	3458	116637	9128
17287	6181	6196	6700	949	79637	8162
10285	3656	9967	10878	1837	77310	5787
35510	17653	-114659	-102789	3746	331976	19333
10896	5931	-40715	-39438	430	67003	3670
1067	422	-5541	-4759	44	10965	1012
2686	1357	37	-1031	1635	44530	3476
30006	21384	-20596	-16077	9726	112269	13072
7970	2477	-9482	-7529	521	39781	3316
8446	4667	-20258	-18212	-495	60851	4179
215	67	505	447	76	3177	437
11783	5519	-18247	-14716	1992	80916	5057
3128	1808	-6323	-2412	163	21153	1246
724	192	-2608	-2481	-22	7989	316
392	146	-837	-782	4	3040	209
3382	2319	-13661	-12362	223	28688	1756

4-4-5 续表 2

民宿服务

Home Lodging Services

地　区	Region	营业收入 Business Revenue	营业成本 Business Cost	税金及附加 Taxes and Other Charges	其他业务利润 Profits from Other Business	销售费用 Selling Expenses	管理费用 Administrative Expenses
全　国	**National Total**	**164416**	**105216**	**1186**	**1087**	**23931**	**43368**
北　京	Beijing	2585	1743	15		444	1521
天　津	Tianjin		362			1	255
河　北	Hebei	458	179	5		150	110
山　西	Shanxi	2054	902			633	473
内蒙古	Inner Mongolia						
辽　宁	Liaoning						
吉　林	Jilin	467	440	32			2
黑龙江	Heilongjiang	468	335	5		19	28
上　海	Shanghai	3345	2911	4		157	782
江　苏	Jiangsu	11343	6685	81		1709	3873
浙　江	Zhejiang	45299	26342	66	667	6441	13374
安　徽	Anhui	3724	2043	11		728	1006
福　建	Fujian	11582	9804	166	6	664	3539
江　西	Jiangxi	10125	6503	50	36	357	2673
山　东	Shandong	6325	2262	9	22	1955	1231
河　南	Henan	8689	5581	109		1242	926
湖　北	Hubei	4362	2443	33	60	499	1404
湖　南	Hunan	17804	13846	124		901	2281
广　东	Guangdong	8130	5059	34	2	2584	1736
广　西	Guangxi	1486	1121	5		86	230
海　南	Hainan	277	215				62
重　庆	Chongqing	1585	950	32		35	799
四　川	Sichuan	5047	3298	10		643	903
贵　州	Guizhou	5165	2807	154		1102	1519
云　南	Yunnan	6510	4030	140		2007	2886
西　藏	Tibet						
陕　西	Shaanxi	4826	2596	99	294	537	1251
甘　肃	Gansu						
青　海	Qinghai						
宁　夏	Ningxia	1737	970	2		60	207
新　疆	Xinjiang	1023	1790	1		976	301

单位：万元
Unit: 10 000 yuan

财务费用 Financial Expenses	#利息支出 Interest Expenses	营业利润 Operating Profits	利润总额 Total Profits	应交所得税 Income Tax Payable	应付职工薪酬 Payables to Employees	应交增值税 VAT Payable
1026	**2716**	**-8228**	**-7624**	**668**	**34116**	**1898**
138	98	-1275	-1245	1	880	76
		-618	-572		142	-131
10	11	4	-33	1	160	9
9	9	37	32	1	220	2
1		-2	-2		23	-84
		75	75		61	5
21	3	-530	-159	20	598	36
192	49	-230	-821	20	2614	129
813	750	-1940	-1498	45	8729	660
253	216	-241	-219	2	1172	14
-3329	57	1038	513	277	3913	305
457	20	-232	-108	29	1585	44
648	520	233	149	2	1002	44
275	20	803	936	46	1805	142
29	6	-43	-74	7	502	51
489	386	-317	-487	74	2213	232
77	78	-1418	-910	9	1531	103
17	3	8	49	2	333	18
					42	
27		-257	-152		588	22
120	114	71	84	24	1116	64
106	83	-404	-390	49	952	70
375	68	-3168	-2995	23	2419	146
242	224	168	189	13	1052	-74
4	2	495	501	25	218	16
54		-487	-487		245	

露营地服务

Campground Services

地　区	Region	营业收入 Business Revenue	营业成本 Business Cost	税金及附加 Taxes and Other Charges	其他业务利润 Profits from Other Business	销售费用 Selling Expenses	管理费用 Administr-ative Expenses
全　国	**National Total**	**16862**	**10917**	**50**	**197**	**1875**	**3468**
北　京	Beijing						
天　津	Tianjin						
河　北	Hebei						
山　西	Shanxi	1152	299	5		158	564
内蒙古	Inner Mongolia						
辽　宁	Liaoning						
吉　林	Jilin						
黑龙江	Heilongjiang						
上　海	Shanghai	1205	1161	1	16		
江　苏	Jiangsu	371	67	5		261	308
浙　江	Zhejiang	293	120				184
安　徽	Anhui	1598	1536	14	43	327	482
福　建	Fujian	469	354	2		5	3
江　西	Jiangxi	532	266	1		108	136
山　东	Shandong						
河　南	Henan	245	182	6	10	7	13
湖　北	Hubei	626	513	1		87	124
湖　南	Hunan	7558	4463	13		228	669
广　东	Guangdong	247	120	1		52	31
广　西	Guangxi	858	843	1		204	124
海　南	Hainan						
重　庆	Chongqing						
四　川	Sichuan						
贵　州	Guizhou	387	112		127	29	75
云　南	Yunnan						
西　藏	Tibet						
陕　西	Shaanxi	1320	881	1		408	756
甘　肃	Gansu						
青　海	Qinghai						
宁　夏	Ningxia						
新　疆	Xinjiang						

单位：万元
Unit: 10 000 yuan

财务费用 Financial Expenses	#利息支出 Interest Expenses	营业利润 Operating Profits	利润总额 Total Profits	应交所得税 Income Tax Payable	应付职工薪酬 Payables to Employees	应交增值税 VAT Payable
1125	**612**	**-813**	**-15**	**235**	**3678**	**61**
272		-146	-47		247	-21
2		53	61	1	65	12
131	135	-399	251		216	
		-11	-11		116	1
-346	172	-406	-406		730	16
5		98	95	1	134	
		-6	-5			25
3	3	33	33	2	35	2
44	45	-143	-142		26	
228	231	1510	1532	232	871	82
25	25	18	16		49	
603		-916	-891		450	
1		-3	-3		75	
157		-496	-498		664	-56

其他住宿业

Others

地 区	Region	营业收入 Business Revenue	营业成本 Business Cost	税金及附加 Taxes and Other Charges	其他业务利润 Profits from Other Business	销售费用 Selling Expenses	管理费用 Administrative Expenses
全 国	**National Total**	**1060180**	**574766**	**17085**	**9478**	**242043**	**286718**
北 京	Beijing	74588	35524	681	1031	17387	22008
天 津	Tianjin	20184	10191	909	1	4565	8163
河 北	Hebei	32905	15233	355	536	10670	11277
山 西	Shanxi	9484	3231	204		4995	1936
内蒙古	Inner Mongolia	2038	846	28		447	955
辽 宁	Liaoning	38748	16710	1529	198	14773	12804
吉 林	Jilin	7737	2319	143		2395	3132
黑龙江	Heilongjiang	8245	3328	34	7	999	3999
上 海	Shanghai	39582	20404	110	47	16521	7187
江 苏	Jiangsu	73832	30446	659	177	24498	27475
浙 江	Zhejiang	3059	1138	3		1122	862
安 徽	Anhui	18300	11504	471	-4	1905	4719
福 建	Fujian	40045	27827	368	95	6443	6710
江 西	Jiangxi	92454	53660	3852	1000	10173	18650
山 东	Shandong	48323	21326	767	842	17485	20587
河 南	Henan	42530	22835	1210	37	7527	9993
湖 北	Hubei	44163	20374	469	43	10754	10307
湖 南	Hunan	79945	56690	792	2823	7709	11757
广 东	Guangdong	141689	78580	1559	274	32940	43455
广 西	Guangxi	15206	7421	54		3628	4719
海 南	Hainan	16302	6092	260	1	6127	3991
重 庆	Chongqing	21225	12406	356	178	2774	4720
四 川	Sichuan	43546	29655	528	471	5246	9772
贵 州	Guizhou	15294	9045	251	5	2980	4208
云 南	Yunnan	42361	26973	395	43	5636	8326
西 藏	Tibet	5711	2282	12		138	3960
陕 西	Shaanxi	58829	34129	613	1579	18107	13094
甘 肃	Gansu	8286	5971	80	72	1801	1573
青 海	Qinghai	4504	2621	19		740	1488
宁 夏	Ningxia	622	229	14		3	430
新 疆	Xinjiang	10447	5779	361	23	1554	4461

单位：万元
Unit: 10 000 yuan

财务费用 Financial Expenses	#利息支出 Interest Expenses	营业利润 Operating Profits	利润总额 Total Profits	应交所得税 Income Tax Payable	应付职工薪酬 Payables to Employees	应交增值税 VAT Payable
45832	**26312**	**-104408**	**-73064**	**5129**	**241439**	**13747**
-268	463	-563	471	953	21559	1323
2041	157	-5376	-3399	3	7420	204
3693	1618	-8168	-7736	40	9341	-758
77	48	-934	-925	2	1808	190
180	134	-584	-552	1	554	78
1125	460	-8012	13930	190	8597	291
1143	22	-1350	-1327	14	1296	55
238	201	-331	-277	5	1608	224
606	17	-4279	-4029	31	6776	314
2443	1696	-10743	-10277	76	18820	768
5		-58	-52	5	742	26
654	230	-924	-928	16	2958	192
220	153	-1711	-1553	55	7661	293
4451	1586	2694	3215	169	14433	1230
4120	3836	-15596	-15822	36	12614	518
4208	368	-3513	-3089	334	10707	872
1240	1067	865	1021	51	9691	624
2519	865	-2990	-2304	95	11459	710
8536	8893	-21218	-20614	1735	42504	2265
1227	1110	-1399	-1391	20	3088	239
2174	424	-2280	-2284	623	4200	478
118	46	1027	1098	198	4855	305
656	561	-2728	-967	58	9945	741
555	179	-1826	-1320	15	3238	373
1305	651	-602	-468	213	8324	1190
223	7	-976	-959	2	1106	-336
1102	695	-8093	-8046	85	9057	684
260	221	-1504	-1312	74	2545	142
224	35	-719	-676	2	954	59
3	3	-53	-63		175	11
758	565	-2465	-2428	29	3405	440

4-4-6 各地区限额以上餐饮业企业损益及分配

地　区	Region	营业收入 Business Revenue	营业成本 Business Cost	税金及附加 Taxes and Other Charges	其他业务利润 Profits from Other Business	销售费用 Selling Expenses	管理费用 Administr-ative Expenses
全　国	**National Total**	**76169435**	**42172251**	**251456**	**423864**	**22790736**	**9065428**
北　京	Beijing	8374561	4098616	12411	70082	3208944	992747
天　津	Tianjin	1454702	808016	3262	6617	425539	185640
河　北	Hebei	649689	366181	3946	4703	185402	112349
山　西	Shanxi	858854	489707	4070	4603	261680	124620
内蒙古	Inner Mongolia	388547	199319	2534	6998	129400	94812
辽　宁	Liaoning	1031492	550394	4387	4404	313691	146145
吉　林	Jilin	268973	174913	851	686	57214	36221
黑龙江	Heilongjiang	131441	71393	469	367	45554	19574
上　海	Shanghai	10931883	5131279	8812	52054	4372339	1249132
江　苏	Jiangsu	7011485	3895067	22032	19166	2001975	927829
浙　江	Zhejiang	5082276	2767802	10668	21942	1536546	675356
安　徽	Anhui	2462295	1513759	11918	6551	552436	278638
福　建	Fujian	3454355	2355013	12237	6340	596443	307742
江　西	Jiangxi	1037178	680116	7473	9623	151153	117328
山　东	Shandong	2843612	1629145	13502	28471	747047	464919
河　南	Henan	1222318	708248	9500	8269	302010	145924
湖　北	Hubei	3074205	1780970	18618	29900	760751	260311
湖　南	Hunan	2141472	1398064	19592	4473	361537	200473
广　东	Guangdong	11771979	6224760	23020	71089	3875781	1606868
广　西	Guangxi	910763	560033	2964	7098	228198	106987
海　南	Hainan	187413	84799	584	3449	75012	26211
重　庆	Chongqing	1870681	1369592	12050	7140	210527	147070
四　川	Sichuan	4404188	2286424	19266	18671	1538404	344263
贵　州	Guizhou	595647	423662	2672	1646	70576	77610
云　南	Yunnan	784450	534774	4422	2534	127955	83726
西　藏	Tibet	23899	13114	96	598	2827	3151
陕　西	Shaanxi	2320652	1519579	15070	18587	442067	195924
甘　肃	Gansu	417445	244402	2410	4613	108104	66195
青　海	Qinghai	49339	25201	359	2100	13911	8881
宁　夏	Ningxia	53482	29153	602	432	16608	8726
新　疆	Xinjiang	360159	238758	1658	661	71105	50055

Income and Distribution of Enterprises above Designated Size of Catering Services by Region

单位：万元

Unit: 10 000 yuan

财务费用 Financial Expenses	#利息支出 Interest Expenses	营业利润 Operating Profits	利润总额 Total Profits	应交所得税 Income Tax Payable	应付职工薪酬 Payables to Employees	应交增值税 VAT Payable
826228	**392959**	**951597**	**1236982**	**525752**	**16029383**	**544619**
55097	48699	14030	54245	54659	2017491	51666
15507	1794	14422	17503	10042	303044	9173
17223	9458	-41596	-37725	1595	129865	6793
20002	13778	-45859	-39826	2421	170899	12870
7941	4829	-42779	-38017	225	107471	5452
29697	7944	-13812	-12076	8890	218336	3948
3705	2110	-6009	-4466	393	35183	1507
2648	1667	-8854	-7556	128	13908	1070
64488	21048	156611	201134	108683	2506111	6959
87403	27809	96557	132649	61922	1559052	55596
79119	46753	61939	81204	43813	1099337	31006
21801	7635	72765	82896	18948	473733	24369
21874	7854	153710	155498	15026	499974	15042
14616	8557	50803	57014	5875	134873	9996
51955	22390	-60535	-41646	13668	675420	33783
17361	5380	41211	42968	7264	222640	12825
41043	14358	188515	193960	29097	584582	36549
29228	15617	114330	120733	15566	346172	20134
100867	29447	-3775	29343	62812	2737032	89461
12372	7494	3926	10187	4323	182723	8189
2426	2152	719	2228	1085	40692	1816
15489	9484	102046	103168	9677	277651	18644
61379	48924	34094	46559	29846	950398	37830
6066	3192	6424	10783	1568	86874	7704
4703	2128	30365	33301	2601	120456	8844
46	9	5043	5245	560	5191	622
21106	10956	58400	62362	12363	347465	20612
8666	4824	-14557	-11153	1394	87019	4682
4229	876	-5230	-4656	15	14205	1461
917	638	-2652	-1862	122	13582	745
7255	5156	-8657	-7016	1171	68001	5270

国有控股

State-controlled Enterprises

地区	Region	营业收入 Business Revenue	营业成本 Business Cost	税金及附加 Taxes and Other Charges	其他业务利润 Profits from Other Business	销售费用 Selling Expenses	管理费用 Administr-ative Expenses
全国	**National Total**	**3209876**	**2268579**	**24861**	**30749**	**608562**	**546591**
北京	Beijing	439389	341056	3576	9734	55278	52944
天津	Tianjin	38427	27356	236	47	7371	6018
河北	Hebei	40859	23204	695	1949	12074	15626
山西	Shanxi	51524	38976	883	423	9806	11600
内蒙古	Inner Mongolia	38050	28257	520	28	12691	9342
辽宁	Liaoning	18723	11847	700		985	6164
吉林	Jilin	22546	18297	107		2620	3829
黑龙江	Heilongjiang	2748	1181	34	3	1067	641
上海	Shanghai	294084	155121	1008	2998	84596	46896
江苏	Jiangsu	338713	171049	1682	572	103890	102082
浙江	Zhejiang	293694	208250	812	1066	64715	39939
安徽	Anhui	51562	35755	764	2460	8483	12596
福建	Fujian	33943	25342	156	103	6585	5424
江西	Jiangxi	60960	49254	804		4477	10548
山东	Shandong	267249	180877	3050	6357	56882	60691
河南	Henan	40991	24307	477	-1	5830	10035
湖北	Hubei	43003	33793	327		2927	4221
湖南	Hunan	41434	26503	734	-257	7605	9497
广东	Guangdong	414583	333344	1670	1570	62954	54829
广西	Guangxi	77699	53571	516	11	18644	13451
海南	Hainan	341	119			348	
重庆	Chongqing	100378	103761	479	23	4926	7434
四川	Sichuan	107955	77617	1413	1152	18873	13352
贵州	Guizhou	91656	70349	431	443	2706	11604
云南	Yunnan	58507	51626	464	924	2557	5958
西藏	Tibet	478	181	2		732	256
陕西	Shaanxi	142662	108274	1854	803	30089	15948
甘肃	Gansu	30775	18099	377	113	11226	6430
青海	Qinghai						
宁夏	Ningxia	6217	4006	231	229	1725	757
新疆	Xinjiang	60726	47209	858		5902	8481

单位：万元
Unit: 10 000 yuan

财务费用 Financial Expenses	#利息支出 Interest Expenses	营业利润 Operating Profits	利润总额 Total Profits	应交所得税 Income Tax Payable	应付职工薪酬 Payables to Employees	应交增值税 VAT Payable
42016	**36059**	**-86010**	**-50876**	**9319**	**960626**	**54814**
2948	3707	-6298	-4363	2707	175178	8760
-72	37	-1740	-1347	18	11351	796
819	468	-8765	-9165	168	11176	-930
5011	4238	-14079	-12381	-48	11691	1100
583	288	-10327	-8012	33	14051	1072
1112		-4102	-3050	3	4244	434
236	11	-2645	-2148	94	4638	282
123	126	-365	-136	1	811	86
2117	478	30640	31498	2697	75877	5129
7056	4352	-43716	-38986	992	113559	5125
3397	2693	30565	32464	1200	106040	3926
596	299	-6408	-5212	188	15026	501
137	91	-74	148	161	8760	95
612	573	-7099	-4824	15	9513	1815
950	889	-14916	-11791	716	84042	3306
889	279	-633	-129	120	9684	926
-221	-1	1641	1734	226	11578	759
1752	1823	-5370	-3273	122	10033	410
1981	5707	20279	23048	609	144838	5070
2315	2264	222	454	-160	18817	-405
		-50	-33	1	181	3
2093	2039	-15964	-13191	532	8472	1362
946	441	-1117	-344	329	18765	3819
403	101	4785	5313	101	14037	2736
18	26	-1462	-1292	136	13239	1849
1		-465	-466			
3105	2071	-19475	-18754	295	42615	3629
101	17	-5433	-3753	51	9044	462
16		-226	-288	-1	1893	235
2992	3043	-3415	-2598	-1986	11475	2465

4-4-7 各地区限额以上餐饮业企业损益及分配(按登记注册类型分)

内资企业
Domestic Funded Enterprises

地　区	Region	营业收入 Business Revenue	营业成本 Business Cost	税金及附加 Taxes and Other Charges	其他业务利润 Profits from Other Business	销售费用 Selling Expenses	管理费用 Administrative Expenses
全　国	**National Total**	**56447784**	**33210809**	**232369**	**342436**	**14771448**	**7344782**
北　京	Beijing	4871182	2605446	9718	49785	1588905	692241
天　津	Tianjin	960713	565857	2869	6422	245277	139502
河　北	Hebei	646681	364916	3910	4703	183585	112120
山　西	Shanxi	755641	438085	4002	4603	224220	117451
内蒙古	Inner Mongolia	359130	180087	2413	6998	121944	87576
辽　宁	Liaoning	423135	247036	3949	4393	99529	89336
吉　林	Jilin	254427	169957	826	686	48681	35633
黑龙江	Heilongjiang	115767	64304	458	365	37713	18519
上　海	Shanghai	5843638	3044652	5911	31598	2032194	791570
江　苏	Jiangsu	5510455	3117517	19344	17963	1539040	779109
浙　江	Zhejiang	4062447	2276343	9137	18337	1214013	582301
安　徽	Anhui	2443304	1504933	11638	6551	544882	271957
福　建	Fujian	2679363	1944491	11520	6226	317587	262794
江　西	Jiangxi	939109	627555	7277	9623	125636	108209
山　东	Shandong	2471914	1443262	13039	26318	626219	428938
河　南	Henan	1115971	649513	9405	8268	272853	131105
湖　北	Hubei	2246421	1422002	17909	29723	419632	200957
湖　南	Hunan	1866226	1260670	19113	4473	271724	177009
广　东	Guangdong	8448137	4826873	19333	55303	2372437	1319653
广　西	Guangxi	814515	509284	2899	7098	202481	98974
海　南	Hainan	174868	81193	525	1158	69505	22083
重　庆	Chongqing	1582832	1139407	11808	3982	188292	134489
四　川	Sichuan	3690694	1933620	18706	15101	1291213	291440
贵　州	Guizhou	585725	416136	2624	1579	69554	76371
云　南	Yunnan	698198	476839	4273	2534	111078	75095
西　藏	Tibet	23899	13114	96	598	2827	3151
陕　西	Shaanxi	2065755	1395227	14697	10248	357865	175396
甘　肃	Gansu	379127	221952	2389	4610	99018	63295
青　海	Qinghai	49339	25201	359	2100	13911	8881
宁　夏	Ningxia	53482	29153	602	432	16608	8726
新　疆	Xinjiang	315688	216182	1620	661	63027	40903

Income and Distribution of Enterprises above Designated Size of Catering Services by Region and Type of Registration

单位：万元
Unit: 10 000 yuan

财务费用 Financial Expenses	#利息支出 Interest Expenses	营业利润 Operating Profits	利润总额 Total Profits	应交所得税 Income Tax Payable	应付职工薪酬 Payables to Employees	应交增值税 VAT Payable
635739	**300652**	**32024**	**299343**	**238156**	**10794356**	**516112**
24877	16534	-29547	7701	24155	1015286	40591
7008	1711	-2869	1159	4715	194848	8600
17217	9449	-41304	-37461	1594	129150	6774
17916	13778	-50246	-43841	1471	144239	12862
7350	4829	-37210	-31556	225	100409	5753
20862	8084	-39051	-36905	524	65383	3624
3476	2110	-6305	-4388	358	32336	1507
2247	1348	-8168	-7009	121	12281	699
31347	4261	-40707	-11769	26172	961996	13556
73102	23460	-10381	24023	31855	1174676	51931
63189	43049	-80332	-59808	18945	849780	28798
21702	7633	75505	85563	18947	469092	24291
13094	4081	127410	127562	10540	305442	19019
13617	8491	40630	46949	3321	132106	9927
41836	20423	-81044	-63388	7357	569521	28678
16106	4107	39580	42151	6441	199600	12450
32064	14272	136726	140309	13544	379474	34681
25532	13371	92700	100504	10650	276167	19316
67878	25282	-133466	-105390	23043	1905219	78952
11201	6559	-6714	-458	1484	163976	8181
2434	2126	1465	2937	1014	38170	1795
13219	8157	79383	85201	7184	221146	17496
59280	32302	-29851	-15777	12650	796604	38775
6067	3190	6338	9428	1547	85690	7594
4023	2128	28247	31245	1892	102007	8080
46	9	5043	5245	560	5191	622
19041	9044	34416	38955	6978	295139	19440
8032	4202	-17383	-13917	757	81386	4687
4229	876	-5230	-4656	15	14205	1461
917	638	-2652	-1862	122	13582	745
6833	5149	-12960	-11404	-25	60255	5224

国有企业

State-owned Enterprises

地　区	Region	营业收入 Business Revenue	营业成本 Business Cost	税金及附加 Taxes and Other Charges	其他业务利润 Profits from Other Business	销售费用 Selling Expenses	管理费用 Administr-ative Expenses
全　国	**National Total**	**455923**	**275749**	**4321**	**4719**	**109852**	**102746**
北　京	Beijing	7105	3621	51	1	2058	2266
天　津	Tianjin	2748	1003	81		1196	1035
河　北	Hebei	14747	8805	112	1870	4291	4391
山　西	Shanxi	7511	4046	119	347	1676	3670
内蒙古	Inner Mongolia						
辽　宁	Liaoning	2203	1737	593		5	1154
吉　林	Jilin	3382	1808	36		767	1028
黑龙江	Heilongjiang	1526	867	6	3	562	474
上　海	Shanghai	52350	36415	82	91	12948	4103
江　苏	Jiangsu	99920	51863	228	289	31474	28561
浙　江	Zhejiang	14137	8897	173		3431	3376
安　徽	Anhui	8051	2833	3		3589	3315
福　建	Fujian	2120	1619	6		139	470
江　西	Jiangxi	23914	17593	78		3333	2992
山　东	Shandong	61319	33180	464	1340	15635	19960
河　南	Henan	7126	5125	281		738	252
湖　北	Hubei	7651	4758	87		791	1421
湖　南	Hunan	16044	10368	165	87	2645	2306
广　东	Guangdong	40595	25830	562	145	6579	9639
广　西	Guangxi	3040	2181	12		324	362
海　南	Hainan						
重　庆	Chongqing	4808	3000	58	23	532	580
四　川	Sichuan	21261	12596	307		5606	3229
贵　州	Guizhou	3854	1522	10	101	1240	1231
云　南	Yunnan	5797	4715	11		475	768
西　藏	Tibet						
陕　西	Shaanxi	14107	8089	208	367	3300	1390
甘　肃	Gansu	6994	4452	171	56	3083	1885
青　海	Qinghai						
宁　夏	Ningxia	2185	1295	24		1140	271
新　疆	Xinjiang	21429	17532	395		2296	2621

4-4-7 Continued 1

单位：万元

Unit: 10 000 yuan

财务费用 Financial Expenses	#利息支出 Interest Expenses	营业利润 Operating Profits	利润总额 Total Profits	应交所得税 Income Tax Payable	应付职工薪酬 Payables to Employees	应交增值税 VAT Payable
6306	**2923**	**-38303**	**-28241**	**-1382**	**129348**	**9157**
20		-943	-655	2	2664	257
7		-304	-288		1681	72
11	-5	-3254	-2784	43	4517	13
564	10	-2059	-802		2706	178
925		-2207	-2494	1	987	20
-2		-254	1		909	175
1		-447	-224		472	45
-7	10	-918	-733	-200	7727	1536
1922	453	-10870	-9652	200	32823	1432
6		-1743	-1627	14	5467	190
20	10	-1907	-1779	3	2409	127
-1		-235	-175		328	23
201	179	-1930	133	6	4491	302
-102	70	-4708	-3780	376	23600	1577
99	28	664	665	14	1430	19
13	4	208	582	31	2473	192
82	3	579	578	24	2246	45
539	481	-1806	-1170	-79	17114	1027
3		144	140		785	40
28	27	638	662	108	1160	70
268	53	-539	-395	37	3389	723
163	13	-313	-139	4	338	58
3	1	-175	-163		927	86
86	62	-1246	-1131	39	2795	358
46	39	-2909	-1212		2842	146
7		-290	-276		901	94
1404	1487	-1479	-1525	-2004	2168	356

集体企业

Collective-owned Enterprises

地区	Region	营业收入 Business Revenue	营业成本 Business Cost	税金及附加 Taxes and Other Charges	其他业务利润 Profits from Other Business	销售费用 Selling Expenses	管理费用 Administrative Expenses
全国	**National Total**	**137859**	**86648**	**922**	**780**	**28982**	**18788**
北京	Beijing	14400	8413	58	29	3686	3078
天津	Tianjin	142	89			45	3
河北	Hebei	563	390			86	55
山西	Shanxi	1009	260	1		518	276
内蒙古	Inner Mongolia	262	124	25		87	104
辽宁	Liaoning	1441	1244	7		134	258
吉林	Jilin						
黑龙江	Heilongjiang						
上海	Shanghai	32198	14847	49	416	11854	2412
江苏	Jiangsu	19136	11574	54	3	3878	3117
浙江	Zhejiang	509	275	1		243	33
安徽	Anhui	2128	1135	4		1036	330
福建	Fujian	2217	909	16		1204	1017
江西	Jiangxi	885	443	14		256	85
山东	Shandong	2610	1621	19		295	520
河南	Henan						
湖北	Hubei	7942	6368	67	100	103	2010
湖南	Hunan						
广东	Guangdong	25662	18966	362	20	2303	3448
广西	Guangxi	790	108	2		197	119
海南	Hainan						
重庆	Chongqing	11858	10921	124		177	130
四川	Sichuan	1091	682	23	212	191	110
贵州	Guizhou	4550	3938			2	450
云南	Yunnan	3087	885	24		1119	825
西藏	Tibet						
陕西	Shaanxi	3707	2905	67		409	79
甘肃	Gansu	1675	553	4		1160	329
青海	Qinghai						
宁夏	Ningxia						
新疆	Xinjiang						

4-4-7 Continued 2

单位：万元
Unit: 10 000 yuan

财务费用 Financial Expenses	#利息支出 Interest Expenses	营业利润 Operating Profits	利润总额 Total Profits	应交所得税 Income Tax Payable	应付职工薪酬 Payables to Employees	应交增值税 VAT Payable
694	**500**	**1477**	**1682**	**864**	**34504**	**1803**
202	184	-1037	-915	19	4493	162
1		30	33		162	
		-45	-31		327	
		-53	-53			
		-197	-165		433	46
100	15	3007	2641	750	9622	362
81	1	436	532	38	3844	112
2	2	-45	-6		170	4
7		-384	-302		596	110
-85	8	-844	-810		1563	90
2		86	86		175	5
106	105	69	71		599	48
166	171	-771	-739	2	1853	111
72		506	584	21	5451	481
1	1	-64	-50		391	37
8		493	494	16	1733	58
		85	85	6	195	22
1		127	131		671	
3		231	247		1476	103
5	5	242	242	9	234	51
24	10	-394	-392	1	517	3

股份合作企业

Cooperative Enterprises

地　区	Region	营业收入 Business Revenue	营业成本 Business Cost	税金及附加 Taxes and Other Charges	其他业务利润 Profits from Other Business	销售费用 Selling Expenses	管理费用 Administrative Expenses
全　国	**National Total**	**141187**	**75367**	**757**	**500**	**46849**	**20681**
北　京	Beijing	36955	19173	167	91	12166	5260
天　津	Tianjin						
河　北	Hebei	6096	3207	23		1808	838
山　西	Shanxi	392	141	6		170	42
内蒙古	Inner Mongolia						
辽　宁	Liaoning						
吉　林	Jilin						
黑龙江	Heilongjiang						
上　海	Shanghai	8180	3255	47		2726	2264
江　苏	Jiangsu	6996	3580	12		3078	272
浙　江	Zhejiang	6053	4329	6		781	1640
安　徽	Anhui						
福　建	Fujian						
江　西	Jiangxi	1109	552	2		699	1
山　东	Shandong	1691	508	3		734	429
河　南	Henan	370	243	2		6	117
湖　北	Hubei	598	442	4		80	81
湖　南	Hunan						
广　东	Guangdong	34623	17023	65	18	14466	4847
广　西	Guangxi	1011	682	3	325		343
海　南	Hainan						
重　庆	Chongqing						
四　川	Sichuan	36209	21676	414	66	9886	4481
贵　州	Guizhou						
云　南	Yunnan	405	224			111	59
西　藏	Tibet						
陕　西	Shaanxi	210	191	4			
甘　肃	Gansu	287	141			138	8
青　海	Qinghai						
宁　夏	Ningxia						
新　疆	Xinjiang						

4-4-7 Continued 3

单位：万元
Unit: 10 000 yuan

财务费用 Financial Expenses	#利息支出 Interest Expenses	营业利润 Operating Profits	利润总额 Total Profits	应交所得税 Income Tax Payable	应付职工薪酬 Payables to Employees	应交增值税 VAT Payable
577	**278**	**-2642**	**-1935**	**360**	**34544**	**3325**
110	20	153	237	253	7588	719
246	247	-25	73		1206	187
1		33	39	1	146	6
21		187	231	59	2589	231
		55	102		1421	325
1		-704	-667	14	2111	35
3		-156	-147		403	66
41		-24	-14	2	447	32
2		2	2	1	148	1
1		19	17		295	5
266		-2052	-1815	28	8997	473
1	6	-19	56		183	27
-114	5	-135	-74	3	8688	1214
1		11	11	1	154	1
		14	14		66	3
-1					104	

联营企业

Joint Ownership Enterprises

地　区	Region	营业收入 Business Revenue	营业成本 Business Cost	税金及附加 Taxes and Other Charges	其他业务利润 Profits from Other Business	销售费用 Selling Expenses	管理费用 Administrative Expenses
全　国	**National Total**	**18241**	**11962**	**69**	**49**	**1904**	**3413**
北　京	Beijing						
天　津	Tianjin						
河　北	Hebei						
山　西	Shanxi						
内蒙古	Inner Mongolia						
辽　宁	Liaoning						
吉　林	Jilin						
黑龙江	Heilongjiang						
上　海	Shanghai	265	205	3			58
江　苏	Jiangsu	855	667	2		78	35
浙　江	Zhejiang	3135	925			1596	494
安　徽	Anhui						
福　建	Fujian						
江　西	Jiangxi						
山　东	Shandong	1370	1321		49	7	87
河　南	Henan						
湖　北	Hubei						
湖　南	Hunan						
广　东	Guangdong						
广　西	Guangxi						
海　南	Hainan						
重　庆	Chongqing						
四　川	Sichuan						
贵　州	Guizhou	5565	4600			128	1013
云　南	Yunnan						
西　藏	Tibet						
陕　西	Shaanxi	350	210	2		8	13
甘　肃	Gansu						
青　海	Qinghai						
宁　夏	Ningxia						
新　疆	Xinjiang	6702	4034	62		87	1715

4-4-7 Continued 4

单位：万元

Unit: 10 000 yuan

财务费用 Financial Expenses	#利息支出 Interest Expenses	营业利润 Operating Profits	利润总额 Total Profits	应交所得税 Income Tax Payable	应付职工薪酬 Payables to Employees	应交增值税 VAT Payable
1112	**1106**	**-257**	**975**	**2**	**3287**	**108**
			2		39	13
1		73	76	2	135	5
90	88	29	85		1414	83
-1	-1	-44	-15		540	
40	40	-218	321		94	
2		115	115		41	2
980	979	-213	391		1025	6

4-4-7 续表 5

有限责任公司

Limited Liability Corporations

地 区	Region	营业收入 Business Revenue	营业成本 Business Cost	税金及附加 Taxes and Other Charges	其他业务利润 Profits from Other Business	销售费用 Selling Expenses	管理费用 Administr-ative Expenses
全 国	**National Total**	**11628693**	**6459261**	**50148**	**90519**	**3592342**	**1623880**
北 京	Beijing	2104375	1039282	4920	29741	760961	297081
天 津	Tianjin	283445	141696	525	201	110365	30114
河 北	Hebei	135120	73083	1299	680	42383	31326
山 西	Shanxi	125561	75283	1334	96	40943	22324
内 蒙 古	Inner Mongolia	106805	57139	1145	5195	34471	35708
辽 宁	Liaoning	81378	48054	300	827	19791	12917
吉 林	Jilin	40405	25421	178		11099	4752
黑 龙 江	Heilongjiang	44124	18695	100	165	23566	3584
上 海	Shanghai	1251834	608727	1060	12105	517765	153559
江 苏	Jiangsu	723486	350789	5255	1487	263716	152172
浙 江	Zhejiang	563978	340960	997	1956	168716	80542
安 徽	Anhui	555714	287574	2826	4561	168623	72673
福 建	Fujian	77084	57092	365	103	11410	10081
江 西	Jiangxi	173537	127106	1803	127	19030	22104
山 东	Shandong	635828	379404	6193	7976	165605	116745
河 南	Henan	294281	146640	992	406	112700	31495
湖 北	Hubei	307822	181654	1489	3513	73855	28963
湖 南	Hunan	293694	163311	1513	-236	87896	26738
广 东	Guangdong	1928327	1110853	4560	5216	563189	271165
广 西	Guangxi	174065	105305	738	3364	53488	22956
海 南	Hainan	79462	38966	328	8	30806	11614
重 庆	Chongqing	210016	162235	1053	474	40503	17191
四 川	Sichuan	337297	192163	2395	4633	88324	46715
贵 州	Guizhou	144216	105545	555	342	11148	19906
云 南	Yunnan	132348	95672	1124	1462	21874	16630
西 藏	Tibet	18979	9800	88		1437	2479
陕 西	Shaanxi	617793	404158	5239	2680	100614	50629
甘 肃	Gansu	112522	62092	800	3122	32172	22352
青 海	Qinghai	9411	4044	155	50	2226	1101
宁 夏	Ningxia	6448	5001	208	229	717	1234
新 疆	Xinjiang	59337	41520	611	37	12947	7029

单位：万元
Unit: 10 000 yuan

财务费用 Financial Expenses	#利息支出 Interest Expenses	营业利润 Operating Profits	利润总额 Total Profits	应交所得税 Income Tax Payable	应付职工薪酬 Payables to Employees	应交增值税 VAT Payable
137829	**63905**	**-285289**	**-196835**	**61688**	**2503979**	**106758**
12613	9360	-1702	24311	14253	476277	15538
793	335	-1994	-912	1775	71067	1896
5954	2011	-16964	-15959	256	28177	710
6261	6211	-19605	-18340	464	27457	2008
3436	2793	-21674	-17516	44	32600	2002
668	272	-2298	-1125	158	10405	438
625	157	-1222	-665	104	4782	-36
768	129	-2675	-2623	26	2734	198
7333	926	-54515	-46947	5795	242201	72
14290	3985	-64826	-56484	3612	196895	6662
7091	5507	-31974	-28737	1912	153207	5852
4061	1566	14855	16738	9082	150198	4408
315	114	1629	1969	221	13578	518
2966	1881	-839	1869	512	22883	2749
10628	2135	-25575	-19690	2281	150259	8546
4315	889	-7990	-6668	932	65049	2715
1868	441	21549	22419	1669	55360	5313
5033	4315	8670	11597	3509	59439	2770
25131	8923	-52267	-46104	9690	429780	16420
3598	3436	-1074	2022	168	38559	558
522	320	489	1748	335	18421	1012
2696	2083	-12872	-10162	597	24674	2097
4598	1390	-3965	-1587	1713	63023	7533
1105	218	4590	4465	-55	26652	3480
708	479	-1330	-625	235	25513	3020
13	6	5675	5735	555	3346	602
4449	1509	-6295	-5428	1373	71338	4890
2856	1040	-4335	-3948	447	22612	1300
1219	2	-98	158		2365	569
280	266	-958	-1032	-1	1488	182
1637	1206	-5697	-5314	26	13641	2736

股份有限公司

Share-holding Corporations Ltd.

地　区	Region	营业收入 Business Revenue	营业成本 Business Cost	税金及附加 Taxes and Other Charges	其他业务利润 Profits from Other Business	销售费用 Selling Expenses	管理费用 Administr-ative Expenses
全　国	**National Total**	**623989**	**393618**	**3782**	**3292**	**181237**	**84787**
北　京	Beijing	32065	32916	626	941	1098	10140
天　津	Tianjin	9855	5579	293		1707	988
河　北	Hebei	2308	613	25	5	1261	2203
山　西	Shanxi						
内蒙古	Inner Mongolia	26115	14024	135		10796	1295
辽　宁	Liaoning	3035	1467	14		1403	129
吉　林	Jilin	16377	14503			968	1080
黑龙江	Heilongjiang	356	212			210	266
上　海	Shanghai	204640	108383	625	1452	74765	17762
江　苏	Jiangsu	38499	23385	94	424	11383	6438
浙　江	Zhejiang	37103	18380	65	343	15782	4099
安　徽	Anhui	3934	1835	2	-1	2015	245
福　建	Fujian						
江　西	Jiangxi	4223	2978	32		549	247
山　东	Shandong	16602	8406	233	50	3687	5646
河　南	Henan	3476	2229	27		913	647
湖　北	Hubei	18549	12340	52	10	4853	1766
湖　南	Hunan	11077	7480	229	68	1525	1453
广　东	Guangdong	82451	68354	545		10043	18084
广　西	Guangxi						
海　南	Hainan	409	301				81
重　庆	Chongqing	5141	2892	190		362	1448
四　川	Sichuan	4063	3146	20		428	437
贵　州	Guizhou						
云　南	Yunnan	10032	7898	20		979	741
西　藏	Tibet	594	503			34	101
陕　西	Shaanxi	85681	51481	535		34388	8511
甘　肃	Gansu	4187	2228	13		1473	392
青　海	Qinghai	83	112	3			24
宁　夏	Ningxia						
新　疆	Xinjiang	3134	1975	4		613	566

单位：万元

Unit: 10 000 yuan

财务费用 Financial Expenses	#利息支出 Interest Expenses	营业利润 Operating Profits	利润总额 Total Profits	应交所得税 Income Tax Payable	应付职工薪酬 Payables to Employees	应交增值税 VAT Payable
6500	**5248**	**44397**	**50038**	**1307**	**191447**	**7948**
319	561	-10135	-9943	-473	26076	252
1073	1070	3322	3407		1399	17
960		-2749	-2747		1457	
710	40	-1472	-1672	4	3683	80
1	1	22	54	1	31	
1		-170	-24	74	2268	168
9		-341	-340		79	
2127	70	23686	25668	1492	43408	1546
418	418	-2100	-1869	51	9130	382
226	21	53	254	129	14143	431
12	12	-177	-165		1011	24
195	168	171	180	3	1471	62
22	5	-1355	675	4	5438	613
178	178	-517	-497		682	132
393	33	-486	-543	34	5497	153
124	26	264	295	13	1613	35
-3235	718	46928	46956	-268	33100	700
		22	22	1	67	1
9		293	298	22	1647	61
161	10	-76	-47	14	426	68
41	37	354	555	8	1514	86
1		-45	-34		117	
2707	1838	-11042	-10410	191	35811	3026
		75	79	3	999	74
		-53	-39			3
48	44	-73	-73	5	380	33

私营企业

Private Enterprises

地　区	Region	营业收入 Business Revenue	营业成本 Business Cost	税金及附加 Taxes and Other Charges	其他业务利润 Profits from Other Business	销售费用 Selling Expenses	管理费用 Administr-ative Expenses
全　国	**National Total**	**43415788**	**25890915**	**172260**	**242577**	**10804439**	**5488548**
北　京	Beijing	2676282	1502040	3895	18983	808935	374416
天　津	Tianjin	663913	417334	1969	6221	131590	107299
河　北	Hebei	487847	278818	2451	2148	133755	73307
山　西	Shanxi	621169	358356	2542	4159	180914	91139
内蒙古	Inner Mongolia	225948	108800	1108	1803	76591	50470
辽　宁	Liaoning	335078	194535	3035	3567	78197	74877
吉　林	Jilin	194263	128225	611	686	35847	28774
黑龙江	Heilongjiang	69761	44530	352	197	13374	14194
上　海	Shanghai	4282515	2265417	4027	17535	1408719	610495
江　苏	Jiangsu	4616035	2672207	13640	15761	1224487	588063
浙　江	Zhejiang	3437532	1902576	7895	16039	1023465	492117
安　徽	Anhui	1873478	1211556	8804	1991	369620	195394
福　建	Fujian	2597941	1884872	11132	6122	304834	251227
江　西	Jiangxi	735236	478731	5348	9495	101764	82738
山　东	Shandong	1752173	1018676	6128	16903	440096	285550
河　南	Henan	810718	495278	8103	7862	158497	98595
湖　北	Hubei	1903859	1216440	16210	26099	339951	166716
湖　南	Hunan	1543351	1077776	17184	4554	179620	146472
广　东	Guangdong	6336413	3585815	13239	49904	1775812	1012470
广　西	Guangxi	635608	401008	2144	3409	148472	75194
海　南	Hainan	93294	41029	193	1150	37936	10299
重　庆	Chongqing	1350545	960172	10382	3485	146711	115046
四　川	Sichuan	3290536	1703207	15549	10190	1186778	236386
贵　州	Guizhou	427541	300532	2058	1136	57036	53771
云　南	Yunnan	544055	365022	3094	1072	86482	56035
西　藏	Tibet	4326	2812	8	598	1357	571
陕　西	Shaanxi	1343394	927881	8639	7200	219090	114657
甘　肃	Gansu	253462	152486	1400	1432	60992	38329
青　海	Qinghai	39845	21046	201	2050	11685	7756
宁　夏	Ningxia	44849	22857	370	203	14750	7222
新　疆	Xinjiang	224825	150882	549	624	47083	28972

单位：万元

Unit: 10 000 yuan

财务费用 Financial Expenses	#利息支出 Interest Expenses	营业利润 Operating Profits	利润总额 Total Profits	应交所得税 Income Tax Payable	应付职工薪酬 Payables to Employees	应交增值税 VAT Payable
482560	**226626**	**311921**	**472764**	**175259**	**7893133**	**386729**
11613	6410	-15881	-5333	10101	498188	23664
5133	305	-3906	-1076	2939	120508	6609
10045	7195	-18341	-16077	1295	93631	5864
11091	7558	-28570	-24708	1005	113604	10670
3203	1996	-14010	-12315	177	64127	3671
19269	7811	-34370	-33174	364	53527	3121
2852	1952	-4659	-3700	180	24378	1199
1469	1219	-4705	-3823	95	8996	456
21650	3208	-12109	7241	18265	654463	9595
56391	18604	66283	90755	27932	929533	43023
55772	37431	-45948	-29110	16877	673268	22203
17602	6046	63118	71070	9861	314879	19623
12865	3959	126861	126577	10319	289972	18389
10252	6262	43298	44825	2799	102683	6743
31143	18109	-49422	-40658	4694	388568	17862
11512	3013	47421	48650	5495	132292	9583
29623	13623	116208	118572	11808	313997	28908
20287	9023	82996	87843	7082	212772	16433
45105	15159	-124765	-103832	13651	1410777	59852
7598	3116	-5702	-2626	1315	124058	7519
1908	1806	1008	1239	679	19683	733
10478	6047	90824	93903	6441	191893	15210
54367	30845	-25221	-13758	10877	720825	29215
4758	2919	2150	4650	1598	57935	4056
3266	1612	29157	31219	1648	71864	4784
33	4	-588	-455	5	1728	20
11765	5602	52595	55522	5363	184671	11107
5107	3113	-9820	-8445	306	54312	3165
3010	874	-5079	-4775	15	11840	889
630	372	-1404	-554	123	11193	469
2762	1434	-5498	-4883	1948	42972	2094

其他企业

Other Enterprises

地 区	Region	营业收入 Business Revenue	营业成本 Business Cost	税金及附加 Taxes and Other Charges	其他业务利润 Profits from Other Business	销售费用 Selling Expenses	管理费用 Administr-ative Expenses
全 国	**National Total**	**26103**	**17289**	**110**		**5844**	**1939**
北 京	Beijing						
天 津	Tianjin	611	156	1		374	64
河 北	Hebei						
山 西	Shanxi						
内蒙古	Inner Mongolia						
辽 宁	Liaoning						
吉 林	Jilin						
黑龙江	Heilongjiang						
上 海	Shanghai	11656	7404	18		3417	918
江 苏	Jiangsu	5530	3453	59		945	452
浙 江	Zhejiang						
安 徽	Anhui						
福 建	Fujian						
江 西	Jiangxi	204	153			5	43
山 东	Shandong	322	146			160	
河 南	Henan						
湖 北	Hubei						
湖 南	Hunan	2061	1735	23		37	41
广 东	Guangdong	67	32			44	1
广 西	Guangxi						
海 南	Hainan	1703	897	4		763	90
重 庆	Chongqing	464	186	1		6	95
四 川	Sichuan	237	152				82
贵 州	Guizhou						
云 南	Yunnan	2473	2424			38	36
西 藏	Tibet						
陕 西	Shaanxi	515	313	3		55	118
甘 肃	Gansu						
青 海	Qinghai						
宁 夏	Ningxia						
新 疆	Xinjiang	262	238			1	1

4-4-7 Continued 8

单位：万元
Unit: 10 000 yuan

财务费用 Financial Expenses	#利息支出 Interest Expenses	营业利润 Operating Profits	利润总额 Total Profits	应交所得税 Income Tax Payable	应付职工薪酬 Payables to Employees	应交增值税 VAT Payable
161	**66**	**719**	**895**	**57**	**4115**	**285**
2		14	28	1	194	7
124	33	-46	131	11	1949	201
-2		568	562	20	896	-9
			3			
		16	23		69	
6	4	191	190	22	98	33
		-9	-9			
3		-53	-71			49
1	1	6	6		40	1
					58	
					559	
27	28	31	31	3	183	5
1		1	1		70	

港、澳、台商投资企业

Enterprises with Funds from Hongkong, Macao and Taiwan

地 区	Region	营业收入 Business Revenue	营业成本 Business Cost	税金及附加 Taxes and Other Charges	其他业务利润 Profits from Other Business	销售费用 Selling Expenses	管理费用 Administr-ative Expenses
全 国	**National Total**	**8987571**	**3607004**	**9775**	**53077**	**4317536**	**779388**
北 京	Beijing	1832020	639997	1420	13964	980516	163536
天 津	Tianjin	147583	49614	98		79858	8425
河 北	Hebei	1761	583	35		1132	180
山 西	Shanxi	28889	9408	23		16532	1256
内 蒙 古	Inner Mongolia	2868	1126			1744	174
辽 宁	Liaoning	215148	84372	92	11	110585	17187
吉 林	Jilin	14306	4875	22		8531	515
黑 龙 江	Heilongjiang	11724	4553	5	3	6936	486
上 海	Shanghai	2427726	1049052	1221	17288	1158972	229840
江 苏	Jiangsu	481648	210373	1925	908	217210	51406
浙 江	Zhejiang	229815	79117	256	150	125507	16919
安 徽	Anhui	14818	6438	7		5329	5157
福 建	Fujian	230476	87743	190	30	116668	14923
江 西	Jiangxi	1857	482	43		740	546
山 东	Shandong	91490	38421	296	2152	42362	10292
河 南	Henan	1923	764		2	1241	235
湖 北	Hubei	651635	285732	603	66	248660	52290
湖 南	Hunan	61170	19583	62		35007	3533
广 东	Guangdong	1677704	601558	2731	16130	862304	145901
广 西	Guangxi	11291	5470	8		5340	1050
海 南	Hainan	12546	3606	59	2291	5507	4128
重 庆	Chongqing	46539	28108	13		12701	3981
四 川	Sichuan	623235	313675	408	2	211454	35424
贵 州	Guizhou	8574	7079	36	16	547	954
云 南	Yunnan	78280	51673	146		16878	7984
西 藏	Tibet						
陕 西	Shaanxi	82546	23602	80	66	45276	3067
甘 肃	Gansu						
青 海	Qinghai						
宁 夏	Ningxia						
新 疆	Xinjiang						

单位：万元

Unit: 10 000 yuan

财务费用 Financial Expenses	#利息支出 Interest Expenses	营业利润 Operating Profits	利润总额 Total Profits	应交所得税 Income Tax Payable	应付职工薪酬 Payables to Employees	应交增值税 VAT Payable
95552	**34165**	**222834**	**238543**	**108386**	**2504624**	**20190**
11494	14722	32290	33480	20225	646262	8710
2364	2	7117	6793	1771	40388	252
2	9	-119	-91	1	441	2
624		992	710	139	12308	
-13		-163	-155		593	-107
3912	-143	-58	-360	1979	60954	599
228		215	-159	36	2764	
344	319	-563	-513		1042	326
24712	12118	-29256	-21485	18665	554302	-3620
8169	827	-6516	-5030	1349	161696	2459
6644	1180	1722	1542	1017	89663	149
43		-761	-704	1	3635	11
4116	290	7105	7338	2447	73685	337
27	27	20	25	1	65	17
7504	1966	-5919	-4744	-487	27121	412
466	466	-753	-743		748	54
6948	76	58146	59715	14489	154776	1389
1426		1500	858	198	23874	652
10402	2197	85803	90242	26688	457864	9142
340	21	-942	-942		2314	7
-8	26	-746	-710	71	2522	21
698		1039	877	138	11620	83
3976	60	60898	59433	16158	135722	-2032
-1		-42	1228	4	955	36
680		995	918	707	16820	801
453	2	10830	11022	2790	22491	492

4-4-7 续表 10

外商投资企业

Foreign Funded Enterprises

地　区	Region	营业收入 Business Revenue	营业成本 Business Cost	税金及附加 Taxes and Other Charges	其他业务利润 Profits from Other Business	销售费用 Selling Expenses	管理费用 Administrative Expenses
全　国	**National Total**	**10734080**	**5354438**	**9312**	**28351**	**3701752**	**941258**
北　京	Beijing	1671359	853173	1274	6333	639523	136970
天　津	Tianjin	346406	192544	295	195	100404	37713
河　北	Hebei	1248	682	1		685	49
山　西	Shanxi	74324	42214	46		20928	5913
内蒙古	Inner Mongolia	26548	18106	121		5712	7062
辽　宁	Liaoning	393209	218985	346		103577	39623
吉　林	Jilin	240	80	3		2	73
黑龙江	Heilongjiang	3950	2537	5		905	569
上　海	Shanghai	2660519	1037575	1680	3168	1181172	227722
江　苏	Jiangsu	1019382	567177	764	295	245726	97315
浙　江	Zhejiang	790014	412341	1275	3455	197026	76136
安　徽	Anhui	4173	2387	273		2225	1524
福　建	Fujian	544516	322779	528	85	162189	30024
江　西	Jiangxi	96211	52079	153		24777	8573
山　东	Shandong	280208	147462	167		78465	25690
河　南	Henan	104424	57971	95		27916	14584
湖　北	Hubei	176149	73236	106	110	92458	7064
湖　南	Hunan	214076	117810	418		54806	19930
广　东	Guangdong	1646137	796329	955	-344	641041	141314
广　西	Guangxi	84958	45279	58		20378	6964
海　南	Hainan						
重　庆	Chongqing	241310	202078	230	3158	9534	8600
四　川	Sichuan	90259	39129	152	3569	35737	17399
贵　州	Guizhou	1349	447	12	52	476	286
云　南	Yunnan	7973	6262	3			647
西　藏	Tibet						
陕　西	Shaanxi	172350	100750	293	8273	38926	17462
甘　肃	Gansu	38317	22450	21	3	9086	2900
青　海	Qinghai						
宁　夏	Ningxia						
新　疆	Xinjiang	44471	22577	38		8077	9152

单位：万元
Unit: 10 000 yuan

财务费用 Financial Expenses	#利息支出 Interest Expenses	营业利润 Operating Profits	利润总额 Total Profits	应交所得税 Income Tax Payable	应付职工薪酬 Payables to Employees	应交增值税 VAT Payable
94938	**58142**	**696740**	**699096**	**179210**	**2730403**	**8317**
18726	17442	11286	13064	10278	355944	2366
6134	82	10174	9551	3556	67808	321
3		-173	-173		275	17
1462		3395	3305	811	14352	8
605		-5407	-6306		6470	-193
4923	3	25297	25189	6386	91999	-275
1	1	80	80		83	
56		-123	-34	8	586	45
8428	4669	226574	234388	63846	989813	-2977
6132	3522	113455	113656	28717	222680	1205
9287	2524	140549	139471	23851	159894	2059
55	2	-1978	-1962		1006	68
4665	3483	19195	20598	2038	120846	-4314
972	40	10153	10040	2553	2702	52
2615	1	26429	26486	6799	78778	4693
789	807	2384	1561	823	22292	320
2032	10	-6357	-6064	1065	50331	479
2271	2246	20130	19372	4718	46131	166
22586	1969	43888	44491	13080	373949	1367
831	914	11583	11587	2839	16433	1
1572	1327	21624	17090	2355	44885	1066
-1877	16562	3047	2903	1038	18071	1087
1	1	128	127	17	229	74
		1122	1138	2	1630	-37
1611	1911	13155	12386	2595	29834	680
634	622	2827	2765	638	5634	-5
423	7	4303	4388	1196	7746	45

4-4-8 各地区限额以上餐饮业企业损益及分配(按国民经济行业分)

正餐服务

Restaurant

地 区	Region	营业收入 Business Revenue	营业成本 Business Cost	税金及附加 Taxes and Other Charges	其他业务利润 Profits from Other Business	销售费用 Selling Expenses	管理费用 Administrative Expenses
全 国	**National Total**	**47843978**	**26832921**	**219291**	**283551**	**13600058**	**6493569**
北 京	Beijing	4313641	1987681	7736	37258	1730032	575946
天 津	Tianjin	603669	323188	2408	6437	190450	86996
河 北	Hebei	610012	341999	3868	4631	180208	105703
山 西	Shanxi	715815	410975	3965	4603	215714	113529
内蒙古	Inner Mongolia	350376	182039	2420	6998	110938	91336
辽 宁	Liaoning	321363	175501	3845	3565	93871	70063
吉 林	Jilin	168923	99568	705	661	44614	25685
黑龙江	Heilongjiang	63843	36275	419	263	16811	15104
上 海	Shanghai	6655659	3131194	5963	26359	2701036	843029
江 苏	Jiangsu	4481111	2411151	18966	16032	1337735	683378
浙 江	Zhejiang	3514202	1936438	9732	17819	1067364	530769
安 徽	Anhui	1613232	965395	10351	5999	342822	213169
福 建	Fujian	2155897	1442118	9992	5164	355739	221306
江 西	Jiangxi	852672	569940	6899	9599	113705	101630
山 东	Shandong	1890432	1037562	11398	25343	520455	379473
河 南	Henan	981932	559069	8926	7999	252899	110271
湖 北	Hubei	2087178	1252530	17897	27960	462003	181137
湖 南	Hunan	1713347	1156531	18238	4256	240314	169994
广 东	Guangdong	6653272	3485308	18262	27708	2185676	1072894
广 西	Guangxi	613618	381229	2658	6494	151798	77927
海 南	Hainan	121683	58503	544	3449	46520	19258
重 庆	Chongqing	1518404	1093893	11655	4207	176964	128763
四 川	Sichuan	2148415	1312829	17714	14195	423750	267988
贵 州	Guizhou	477768	335530	2253	1449	59028	67447
云 南	Yunnan	608138	424060	4136	2498	84116	68846
西 藏	Tibet	13617	8761	55	598	2636	2313
陕 西	Shaanxi	1940450	1318380	13799	4453	327726	162380
甘 肃	Gansu	352356	206435	2370	4610	90698	61592
青 海	Qinghai	47063	23443	359	2100	13911	8382
宁 夏	Ningxia	46735	24090	598	432	16085	7541
新 疆	Xinjiang	209156	141305	1161	411	44440	29722

Income and Distribution of Enterprises above Designated Size of Catering Services by Region and Sector

单位：万元

Unit: 10 000 yuan

财务费用 Financial Expenses	#利息支出 Interest Expenses	营业利润 Operating Profits	利润总额 Total Profits	应交所得税 Income Tax Payable	应付职工薪酬 Payables to Employees	应交增值税 VAT Payable
627073	**288991**	**-7641**	**226586**	**215138**	**9326506**	**432606**
34485	25411	-19463	14720	20329	943069	26632
7553	1539	-7093	-4968	3161	133422	4617
17209	9478	-40863	-37115	1555	124128	6355
17652	13563	-50329	-43754	1209	137979	12675
7483	4813	-41123	-36423	235	93897	5083
20321	7897	-42426	-40581	518	54314	3196
2754	1698	-7097	-5670	228	23222	1125
1817	1544	-7251	-5633	122	9616	937
46678	6301	-75315	-53957	34094	1184994	12644
74412	24069	-33427	-3824	30242	982178	37778
63277	45223	-46380	-26600	16065	760992	24247
20651	7158	53818	60985	14436	310712	19460
12888	3799	105726	107189	6858	291337	15108
13334	8185	37334	41720	2770	123226	9182
44960	21155	-103882	-84835	4597	453076	22537
15719	4360	39292	41469	6039	176060	11134
32974	13257	114150	118298	10867	386146	32811
24529	13001	85060	92063	9733	248107	18421
60500	22955	-120067	-91931	22282	1596915	65264
9986	5406	-10039	-8010	978	121541	6778
2040	1853	-6088	-4342	535	26044	1787
12991	7924	79400	81333	6785	211094	16860
39378	15787	67763	79226	11155	343998	36299
5879	3091	-988	2098	1287	74356	5996
3664	1943	25676	28442	1597	91872	7394
-4	5	36	182	123	4228	292
17254	7847	32357	36896	6774	278781	18634
7589	3860	-17050	-13664	707	76933	4531
2511	876	-3531	-3000	15	13953	1461
916	638	-2630	-1886	120	11685	735
5671	4355	-13211	-11842	-277	38632	2629

快餐服务

Fast Food

地 区	Region	营业收入 Business Revenue	营业成本 Business Cost	税金及附加 Taxes and Other Charges	其他业务利润 Profits from Other Business	销售费用 Selling Expenses	管理费用 Administr-ative Expenses
全 国	**National Total**	**14967751**	**7856694**	**15364**	**70549**	**5049801**	**1346059**
北 京	Beijing	1896682	803317	1279	22541	904344	167853
天 津	Tianjin	499046	248753	349	123	173270	51494
河 北	Hebei	6746	3597	8		2111	779
山 西	Shanxi	121029	62709	90		42516	9294
内蒙古	Inner Mongolia	29083	9776	45		18061	1945
辽 宁	Liaoning	575153	294527	377		192709	56090
吉 林	Jilin	25023	12073	30		9739	2515
黑龙江	Heilongjiang	42028	14176	6	11	27153	1723
上 海	Shanghai	1700223	808344	761	6127	676091	181332
江 苏	Jiangsu	1665760	917743	2189	2843	467679	152645
浙 江	Zhejiang	1149052	566191	644	3489	365077	100866
安 徽	Anhui	584738	370846	1248	551	161427	35303
福 建	Fujian	912786	639014	1623	85	176307	55827
江 西	Jiangxi	111468	64600	238		25415	9619
山 东	Shandong	633248	361867	1659	2525	176440	55076
河 南	Henan	144751	82382	274	270	34496	21177
湖 北	Hubei	596325	350229	290	29	161862	52461
湖 南	Hunan	327409	182195	829	121	91378	24562
广 东	Guangdong	2480633	1182656	2068	10516	969376	250093
广 西	Guangxi	183548	95229	139	6	59207	15833
海 南	Hainan	46086	17207	2		21322	5190
重 庆	Chongqing	269335	217942	268	2748	20719	12446
四 川	Sichuan	503976	304199	255	4465	137543	34422
贵 州	Guizhou	5311	3954	31		438	668
云 南	Yunnan	90250	45444	38		33358	7406
西 藏	Tibet	10282	4354	42		191	839
陕 西	Shaanxi	222450	122339	418	13850	63834	21429
甘 肃	Gansu	54729	31765	34		14568	3888
青 海	Qinghai						
宁 夏	Ningxia						
新 疆	Xinjiang	80604	39268	129	250	23169	13286

单位：万元
Unit: 10 000 yuan

财务费用 Financial Expenses	#利息支出 Interest Expenses	营业利润 Operating Profits	利润总额 Total Profits	应交所得税 Income Tax Payable	应付职工薪酬 Payables to Employees	应交增值税 VAT Payable
166212	**56361**	**541799**	**553728**	**160354**	**3309505**	**24165**
23311	20520	-1556	815	10769	440680	681
7632	92	16115	15513	4365	110724	16
6	1	197	218	7	1471	36
2319	215	3681	3095	1060	30324	-7
434		-1179	-1122		7368	-152
9145	2	22818	22201	6894	142558	-24
234		524	163	49	4181	33
575		-1743	-1931	1	2159	18
16454	11428	21658	32545	14508	385135	462
11054	3322	115316	119287	30503	406368	4715
14469	640	101339	100435	26327	257568	2989
782	477	11337	13711	2732	102893	3829
8347	3892	29480	29161	6919	147099	-3173
888	70	11100	10947	2555	4218	143
5824	566	33334	32507	6518	148494	7111
1145	905	4561	3777	995	28966	657
7976	1002	26036	25218	6441	130906	1057
4091	2549	24986	23459	5386	79142	936
36261	4537	44422	45092	17073	602841	5274
1906	1640	11245	15082	2929	32863	368
69	8	2367	2045	352	10212	-72
2319	1397	17513	16407	2535	50528	412
5689	163	22086	19645	5852	98549	-2758
7	6	217	235	2	709	36
895	14	3089	2933	631	15430	147
50	5	5007	5063	438	963	330
2517	1903	11473	10675	2683	42461	667
959	856	2367	2404	655	8482	127
855	150	4009	4149	1176	16214	305

饮料及冷饮服务
Beverage and Cold Drink

地　区	Region	营业收入 Business Revenue	营业成本 Business Cost	税金及附加 Taxes and Other Charges	其他业务利润 Profits from Other Business	销售费用 Selling Expenses	管理费用 Administr-ative Expenses
全　国	**National Total**	**5206193**	**2036878**	**4019**	**57959**	**2358202**	**437822**
北　京	Beijing	671627	249962	650	3048	338628	69322
天　津	Tianjin	33295	19010	7	25	10396	3146
河　北	Hebei	2674	2237	2		463	189
山　西	Shanxi	7993	4261	4		2822	398
内蒙古	Inner Mongolia						
辽　宁	Liaoning	56387	24692	15	12	21822	3290
吉　林	Jilin	279	87			242	
黑龙江	Heilongjiang	3418	2520	1		645	167
上　海	Shanghai	1757097	611713	1312	19493	849702	139452
江　苏	Jiangsu	274277	126484	140	421	117686	29827
浙　江	Zhejiang	182485	101239	72	228	55399	20357
安　徽	Anhui	28430	13382	41		10143	965
福　建	Fujian	223213	158102	269	134	40993	12242
江　西	Jiangxi	9714	3071	4	20	5048	1190
山　东	Shandong	70561	30872	26	107	32775	4511
河　南	Henan	9910	2621	3		7214	118
湖　北	Hubei	281653	93848	296	1489	128921	16487
湖　南	Hunan	55094	22960	66	95	27201	1721
广　东	Guangdong	1059143	382913	492	31874	511836	102794
广　西	Guangxi	24678	12691	65	471	8271	2434
海　南	Hainan	11991	4209	13		5221	1180
重　庆	Chongqing	51084	32249	44	185	11675	3226
四　川	Sichuan	235435	68532	324	11	112097	14033
贵　州	Guizhou	17930	9184	66	52	5626	1656
云　南	Yunnan	23766	13639	9	7	5256	2246
西　藏	Tibet						
陕　西	Shaanxi	107208	42311	96	285	46234	6527
甘　肃	Gansu	6472	3964	2	3	1695	345
青　海	Qinghai						
宁　夏	Ningxia	381	126	1		189	
新　疆	Xinjiang						

单位：万元
Unit: 10 000 yuan

财务费用 Financial Expenses	#利息支出 Interest Expenses	营业利润 Operating Profits	利润总额 Total Profits	应交所得税 Income Tax Payable	应付职工薪酬 Payables to Employees	应交增值税 VAT Payable
-5430	**4663**	**456501**	**466571**	**120713**	**1702443**	**16315**
-3937	1121	17429	16776	14052	323033	4712
13		277	207	178	7021	814
1	1	-165	-155	1	672	52
6		605	580	123	1715	93
-144	1	7383	7717	1429	10019	351
		-45	-45		58	-5
86		94	95		485	18
-539	2474	204877	212894	55345	796081	-9216
224	21	13712	13971	1496	57502	9069
263	111	6517	6517	927	39045	853
24	3	3122	3558	695	5537	153
57	59	12030	11964	414	20568	1427
61		586	572	55	2129	85
74	5	3202	3235	1437	22737	892
13	3	-301	-272	34	2407	24
-383	4	41894	43738	10022	46327	1955
78	12	3496	3710	263	12236	326
-787	210	74426	73667	20161	249398	779
212	196	1159	1232	134	5463	408
306	290	4226	4333	179	2622	-5
100	132	3803	3686	175	9340	1123
-956	17	41347	41828	10490	57376	1760
17	1	1255	1142	51	2172	-48
46		2209	2290	306	5629	5
-273	3	12827	12846	2719	21878	682
7		462	415	27	928	7
1		74	72	2	66	3

餐饮配送及外卖送餐服务

Catering Distribution and Delivery Service

地 区	Region	营业收入 Business Revenue	营业成本 Business Cost	税金及附加 Taxes and Other Charges	其他业务利润 Profits from Other Business	销售费用 Selling Expenses	管理费用 Administr-ative Expenses
全 国	**National Total**	**4120413**	**3210686**	**6445**	**2616**	**385708**	**462282**
北 京	Beijing	302006	223107	524	238	45132	38756
天 津	Tianjin	234625	164391	388	9	39046	28646
河 北	Hebei	29035	17856	65	73	2286	5316
山 西	Shanxi	2848	2435	1		2	524
内蒙古	Inner Mongolia	7683	6101	61		400	1527
辽 宁	Liaoning	69897	49965	127	1	3766	15247
吉 林	Jilin	71883	61458	114	25	1550	7676
黑龙江	Heilongjiang	17689	14285	38		784	2551
上 海	Shanghai	517639	416358	595	-459	45036	49735
江 苏	Jiangsu	435981	351199	531	-31	22968	49320
浙 江	Zhejiang	149975	114207	178	64	19517	16558
安 徽	Anhui	222679	154981	248		32853	28386
福 建	Fujian	95416	77003	135	910	4412	11679
江 西	Jiangxi	33341	23411	35	5	1045	2958
山 东	Shandong	205512	165340	354	496	13410	21166
河 南	Henan	75581	58217	259		6785	12212
湖 北	Hubei	99330	79637	100	422	5447	7855
湖 南	Hunan	23589	21177	32	1	787	1835
广 东	Guangdong	1177301	917346	1582	711	120646	126958
广 西	Guangxi	69011	60835	87		3400	8096
海 南	Hainan						
重 庆	Chongqing	22973	20116	75		286	2082
四 川	Sichuan	42230	34034	239		2436	3002
贵 州	Guizhou	62282	50881	120	145	4811	6369
云 南	Yunnan	54225	45672	167	8	3784	4675
西 藏	Tibet						
陕 西	Shaanxi	25979	21676	33		1922	1423
甘 肃	Gansu	1552	957	1		106	181
青 海	Qinghai						
宁 夏	Ningxia	6366	4938	4		335	1186
新 疆	Xinjiang	63783	53104	352		2756	6365

单位：万元

Unit: 10 000 yuan

财务费用 Financial Expenses	#利息支出 Interest Expenses	营业利润 Operating Profits	利润总额 Total Profits	应交所得税 Income Tax Payable	应付职工薪酬 Payables to Employees	应交增值税 VAT Payable
12019	**5911**	**16230**	**36037**	**11177**	**729094**	**42885**
334	327	-6289	-4022	432	45929	3417
236	151	1524	2327	342	41596	3119
7	-22	-796	-711	31	3364	333
		-110	-105	2	378	5
24	15	-468	-477	-10	5929	438
293	4	-1540	-1389	46	10326	346
716	412	884	1351	117	7477	180
169	123	-47	-179	6	1553	84
1269	532	4502	7714	2606	85730	3833
865	372	6061	7775	853	81207	3293
256	209	206	945	148	24777	2247
269	-2	5977	6117	1079	52590	921
177	78	669	922	60	28668	1220
201	200	-825	1172	44	3615	261
985	534	5023	5741	986	40017	2720
414	85	-3612	-3318	-6	13685	908
436	79	6484	6528	1761	19419	584
85	40	-498	-31	22	2759	172
3695	1546	-3972	-89	1531	204292	12299
216	172	407	702	43	17435	599
66	31	320	725	115	5131	237
178	27	1750	1915	255	4705	1548
152	92	200	1507	224	4849	542
54	155	-664	-440	53	6224	1192
97	6	833	955	179	2918	173
106	105	-157	-147	4	331	6
1	1	-96	-47		1832	6
716	639	464	598	256	12358	2204

其他餐饮业

Others

地　区	Region	营业收入 Business Revenue	营业成本 Business Cost	税金及附加 Taxes and Other Charges	其他业务利润 Profits from Other Business	销售费用 Selling Expenses	管理费用 Administr-ative Expenses
全　国	**National Total**	**4031100**	**2235073**	**6337**	**9190**	**1396967**	**325695**
北　京	Beijing	1190605	834548	2224	6997	190808	140870
天　津	Tianjin	84067	52674	110	23	12377	15359
河　北	Hebei	1223	493	3		333	362
山　西	Shanxi	11170	9327	10		626	875
内蒙古	Inner Mongolia	1406	1403	8			3
辽　宁	Liaoning	8692	5709	22	827	1523	1455
吉　林	Jilin	2866	1726	1		1069	345
黑龙江	Heilongjiang	4464	4138	6	93	161	30
上　海	Shanghai	301264	163669	181	534	100475	35584
江　苏	Jiangsu	154357	88489	206	-100	55906	12658
浙　江	Zhejiang	86561	49728	43	343	29189	6807
安　徽	Anhui	13216	9155	30		5191	815
福　建	Fujian	67042	38776	220	47	18992	6688
江　西	Jiangxi	29983	19094	297		5941	1932
山　东	Shandong	43860	33504	64		3967	4693
河　南	Henan	10144	5959	39		616	2146
湖　北	Hubei	9719	4726	35		2517	2371
湖　南	Hunan	22032	15202	428		1856	2361
广　东	Guangdong	401630	256536	615	280	88248	54130
广　西	Guangxi	19907	10049	15	126	5522	2697
海　南	Hainan	7653	4880	25		1948	584
重　庆	Chongqing	8886	5392	7		883	553
四　川	Sichuan	1474132	566829	733		862577	24818
贵　州	Guizhou	32356	24114	203		674	1471
云　南	Yunnan	8072	5960	72	20	1441	554
西　藏	Tibet						
陕　西	Shaanxi	24565	14874	724		2351	4165
甘　肃	Gansu	2335	1281	3		1037	190
青　海	Qinghai	2276	1759				499
宁　夏	Ningxia						
新　疆	Xinjiang	6616	5081	16		740	682

4-4-8 Continued 4

单位：万元

Unit: 10 000 yuan

财务费用 Financial Expenses	#利息支出 Interest Expenses	营业利润 Operating Profits	利润总额 Total Profits	应交所得税 Income Tax Payable	应付职工薪酬 Payables to Employees	应交增值税 VAT Payable
26354	**37033**	**-55292**	**-45939**	**18369**	**961836**	**28648**
904	1320	23909	25957	9075	264780	16224
72	11	3599	4424	1996	10280	608
1		31	38	1	230	17
24		295	358	27	503	104
		-9	6		278	82
82	39	-47	-25	2	1120	80
1		-276	-264		246	174
		93	93		96	13
625	313	889	1938	2129	54170	-765
848	25	-5105	-4560	-1171	31796	741
854	570	257	-93	346	16955	671
75		-1488	-1475	5	2002	6
405	27	5805	6262	775	12302	459
131	103	2609	2603	450	1686	326
113	130	1789	1706	131	11095	522
70	28	1271	1311	203	1523	102
40	16	-49	178	6	1785	143
446	16	1286	1533	162	3928	278
1197	200	1416	2604	1765	83586	5845
51	79	1155	1181	239	5422	37
11	1	215	191	20	1815	107
13		1009	1017	67	1558	12
17090	32930	-98851	-96055	2095	445769	981
10	2	5739	5801	5	4788	1177
43	16	54	76	15	1302	106
1511	1196	910	991	9	1427	456
4	2	-179	-160	1	346	10
1718		-1700	-1657		252	
13	12	81	80	16	798	132

4-5-1 大中型住宿和餐饮业企业基本情况

Basic Conditions of Large and Medium-sized Enterprises Hotels and Catering Services above Designated Size

项　目	Item	法人单位数（个）Number of Corporation Enterprises (unit)	年末从业人数（人）Employed Persons at Year-end (person)	年末餐饮营业面积（平方米）Business Area of Catering Services at Year-end (sq.m)
总　计	**Total**	**6637**	**2581036**	**63301928**
一、住宿业	**Hotels**	**3271**	**791606**	**28859957**
#国有控股	State-controlled Enterprises	1033	286002	7860563
(一)按登记注册类型分	**by Type of Registration**			
1.内资企业	**Domestic Funded Enterprises**	**2877**	**675169**	**24925729**
国有企业	State-owned Enterprises	247	72927	1687211
集体企业	Collective-owned Enterprises	16	3487	62967
股份合作企业	Cooperative Enterprises	5	678	10654
联营企业	Joint Ownership Enterprises	NA	293	55008
有限责任公司	Limited Liability Corporations	1350	334989	11057765
国有独资公司	State Sole Funded Corporations	214	62090	2128127
其他有限责任公司	Other Limited Liability Corporations	1136	272899	8929638
股份有限公司	Share-holding Corporations Ltd.	43	13218	368757
私营企业	Private Enterprises	1214	249577	11683367
私营独资企业	Private-funded Enterprises	27	5660	223767
私营合伙企业	Private Partnership Enterprises	6	1155	43110
私营有限责任公司	Private Limited Liability Corporations	1156	236501	11028436
私营股份有限公司	Private Share-holding Corporations Ltd.	25	6261	388054
其他企业	Other Enterprises			
2.港、澳、台商投资企业	**Enterprises with Funds from Hongkong, Macao and Taiwan**	**255**	**76026**	**2529935**
合资经营企业	Joint-venture Enterprises	98	29424	897948
合作经营企业	Cooperative Enterprises	22	6171	124556
独资经营企业	Enterprises with Sole Investment	129	35537	1392841
投资股份有限公司	Share-holding Corporations Ltd. with Investment	NA	4023	80075
其他港澳台商投资企业	Other Enterprises with Funds from Hongkong, Macao and Taiwan	NA	871	34515
3.外商投资企业	**Foreign Funded Enterprises**	**139**	**40411**	**1404293**
中外合资经营企业	Joint-venture Enterprises	54	14993	463029
中外合作经营企业	Cooperative Enterprises	7	3776	36756
外资企业	Enterprises with Sole Foreign Investment	72	19962	873466
外商投资股份有限公司	Share-holding Corporations Ltd. with Foreign Investment	NA	835	1867
其他外商投资企业	Other Foreign Funded Enterprises	4	845	29175
(二)按国民经济行业分	**by Sector**			
旅游饭店	Tourist Hotel	2759	680515	24279430
一般旅馆	General Hotels	450	97380	3856698
民宿服务	Home Lodging Services	NA	276	18440
露营地服务	Campground Services			
其他住宿业	Others	61	13435	705389

4-5-1 续表 Continued

项 目	Item	法人单位数（个） Number of Corporation Enterprises (unit)	年末从业人数（人） Employed Persons at Year-end (person)	年末餐饮营业面积（平方米） Business Area of Catering Services at the Year-end (sq.m)
二、餐饮业	**Catering Services**	**3366**	**1789430**	**34441971**
#国有控股	State-controlled Enterprises	271	91261	2671997
(一)按登记注册类型分	**by Type of Registration**			
1.内资企业	**Domestic Funded Enterprises**	**2937**	**986225**	**25185400**
国有企业	State-owned Enterprises	46	10626	344145
集体企业	Collective-owned Enterprises	11	2359	99147
股份合作企业	Cooperative Enterprises	9	2895	57166
联营企业	Joint Ownership Enterprises	NA	820	10202
有限责任公司	Limited Liability Corporations	709	256959	7088810
国有独资公司	State Sole Funded Corporations	57	18755	848208
其他有限责任公司	Other Limited Liability Corporations	652	238204	6240602
股份有限公司	Share-holding Corporations Ltd.	41	21099	579817
私营企业	Private Enterprises	2116	691117	17002313
私营独资企业	Private-funded Enterprises	59	10610	324109
私营合伙企业	Private Partnership Enterprises	11	1585	35707
私营有限责任公司	Private Limited Liability Corporations	2014	640923	16049661
私营股份有限公司	Private Share-holding Corporations Ltd.	32	37999	592836
其他企业	Other Enterprises	NA	350	3800
2.港、澳、台商投资企业	**Enterprises with Funds from Hongkong, Macao and Taiwan**	**272**	**352968**	**4345341**
合资经营企业	Joint-venture Enterprises	47	50307	639098
合作经营企业	Cooperative Enterprises	9	3640	76212
独资经营企业	Enterprises with Sole Investment	211	296570	3589017
投资股份有限公司	Share-holding Corporations Ltd. with Investment	NA	788	24362
其他港澳台商投资企业	Other Enterprises with Funds from Hongkong, Macao and Taiwan	NA	1663	16652
3.外商投资企业	**Foreign Funded Enterprises**	**157**	**450237**	**4911230**
中外合资经营企业	Joint-venture Enterprises	22	89763	916950
中外合作经营企业	Cooperative Enterprises	NA	1953	42163
外资企业	Enterprises with Sole Foreign Investment	123	351544	3830061
外商投资股份有限公司	Share-holding Corporations Ltd. with Foreign Investment	NA	986	8761
其他外商投资企业	Other Foreign Funded Enterprises	7	5991	113295
(二)按国民经济行业分	**by Sector**			
正餐服务	Restaurant	2530	848511	22645522
快餐服务	Fast Food	338	608700	6964786
饮料及冷饮服务	Beverage and Cold Drink	131	122864	1730404
餐饮配送及外卖送餐服务	Catering Distribution and Delivery Service	244	97069	1177432
其他餐饮业	Others	123	112286	1923827

4-5-2 各地区大中型住宿业企业基本情况

Basic Conditions of Large and Medium-sized Enterprises of Hotels and Catering Services by Region

地　区	Region	住宿业 Hotels		餐饮业 Catering Services	
		法人单位数 (个) Number of Corporation Enterprises (unit)	年末从业人数 (人) Employed Persons at Year-end (person)	法人单位数 (个) Number of Corporation Enterprises (unit)	年末从业人数 (人) Employed Persons at Year-end (person)
全　国	**National Total**	**3271**	**791606**	**3366**	**1789430**
北　京	Beijing	241	60775	268	223265
天　津	Tianjin	29	6925	63	48219
河　北	Hebei	72	19981	39	10760
山　西	Shanxi	48	14174	67	23884
内蒙古	Inner Mongolia	34	7060	44	12178
辽　宁	Liaoning	54	12486	42	24331
吉　林	Jilin	20	5515	17	3813
黑龙江	Heilongjiang	17	4080	6	2653
上　海	Shanghai	183	49516	351	260216
江　苏	Jiangsu	245	54944	384	179190
浙　江	Zhejiang	350	80688	266	105415
安　徽	Anhui	78	21568	107	52311
福　建	Fujian	171	39272	95	56912
江　西	Jiangxi	73	14559	40	13380
山　东	Shandong	188	44960	206	66104
河　南	Henan	101	23587	50	18947
湖　北	Hubei	85	17070	112	73386
湖　南	Hunan	122	25486	83	38926
广　东	Guangdong	439	114236	619	322170
广　西	Guangxi	71	18477	61	26045
海　南	Hainan	85	27935	15	4870
重　庆	Chongqing	75	16673	61	31878
四　川	Sichuan	148	33596	140	108380
贵　州	Guizhou	49	9690	35	8302
云　南	Yunnan	70	17554	30	12258
西　藏	Tibet	6	1315	NA	315
陕　西	Shaanxi	126	29266	92	41588
甘　肃	Gansu	37	7787	36	9723
青　海	Qinghai	6	1236	5	957
宁　夏	Ningxia	6	1479	4	784
新　疆	Xinjiang	42	9716	26	8270

4-6-1 大中型住宿和餐饮业企业经营情况

Business of Large and Medium-sized Enterprises of Hotels and Catering Services

单位：万元

Unit: 10 000 yuan

项　目	Item	营业额 Turnover	客房收入 from Hotel Rooms
总　计	**Total**	**68644692**	**9991332**
一、住宿业	**Hotels**	**20771252**	**8814148**
#国有控股	State-controlled Enterprises	7201332	2858113
(一)按登记注册类型分	**by Type of Registration**		
1.内资企业	**Domestic Funded Enterprises**	**17048973**	**7184082**
国有企业	State-owned Enterprises	1586719	567795
集体企业	Collective-owned Enterprises	100016	36891
股份合作企业	Cooperative Enterprises	36929	10121
联营企业	Joint Ownership Enterprises	7455	2619
有限责任公司	Limited Liability Corporations	8528032	3716139
国有独资公司	State Sole Funded Corporations	1404209	526374
其他有限责任公司	Other Limited Liability Corporations	7123824	3189765
股份有限公司	Share-holding Corporations Ltd.	421252	190108
私营企业	Private Enterprises	6368570	2660410
私营独资企业	Private-funded Enterprises	146575	56115
私营合伙企业	Private Partnership Enterprises	23969	8822
私营有限责任公司	Private Limited Liability Corporations	6036601	2527196
私营股份有限公司	Private Share-holding Corporations Ltd.	161425	68277
其他内资企业	Other Enterprises		
2.港、澳、台商投资企业	**Enterprises with Funds from Hongkong, Macao and Taiwan**	**2400546**	**1069545**
合资经营企业	Joint-venture Enterprises	932290	420873
合作经营企业	Cooperative Enterprises	190542	73837
独资经营企业	Enterprises with Sole Investment	1164260	533899
投资股份有限公司	Share-holding Corporations Ltd. with Investment	96255	35369
其他港澳台商投资企业	Other Enterprises with Funds from Hongkong, Macao and Taiwan	17200	5566
3.外商投资企业	**Foreign Funded Enterprises**	**1321732**	**560522**
中外合资经营企业	Joint-venture Enterprises	510980	190719
中外合作经营企业	Cooperative Enterprises	178813	74603
外资企业	Enterprises with Sole Foreign Investment	586912	272221
外商投资股份有限公司	Share-holding Corporations Ltd. with Foreign Investment	20727	9693
其他外商投资企业	Other Foreign Funded Enterprises	24301	13285
(二)按国民经济行业分	**by Sector**		
旅游饭店	Tourist Hotel	18021717	7512570
一般旅馆	General Hotels	2415289	1166336
民宿服务	Home Lodging Services	15269	10664
露营地服务	Campground Services		
其他住宿业	Others	318977	124579

注：部分数据合计数由于单位取舍不同而产生的计算误差，未做机械调整(下表同)。

Note: Statistical discrepancies on total figures due to rounding are not adjusted. The same applies to the tables following.

项　目	Item	餐费收入 from Meals	商品销售额 from Commodities
总　计	**Total**	**51657262**	**2422784**
一、住宿业	**Hotels**	**8194354**	**603777**
#国有控股	State-controlled Enterprises	2513714	314758
(一)按登记注册类型分	**by Type of Registration**		
1.内资企业	**Domestic Funded Enterprises**	**6984735**	**460109**
国有企业	State-owned Enterprises	594444	41588
集体企业	Collective-owned Enterprises	34629	1925
股份合作企业	Cooperative Enterprises	21737	44
联营企业	Joint Ownership Enterprises	4336	272
有限责任公司	Limited Liability Corporations	3203449	269247
国有独资公司	State Sole Funded Corporations	509706	94411
其他有限责任公司	Other Limited Liability Corporations	2693743	174835
股份有限公司	Share-holding Corporations Ltd.	133258	18984
私营企业	Private Enterprises	2992882	128050
私营独资企业	Private-funded Enterprises	70435	6815
私营合伙企业	Private Partnership Enterprises	11767	590
私营有限责任公司	Private Limited Liability Corporations	2848768	115394
私营股份有限公司	Private Share-holding Corporations Ltd.	61912	5251
其他企业	Other Enterprises		
2.港、澳、台商投资企业	**Enterprises with Funds from Hongkong, Macao and Taiwan**	**824662**	**52619**
合资经营企业	Joint-venture Enterprises	299292	13928
合作经营企业	Cooperative Enterprises	78782	10184
独资经营企业	Enterprises with Sole Investment	410967	24609
投资股份有限公司	Share-holding Corporations Ltd. with Investment	25943	3011
其他港澳台商投资企业	Other Enterprises with Funds from Hongkong, Macao and Taiwan	9679	887
3.外商投资企业	**Foreign Funded Enterprises**	**384957**	**91048**
中外合资经营企业	Joint-venture Enterprises	171633	3788
中外合作经营企业	Cooperative Enterprises	23189	73678
外资企业	Enterprises with Sole Foreign Investment	180801	12195
外商投资股份有限公司	Share-holding Corporations Ltd. with Foreign Investment	2032	766
其他外商投资企业	Other Foreign Funded Enterprises	7302	622
(二)按国民经济行业分	**by Sector**		
旅游饭店	Tourist Hotel	7239032	545875
一般旅馆	General Hotels	820466	50473
民宿服务	Home Lodging Services	3819	47
露营地服务	Campground Services		
其他住宿业	Others	131037	7381

单位：万元
Unit: 10 000 yuan

其他收入 Others	客房数（间）Hotel Rooms (unit)	床位数（个）Hotel Beds (unit)	餐位数（位）Seats for Meal (unit)
4573314	**1359528**	**2144448**	**12950623**
3158973	**1146686**	**1786399**	**3338353**
1514747	357400	570700	977437
2420047	**974530**	**1536630**	**2956301**
382892	83739	131075	232822
26571	3708	6116	14208
5026	846	1548	2042
229	560	861	3500
1339198	480770	763626	1296875
273718	71865	114192	237182
1065480	408905	649434	1059693
78902	17006	26615	44104
587229	387901	606789	1362750
13210	7238	11475	21867
2790	1392	2048	2010
545244	371703	581777	1310634
25985	7568	11489	28239
453720	**106889**	**155408**	**269078**
198197	39806	58253	97663
27739	7558	11078	17843
194785	54336	78180	141747
31932	4683	7085	7747
1068	506	812	4078
285205	**65267**	**94361**	**112974**
144839	20548	29687	47222
7344	2982	5011	9749
121695	38578	54926	52386
8235	1856	2674	951
3093	1303	2063	2666
2724240	938794	1476822	2898895
378013	187661	280044	386582
740	260	432	242
55980	19971	29101	52634

项 目	Item	营业额 Turnover	客房收入 from Hotel Rooms
二、餐饮业	**Catering Services**	**47873440**	**1177184**
#国有控股	State-controlled Enterprises	2240569	187514
(一)按登记注册类型分	**by Type of Registration**		
1.内资企业	**Domestic Funded Enterprises**	**28414124**	**1141787**
国有企业	State-owned Enterprises	217401	44837
集体企业	Collective-owned Enterprises	68499	4488
股份合作企业	Cooperative Enterprises	88678	1508
联营企业	Joint Ownership Enterprises	16244	1398
有限责任公司	Limited Liability Corporations	7715044	341202
国有独资公司	State Sole Funded Corporations	496131	41700
其他有限责任公司	Other Limited Liability Corporations	7218914	299502
股份有限公司	Share-holding Corporations Ltd.	560539	15204
私营企业	Private Enterprises	19740048	732804
私营独资企业	Private-funded Enterprises	300066	8305
私营合伙企业	Private Partnership Enterprises	41197	1398
私营有限责任公司	Private Limited Liability Corporations	18029657	714304
私营股份有限公司	Private Share-holding Corporations Ltd.	1369128	8796
其他内资企业	Other Enterprises	7670	348
2.港、澳、台商投资企业	**Enterprises with Funds from Hongkong, Macao and Taiwan**	**8841954**	**21335**
合资经营企业	Joint-venture Enterprises	1365041	8427
合作经营企业	Cooperative Enterprises	106719	3807
独资经营企业	Enterprises with Sole Investment	7288185	9102
投资股份有限公司	Share-holding Corporations Ltd. with Investment	33768	
其他港澳台商投资企业	Other Enterprises with Funds from Hongkong, Macao and Taiwan	48241	
3.外商投资企业	**Foreign Funded Enterprises**	**10617363**	**14062**
中外合资经营企业	Joint-venture Enterprises	2099576	10107
中外合作经营企业	Cooperative Enterprises	65603	
外资企业	Enterprises with Sole Foreign Investment	8189198	3955
外商投资股份有限公司	Share-holding Corporations Ltd. with Foreign Investment	33114	
其他外商投资企业	Other Foreign Funded Enterprises	229872	
(二)按国民经济行业分	**by Sector**		
正餐服务	Restaurant	23008005	1166690
快餐服务	Fast Food	14339751	3700
饮料及冷饮服务	Beverage and Cold Drink	4611218	
餐饮配送及外卖送餐服务	Catering Distribution and Delivery Service	2548527	1141
其他餐饮业	Others	3365939	5654

单位：万元
Unit: 10 000 yuan

餐费收入 from Meals	商品销售额 from Commodities	其他收入 Others	客房数（间） Hotel Rooms (unit)	床位数（个） Hotel Beds (unit)	餐位数（位） Seats for Meal (unit)
43462908	**1819007**	**1414341**	**212842**	**358049**	**9612270**
1572122	245262	235671	31920	53147	551558
25166090	**1144899**	**961348**	**207509**	**349627**	**6928665**
146604	6178	19782	7810	13159	44166
57268	1747	4995	918	1566	19008
68042	16501	2628	101	202	16996
8550	4798	1498	327	530	4253
6626349	427990	319504	67636	114558	1540483
342992	48775	62664	7840	13359	131838
6283357	379215	256840	59796	101199	1408645
412944	69686	62706	2715	4316	85690
17839360	617706	550178	127949	215190	5215969
281293	6223	4245	2000	3337	84266
39444	281	74	59	117	13419
16315722	491510	508121	124434	209267	4885624
1202902	119692	37738	1456	2469	232660
6973	293	57	53	106	2100
8099128	**478780**	**242711**	**3287**	**5152**	**1235808**
1281892	33311	41412	1650	2424	167692
92459	5396	5058	181	300	10461
6647648	437903	193531	1456	2428	1053182
31970	381	1417			4068
45159	1789	1294			405
10197690	**195329**	**210282**	**2046**	**3270**	**1447797**
2042105	10313	37051	1411	2371	264789
61033		4569			17052
7853958	172215	159070	635	899	1132932
30489	883	1743			4196
210105	11919	7848			28828
20429673	692360	719282	209073	345994	5549329
13653491	377023	305537	2692	10502	2271178
4132799	371369	107051			455939
2135320	263420	148647	281	485	386520
3111625	114836	133825	796	1068	949304

4-6-2 各地区大中型住宿业企业经营情况
Business of Large and Medium-sized Enterprises of Hotels by Region

单位：万元
Unit: 10 000 yuan

地 区	Region	营业额 Turnover	客房收入 from Hotel Rooms	餐费收入 from Meals	商品销售额 from Commodities	其他收入 Others
全 国	**National Total**	**20771252**	**8814148**	**8194354**	**603777**	**3158973**
北 京	Beijing	2248525	962996	561770	26990	696769
天 津	Tianjin	171865	89650	56402	852	24961
河 北	Hebei	379295	140150	171176	10951	57017
山 西	Shanxi	236852	74372	128116	2000	32364
内 蒙 古	Inner Mongolia	126907	54030	61534	1599	9744
辽 宁	Liaoning	244803	88350	97028	6802	52624
吉 林	Jilin	106916	49538	41059	893	15427
黑 龙 江	Heilongjiang	68848	33576	21542	5454	8276
上 海	Shanghai	1955696	884284	577183	90214	404015
江 苏	Jiangsu	1393268	494968	714617	27686	155997
浙 江	Zhejiang	2220316	873281	1031197	35532	280306
安 徽	Anhui	424676	135826	200785	54565	33500
福 建	Fujian	1192497	405677	678943	30626	77251
江 西	Jiangxi	338826	136026	159422	10491	32886
山 东	Shandong	989347	378000	454645	21702	135000
河 南	Henan	444079	179850	190354	20015	53860
湖 北	Hubei	428436	195511	170379	5729	56816
湖 南	Hunan	625513	272430	278632	19290	55162
广 东	Guangdong	3012994	1300567	1063754	105910	542763
广 西	Guangxi	382496	161075	151614	29776	40032
海 南	Hainan	913753	587284	228850	6969	90650
重 庆	Chongqing	443766	215996	176074	12675	39021
四 川	Sichuan	835644	363171	355254	27488	89731
贵 州	Guizhou	264193	131064	75954	25433	31742
云 南	Yunnan	341388	172634	107255	10674	50825
西 藏	Tibet	30883	18893	8572	183	3236
陕 西	Shaanxi	600342	240035	298875	7347	54085
甘 肃	Gansu	138389	69118	56151	1993	11127
青 海	Qinghai	18580	8507	8008	579	1486
宁 夏	Ningxia	25536	12355	10426	244	2511
新 疆	Xinjiang	166622	84931	58784	3117	19789

4-6-3 各地区大中型餐饮业企业经营情况

Business of Large and Medium-sized Enterprises of Catering Services by Region

单位：万元
Unit: 10 000 yuan

地　区	Region	营业额 Turnover	客房收入 from Hotel Rooms	餐费收入 from Meals	商品销售额 from Commodities	其他收入 Others
全　国	**National Total**	**47873440**	**1177184**	**43462908**	**1819007**	**1414341**
北　京	Beijing	6423802	14599	5866307	276571	266325
天　津	Tianjin	958413	31016	837046	19022	71330
河　北	Hebei	242642	15795	194189	7168	25491
山　西	Shanxi	434248	23941	385750	4243	20315
内蒙古	Inner Mongolia	264739	26487	220388	976	16888
辽　宁	Liaoning	797905	14358	740208	29769	13571
吉　林	Jilin	103016	3753	75346	4032	19886
黑龙江	Heilongjiang	47670	1197	44640	840	992
上　海	Shanghai	8025168	3429	7559795	324500	137443
江　苏	Jiangsu	4641868	277443	4155649	101041	107736
浙　江	Zhejiang	3253667	154167	2885105	103124	111271
安　徽	Anhui	1484662	64149	1290230	109312	20971
福　建	Fujian	1563058	19055	1466707	38064	39232
江　西	Jiangxi	320431	21770	292909	3017	2735
山　东	Shandong	1564149	134800	1313736	42433	73179
河　南	Henan	463716	11941	435447	4512	11816
湖　北	Hubei	1844431	55784	1701597	56060	30990
湖　南	Hunan	842953	47484	755593	20172	19704
广　东	Guangdong	8113130	77925	7345568	447755	241881
广　西	Guangxi	507005	8771	433597	28438	36199
海　南	Hainan	103877	2004	92267	3024	6582
重　庆	Chongqing	785085	27071	722939	29836	5239
四　川	Sichuan	2946396	64240	2793188	45607	43362
贵　州	Guizhou	186211	4278	148123	25891	7919
云　南	Yunnan	275027	8806	242528	13450	10242
西　藏	Tibet	17157		10603	1749	4805
陕　西	Shaanxi	1242227	32608	1104272	66147	39200
甘　肃	Gansu	187530	19282	162131	2933	3184
青　海	Qinghai	15162	4054	10164	89	854
宁　夏	Ningxia	17852	1357	11045		5450
新　疆	Xinjiang	200244	5619	165841	9233	19551

4-7-1 大中型住宿和餐饮业企业年末资产负债

项　目	Item	流动资产合　计 Total Current Assets	#存货 Stock
总　计	**Total**	**57825421**	**3578266**
一、住宿业	**Hotels**	**38482845**	**2461315**
#国有控股	State-controlled Enterprises	11077201	341549
(一)按登记注册类型分	**by Type of Registration**		
1.内资企业	**Domestic Funded Enterprises**	**28836442**	**2095494**
国有企业	State-owned Enterprises	1986207	68240
集体企业	Collective-owned Enterprises	90317	2751
股份合作企业	Cooperative Enterprises	18831	191
联营企业	Joint Ownership Enterprises	5080	161
有限责任公司	Limited Liability Corporations	16791203	1226859
国有独资公司	State Sole Funded Corporations	2202976	67664
其他有限责任公司	Other Limited Liability Corporations	14588228	1159194
股份有限公司	Share-holding Corporations Ltd.	1075979	14055
私营企业	Private Enterprises	8868824	783238
私营独资企业	Private-funded Enterprises	80660	3913
私营合伙企业	Private Partnership Enterprises	13720	815
私营有限责任公司	Private Limited Liability Corporations	8627744	774075
私营股份有限公司	Private Share-holding Corporations Ltd.	146699	4434
其他企业	Other Enterprises		
2.港、澳、台商投资企业	**Enterprises with Funds from Hongkong, Macao and Taiwan**	**5627204**	**226765**
合资经营企业	Joint-venture Enterprises	2618079	126805
合作经营企业	Cooperative Enterprises	370518	9407
独资经营企业	Enterprises with Sole Investment	2457097	88574
投资股份有限公司	Share-holding Corporations Ltd. with Investment	172089	471
其他港澳台商投资企业	Other Enterprises with Funds from Hongkong, Macao and Taiwan	9421	1507
3.外商投资企业	**Foreign Funded Enterprises**	**4019199**	**139056**
中外合资经营企业	Joint-venture Enterprises	1210676	84309
中外合作经营企业	Cooperative Enterprises	283810	1599
外资企业	Enterprises with Sole Foreign Investment	2372594	50856
外商投资股份有限公司	Share-holding Corporations Ltd. with Foreign Investment	8790	192
其他外商投资企业	Other Foreign Funded Enterprises	143330	2099
(二)按国民经济行业分	**by Sector**		
旅游饭店	Tourist Hotel	34353138	2312543
一般旅馆	General Hotels	3713671	126782
民宿服务	Home Lodging Services	1145	245
露营地服务	Campground Services		
其他住宿业	Others	414892	21745

注：限额以上住宿和餐饮业中，因包含了视同法人单位，财务指标数据存在资产≠负债+所有者权益的问题(下表同)。

Assets and Liabilities of Large and Medium-sized of Enterprises of Hotels and Catering Services at Year-end

单位：万元

Unit: 10 000 yuan

固定资产原价 Original Value of Fixed Assets	累计折旧 Accumulated Depreciation	#本年折旧 Current Year Depreciation	资产总计 Total Assets	负债合计 Total Liabilities	所有者权益合计 Total Owners' Equities	实收资本 Paid-up Capitals
77673130	**35305101**	**3416985**	**139228783**	**106305782**	**32911728**	**37765973**
63345642	**28886355**	**2385666**	**97921822**	**76214950**	**21691616**	**29083343**
26530258	12451859	913212	35078595	21367917	13710678	12915410
47105765	**20765339**	**1821533**	**74377118**	**58319092**	**16075645**	**21001236**
5545928	2798231	230183	6345450	3145636	3199815	1693127
298923	170207	8580	249641	150041	99600	34934
11884	8341	740	41622	36809	4813	2420
9429	1142	512	20487	21409	-922	2522
27604072	12215385	986191	43509163	33029355	10492227	14235155
4595144	2139091	155897	7121989	4014137	3107852	2517205
23008928	10076294	830294	36387175	29015218	7384375	11717949
1322943	536056	48022	2546897	1411683	1135214	572082
12312585	5035977	547305	21663859	20524159	1144899	4460997
131698	70465	7111	199608	171731	27877	70543
12065	4670	542	17870	7551	10318	2481
11857677	4833809	523287	20959044	19961108	1003134	4277609
311145	127033	16366	487337	383768	103569	110364
10813779	**5585069**	**384068**	**14873441**	**11861052**	**3013684**	**5418269**
4160128	2364567	136845	6419207	5760308	660194	1500551
795676	491273	19402	793495	522619	270877	553410
5819460	2705735	225066	7356811	5433951	1922861	3314707
34016	20859	2521	285493	107919	177574	44601
4500	2636	235	18434	36255	-17821	5000
5426098	**2535947**	**180065**	**8671262**	**6034807**	**2602287**	**2663838**
2283979	1119684	80225	3330407	2247750	1082656	913939
561400	221956	23679	739055	390803	348251	387466
2377761	1076986	70726	4240155	3117990	1087998	1249397
52750	28926	1533	64969	45651	19318	26947
150208	88396	3900	296677	232613	64064	86089
57972671	26762459	2120695	87629766	68134095	19475217	26641765
4556831	1854021	230355	9145023	6959319	2190902	2216497
13258	721	14	16953	24740	-7788	800
802882	269155	34601	1130080	1096796	33284	224281

Note: Of enterprises above designated size of Hotel and Catering Services,the finicial data have the problem of total assets ≠ liabilities+total owners' equities, because some of them are regarded as entities. The same applies to the tables following.

项 目	Item	流动资产合 计 Total Current Assets	#存 货 Stock
二、餐饮业	**Catering Services**	**19342576**	**1116951**
#国有控股	State-controlled Enterprises	**2297985**	**150369**
(一)按登记注册类型分	**by Type of Registration**		
1.内资企业	**Domestic Funded Enterprises**	**12813521**	**791639**
国有企业	State-owned Enterprises	237129	6070
集体企业	Collective-owned Enterprises	49414	1475
股份合作企业	Cooperative Enterprises	48813	2937
联营企业	Joint Ownership Enterprises	23350	3993
有限责任公司	Limited Liability Corporations	3829515	245836
国有独资公司	State Sole Funded Corporations	394193	25995
其他有限责任公司	Other Limited Liability Corporations	3435321	219841
股份有限公司	Share-holding Corporations Ltd.	672250	14336
私营企业	Private Enterprises	7948908	516369
私营独资企业	Private-funded Enterprises	74073	8218
私营合伙企业	Private Partnership Enterprises	10463	3704
私营有限责任公司	Private Limited Liability Corporations	7374273	454495
私营股份有限公司	Private Share-holding Corporations Ltd.	490099	49953
其他企业	Other Enterprises	4142	622
2.港、澳、台商投资企业	**Enterprises with Funds from Hongkong, Macao and Taiwan**	**3709333**	**180294**
合资经营企业	Joint-venture Enterprises	382114	19484
合作经营企业	Cooperative Enterprises	56986	5723
独资经营企业	Enterprises with Sole Investment	2907668	152165
投资股份有限公司	Share-holding Corporations Ltd. with Investment	67590	1747
其他港澳台商投资企业	Other Enterprises with Funds from Hongkong, Macao and Taiwan	294975	1175
3.外商投资企业	**Foreign Funded Enterprises**	**2819722**	**145019**
中外合资经营企业	Joint-venture Enterprises	250095	20002
中外合作经营企业	Cooperative Enterprises	20449	1147
外资企业	Enterprises with Sole Foreign Investment	1717730	104486
外商投资股份有限公司	Share-holding Corporations Ltd. with Foreign Investment	5403	18
其他外商投资企业	Other Foreign Funded Enterprises	826045	19365
(二)按国民经济行业分	**by Sector**		
正餐服务	Restaurant	11762715	754694
快餐服务	Fast Food	2464495	205434
饮料及冷饮服务	Beverage and Cold Drink	2850379	76764
餐饮配送及外卖送餐服务	Catering Distribution and Delivery Service	870328	38838
其他餐饮业	Others	1394660	41222

4-7-1 Continued

单位：万元
Unit: 10 000 yuan

固定资产原价 Original Value of Fixed Assets	累计折旧 Accumulation Depreciation	#本年折旧 Current Year Depreciation	资产总计 Total Assets	负债合计 Total liabilities	所有者权益合计 Total Owners' Equities	实收资本 Paid-up Capitals
14327488	**6418747**	**1031319**	**41306962**	**30090832**	**11220112**	**8682631**
1916648	**775003**	**104450**	**5203013**	**3341958**	**1861055**	**1214232**
10010360	**4224807**	**658956**	**26154285**	**19923126**	**6235140**	**6109300**
295703	116191	14646	532648	361335	171313	107010
42489	21511	2089	93187	42451	50736	17899
37302	17926	1718	75516	35586	39930	3157
43684	7732	1632	86685	66654	20030	42831
3786790	1512708	229731	8199920	6272000	1927920	2564626
525730	163353	26348	1109993	610123	499870	231180
3261060	1349354	203383	7089927	5661877	1428050	2333445
310032	143550	11220	1674461	778540	895920	377156
5489732	2401421	397583	15486075	12361362	3128695	2996422
112958	54855	7066	203418	132706	70712	15611
6238	4003	469	16262	11428	4834	4130
5197852	2263653	377513	14213674	11693944	2523711	2793237
172685	78911	12535	1052722	523284	529438	183444
4627	3768	338	5793	5198	596	200
2367852	**1214676**	**183287**	**7837321**	**5105235**	**2732085**	**1413766**
448344	230537	25350	1239828	830123	409705	205790
38372	28647	1375	87142	74362	12780	22632
1856768	944528	155458	6077395	4083349	1994046	1173204
19279	9992	504	88406	83588	4818	10100
5089	972	600	344549	33813	310736	2041
1949276	**979263**	**189075**	**7315357**	**5062470**	**2252887**	**1159565**
632786	261433	79106	1282363	847947	434415	98676
26409	13830	954	153706	96697	57010	22966
1276904	696387	107973	4637832	3387482	1250350	699104
2018	467	343	11735	18446	-6711	1000
11160	7146	699	1229721	711898	517823	337819
10259657	4409372	628761	25100298	19118459	5985821	6299315
3052878	1505263	260073	8927098	6445012	2482085	1244989
543258	286484	69490	3792457	2047195	1745262	326730
257260	103760	25559	1161234	799131	362104	264699
214435	113867	47436	2325876	1681035	644841	546897

4-7-2 各地区大中型住宿和餐饮业企业年末资产负债

Assets and Liabilities of Large and Medium-sized of Enterprises of Hotels and Catering Services by Region at Year-end

单位：万元

Unit: 10 000 yuan

地区	Region	资产总计 Total Assets	#流动资产合计 Total Current Assets	#固定资产净额 Net Value of Fixed Assets	负债合计 Total Liabilities	所有者权益合计 Total Owners' Equities
全国	**National Total**	**139228783**	**57825421**	**39218944**	**106305782**	**32911728**
北京	Beijing	16301352	7098707	4083983	12108015	4193337
天津	Tianjin	2200973	866427	722852	1780570	420403
河北	Hebei	2803335	1074845	897105	2591101	212234
山西	Shanxi	1457567	505126	539372	1308978	148589
内蒙古	Inner Mongolia	939544	261170	489549	824283	115261
辽宁	Liaoning	1739719	541381	594186	1424962	314758
吉林	Jilin	670615	296574	251588	471313	199303
黑龙江	Heilongjiang	421094	121669	207971	308268	112827
上海	Shanghai	16140529	7481374	3703966	10611987	5528543
江苏	Jiangsu	11144010	4189321	3979857	8171669	2943473
浙江	Zhejiang	13103710	4715619	4377071	10281777	2827132
安徽	Anhui	2791794	978556	799946	2111210	680584
福建	Fujian	4720637	1719081	1674871	3444329	1276308
江西	Jiangxi	1713064	520734	504974	1219648	493417
山东	Shandong	5793002	2170159	2029141	4424079	1368923
河南	Henan	1958973	765967	630164	1359001	599973
湖北	Hubei	2633093	955858	705407	1959870	673223
湖南	Hunan	2902859	1061716	844910	2379883	522975
广东	Guangdong	21460598	11298257	3917370	17556386	3904939
广西	Guangxi	2135998	792332	828366	1395196	740802
海南	Hainan	6559953	2074909	2267724	5448754	1122866
重庆	Chongqing	2715053	1188074	600275	2094863	620189
四川	Sichuan	6931698	3279098	1394952	5405344	1526354
贵州	Guizhou	1375101	759431	320654	1098357	276744
云南	Yunnan	2208650	800148	774631	1527140	681510
西藏	Tibet	183804	34771	94829	30534	153271
陕西	Shaanxi	3972209	1351246	1283506	3457440	514769
甘肃	Gansu	847563	435593	139560	574156	273407
青海	Qinghai	159412	68447	47124	114809	44604
宁夏	Ningxia	178177	28835	134168	106057	72121
新疆	Xinjiang	1064697	389995	378874	715807	348892

4-7-3 各地区大中型住宿业企业年末资产负债

Assets and Liabilities of Large and Medium-sized Enterprises of Hotels by Region at Year-end

单位：万元

Unit: 10 000 yuan

地　区	Region	资产总计 Total Assets	#流动资产合计 Total Current Assets	#固定资产净额 Net Value of Fixed Assets	负债合计 Total Liabilities	所有者权益合计 Total Owners' Equities
全　国	**National Total**	**97921822**	**38482845**	**32055414**	**76214950**	**21691616**
北　京	Beijing	11792190	4576838	3722358	8798514	2993676
天　津	Tianjin	1402330	580839	525160	1170329	232001
河　北	Hebei	2248315	723350	817376	2075188	173127
山　西	Shanxi	949848	303263	426022	836783	113065
内蒙古	Inner Mongolia	521368	101443	344632	516523	4845
辽　宁	Liaoning	987564	300725	462559	745746	241818
吉　林	Jilin	576983	254695	235280	392932	184051
黑龙江	Heilongjiang	353252	75739	199994	238312	114941
上　海	Shanghai	10763734	4274234	3249545	7125856	3637879
江　苏	Jiangsu	6555771	2316747	2563080	4857997	1664901
浙　江	Zhejiang	9752877	3370455	3570109	7570251	2187824
安　徽	Anhui	1453452	443114	548950	1244588	208864
福　建	Fujian	3899950	1386080	1539334	2822004	1077946
江　西	Jiangxi	1385478	411693	449099	1009686	375793
山　东	Shandong	3606879	1488024	1254477	2868384	738495
河　南	Henan	1536456	592313	565449	1044276	492180
湖　北	Hubei	1357384	403772	497481	1025134	332250
湖　南	Hunan	2015738	751423	679102	1580869	434869
广　东	Guangdong	15074907	8147690	3084681	13108699	1966959
广　西	Guangxi	1804857	640736	758443	1158475	646382
海　南	Hainan	6486188	2034848	2259057	5404702	1093153
重　庆	Chongqing	1946141	862417	483176	1569332	376809
四　川	Sichuan	3762509	1663031	1047661	3045277	717231
贵　州	Guizhou	1157393	598602	293558	918095	239298
云　南	Yunnan	1772504	518813	692717	1285447	487057
西　藏	Tibet	158254	19586	93710	25649	132605
陕　西	Shaanxi	3020044	984321	1165063	2782538	237506
甘　肃	Gansu	589084	332107	82837	387166	201918
青　海	Qinghai	108662	47150	26760	76107	32556
宁　夏	Ningxia	149323	21551	120791	96107	53216
新　疆	Xinjiang	732388	257247	296955	433986	298403

4-7-4 各地区大中型餐饮业企业年末资产负债

Assets and Liabilities of Large and Medium-sized Enterprises of Catering Services by Region at Year-end

单位：万元

Unit: 10 000 yuan

地区	Region	资产总计 Total Assets	#流动资产合计 Total Current Assets	#固定资产净额 Net Value of Fixed Assets	负债合计 Total Liabilities	所有者权益合计 Total Owners' Equities
全国	**National Total**	**41306962**	**19342576**	**7163530**	**30090832**	**11220112**
北京	Beijing	4509162	2521869	361625	3309501	1199661
天津	Tianjin	798643	285588	197692	610241	188402
河北	Hebei	555020	351495	79729	515913	39107
山西	Shanxi	507719	201863	113350	472195	35524
内蒙古	Inner Mongolia	418176	159727	144917	307760	110416
辽宁	Liaoning	752155	240656	131627	679216	72940
吉林	Jilin	93632	41879	16308	78381	15252
黑龙江	Heilongjiang	67842	45930	7977	69956	-2114
上海	Shanghai	5376795	3207140	454421	3486131	1890664
江苏	Jiangsu	4588239	1872574	1416777	3313672	1278572
浙江	Zhejiang	3350833	1345164	806962	2711526	639308
安徽	Anhui	1338342	535442	250996	866622	471720
福建	Fujian	820687	333001	135537	622325	198362
江西	Jiangxi	327586	109041	55875	209962	117624
山东	Shandong	2186123	682135	774664	1555695	630428
河南	Henan	422517	173654	64715	314725	107793
湖北	Hubei	1275709	552086	207926	934736	340973
湖南	Hunan	887121	310293	165808	799014	88106
广东	Guangdong	6385691	3150567	832689	4447687	1937980
广西	Guangxi	331141	151596	69923	236721	94420
海南	Hainan	73765	40061	8667	44052	29713
重庆	Chongqing	768912	325657	117099	525531	243380
四川	Sichuan	3169189	1616067	347291	2360067	809123
贵州	Guizhou	217708	160829	27096	180262	37446
云南	Yunnan	436146	281335	81914	241693	194453
西藏	Tibet	25550	15185	1119	4885	20666
陕西	Shaanxi	952165	366925	118443	674902	277263
甘肃	Gansu	258479	103486	56723	186990	71489
青海	Qinghai	50750	21297	20364	38702	12048
宁夏	Ningxia	28854	7284	13377	9950	18905
新疆	Xinjiang	332309	132748	81919	281821	50489

4-8-1 大中型住宿和餐饮业企业损益及分配

Income and Distribution of Large and Medium-sized Enterprises of Hotels and Catering Services

单位：万元

Unit: 10 000 yuan

项　目	Item	营业收入 Business Revenue	营业成本 Business Cost
总　计	**Total**	**66188009**	**31960521**
一、住宿业	**Hotels**	**20542174**	**8710788**
#国有控股	State-controlled Enterprises	7101048	3236875
(一)按登记注册类型分	**by Type of Registration**		
1.内资企业	**Domestic Funded Enterprises**	**16858218**	**7306916**
国有企业	State-owned Enterprises	1548906	524271
集体企业	Collective-owned Enterprises	95811	23705
股份合作企业	Cooperative Enterprises	35303	25380
联营企业	Joint Ownership Enterprises	7043	4415
有限责任公司	Limited Liability Corporations	8497449	3865967
国有独资公司	State Sole Funded Corporations	1431532	688884
其他有限责任公司	Other Limited Liability Corporations	7065917	3177083
股份有限公司	Share-holding Corporations Ltd.	464632	199340
私营企业	Private Enterprises	6209074	2663838
私营独资企业	Private-funded Enterprises	138832	56224
私营合伙企业	Private Partnership Enterprises	23235	12912
私营有限责任公司	Private Limited Liability Corporations	5892589	2512370
私营股份有限公司	Private Share-holding Corporations Ltd.	154419	82332
其他企业	Other Enterprises		
2.港、澳、台商投资企业	**Enterprises with Funds from Hongkong, Macao and Taiwan**	**2312396**	**857526**
合资经营企业	Joint-venture Enterprises	900481	309294
合作经营企业	Cooperative Enterprises	180664	84433
独资经营企业	Enterprises with Sole Investment	1123850	438830
投资股份有限公司	Share-holding Corporations Ltd. with Investment	90970	19004
其他港澳台商投资企业	Other Enterprises with Funds from Hongkong, Macao and Taiwan	16432	5965
3.外商投资企业	**Foreign Funded Enterprises**	**1371560**	**546346**
中外合资经营企业	Joint-venture Enterprises	499050	168957
中外合作经营企业	Cooperative Enterprises	199620	116874
外资企业	Enterprises with Sole Foreign Investment	629873	247984
外商投资股份有限公司	Share-holding Corporations Ltd. with Foreign Investment	19734	2713
其他外商投资企业	Other Foreign Funded Enterprises	23284	9819
(二)按国民经济行业分	**by Sector**		
旅游饭店	Tourist Hotel	17869579	7498209
一般旅馆	General Hotels	2356454	1066184
民宿服务	Home Lodging Services	7572	925
露营地服务	Campground Services		
其他住宿业	Others	308569	145470

项 目	Item	税金及附加 Taxes and Other Charges
总 计	**Total**	**567071**
一、住宿业	**Hotels**	**469583**
#国有控股	State-controlled Enterprises	201571
(一)按登记注册类型分	**by Type of Registration**	
1.内资企业	**Domestic Funded Enterprises**	**345340**
国有企业	State-owned Enterprises	33571
集体企业	Collective-owned Enterprises	1263
股份合作企业	Cooperative Enterprises	909
联营企业	Joint Ownership Enterprises	48
有限责任公司	Limited Liability Corporations	210357
国有独资公司	State Sole Funded Corporations	37854
其他有限责任公司	Other Limited Liability Corporations	172503
股份有限公司	Share-holding Corporations Ltd.	28134
私营企业	Private Enterprises	71058
私营独资企业	Private-funded Enterprises	1020
私营合伙企业	Private Partnership Enterprises	24
私营有限责任公司	Private Limited Liability Corporations	68272
私营股份有限公司	Private Share-holding Corporations Ltd.	1743
其他企业	Other Enterprises	
2.港、澳、台商投资企业	**Enterprises with Funds from Hongkong, Macao and Taiwan**	**85828**
合资经营企业	Joint-venture Enterprises	44310
合作经营企业	Cooperative Enterprises	6401
独资经营企业	Enterprises with Sole Investment	34865
投资股份有限公司	Share-holding Corporations Ltd. with Investment	218
其他港澳台商投资企业	Other Enterprises with Funds from Hongkong, Macao and Taiwan	33
3.外商投资企业	**Foreign Funded Enterprises**	**38415**
中外合资经营企业	Joint-venture Enterprises	19758
中外合作经营企业	Cooperative Enterprises	1077
外资企业	Enterprises with Sole Foreign Investment	15821
外商投资股份有限公司	Share-holding Corporations Ltd. with Foreign Investment	367
其他外商投资企业	Other Foreign Funded Enterprises	1394
(二)按国民经济行业分	**by Sector**	
旅游饭店	Tourist Hotel	427686
一般旅馆	General Hotels	32576
民宿服务	Home Lodging Services	
露营地服务	Campground Services	
其他住宿业	Others	9322

单位：万元

Unit: 10 000 yuan

其他业务利润 Profits from Other Business	销售费用 Selling Expenses	管理费用 Administrative Expenses	财务费用 Financial Expenses	#利息支出 Interest Expenses
672716	**22129560**	**11512526**	**1918975**	**1352575**
399276	**5798629**	**6891846**	**1390976**	**1081530**
165383	1968798	2575519	263581	292240
314635	**4843030**	**5576159**	**1021289**	**760911**
30903	574147	646799	11399	11795
681	40633	28307	1638	1887
1797	5925	4467	497	106
	2229	739	14	
197130	2300437	2911632	545496	478891
73946	385517	504259	55699	50542
123184	1914921	2407373	489797	428349
1532	87940	129712	33892	2174
82591	1831718	1854503	428354	266059
1938	44150	39933	5213	2064
	2586	6511	172	157
75259	1758926	1752062	411832	253185
5394	26056	55996	11136	10653
61900	**663948**	**825280**	**262103**	**233920**
17366	237837	328028	143095	126465
85	49062	56126	4761	2582
42576	319575	414513	116879	104447
	52101	20272	-2712	359
1873	5372	6343	79	67
22741	**291651**	**490406**	**107584**	**86698**
17476	121902	176799	59507	36108
2135	17414	50596	16278	18105
2822	133459	248245	31717	31305
309	13079	8091	1224	1179
	5798	6676	-1140	2
363835	5032746	6022661	1268454	1007405
32445	674830	772049	107616	63683
113	2031	4287	315	368
2883	89022	92849	14592	10075

项　目	Item	营业利润 Business Profits
总　计	**Total**	**-1633718**
一、住宿业	**Hotels**	**-2442514**
#国有控股	State-controlled Enterprises	-858149
(一)按登记注册类型分	**by Type of Registration**	
1.内资企业	**Domestic Funded Enterprises**	**-2037341**
国有企业	State-owned Enterprises	-200960
集体企业	Collective-owned Enterprises	362
股份合作企业	Cooperative Enterprises	131
联营企业	Joint Ownership Enterprises	-150
有限责任公司	Limited Liability Corporations	-1244365
国有独资公司	State Sole Funded Corporations	-171790
其他有限责任公司	Other Limited Liability Corporations	-1072574
股份有限公司	Share-holding Corporations Ltd.	-433
私营企业	Private Enterprises	-591927
私营独资企业	Private-funded Enterprises	-5962
私营合伙企业	Private Partnership Enterprises	976
私营有限责任公司	Private Limited Liability Corporations	-564240
私营股份有限公司	Private Share-holding Corporations Ltd.	-22700
其他企业	Other Enterprises	
2.港、澳、台商投资企业	**Enterprises with Funds from Hongkong, Macao and Taiwan**	**-311121**
合资经营企业	Joint-venture Enterprises	-112956
合作经营企业	Cooperative Enterprises	-9221
独资经营企业	Enterprises with Sole Investment	-192141
投资股份有限公司	Share-holding Corporations Ltd. with Investment	4557
其他港澳台商投资企业	Other Enterprises with Funds from Hongkong, Macao and Taiwan	-1361
3.外商投资企业	**Foreign Funded Enterprises**	**-94052**
中外合资经营企业	Joint-venture Enterprises	-47260
中外合作经营企业	Cooperative Enterprises	2384
外资企业	Enterprises with Sole Foreign Investment	-41159
外商投资股份有限公司	Share-holding Corporations Ltd. with Foreign Investment	-9055
其他外商投资企业	Other Foreign Funded Enterprises	1039
(二)按国民经济行业分	**by Sector**	
旅游饭店	Tourist Hotel	-2145755
一般旅馆	General Hotels	-259308
民宿服务	Home Lodging Services	127
露营地服务	Campground Services	
其他住宿业	Others	-37579

单位：万元
Unit: 10 000 yuan

利润总额 Total Profits	应交所得税 Income Tax Payable	应付职工薪酬 Payables to Employees	应交增值税 VAT Payable
-1532106	**549966**	**16928349**	**593511**
-2476285	**121016**	**6045631**	**364677**
-791712	57436	2609008	149213
-2122666	**86426**	**4995028**	**291527**
-175050	9005	628866	35290
1144	1012	35240	2175
-53	17	5411	197
-141		1933	-4
-1400090	50003	2703359	160338
-163085	11327	521227	30370
-1237005	38675	2182132	129968
573	5088	119180	7675
-549048	21302	1501039	85856
-5699	1306	32147	645
1020	33	5194	469
-524713	19706	1419913	82853
-19657	257	43784	1888
-273592	**19846**	**688017**	**44065**
-86726	7262	282574	21454
-3193	3846	53771	3871
-187200	7744	319679	16529
4721	993	26868	1807
-1193		5125	405
-80027	**14744**	**362586**	**29085**
-46397	7212	144371	11176
14232	923	37119	7079
-38786	6597	165602	9732
-8979	13	6924	732
-97		8569	367
-2225920	107293	5291535	332200
-234870	11208	667579	27348
227		1860	
-15721	2515	84657	5129

项　目	Item	营业收入 Business Revenue	营业成本 Business Cost
二、餐饮业	**Catering Services**	**45645835**	**23249733**
#国有控股	State-controlled Enterprises	2281978	1612731
(一)按登记注册类型分	**by Type of Registration**		
1.内资企业	**Domestic Funded Enterprises**	**27288120**	**14927645**
国有企业	State-owned Enterprises	206016	124792
集体企业	Collective-owned Enterprises	65552	40073
股份合作企业	Cooperative Enterprises	85102	45549
联营企业	Joint Ownership Enterprises	15401	9560
有限责任公司	Limited Liability Corporations	7465280	4059437
国有独资公司	State Sole Funded Corporations	543352	388110
其他有限责任公司	Other Limited Liability Corporations	6921928	3671327
股份有限公司	Share-holding Corporations Ltd.	543673	344529
私营企业	Private Enterprises	18899656	10298850
私营独资企业	Private-funded Enterprises	289064	175570
私营合伙企业	Private Partnership Enterprises	39005	22292
私营有限责任公司	Private Limited Liability Corporations	17276642	9211883
私营股份有限公司	Private Share-holding Corporations Ltd.	1294945	889105
其他企业	Other Enterprises	7439	4854
2.港、澳、台商投资企业	**Enterprises with Funds from Hongkong, Macao and Taiwan**	**8295757**	**3300917**
合资经营企业	Joint-venture Enterprises	1292705	553820
合作经营企业	Cooperative Enterprises	100445	51575
独资经营企业	Enterprises with Sole Investment	6830918	2671280
投资股份有限公司	Share-holding Corporations Ltd. with Investment	32149	10819
其他港澳台商投资企业	Other Enterprises with Funds from Hongkong, Macao and Taiwan	39541	13423
3.外商投资企业	**Foreign Funded Enterprises**	**10061958**	**5021172**
中外合资经营企业	Joint-venture Enterprises	1986092	996385
中外合作经营企业	Cooperative Enterprises	61403	33870
外资企业	Enterprises with Sole Foreign Investment	7750004	3881106
外商投资股份有限公司	Share-holding Corporations Ltd. with Foreign Investment	31395	19133
其他外商投资企业	Other Foreign Funded Enterprises	233064	90678
(二)按国民经济行业分	**by Sector**		
正餐服务	Restaurant	22063671	11093078
快餐服务	Fast Food	13511093	6965998
饮料及冷饮服务	Beverage and Cold Drink	4430116	1645608
餐饮配送及外卖送餐服务	Catering Distribution and Delivery Service	2446599	1888131
其他餐饮业	Others	3194357	1656918

单位：万元
Unit: 10 000 yuan

税金及附加 Taxes and Other Charges	其他业务利润 Profits from Other Business	销售费用 Selling Expenses	管理费用 Administrative Expenses
97488	**273440**	**16330931**	**4620680**
16166	22764	411579	366925
82184	**208971**	**8832319**	**3129860**
1696	1548	45578	43302
173	448	15334	10300
610	18	28901	9738
62		1811	3222
29240	56609	2396672	957543
3153	269	98328	90383
26087	56339	2298345	867161
3345	3179	161531	71665
47041	147169	6180374	2033730
987	1555	69304	36303
93	19	11302	4322
43577	143250	5815216	1922978
2385	2345	284551	70127
18		2118	360
7660	**49276**	**4018597**	**660831**
1215	16879	553930	111019
303	6	38501	13875
5797	32391	3384836	525478
269		15478	1907
76		25852	8552
7644	**15194**	**3480016**	**829990**
1638	410	612702	157531
277		24507	6694
5518	13095	2717082	631461
9	239	9481	985
202	1450	116244	33319
75660	160417	7967110	2697579
11905	53402	4731642	1117461
2908	51612	2066060	350300
3616	1170	284508	255537
3399	6840	1281611	199803

项　目	Item	财务费用 Financial Expenses	#利息支出 Interest Expenses
二、餐饮业	**Catering Services**	**527999**	**271045**
#国有控股	State-controlled Enterprises	27933	27648
(一)按登记注册类型分	**by Type of Registration**		
1.内资企业	**Domestic Funded Enterprises**	**348496**	**183313**
国有企业	State-owned Enterprises	1911	887
集体企业	Collective-owned Enterprises	164	190
股份合作企业	Cooperative Enterprises	414	247
联营企业	Joint Ownership Enterprises	1110	1107
有限责任公司	Limited Liability Corporations	93112	43350
国有独资公司	State Sole Funded Corporations	6435	6359
其他有限责任公司	Other Limited Liability Corporations	86677	36992
股份有限公司	Share-holding Corporations Ltd.	5685	4975
私营企业	Private Enterprises	246060	132529
私营独资企业	Private-funded Enterprises	4088	2765
私营合伙企业	Private Partnership Enterprises	256	55
私营有限责任公司	Private Limited Liability Corporations	236853	127638
私营股份有限公司	Private Share-holding Corporations Ltd.	4863	2071
其他企业	Other Enterprises	39	28
2.港、澳、台商投资企业	**Enterprises with Funds from Hongkong, Macao and Taiwan**	**90362**	**32456**
合资经营企业	Joint-venture Enterprises	24026	20081
合作经营企业	Cooperative Enterprises	332	
独资经营企业	Enterprises with Sole Investment	61671	7780
投资股份有限公司	Share-holding Corporations Ltd. with Investment	4595	4553
其他港澳台商投资企业	Other Enterprises with Funds from Hongkong, Macao and Taiwan	-262	42
3.外商投资企业	**Foreign Funded Enterprises**	**89141**	**55276**
中外合资经营企业	Joint-venture Enterprises	22615	11541
中外合作经营企业	Cooperative Enterprises	2302	2443
外资企业	Enterprises with Sole Foreign Investment	66327	24790
外商投资股份有限公司	Share-holding Corporations Ltd. with Foreign Investment	17	
其他外商投资企业	Other Foreign Funded Enterprises	-2118	16502
(二)按国民经济行业分	**by Sector**		
正餐服务	Restaurant	354574	177021
快餐服务	Fast Food	156018	51951
饮料及冷饮服务	Beverage and Cold Drink	-11058	3817
餐饮配送及外卖送餐服务	Catering Distribution and Delivery Service	6497	3711
其他餐饮业	Others	21967	34545

单位：万元

Unit: 10 000 yuan

营业利润 Opreating Profits	利润总额 Total Profits	应交所得税 Income Tax Payable	应付职工薪酬 Payables to Employees	应交增值税 VAT Payable
808796	**944179**	**428950**	**10882717**	**228833**
15629	33505	9689	726248	35631
-101395	**23193**	**151374**	**5897068**	**209289**
-9092	-6146	616	63706	3639
-396	-534	741	20549	594
420	752	329	20039	2588
-401	797		2533	89
-146781	-103891	46075	1697973	58793
-24288	-17319	2657	154476	6577
-122493	-86572	43418	1543497	52216
47318	51255	1132	177302	7105
7462	80824	102471	3913033	136322
798	2548	548	51451	1632
453	653	173	9026	562
-41790	22416	88061	3662295	126633
48001	55207	13690	190261	7496
75	135	9	1934	159
257886	**267107**	**103786**	**2360992**	**16982**
54095	55630	18268	296438	6787
-3645	-3241	-436	29832	1702
210930	217940	85935	2009660	5827
-1259	-920		8208	456
-2236	-2302	19	16854	2210
652305	**653879**	**173790**	**2624657**	**2562**
197118	194132	50117	392336	-89
39707	39119		23017	34
413687	418278	122889	2171378	188
2007	1977		5993	108
-213	375	785	31933	2321
-75736	33711	134660	4884185	164664
548974	547405	156019	3080471	13371
398243	405707	115515	1571395	4532
4272	17684	8651	516667	26553
-66956	-60327	14106	830000	19714

4-8-2 各地区大中型住宿和餐饮业企业损益及分配

地　区	Region	营业收入 Business Revenue	营业成本 Business Cost	税金及附加 Taxes and Other Charges	其他业务利润 Profits from Other Business	销售费用 Selling Expenses
全　国	**National Total**	**66188009**	**31960521**	**567071**	**672716**	**22129560**
北　京	Beijing	8182044	3674360	98955	96625	3025385
天　津	Tianjin	1090905	516635	8493	6581	383169
河　北	Hebei	600527	278200	11462	1460	223511
山　西	Shanxi	644246	321078	7272	8209	207595
内蒙古	Inner Mongolia	372031	172303	3359	6866	139912
辽　宁	Liaoning	1010136	504554	9420	8134	315365
吉　林	Jilin	203641	115358	1937	399	50794
黑龙江	Heilongjiang	110823	39148	2150	94	50115
上　海	Shanghai	9732617	4348708	55866	111691	3730864
江　苏	Jiangsu	5804980	2784982	27533	22452	1918024
浙　江	Zhejiang	5252772	2337792	31366	71161	1837942
安　徽	Anhui	1847491	988813	13012	6418	544215
福　建	Fujian	2669317	1525775	22910	13423	694533
江　西	Jiangxi	642393	331867	8940	8741	145774
山　东	Shandong	2449156	1210044	22868	42743	782911
河　南	Henan	880454	416540	10377	12755	284638
湖　北	Hubei	2164050	1100935	11217	23845	678468
湖　南	Hunan	1409977	788217	18736	7441	315019
广　东	Guangdong	10767018	5200584	65563	134911	3740033
广　西	Guangxi	851865	421512	8395	6788	262028
海　南	Hainan	1064391	387853	49903	10273	259377
重　庆	Chongqing	1213624	786851	9157	2906	210056
四　川	Sichuan	3591730	1620480	20846	25576	1464838
贵　州	Guizhou	440065	244235	4932	6782	75358
云　南	Yunnan	600069	339215	13111	4270	151673
西　藏	Tibet	46528	19062	138		6967
陕　西	Shaanxi	1787451	1038659	19825	25685	440045
甘　肃	Gansu	323277	171396	3177	3979	89945
青　海	Qinghai	35156	15149	352	1574	13995
宁　夏	Ningxia	41839	26882	476	34	10428
新　疆	Xinjiang	357434	233331	5323	902	76581

Income and Distribution of Large and Medium-sized Enterprises of Hotels and Catering Services by Region

单位：万元

Unit: 10 000 yuan

管理费用 Administrative Expenses	财务费用 Financial Expenses	#利息支出 Interest Expenses	营业利润 Operating Profits	利润总额 Total Profits	应交所得税 Income Tax Payable	应付职工薪酬 Payables to Employees	应交增值税 VAT Payable
11512526	**1918975**	**1352575**	**-1633718**	**-1532106**	**549966**	**16928349**	**593511**
1431325	172834	205783	-253435	-450682	70494	2413552	83444
202579	26492	8711	-36669	-35337	7234	279588	7561
150002	56299	34502	-121285	-100973	3610	165013	3803
138583	19250	12450	-49262	-42868	2281	154348	11255
99552	7025	5646	-47103	-44882	252	110699	6412
182577	30091	14198	-30887	-8515	8717	250309	7572
48988	10218	5337	-21862	-16871	265	39443	2159
41537	4446	4360	-25538	-24507	72	21861	2118
1447021	187740	149400	37552	82223	120678	2577497	27985
1086327	153138	75089	-124383	-91659	55620	1499524	36778
1017510	209719	170313	-114209	-83125	48896	1336066	36546
263688	26946	11061	9295	21161	15095	433471	21907
407259	78061	61087	-17152	-12946	14460	561084	16357
138942	28977	19581	-14626	-7832	3883	101837	8086
522629	79613	51966	-145337	-131678	12613	693625	36989
205690	34762	20606	-50050	-45614	4655	210953	14185
264038	42941	18612	74651	80725	26462	492468	19914
276786	45689	31345	-17104	-12760	11208	323548	16537
1792601	296247	175441	-188253	-153684	73572	2815797	101129
183271	26008	16704	-27443	-27383	5010	216806	12591
339913	123155	76246	-172990	-164640	9631	239800	20992
185954	32171	24876	9	2328	8213	265759	13193
370255	92666	73742	-65317	-50544	29766	901774	31457
103112	20167	9961	-5462	-330	2381	97520	9663
150838	23647	18007	-57123	-54291	2168	134845	10291
19024	-29	-38	2134	2182	553	13883	1349
294104	70862	44933	-118261	-114780	8880	379572	19479
65859	8975	5578	-14331	-12475	1576	75383	6031
8853	2050	72	-5583	-5354	83	10359	1339
10964	317	253	-6881	-6373	142	12467	553
62746	8502	6761	-26812	-20619	1497	99502	5840

4-8-3 各地区大中型住宿业企业损益及分配

地区	Region	营业收入 Business Revenue	营业成本 Business Cost	税金及附加 Taxes and Other Charges	其他业务利润 Profits from Other Business	销售费用 Selling Expenses
全国	**National Total**	**20542174**	**8710788**	**469583**	**399276**	**5798629**
北京	Beijing	2153412	815870	90585	44734	589665
天津	Tianjin	179599	55497	6284	288	66813
河北	Hebei	360844	148417	10124	929	142114
山西	Shanxi	242160	92939	5465	7403	77245
内蒙古	Inner Mongolia	121003	43091	2005	99	48202
辽宁	Liaoning	254173	113382	7853	5196	73229
吉林	Jilin	103181	44902	1686	374	28386
黑龙江	Heilongjiang	65910	21535	2098	102	24988
上海	Shanghai	1982156	839151	50957	77857	443592
江苏	Jiangsu	1367224	523250	16310	14202	447222
浙江	Zhejiang	2181864	783452	25254	64700	803923
安徽	Anhui	431569	183414	8518	2437	139469
福建	Fujian	1193011	591239	18365	9366	316977
江西	Jiangxi	330331	155079	7105	2225	76366
山东	Shandong	950906	400541	15375	22189	345755
河南	Henan	431041	183318	8442	6827	113458
湖北	Hubei	412229	167202	8290	1004	110093
湖南	Hunan	602865	317862	14216	6828	111960
广东	Guangdong	3061778	1344011	54977	78941	842403
广西	Guangxi	366933	140913	7458	2189	119417
海南	Hainan	963622	344571	49600	10269	215906
重庆	Chongqing	416131	199716	6596	680	97197
四川	Sichuan	798480	372412	14834	19933	193771
贵州	Guizhou	253768	123144	3975	6036	43043
云南	Yunnan	332932	176103	11572	3729	78407
西藏	Tibet	30366	10987	61		6554
陕西	Shaanxi	603084	312519	14132	9806	154907
甘肃	Gansu	141326	71198	2280	169	37079
青海	Qinghai	20168	8152	261	23	8791
宁夏	Ningxia	24684	16822	284	34	5719
新疆	Xinjiang	165425	110097	4621	707	35976

Income and Distribution of Large and Medium-sized Enterprises of Hotels by Region

单位：万元
Unit: 10 000 yuan

管理费用 Administr-ative Expenses	财务费用 Financial Expenses	#利息支出 Interest Expenses	营业利润 Operating Profits	利润总额 Total Profits	应交所得税 Income Tax Payable	应付职工薪酬 Payables to Employees	应交增值税 VAT Payable
6891846	**1390976**	**1081530**	**-2442514**	**-2476285**	**121016**	**6045631**	**364677**
814304	133249	165655	-327448	-549960	23847	817071	50489
96450	13687	7374	-51934	-50789	257	61782	2951
117774	51558	32823	-106884	-86835	2648	117673	1954
96581	9928	5814	-37861	-33259	391	72814	5323
51050	1780	2640	-24504	-22688	113	44163	3289
96278	11006	7503	-45032	-21614	192	76578	6092
42610	8830	4514	-22012	-17352	52	25847	1707
37879	2646	3175	-22236	-21217	64	19495	1657
724217	140467	130981	-159610	-133375	24437	535275	33363
541225	92725	55745	-225846	-217112	2528	433281	18065
682413	150482	136119	-234756	-212739	9887	629532	20030
112452	16820	8716	-23558	-19739	221	133296	7581
302406	66340	55926	-59857	-56804	4007	277959	15147
97196	21704	14220	-26867	-23080	679	68823	5252
305435	42195	35621	-130798	-124284	1431	313566	16991
148725	29255	19353	-42631	-39327	2187	122238	10665
125477	22327	9828	-12552	-10009	3997	111354	7708
190477	29160	20021	-45323	-42616	1978	139297	10061
980613	223357	153729	-304770	-283983	16655	953224	58574
137555	18249	11904	-47017	-48951	702	104587	9050
330463	122800	76020	-176792	-168794	8833	218182	20269
126987	23762	17919	-27150	-25419	3936	118573	8273
217981	48033	32731	-34552	-26815	7176	192671	17819
75680	18414	9519	-9774	-7945	2403	67103	6689
127984	22112	17548	-62871	-60482	621	88481	7108
17449	-27	-43	-4131	-4143		11029	776
203093	60069	38787	-125913	-123307	877	173499	9425
37091	5038	3050	-13088	-11903	466	41080	4158
5883	66	72	-2778	-2777	83	5468	666
8963	30	7	-6959	-6929	54	7869	517
39157	4917	4262	-27010	-22036	294	63825	3033

4-8-4 各地区大中型餐饮业企业损益及分配

地　区	Region	营业收入 Business Revenue	营业成本 Business Cost	税金及附加 Taxes and Other Charges	其他业务利润 Profits from Other Business	销售费用 Selling Expenses
全　国	**National Total**	**45645835**	**23249733**	**97488**	**273440**	**16330931**
北　京	Beijing	6028632	2858490	8370	51891	2435720
天　津	Tianjin	911306	461138	2209	6293	316356
河　北	Hebei	239683	129783	1338	531	81397
山　西	Shanxi	402086	228139	1807	806	130350
内蒙古	Inner Mongolia	251028	129212	1354	6767	91710
辽　宁	Liaoning	755963	391172	1567	2938	242136
吉　林	Jilin	100460	70456	251	25	22408
黑龙江	Heilongjiang	44913	17613	52	-8	25127
上　海	Shanghai	7750461	3509557	4909	33834	3287272
江　苏	Jiangsu	4437756	2261732	11223	8250	1470802
浙　江	Zhejiang	3070908	1554340	6112	6461	1034019
安　徽	Anhui	1415922	805399	4494	3981	404746
福　建	Fujian	1476306	934536	4545	4057	377556
江　西	Jiangxi	312062	176788	1835	6516	69408
山　东	Shandong	1498250	809503	7493	20554	437156
河　南	Henan	449413	233222	1935	5928	171180
湖　北	Hubei	1751821	933733	2927	22841	568375
湖　南	Hunan	807112	470355	4520	613	203059
广　东	Guangdong	7705240	3856573	10586	55970	2897630
广　西	Guangxi	484932	280599	937	4599	142611
海　南	Hainan	100769	43282	303	4	43471
重　庆	Chongqing	797493	587135	2561	2226	112859
四　川	Sichuan	2793250	1248068	6012	5643	1271067
贵　州	Guizhou	186297	121091	957	746	32315
云　南	Yunnan	267137	163112	1539	541	73266
西　藏	Tibet	16162	8075	77		413
陕　西	Shaanxi	1184367	726140	5693	15879	285138
甘　肃	Gansu	181951	100198	897	3810	52866
青　海	Qinghai	14988	6997	91	1551	5204
宁　夏	Ningxia	17155	10060	192		4709
新　疆	Xinjiang	192009	123234	702	195	40605

Income and Distribution of Large and Medium-sized Enterprises of Catering Services by Region

单位：万元
Unit: 10 000 yuan

管理费用 Administr-ative Expenses	财务费用 Financial Expenses	#利息支出 Interest Expenses	营业利润 Operating Profits	利润总额 Total Profits	应交所得税 Income Tax Payable	应付职工薪酬 Payables to Employees	应交增值税 VAT Payable
4620680	**527999**	**271045**	**808796**	**944179**	**428950**	**10882717**	**228833**
617021	39585	40128	74013	99278	46647	1596481	32955
106129	12805	1337	15265	15452	6977	217806	4610
32228	4741	1679	-14401	-14138	962	47340	1849
42002	9322	6636	-11401	-9609	1890	81534	5932
48502	5245	3006	-22599	-22194	139	66536	3123
86299	19085	6695	14145	13099	8525	173731	1480
6378	1388	823	150	481	213	13596	452
3658	1800	1185	-3302	-3290	8	2366	461
722804	47273	18419	197162	215598	96241	2042222	-5378
545102	60413	19344	101463	125453	53092	1066243	18713
335097	59237	34194	120547	129614	39009	706534	16516
151236	10126	2345	32853	40900	14874	300175	14326
104853	11721	5161	42705	43858	10453	283125	1210
41746	7273	5361	12241	15248	3204	33014	2834
217194	37418	16345	-14539	-7394	11182	380059	19998
56965	5507	1253	-7419	-6287	2468	88715	3520
138561	20614	8784	87203	90734	22465	381114	12206
86309	16529	11324	28219	29856	9230	184251	6476
811988	72890	21712	116517	130299	56917	1862573	42555
45716	7759	4800	19574	21568	4308	112219	3541
9450	355	226	3802	4154	798	21618	723
58967	8409	6957	27159	27747	4277	147186	4920
152274	44633	41011	-30765	-23729	22590	709103	13638
27432	1753	442	4312	7615	-22	30417	2974
22854	1535	459	5748	6191	1547	46364	3183
1575	-2	5	6265	6325	553	2854	573
91011	10793	6146	7652	8527	8003	206073	10054
28768	3937	2528	-1243	-572	1110	34303	1873
2970	1984		-2805	-2577		4891	673
2001	287	246	78	556	88	4598	36
23589	3585	2499	198	1417	1203	35677	2807

4-9-1 按登记注册类型分连锁餐饮企业基本情况

Basic Conditions of Chain Catering Enterprises by Status of Registration

项 目	Item	门店总数（个）Number of Stores (unit)	从业人员（万人）Employed Person (10 000 persons)	营业面积（万平方米）Operational Area (10 000 sq.m)
总 计	**Total**	**43250**	**106.0**	**1339.2**
内资企业	**Domestic Funded Enterprises**	**13991**	**31.0**	**514.9**
国有企业	State-owned Enterprises	144	0.2	4.6
集体企业	Collective-owned Enterprises	2	0.0	1.2
股份合作企业	Cooperative Enterprises	8	0.0	0.9
联营企业	Joint Ownership Enterprises	21	0.0	1.3
国有联营企业	State Joint Ownership Enterprises	21	0.0	1.3
集体联营企业	Collective Joint Ownership Enterprises			
国有与集体联营企业	Joint State-collective Enterprises			
其他联营企业	Other Joint Ownership Enterprises			
有限责任公司	Limited Liability Corporations	4995	7.9	124.4
国有独资公司	State Sole Funded Corporations			
其他有限责任公司	Other Limited Liability Corporations	4995	7.9	124.4
股份有限公司	Share-holding Corporations Ltd.	1021	4.6	102.0
私营企业	Private Enterprises	7796	18.2	280.1
私营独资企业	Private-funded Enterprises	49	0.1	3.9
私营合伙企业	Private Partnership Enterprises			
私营有限责任公司	Private Limited Liability Corporations	7059	16.9	261.3
私营股份有限公司	Private Share-holding Corporations Ltd.	688	1.2	15.0
其他企业	Other Enterprises	4	0.0	0.4
港、澳、台商投资企业	**Enterprises with Funds from Hong Kong, Macao and Taiwan**	**12175**	**27.4**	**319.7**
港、澳、台商合资经营企业	Joint-venture Enterprises	1476	4.1	39.7
港、澳、台商合作经营企业	Cooperative Enterprises	22	0.2	2.7
港、澳、台商独资经营企业	Enterprises with Sole Investment	10628	23.0	274.2
港、澳、台商投资股份有限公司	Share-holding Corporations Ltd. with Investment	21	0.1	2.7
其他港澳台商投资企业	Other Enterprises with Funds from Hongkong, Macao and Taiwan	28	0.0	0.3
外商投资企业	**Foreign Funded Enterprises**	**17084**	**47.6**	**504.6**
中外合资经营企业	Joint-venture Enterprises	2564	9.0	84.2
中外合作经营企业	Cooperative Enterprises			
外资企业	Enterprises with Sole Foreign Investment	13755	35.6	361.7
外商投资股份有限公司	Share-holding Corporations Ltd. With Foreign Investment	197	1.4	14.4
其他外商投资企业	Other Foreign Funded Enterprises	568	1.6	44.3

项　目	Item	餐位数（万个）Number of Dining-seats (10 000 units)	营业额（亿元）Business Revenue (100 million yuan)	#餐费及商品销售收入 From Meals and Commodities
总　计	**Total**	**398.5**	**2525.2**	**2471.1**
内资企业	**Domestic Funded Enterprises**	**151.6**	**891.8**	**867.6**
国有企业	State-owned Enterprises	0.7	8.7	8.5
集体企业	Collective-owned Enterprises	0.2	0.9	0.8
股份合作企业	Cooperative Enterprises	0.3	0.7	0.7
联营企业	Joint Ownership Enterprises	0.4	0.6	0.6
国有联营企业	State Joint Ownership Enterprises	0.4	0.6	0.6
集体联营企业	Collective Joint Ownership Enterprises			
国有与集体联营企业	Joint State-collective Enterprises			
其他联营企业	Other Joint Ownership Enterprises			
有限责任公司	Limited Liability Corporations	46.5	236.0	229.0
国有独资公司	State Sole Funded Corporations			
其他有限责任公司	Other Limited Liability Corporations	46.5	236.0	229.0
股份有限公司	Share-holding Corporations Ltd.	17.0	104.1	95.4
私营企业	Private Enterprises	86.4	540.4	532.3
私营独资企业	Private-funded Enterprises	0.7	3.4	3.3
私营合伙企业	Private Partnership Enterprises			
私营有限责任公司	Private Limited Liability Corporations	81.0	498.2	490.1
私营股份有限公司	Private Share-holding Corporations Ltd.	4.7	38.9	38.9
其他企业	Other Enterprises	0.2	0.4	0.4
港、澳、台商投资企业	**Enterprises with Funds from Hong Kong, Macao and Taiwan**	**95.3**	**650.9**	**629.4**
港、澳、台商合资经营企业	Joint-venture Enterprises	12.0	110.4	107.9
港、澳、台商合作经营企业	Cooperative Enterprises	0.5	5.3	5.3
港、澳、台商独资经营企业	Enterprises with Sole Investment	82.2	531.5	512.7
港、澳、台商投资股份有限公司	Share-holding Corporations Ltd. with Investment	0.5	3.3	3.1
其他港、澳、台商投资企业	Other Enterprises with Funds from Hongkong, Macao and Taiwan	0.1	0.3	0.3
外商投资企业	**Foreign Funded Enterprises**	**151.6**	**982.5**	**974.1**
中外合资经营企业	Joint-venture Enterprises	24.6	196.9	194.2
中外合作经营企业	Cooperative Enterprises			
外资企业	Enterprises with Sole Foreign Investment	108.5	716.8	711.3
外商投资股份有限公司	Share-holding Corporations Ltd. with Foreign Investment	4.5	35.9	35.8
其他外商投资企业	Other Foreign Funded Enterprises	14.0	32.9	32.9

4-9-2 按行业分连锁餐饮企业基本情况

Basic Conditions of Chain Catering Enterprises by Sector

行 业	Sector	门店总数（个）Number of Stores (unit)	从业人数（万人）Employed Person (10 000 persons)	营业面积（万平方米）Operational Area (10 000 sq.m)
总 计	**Total**	**43250**	**106.0**	**1339.2**
正餐服务	Restaurant	8819	31.2	489.6
快餐服务	Snack Counter	22517	59.3	619.6
饮料及冷饮服务	Beverages and Cold Drinks	10222	9.9	152.4
餐饮配送及外卖送餐服务	Catering Distribution and Delivery Service	21	0.0	1.3
其他餐饮业	Others	1671	5.7	76.3

4-9-2 续表 Continued

行 业	sector	餐位数（万个）Number of Dining-seats (10 000 units)	营业额（亿元）Business Revenue (100 million yuan)	
				#餐费及商品销售收入 From Meals and Commodities
总 计	**Total**	**398.5**	**2525.2**	**2471.1**
正餐服务	Restaurant	135.6	727.6	710.1
快餐服务	Snack Counter	193.4	1270.5	1241.7
饮料及冷饮服务	Beverages and Cold Drinks	41.8	364.5	357.6
餐饮配送及外卖送餐服务	Catering Distribution and Delivery Service	0.4	0.6	0.6
其他餐饮业	Others	27.3	162.0	161.1

4-9-3 各地区连锁餐饮企业基本情况

Basic Conditions of Chain Catering Enterprises by Region

年份 Year	地区 Region	门店总数(个) Number of Stores (unit)	从业人数(万人) Employed Person (10 000 persons)	营业面积(万平方米) Operational Area (10 000 sq.m)	餐位数(万个) Number of Dining-Seats (10 000 units)	营业额(亿元) Business Revenue (100 million yuan)
	2004	7578	37.9	352.6	180.1	348.2
	2005	9748	50.1	478.1	245.8	454.4
	2006	11360	55.7	588.2	274.8	563.8
	2007	12743	62.6	629.2	280.0	640.0
	2008	12561	66.1	651.9	253.1	806.9
	2009	13739	65.2	691.6	248.9	879.3
	2010	15333	70.6	742.6	263.8	955.4
	2011	16285	83.3	821.4	277.1	1120.4
	2012	18153	80.6	869.2	286.5	1283.3
	2013	20554	80.3	937.1	319.5	1319.6
	2014	22494	78.0	1020.0	338.6	1391.0
	2015	23721	71.4	970.9	333.6	1526.6
	2016	25634	75.6	1036.9	341.1	1635.1
	2017	27478	78.0	1075.4	337.9	1735.5
	2018	31001	89.3	1075.0	332.6	1950.0
	2019	34356	93.5	1151.5	346.6	2234.5
	2020	37217	97.2	1216.2	381.2	2019.3
	2021	43250	106.0	1339.2	398.5	2525.2
北　京	Beijing	6781	16.8	238.3	66.3	442.1
天　津	Tianjin	1002	3.6	33.4	9.7	59.0
河　北	Hebei	33	0.1	6.8	1.3	3.3
山　西	Shanxi	199	0.7	6.1	1.9	11.3
内蒙古	Inner Mongolia	123	0.3	5.0	1.6	6.2
辽　宁	Liaoning	1215	4.3	47.5	13.7	61.1
吉　林	Jilin	11	0.0	0.5	0.2	0.4
黑龙江	Heilongjiang	131	0.2	4.1	1.2	4.6
上　海	Shanghai	8346	16.5	187.1	55.0	450.2
江　苏	Jiangsu	2090	6.1	51.7	16.3	136.2
浙　江	Zhejiang	2675	5.8	81.8	25.6	170.9
安　徽	Anhui	1272	2.8	33.7	16.7	76.1
福　建	Fujian	1153	3.5	31.2	8.3	53.9
江　西	Jiangxi	210	0.5	5.8	1.9	12.2
山　东	Shandong	891	2.3	54.5	10.3	62.0
河　南	Henan	309	0.7	9.0	4.2	14.8
湖　北	Hubei	2244	5.0	64.0	21.5	111.7
湖　南	Hunan	1937	4.7	76.0	25.2	84.3
广　东	Guangdong	6890	16.1	193.3	48.5	381.8
广　西	Guangxi	512	0.9	7.1	2.9	15.7
海　南	Hainan	114	0.3	3.4	1.2	6.7
重　庆	Chongqing	1101	3.2	53.2	13.6	71.3
四　川	Sichuan	2403	8.2	108.3	38.3	226.9
贵　州	Guizhou	9	0.0	1.1	0.2	0.4
云　南	Yunnan	174	0.6	5.0	1.8	8.8
西　藏	Tibet	10	0.0	0.2	0.1	0.8
陕　西	Shaanxi	828	1.7	22.7	8.8	40.3
甘　肃	Gansu	98	0.3	3.0	0.9	5.0
青　海	Qinghai					
宁　夏	Ningxia					
新　疆	Xinjiang	489	0.6	5.5	1.6	7.1

4-9-3 续表 Continued

年份 地区 Year Region	#餐费收入及商品销售额 From Meals and Commodities	商品购进总额 (亿元) Total Purchases (100 million yuan)	统一配送商品购进额 (亿元) Centralized Purchase and Delivery (100 million yuan)	#自有配送中心配送商品购进额(亿元) Self Centralized Purchase and Delivery	#非自有配送中心配送商品购进额(亿元) Non-self Centralized Purchase and Delivery
2004	345.3	124.6	89.3	64.7	24.6
2005	447.2	171.5	109.1	77.9	31.0
2006	563.2	201.2	127.5	93.6	33.7
2007	639.3	274.9	168.8	110.0	30.9
2008	796.2	271.6	192.5	118.7	35.3
2009	878.5	362.0	239.8	138.0	50.7
2010	952.9	455.8	298.8	159.5	51.4
2011	1098.7	518.9	343.1	190.0	65.1
2012	1280.3	561.4	388.5	202.3	86.0
2013	1316.0	571.2	400.7	183.0	80.8
2014	1387.0	583.4	413.9	193.4	68.8
2015	1505.2	577.0	462.5	212.1	68.2
2016	1625.1	612.4	494.1	202.6	78.8
2017	1722.8	613.3	489.5	206.0	76.2
2018	1901.2	674.0	504.1	200.1	86.9
2019	2208.6	774.3	563.6	257.3	122.8
2020	1985.5	655.9	464.9	184.0	162.4
2021	2471.1	834.6	588.9	203.5	245.5
北京 Beijing	427.9	137.7	116.9	50.8	58.7
天津 Tianjin	57.5	23.2	3.6	0.2	0.2
河北 Hebei	3.2	1.5	0.1		
山西 Shanxi	11.2	4.9	4.9	4.2	0.2
内蒙古 Inner Mongolia	6.2	2.4	2.4	0.1	0.9
辽宁 Liaoning	60.0	18.4	15.7	12.0	0.8
吉林 Jilin	0.4	0.1	0.1		
黑龙江 Heilongjiang	4.6	1.7	1.4	0.1	0.9
上海 Shanghai	446.2	124.5	76.3	9.3	62.5
江苏 Jiangsu	132.5	57.8	26.4	5.2	15.6
浙江 Zhejiang	169.4	54.6	37.8	30.6	1.6
安徽 Anhui	72.2	32.9	18.9	1.8	12.3
福建 Fujian	52.2	18.3	10.2	3.4	0.4
江西 Jiangxi	12.2	5.9	5.8		
山东 Shandong	56.5	19.4	15.1	9.8	0.3
河南 Henan	14.8	4.9	3.6		
湖北 Hubei	109.8	49.1	19.4	3.9	5.7
湖南 Hunan	83.5	28.0	25.7	16.1	8.8
广东 Guangdong	370.2	119.4	95.3	30.3	8.5
广西 Guangxi	15.2	5.3	5.2	3.1	1.6
海南 Hainan	6.7	1.8	1.8	0.0	1.0
重庆 Chongqing	71.3	26.5	17.3	9.4	7.3
四川 Sichuan	225.5	71.5	64.3	0.6	53.7
贵州 Guizhou	0.4	0.2	0.2		
云南 Yunnan	8.8	2.8	0.9		
西藏 Tibet	0.8	0.2	0.2		
陕西 Shaanxi	39.9	16.2	14.4	8.2	4.5
甘肃 Gansu	5.0	2.4	2.4	2.0	
青海 Qinghai					
宁夏 Ningxia					
新疆 Xinjiang	7.1	2.9	2.8	2.7	0.1

国际收支

BALANCE OF PAYMENTS

第5篇

5-1　国际收支概况
Brief Table of BOP of China

单位：亿美元

Unit: USD 100 million

年　份 Year	经常账户差额 Current Account Balance	资本和金融账户差额 Capital and Financial Account Balance	净误差与遗漏 Net Errors and Omissions
1982	56.74	-59.53	2.79
1983	42.40	-40.67	-1.73
1984	20.30	-32.21	11.91
1985	-114.17	139.07	-24.90
1986	-70.35	82.67	-12.32
1987	3.00	10.71	-13.71
1988	-38.03	48.14	-10.11
1989	-43.18	42.26	0.92
1990	119.97	-88.63	-31.34
1991	132.71	-65.10	-67.61
1992	64.01	18.51	-82.52
1993	-119.04	217.07	-98.03
1994	76.58	21.17	-97.75
1995	16.18	162.12	-178.30
1996	72.42	83.05	-155.47
1997	369.63	-146.67	-222.96
1998	314.71	-127.35	-187.36
1999	211.14	-33.26	-177.88
2000	204.32	-86.26	-118.05
2001	174.05	-125.50	-48.56
2002	354.22	-432.16	77.94
2003	430.52	-512.75	82.24
2004	689.41	-819.08	129.67
2005	1323.78	-1553.00	229.21
2006	2318.43	-2354.71	36.28
2007	3531.83	-3664.73	132.90
2008	4205.69	-4394.13	188.44
2009	2432.57	-2018.74	-413.83
2010	2378.10	-1848.74	-529.36
2011	1360.97	-1223.31	-137.66
2012	2153.92	-1283.17	-870.74
2013	1482.04	-852.79	-629.25
2014	2360.47	-1691.74	-668.73
2015	2930.22	-912.07	-2018.16
2016	1913.37	272.50	-2185.87
2017	1886.76	179.30	-2066.06
2018	241.31	1532.27	-1773.58
2019	1029.10	262.71	-1291.81
2020	2488.36	-900.73	-1587.63
2021	3173.01	-1499.01	-1674.00

注：根据《国际收支和国际投资头寸手册》(第六版)编制，资本和金融账户中包含储备资产。

Note: The table is compiled according to BPM6. Reserve asstes are included in capital and financial account.

5-2 国际收支平衡表
Balance of Payments

单位：万美元
Unit: USD 10000

项　目	Item	2020	2021
1. 经常账户	**Current account**	**24883564**	**31730099**
贷方	Credit	302041904	387795137
借方	Debit	-277158340	-356065038
1.A货物和服务	Goods and services	35857261	46280789
贷方	Credit	273889799	355429610
借方	Debit	-238032538	-309148821
1.A.a 货物	Goods	51110298	56272438
贷方	Credit	251001462	321585532
借方	Debit	-199891164	-265313094
1.A.b 服务	Services	-15253037	-9991649
贷方	Credit	22888336	33844078
借方	Debit	-38141374	-43835727
1.A.b.1 加工服务	Manufacturing services on physical inputs owned by others	1270872	1346887
贷方	Credit	1320963	1418186
借方	Debit	-50091	-71299
1.A.b.2 维护和维修服务	Maintenance and repair services n.i.e	430952	404414
贷方	Credit	767056	786507
借方	Debit	-336103	-382094
1.A.b.3 运输	Transport	-3799124	-2058474
贷方	Credit	5668908	12728039
借方	Debit	-9468032	-14786513
1.A.b.4 旅行	Travel	-12109978	-9436122
贷方	Credit	995050	1132803
借方	Debit	-13105028	-10568925
1.A.b.5 建设	Construction	452449	562294
贷方	Credit	1259861	1536303
借方	Debit	-807412	-974008
1.A.b.6 保险和养老金服务	Insurance and pension services	-941916	-1439267
贷方	Credit	298682	490274
借方	Debit	-1240598	-1929541
1.A.b.7 金融服务	Financial services	82712	43742
贷方	Credit	483807	515383
借方	Debit	-401095	-471641
1.A.b.8 知识产权使用费	Charges for the use of intellectual property	-2928778	-3510848
贷方	Credit	858287	1174019

注：1.根据《国际收支和国际投资头寸手册》(第六版)编制。
2.“贷方”按正值列示，“借方”按负值列示，差额等于“贷方”加上“借方”，本表除标注“贷方”和“借方”的项目外，其他项目均指差额。

Note: 1. The table is compiled according to BPM6.
2. "Credit" is presented as positive value while "debit" as negative value; the difference is the sum of the "Credit" and the "Debit"; all items here in refer to difference, unless marked with "Credit" or "Debit".

5-2 续表 1 continued 1

单位：万美元
Unit: USD 10000

项　目	Item	2020	2021
借方	Debit	-3787065	-4684867
1.A.b.9 电信、计算机和信息服务	Telecommunications, computer, and information services	643266	1062694
贷方	Credit	3898378	5072227
借方	Debit	-3255112	-4009533
1.A.b.10 其他商业服务	Other business services	1950540	3385758
贷方	Credit	6984808	8691351
借方	Debit	-5034268	-5305593
1.A.b.11 个人、文化和娱乐服务	Personal, cultural, and recreational services	-199017	-184619
贷方	Credit	101793	143818
借方	Debit	-300810	-328437
1.A.b.12 别处未提及的政府服务	Government goods and services n.i.e	-105017	-168109
贷方	Credit	250742	155166
借方	Debit	-355759	-323275
1.B 初次收入	Primary income	-11819243	-16203074
贷方	Credit	24550249	27446026
借方	Debit	-36369492	-43649100
1.B.1 雇员报酬	Compensation of employees	18407	-133226
贷方	Credit	1471430	1711488
借方	Debit	-1453022	-1844714
1.B.2 投资收益	Investment income	-12040311	-16380454
贷方	Credit	22794125	25358504
借方	Debit	-34834437	-41738958
1.B.3 其他初次收入	Other primary income	202661	310606
贷方	Credit	284693	376034
借方	Debit	-82032	-65428
1.C 二次收入	Secondary income	845546	1652385
贷方	Credit	3601857	4919501
借方	Debit	-2756311	-3267117
2. 资本和金融账户	**Capital and financial account**	**-9007278**	**-14990074**
2.1 资本账户	Capital account	-7576	9150
贷方	Credit	16828	25991
借方	Debit	-24405	-16841
2.2 金融账户	Financial account	-8999701	-14999224
资产	Assets	-67518463	-81162856
负债	Liabilities	58518762	66163632
2.2.1 非储备性质的金融账户	Financial account excluding reserve assets	-6114651	3823364
资产	Financial assets excluding reserve assets	-64633413	-62340269
负债	Liabilities	58518762	66163632
2.2.1.1 直接投资	Direct investment	9937481	20594165
2.2.1.1.1 资产	Assets	-15372081	-12803738

5-2 续表 2 continued 2

单位：万美元

Unit: USD 10000

项　目	Item	2020	2021
2.2.1.1.1.1 股权	Equity and investment fund shares	-13468286	-9922794
2.2.1.1.1.2 关联企业债务	Debt instruments	-1903795	-2880944
2.2.1.1.2负债	Liabilities	25309562	33397903
2.2.1.1.2.1 股权	Equity and investment fund shares	22080562	27719063
2.2.1.1.2.2 关联企业债务	Debt instruments	3229000	5678840
2.2.1.2 证券投资	Portfolio investment	9553902	5096184
2.2.1.2.1 资产	Assets	-15123552	-12591506
2.2.1.2.1.1 股权	Equity and investment fund shares	-13138320	-8560559
2.2.1.2.1.2 债券	Debt securities	-1985233	-4030947
2.2.1.2.2 负债	Liabilities	24677454	17687690
2.2.1.2.2.1 股权	Equity and investment fund shares	8033473	8312052
2.2.1.2.2.2 债券	Debt securities	16643981	9375638
2.2.1.3 金融衍生工具	Financial derivatives (other than reserves) and employee stock options	-1082124	1109303
2.2.1.3.1 资产	Assets	-506427	1788132
2.2.1.3.2 负债	Liabilities	-575697	-678829
2.2.1.4 其他投资	Other investment	-24523910	-22976288
2.2.1.4.1 资产	Assets	-33631353	-38733156
2.2.1.4.1.1 其他股权	Other equity	-49400	-55500
2.2.1.4.1.2 货币和存款	Currency and deposits	-14625763	-15247151
2.2.1.4.1.3 贷款	Loans	-13519005	-12049516
2.2.1.4.1.4 保险和养老金	Insurance, pension, and standardized guarantee schemes	-316308	-435172
2.2.1.4.1.5 贸易信贷	Trade credit and advances	-3711606	-6164292
2.2.1.4.1.6 其他	Other accounts receivable	-1409270	-4781525
2.2.1.4.2 负债	Liabilities	9107443	15756868
2.2.1.4.2.1 其他股权	Other equity		
2.2.1.4.2.2 货币和存款	Currency and deposits	9223677	6560337
2.2.1.4.2.3 贷款	Loans	-1826961	510391
2.2.1.4.2.4 保险和养老金	Insurance, pension, and standardized guarantee schemes	310187	330524
2.2.1.4.2.5 贸易信贷	Trade credit and advances	781611	3348920
2.2.1.4.2.6 其他	Other accounts payable	618930	845580
2.2.1.4.2.7 特别提款权	Special drawing rights	-1	4161116
2.2.2 储备资产	Reserve assets	-2885050	-18822587
2.2.2.1 货币黄金	Monetary gold		
2.2.2.2 特别提款权	Special drawing rights	-36891	-4157009
2.2.2.3 在国际货币基金组织的储备头寸	Reserve position in the IMF	-232145	7645
2.2.2.4 外汇储备	Foreign exchange reserves	-2616014	-14673223
2.2.2.5 其他储备资产	Other reserve assets		
3.净误差与遗漏	**Net errors and omissions**	**-15876287**	**-16740026**

5-3 外债概况

Notes of China's External Debt at the Year-end

单位：亿美元
Unit: USD 100 million

年 份 Year	合 计 Outstanding Debt	中长期外债 Long-term Debt	短期外债 Short-term Debt
1985	158.3	94.1	64.2
1986	214.8	167.1	47.7
1987	302.0	244.8	57.2
1988	400.0	326.9	73.1
1989	413.0	370.3	42.7
1990	525.5	457.8	67.7
1991	605.6	502.6	103.0
1992	693.2	584.7	108.5
1993	835.7	700.2	135.5
1994	928.1	823.9	104.2
1995	1065.9	946.8	119.1
1996	1162.8	1021.7	141.1
1997	1309.6	1128.2	181.4
1998	1460.4	1287.0	173.4
1999	1518.3	1366.5	151.8
2000	1457.3	1326.5	130.8
2001	2033.0	1195.3	837.7
2002	2026.3	1155.5	870.8
2003	2193.6	1165.9	1027.7
2004	2629.9	1242.9	1387.1
2005	2965.4	1249.0	1716.4
2006	3385.9	1393.6	1992.3
2007	3892.2	1535.3	2356.8
2008	3901.6	1638.8	2262.8
2009	4286.5	1693.9	2592.6
2010	5489.4	1732.4	3757.0
2011	6950.0	1941.0	5009.0
2012	7369.9	1960.6	5409.3
2013	8631.7	1865.4	6766.3
2014	17799.0	4817.0	12982.0
2015	13829.8	4955.7	8874.1
2016	14158.0	5497.6	8660.4
2017	17579.6	6127.2	11452.4
2018	19827.5	6936.0	12891.5
2019	20708.1	8519.7	12188.4
2020	24008.1	10844.4	13163.7
2021	27465.6	13003.3	14462.3

注：2015年，中国按照国际货币基金组织的数据公布特殊标准(SDDS)调整了外债统计口径并对外公布全口径外债统计口径并对外公布全口径外债数据，将人民币外债纳入统计，并按签约期限划分中长期和短期外债。为保证数据的可比性，将2014年末外债数据相应调整为全口径外债数据(下同)。

Note: In accordance with the Special Data Dissemination Standard(SDDS) of the IMF, China adjusted the statistical coverage of external debt and disseminatied the full-scale data on China's external debt in 2015, including RMB-denominated external debt, which was classified into medium-and long-term external debt and short-term external debt by contract term. To ensure data's comparability, the external debt data at the end of 2014 have been adjusted to the full-scale data.

5-3 续表 continued

单位：亿美元
Unit: USD 100 million

年 份 Year	合 计 Outstanding Debt	中长期外债 Long-term Debt	短期外债 Short-term Debt
构成 Proportion (%)			
1985	100.0	59.4	40.6
1986	100.0	77.8	22.2
1987	100.0	81.1	18.9
1988	100.0	81.7	18.3
1989	100.0	89.7	10.3
1990	100.0	87.1	12.9
1991	100.0	83.0	17.0
1992	100.0	84.3	15.7
1993	100.0	83.8	16.2
1994	100.0	88.8	11.2
1995	100.0	88.8	11.2
1996	100.0	87.9	12.1
1997	100.0	86.1	13.9
1998	100.0	88.1	11.9
1999	100.0	90.0	10.0
2000	100.0	91.0	9.0
2001	100.0	58.8	41.2
2002	100.0	57.0	43.0
2003	100.0	53.2	46.8
2004	100.0	47.3	52.7
2005	100.0	42.1	57.9
2006	100.0	41.2	58.8
2007	100.0	39.4	60.6
2008	100.0	42.0	58.0
2009	100.0	39.5	60.5
2010	100.0	31.6	68.4
2011	100.0	27.9	72.1
2012	100.0	26.6	73.4
2013	100.0	21.6	78.4
2014	100.0	27.1	72.9
2015	100.0	35.8	64.2
2016	100.0	38.8	61.2
2017	100.0	34.9	65.1
2018	100.0	35.0	65.0
2019	100.0	41.1	58.9
2020	100.0	45.2	54.8
2021	100.0	47.3	52.7

5-4 外债风险指标
Risk Indicators on Foreign Debts

单位：%
Unit: %

年 份 Year	偿债率 Debt Servicing Ratio	负债率 External Debt/GDP Ratio	债务率 External Debt/Foreign Exchange Income Ratio
1985	2.7	5.1	56.0
1986	15.4	7.1	72.1
1987	9.0	9.2	77.1
1988	6.5	9.8	87.1
1989	8.3	9.1	86.4
1990	8.7	13.3	91.6
1991	8.5	14.6	91.9
1992	7.1	14.1	87.9
1993	10.2	13.5	96.5
1994	9.1	16.4	78.0
1995	7.6	14.5	72.4
1996	6.0	13.5	67.7
1997	7.3	13.6	63.2
1998	10.9	14.2	70.4
1999	11.2	13.9	68.7
2000	9.2	12.0	52.1
2001	7.5	15.2	67.9
2002	7.9	13.8	55.5
2003	6.9	13.2	45.2
2004	3.2	13.4	40.2
2005	3.1	13.0	35.4
2006	2.1	12.3	31.9
2007	2.0	11.0	29.0
2008	1.8	8.5	24.7
2009	2.9	8.4	32.2
2010	1.6	9.0	29.2
2011	1.7	9.2	33.3
2012	1.6	8.6	32.8
2013	1.6	9.0	35.6
2014	2.6	17.0	69.9
2015	5.0	12.5	58.6
2016	6.1	12.6	64.4
2017	5.5	14.3	72.6
2018	5.5	14.3	74.8
2019	6.7	14.5	78.3
2020	6.5	16.3	87.9
2021	5.9	15.5	77.3

注：1.偿债率指当年外债还本付息额与当年国际收支口径的货物与服务贸易出口收入的比率。
2.负债率指年末外债余额与当年国内生产总值的比率。
3.债务率指年末外债余额与当年国际收支口径的货物与服务贸易出口收入的比率。

Note: a) Debt Servicing Ratio refers to the ratio of the repayment amount of the external debt principal and interest to the export revenue from trade in goods and services for the year in the balance of payments.
b) External Debt/GDP Ratio refers to the ratio of outstanding external debt as of the end of the year to the GDP for the year.
c) External Debt/Foreign Exchange Income Ratio refers to the ratio of outstanding external debt as of the end of the year to the export revenue from trade in goods and services for the year in the balance of payments.

5-5 人民币市场汇率(年平均汇价)

Reference Exchange Rate of Renminbi(Period Average)

单位：人民币元
Unit: RMB yuan

年 份 Year	美 元 US Dollar (100)	欧 元 EURO (100)	日 元 Japanese Yen (100)	港 币 Hong Kong Dollar (100)	英 镑 Pound (100)
1981	170.50		0.77	30.41	
1982	189.25		0.76	31.15	
1983	197.57		0.83	27.36	
1984	232.70		0.98	29.71	
1985	293.66		1.25	37.57	
1986	345.28		2.07	44.22	
1987	372.21		2.58	47.74	
1988	372.21		2.91	47.70	
1989	376.51		2.74	48.28	
1990	478.32		3.32	61.39	
1991	532.33		3.96	68.45	
1992	551.46		4.36	71.24	
1993	576.20		5.20	74.41	
1994	861.87		8.44	111.53	
1995	835.10		8.92	107.96	
1996	831.42		7.64	107.51	
1997	828.98		6.86	107.09	
1998	827.91		6.35	106.88	
1999	827.83		7.29	106.66	
2000	827.84		7.69	106.18	
2001	827.70		6.81	106.08	
2002	827.70	800.58	6.62	106.07	
2003	827.70	936.13	7.15	106.24	
2004	827.68	1029.00	7.66	106.23	
2005	819.17	1019.53	7.45	105.30	
2006	797.18	1001.90	6.86	102.62	
2007	760.40	1041.75	6.46	97.46	1522.13
2008	694.51	1022.27	6.74	89.19	1286.64
2009	683.10	952.70	7.30	88.12	1071.97
2010	676.95	897.25	7.73	87.13	1045.72
2011	645.88	900.11	8.11	82.97	1036.39
2012	631.25	810.67	7.90	81.38	1000.12
2013	619.32	822.19	6.33	79.85	967.93
2014	614.28	816.51	5.82	79.22	1012.91
2015	622.84	691.41	5.15	80.34	953.44
2016	664.23	734.26	6.12	85.58	898.55
2017	675.18	763.03	6.02	86.64	869.88
2018	661.74	780.16	5.99	84.43	881.87
2019	689.85	772.55	6.33	88.05	881.08
2020	689.76	787.55	6.46	88.93	912.90
2021	645.15	762.93	5.87	83.00	887.50

5-6 人民币市场汇率(年末价)

Reference Exchange Rate of Renminbi(End of Period)

单位：人民币元
Unit: RMB yuan

年 份 Year	美 元 US Dollar (100)	欧 元 EURO (100)	日 元 Japanese Yen (100)	港 币 Hong Kong Dollar (100)	英镑 Pound (100)
1981	174.55		0.79	30.80	
1982	192.27		0.82	29.80	
1983	198.09		0.85	25.30	
1984	257.55		1.13	35.90	
1985	320.15		1.59	40.79	
1986	372.21		2.33	47.68	
1987	372.21		3.01	47.90	
1988	372.21		2.98	47.61	
1989	472.21		3.29	60.48	
1990	522.21		3.87	67.00	
1991	543.42		4.32	69.42	
1992	575.18		4.61	74.31	
1993	580.00		5.21	75.09	
1994	844.62		8.48	109.14	
1995	831.74		8.05	107.96	
1996	829.84		7.20	107.24	
1997	827.96		6.35	106.99	
1998	827.87		7.17	106.78	
1999	827.93		8.09	106.51	
2000	827.81		7.24	106.06	
2001	827.66		6.30	106.06	
2002	827.73	863.60	6.90	106.11	
2003	827.67	1033.83	7.73	106.57	
2004	827.65	1126.27	7.97	106.37	
2005	807.02	957.97	6.87	104.03	
2006	780.87	1026.65	6.56	100.47	
2007	730.46	1066.69	6.11	93.64	1458.07
2008	683.46	965.90	7.57	88.19	987.98
2009	682.82	979.71	7.38	88.05	1097.80
2010	662.27	880.65	8.13	85.09	1021.82
2011	630.09	816.25	8.11	81.07	971.16
2012	628.55	831.76	7.30	81.09	1016.11
2013	609.69	841.89	5.78	78.62	1005.56
2014	611.90	745.56	5.14	78.89	954.37
2015	649.36	709.52	5.39	83.78	961.59
2016	693.70	730.68	5.96	89.45	850.94
2017	653.42	780.23	5.79	83.59	877.92
2018	686.32	784.73	6.19	87.62	867.62
2019	697.62	781.55	6.41	89.58	915.01
2020	652.49	802.5	6.32	84.16	889.03
2021	637.57	721.97	5.54	81.76	860.64

5-7 国家外汇储备和外债余额
Foreign Exchange Reserves and Outstanding External Debt

年　份 Year	黄金储备 (万盎司) Gold Reserves (10000 Ounces)	外汇储备 (亿美元) Foreign Exchange Reserves (USD 100 million)	外债余额 (亿美元) Outstanding External Debt (USD 100 million)
1979	1280	8.4	
1980	1280	-13.0	
1981	1267	27.1	
1982	1267	69.9	
1983	1267	89.0	
1984	1267	82.2	
1985	1267	26.4	158.3
1986	1267	20.7	214.8
1987	1267	29.2	302.0
1988	1267	33.7	400.0
1989	1267	55.5	413.0
1990	1267	110.9	525.5
1991	1267	217.1	605.6
1992	1267	194.4	693.2
1993	1267	212.0	835.7
1994	1267	516.2	928.1
1995	1267	736.0	1065.9
1996	1267	1050.3	1162.8
1997	1267	1398.9	1309.6
1998	1267	1449.6	1460.4
1999	1267	1546.8	1518.3
2000	1267	1655.7	1457.3
2001	1608	2121.7	2033.0
2002	1929	2864.1	2026.3
2003	1929	4032.5	2193.6
2004	1929	6099.3	2629.9
2005	1929	8188.7	2965.4
2006	1929	10663.4	3385.9
2007	1929	15282.5	3892.2
2008	1929	19460.3	3901.6
2009	3389	23991.5	4286.5
2010	3389	28473.4	5489.4
2011	3389	31811.5	6950.0
2012	3389	33115.9	7369.9
2013	3389	38213.2	8631.7
2014	3389	38430.2	17799.0
2015	5666	33303.6	13829.8
2016	5924	30105.2	14158.0
2017	5924	31399.5	17579.6
2018	5956	30727.1	19827.5
2019	6264	31079.2	20708.1
2020	6264	32165.2	24008.1
2021	6264	32501.7	27465.6

对外贸易

FOREIGN TRADE

第6篇

6-1 进出口额(按人民币计算)
Total Value of Imports and Exports by RMB

单位：亿元人民币

Unit: RMB 100 million

年 份 Year	进出口总额 Total	出口额 Exports	进口额 Imports	差额(+顺差,-逆差) Balance
1950	41.5	20.2	21.4	-1.2
1951	59.5	24.2	35.3	-11.1
1952	64.6	27.1	37.5	-10.3
1953	80.9	34.8	46.1	-11.3
1954	84.7	40.0	44.7	-4.7
1955	109.8	48.7	61.1	-12.4
1956	108.7	55.7	53.0	2.7
1957	104.5	54.5	50.0	4.6
1958	128.7	67.1	61.7	5.4
1959	149.3	78.1	71.2	6.8
1960	128.5	63.3	65.2	-1.8
1961	90.7	47.8	43.0	4.8
1962	80.9	47.1	33.8	13.3
1963	85.8	50.0	35.7	14.3
1964	97.5	55.4	42.1	13.4
1965	118.4	63.1	55.3	7.8
1966	127.1	66.0	61.1	5.0
1967	112.2	58.8	53.4	5.4
1968	108.5	57.6	50.9	6.7
1969	107.0	59.8	47.2	12.6
1970	112.9	56.8	56.1	0.7
1971	121.0	68.5	52.4	16.1
1972	147.0	82.9	64.0	18.9
1973	220.5	116.9	103.6	13.3
1974	292.2	139.4	152.8	-13.4
1975	290.4	143.0	147.4	-4.4
1976	264.1	134.8	129.3	5.4
1977	272.5	139.7	132.8	6.9
1978	355.0	167.7	187.4	-19.7
1979	454.6	211.7	242.9	-31.3
1980	570.0	271.2	298.8	-27.6
1981	735.3	367.6	367.7	-0.1
1982	771.4	413.8	357.5	56.3
1983	860.2	438.3	421.8	16.5
1984	1201.0	580.6	620.5	-39.9
1985	2066.7	808.9	1257.9	-449.0
1986	2580.4	1082.1	1498.3	-416.2
1987	3084.2	1470.0	1614.2	-144.3
1988	3821.8	1766.7	2055.1	-288.4
1989	4155.9	1956.1	2199.9	-243.8
1990	5560.1	2985.8	2574.3	411.6
1991	7225.8	3827.1	3398.7	428.5
1992	9119.6	4676.3	4443.3	233.0
1993	11271.0	5284.8	5986.2	-701.4
1994	20381.9	10421.8	9960.1	461.8
1995	23499.9	12451.8	11048.1	1403.7
1996	24133.9	12576.4	11557.4	1019.0
1997	26967.2	15160.7	11806.6	3354.1
1998	26849.7	15223.5	11626.1	3597.4
1999	29896.2	16159.8	13736.5	2423.3
2000	39273.3	20634.4	18638.8	1995.6
2001	42183.6	22024.4	20159.2	1865.3
2002	51378.2	26947.9	24430.3	2517.6
2003	70483.5	36287.9	34195.6	2092.3
2004	95539.1	49103.3	46435.8	2667.6
2005	116921.8	62648.1	54273.7	8374.4
2006	140974.7	77597.9	63376.9	14221.0
2007	166924.1	93627.1	73296.9	20330.2
2008	179921.5	100394.9	79526.5	20868.4
2009	150648.1	82029.7	68618.4	13411.3
2010	201722.3	107022.8	94699.5	12323.3
2011	236402.0	123240.6	113161.4	10079.2
2012	244160.2	129359.3	114801.0	14558.3
2013	258168.9	137131.4	121037.5	16094.0
2014	264241.8	143883.8	120358.0	23525.7
2015	245502.9	141166.8	104336.1	36830.7
2016	243386.5	138419.3	104967.2	33452.1
2017	278099.2	153309.4	124789.8	28519.6
2018	305008.1	164127.8	140880.3	23247.5
2019	315627.3	172373.6	143253.7	29119.9
2020	322215.2	179278.8	142936.4	36342.4
2021	390921.7	217287.4	173634.3	43653.1

注：1.本表1979年以前为外贸业务统计数，1980年以后为海关进出口统计数。以下诸表同。

2.进出口差额负数为入超。

Note: a) Figures before 1980 are recorded by the Ministry of Foreign Trade and figures since 1980 are recorded by General Administration of Customs. The same to the following tables.

b) Negative figures in balance refer to unfavourable positions.

6-2 进出口额(按美元计算)
Total Value of Imports and Exports By USD

单位：亿美元

Unit: USD 100 million

年　份 Year	进出口总额 Total	出口额 Exports	进口额 Imports	差额(+顺差,-逆差) Balance
1950	11.4	5.5	5.8	-0.3
1951	19.6	7.6	12.0	-4.4
1952	19.4	8.2	11.2	-3.0
1953	23.7	10.2	13.5	-3.2
1954	24.3	11.5	12.9	-1.4
1955	31.5	14.1	17.3	-3.2
1956	32.1	16.5	15.6	0.8
1957	31.0	16.0	15.1	0.9
1958	38.7	19.8	18.9	0.9
1959	43.8	22.6	21.2	1.4
1960	38.1	18.6	19.5	-1.0
1961	29.4	14.9	14.5	0.5
1962	26.6	14.9	11.7	3.2
1963	29.2	16.5	12.7	3.8
1964	34.6	19.2	15.5	3.7
1965	42.5	22.3	20.2	2.1
1966	46.1	23.7	22.5	1.2
1967	41.6	21.4	20.2	1.2
1968	40.5	21.0	19.5	1.6
1969	40.3	22.0	18.3	3.8
1970	45.9	22.6	23.3	-0.7
1971	48.4	26.4	22.1	4.3
1972	63.0	34.4	28.6	5.9
1973	109.8	58.2	51.6	6.6
1974	145.7	69.5	76.2	-6.7
1975	147.5	72.6	74.9	-2.2
1976	134.3	68.6	65.8	2.8
1977	148.0	75.9	72.1	3.8
1978	206.4	97.5	108.9	-11.5
1979	293.3	136.6	156.8	-20.2
1980	381.4	181.2	200.2	-19.0
1981	440.2	220.1	220.2	-0.1
1982	416.1	223.2	192.9	30.4
1983	436.2	222.3	213.9	8.4
1984	535.5	261.4	274.1	-12.7
1985	696.0	273.5	422.5	-149.0
1986	738.5	309.4	429.0	-119.6
1987	826.5	394.4	432.2	-37.8
1988	1027.8	475.2	552.7	-77.5
1989	1116.8	525.4	591.4	-66.0
1990	1154.4	620.9	533.5	87.5
1991	1356.3	718.4	637.9	80.5
1992	1655.3	849.4	805.9	43.6
1993	1957.0	917.4	1039.6	-122.2
1994	2366.2	1210.1	1156.2	53.9
1995	2808.6	1487.8	1320.8	167.0
1996	2898.8	1510.5	1388.3	122.2
1997	3251.6	1827.9	1423.7	404.2
1998	3239.5	1837.1	1402.4	434.8
1999	3606.3	1949.3	1657.0	292.3
2000	4743.0	2492.0	2250.9	241.1
2001	5096.5	2661.0	2435.5	225.5
2002	6207.7	3256.0	2951.7	304.3
2003	8509.9	4382.3	4127.6	254.7
2004	11545.5	5933.3	5612.3	321.0
2005	14219.1	7619.5	6599.5	1020.0
2006	17604.4	9689.8	7914.6	1775.2
2007	21761.8	12200.6	9561.2	2639.4
2008	25632.6	14306.9	11325.6	2981.3
2009	22075.4	12016.1	10059.2	1956.9
2010	29740.0	15777.5	13962.5	1815.1
2011	36418.6	18983.8	17434.8	1549.0
2012	38671.2	20487.1	18184.1	2303.1
2013	41589.9	22090.0	19499.9	2590.2
2014	43015.3	23422.9	19592.4	3830.6
2015	39530.3	22734.7	16795.6	5939.0
2016	36855.6	20976.3	15879.3	5097.1
2017	41071.4	22633.5	18437.9	4195.5
2018	46224.2	24866.8	21357.3	3509.5
2019	45778.9	24994.8	20784.1	4210.7
2020	46559.1	25899.5	20659.6	5239.9
2021	60501.7	33630.2	26871.4	6758.8

6-3 进出口额指数(按美元计算)
Indices of Total Value of Imports and Exports by USD

(1980年=100) (Year of 1980 =100)

年份 Year	进出口总额 Total	出口额 Exports	进口额 Imports
1980	100.00	100.00	100.00
1981	115.43	121.46	109.98
1982	109.10	123.19	96.34
1983	114.37	122.67	106.86
1984	140.42	144.26	136.93
1985	182.51	150.95	211.08
1986	193.64	170.77	214.34
1987	216.73	217.66	215.90
1988	269.52	262.24	276.11
1989	292.84	289.96	295.45
1990	302.70	342.68	266.50
1991	355.66	396.51	318.68
1992	434.04	468.79	402.58
1993	513.17	506.34	519.35
1994	620.47	667.84	577.58
1995	736.48	821.13	659.86
1996	760.12	833.64	693.58
1997	852.64	1008.84	711.25
1998	849.46	1013.92	700.59
1999	945.64	1075.84	827.79
2000	1243.70	1375.37	1124.51
2001	1336.40	1468.61	1216.73
2002	1627.77	1796.99	1474.60
2003	2231.46	2418.61	2062.05
2004	3027.46	3274.61	2803.76
2005	3728.51	4205.27	3296.96
2006	4616.21	5347.86	3953.94
2007	5706.35	6733.59	4776.51
2008	6721.35	7896.09	5658.00
2009	5788.59	6631.78	5025.34
2010	7798.41	8707.73	6975.31
2011	9549.67	10477.29	8710.02
2012	10140.34	11306.99	9084.30
2013	10905.69	12191.64	9741.66
2014	11279.44	12927.28	9787.86
2015	10365.62	12547.43	8390.69
2016	9664.25	11576.97	7932.89
2017	10769.71	12491.56	9211.14
2018	12120.87	13724.17	10669.60
2019	12004.12	13794.81	10383.22
2020	12208.71	14294.12	10321.03
2021	15864.71	18560.75	13424.30

6-4 进出口额同比增速(按美元计算)

Growth Rates of Import and Export Value by USD

年 份 Year	进出口总额 Total (%)	出口额 Exports (%)	进口额 Imports (%)
1980	30.0	32.7	27.7
1981	15.4	21.5	10.0
1982	-5.5	1.4	-12.4
1983	4.8	-0.4	10.9
1984	22.8	17.6	28.1
1985	30.0	4.6	54.1
1986	6.1	13.1	1.5
1987	11.9	27.5	0.7
1988	24.4	20.5	27.9
1989	8.7	10.6	7.0
1990	3.4	18.2	-9.8
1991	17.5	15.7	19.6
1992	22.0	18.2	26.3
1993	18.2	8.0	29.0
1994	20.9	31.9	11.2
1995	18.7	23.0	14.2
1996	3.2	1.5	5.1
1997	12.2	21.0	2.5
1998	-0.4	0.5	-1.5
1999	11.3	6.1	18.2
2000	31.5	27.8	35.8
2001	7.5	6.8	8.2
2002	21.8	22.4	21.2
2003	37.1	34.6	39.8
2004	35.7	35.4	36.0
2005	23.2	28.4	17.6
2006	23.8	27.2	19.9
2007	23.6	25.9	20.8
2008	17.8	17.3	18.5
2009	-13.9	-16.0	-11.2
2010	34.7	31.3	38.8
2011	22.5	20.3	24.9
2012	6.2	7.9	4.3
2013	7.5	7.8	7.2
2014	3.4	6.0	0.5
2015	-8.1	-2.9	-14.3
2016	-6.8	-7.7	-5.5
2017	11.4	7.9	16.1
2018	12.5	9.9	15.8
2019	-1.0	0.5	-2.7
2020	1.7	3.6	-0.6
2021	29.9	29.8	30.1

6–5 中国出口额占国内生产总值的比重
China's Export Proportion in GDP

单位：亿元人民币
Unit: RMB 100 million

年 份 Year	国内生产总值 GDP	出 口 额 Exports	出口额占国内生产总值的比重(%) Exports Proportion(%)
1980	4587.6	271.2	5.9
1981	4935.8	367.6	7.4
1982	5373.4	413.8	7.7
1983	6020.9	438.3	7.3
1984	7278.5	580.6	8.0
1985	9098.9	808.9	8.9
1986	10376.2	1082.1	10.4
1987	12174.6	1470.0	12.1
1988	15180.4	1766.7	11.6
1989	17179.7	1956.1	11.4
1990	18872.9	2985.8	15.8
1991	22005.6	3827.1	17.4
1992	27194.5	4676.3	17.2
1993	35673.2	5284.8	14.8
1994	48637.5	10421.8	21.4
1995	61339.9	12451.8	20.3
1996	71813.6	12576.4	17.5
1997	79715.0	15160.7	19.0
1998	85195.5	15223.5	17.9
1999	90564.4	16159.8	17.8
2000	100280.1	20634.4	20.6
2001	110863.1	22024.4	19.9
2002	121717.4	26947.9	22.1
2003	137422.0	36287.9	26.4
2004	161840.2	49103.3	30.3
2005	187318.9	62648.1	33.4
2006	219438.5	77597.9	35.4
2007	270092.3	93627.1	34.7
2008	319244.6	100394.9	31.4
2009	348517.7	82029.7	23.5
2010	412119.3	107022.8	26.0
2011	487940.2	123240.6	25.3
2012	538580.0	129359.3	24.0
2013	592963.2	137131.4	23.1
2014	643563.1	143883.8	22.4
2015	688858.2	141166.8	20.5
2016	746395.1	138419.3	18.5
2017	832035.9	153309.4	18.4
2018	919281.1	164127.8	17.9
2019	986515.2	172373.6	17.5
2020	1013567.0	179278.8	17.7
2021	1143669.7	217287.4	19.0

6-6 中国出口额占世界出口总额的比重和位次
China's Export Share and Ranking in the World

单位：亿美元
Unit: USD 100 million

年 份 Year	世界出口总额 World Exports	中国出口额 China Exports	中国出口额占世界出口总额的比重(%) China's Share (%)	位 次 Ranking
1980	20361	181	0.9	26
1981	20144	220	1.1	19
1982	18858	223	1.2	17
1983	18460	222	1.2	17
1984	19557	261	1.3	18
1985	19529	274	1.4	17
1986	21385	309	1.4	16
1987	25155	394	1.6	16
1988	28689	475	1.7	16
1989	30989	525	1.7	14
1990	34897	621	1.8	15
1991	35114	718	2.0	13
1992	37792	849	2.2	11
1993	37947	917	2.4	11
1994	43283	1210	2.8	11
1995	51676	1488	2.9	11
1996	54061	1510	2.8	11
1997	55923	1828	3.3	10
1998	55031	1837	3.3	9
1999	57194	1949	3.4	9
2000	64540	2492	3.9	7
2001	61964	2661	4.3	6
2002	65007	3256	5.0	5
2003	75908	4382	5.8	4
2004	92226	5933	6.4	3
2005	105103	7620	7.3	3
2006	121314	9690	8.0	3
2007	140320	12201	8.7	2
2008	161705	14307	8.9	2
2009	125651	12016	9.6	1
2010	153040	15778	10.3	1
2011	183436	18984	10.4	1
2012	185145	20487	11.1	1
2013	189699	22090	11.7	1
2014	190111	23423	12.3	1
2015	165581	22735	13.8	1
2016	160452	20976	13.1	1
2017	177429	22633	12.8	1
2018	195504	24867	12.8	1
2019	190147	24995	13.2	1
2020	175829	25900	14.7	1
2021	222838	33630	15.1	1

注：根据WTO网站公布的数据对"世界出口总额"进行了调整。
Note: "World Exports" is adjusted according to the statistics from WTO website.

6-7 分贸易方式进出口总额
Imports and Exports by Customs Regime

单位：万美元

Unit: USD 10 000

贸易方式	Customs Regime	2020		2021	
		出口 Exports	进口 Imports	出口 Exports	进口 Imports
总　计	**Total**	**258995161**	**206596155**	**336302310**	**268714307**
一般贸易	Ordinary Trade	153692884	125219397	204942614	167640516
国家间、国际组织无偿援助和赠送的物资	Aid or Donation between Governments or by International Organizations	56579	1333	121753	214
其他捐赠物资	Other Donation	36422	38996	6448	228
来料加工装配贸易	Processing and Assembling with Materials Provided Abroad	6773401	7667625	8014252	9172255
进料加工贸易	Processing with Imported Materials	63468663	32723423	74613912	39753219
边境小额贸易	Border Trade	2771599	806377	3196601	699840
加工贸易进口设备	Equipment Imported for Processing and Assembling		41320		36449
对外承包工程出口货物	Contracting Projects	1055156		1274158	
租赁贸易	Goods on Lease	16344	225597	40618	182600
外商投资企业作为投资进口的设备、物品	Equipment or Materials Invested by Foreign-invested Enterprises		289151		202933
出料加工贸易	Outward Processing	30292	35827	16416	23126
免税外汇商品	Duty-free Commodities on Payment of Foreign Currency		4775		1906
免税品	Duty-free Commodities		397022		409926
保税监管场所进出境货物	Customs Trade through Bonded Supervision Areas	5330349	13633041	6502721	18032675
海关特殊监管区域物流货物	Logistics Goods By Customs Special Control Area	14287328	23033718	21911549	29596789
海关特殊监管区域进口设备	Equipment Imported Into Customs Special Control Area		1011444		1251079
其他	Others	11476144	1467108	15661268	1710553

6-8 一般贸易与加工贸易进出口额

Imports and Exports by Ordinary Trade and Processing Trade

单位：亿美元
Unit: USD 100 million

年 份 Year	一般贸易 Ordinary Trade		加工贸易 Processing Trade		其他贸易 Other Trade Forms	
	出 口 Exports	进 口 Imports	出 口 Exports	进 口 Imports	出 口 Exports	进 口 Imports
1981	208.00	203.66	11.31	15.04	0.79	1.50
1982	206.69	170.17	15.77	21.28	0.74	1.45
1983	201.60	187.68	20.01	24.01	0.69	2.21
1984	231.62	238.49	29.29	31.47	0.49	4.14
1985	237.30	372.72	33.16	42.74	3.04	7.04
1986	250.95	352.07	51.41	63.90	7.04	13.13
1987	296.43	287.72	81.38	95.02	16.59	49.36
1988	325.96	352.08	128.33	137.46	20.91	63.16
1989	315.52	356.14	188.04	156.78	21.84	78.48
1990	354.60	262.00	254.20	187.60	12.10	83.90
1991	381.20	295.40	324.30	250.30	13.60	92.20
1992	436.80	336.20	396.07	315.14	16.53	154.56
1993	432.00	380.45	442.36	363.60	43.04	295.55
1994	615.60	355.20	569.80	475.70	24.70	325.20
1995	713.61	433.81	737.18	583.59	37.01	303.40
1996	628.24	393.63	843.27	622.75	38.99	371.92
1997	779.74	390.30	996.02	702.06	52.14	331.34
1998	742.35	436.80	1044.54	685.99	50.22	279.58
1999	791.35	670.40	1108.82	735.78	49.14	250.81
2000	1051.81	1000.79	1376.52	925.58	63.70	324.57
2001	1118.81	1134.56	1474.34	939.74	67.83	361.23
2002	1361.87	1291.11	1799.27	1222.00	94.82	438.59
2003	1820.34	1877.00	2418.49	1629.35	143.45	621.22
2004	2436.06	2481.45	3279.70	2216.95	217.50	913.89
2005	3150.63	2796.33	4164.67	2740.12	304.23	1063.08
2006	4162.33	3330.74	5103.55	3214.72	423.81	1369.15
2007	5393.55	4286.64	6175.60	3684.74	623.20	1590.20
2008	6628.62	5720.93	6751.14	3783.77	927.17	1820.92
2009	5298.12	5344.70	5868.62	3222.91	849.37	1491.62
2010	7206.12	7692.76	7402.79	4174.82	1168.63	2094.86
2011	9170.34	10076.21	8352.84	4697.56	1460.64	2661.07
2012	9878.99	10223.86	8626.77	4812.75	1981.38	3147.43
2013	10873.26	11098.59	8600.40	4966.62	2616.38	3434.68
2014	12033.91	11089.40	8842.18	5240.85	2546.84	3262.09
2015	12147.92	9224.02	7975.30	4466.10	2611.47	3105.53
2016	11313.69	9006.40	7153.31	3964.38	2509.32	2908.47
2017	12300.20	10853.65	7587.68	4312.77	2745.83	3271.50
2018	14004.10	12741.22	7970.43	4700.84	2892.29	3915.28
2019	14444.07	12577.73	7354.36	4172.92	3196.39	4033.43
2020	15369.29	12521.94	7024.21	4039.10	3506.02	4098.57
2021	20494.26	16764.05	8262.82	4892.55	4873.15	5214.83

6-9 一般贸易与加工贸易进出口同比增速

Growth Rates of Imports and Exports by Ordinary Trade and Processing Trade

年 份 Year	一般贸易 Ordinary Trade		加工贸易 Processing Trade		其他贸易 Other Trade Forms	
	出 口(%) Exports	进 口(%) Imports	出 口(%) Exports	进 口(%) Imports	出 口(%) Exports	进 口(%) Imports
1982	-0.6	-16.4	39.4	41.5	-6.3	-3.3
1983	-2.5	10.3	26.9	12.8	-6.8	52.4
1984	14.9	27.1	46.4	31.1	-29.0	87.3
1985	2.5	56.3	13.2	35.8	520.4	70.0
1986	5.8	-5.5	55.0	49.5	131.6	86.5
1987	18.1	-18.3	58.3	48.7	135.7	275.9
1988	10.0	22.4	57.7	44.7	26.0	28.0
1989	-3.2	1.2	46.5	14.1	4.4	24.3
1990	12.4	-26.4	35.2	19.7	-44.6	6.9
1991	7.5	12.7	27.6	33.4	12.4	9.9
1992	14.6	13.8	22.1	25.9	21.5	67.6
1993	-1.1	13.2	11.7	15.4	160.4	91.2
1994	42.5	-6.6	28.8	30.8	-42.6	10.0
1995	15.9	22.1	29.4	22.7	49.8	-6.7
1996	-12.0	-9.3	14.4	6.7	5.3	22.6
1997	24.1	-0.8	18.1	12.7	33.7	-10.9
1998	-4.8	11.9	4.9	-2.3	-3.7	-15.6
1999	6.6	53.5	6.2	7.3	-2.2	-10.3
2000	32.9	49.3	24.1	25.8	29.6	29.4
2001	6.4	13.4	7.1	1.5	6.5	11.3
2002	21.7	13.8	22.0	30.0	39.8	21.4
2003	33.7	45.4	34.4	33.3	51.3	41.6
2004	33.8	32.2	35.6	36.1	51.6	47.1
2005	29.3	12.7	27.0	23.6	39.9	16.3
2006	32.1	19.1	22.5	17.3	39.3	28.8
2007	29.6	28.7	21.0	14.6	47.0	16.1
2008	22.9	33.5	9.3	2.7	48.8	14.6
2009	-20.1	-6.6	-13.1	-14.8	-8.4	-18.1
2010	36.0	43.9	26.1	29.5	37.6	40.4
2011	27.3	31.0	12.8	12.5	25.0	27.0
2012	7.7	1.5	3.3	2.5	35.7	18.3
2013	10.1	8.6	-0.3	3.2	32.0	9.1
2014	10.7	-0.1	2.8	5.5	-2.7	-5.0
2015	0.9	-16.8	-9.8	-14.8	2.5	-4.8
2016	-6.9	-2.4	-10.3	-11.2	-3.9	-6.3
2017	8.7	20.5	6.1	8.8	9.4	12.5
2018	13.9	17.4	5.0	9.0	5.3	19.7
2019	3.1	-1.3	-7.7	-11.2	10.5	3.0
2020	6.4	-0.4	-4.5	-3.2	9.7	1.6
2021	33.3	33.9	17.6	21.1	39.0	27.2

6-10 我国同各国(地区)海关进出口总额

China's Foreign Trade with Related Countries and Territories

单位：万美元

Unit: USD 10 000

国别(地区)	Country/Region	2020		2021	
		出口总额 Exports	进口总额 Imports	出口总额 Exports	进口总额 Imports
总　计	**Total**	**258995161**	**206596155**	**336302310**	**268714307**
亚洲	**Asia**	**123074964**	**115700939**	**157666853**	**148388834**
阿富汗	Afghanistan	50068	5451	47445	4953
巴林	Bahrain	112026	14631	138083	39969
孟加拉国	Bangladesh	1507570	79975	2409441	104693
不丹	Bhutan	1356	3	10876	1
文莱	Brunei	46622	147599	63906	222548
缅甸	Myanmar	1254752	634680	1052395	812208
柬埔寨	Cambodia	805449	149749	1156509	210043
塞浦路斯	Cyprus	89311	2517	86638	2887
朝鲜	Korea DPR	49097	4795	25805	5807
中国香港	Hong Kong, China	27257541	698278	35053641	969823
印度	India	6671971	2097731	9750751	2814551
印度尼西亚	Indonesia	4098123	3748185	6064749	6392283
伊朗	Iran	849184	644156	827822	650253
伊拉克	Iraq	1092298	1930376	1068987	2665311
以色列	Israel	1125361	628560	1529400	753454
日本	Japan	14261864	17466136	16581426	20550277
约旦	Jordan	318151	42573	399009	42471
科威特	Kuwait	354783	1073510	436847	1775554
老挝	Laos	149128	208829	166677	267570
黎巴嫩	Lebanon	94562	3180	150869	4793
中国澳门	Macao, China	222853	6314	321068	8162
马来西亚	Malaysia	5630131	7517442	7865488	9830508
马尔代夫	Maldives	27570	577	40689	436
蒙古	Mongolia	161807	512456	223306	689896
尼泊尔	Nepal	116748	1626	194992	2651
阿曼	Oman	307647	1565946	356515	2859170
巴基斯坦	Pakistan	1535767	212487	2424040	358448
巴勒斯坦	Palestine	10046	1	12801	34
菲律宾	Philippines	4188171	1933547	5728534	2476131
卡塔尔	Qatar	263117	830510	396068	1321100
沙特阿拉伯	Saudi Arabia	2809529	3906986	3032124	5696861
新加坡	Singapore	5762612	3161807	5510346	3881973
韩国	Korea Rep.	11247683	17310391	14880548	21344326
斯里兰卡	Sri Lanka	384273	31776	525443	65045
叙利亚	Syria	83352	133	48235	128
泰国	Thailand	5051424	4813974	6935458	6183263
土耳其	Turkey	2034648	373141	2915179	504897
阿联酋	United Arab Emirates	3231035	1705482	4375166	2857327
也门共和国	Republic of Yemen	288134	67402	257011	48617
越南	Vietnam	11381566	7847443	13789507	9231942
中华人民共和国	P. R. China		12526628		15691161
中国台湾	Taiwan, China	6011743	20049793	7835915	24981428
东帝汶	Timor Leste	19128	121	26043	11315
哈萨克斯坦	Kazakhstan	1170313	980510	1395926	1129056
吉尔吉斯斯坦	Kirghizia	286537	3480	747400	7974

6-10 续表 1 Continued 1

单位：万美元
Unit: USD 10 000

国 别（地 区）	Country/Region	2020		2021	
		出口总额 Exports	进口总额 Imports	出口总额 Exports	进口总额 Imports
塔吉克斯坦	Tadzhikistan	101684	4529	168315	17547
土库曼斯坦	Turkmenistan	44349	607188	51297	684446
乌兹别克斯坦	Uzbekistan	513872	148331	588165	215541
亚洲其他国家(地区)	Other Countries (Regions) in Asia	11	3		2
非洲	**Africa**	**11422062**	**7372210**	**14834081**	**10590483**
阿尔及利亚	Algeria	559637	99706	634955	108077
安哥拉	Angola	174815	1475773	249142	2102743
贝宁	Benin	98839	5825	122752	23157
博茨瓦那	Botswana	23544	8749	25550	17271
布隆迪	Burundi	7397	764	12690	861
喀麦隆	Cameroon	202247	76133	271399	163669
加那利群岛	Canary Is.	161	6	197	2
佛得角	Cape Verde	7784	121	8454	115
中非	Central Africa	2796	5708	4553	3607
塞卜泰(休达)	Ceuta	36	1	10	10
乍得	Chad	29832	42147	36527	19680
科摩罗	Comoros	5054	12	5695	11
刚果(布)	Congo	59631	337185	67914	471058
吉布提	Djibouti	231013	4625	257181	5581
埃及	Egypt	1362784	92348	1826461	170358
赤道几内亚	Eq. Guinea	12212	118255	12398	121519
埃塞俄比亚	Ethiopia	223332	33877	229079	36599
加蓬	Gabon	41545	324407	43616	258479
冈比亚	Gambia	53567	2990	54395	4460
加纳	Ghana	675628	177450	810394	146617
几内亚	Guinea	191170	243885	215847	279387
几内亚比绍	Guinea-Bissau	5143	1	8888	0.11
科特迪瓦共和国	Cote d'lvoire	233357	58047	312094	64158
肯尼亚	Kenya	540967	15059	673209	22578
利比里亚	Liberia	340141	9734	568801	2377
利比亚	Libya	188045	82707	212903	327538
马达加斯加	Madagascar	99765	13865	128318	33274
马拉维	Malawi	21849	1233	28053	981
马里	Mali	46844	16865	59489	12755
毛里塔尼亚	Mauritania	74009	127705	90979	178919
毛里求斯	Mauritius	69996	2649	87782	3574
摩洛哥	Morocco	417358	59561	568974	82642
莫桑比克	Mozambique	200009	57950	289561	114457
纳米比亚	Namibia	22311	56289	40157	73460
尼日尔	Niger	30313	22470	39159	36938
尼日利亚	Nigeria	1678751	248536	2263626	303163
留尼汪	Reunion	18623	2	25177	2
卢旺达	Rwanda	28252	3821	33514	2872
圣多美和普林西比	Sao Tome & Principe	2031	5	1494	13
塞内加尔	Senegal	256401	31509	335306	43951
塞舌尔	Seychelles	5767	4	6865	1
塞拉利昂	Sierra Leone	37137	15849	48920	38924
索马里	Somalia	89258	787	99971	1078
南非	South Africa	1523887	2082480	2111525	3295561
西撒哈拉	Western Sahara	146		110	

6–10 续表 2 Continued 2

单位：万美元
Unit: USD 10 000

国别（地区）	Country/Region	2020 出口总额 Exports	2020 进口总额 Imports	2021 出口总额 Exports	2021 进口总额 Imports
苏丹	Sudan	251145	76630	181639	77980
坦桑尼亚	Tanzania	417437	41112	613670	60378
多哥	Togo	245918	16420	295272	53288
突尼斯	Tunisia	142769	22272	186563	28272
乌干达	Uganda	79029	3969	102295	4390
布基纳法索	Burkina Faso	32252	7996	44254	19211
刚果(金)	Congo DR	201343	708373	275686	1167891
赞比亚	Zambia	68135	350604	78085	439136
津巴布韦	Zimbabwe	52471	87272	91946	95854
莱索托	Lesotho	5938	1226	8444	2366
梅利利亚	Melilla	67	1	46	
斯威士兰	Swaziland	3989	48	5149	129
厄立特里亚	Eritrea	7049	30863	6996	39138
马约特岛	Mayotte	5310	2	5671	
南苏丹共和国	Republic of South Sudan	15608	68324	13982	29941
非洲其他国家(地区)	Other Countries (Regions) in Africa	215	3	295	30
欧洲	**Europe**	**53568103**	**37256702**	**70079434**	**47822114**
比利时	Belgium	2075208	782811	3038163	857188
丹麦	Denmark	746427	601130	1087242	697291
英国	United Kingdom	7256176	1987216	8702212	2567686
德国	Germany	8680817	10511067	11517540	11991430
法国	France	3695592	2969529	4593066	3910500
爱尔兰	Ireland	399590	1404521	532132	1762666
意大利	Italy	3291471	2224955	4362921	3032373
卢森堡	Luxembourg	94947	27593	144190	33238
荷兰	Netherlands	7900633	1278932	10243171	1400494
希腊	Greece	703659	77389	1117965	97322
葡萄牙	Portugal	418059	277249	535424	345356
西班牙	Spain	2751653	1038792	3612557	1228866
阿尔巴尼亚	Albania	57123	8112	59166	16445
安道尔	Andorra	340	43	433	71
奥地利	Austria	340637	663981	534957	841886
保加利亚	Bulgaria	154709	137098	231221	179855
芬兰	Finland	294977	419632	380267	533183
直布罗陀	Gibraltar	298		603	
匈牙利	Hungary	740372	428290	1014163	557035
冰岛	Iceland	10088	10465	20705	15182
列支敦士登	Liechtenstein	4931	11445	7070	19056
马耳他	Malta	136780	38761	220230	55350
摩纳哥	Monaco	3999	1702	569	1828
挪威	Norway	353399	736784	440320	1080132
波兰	Poland	2673075	432043	3657787	554183
罗马尼亚	Romania	512640	263840	670829	350746
圣马力诺	San Marino	665	286	864	546
瑞典	Sweden	836817	951827	1103495	987409
瑞士	Switzerland	504245	1738025	623357	3788005
爱沙尼亚	Estonia	86388	28140	100991	28146
拉脱维亚	Latvia	105234	20039	114636	23910
立陶宛	Lithuania	180761	48761	219579	43349
格鲁吉亚	Georgia	127569	10087	102887	17977

6-10 续表 3 Continued 3

单位：万美元
Unit: USD 10 000

国别（地区）	Country/Region	2020 出口总额 Exports	2020 进口总额 Imports	2021 出口总额 Exports	2021 进口总额 Imports
亚美尼亚	Armenia	22279	79449	33098	108762
阿塞拜疆	Azerbaijan	61787	69878	99488	20503
白俄罗斯	Byelorussia	211323	88869	272941	109069
摩尔多瓦	Moldavia	14580	6047	17881	10469
俄罗斯	Russia	5050447	5768468	6755117	7960907
乌克兰	Ukraine	687801	800175	940443	977446
斯洛文尼亚	Slovenia	345219	50868	536313	63207
克罗地亚	Croatia	156674	13759	197692	33990
捷克	Czech	1373769	513354	1510814	605328
斯洛伐克	Slovak	303155	643108	454531	754723
北马其顿	North Macedonia	15679	22713	22428	36594
波黑	Bosnia & Herzegovina	12010	7268	13695	13764
梵蒂冈城国	Vatican City State	73	10	184	
法罗群岛	Faroe Islands	135	6611	166	9149
塞尔维亚	Serbia	162434	49818	224216	98353
黑山	Montenegro	11316	5738	9613	1133
欧洲其他国家(地区)	Other Countries (Regions) in Europe	141	23	106	11
拉丁美洲	**Latin America**	**15070870**	**16941172**	**22898907**	**22241783**
安提瓜和巴布达	Antigua and Barbuda	9132	3	11026	269
阿根廷	Argentina	708381	681446	1068798	712432
阿鲁巴岛	Aruba	3578	9	7036	1
巴哈马	Bahamas	27783	7293	47356	1725
巴巴多斯	Barbados	7910	1516	23874	1525
伯利兹	Belize	10386	44	17569	5
玻利维亚	Bolivia	68778	29121	99243	64609
博内尔	Bonaire			2	
巴西	Brazil	3495378	8551722	5361123	11000670
开曼群岛	Cayman Is.	3658	1	3750	11
智利	Chile	1533653	2993201	2629229	3957795
哥伦比亚	Colombia	932052	433602	1435442	561778
多米尼克	Dominica	2106	60	3459	143
哥斯达黎加	Costa Rica	153568	66861	225492	81547
古巴	Cuba	48329	47001	57587	44557
库腊索岛	Curacao	3530	2	4001	
多米尼加共和国	Dominica Rep.	249396	29930	400242	34813
厄瓜多尔	Ecuador	325233	432076	548344	545902
法属圭亚那	French Guyana	2384	1	3899	2
格林纳达	Granada	1541	4	2045	2
瓜德罗普岛	Guadeloupe	4397	1	5548	1
危地马拉	Guatemala	247251	26710	390445	45027
圭亚那	Guyana	26547	30886	39025	31991
海地	Haiti	70927	303	79542	446
洪都拉斯	Honduras	92287	4595	158471	3413
牙买加	Jamaica	63046	3193	80986	613
马提尼克岛	Martinique	2726	12	3958	11
墨西哥	Mexico	4482790	1621758	6743974	1913928
蒙特塞拉特	Montserrat	40		21	2
尼加拉瓜	Nicaragua	48644	1896	79419	2506
巴拿马	Panama	879365	46942	1017947	117915
巴拉圭	Paraguay	121693	1391	178072	5429
秘鲁	Peru	886574	1473547	1330132	2423903
波多黎各	Puerto Rico	76687	108993	103179	137315
萨巴	Saba	1		1	

6-10 续表 4 Continued 4

单位：万美元
Unit: USD 10 000

国别（地区）	Country/Region	2020 出口总额 Exports	2020 进口总额 Imports	2021 出口总额 Exports	2021 进口总额 Imports
圣卢西亚	Saint Lucia	2335	6	2551	13
圣马丁岛	Saint Martin Is.	533	8	562	
圣文森特和格林纳丁斯	Saint Vincent & Grenadines	1019	1	3289	
萨尔瓦多	El Salvador	93825	17178	151117	21885
苏里南	Surinam	22133	6110	27674	4186
特立尼达和多巴哥	Trinidad and Tobago	34120	33483	42462	63437
特克斯和凯科斯群岛	Turks & Caicos Is.	331	6	497	2
乌拉圭	Uruguay	170305	236732	285803	362447
委内瑞拉	Venezuela	151884	53424	218588	99409
英属维尔京群岛	Virgin Is. (E)	891	27	1978	13
圣其茨-尼维斯	St. Kitts-Nevis	1348	42	1324	67
圣皮埃尔和密克隆	St. Pierre and Miquelon	39		10	
荷属安地列斯群岛	Andreas Is. (N)	1497		1516	1
拉美其他国家(地区)	Other Countries (Regions)in Latin America	859	33	1298	38
北美洲	**North America**	**49386185**	**15757401**	**62766802**	**21042885**
加拿大	Canada	4209457	2206337	5151026	3048978
美国	United States	45172903	13525065	57607523	17970081
格陵兰	Greenland	160	25999	54	23824
百慕大群岛	Bermuda	3559		7912	2
北美洲其他国家(地区)	Other Countries (Regions) in North America	107		286	1
大洋洲及太平洋群岛	**Oceanic and Pacific Islands**	**6472973**	**13362009**	**8056230**	**18422161**
澳大利亚	Australia	5346848	11769378	6638009	16352908
库克群岛	Cook Islands	549	264	401	205
斐济	Fiji	32218	2354	39740	5554
盖比群岛	Gambier Is.	1			1
马克萨斯群岛	Marquesas Islands				
瑙鲁	Nauru	194	8	1128	11
新喀里多尼亚	New Caledonia (Fr)	12194	116931	15179	112023
瓦努阿图	Vanuatu	7241	794	8764	1183
新西兰	New Zealand	605303	1207612	856063	1615598
诺福克岛	Norfolk Islands	197	1	96	
巴布亚新几内亚	Papua New Guinea	92282	227090	105016	300045
社会群岛	Society Is.	51		77	
所罗门群岛	Solomon Is.	11660	35524	16711	32064
汤加	Tonga	3372	24	5365	4
土阿莫土群岛	Tuamotu Archipelago			20	1
土布艾群岛	Tubuai Is.			15	
萨摩亚	Samoa	8731	58	10229	64
基里巴斯	Kiribati	2441	22	3905	
图瓦卢	Tuvalu	1614	1	4643	4
密克罗尼西亚联邦	Micronesia Commonwealth	2087	726	2012	1743
马绍尔群岛共和国	Marshall. Is.	328462	768	318785	275
帕劳共和国	Republic of Palau	2408	1	3657	9
法属波利尼西亚	Polynesia (F)	9967	415	13177	432
瓦利斯和浮图纳	Wallis and Futuna	88		243	1
大洋洲其他国家(地区)	Other Countries (Regions)in Oceania	5066	39	12996	34
国别（地区）不详	**Others**	**4**	**205723**	**3**	**206046**
东南亚国家联盟	**ASEAN**	**38367978**	**30163255**	**47500053**	**28949001**
欧洲联盟	**EU**	**39088574**	**25849988**	**49984214**	**19331447**
亚太经济合作组织	**APEC**	**162317736**	**138013678**	**204490705**	**120940930**

6-11 按国际贸易标准分类的进出口简表
Brief Table of Imports and Exports by SITC

单位：亿美元
Unit: USD 100 million

年 份 Year	初级产品 Primary Goods		工业制品 Manufactured Goods	
	出 口 Exports	进 口 Imports	出 口 Exports	进 口 Imports
1980	91.14	69.59	90.05	130.58
1981	102.48	80.44	117.59	139.71
1982	100.50	76.34	122.71	116.51
1983	96.20	58.08	126.06	155.82
1984	119.34	52.08	142.05	222.02
1985	138.28	52.89	135.22	369.63
1986	112.72	56.49	196.70	372.55
1987	132.31	69.15	262.06	363.01
1988	144.06	100.68	331.10	452.07
1989	150.78	117.54	374.60	473.86
1990	158.86	98.53	462.05	434.92
1991	161.45	108.34	556.98	529.57
1992	170.04	132.55	679.36	673.30
1993	166.66	142.10	750.78	897.49
1994	197.08	164.86	1012.98	991.28
1995	214.85	244.17	1272.95	1076.67
1996	219.25	254.41	1291.23	1133.92
1997	239.53	286.20	1588.39	1137.50
1998	204.89	229.49	1632.20	1172.88
1999	199.41	268.46	1749.90	1388.53
2000	254.60	467.39	2237.43	1783.55
2001	263.38	457.43	2397.60	1978.10
2002	285.40	492.71	2970.56	2458.99
2003	348.12	727.63	4034.16	3399.96
2004	405.49	1172.67	5527.77	4439.62
2005	490.37	1477.14	7129.16	5122.39
2006	529.19	1871.29	9160.17	6043.32
2007	615.09	2430.85	11562.67	7128.65
2008	779.57	3623.95	13527.36	7701.67
2009	631.12	2898.04	11384.83	7161.19
2010	816.86	4338.50	14960.69	9623.94
2011	1005.45	6042.69	17978.36	11392.15
2012	1005.58	6349.34	19481.56	11834.71
2013	1072.68	6580.81	21017.36	12919.09
2014	1126.92	6469.40	22296.01	13122.95
2015	1039.27	4720.57	21695.41	12075.07
2016	1051.87	4410.55	19924.44	11468.71
2017	1177.33	5796.38	21456.38	12641.55
2018	1349.93	7017.44	23516.89	14339.90
2019	1339.70	7299.52	23655.13	13484.57
2020	1156.29	6869.07	24743.22	13790.54
2021	1400.72	9766.31	32229.51	17105.12

6-12 按国际贸易标准分类的进出口同比增速
Growth Rates of Imports and Exports by SITC

年 份 Year	初级产品 Primary Goods		工业制成品 Manufactured Goods	
	出 口 Exports (%)	进 口 Imports (%)	出 口 Exports (%)	进 口 Imports (%)
1981	12.4	15.6	30.6	7.0
1982	-1.9	-5.1	4.4	-16.6
1983	-4.3	-23.9	2.7	33.7
1984	24.1	-10.3	12.7	42.5
1985	15.9	1.6	-4.8	66.5
1986	-18.5	6.8	45.5	0.8
1987	17.4	22.4	33.2	-2.6
1988	8.9	45.6	26.3	24.5
1989	4.7	16.7	13.1	4.8
1990	5.4	-16.2	23.3	-8.2
1991	1.6	10.0	20.5	21.8
1992	5.3	22.3	22.0	27.1
1993	-2.0	7.2	10.5	33.3
1994	18.3	16.0	34.9	10.5
1995	9.0	48.1	25.7	8.6
1996	2.0	4.2	1.4	5.3
1997	9.2	12.5	23.0	0.3
1998	-14.5	-19.8	2.8	3.1
1999	-2.7	17.0	7.2	18.4
2000	27.7	74.1	27.9	28.4
2001	3.4	-2.1	7.2	10.9
2002	8.4	7.7	23.9	24.3
2003	22.0	47.7	35.8	38.3
2004	16.5	61.2	37.0	30.6
2005	20.9	26.0	29.0	15.4
2006	7.9	26.7	28.5	18.0
2007	16.2	29.9	26.2	18.0
2008	26.7	49.1	17.0	8.0
2009	-19.0	-20.0	-15.8	-7.0
2010	29.4	49.7	31.4	34.4
2011	23.1	39.3	20.2	18.4
2012	0.0	5.1	8.4	3.9
2013	6.7	3.6	7.9	9.2
2014	5.1	-1.7	6.1	1.6
2015	-7.8	-27.0	-2.7	-8.0
2016	1.2	-6.6	-8.2	-5.0
2017	11.9	31.4	7.7	10.2
2018	14.7	21.1	9.6	13.4
2019	-0.8	4.0	0.6	-6.0
2020	-13.7	-5.9	4.6	2.3
2021	21.1	42.2	30.3	24.0

6−13 按国际贸易标准分出口商品金额
Value of Exports by SITC

单位：亿美元
Unit: USD 100 million

商品分类	Category	2019	2020	2021
总　　额	**Total**	**24994.82**	**25899.52**	**33630.23**
一、初级产品	**Primary Goods**	**1339.70**	**1156.29**	**1400.72**
食品及活动物	Food and Live Animals	650.00	635.32	698.46
饮料及烟类	Beverages and Tobacco	34.68	25.28	27.50
非食用原料(燃料除外)	Crude Materials, Inedible(Except Fuels)	172.24	159.17	222.97
矿物燃料、润滑油及有关原料	Mineral Fuels，Lubricants and Related Materials	471.23	322.48	428.48
动植物油、脂及蜡	Animal and Vegetable Oils，Fats and Waxes	11.54	14.05	23.31
二、工业制成品	**Manufactured Goods**	**23655.13**	**24743.22**	**32229.51**
化学成品及有关产品	Chemicals and Related Products	1617.65	1691.33	2642.35
按原料分类的制成品	Manufactured Goods Classified Chiefly by Material	4067.33	4340.70	5432.68
机械及运输设备	Machinery and Transport Equipment	11954.44	12578.91	16177.40
杂项制品	Miscellaneous Manufactured Articles	5835.02	5846.79	7572.76
未分类的其他商品	Products Not Classified Elsewhere	180.69	285.50	404.32

6−14 按国际贸易标准分进口商品金额
Value of Imports by SITC

单位：亿美元
Unit: USD 100 million

商品分类	Category	2019	2020	2021
总　　额	**Total**	**20784.09**	**20659.62**	**26871.43**
一、初级产品	**Primary Goods**	**7299.52**	**6869.07**	**9766.31**
食品及活动物	Food and Live Animals	807.35	982.54	1228.37
饮料及烟类	Beverages and Tobacco	76.61	62.04	76.26
非食用原料(燃料除外)	Crude Materials, Inedible(Except Fuels)	2849.41	3017.26	4262.61
矿物燃料、润滑油及有关原料	Mineral Fuels，Lubricants and Related Materials	3472.33	2700.69	4053.29
动植物油、脂及蜡	Animal and Vegetable Oils，Fats and Waxes	93.83	106.55	145.78
二、工业制成品	**Manufactured Goods**	**13484.57**	**13790.54**	**17105.12**
化学成品及有关产品	Chemicals and Related Products	2187.33	2134.64	2640.78
按原料分类的制成品	Manufactured Goods Classified Chiefly by Material	1400.42	1687.57	2108.28
机械及运输设备	Machinery and Transport Equipment	7866.38	8285.37	10057.97
杂项制品	Miscellaneous Manufactured Articles	1442.12	1459.73	1693.97
未分类的其他商品	Products Not Classified Elsewhere	588.31	223.23	604.13

6-15 按国际贸易标准分出口商品构成
Composition of Exports by SITC

单位：%
Unit: %

商品分类	Category	2019	2020	2021
总　额	**Total**	**100.00**	**100.00**	**100.00**
一、初级产品	**Primary Goods**	**5.36**	**4.46**	**4.17**
食品及活动物	Food and Live Animals	2.60	2.45	2.08
饮料及烟类	Beverages and Tobacco	0.14	0.10	0.08
非食用原料(燃料除外)	Crude Materials, Inedible(Except Fuels)	0.69	0.61	0.66
矿物燃料、润滑油及有关原料	Mineral Fuels，Lubricants and Related Materials	1.89	1.25	1.27
动植物油、脂及蜡	Animal and Vegetable Oils，Fats and Waxes	0.05	0.05	0.07
二、工业制成品	**Manufactured Goods**	**94.64**	**95.54**	**95.83**
化学成品及有关产品	Chemicals and Related Products	6.47	6.53	7.86
按原料分类的制成品	Manufactured Goods Classified Chiefly by Material	16.27	16.76	16.15
机械及运输设备	Machinery and Transport Equipment	47.83	48.57	48.10
杂项制品	Miscellaneous Manufactured Articles	23.34	22.57	22.52
未分类的其他商品	Products Not Classified Elsewhere	0.72	1.10	1.20

6-16 按国际贸易标准分进口商品构成
Composition of Imports by SITC

单位：%
Unit: %

商品分类	Category	2019	2020	2021
总　额	**Total**	**100.00**	**100.00**	**100.00**
一、初级产品	**Primary Goods**	**35.12**	**33.25**	**36.34**
食品及活动物	Food and Live Animals	3.88	4.76	4.57
饮料及烟类	Beverages and Tobacco	0.37	0.30	0.28
非食用原料(燃料除外)	Crude Materials, Inedible(Except Fuels)	13.71	14.60	15.86
矿物燃料、润滑油及有关原料	Mineral Fuels，Lubricants and Related Materials	16.71	13.07	15.08
动植物油、脂及蜡	Animal and Vegetable Oils，Fats and Waxes	0.45	0.52	0.54
二、工业制成品	**Manufactured Goods**	**64.88**	**66.75**	**63.66**
化学成品及有关产品	Chemicals and Related Products	10.52	10.33	9.83
按原料分类的制成品	Manufactured Goods Classified Chiefly by Material	6.74	8.17	7.85
机械及运输设备	Machinery and Transport Equipment	37.85	40.10	37.43
杂项制品	Miscellaneous Manufactured Articles	6.94	7.07	6.30
未分类的其他商品	Products Not Classified Elsewhere	2.83	1.08	2.25

6-17 按商品类章分出口商品金额

Value of Exports of Goods by HS Section and Division

商品分类	HS Section and Division	2020		2021	
		亿 元 人民币 RMB 100 million	亿美元 USD 100 million	亿 元 人民币 RMB 100 million	亿美元 USD 100 million
总　　额	**Total**	**179278.83**	**25899.52**	**217287.38**	**33630.23**
第一类　活动物；动物产品	**LIVE ANIMALS；ANIMAL PRODUCTS**	**998.73**	**144.24**	**972.58**	**150.50**
01章　活动物	Live animals	41.52	6.00	36.23	5.61
02章　肉及食用杂碎	Meat and edible meat offal	49.21	7.11	56.35	8.72
03章　鱼、甲壳动物、软体动物及其他水生无脊椎动物	Fish and crustaceans molluscs and other aquatic invertebrates	741.25	107.11	713.23	110.38
04章　乳品；蛋品；天然蜂蜜；其他食用动物产品	Dairy produce；birds' eggs；natural honey；edible products of animal origin，not elsewhere specified or included	39.97	5.76	40.17	6.22
05章　其他动物产品	Products of animal origin，not elsewhere specified or included	126.79	18.27	126.60	19.58
第二类　植物产品	**VEGETABLE PRODUCTS**	**1907.16**	**275.64**	**1819.41**	**281.60**
06章　活树及其他活植物；鳞茎、根及类似品；插花及装饰用簇叶	Live tree and other plants；bulbs，roots and the like; cut flowers and ornamental foliage	32.66	4.73	**36.77**	**5.69**
07章　食用蔬菜、根及块茎	Edible vegetables and certain roots and tubers	670.21	96.72	650.90	100.76
08章　食用水果及坚果；甜瓜或柑桔属水果的果皮	Edible fruit and nuts；peel of citrus fruit or melons	486.29	70.64	409.27	63.33
09章　咖啡、茶、马黛茶及调味香料	Coffee，tea，mate and spices	280.12	40.35	270.70	41.89
10章　谷物	Cereals	66.83	9.60	69.60	10.76
11章　制粉工业产品；麦芽；淀粉；菊粉；面筋	Products of the milling industry；malt；starches；inulin；wheat gluten	48.10	6.93	42.20	6.53
12章　含油子仁及果实；杂项子仁及果实；工业用或药用植物；稻草、秸秆及饲料	Oil seeds and oleaginous fruits；miscellaneous grains，seeds and fruit；industrial or medicinal plants；straw and fodder	198.55	28.75	190.87	29.55
13章　虫胶；树胶、树脂及其他植物液、汁	Lac；gums，resins and other vegetable saps and extracts	113.54	16.36	136.11	21.08
14章　编结用植物材料；其他植物产品	Vegetable plaiting materials；vegetable products not elsewhere specified or included	10.86	1.57	12.99	2.01
第三类　动、植物油、脂及其分解产品；精制的食用油脂；动、植物蜡	**ANIMAL OR VEGETABLE FATS AND OILS AND THEIR CLEAVAGE PRODUCTS；PREPARED EDIBLE FATS；ANIMAL OR VEGETABLE WAXES**	**100.15**	**14.39**	**152.84**	**23.65**
15章　动、植物油、脂及其分解产品；精制的食用油脂；动、植物蜡	Animal or vegetable fats and oils and their cleavage products；prepared edible fats；animal or vegetable waxes	100.15	14.39	152.84	23.65
第四类　食品；饮料、酒及醋；烟草、烟草及烟草代用品的制品	**PREPARED FOODSTUFFS；BEVERAGES, SPIRITS AND VINEGAR；TOBACCO AND MANUFACTURED TOBACCO SUBSTITUTES**	**2155.78**	**310.99**	**2383.13**	**368.87**
16章　肉、鱼、甲壳动物、软体动物及其他水生无脊椎动物的制品	Preparations of meat，of fish or of crustaceans，molluscs or other aquatic invertebrates	634.25	91.65	756.96	117.17
17章　糖及糖食	Sugars and sugar confectionery	117.96	17.03	124.76	19.31
18章　可可及可可制品	Cocoa and cocoa preparations	22.59	3.27	28.19	4.36
19章　谷物、粮食粉、淀粉或乳的制品；糕饼点心	Preparations of cereals，flour，starch or milk；pastry-cooks' products	139.36	20.10	151.51	23.45

6-17 续表 1 Continued 1

商品分类	HS Section and Division	2020		2021	
		亿 元 人民币 RMB 100 million	亿美元 USD 100 million	亿 元 人民币 RMB 100 million	亿美元 USD 100 million
20章 蔬菜、水果、坚果或植物其他部分的制品	Preparations of vegetables, fruit, nuts or other parts of plants	527.83	76.11	534.45	82.73
21章 杂项食品	Miscellaneous edible preparations	316.48	45.60	368.65	57.06
22章 饮料、酒及醋	Beverages, spirits and vinegar	140.51	20.23	134.61	20.85
23章 食品工业的残渣及废料；配制的动物饲料	Residues and waste from the food industries; prepared animal fodder	202.79	29.22	238.09	36.82
24章 烟草及烟草代用品的制品	Tobacco and manufactured tobacco substitutes	53.99	7.79	45.90	7.11
第五类 矿产品	**MINERAL PRODUCTS**	**2590.03**	**372.94**	**3320.26**	**512.74**
25章 盐；硫磺；泥土及石料；石膏料、石灰及水泥	Salt; sulphur; earths and stone; plastering materials, lime and cement	214.82	31.02	250.72	38.80
26章 矿砂、矿渣及矿灰	Ores, slag and ash	134.39	19.42	293.99	45.44
27章 矿物燃料、矿物油及其蒸馏产品；沥青物质；矿物蜡	Mineral fuels, mineral oils and products of their distillation; bituminous substances; mineral waxes	2240.83	322.49	2775.54	428.49
第六类 化学工业及其相关工业的产品	**PRODUCTS OF THE CHEMICAL OR INDUSTRIES ALLIED**	**9523.39**	**1374.28**	**13800.52**	**2136.37**
28章 无机化学品；贵金属、稀土金属、放射性元素及其同位素的有机及无机化合物	Inorganic chemicals; organic or inorganic compounds of precious metals, of rare- earth metals, of radioactive elements or of isotopes	1052.30	152.04	1524.02	236.01
29章 有机化学品	Organic chemicals	3948.67	569.54	5333.82	825.80
30章 药品	Pharmaceutical products	912.12	132.08	2490.13	385.53
31章 肥料	Fertilizers	455.62	65.67	741.76	114.72
32章 鞣料浸膏及染料浸膏；鞣酸及其衍生物；染料、颜料及其他着色料；油漆及清漆；油灰及其他类似胶粘剂；墨水、油墨	Tanning or dyeing extracts; tannins and their derivatives; dyes, pigments and other colouring matter; paints and varnishes; putty and other mastics; inks	542.45	78.32	674.78	104.44
33章 精油及香膏； 芳香料制品及化妆盥洗品	Essential oils and retinoid; perfumery, cosmetic or toilet preparations	359.93	51.88	406.39	62.90
34章 肥皂、有机表面活性剂、洗涤剂、润滑剂、人造蜡、调制蜡、光洁剂、蜡烛及类似品、塑型用膏、“牙科用蜡”及牙科用熟石膏制剂	Soap, organic surface-active agents, washing preparations, lubricating preparations, artificial waxes, prepared waxes, polishing or scouring preparations, candles and similar articles, modelling pastes, “dental waxes” and dental preparations with a basis of plast	364.09	52.52	378.74	58.60
35章 蛋白类物质；改性淀粉；胶；酶	Albuminoidal substances; modified starches; glues; enzymes	236.28	34.12	277.81	42.99
36章 炸药；烟火制品；火柴；引火合金；易燃材料制品	Explosives; pyrotechnic products; matches; pyrophoric alloys; certain combustible preparations	50.57	7.26	57.13	8.84
37章 照相及电影用品	Photographic or cinematographic goods	64.59	9.33	79.36	12.28
38章 杂项化学产品	Miscellaneous chemical products	1536.77	221.52	1836.59	284.27
第七类 塑料及其制品，橡胶及其制品	**PLASTICS AND ARTICLES THEREOF RUBBER AND ARTICLES THEREOF**	**8229.53**	**1189.09**	**10481.18**	**1621.95**
39章 塑料及其制品	Plastics and articles thereof	6670.43	963.78	8469.84	1310.67
40章 橡胶及其制品	Rubber and articles thereof	1559.11	225.31	2011.34	311.28
第八类 生皮、皮革、毛皮及其制品；鞍具及挽具；旅行用品、手提包及类似品；动物肠线(蚕胶丝除外)制品	**RAW HIDES AND SKINS, LEATHER, FUR SKINS AND ARTICLES THEREOF; SADDLERY AND HARNESS; TRAVEL GOODS, HANDBAGS AND SIMILAR CONTAINERS; ARTICLES OF ANIMAL GUT(OTHER THAN SILK-WORM GUT)**	**1839.46**	**266.05**	**2233.40**	**345.67**
41章 生皮(毛皮除外)及皮革	Raw hides and skins(other than fur skins) and leather	44.55	6.44	64.34	9.96

6-17 续表 2 Continued 2

商品分类	HS Section and Division	2020		2021	
		亿元人民币 RMB 100 million	亿美元 USD 100 million	亿元人民币 RMB 100 million	亿美元 USD 100 million
42章 皮革制品；鞍具及挽具；旅行用品、手提包及类似容器；动物肠线(蚕胶丝除外)制品	Articles of leather；saddlery and harness；travel goods，hand bags and similar containers；articles of animal gut (other than silk-worm gut)	1569.25	226.70	1992.58	308.40
43章 毛皮、人造毛皮及其制品	Fur skins and artificial fur；manufactures thereof	225.66	32.91	176.48	27.31
第九类 木及木制品；木炭；软木及软木制品；稻草，秸秆、针茅或其他编结材料制品；篮筐及柳条编结品	**WOOD AND ARTICLES OF WOOD；WOOD CHAR-COAL；CORK AND ARTICLES OF CORK；MANUFACTURES OF STRAW，OF ESPARTO OR OF OTHER PLAITING MATERIALS；BASKET WARE AND WICKERWORK**	**1054.64**	**152.27**	**1343.59**	**207.95**
44章 木及木制品；木炭	Wood and articles of wood；wood charcoal	937.86	135.41	1202.61	186.13
45章 软木及软木制品	Cork and articles of cork	1.96	0.28	2.60	0.40
46章 稻草、秸秆、针茅或其他编结材料制品；篮筐及柳条编结品	Manufactures of straw，of esparto or of other plaiting Materials；basket ware and wickerwork	114.82	16.58	138.38	21.42
第十类 木浆及其他纤维状纤维素浆；纸及纸板的废碎品；纸、纸板及其制品	**PULP OF WOOD OR OF OTHER FIBROUS CELLULOSIC MATERIAL；WASTE AND SCRAP OF PAPER OR PAPERBOARD；PAPER AND PAPERBOARD AND ARTICLES THEREOF**	**1697.26**	**244.85**	**1855.11**	**287.11**
47章 木浆及其他纤维状纤维素浆；纸及纸板的废碎品	Pulp of wood or of other fibrous cellulosic material；waste and scrap of paper or paperboard	7.98	1.15	12.23	1.89
48章 纸及纸板；纸浆、纸或纸板制品	Paper and paperboard；articles of paper pulp，of paper or paperboard	1447.40	208.81	1561.29	241.63
49章 书籍、报纸、印刷图画及其他印制品；手稿、打字稿及设计图纸	Printed books，newspapers，pictures and other products of the printing industry；manuscripts，typescripts and plans	241.88	34.89	281.59	43.58
第十一类 纺织原料及纺织制品	**TEXTILES AND TEXTILE ARTICLES**	**19481.32**	**2805.61**	**19690.21**	**3047.39**
50章 蚕丝	Silk	35.44	5.11	42.28	6.55
51章 羊毛、动物细毛或粗毛；马毛纱线及其机织物	Wool，fine or coarse animal hair；horsehair yarn and woven fabric	107.09	15.45	124.93	19.34
52章 棉花	Cotton	761.45	109.99	884.46	136.84
53章 其他植物纺织纤维；纸纱线及其机织物	Other vegetable textile fibres；paper yarn and woven fabrics of paper yarn	63.23	9.19	89.41	13.85
54章 化学纤维长丝	Man-made filaments	1258.58	181.91	1652.77	255.80
55章 化学纤维短纤	Man-made short fibres	696.58	100.61	836.10	129.38
56章 絮胎、毡呢及无纺织物；特种纱线；线、绳、索、缆及其制品	Wadding，felt and nonwoven；special yarns；twine，cordage，ropes and cables and articles thereof	566.29	81.70	540.24	83.58
57章 地毯及纺织材料的其他铺地制品	Carpets and other textile floor coverings	204.97	29.64	242.30	37.49
58章 特种机织物；簇绒织物；花边；装饰毯；装饰带；刺绣品	Special woven fabrics；tufted textile fabrics；lace；tapestries；trimmings；embroidery	283.18	40.93	364.63	56.43
59章 浸渍、涂布、包覆或层压的纺织物；工业用纺织制品	Impregnated，coated，covered or laminated textile fabrics；textile articles of a kind suitable for industrial use	464.79	67.12	600.64	92.95
60章 针织物及钩编织物	Knitted or crocheted fabrics	1126.52	162.69	1493.31	231.09
61章 针织或钩编的服装及衣着附件	Articles of apparel and clothing accessories，knitted or crocheted	4308.87	622.28	5585.24	864.61
62章 非针织或非钩编的服装及衣着附件	Articles of apparel and clothing accessories，not knitted or crocheted	4323.49	622.76	4528.18	700.96

商品分类	HS Section and Division	2020 亿元人民币 RMB 100 million	2020 亿美元 USD 100 million	2021 亿元人民币 RMB 100 million	2021 亿美元 USD 100 million
63章 其他纺织制成品；成套物品；旧衣着及旧纺织品；碎织物	Other made up textile articles；sets；worn clothing and worn textile articles；rags articles；rags	5280.86	756.25	2705.70	418.55
第十二类 鞋、帽、伞、杖、鞭及其零件；已加工的羽毛及其制品；人造花；人发制品	**FOOTWEAR，HEADGEAR，UMBRELLAS，SUN UMBRELLAS，WALKING-STICKS，SEAT-STICKS，WHIPS，RIDING-CROPS AND PARTS THEREOF；PREPARED FEATHERS AND ARTICLES MADE THEREWITH；ARTIFICIAL FLOWERS；ARTICLES OF HUMAN HAIR**	**3673.31**	**530.77**	**4734.08**	**732.68**
64章 鞋靴、护腿和类似品及其零件	Footwear，gaiters and the like；parts of such articles	2638.61	381.11	3338.73	516.74
65章 帽类及其零件	Headgear and parts thereof	278.98	40.26	359.64	55.65
66章 雨伞、阳伞、手杖、鞭子、马鞭及其零件	Umbrellas，sun umbrellas，walking-sticks，seat-sticks，whips，riding-crops and parts thereof	166.05	23.97	196.30	30.37
67章 已加工羽毛、羽绒及其制品；人造花；人发制品	Prepared feathers and down and articles made of feathers or of down；artificial flowers；articles of human hair	589.66	85.43	839.43	129.91
第十三类 石料、石膏、水泥、石棉、云母及类似材料的制品；陶瓷产品；玻璃及其制品	**ARTICLES OF STONE，PLASTER，CEMENT，ASBESTOS，MICA OR SIMILAR MATERIALS；CERAMIC PRODUCTS；GLASS AND GLASSWARE**	**3878.51**	**560.75**	**4430.48**	**685.65**
68章 石料、石膏、水泥、石棉、云母及类似材料的制品	Articles of stone，plaster，cement，asbestos，mica or similar materials；ceramic products；glass and glassware	873.61	126.21	906.00	140.21
69章 陶瓷产品	Ceramic products	1736.31	251.13	1983.37	306.95
70章 玻璃及其制品	Glass and glassware	1268.59	183.41	1541.11	238.48
第十四类 天然或养殖珍珠、宝石或半宝石、贵金属、包贵金属及其制品；仿首饰；硬币	**NATURAL OR CULTURED PEARLS，PRECIOUS OR SEMI-PRECIOUS STONES，PRECIOUS METALS，METALS CLAD WITH PRECIOUS METAL AND STONES，PRECIOUS METALS，METALS CLAD WITH PRECIOUS METAL AND ARTICLES THEREOF；IMITATION JEWELLERY；COIN**	**1268.23**	**184.39**	**1892.85**	**293.25**
71章 天然或养殖珍珠、宝石或半宝石、贵金属、包贵金属及其制品；仿首饰；硬币	Natural or cultured pearls，precious or semi-precious stones，precious metals，metals clad with precious metal and articles thereof；imitation jewellery；coin	1268.23	184.39	1892.85	293.25
第十五类 贱金属及其制品	**BASE METALS AND ARTICLES OF BASE METAL**	**12201.12**	**1762.05**	**17074.36**	**2642.81**
72章 钢铁	Iron and steel	2313.04	333.96	4322.03	669.10
73章 钢铁制品	Articles of iron or steel	4919.19	710.17	6170.78	955.02
74章 铜及其制品	Copper and articles thereof	427.02	61.72	676.58	104.74
75章 镍及其制品	Nickel and articles thereof	37.95	5.48	32.48	5.03
76章 铝及其制品	Aluminium and articles thereof	1702.60	245.90	2242.49	347.10
78章 铅及其制品	Lead and articles thereof	2.93	0.42	17.66	2.74
79章 锌及其制品	Zinc and articles thereof	16.77	2.42	14.42	2.23
80章 锡及其制品	Tin and articles thereof	8.76	1.27	32.17	4.98
81章 其他贱金属、金属陶瓷及其制品	Other base metals；cermets；articles thereof	189.50	27.36	320.42	49.67
82章 贱金属工具、器具、利口器、餐匙、餐叉及其零件	Tools，implements，cutlery，spoons and forks，of base metal；parts thereof of base metal	1188.24	171.64	1498.95	231.96
83章 贱金属杂项制品	Miscellaneous articles of base metal	1395.12	201.71	1746.40	270.24

6-17 续表 4 Continued 4

商品分类	HS Section and Division	2020		2021	
		亿元人民币 RMB 100 million	亿美元 USD 100 million	亿元人民币 RMB 100 million	亿美元 USD 100 million
第十六类 机器、机械器具、电气设备及其零件；录音机及放声机、电视图像、声音的录制和重放设备及其零件、附件	**MACHINERY AND MECHANICAL APPLIANCES；ELECTRICAL EQUIPMENT；PARTS THEREOF；SOUND RECORDERS AND REPRODUCERS，TELEVISION IMAGE AND SOUND RECORDERS AND REPRODUCERS；AND PARTS AND ACCESSORIES OF RECORDERS AND REPRODUCERS；AND PARTS AND ACCESSORIES OF SUCH ARTICLES**	**79542.14**	**11499.54**	**93424.88**	**14462.45**
84章 核反应堆、锅炉、机器、机械器具及其零件	Nuclear reactors，boilers，machinery and mechanical appliances；parts thereof	30475.56	4400.21	35379.31	5475.83
85章 电机、电气设备及其零件；录音机及放声机、电视图像、声音的录制和重放设备及其零件、附件	Electrical machinery and equipment and parts thereof；sound recorders and reproducers，television image and sound recorders and reproducers，and parts and accessories of such articles	49066.58	7099.33	58045.57	8986.62
第十七类 车辆、航空器、船舶及有关运输设备	**VEHICLES，AIRCRAFT，VESSELS AND ASSOCIATED TRANSPORT EQUIPMENT**	**7624.17**	**1102.09**	**11240.84**	**1739.32**
86章 铁道及电车道机车、车辆及其零件；铁道及电车轨道固定装置及其零件、附件；各种机械(包括电动机械)交通信号设备	Railway or tramway locomotives，rolling-stock and parts thereof；railway or tramway track fixtures and fittings and parts thereof；mechanical(including electro-mechanical) traffic signalling equipment of all kinds	674.84	97.87	1685.57	260.84
87章 车辆及其零件、附件，但铁道及电车道车辆除外	Vehicles other than railway or tramway rolling-stock，and parts and accessories thereof	5273.19	762.24	7755.53	1200.05
88章 航空器、航天器及其零件	Aircraft，spacecraft，and parts thereof	170.12	24.57	201.81	31.21
89章 船舶及浮动结构体	Ships，boats and floating structures	1506.02	217.40	1597.92	247.22
第十八类 光学、照相、电影、计量、检验、医疗或外科用仪器及设备、精密仪器及设备；钟表；乐器；上述物品的零件、附件	**OPTICAL，PHOTOGRAPHIC，CINEMATOGRAPHIC，MEASURING，CHECKING，PRECISION，MEDICAL OR SURGICAL INSTRUMENTS AND APPARATUS；CLOCKS AND WATCHES；MUSICAL INSTRUMENTS；PARTS AND ACCESSORIES THEREOF**	**5937.92**	**857.43**	**6751.06**	**1044.89**
90章 光学、照相、电影、计量、检验、医疗或外科用仪器及设备、精密仪器及设备；上述物品的零件、附件	Optical，photographic，cinematographic，measuring，checking，precision medical or surgical instruments and apparatus；parts and accessories thereof	5556.34	802.27	6298.37	974.81
91章 钟表及其零件	Clocks and watches and parts thereof	251.19	36.33	301.46	46.67
92章 乐器及其零件、附件	Musical instruments；parts and accessories of such articles	130.38	18.84	151.23	23.40
第十九类 武器、弹药及其零件、附件	**ARMS AND AMMUNITION；PARTS AND ACCESSORIES THEREOF**	**12.77**	**1.85**	**20.32**	**3.14**
93章 武器、弹药及其零件、附件	Arms and ammunition；parts and accessories thereof	12.77	1.85	20.32	3.14
第二十类 杂项制品	**MISCELLANEOUS MANUFACTURED ARTICLES**	**13791.82**	**1993.50**	**17094.23**	**2644.95**
94章 家具；寝具、褥垫、弹簧床垫、软坐垫及类似的填充制品；未列名灯具及照明装置；发光标志、发光名牌及类似品；活动房屋	Furniture；bedding，mattresses，mattress supports，cushions and similar stuffed furnishings；lamps and lighting fittings，not elsewhere specified or included；illuminated signs，illuminated	7564.75	1093.67	9015.19	1394.77
95章 玩具、游戏品、运动用品及其零件、附件	Toys，games and sports requisites；parts and accessories thereof	4948.74	715.24	6581.85	1018.49
96章 杂项制品	Miscellaneous manufactured articles	1278.34	184.59	1497.18	231.69
第二十一类 艺术品、收藏品及古物	**WORKS OF ART，COLLECTORS' PIECES AND ANTIQUES**	**46.90**	**6.84**	**157.54**	**24.45**
97章 艺术品、收藏品及古物	Works of art，collectors' pieces and antiques	46.90	6.84	157.54	24.45
第二十二类 特殊交易品及未分类商品	**COMMODITIES AND TRANSACTIONS NOT CLASSIFIED ACCORDING TO KIND**	**1724.51**	**249.96**	**2414.53**	**372.83**
98章 特殊交易品及未分类商品	Commodities and transactions not classified according to kind	1679.31	243.38	2259.34	348.81

6-18 按商品类章分进口商品金额

Value of Imports of Goods by HS Section and Division

商品分类	HS Section and Division	2020		2021	
		亿元人民币 RMB 100 million	亿美元 USD 100 million	亿元人民币 RMB 100 million	亿美元 USD 100 million
总　　额	**Total**	**142936.40**	**20659.62**	**173634.29**	**26871.43**
第一类　活动物；动物产品	**LIVE ANIMALS；ANIMAL PRODUCTS**	**3557.73**	**513.20**	**3689.89**	**570.76**
01章　活动物	Live animals	43.92	6.35	60.96	9.42
02章　肉及食用杂碎	Meat and edible meat offal	2099.26	302.69	2042.09	315.84
03章　鱼、甲壳动物、软体动物及其他水生无脊椎动物	Fish and crustaceans molluscs and other aquatic invertebrates			892.19	138.06
04章　乳品；蛋品；天然蜂蜜；其他食用动物产品	Dairy produce；birds' eggs；natural honey；edible products of animal origin，not elsewhere specified or included	504.32	72.89	626.90	96.95
05章　其他动物产品	Products of animal origin，not elsewhere specified or included	52.79	7.62	67.76	10.49
第二类　植物产品	**VEGETABLE PRODUCTS**	**4974.80**	**717.73**	**6687.66**	**1034.66**
06章　活树及其他活植物；鳞茎、根及类似品；插花及装饰用簇叶	Live tree and other plants；bulbs，roots and the like；cut flowers and ornamental foliage	16.83	2.44	15.80	2.44
07章　食用蔬菜、根及块茎	Edible vegetables and certain roots and tubers	135.59	19.57	184.63	28.55
08章　食用水果及坚果；甜瓜或柑桔属水果的果皮	Edible fruit and nuts；peel of citrus fruit or melons	838.86	120.98	1029.82	159.16
09章　咖啡、茶、马黛茶及调味香料	Coffee，tea，mate and spices	85.44	12.37	108.70	16.81
10章　谷物	Cereals	643.33	93.17	1291.12	199.66
11章　制粉工业产品；麦芽；淀粉；菊粉；面筋	Products of the milling industry；malt；starches；inulin；wheat gluten	99.60	14.40	126.50	19.58
12章　含油子仁及果实；杂项子仁及果实；工业用或药用植物；稻草、秸秆及饲料	Oil seeds and oleaginous fruits；miscellaneous grains，seeds and fruit；industrial or medicinal plants；straw and fodder	3120.50	449.81	3887.39	601.68
13章　虫胶；树胶、树脂及其他植物液、汁	Lac；gums，resins and other vegetable saps and extracts	25.72	3.71	30.18	4.67
14章　编结用植物材料；其他植物产品	Vegetable plaiting materials；vegetable products not elsewhere specified or included	8.92	1.29	13.53	2.09
第三类　动、植物油、脂及其分解产品；精制的食用油脂；动、植物蜡	**ANIMAL OR VEGETABLE FATS AND OILS AND THEIR CLEAVAGE PRODUCTS；PREPARED EDIBLE FATS；ANIMAL OR VEGETABLE WAXES**	**778.80**	**112.60**	**1032.43**	**159.69**
15章　动、植物油、脂及其分解产品；精制的食用油脂；动、植物蜡	Animal or vegetable fats and oils and their cleavage products；prepared edible fats；animal or vegetable waxes	778.80	112.60	1032.43	159.69
第四类　食品；饮料、酒及醋；烟草、烟草及烟草代用品的制品	**PREPARED FOODSTUFFS；BEVERAGES, SPIRITS AND VINEGAR；TOBACCO AND MANUFACTURED TOBACCO SUBSTITUTES**	**1932.37**	**279.49**	**2102.74**	**325.35**
16章　肉、鱼、甲壳动物、软体动物及其他水生无脊椎动物的制品	Preparations of meat，of fish or of crustaceans，molluscs or other aquatic invertebrates	24.73	3.59	25.38	3.93
17章　糖及糖食	Sugars and sugar confectionery	180.77	26.30	203.52	31.49
18章　可可及可可制品	Cocoa and cocoa preparations	54.16	7.88	67.46	10.45
19章　谷物、粮食粉、淀粉或乳的制品；糕饼点心	Preparations of cereals，flour，starch or milk；pastry-cooks' products	507.69	73.32	441.30	68.27

商品分类	HS Section and Division	2020		2021	
		亿 元 人民币 RMB 100 million	亿美元 USD 100 million	亿 元 人民币 RMB 100 million	亿美元 USD 100 million
20章 蔬菜、水果、坚果或植物其他部分的制品	Preparations of vegetables, fruit, nuts or other parts of plants	92.67	13.44	109.63	16.98
21章 杂项食品	Miscellaneous edible preparations	308.67	44.60	312.66	48.31
22章 饮料、酒及醋	Beverages, spirits and vinegar	350.50	50.80	427.12	66.11
23章 食品工业的残渣及废料；配制的动物饲料	Residues and waste from the food industries; prepared animal fodder	331.99	47.91	421.47	65.24
24章 烟草及烟草代用品的制品	Tobacco and manufactured tobacco substitutes	81.20	11.66	94.19	14.59
第五类 矿产品	**MINERAL PRODUCTS**	**32134.99**	**4641.73**	**44433.55**	**6877.62**
25章 盐；硫磺；泥土及石料；石膏料、石灰及水泥	Salt; sulphur; earths and stone; plastering materials, lime and cement	476.11	68.90	627.54	97.16
26章 矿砂、矿渣及矿灰	Ores, slag and ash	12945.57	1871.93	17623.93	2726.13
27章 矿物燃料、矿物油及其蒸馏产品；沥青物质；矿物蜡	Mineral fuels, mineral oils and products of their distillation; bituminous substances; mineral waxes	18713.30	2700.90	26182.07	4054.33
第六类 化学工业及其相关工业的产品	**PRODUCTS OF THE CHEMICAL OR INDUSTRIES ALLIED**	**10432.11**	**1506.11**	**12278.41**	**1900.00**
28章 无机化学品；贵金属、稀土金属、放射性元素及其同位素的有机及无机化合物	Inorganic chemicals; organic or inorganic compounds of precious metals, of rare- earth metals, of radioactive elements or of isotopes	762.80	110.21	962.37	148.98
29章 有机化学品	Organic chemicals	3164.02	456.41	3890.55	602.15
30章 药品	Pharmaceutical products	2422.17	349.15	2703.77	418.63
31章 肥料	Fertilizers	201.59	29.06	178.72	27.65
32章 鞣料浸膏及染料浸膏；鞣酸及其衍生物；染料、颜料及其他着色料；油漆及清漆；油灰及其他类似胶粘剂；墨水、油墨	Tanning or dyeing extracts; tannins and their derivatives; dyes, pigments and other colouring matter; paints and varnishes; putty and other mastics; inks	333.55	48.26	390.40	60.39
33章 精油及香膏；芳香料制品及化妆盥洗品	Essential oils and retinoid; perfumery, cosmetic or toilet preparations	1416.31	204.77	1558.50	240.84
34章 肥皂、有机表面活性剂、洗涤剂、润滑剂、人造蜡、调制蜡、光洁剂、蜡烛及类似品、塑型用膏、“牙科用蜡”及牙科用熟石膏制剂	Soap, organic surface-active agents, washing preparations, lubricating preparations, artificial waxes, prepared waxes, polishing or scouring preparations, candles and similar articles, modelling pastes, “dental waxes” and dental preparations with a basis of plast	348.27	50.40	480.62	74.35
35章 蛋白类物质；改性淀粉；胶；酶	Albuminoidal substances; modified starches; glues; enzymes	271.44	39.23	307.48	47.58
36章 炸药；烟火制品；火柴；引火合金；易燃材料制品	Explosives; pyrotechnic products; matches; pyrophoric alloys; certain combustible preparations	6.42	0.93	7.30	1.13
37章 照相及电影用品	Photographic or cinematographic goods	200.67	28.98	234.70	36.28
38章 杂项化学产品	Miscellaneous chemical products	1304.87	188.68	1564.00	242.01
第七类 塑料及其制品，橡胶及其制品	**PLASTICS AND ARTICLES THEREOF RUBBER AND ARTICLES THEREOF**	**6031.58**	**872.15**	**6556.10**	**1014.51**
39章 塑料及其制品	Plastics and articles thereof	4917.26	710.85	5353.28	828.37
40章 橡胶及其制品	Rubber and articles thereof	1114.32	161.30	1202.82	186.14
第八类 生皮、皮革、毛皮及其制品；鞍具及挽具；旅行用品、手提包及类似品；动物肠线(蚕胶丝除外)制品	**RAW HIDES AND SKINS, LEATHER, FUR SKINS AND ARTICLES THEREOF; SADDLERY AND HARNESS; TRAVEL GOODS, HANDBAGS AND SIMILAR CONTAINERS; ARTICLES OF ANIMAL GUT(OTHER THAN SILK-WORM GUT)**	**558.36**	**80.87**	**757.26**	**117.11**
41章 生皮(毛皮除外)及皮革	Raw hides and skins(other than fur skins) and leather	188.44	27.28	244.51	37.86

商品分类	HS Section and Division	2020		2021	
		亿 元 人民币 RMB 100 million	亿美元 USD 100 million	亿 元 人民币 RMB 100 million	亿美元 USD 100 million
42章 皮革制品；鞍具及挽具；旅行用品、手提包及类似容器；动物肠线(蚕胶丝除外)制品	Articles of leather；saddlery and harness；travel goods, hand bags and similar containers；articles of animal gut (other than silk-worm gut)	332.70	48.16	451.63	69.78
43章 毛皮、人造毛皮及其制品	Fur skins and artificial fur；manufactures thereof	37.22	5.44	61.12	9.47
第九类 木及木制品；木炭；软木及软木制品；稻草，秸秆、针茅或其他编结材料制品；篮筐及柳条编结品	**WOOD AND ARTICLES OF WOOD；WOOD CHAR-COAL；CORK AND ARTICLES OF CORK；MANUFACTURES OF STRAW，OF ESPARTO OR OF OTHER PLAITING MATERIALS；BASKET WARE AND WICKERWORK**	**1402.83**	**202.42**	**1570.78**	**243.08**
44章 木及木制品；木炭	Wood and articles of wood；wood charcoal	1399.28	201.90	1566.39	242.41
45章 软木及软木制品	Cork and articles of cork	2.42	0.35	3.11	0.48
46章 稻草、秸秆、针茅或其他编结材料制品；篮筐及柳条编结品	Manufactures of straw，of esparto or of other plaiting Materials；basket ware and wickerwork	1.13	0.16	1.27	0.20
第十类 木浆及其他纤维状纤维素浆；纸及纸板的废碎品；纸、纸板及其制品	**PULP OF WOOD OR OF OTHER FIBROUS CELLULOSIC MATERIAL；WASTE AND SCRAP OF PAPER OR PAPERBOARD；PAPER AND PAPERBOARD AND ARTICLES THEREOF**	**1828.21**	**264.02**	**2028.40**	**313.86**
47章 木浆及其他纤维状纤维素浆；纸及纸板的废碎品	Pulp of wood or of other fibrous cellulosic material；waste and scrap of paper or paperboard	1168.17	168.60	1304.85	201.88
48章 纸及纸板；纸浆、纸或纸板制品	Paper and paperboard；articles of paper pulp，of paper or paperboard	507.37	73.36	570.41	88.28
49章 书籍、报纸、印刷图画及其他印制品；手稿、打字稿及设计图纸	Printed books，newspapers，pictures and other products of the printing industry；manuscripts，typescripts and plans	152.68	22.07	153.14	23.69
第十一类 纺织原料及纺织制品	**TEXTILES AND TEXTILE ARTICLES**	**2028.75**	**293.41**	**2293.33**	**354.68**
50章 蚕丝	Silk	3.33	0.48	5.94	0.92
51章 羊毛、动物细毛或粗毛；马毛纱线及其机织物	Wool，fine or coarse animal hair；horsehair yarn and woven fabric	159.01	22.93	206.73	32.00
52章 棉花	Cotton	571.39	82.79	684.76	105.89
53章 其他植物纺织纤维；纸纱线及其机织物	Other vegetable textile fibres；paper yarn and woven fabrics of paper yarn	56.07	8.11	66.12	10.23
54章 化学纤维长丝	Man-made filaments	153.11	22.16	178.62	27.65
55章 化学纤维短纤	Man-made short fibres	112.66	16.27	116.47	18.03
56章 絮胎、毡呢及无纺织物；特种纱线；线、绳、索、缆及其制品	Wadding，felt and nonwoven；special yarns；twine，cordage，ropes and cables and articles thereof	102.89	14.85	94.44	14.61
57章 地毯及纺织材料的其他铺地制品	Carpets and other textile floor coverings	5.50	0.79	7.05	1.09
58章 特种机织物；簇绒织物；花边；装饰毯；装饰带；刺绣品	Special woven fabrics；tufted textile fabrics；lace；tapestries；trimmings；embroidery	22.79	3.30	25.90	4.01
59章 浸渍、涂布、包覆或层压的纺织物；工业用纺织制品	Impregnated，coated，covered or laminated textile fabrics；textile articles of a kind suitable for industrial use	101.42	14.67	107.61	16.65
60章 针织物及钩编织物	Knitted or crocheted fabrics	70.39	10.18	74.08	11.47
61章 针织或钩编的服装及衣着附件	Articles of apparel and clothing accessories，knitted or crocheted	243.19	35.14	301.97	46.63
62章 非针织或非钩编的服装及衣着附件	Articles of apparel and clothing accessories，not knitted or crocheted	328.12	47.45	392.72	60.72

商品分类	HS Section and Division	2020		2021	
		亿 元 人民币 RMB 100 million	亿美元 USD 100 million	亿 元 人民币 RMB 100 million	亿美元 USD 100 million
63章 其他纺织制成品；成套物品；旧衣着及旧纺织品；碎织物	Other made up textile articles；sets；worn clothing and worn textile articles；rags articles；rags	98.88	14.29	30.91	4.78
第十二类 鞋、帽、伞、杖、鞭及其零件；已加工的羽毛及其制品；人造花；人发制品	**FOOTWEAR，HEADGEAR，UMBRELLAS，SUN UMBRELLAS，WALKING-STICKS，SEAT-STICKS，WHIPS，RIDING-CROPS AND PARTS THEREOF；PREPARED FEATHERS AND ARTICLES MADE THEREWITH；ARTIFICIAL FLOWERS；ARTICLES OF HUMAN HAIR**	**449.54**	**64.88**	**499.01**	**77.06**
64章 鞋靴、护腿和类似品及其零件	Footwear，gaiters and the like；parts of such articles	414.06	59.72	418.42	64.58
65章 帽类及其零件	Headgear and parts thereof	13.15	1.91	18.05	2.79
66章 雨伞、阳伞、手杖、鞭子、马鞭及其零件	Umbrellas，sun umbrellas，walking-sticks，seat-sticks，whips，riding-crops and parts thereof	0.62	0.09	0.72	0.11
67章 已加工羽毛、羽绒及其制品；人造花；人发制品	Prepared feathers and down and articles made of feathers or of down；artificial flowers；articles of human hair	21.72	3.15	61.83	9.58
第十三类 石料、石膏、水泥、石棉、云母及类似材料的制品；陶瓷产品；玻璃及其制品	**ARTICLES OF STONE，PLASTER，CEMENT，ASBESTOS，MICA OR SIMILAR MATERIALS；CERAMIC PRODUCTS；GLASS AND GLASSWARE**	**763.33**	**110.36**	**823.43**	**127.35**
68章 石料、石膏、水泥、石棉、云母及类似材料的制品	Articles of stone，plaster，cement，asbestos，mica or similar materials；ceramic products；glass and glassware	126.66	18.34	147.07	22.76
69章 陶瓷产品	Ceramic products	92.98	13.46	122.81	19.00
70章 玻璃及其制品	Glass and glassware	543.68	78.56	553.55	85.60
第十四类 天然或养殖珍珠、宝石或半宝石、贵金属、包贵金属及其制品；仿首饰；硬币	**NATURAL OR CULTURED PEARLS，PRECIOUS OR SEMI-PRECIOUS STONES，PRECIOUS METALS，METALS CLAD WITH PRECIOUS METAL AND STONES，PRECIOUS METALS，METALS CLAD WITH PRECIOUS METAL AND ARTICLES THEREOF；IMITATION JEWELLERY；COIN**	**2191.51**	**317.35**	**4998.25**	**774.18**
71章 天然或养殖珍珠、宝石或半宝石、贵金属、包贵金属及其制品；仿首饰；硬币	Natural or cultured pearls，precious or semi-precious stones，precious metals，metals clad with precious metal and articles thereof；imitation jewellery；coin	2191.51	317.35	4998.25	774.18
第十五类 贱金属及其制品	**BASE METALS AND ARTICLES OF BASE METAL**	**8205.46**	**1186.11**	**10018.65**	**1550.94**
72章 钢铁	Iron and steel	2553.95	369.01	2813.58	435.48
73章 钢铁制品	Articles of iron or steel	655.38	94.77	689.25	106.58
74章 铜及其制品	Copper and articles thereof	3383.93	489.14	4269.97	661.14
75章 镍及其制品	Nickel and articles thereof	295.33	42.74	552.13	85.52
76章 铝及其制品	Aluminium and articles thereof	564.09	81.48	806.45	124.88
78章 铅及其制品	Lead and articles thereof	8.38	1.21	7.40	1.15
79章 锌及其制品	Zinc and articles thereof	137.64	19.97	108.95	16.85
80章 锡及其制品	Tin and articles thereof	28.46	4.11	18.38	2.84
81章 其他贱金属、金属陶瓷及其制品	Other base metals；cermets；articles thereof	237.02	34.35	383.23	59.35
82章 贱金属工具、器具、利口器、餐匙、餐叉及其零件	Tools，implements，cutlery，spoons and forks，of base metal；parts thereof of base metal	215.78	31.18	224.24	34.69
83章 贱金属杂项制品	Miscellaneous articles of base metal	125.50	18.17	145.08	22.45

6-18 续表 4 Continued 4

商品分类	HS Section and Division	2020		2021	
		亿元人民币 RMB 100 million	亿美元 USD 100 million	亿元人民币 RMB 100 million	亿美元 USD 100 million
第十六类 机器、机械器具、电气设备及其零件；录音机及放声机、电视图像、声音的录制和重放设备及其零件、附件	**MACHINERY AND MECHANICAL APPLIANCES; ELECTRICAL EQUIPMENT; PARTS THEREOF; SOUND RECORDERS AND REPRODUCERS, TELEVISION IMAGE AND SOUND RECORDERS AND REPRODUCERS; AND PARTS AND ACCESSORIES OF RECORDERS AND REPRODUCERS; AND PARTS AND ACCESSORIES OF SUCH ARTICLES**	**51191.73**	**7404.67**	**58143.08**	**8999.73**
84章 核反应堆、锅炉、机器、机械器具及其零件	Nuclear reactors, boilers, machinery and mechanical appliances; parts thereof	13287.31	1920.47	14956.68	2313.82
85章 电机、电气设备及其零件；录音机及放声机、电视图像、声音的录制和重放设备及其零件、附件	Electrical machinery and equipment and parts thereof; sound recorders and reproducers, television image and sound recorders and reproducers, and parts and accessories of such articles	37904.41	5484.20	43186.40	6685.91
第十七类 车辆、航空器、船舶及有关运输设备	**VEHICLES, AIRCRAFT, VESSELS AND ASSOCIATED TRANSPORT EQUIPMENT**	**5993.72**	**865.81**	**6710.84**	**1037.23**
86章 铁道及电车道机车、车辆及其零件；铁道及电车轨道固定装置及其零件、附件；各种机械(包括电动机械)交通信号设备	Railway or tramway locomotives, rolling-stock and parts thereof; railway or tramway track fixtures and fittings and parts thereof; mechanical(including electro-mechanical) traffic signalling equipment of all kinds	49.70	7.17	37.95	5.87
87章 车辆及其零件、附件，但铁道及电车道车辆除外	Vehicles other than railway or tramway rolling-stock, and parts and accessories thereof	5130.28	739.85	5591.23	863.85
88章 航空器、航天器及其零件	Aircraft, spacecraft, and parts thereof	640.81	94.01	840.70	130.18
89章 船舶及浮动结构体	Ships, boats and floating structures	172.93	24.77	240.95	37.32
第十八类 光学、照相、电影、计量、检验、医疗或外科用仪器及设备、精密仪器及设备；钟表；乐器；上述物品的零件、附件	**OPTICAL, PHOTOGRAPHIC, CINEMATOGRAPHIC, MEASURING, CHECKING, PRECISION, MEDICAL OR SURGICAL INSTRUMENTS AND APPARATUS; CLOCKS AND WATCHES; MUSICAL INSTRUMENTS; PARTS AND ACCESSORIES THEREOF**	**7187.82**	**1039.80**	**7460.03**	**1154.57**
90章 光学、照相、电影、计量、检验、医疗或外科用仪器及设备、精密仪器及设备；上述物品的零件、附件	Optical, photographic, cinematographic, measuring, checking, precision medical or surgical instruments and apparatus; parts and accessories thereof	6849.03	990.67	7050.57	1091.29
91章 钟表及其零件	Clocks and watches and parts thereof	308.22	44.69	372.52	57.56
92章 乐器及其零件、附件	Musical instruments; parts and accessories of such articles	30.56	4.44	36.94	5.72
第十九类 武器、弹药及其零件、附件	**ARMS AND AMMUNITION; PARTS AND ACCESSORIES THEREOF**	**0.74**	**0.11**	**0.49**	**0.08**
93章 武器、弹药及其零件、附件	Arms and ammunition; parts and accessories thereof	0.74	0.11	0.49	0.08
第二十类 杂项制品	**MISCELLANEOUS MANUFACTURED ARTICLES**	**491.10**	**71.04**	**532.40**	**82.35**
94章 家具；寝具、褥垫、弹簧床垫、软坐垫及类似的填充制品；未列名灯具及照明装置；发光标志、发光名牌及类似品；活动房屋	Furniture; bedding, mattresses, mattress supports, cushions and similar stuffed furnishings; lamps and lighting fittings, not elsewhere specified or included; illuminated signs, illuminated	200.28	29.00	206.83	32.01
95章 玩具、游戏品、运动用品及其零件、附件	Toys, games and sports requisites; parts and accessories thereof	159.27	23.05	193.10	29.86
96章 杂项制品	Miscellaneous manufactured articles	131.56	18.99	132.47	20.48
第二十一类 艺术品、收藏品及古物	**WORKS OF ART, COLLECTORS' PIECES AND ANTIQUES**	**45.97**	**6.69**	**163.55**	**25.31**
97章 艺术品、收藏品及古物	Works of art, collectors' pieces and antiques	45.97	6.69	163.55	25.31
第二十二类 特殊交易品及未分类商品	**COMMODITIES AND TRANSACTIONS NOT CLASSIFIED ACCORDING TO KIND**	**754.96**	**109.07**	**854.00**	**131.31**
98章 特殊交易品及未分类商品	Commodities and transactions not classified according to kind	754.96	109.07	854.00	131.31

6-19 按商品类章分一般贸易进出口金额(2021年)

Value of Imports and Exports in Ordinary by HS(2021)

商品分类	HS Section and Division	出口 Exports 亿元人民币 RMB 100 million	出口 Exports 亿美元 USD 100 million	进口 Imports 亿元人民币 RMB 100 million	进口 Imports 亿美元 USD 100 million
总　　额	**Total**	**132418.98**	**20494.26**	**108356.77**	**16764.05**
第一类　活动物；动物产品	**LIVE ANIMALS；ANIMAL PRODUCTS**	**720.63**	**111.53**	**3283.15**	**507.80**
01章　活动物	Live animals	36.23	5.61	60.92	9.42
02章　肉及食用杂碎	Meat and edible meat offal	55.75	8.63	1906.49	294.84
03章　鱼、甲壳动物、软体动物及其他水生无脊椎动物	Fish and crustaceans molluscs and other aquatic invertebrates	490.42	75.91	694.69	107.50
04章　乳品；蛋品；天然蜂蜜；其他食用动物产品	Dairy produce；birds' eggs；natural honey；edible products of animal origin，not elsewhere specified or included	38.34	5.93	573.41	88.67
05章　其他动物产品	Products of animal origin，not elsewhere specified or included	99.90	15.45	47.64	7.38
第二类　植物产品	**VEGETABLE PRODUCTS**	**1643.62**	**254.38**	**6045.28**	**935.20**
06章　活树及其他活植物；鳞茎、根及类似品；插花及装饰用簇叶	Live tree and other plants；bulbs，roots and the like; cut flowers and ornamental foliage	36.07	5.58	15.77	2.44
07章　食用蔬菜、根及块茎	Edible vegetables and certain roots and tubers	581.80	90.07	178.21	27.56
08章　食用水果及坚果；甜瓜或柑桔属水果的果皮	Edible fruit and nuts；peel of citrus fruit or melons	373.05	57.72	900.98	139.19
09章　咖啡、茶、马黛茶及调味香料	Coffee，tea，mate and spices	235.00	36.36	85.04	13.15
10章　谷物	Cereals	66.26	10.24	1112.49	172.01
11章　制粉工业产品；麦芽；淀粉；菊粉；面筋	Products of the milling industry；malt；starches；inulin；wheat gluten	33.35	5.16	120.01	18.57
12章　含油子仁及果实；杂项子仁及果实；工业用或药用植物；稻草、秸秆及饲料	Oil seeds and oleaginous fruits；miscellaneous grains，seeds and fruit；industrial or medicinal plants；straw and fodder	184.28	28.53	3593.50	556.20
13章　虫胶；树胶、树脂及其他植物液、汁	Lac；gums，resins and other vegetable saps and extracts	121.69	18.84	26.77	4.14
14章　编结用植物材料；其他植物产品	Vegetable plaiting materials；vegetable products not elsewhere specified or included	12.14	1.88	12.50	1.94
第三类　动、植物油、脂及其分解产品；精制的食用油脂；动、植物蜡	**ANIMAL OR VEGETABLE FATS AND OILS AND THEIR CLEAVAGE PRODUCTS；PREPARED EDIBLE FATS；ANIMAL OR VEGETABLE WAXES**	**108.86**	**16.85**	**941.95**	**145.69**
15章　动、植物油、脂及其分解产品；精制的食用油脂；动、植物蜡	Animal or vegetable fats and oils and their cleavage products；prepared edible fats；animal or vegetable waxes	108.86	16.85	941.95	145.69
第四类　食品；饮料、酒及醋；烟草、烟草及烟草代用品的制品	**PREPARED FOODSTUFFS；BEVERAGES, SPIRITS AND VINEGAR; TOBACCO AND MANUFACTURED TOBACCO SUBSTITUTES**	**2064.53**	**319.58**	**1617.06**	**250.12**
16章　肉、鱼、甲壳动物、软体动物及其他水生无脊椎动物的制品	Preparations of meat，of fish or of crustaceans，molluscs or other aquatic invertebrates	681.81	105.54	20.29	3.14
17章　糖及糖食	Sugars and sugar confectionery	103.76	16.06	127.19	19.68
18章　可可及可可制品	Cocoa and cocoa preparations	17.12	2.65	51.76	8.01
19章　谷物、粮食粉、淀粉或乳的制品；糕饼点心	Preparations of cereals，flour，starch or milk；pastry-cooks' products	115.56	17.89	353.23	54.63

商品分类		HS Section and Division	出口 Exports		进口 Imports	
			亿元人民币 RMB 100 million	亿美元 USD 100 million	亿元人民币 RMB 100 million	亿美元 USD 100 million
20章	蔬菜、水果、坚果或植物其他部分的制品	Preparations of vegetables, fruit, nuts or other parts of plants	472.48	73.14	92.28	14.29
21章	杂项食品	Miscellaneous edible preparations	317.88	49.20	279.24	43.13
22章	饮料、酒及醋	Beverages, spirits and vinegar	113.81	17.63	207.20	32.03
23章	食品工业的残渣及废料；配制的动物饲料	Residues and waste from the food industries; prepared animal fodder	203.16	31.43	405.66	62.79
24章	烟草及烟草代用品的制品	Tobacco and manufactured tobacco substitutes	38.95	6.03	80.20	12.42
第五类	**矿产品**	**MINERAL PRODUCTS**	**2050.62**	**316.45**	**36389.04**	**5632.02**
25章	盐；硫磺；泥土及石料；石膏料、石灰及水泥	Salt; sulphur; earths and stone; plastering materials, lime and cement	238.11	36.85	602.97	93.36
26章	矿砂、矿渣及矿灰	Ores, slag and ash	21.64	3.35	14485.40	2240.32
27章	矿物燃料、矿物油及其蒸馏产品；沥青物质；矿物蜡	Mineral fuels, mineral oils and products of their distillation; bituminous substances; mineral waxes	1790.86	276.24	21300.68	3298.35
第六类	**化学工业及其相关工业的产品**	**PRODUCTS OF THE CHEMICAL OR INDUSTRIES ALLIED**	**12130.75**	**1877.90**	**7673.33**	**1186.89**
28章	无机化学品；贵金属、稀土金属、放射性元素及其同位素的有机及无机化合物	Inorganic chemicals; organic or inorganic compounds of precious metals, of rare- earth metals, of radioactive elements or of isotopes	1384.87	214.46	710.96	110.04
29章	有机化学品	Organic chemicals	4778.17	739.77	2899.49	448.73
30章	药品	Pharmaceutical products	2066.46	319.94	987.88	152.77
31章	肥料	Fertilizers	700.20	108.29	130.12	20.13
32章	鞣料浸膏及染料浸膏；鞣酸及其衍生物；染料、颜料及其他着色料；油漆及清漆；油灰及其他类似胶粘剂；墨水、油墨	Tanning or dyeing extracts; tannins and their derivatives; dyes, pigments and other colouring matter; paints and varnishes; putty and other mastics; inks	614.70	95.14	301.98	46.70
33章	精油及香膏；芳香料制品及化妆盥洗品	Essential oils and retinoid; perfumery, cosmetic or toilet preparations	286.84	44.40	806.47	124.43
34章	肥皂、有机表面活性剂、洗涤剂、润滑剂、人造蜡、调制蜡、光洁剂、蜡烛及类似品、塑型用膏、"牙科用蜡"及牙科用熟石膏制剂	Soap, organic surface-active agents, washing preparations, lubricating preparations, artificial waxes, prepared waxes, polishing or scouring preparations, candles and similar articles, modelling pastes, "dental waxes" and dental preparations with a basis of plast	298.15	46.14	376.41	58.23
35章	蛋白类物质；改性淀粉；胶；酶	Albuminoidal substances; modified starches; glues; enzymes	239.57	37.08	218.62	33.82
36章	炸药；烟火制品；火柴；引火合金；易燃材料制品	Explosives; pyrotechnic products; matches; pyrophoric alloys; certain combustible preparations	56.46	8.74	5.62	0.87
37章	照相及电影用品	Photographic or cinematographic goods	59.20	9.16	145.53	22.48
38章	杂项化学产品	Miscellaneous chemical products	1646.13	254.78	1090.24	168.69
第七类	**塑料及其制品，橡胶及其制品**	**PLASTICS AND ARTICLES THEREOF RUBBER AND ARTICLES THEREOF**	**6970.57**	**1078.79**	**4467.68**	**691.17**
39章	塑料及其制品	Plastics and articles thereof	5931.34	917.97	3661.59	566.47
40章	橡胶及其制品	Rubber and articles thereof	1039.24	160.82	806.09	124.71
第八类	**生皮、皮革、毛皮及其制品；鞍具及挽具；旅行用品、手提包及类似品；动物肠线(蚕胶丝除外)制品**	**RAW HIDES AND SKINS, LEATHER, FUR SKINS AND ARTICLES THEREOF; SADDLERY AND HARNESS; TRAVEL GOODS, HANDBAGS AND SIMILAR CONTAINERS; ARTICLES OF ANIMAL GUT(OTHER THAN SILK-WORM GUT)**	**1657.27**	**256.55**	**553.92**	**85.62**
41章	生皮(毛皮除外)及皮革	Raw hides and skins(other than fur skins) and leather	20.21	3.13	131.73	20.39

商品分类		HS Section and Division	出口 Exports		进口 Imports	
			亿元人民币 RMB 100 million	亿美元 USD 100 million	亿元人民币 RMB 100 million	亿美元 USD 100 million
42章	皮革制品；鞍具及挽具；旅行用品、手提包及类似容器；动物肠线(蚕胶丝除外)制品	Articles of leather；saddlery and harness；travel goods, hand bags and similar containers；articles of animal gut (other than silk-worm gut)	1476.72	228.61	364.62	56.31
43章	毛皮、人造毛皮及其制品	Fur skins and artificial fur；manufactures thereof	160.34	24.82	57.57	8.92
第九类	**木及木制品；木炭；软木及软木制品；稻草，秸秆、针茅或其他编结材料制品；篮筐及柳条编结品**	**WOOD AND ARTICLES OF WOOD；WOOD CHAR-COAL；CORK AND ARTICLES OF CORK；MANUFACTURES OF STRAW，OF ESPARTO OR OF OTHER PLAITING MATERIALS；BASKET WARE AND WICKERWORK**	**1208.56**	**187.06**	**1374.76**	**212.75**
44章	木及木制品；木炭	Wood and articles of wood；wood charcoal	1075.56	166.47	1371.35	212.22
45章	软木及软木制品	Cork and articles of cork	2.41	0.37	2.68	0.41
46章	稻草、秸秆、针茅或其他编结材料制品；篮筐及柳条编结品	Manufactures of straw，of esparto or of other plaiting Materials；basket ware and wickerwork	130.60	20.22	0.73	0.11
第十类	**木浆及其他纤维状纤维素浆；纸及纸板的废碎品；纸、纸板及其制品**	**PULP OF WOOD OR OF OTHER FIBROUS CELLULOSIC MATERIAL；WASTE AND SCRAP OF PAPER OR PAPERBOARD；PAPER AND PAPERBOARD AND ARTICLES THEREOF**	**1215.13**	**188.09**	**1635.56**	**253.04**
47章	木浆及其他纤维状纤维素浆；纸及纸板的废碎品	Pulp of wood or of other fibrous cellulosic material；waste and scrap of paper or paperboard	8.11	1.26	1033.71	159.89
48章	纸及纸板；纸浆、纸或纸板制品	Paper and paperboard；articles of paper pulp，of paper or paperboard	1036.17	160.39	489.58	75.77
49章	书籍、报纸、印刷图画及其他印制品；手稿、打字稿及设计图纸	Printed books，newspapers，pictures and other products of the printing industry；manuscripts，typescripts and plans	170.85	26.44	112.27	17.37
第十一类	**纺织原料及纺织制品**	**TEXTILES AND TEXTILE ARTICLES**	**16229.65**	**2511.96**	**1555.34**	**240.47**
50章	蚕丝	Silk	41.52	6.43	4.65	0.72
51章	羊毛、动物细毛或粗毛；马毛纱线及其机织物	Wool，fine or coarse animal hair；horsehair yarn and woven fabric	93.62	14.49	154.79	23.95
52章	棉花	Cotton	786.42	121.67	432.06	66.81
53章	其他植物纺织纤维；纸纱线及其机织物	Other vegetable textile fibres；paper yarn and woven fabrics of paper yarn	85.13	13.18	51.33	7.94
54章	化学纤维长丝	Man-made filaments	1499.63	232.11	107.21	16.60
55章	化学纤维短纤	Man-made short fibres	737.92	114.21	65.35	10.12
56章	絮胎、毡呢及无纺织物；特种纱线；线、绳、索、缆及其制品	Wadding，felt and nonwoven；special yarns；twine，cordage，ropes and cables and articles thereof	450.72	69.73	61.62	9.53
57章	地毯及纺织材料的其他铺地制品	Carpets and other textile floor coverings	200.39	31.01	3.70	0.57
58章	特种机织物；簇绒织物；花边；装饰毯；装饰带；刺绣品	Special woven fabrics；tufted textile fabrics；lace；tapestries；trimmings；embroidery	311.23	48.17	10.54	1.63
59章	浸渍、涂布、包覆或层压的纺织物；工业用纺织制品	Impregnated，coated，covered or laminated textile fabrics；textile articles of a kind suitable for industrial use	523.98	81.09	60.46	9.35
60章	针织物及钩编织物	Knitted or crocheted fabrics	1257.39	194.59	22.21	3.44
61章	针织或钩编的服装及衣着附件	Articles of apparel and clothing accessories，Knitted or crocheted	4506.10	697.64	248.46	38.34
62章	非针织或非钩编的服装及衣着附件	Articles of apparel and clothing accessories，not knitted or crocheted	3436.87	532.06	318.67	49.25

商品分类	HS Section and Division	出口 Exports		进口 Imports	
		亿元人民币 RMB 100 million	亿美元 USD 100 million	亿元人民币 RMB 100 million	亿美元 USD 100 million
63章 其他纺织制成品；成套物品；旧衣着及旧纺织品；碎织物	Other made up textile articles；sets；worn clothing and worn textile articles；rags articles；rags	2298.72	355.59	14.30	2.21
第十二类 鞋、帽、伞、杖、鞭及其零件；已加工的羽毛及其制品；人造花；人发制品	**FOOTWEAR，HEADGEAR，UMBRELLAS，SUN UMBRELLAS，WALKING-STICKS，SEAT-STICKS，WHIPS，RIDING-CROPS AND PARTS THEREOF；PREPARED FEATHERS AND ARTICLES MADE THEREWITH；ARTIFICIAL FLOWERS；ARTICLES OF HUMAN HAIR**	**3304.94**	**511.57**	**412.73**	**63.70**
64章 鞋靴、护腿和类似品及其零件	Footwear，gaiters and the like；parts of such articles	2269.34	351.28	373.58	57.64
65章 帽类及其零件	Headgear and parts thereof	261.31	40.44	15.69	2.42
66章 雨伞、阳伞、手杖、鞭子、马鞭及其零件	Umbrellas，sun umbrellas，walking-sticks，seat-sticks，whips，riding-crops and parts thereof	147.03	22.75	0.58	0.09
67章 已加工羽毛、羽绒及其制品；人造花；人发制品	Prepared feathers and down and articles made of feathers or of down；artificial flowers；articles of human hair	627.26	97.10	22.88	3.55
第十三类 石料、石膏、水泥、石棉、云母及类似材料的制品；陶瓷产品；玻璃及其制品	**ARTICLES OF STONE，PLASTER，CEMENT，ASBESTOS，MICA OR SIMILAR MATERIALS；CERAMIC PRODUCTS；GLASS AND GLASSWARE**	**3176.55**	**491.69**	**424.51**	**65.62**
68章 石料、石膏、水泥、石棉、云母及类似材料的制品	Articles of stone，plaster，cement，asbestos，mica or similar materials；ceramic products；glass and glassware	630.49	97.59	93.84	14.52
69章 陶瓷产品	Ceramic products	1373.75	212.67	87.69	13.56
70章 玻璃及其制品	Glass and glassware	1172.32	181.43	242.98	37.54
第十四类 天然或养殖珍珠、宝石或半宝石、贵金属、包贵金属及其制品；仿首饰；硬币	**NATURAL OR CULTURED PEARLS，PRECIOUS OR SEMI-PRECIOUS STONES，PRECIOUS METALS，METALS CLAD WITH PRECIOUS METAL AND STONES，PRECIOUS METALS，METALS CLAD WITH PRECIOUS METAL AND ARTICLES THEREOF；IMITATION JEWELLERY；COIN**	**480.69**	**74.43**	**2869.27**	**444.34**
71章 天然或养殖珍珠、宝石或半宝石、贵金属、包贵金属及其制品；仿首饰；硬币	Natural or cultured pearls，precious or semi-precious stones，precious metals，metals clad with precious metal and articles thereof；imitation jewellery；coin	480.69	74.43	2869.27	444.34
第十五类 贱金属及其制品	**BASE METALS AND ARTICLES OF BASE METAL**	**13600.85**	**2105.48**	**7657.67**	**1185.27**
72章 钢铁	Iron and steel	3698.43	572.60	2414.24	373.60
73章 钢铁制品	Articles of iron or steel	4883.75	755.99	456.57	70.58
74章 铜及其制品	Copper and articles thereof	302.59	46.84	3193.82	494.46
75章 镍及其制品	Nickel and articles thereof	20.52	3.18	405.76	62.84
76章 铝及其制品	Aluminium and articles thereof	2015.03	311.92	555.18	85.95
78章 铅及其制品	Lead and articles thereof	17.49	2.71	5.91	0.91
79章 锌及其制品	Zinc and articles thereof	10.43	1.61	69.11	10.69
80章 锡及其制品	Tin and articles thereof	13.37	2.07	8.99	1.39
81章 其他贱金属、金属陶瓷及其制品	Other base metals；cermets；articles thereof	296.45	45.95	289.33	44.81
82章 贱金属工具、器具、利口器、餐匙、餐叉及其零件	Tools，implements，cutlery，spoons and forks，of base metal；parts thereof of base metal	1088.88	168.54	152.91	23.65
83章 贱金属杂项制品	Miscellaneous articles of base metal	1253.91	194.08	105.86	16.37

商品分类	HS Section and Division	出口 Exports 亿元人民币 RMB 100 million	出口 Exports 亿美元 USD 100 million	进口 Imports 亿元人民币 RMB 100 million	进口 Imports 亿美元 USD 100 million
第十六类 机器、机械器具、电气设备及其零件；录音机及放声机、电视图像、声音的录制和重放设备及其零件、附件	**MACHINERY AND MECHANICAL APPLIANCES；ELECTRICAL EQUIPMENT；PARTS THEREOF；SOUND RECORDERS AND REPRODUCERS，TELEVISION IMAGE AND SOUND RECORDERS AND REPRODUCERS；AND PARTS AND ACCESSORIES OF RECORDERS AND REPRODUCERS；AND PARTS AND ACCESSORIES OF SUCH ARTICLES**	**41308.51**	**6393.56**	**22206.27**	**3434.70**
84章 核反应堆、锅炉、机器、机械器具及其零件	Nuclear reactors，boilers，machinery and mechanical appliances；parts thereof	15806.44	2445.99	8747.86	1352.68
85章 电机、电气设备及其零件；录音机及放声机、电视图像、声音的录制和重放设备及其零件、附件	Electrical machinery and equipment and parts thereof；sound recorders and reproducers，television image and sound recorders and reproducers，and parts and accessories of such articles	25502.07	3947.57	13458.41	2082.02
第十七类 车辆、航空器、船舶及有关运输设备	**VEHICLES，AIRCRAFT，VESSELS AND ASSOCIATED TRANSPORT EQUIPMENT**	**7324.42**	**1133.37**	**5177.45**	**799.73**
86章 铁道及电车道机车、车辆及其零件；铁道及电车轨道固定装置及其零件、附件；各种机械(包括电动机械)交通信号设备	Railway or tramway locomotives，rolling-stock and parts thereof；railway or tramway track fixtures and fittings and parts thereof；mechanical(including electro-mechanical) traffic signalling equipment of all kinds	1347.10	208.47	27.53	4.26
87章 车辆及其零件、附件，但铁道及电车道车辆除外	Vehicles other than railway or tramway rolling-stock，and parts and accessories thereof	5858.54	906.55	4991.55	770.99
88章 航空器、航天器及其零件	Aircraft，spacecraft，and parts thereof	40.29	6.21	64.75	10.03
89章 船舶及浮动结构体	Ships，boats and floating structures	78.49	12.15	93.63	14.47
第十八类 光学、照相、电影、计量、检验、医疗或外科用仪器及设备、精密仪器及设备；钟表；乐器；上述物品的零件、附件	**OPTICAL，PHOTOGRAPHIC，CINEMATOGRAPHIC，MEASURING，CHECKING，PRECISION，MEDICAL OR SURGICAL INSTRUMENTS AND APPARATUS；CLOCKS AND WATCHES；MUSICAL INSTRUMENTS；PARTS AND ACCESSORIES THEREOF**	**3450.79**	**534.08**	**3683.11**	**569.82**
90章 光学、照相、电影、计量、检验、医疗或外科用仪器及设备、精密仪器及设备；上述物品的零件、附件	Optical，photographic，cinematographic，measuring，checking，precision medical or surgical instruments and apparatus；parts and accessories thereof	3227.45	499.51	3440.77	532.40
91章 钟表及其零件	Clocks and watches and parts thereof	129.87	20.11	213.48	32.95
92章 乐器及其零件、附件	Musical instruments；parts and accessories of such articles	93.46	14.46	28.86	4.47
第十九类 武器、弹药及其零件、附件	**ARMS AND AMMUNITION；PARTS AND ACCESSORIES THEREOF**	**19.90**	**3.08**	**0.45**	**0.07**
93章 武器、弹药及其零件、附件	Arms and ammunition；parts and accessories thereof	19.90	3.08	0.45	0.07
第二十类 杂项制品	**MISCELLANEOUS MANUFACTURED ARTICLES**	**12002.04**	**1857.25**	**361.44**	**55.88**
94章 家具；寝具、褥垫、弹簧床垫、软坐垫及类似的填充制品；未列名灯具及照明装置；发光标志、发光名牌及类似品；活动房屋	Furniture；bedding，mattresses，mattress supports，cushions and similar stuffed furnishings；lamps and lighting fittings，not elsewhere specified or included；illuminated signs，illuminated	7283.50	1126.96	149.23	23.09
95章 玩具、游戏品、运动用品及其零件、附件	Toys，games and sports requisites；parts and accessories thereof	3625.03	561.05	113.32	17.51
96章 杂项制品	Miscellaneous manufactured articles	1093.50	169.24	98.90	15.28
第二十一类 艺术品、收藏品及古物	**WORKS OF ART，COLLECTORS' PIECES AND ANTIQUES**	**13.70**	**2.12**	**5.70**	**0.88**
97章 艺术品、收藏品及古物	Works of art，collectors' pieces and antiques	13.70	2.12	5.70	0.88
第二十二类 特殊交易品及未分类商品	**COMMODITIES AND TRANSACTIONS NOT CLASSIFIED ACCORDING TO KIND**	**1519.25**	**234.82**	**0.53**	**0.08**
98章 特殊交易品及未分类商品	Commodities and transactions not classified according to kind	1519.25	234.82	0.53	0.08
99章 跨境电商B2B简化申报商品	Simplified Declaration of Cross-border E-commerce B2B **Commodities**				

6-20 按商品类章分加工贸易进出口金额(2021年)

Value of Imports and Exports in Processing Trade by HS(2021)

商品分类	HS Section and Division	出口 Exports 亿元人民币 RMB 100 million	出口 Exports 亿美元 USD 100 million	进口 Imports 亿元人民币 RMB 100 million	进口 Imports 亿美元 USD 100 million
总 额	**Total**	**53375.95**	**8262.82**	**31599.68**	**4892.55**
第一类 活动物；动物产品	**LIVE ANIMALS；ANIMAL PRODUCTS**	**241.86**	**37.41**	**149.84**	**23.19**
01章 活动物	Live animals				
02章 肉及食用杂碎	Meat and edible meat offal	0.23	0.03	3.91	0.61
03章 鱼、甲壳动物、软体动物及其他水生无脊椎动物	Fish and crustaceans molluscs and other aquatic invertebrates	215.94	33.40	126.52	19.58
04章 乳品；蛋品；天然蜂蜜；其他食用动物产品	Dairy produce；birds' eggs；natural honey；edible products of animal origin，not elsewhere specified or included	0.01		1.01	0.16
05章 其他动物产品	Products of animal origin，not elsewhere specified or included	25.69	3.97	18.40	2.85
第二类 植物产品	**VEGETABLE PRODUCTS**	**54.51**	**8.44**	**218.89**	**33.88**
06章 活树及其他活植物；鳞茎、根及类似品；插花及装饰用簇叶	Live tree and other plants；bulbs，roots and the like；cut flowers and ornamental foliage	0.41	0.06		
07章 食用蔬菜、根及块茎	Edible vegetables and certain roots and tubers	1.11	0.17	1.14	0.18
08章 食用水果及坚果；甜瓜或柑桔属水果的果皮	Edible fruit and nuts；peel of citrus fruit or melons	24.50	3.79	64.44	9.99
09章 咖啡、茶、马黛茶及调味香料	Coffee，tea，mate and spices	4.43	0.69	4.92	0.76
10章 谷物	Cereals			52.01	8.04
11章 制粉工业产品；麦芽；淀粉；菊粉；面筋	Products of the milling industry；malt；starches；inulin；wheat gluten	8.51	1.32	4.34	0.67
12章 含油子仁及果实；杂项子仁及果实；工业用或药用植物；稻草、秸秆及饲料	Oil seeds and oleaginous fruits；miscellaneous grains，seeds and fruit；industrial or medicinal plants；straw and fodder	3.03	0.47	89.81	13.89
13章 虫胶；树胶、树脂及其他植物液、汁	Lac；gums，resins and other vegetable saps and extracts	12.51	1.94	1.89	0.29
14章 编结用植物材料；其他植物产品	Vegetable plaiting materials；vegetable products not elsewhere specified or included	0.01		0.33	0.05
第三类 动、植物油、脂及其分解产品；精制的食用油脂；动、植物蜡	**ANIMAL OR VEGETABLE FATS AND OILS AND THEIR CLEAVAGE PRODUCTS；PREPARED EDIBLE FATS；ANIMAL OR VEGETABLE WAXES**	**31.53**	**4.87**	**18.92**	**2.93**
15章 动、植物油、脂及其分解产品；精制的食用油脂；动、植物蜡	Animal or vegetable fats and oils and their cleavage products；prepared edible fats；animal or vegetable waxes	31.53	4.87	18.92	2.93
第四类 食品；饮料、酒及醋；烟草、烟草及烟草代用品的制品	**PREPARED FOODSTUFFS；BEVERAGES, SPIRITS AND VINEGAR；TOBACCO AND MANUFACTURED TOBACCO SUBSTITUTES**	**217.42**	**33.63**	**23.88**	**3.70**
16章 肉、鱼、甲壳动物、软体动物及其他水生无脊椎动物的制品	Preparations of meat，of fish or of crustaceans，molluscs or other aquatic invertebrates	60.97	9.43	1.41	0.22
17章 糖及糖食	Sugars and sugar confectionery	14.39	2.23	8.89	1.38
18章 可可及可可制品	Cocoa and cocoa preparations	7.76	1.20	3.59	0.56
19章 谷物、粮食粉、淀粉或乳的制品；糕饼点心	Preparations of cereals，flour，starch or milk；pastry-cooks' products	20.22	3.13	0.62	0.10

商品分类	HS Section and Division	出口 Exports 亿元人民币 RMB 100 million	亿美元 USD 100 million	进口 Imports 亿元人民币 RMB 100 million	亿美元 USD 100 million
20章 蔬菜、水果、坚果或植物其他部分的制品	Preparations of vegetables, fruit, nuts or other parts of plants	54.44	8.43	1.84	0.28
21章 杂项食品	Miscellaneous edible preparations	25.70	3.98	1.84	0.29
22章 饮料、酒及醋	Beverages, spirits and vinegar	1.41	0.22	1.12	0.17
23章 食品工业的残渣及废料；配制的动物饲料	Residues and waste from the food industries; prepared animal fodder	32.52	5.02	4.58	0.71
24章 烟草及烟草代用品的制品	Tobacco and manufactured tobacco substitutes				
第五类 矿产品	**MINERAL PRODUCTS**	**66.94**	**10.35**	**1931.38**	**298.92**
25章 盐；硫磺；泥土及石料；石膏料、石灰及水泥	Salt; sulphur; earths and stone; plastering materials, lime and cement	0.21	0.03	5.47	0.85
26章 矿砂、矿渣及矿灰	Ores, slag and ash	9.63	1.49	1092.43	169.12
27章 矿物燃料、矿物油及其蒸馏产品；沥青物质；矿物蜡	Mineral fuels, mineral oils and products of their distillation; bituminous substances; mineral waxes	57.09	8.83	833.47	128.96
第六类 化学工业及其相关工业的产品	**PRODUCTS OF THE CHEMICAL OR INDUSTRIES ALLIED**	**1044.38**	**161.64**	**1259.35**	**194.90**
28章 无机化学品；贵金属、稀土金属、放射性元素及其同位素的有机及无机化合物	Inorganic chemicals; organic or inorganic compounds of precious metals, of rare- earth metals, of radioactive elements or of isotopes	62.16	9.62	144.61	22.39
29章 有机化学品	Organic chemicals	445.95	69.04	586.52	90.77
30章 药品	Pharmaceutical products	313.55	48.52	54.81	8.48
31章 肥料	Fertilizers	3.90	0.60	0.04	0.01
32章 鞣料浸膏及染料浸膏；鞣酸及其衍生物；染料、颜料及其他着色料；油漆及清漆；油灰及其他类似胶粘剂；墨水、油墨	Tanning or dyeing extracts; tannins and their derivatives; dyes, pigments and other colouring matter; paints and varnishes; putty and other mastics; inks	14.72	2.28	56.36	8.72
33章 精油及香膏；芳香料制品及化妆盥洗品	Essential oils and retinoid; perfumery, cosmetic or toilet preparations	57.63	8.92	14.84	2.30
34章 肥皂、有机表面活性剂、洗涤剂、润滑剂、人造蜡、调制蜡、光洁剂、蜡烛及类似品、塑型用膏、"牙科用蜡"及牙科用熟石膏制剂	Soap, organic surface-active agents, washing preparations, lubricating preparations, artificial waxes, prepared waxes, polishing or scouring preparations, candles and similar articles, modelling pastes, "dental waxes" and dental preparations with a basis of plast	24.06	3.72	24.71	3.83
35章 蛋白类物质；改性淀粉；胶；酶	Albuminoidal substances; modified starches; glues; enzymes	13.71	2.12	54.78	8.48
36章 炸药；烟火制品；火柴；引火合金；易燃材料制品	Explosives; pyrotechnic products; matches; pyrophoric alloys; certain combustible preparations	0.63	0.10	1.68	0.26
37章 照相及电影用品	Photographic or cinematographic goods	10.82	1.67	79.40	12.29
38章 杂项化学产品	Miscellaneous chemical products	97.25	15.05	241.62	37.38
第七类 塑料及其制品，橡胶及其制品	**PLASTICS AND ARTICLES THEREOF RUBBER AND ARTICLES THEREOF**	**2076.02**	**321.25**	**1388.02**	**214.88**
39章 塑料及其制品	Plastics and articles thereof	1230.86	190.43	1164.26	180.24
40章 橡胶及其制品	Rubber and articles thereof	845.16	130.81	223.76	34.64
第八类 生皮、皮革、毛皮及其制品；鞍具及挽具；旅行用品、手提包及类似品；动物肠线(蚕胶丝除外)制品	**RAW HIDES AND SKINS, LEATHER, FUR SKINS AND ARTICLES THEREOF; SADDLERY AND HARNESS; TRAVEL GOODS, HANDBAGS AND SIMILAR CONTAINERS; ARTICLES OF ANIMAL GUT(OTHER THAN SILK-WORM GUT)**	**151.87**	**23.50**	**109.92**	**17.02**
41章 生皮(毛皮除外)及皮革	Raw hides and skins(other than fur skins) and leather	38.40	5.94	100.29	15.53

商品分类	HS Section and Division	出口 Exports 亿元人民币 RMB 100 million	出口 Exports 亿美元 USD 100 million	进口 Imports 亿元人民币 RMB 100 million	进口 Imports 亿美元 USD 100 million
42章 皮革制品；鞍具及挽具；旅行用品、手提包及类似容器；动物肠线(蚕胶丝除外)制品	Articles of leather；saddlery and harness；travel goods, hand bags and similar containers；articles of animal gut (other than silk-worm gut)	101.37	15.68	8.14	1.26
43章 毛皮、人造毛皮及其制品	Fur skins and artificial fur；manufactures thereof	12.10	1.87	1.48	0.23
第九类 木及木制品；木炭；软木及软木制品；稻草，秸秆、针茅或其他编结材料制品；篮筐及柳条编结品	**WOOD AND ARTICLES OF WOOD；WOOD CHAR-COAL；CORK AND ARTICLES OF CORK；MANUFACTURES OF STRAW，OF ESPARTO OR OF OTHER PLAITING MATERIALS；BASKET WARE AND WICKERWORK**	**58.72**	**9.08**	**60.49**	**9.37**
44章 木及木制品；木炭	Wood and articles of wood；wood charcoal	57.37	8.87	60.40	9.35
45章 软木及软木制品	Cork and articles of cork			0.07	0.01
46章 稻草、秸秆、针茅或其他编结材料制品；篮筐及柳条编结品	Manufactures of straw，of esparto or of other plaiting Materials；basket ware and wickerwork	1.35	0.21	0.02	
第十类 木浆及其他纤维状纤维素浆；纸及纸板的废碎品；纸、纸板及其制品	**PULP OF WOOD OR OF OTHER FIBROUS CELLULOSIC MATERIAL；WASTE AND SCRAP OF PAPER OR PAPERBOARD；PAPER AND PAPERBOARD AND ARTICLES THEREOF**	**372.45**	**57.64**	**181.48**	**28.10**
47章 木浆及其他纤维状纤维素浆；纸及纸板的废碎品	Pulp of wood or of other fibrous cellulosic material；waste and scrap of paper or paperboard	0.04	0.01	111.09	17.21
48章 纸及纸板；纸浆、纸或纸板制品	Paper and paperboard；articles of paper pulp，of paper or paperboard	294.76	45.61	58.86	9.11
49章 书籍、报纸、印刷图画及其他印制品；手稿、打字稿及设计图纸	Printed books，newspapers，pictures and other products of the printing industry；manuscripts，typescripts and plans	77.65	12.02	11.52	1.78
第十一类 纺织原料及纺织制品	**TEXTILES AND TEXTILE ARTICLES**	**1064.94**	**164.80**	**362.71**	**56.14**
50章 蚕丝	Silk	0.30	0.05	1.06	0.16
51章 羊毛、动物细毛或粗毛；马毛纱线及其机织物	Wool，fine or coarse animal hair；horsehair yarn and woven fabric	27.77	4.30	34.20	5.30
52章 棉花	Cotton	61.34	9.50	80.88	12.51
53章 其他植物纺织纤维；纸纱线及其机织物	Other vegetable textile fibres；paper yarn and woven fabrics of paper yarn	2.49	0.39	4.24	0.66
54章 化学纤维长丝	Man-made filaments	70.98	10.98	62.78	9.72
55章 化学纤维短纤	Man-made short fibres	30.41	4.70	33.94	5.26
56章 絮胎、毡呢及无纺织物；特种纱线；线、绳、索、缆及其制品	Wadding，felt and nonwoven；special yarns；twine，cordage，ropes and cables and articles thereof	27.06	4.18	25.03	3.87
57章 地毯及纺织材料的其他铺地制品	Carpets and other textile floor coverings	7.24	1.12	0.30	0.05
58章 特种机织物；簇绒织物；花边；装饰毯；装饰带；刺绣品	Special woven fabrics；tufted textile fabrics；lace；tapestries；trimmings；embroidery	14.88	2.30	14.40	2.23
59章 浸渍、涂布、包覆或层压的纺织物；工业用纺织制品	Impregnated，coated，covered or laminated textile fabrics；textile articles of a kind suitable for industrial use	39.67	6.14	41.33	6.40
60章 针织物及钩编织物	Knitted or crocheted fabrics	121.08	18.74	50.86	7.87
61章 针织或钩编的服装及衣着附件	Articles of apparel and clothing accessories，Knitted or crocheted	215.48	33.35	2.22	0.34
62章 非针织或非钩编的服装及衣着附件	Articles of apparel and clothing accessories，not knitted or crocheted	320.16	49.55	3.87	0.60

商品分类	HS Section and Division	出口 Exports 亿元人民币 RMB 100 million	出口 Exports 亿美元 USD 100 million	进口 Imports 亿元人民币 RMB 100 million	进口 Imports 亿美元 USD 100 million
63章 其他纺织制成品；成套物品；旧衣着及旧纺织品；碎织物	Other made up textile articles；sets；worn clothing and worn textile articles；rags articles；rags	126.07	19.50	7.60	1.18
第十二类 鞋、帽、伞、杖、鞭及其零件；已加工的羽毛及其制品；人造花；人发制品	**FOOTWEAR，HEADGEAR，UMBRELLAS，SUN UMBRELLAS，WALKING-STICKS，SEAT-STICKS，WHIPS，RIDING-CROPS AND PARTS THEREOF；PREPARED FEATHERS AND ARTICLES MADE THEREWITH；ARTIFICIAL FLOWERS；ARTICLES OF HUMAN HAIR**	**444.40**	**68.79**	**49.81**	**7.71**
64章 鞋靴、护腿和类似品及其零件	Footwear，gaiters and the like；parts of such articles	320.93	49.68	17.92	2.77
65章 帽类及其零件	Headgear and parts thereof	42.82	6.63	0.86	0.13
66章 雨伞、阳伞、手杖、鞭子、马鞭及其零件	Umbrellas，sun umbrellas，walking-sticks，seat-sticks，whips，riding-crops and parts thereof	8.67	1.34		
67章 已加工羽毛、羽绒及其制品；人造花；人发制品	Prepared feathers and down and articles made of feathers or of down；artificial flowers；articles of human hair	71.98	11.14	31.03	4.80
第十三类 石料、石膏、水泥、石棉、云母及类似材料的制品；陶瓷产品；玻璃及其制品	**ARTICLES OF STONE，PLASTER，CEMENT，ASBESTOS，MICA OR SIMILAR MATERIALS；CERAMIC PRODUCTS；GLASS AND GLASSWARE**	**122.36**	**18.94**	**246.02**	**38.08**
68章 石料、石膏、水泥、石棉、云母及类似材料的制品	Articles of stone，plaster，cement，asbestos，mica or similar materials；ceramic products；glass and glassware	15.97	2.47	36.90	5.71
69章 陶瓷产品	Ceramic products	12.95	2.00	11.63	1.80
70章 玻璃及其制品	Glass and glassware	93.44	14.46	197.50	30.57
第十四类 天然或养殖珍珠、宝石或半宝石、贵金属、包贵金属及其制品；仿首饰；硬币	**NATURAL OR CULTURED PEARLS，PRECIOUS OR SEMI-PRECIOUS STONES，PRECIOUS METALS，METALS CLAD WITH PRECIOUS METAL AND STONES，PRECIOUS METALS，METALS CLAD WITH PRECIOUS METAL AND ARTICLES THEREOF；IMITATION JEWELLERY；COIN**	**1140.72**	**176.79**	**1038.93**	**161.04**
71章 天然或养殖珍珠、宝石或半宝石、贵金属、包贵金属及其制品；仿首饰；硬币	Natural or cultured pearls，precious or semi-precious stones，precious metals，metals clad with precious metal and articles thereof；imitation jewellery；coin	1140.72	176.79	1038.93	161.04
第十五类 贱金属及其制品	**BASE METALS AND ARTICLES OF BASE METAL**	**947.62**	**146.67**	**1231.73**	**190.73**
72章 钢铁	Iron and steel	92.40	14.34	285.67	44.27
73章 钢铁制品	Articles of iron or steel	247.14	38.23	156.84	24.26
74章 铜及其制品	Copper and articles thereof	307.22	47.55	528.52	81.84
75章 镍及其制品	Nickel and articles thereof	4.06	0.63	20.75	3.21
76章 铝及其制品	Aluminium and articles thereof	98.46	15.23	118.13	18.28
78章 铅及其制品	Lead and articles thereof	0.02	0.00	0.37	0.06
79章 锌及其制品	Zinc and articles thereof	1.21	0.19	12.14	1.88
80章 锡及其制品	Tin and articles thereof	13.95	2.16	5.88	0.91
81章 其他贱金属、金属陶瓷及其制品	Other base metals；cermets；articles thereof	5.65	0.88	55.90	8.66
82章 贱金属工具、器具、利口器、餐匙、餐叉及其零件	Tools，implements，cutlery，spoons and forks，of base metal；parts thereof of base metal	93.45	14.46	23.42	3.63
83章 贱金属杂项制品	Miscellaneous articles of base metal	84.07	13.01	24.12	3.73

商品分类	HS Section and Division	出口 Exports 亿元人民币 RMB 100 million	出口 Exports 亿美元 USD 100 million	进口 Imports 亿元人民币 RMB 100 million	进口 Imports 亿美元 USD 100 million
第十六类 机器、机械器具、电气设备及其零件；录音机及放声机、电视图像、声音的录制和重放设备及其零件、附件	**MACHINERY AND MECHANICAL APPLIANCES；ELECTRICAL EQUIPMENT；PARTS THEREOF；SOUND RECORDERS AND REPRODUCERS，TELEVISION IMAGE AND SOUND RECORDERS AND REPRODUCERS；AND PARTS AND ACCESSORIES OF RECORDERS AND REPRODUCERS；AND PARTS AND ACCESSORIES OF SUCH ARTICLES**	**37704.78**	**5837.52**	**20770.19**	**3216.00**
84章 核反应堆、锅炉、机器、机械器具及其零件	Nuclear reactors，boilers，machinery and mechanical appliances；parts thereof	14035.03	2172.55	2236.06	346.19
85章 电机、电气设备及其零件；录音机及放声机、电视图像、声音的录制和重放设备及其零件、附件	Electrical machinery and equipment and parts thereof；sound recorders and reproducers，television image and sound recorders and reproducers，and parts and accessories of such articles	23669.74	3664.97	18534.13	2869.81
第十七类 车辆、航空器、船舶及有关运输设备	**VEHICLES，AIRCRAFT，VESSELS AND ASSOCIATED TRANSPORT EQUIPMENT**	**3081.21**	**476.73**	**472.28**	**73.10**
86章 铁道及电车道机车、车辆及其零件；铁道及电车轨道固定装置及其零件、附件；各种机械(包括电动机械)交通信号设备	Railway or tramway locomotives，rolling-stock and parts thereof；railway or tramway track fixtures and fittings and parts thereof；mechanical(including electro-mechanical) traffic signalling equipment of all kinds	306.70	47.46	8.11	1.26
87章 车辆及其零件、附件，但铁道及电车道车辆除外	Vehicles other than railway or tramway rolling-stock，and parts and accessories thereof	1348.97	208.73	202.39	31.29
88章 航空器、航天器及其零件	Aircraft，spacecraft，and parts thereof	60.99	9.44	239.23	37.04
89章 船舶及浮动结构体	Ships，boats and floating structures	1364.55	211.10	22.54	3.52
第十八类 光学、照相、电影、计量、检验、医疗或外科用仪器及设备、精密仪器及设备；钟表；乐器；上述物品的零件、附件	**OPTICAL，PHOTOGRAPHIC，CINEMATOGRAPHIC，MEASURING，CHECKING，PRECISION，MEDICAL OR SURGICAL INSTRUMENTS AND APPARATUS；CLOCKS AND WATCHES；MUSICAL INSTRUMENTS；PARTS AND ACCESSORIES THEREOF**	**2435.59**	**376.94**	**1988.11**	**307.71**
90章 光学、照相、电影、计量、检验、医疗或外科用仪器及设备、精密仪器及设备；上述物品的零件、附件	Optical，photographic，cinematographic，measuring，checking，precision medical or surgical instruments and apparatus；parts and accessories thereof	2310.93	357.64	1952.62	302.21
91章 钟表及其零件	Clocks and watches and parts thereof	88.48	13.70	33.07	5.12
92章 乐器及其零件、附件	Musical instruments；parts and accessories of such articles	36.18	5.60	2.42	0.38
第十九类 武器、弹药及其零件、附件	**ARMS AND AMMUNITION；PARTS AND ACCESSORIES THEREOF**				
93章 武器、弹药及其零件、附件	Arms and ammunition；parts and accessories thereof				
第二十类 杂项制品	**MISCELLANEOUS MANUFACTURED ARTICLES**	**2100.38**	**325.00**	**92.85**	**14.38**
94章 家具；寝具、褥垫、弹簧床垫、软坐垫及类似的填充制品；未列名灯具及照明装置；发光标志、发光名牌及类似品；活动房屋	Furniture；bedding，mattresses，mattress supports，cushions and similar stuffed furnishings；lamps and lighting fittings，not elsewhere specified or included；illuminated signs，illuminated	428.90	66.36	16.15	2.50
95章 玩具、游戏品、运动用品及其零件、附件	Toys，games and sports requisites；parts and accessories thereof	1546.13	239.23	59.78	9.26
96章 杂项制品	Miscellaneous manufactured articles	125.36	19.40	16.92	2.62
第二十一类 艺术品、收藏品及古物	**WORKS OF ART，COLLECTORS' PIECES AND ANTIQUES**				
97章 艺术品、收藏品及古物	Works of art，collectors' pieces and antiques				
第二十二类 特殊交易品及未分类商品	**COMMODITIES AND TRANSACTIONS NOT CLASSIFIED ACCORDING TO KIND**				
98章 特殊交易品及未分类商品	Commodities and transactions not classified according to kind				

6-21 对欧洲联盟进出口商品分类金额

Value of Exports to and Imports from EU by HS

单位：亿美元

Unit: USD 100 million

商品分类	HS Section and Division	2020 出口 Exports	2020 进口 Imports	2021 出口 Exports	2021 进口 Imports
总　额	**Total**	**3908.86**	**2585.00**	**4998.42**	**1933.14**
第一类　活动物；动物产品	**LIVE ANIMALS；ANIMAL PRODUCTS**	**20.44**	**108.22**	**20.66**	**102.19**
01章　活动物	Live animals		0.69	0.01	0.59
02章　肉及食用杂碎	Meat and edible meat offal	0.16	85.04	0.15	77.26
03章　鱼、甲壳动物、软体动物及其他水生无脊椎动物	Fish and crustaceans molluscs and other aquatic invertebrates	13.67	2.92	13.15	2.23
04章　乳品；蛋品；天然蜂蜜；其他食用动物产品	Dairy produce；birds' eggs；natural honey；edible products of animal origin，not elsewhere specified or included	0.92	17.80	1.12	20.12
05章　其他动物产品	Products of animal origin，not elsewhere specified or included	5.69	1.77	6.23	1.98
第二类　植物产品	**VEGETABLE PRODUCTS**	**22.08**	**18.48**	**24.45**	**22.24**
06章　活树及其他活植物；鳞茎、根及类似品；插花及装饰用簇叶	Live tree and other plants；bulbs，roots and the like；cut flowers and ornamental foliage	0.72	1.184706	0.96	1.232049
07章　食用蔬菜、根及块茎	Edible vegetables and certain roots and tubers	4.59	0.19	4.99	0.21
08章　食用水果及坚果；甜瓜或柑桔属水果的果皮	Edible fruit and nuts；peel of citrus fruit or melons	3.52	0.86	3.52	0.62
09章　咖啡、茶、马黛茶及调味香料	Coffee，tea，mate and spices	4.85	0.55	4.84	0.47
10章　谷物	Cereals	0.20	11.88	0.19	15.59
11章　制粉工业产品；麦芽；淀粉；菊粉；面筋	Products of the milling industry；malt；starches；inulin；wheat gluten	0.44	0.85	1.13	0.93
12章　含油子仁及果实；杂项子仁及果实；工业用或药用植物；稻草、秸秆及饲料	Oil seeds and oleaginous fruits；miscellaneous grains，seeds and fruit；industrial or medicinal plants；straw and fodder	4.03	2.08	4.30	2.20
13章　虫胶；树胶、树脂及其他植物液、汁	Lac；gums，resins and other vegetable saps and extracts	3.14	0.86	3.82	0.97
14章　编结用植物材料；其他植物产品	Vegetable plaiting materials；vegetable products not elsewhere specified or included	0.59	0.02	0.70	0.01
第三类　动、植物油、脂及其分解产品；精制的食用油脂；动、植物蜡	**ANIMAL OR VEGETABLE FATS AND OILS AND THEIR CLEAVAGE PRODUCTS；PREPARED EDIBLE FATS；ANIMAL OR VEGETABLE WAXES**	**6.09**	**3.80**	**13.36**	**5.43**
15章　动、植物油、脂及其分解产品；精制的食用油脂；动、植物蜡	Animal or vegetable fats and oils and their cleavage products；prepared edible fats；animal or vegetable waxes	6.09	3.80	13.36	5.43
第四类　食品；饮料、酒及醋；烟草、烟草及烟草代用品的制品	**PREPARED FOODSTUFFS；BEVERAGES, SPIRITS AND VINEGAR；TOBACCO AND MANUFACTURED TOBACCO SUBSTITUTES**	**24.43**	**80.27**	**27.20**	**66.25**
16章　肉、鱼、甲壳动物、软体动物及其他水生无脊椎动物的制品	Preparations of meat，of fish or of crustaceans，molluscs or other aquatic invertebrates	3.57	0.15	3.80	0.13
17章　糖及糖食	Sugars and sugar confectionery	0.62	1.20	0.76	1.03
18章　可可及可可制品	Cocoa and cocoa preparations	0.33	2.29	0.17	1.78
19章　谷物、粮食粉、淀粉或乳的制品；糕饼点心	Preparations of cereals，flour，starch or milk；pastry-cooks' products	1.08	39.24	1.47	27.31

6–21 续表 1 Continued 1

单位：亿美元
Unit: USD 100 million

商品分类	HS Section and Division	2020 出口 Exports	2020 进口 Imports	2021 出口 Exports	2021 进口 Imports
20章 蔬菜、水果、坚果或植物其他部分的制品	Preparations of vegetables, fruit, nuts or other parts of plants	6.95	1.61	7.18	1.43
21章 杂项食品	Miscellaneous edible preparations	3.51	7.32	4.56	4.77
22章 饮料、酒及醋	Beverages, spirits and vinegar	1.22	25.56	1.46	25.98
23章 食品工业的残渣及废料；配制的动物饲料	Residues and waste from the food industries; prepared animal fodder	5.77	2.69	6.75	3.66
24章 烟草及烟草代用品的制品	Tobacco and manufactured tobacco substitutes	1.37	0.23	1.03	0.16
第五类 矿产品	**MINERAL PRODUCTS**	**17.11**	**37.64**	**23.87**	**32.60**
25章 盐；硫磺；泥土及石料；石膏料、石灰及水泥	Salt; sulphur; earths and stone; plastering materials, lime and cement	2.88	6.57	4.81	8.70
26章 矿砂、矿渣及矿灰	Ores, slag and ash	0.18	18.52	0.54	14.79
27章 矿物燃料、矿物油及其蒸馏产品；沥青物质；矿物蜡	Mineral fuels, mineral oils and products of their distillation; bituminous substances; mineral waxes	14.05	12.55	18.53	9.10
第六类 化学工业及其相关工业的产品	**PRODUCTS OF THE CHEMICAL OR INDUSTRIES ALLIED**	**212.20**	**431.40**	**347.81**	**278.09**
28章 无机化学品；贵金属、稀土金属、放射性元素及其同位素的有机及无机化合物	Inorganic chemicals; organic or inorganic compounds of precious metals, of rare- earth metals, of radioactive elements or of isotopes	11.62	14.44	23.01	15.03
29章 有机化学品	Organic chemicals	114.00	60.90	154.75	43.79
30章 药品	Pharmaceutical products	29.88	220.40	91.19	130.30
31章 肥料	Fertilizers	0.60	2.93	0.38	2.47
32章 鞣料浸膏及染料浸膏；鞣酸及其衍生物；染料、颜料及其他着色料；油漆及清漆；油灰及其他类似胶粘剂；墨水、油墨	Tanning or dyeing extracts; tannins and their derivatives; dyes, pigments and other colouring matter; paints and varnishes; putty and other mastics; inks	10.24	10.25	14.09	8.52
33章 精油及香膏；芳香料制品及化妆盥洗品	Essential oils and retinoid; perfumery, cosmetic or toilet preparations	5.73	63.54	7.07	27.27
34章 肥皂、有机表面活性剂、洗涤剂、润滑剂、人造蜡、调制蜡、光洁剂、蜡烛及类似品、塑型用膏、“牙科用蜡”及牙科用熟石膏制剂	Soap, organic surface-active agents, washing preparations, lubricating preparations, artificial waxes, prepared waxes, polishing or scouring preparations, candles and similar articles, modelling pastes, “dental waxes” and dental preparations with a basis of plast	3.87	13.28	5.95	11.37
35章 蛋白类物质；改性淀粉；胶；酶	Albuminoidal substances; modified starches; glues; enzymes	3.23	9.20	4.54	9.20
36章 炸药；烟火制品；火柴；引火合金；易燃材料制品	Explosives; pyrotechnic products; matches; pyrophoric alloys; certain combustible preparations	1.98	0.29	1.15	0.28
37章 照相及电影用品	Photographic or cinematographic goods	1.33	1.14	2.03	1.03
38章 杂项化学产品	Miscellaneous chemical products	29.71	35.01	43.66	28.82
第七类 塑料及其制品，橡胶及其制品	**PLASTICS AND ARTICLES THEREOF RUBBER AND ARTICLES THEREOF**	**140.55**	**97.51**	**195.43**	**75.01**
39章 塑料及其制品	Plastics and articles thereof	109.11	76.44	149.81	59.73
40章 橡胶及其制品	Rubber and articles thereof	31.44	21.07	45.62	15.28
第八类 生皮、皮革、毛皮及其制品；鞍具及挽具；旅行用品、手提包及类似品；动物肠线(蚕胶丝除外)制品	**RAW HIDES AND SKINS, LEATHER, FUR SKINS AND ARTICLES THEREOF; SADDLERY AND HARNESS; TRAVEL GOODS, HANDBAGS AND SIMILAR CONTAINERS; ARTICLES OF ANIMAL GUT(OTHER THAN SILK-WORM GUT)**	**47.92**	**43.17**	**61.56**	**37.02**
41章 生皮(毛皮除外)及皮革	Raw hides and skins(other than fur skins) and leather	0.28	5.28	0.54	5.00

单位：亿美元
Unit: USD 100 million

商品分类	HS Section and Division	2020 出口 Exports	2020 进口 Imports	2021 出口 Exports	2021 进口 Imports
42章 皮革制品；鞍具及挽具；旅行用品、手提包及类似容器；动物肠线(蚕胶丝除外)制品	Articles of leather；saddlery and harness；travel goods，hand bags and similar containers；articles of animal gut (other than silk-worm gut)	46.82	35.55	59.95	30.10
43章 毛皮、人造毛皮及其制品	Fur skins and artificial fur；manufactures thereof	0.82	2.34	1.07	1.91
第九类 木及木制品；木炭；软木及软木制品；稻草，秸秆、针茅或其他编结材料制品；篮筐及柳条编结品	**WOOD AND ARTICLES OF WOOD；WOOD CHAR-COAL；CORK AND ARTICLES OF CORK；MANUFACTURES OF STRAW，OF ESPARTO OR OF OTHER PLAITING MATERIALS；BASKET WARE AND WICKERWORK**	**24.64**	**34.00**	**34.28**	**23.32**
44章 木及木制品；木炭	Wood and articles of wood；wood charcoal	19.36	33.64	27.20	22.88
45章 软木及软木制品	Cork and articles of cork	0.08	0.32	0.09	0.37
46章 稻草、秸秆、针茅或其他编结材料制品；篮筐及柳条编结品	Manufactures of straw，of esparto or of other plaiting Materials；basket ware and wickerwork	5.20	0.05	6.99	0.07
第十类 木浆及其他纤维状纤维素浆；纸及纸板的废碎品；纸、纸板及其制品	**PULP OF WOOD OR OF OTHER FIBROUS CELLULOSIC MATERIAL；WASTE AND SCRAP OF PAPER OR PAPERBOARD；PAPER AND PAPERBOARD AND ARTICLES THEREOF**	**24.03**	**39.59**	**29.09**	**33.08**
47章 木浆及其他纤维状纤维素浆；纸及纸板的废碎品	Pulp of wood or of other fibrous cellulosic material；waste and scrap of paper or paperboard	0.29	20.67	0.29	20.07
48章 纸及纸板；纸浆、纸或纸板制品	Paper and paperboard；articles of paper pulp，of paper or paperboard	19.92	15.34	24.67	11.03
49章 书籍、报纸、印刷图画及其他印制品；手稿、打字稿及设计图纸	Printed books，newspapers，pictures and other products of the printing industry；manuscripts，typescripts and plans	3.81	3.58	4.12	1.98
第十一类 纺织原料及纺织制品	**TEXTILES AND TEXTILE ARTICLES**	**516.82**	**49.47**	**451.42**	**34.24**
50章 蚕丝	Silk	1.69	0.08	2.10	0.08
51章 羊毛、动物细毛或粗毛；马毛纱线及其机织物	Wool，fine or coarse animal hair；horsehair yarn and woven fabric	3.36	2.21	4.54	2.28
52章 棉花	Cotton	3.69	0.73	5.31	0.63
53章 其他植物纺织纤维；纸纱线及其机织物	Other vegetable textile fibres；paper yarn and woven fabrics of paper yarn	1.74	4.41	2.95	4.22
54章 化学纤维长丝	Man-made filaments	15.10	2.81	20.35	2.00
55章 化学纤维短纤	Man-made short fibres	5.95	3.62	7.61	2.60
56章 絮胎、毡呢及无纺织物；特种纱线；线、绳、索、缆及其制品	Wadding，felt and nonwoven；special yarns；twine，cordage，ropes and cables and articles thereof	9.70	2.93	10.35	2.04
57章 地毯及纺织材料的其他铺地制品	Carpets and other textile floor coverings	4.29	0.17	5.36	0.17
58章 特种机织物；簇绒织物；花边；装饰毯；装饰带；刺绣品	Special woven fabrics；tufted textile fabrics；lace；tapestries；trimmings；embroidery	3.58	0.43	4.61	0.42
59章 浸渍、涂布、包覆或层压的纺织物；工业用纺织制品	Impregnated，coated，covered or laminated textile fabrics；textile articles of a kind suitable for industrial use	6.58	3.71	8.69	3.07
60章 针织物及钩编织物	Knitted or crocheted fabrics	6.40	0.84	8.33	0.76
61章 针织或钩编的服装及衣着附件	Articles of apparel and clothing accessories，Knitted or crocheted	112.49	9.07	153.30	5.15
62章 非针织或非钩编的服装及衣着附件	Articles of apparel and clothing accessories，not knitted or crocheted	137.55	16.77	146.24	10.27

6-21 续表 3 Continued 3

单位：亿美元
Unit: USD 100 million

商品分类	HS Section and Division	2020 出口 Exports	2020 进口 Imports	2021 出口 Exports	2021 进口 Imports
63章 其他纺织制成品；成套物品；旧衣着及旧纺织品；碎织物	Other made up textile articles；sets；worn clothing and worn textile articles；rags articles；rags	204.71	1.70	71.68	0.54
第十二类 鞋、帽、伞、杖、鞭及其零件；已加工的羽毛及其制品；人造花；人发制品	**FOOTWEAR，HEADGEAR，UMBRELLAS，SUN UMBRELLAS，WALKING-STICKS，SEAT-STICKS，WHIPS，RIDING-CROPS AND PARTS THEREOF；PREPARED FEATHERS AND ARTICLES MADE THEREWITH；ARTIFICIAL FLOWERS；ARTICLES OF HUMAN HAIR**	**91.95**	**12.27**	**122.47**	**8.32**
64章 鞋靴、护腿和类似品及其零件	Footwear，gaiters and the like；parts of such articles	65.27	11.64	85.53	7.87
65章 帽类及其零件	Headgear and parts thereof	9.51	0.58	13.07	0.40
66章 雨伞、阳伞、手杖、鞭子、马鞭及其零件	Umbrellas，sun umbrellas，walking-sticks，seat-sticks，whips，riding-crops and parts thereof	5.44	0.01	7.65	0.02
67章 已加工羽毛、羽绒及其制品；人造花；人发制品	Prepared feathers and down and articles made of feathers or of down；artificial flowers；articles of human hair	11.73	0.04	16.22	0.03
第十三类 石料、石膏、水泥、石棉、云母及类似材料的制品；陶瓷产品；玻璃及其制品	**ARTICLES OF STONE，PLASTER，CEMENT，ASBESTOS，MICA OR SIMILAR MATERIALS；CERAMIC PRODUCTS；GLASS AND GLASSWARE**	**63.23**	**17.41**	**84.10**	**14.26**
68章 石料、石膏、水泥、石棉、云母及类似材料的制品	Articles of stone，plaster，cement，asbestos，mica or similar materials；ceramic products；glass and glassware	14.50	4.22	16.73	3.82
69章 陶瓷产品	Ceramic products	27.97	4.05	38.36	3.99
70章 玻璃及其制品	Glass and glassware	20.76	9.14	29.01	6.45
第十四类 天然或养殖珍珠、宝石或半宝石、贵金属、包贵金属及其制品；仿首饰；硬币	**NATURAL OR CULTURED PEARLS，PRECIOUS OR SEMI-PRECIOUS STONES，PRECIOUS METALS，METALS CLAD WITH PRECIOUS METAL AND STONES，PRECIOUS METALS，METALS CLAD WITH PRECIOUS METAL AND ARTICLES THEREOF；IMITATION JEWELLERY；COIN**	**10.67**	**50.67**	**14.97**	**10.85**
71章 天然或养殖珍珠、宝石或半宝石、贵金属、包贵金属及其制品；仿首饰；硬币	Natural or cultured pearls，precious or semi-precious stones，precious metals，metals clad with precious metal and articles thereof；imitation jewellery；coin	10.67	50.67	14.97	10.85
第十五类 贱金属及其制品	**BASE METALS AND ARTICLES OF BASE METAL**	**212.14**	**127.63**	**320.33**	**108.72**
72章 钢铁	Iron and steel	14.72	21.37	34.45	14.99
73章 钢铁制品	Articles of iron or steel	86.61	30.63	126.53	23.50
74章 铜及其制品	Copper and articles thereof	6.28	39.76	10.87	42.37
75章 镍及其制品	Nickel and articles thereof	1.25	4.56	0.41	4.26
76章 铝及其制品	Aluminium and articles thereof	32.97	9.58	43.75	8.06
78章 铅及其制品	Lead and articles thereof		0.06	0.28	0.06
79章 锌及其制品	Zinc and articles thereof	0.25	1.37	0.37	0.30
80章 锡及其制品	Tin and articles thereof	0.14	0.04	0.69	0.05
81章 其他贱金属、金属陶瓷及其制品	Other base metals；cermets；articles thereof	7.61	2.04	15.24	1.54
82章 贱金属工具、器具、利口器、餐匙、餐叉及其零件	Tools，implements，cutlery，spoons and forks，of base metal；parts thereof of base metal	33.79	9.39	47.00	7.20
83章 贱金属杂项制品	Miscellaneous articles of base metal	28.51	8.83	40.74	6.40

6-21 续表 4 Continued 4

单位：亿美元
Unit: USD 100 million

商品分类	HS Section and Division	2020		2021	
		出口 Exports	进口 Imports	出口 Exports	进口 Imports
第十六类 机器、机械器具、电气设备及其零件；录音机及放声机、电视图像、声音的录制和重放设备及其零件、附件	**MACHINERY AND MECHANICAL APPLIANCES；ELECTRICAL EQUIPMENT；PARTS THEREOF；SOUND RECORDERS AND REPRODUCERS，TELEVISION IMAGE AND SOUND RECORDERS AND REPRODUCERS；AND PARTS AND CCESSORIES OF RECORDERS AND EPRODUCERS；AND PARTS AND ACCESSORIES OF SUCH ARTICLES**	**1771.04**	**786.94**	**2181.76**	**579.54**
84章 核反应堆、锅炉、机器、机械器具及其零件	Nuclear reactors，boilers，machinery and mechanical appliances；parts thereof	779.48	436.29	960.36	353.78
85章 电机、电气设备及其零件；录音机及放声机、电视图像、声音的录制和重放设备及其零件、附件	Electrical machinery and equipment and parts thereof；sound recorders and reproducers，television image and sound rccordcrs and rcproducers，and parts and accessories of such articles	991.56	350.64	1221.40	225.76
第十七类 车辆、航空器、船舶及有关运输设备	**VEHICLES，AIRCRAFT，VESSELS AND ASSOCIATED TRANSPORT EQUIPMENT**	**167.23**	**424.53**	**296.40**	**318.76**
86章 铁道及电车道机车、车辆及其零件；铁道及电车轨道固定装置及其零件、附件；各种机械(包括电动机械)交通信号设备	Railway or tramway locomotives，rolling-stock and parts thereof；railway or tramway track fixtures and fittings and parts thereof；mechanical(including electro- mechanical) traffic signalling equipment of all kinds	16.78	5.35	45.07	2.32
87章 车辆及其零件、附件，但铁道及电车道车辆除外	Vehicles other than railway or tramway rolling-stock，and parts and accessories thereof	119.88	359.31	199.62	245.21
88章 航空器、航天器及其零件	Aircraft，spacecraft，and parts thereof	5.89	59.65	10.70	71.01
89章 船舶及浮动结构体	Ships，boats and floating structures	24.68	0.22	41.00	0.22
第十八类 光学、照相、电影、计量、检验、医疗或外科用仪器及设备、精密仪器及设备；钟表；乐器；上述物品的零件、附件	**OPTICAL，PHOTOGRAPHIC，CINEMATOGRAPHIC，MEASURING，CHECKING，PRECISION，MEDICAL OR SURGICAL INSTRUMENTS AND APPARATUS；CLOCKS AND WATCHES；MUSICAL INSTRUMENTS；PARTS AND ACCESSORIES THEREOF**	**146.70**	**194.87**	**178.67**	**158.55**
90章 光学、照相、电影、计量、检验、医疗或外科用仪器及设备、精密仪器及设备；上述物品的零件、附件	Optical，photographic，cinematographic，measuring，checking，precision medical or surgical instruments and apparatus；parts and accessories thereof	138.90	193.06	169.46	157.25
91章 钟表及其零件	Clocks and watches and parts thereof	3.79	0.87	4.16	0.27
92章 乐器及其零件、附件	Musical instruments；parts and accessories of such articles	4.01	0.94	5.05	1.03
第十九类 武器、弹药及其零件、附件	**ARMS AND AMMUNITION；PARTS AND ACCESSORIES THEREOF**	**0.30**	**0.07**	**0.44**	**0.04**
93章 武器、弹药及其零件、附件	Arms and ammunition；parts and accessories thereof	0.30	0.07	0.44	0.04
第二十类 杂项制品	**MISCELLANEOUS MANUFACTURED ARTICLES**	**341.71**	**23.21**	**486.34**	**18.74**
94章 家具；寝具、褥垫、弹簧床垫、软坐垫及类似的填充制品；未列名灯具及照明装置；发光标志、发光名牌及类似品；活动房屋	Furniture；bedding，mattresses，mattress supports，cushions and similar stuffed furnishings；lamps and lighting fittings，not elsewhere specified or included；illuminated signs，illuminated	188.28	15.64	259.35	14.64
95章 玩具、游戏品、运动用品及其零件、附件	Toys，games and sports requisites；parts and accessories thereof	129.08	4.82	195.75	2.18
96章 杂项制品	Miscellaneous manufactured articles	24.35	2.75	31.24	1.93
第二十一类 艺术品、收藏品及古物	**WORKS OF ART，COLLECTORS' PIECES AND ANTIQUES**	**0.74**	**1.28**	**8.25**	**3.47**
97章 艺术品、收藏品及古物	Works of art，collectors' pieces and antiques	0.74	1.2789	8.25	3.475
第二十二类 特殊交易品及未分类商品	**COMMODITIES AND TRANSACTIONS NOT CLASSIFIED ACCORDING TO KIND**	**46.84**	**2.55**	**64.16**	**1.25**
98章 特殊交易品及未分类商品	Commodities and transactions not classified according to kind	45.33	2.55	64.16	1.25
99章 跨境电商B2B简化申报商品	Simplified Declaration of Cross-border E-commerce B2B Commodities	1.50			

6-22 对美国进出口商品分类金额

Value of Exports and Imports from United States by HS

单位：亿美元

Unit: USD 100 million

商品分类	HS Section and Division	2020 出口 Exports	2020 进口 Imports	2021 出口 Exports	2021 进口 Imports
总　额	**Total**	**4517.29**	**1352.51**	**5760.75**	**1797.01**
第一类　活动物；动物产品	**LIVE ANIMALS；ANIMAL PRODUCTS**	**13.14**	**44.72**	**13.98**	**59.63**
01章　活动物	Live animals	0.03	0.17	0.04	0.47
02章　肉及食用杂碎	Meat and edible meat offal	0.03	31.30	0.03	41.13
03章　鱼、甲壳动物、软体动物及其他水生无脊椎动物	Fish and crustaceans molluscs and other aquatic invertebrates	10.89	7.77	11.20	9.75
04章　乳品；蛋品；天然蜂蜜；其他食用动物产品	Dairy produce；birds' eggs；natural honey；edible products of animal origin，not elsewhere specified or included	0.16	3.13	0.18	4.85
05章　其他动物产品	Products of animal origin，not elsewhere specified or included	2.03	2.35	2.53	3.44
第二类　植物产品	**VEGETABLE PRODUCTS**	**15.32**	**147.10**	**18.14**	**275.24**
06章　活树及其他活植物；鳞茎、根及类似品；插花及装饰用簇叶	Live tree and other plants；bulbs，roots and the like; cut flowers and ornamental foliage	0.52	0.07	0.86	0.08
07章　食用蔬菜、根及块茎	Edible vegetables and certain roots and tubers	5.45	0.61	6.06	0.48
08章　食用水果及坚果；甜瓜或柑桔属水果的果皮	Edible fruit and nuts； peel of citrus fruit or melons	1.88	7.26	2.35	10.21
09章　咖啡、茶、马黛茶及调味香料	Coffee，tea，mate and spices	2.16	0.15	2.31	0.17
10章　谷物	Cereals	0.02	24.48	0.01	85.78
11章　制粉工业产品；麦芽；淀粉；菊粉；面筋	Products of the milling industry；malt；starches；inulin；wheat gluten	0.14	0.10	0.23	0.08
12章　含油子仁及果实；杂项子仁及果实；工业用或药用植物；稻草、秸秆及饲料	Oil seeds and oleaginous fruits；miscellaneous grains，seeds and fruit；industrial or medicinal plants；straw and fodder	1.28	114.19	1.50	178.11
13章　虫胶；树胶、树脂及其他植物液、汁	Lac；gums，resins and other vegetable saps and extracts	3.74	0.18	4.66	0.24
14章　编结用植物材料；其他植物产品	Vegetable plaiting materials；vegetable products not elsewhere specified or included	0.13	0.06	0.15	0.09
第三类　动、植物油、脂及其分解产品；精制的食用油脂；动、植物蜡	**ANIMAL OR VEGETABLE FATS AND OILS AND THEIR CLEAVAGE PRODUCTS；PREPARED EDIBLE FATS；ANIMAL OR VEGETABLE WAXES**	**0.92**	**1.33**	**1.10**	**1.33**
15章　动、植物油、脂及其分解产品；精制的食用油脂；动、植物蜡	Animal or vegetable fats and oils and their cleavage products；prepared edible fats；animal or vegetable waxes	0.92	1.33	1.10	1.33
第四类　食品；饮料、酒及醋；烟草、烟草及烟草代用品的制品	**PREPARED FOODSTUFFS；BEVERAGES, SPIRITS AND VINEGAR；TOBACCO AND MANUFACTURED TOBACCO SUBSTITUTES**	**33.17**	**21.13**	**39.01**	**29.18**
16章　肉、鱼、甲壳动物、软体动物及其他水生无脊椎动物的制品	Preparations of meat，of fish or of crustaceans，molluscs or other aquatic invertebrates	9.60	0.02	12.70	0.03
17章　糖及糖食	Sugars and sugar confectionery	2.00	1.02	2.41	1.40
18章　可可及可可制品	Cocoa and cocoa preparations	0.17	0.29	0.41	0.48
19章　谷物、粮食粉、淀粉或乳的制品；糕饼点心	Preparations of cereals，flour，starch or milk；pastry-cooks' products	2.20	1.36	2.46	0.80

单位：亿美元
Unit: USD 100 million

商品分类	HS Section and Division	2020 出口 Exports	2020 进口 Imports	2021 出口 Exports	2021 进口 Imports
20章 蔬菜、水果、坚果或植物其他部分的制品	Preparations of vegetables, fruit, nuts or other parts of plants	9.37	2.26	8.93	3.37
21章 杂项食品	Miscellaneous edible preparations	6.20	8.73	7.36	9.88
22章 饮料、酒及醋	Beverages, spirits and vinegar	0.34	1.61	0.49	4.23
23章 食品工业的残渣及废料；配制的动物饲料	Residues and waste from the food industries; prepared animal fodder	3.25	5.83	4.24	7.18
24章 烟草及烟草代用品的制品	Tobacco and manufactured tobacco substitutes	0.04			1.81
第五类 矿产品	**MINERAL PRODUCTS**	**4.76**	**112.51**	**8.19**	**243.10**
25章 盐；硫磺；泥土及石料；石膏料、石灰及水泥	Salt; sulphur; earths and stone; plastering materials, lime and cement	1.67	3.59	3.15	6.15
26章 矿砂、矿渣及矿灰	Ores, slag and ash	0.07	8.80	0.19	23.09
27章 矿物燃料、矿物油及其蒸馏产品；沥青物质；矿物蜡	Mineral fuels, mineral oils and products of their distillation; bituminous substances; mineral waxes	3.02	100.12	4.86	213.85
第六类 化学工业及其相关工业的产品	**PRODUCTS OF THE CHEMICAL OR INDUSTRIES ALLIED**	**158.72**	**171.80**	**199.64**	**210.07**
28章 无机化学品；贵金属、稀土金属、放射性元素及其同位素的有机及无机化合物	Inorganic chemicals; organic or inorganic compounds of precious metals, of rare- earth metals, of radioactive elements or of isotopes	7.99	8.14	11.87	10.87
29章 有机化学品	Organic chemicals	73.53	31.76	104.87	40.67
30章 药品	Pharmaceutical products	24.10	49.35	28.38	62.44
31章 肥料	Fertilizers	0.12	0.35	0.08	0.18
32章 鞣料浸膏及染料浸膏；鞣酸及其衍生物；染料、颜料及其他着色料；油漆及清漆；油灰及其他类似胶粘剂；墨水、油墨	Tanning or dyeing extracts; tannins and their derivatives; dyes, pigments and other colouring matter; paints and varnishes; putty and other mastics; inks	4.03	3.45	4.64	4.36
33章 精油及香膏；芳香料制品及化妆盥洗品	Essential oils and retinoid; perfumery, cosmetic or toilet preparations	11.14	22.90	13.58	25.14
34章 肥皂、有机表面活性剂、洗涤剂、润滑剂、人造蜡、调制蜡、光洁剂、蜡烛及类似品、塑型用膏、"牙科用蜡"及牙科用熟石膏制剂	Soap, organic surface-active agents, washing preparations, lubricating preparations, artificial waxes, prepared waxes, polishing or scouring preparations, candles and similar articles, modelling pastes, "dental waxes" and dental preparations with a basis of plast	8.33	7.69	6.06	10.12
35章 蛋白类物质；改性淀粉；胶；酶	Albuminoidal substances; modified starches; glues; enzymes	2.98	4.83	3.56	5.61
36章 炸药；烟火制品；火柴；引火合金；易燃材料制品	Explosives; pyrotechnic products; matches; pyrophoric alloys; certain combustible preparations	2.86	0.27	4.98	0.28
37章 照相及电影用品	Photographic or cinematographic goods	0.10	5.12	0.14	5.95
38章 杂项化学产品	Miscellaneous chemical products	23.52	37.94	21.47	44.45
第七类 塑料及其制品，橡胶及其制品	**PLASTICS AND ARTICLES THEREOF RUBBER AND ARTICLES THEREOF**	**244.20**	**72.42**	**327.54**	**80.58**
39章 塑料及其制品	Plastics and articles thereof	217.79	65.08	279.03	73.32
40章 橡胶及其制品	Rubber and articles thereof	26.41	7.34	48.51	7.25
第八类 生皮、皮革、毛皮及其制品；鞍具及挽具；旅行用品、手提包及类似品；动物肠线(蚕胶丝除外)制品	**RAW HIDES AND SKINS, LEATHER, FUR SKINS AND ARTICLES THEREOF; SADDLERY AND HARNESS; TRAVEL GOODS, HANDBAGS AND SIMILAR CONTAINERS; ARTICLES OF ANIMAL GUT(OTHER THAN SILK-WORM GUT)**	**40.47**	**5.55**	**64.19**	**7.62**
41章 生皮(毛皮除外)及皮革	Raw hides and skins(other than fur skins) and leather	0.10	4.99	0.09	7.02

单位：亿美元
Unit: USD 100 million

商品分类	HS Section and Division	2020 出口 Exports	2020 进口 Imports	2021 出口 Exports	2021 进口 Imports
42章 皮革制品；鞍具及挽具；旅行用品、手提包及类似容器；动物肠线(蚕胶丝除外)制品	Articles of leather；saddlery and harness；travel goods，hand bags and similar containers；articles of animal gut (other than silk-worm gut)	40.14	0.55	63.77	0.59
43章 毛皮、人造毛皮及其制品	Fur skins and artificial fur；manufactures thereof	0.23	0.02	0.33	0.01
第九类 木及木制品；木炭；软木及软木制品；稻草，秸秆、针茅或其他编结材料制品；篮筐及柳条编结品	**WOOD AND ARTICLES OF WOOD；WOOD CHAR-COAL；CORK AND ARTICLES OF CORK；MANUFACTURES OF STRAW，OF ESPARTO OR OF OTHER PLAITING MATERIALS；BASKET WARE AND WICKERWORK**	**32.88**	**14.55**	**45.39**	**19.67**
44章 木及木制品；木炭	Wood and articles of wood；wood charcoal	28.96	14.55	39.09	19.66
45章 软木及软木制品	Cork and articles of cork	0.05		0.07	
46章 稻草、秸秆、针茅或其他编结材料制品；篮筐及柳条编结品	Manufactures of straw，of esparto or of other plaiting Materials；basket ware and wickerwork	3.87		6.23	
第十类 木浆及其他纤维状纤维素浆；纸及纸板的废碎品；纸、纸板及其制品	**PULP OF WOOD OR OF OTHER FIBROUS CELLULOSIC MATERIAL；WASTE AND SCRAP OF PAPER OR PAPERBOARD；PAPER AND PAPERBOARD AND ARTICLES THEREOF**	**41.66**	**35.16**	**53.49**	**31.63**
47章 木浆及其他纤维状纤维素浆；纸及纸板的废碎品	Pulp of wood or of other fibrous cellulosic material；waste and scrap of paper or paperboard	0.03	21.04	0.03	16.83
48章 纸及纸板；纸浆、纸或纸板制品	Paper and paperboard；articles of paper pulp，of paper or paperboard	29.03	8.65	36.69	8.00
49章 书籍、报纸、印刷图画及其他印制品；手稿、打字稿及设计图纸	Printed books，newspapers，pictures and other products of the printing industry；manuscripts，typescripts and plans	12.60	5.47	16.77	6.80
第十一类 纺织原料及纺织制品	**TEXTILES AND TEXTILE ARTICLES**	**505.94**	**22.34**	**516.52**	**22.09**
50章 蚕丝	Silk	0.13		0.16	
51章 羊毛、动物细毛或粗毛；马毛纱线及其机织物	Wool，fine or coarse animal hair；horsehair yarn and woven fabric	0.52	0.03	0.48	0.09
52章 棉花	Cotton	2.12	16.06	1.42	16.03
53章 其他植物纺织纤维；纸纱线及其机织物	Other vegetable textile fibres；paper yarn and woven fabrics of paper yarn	0.17		0.27	
54章 化学纤维长丝	Man-made filaments	4.25	0.94	5.02	1.07
55章 化学纤维短纤	Man-made short fibres	2.61	0.63	2.88	0.90
56章 絮胎、毡呢及无纺织物；特种纱线；线、绳、索、缆及其制品	Wadding，felt and nonwoven；special yarns；twine，cordage，ropes and cables and articles thereof	8.96	2.00	9.40	2.03
57章 地毯及纺织材料的其他铺地制品	Carpets and other textile floor coverings	5.56	0.05	7.21	0.06
58章 特种机织物；簇绒织物；花边；装饰毯；装饰带；刺绣品	Special woven fabrics；tufted textile fabrics；lace；tapestries；trimmings；embroidery	2.83	0.13	3.58	0.16
59章 浸渍、涂布、包覆或层压的纺织物；工业用纺织制品	Impregnated，coated，covered or laminated textile fabrics；textile articles of a kind suitable for industrial use	4.08	0.76	5.13	0.86
60章 针织物及钩编织物	Knitted or crocheted fabrics	4.34	0.08	5.26	0.10
61章 针织或钩编的服装及衣着附件	Articles of apparel and clothing accessories，Knitted or crocheted	141.39	0.36	216.41	0.29
62章 非针织或非钩编的服装及衣着附件	Articles of apparel and clothing accessories，not knitted or crocheted	112.01	0.56	130.87	0.32

6–22 续表 3 Continued 3

单位：亿美元
Unit: USD 100 million

商品分类	HS Section and Division	2020 出口 Exports	2020 进口 Imports	2021 出口 Exports	2021 进口 Imports
63章 其他纺织制成品；成套物品；旧衣着及旧纺织品；碎织物	Other made up textile articles；sets；worn clothing and worn textile articles；rags articles；rags	216.98	0.74	128.45	0.19
第十二类 鞋、帽、伞、杖、鞭及其零件；已加工的羽毛及其制品；人造花；人发制品	**FOOTWEAR，HEADGEAR，UMBRELLAS，SUN UMBRELLAS，WALKING-STICKS，SEAT-STICKS，WHIPS，RIDING-CROPS AND PARTS THEREOF；PREPARED FEATHERS AND ARTICLES MADE THEREWITH；ARTIFICIAL FLOWERS；ARTICLES OF HUMAN HAIR**	**123.72**	**1.59**	**204.46**	**1.21**
64章 鞋靴、护腿和类似品及其零件	Footwear，gaiters and the like；parts of such articles	77.47	1.46	121.26	1.08
65章 帽类及其零件	Headgear and parts thereof	10.50	0.06	15.75	0.06
66章 雨伞、阳伞、手杖、鞭子、马鞭及其零件	Umbrellas，sun umbrellas，walking-sticks，seat-sticks，whips，riding-crops and parts thereof	4.82		7.49	
67章 已加工羽毛、羽绒及其制品；人造花；人发制品	Prepared feathers and down and articles made of feathers or of down；artificial flowers；articles of human hair	30.93	0.08	59.97	0.07
第十三类 石料、石膏、水泥、石棉、云母及类似材料的制品；陶瓷产品；玻璃及其制品	**ARTICLES OF STONE，PLASTER，CEMENT，ASBESTOS，MICA OR SIMILAR MATERIALS；CERAMIC PRODUCTS；GLASS AND GLASSWARE**	**73.18**	**13.00**	**108.57**	**15.24**
68章 石料、石膏、水泥、石棉、云母及类似材料的制品	Articles of stone，plaster，cement，asbestos，mica or similar materials；ceramic products；glass and glassware	13.09	2.45	17.99	2.97
69章 陶瓷产品	Ceramic products	30.34	2.05	48.62	2.47
70章 玻璃及其制品	Glass and glassware	29.75	8.50	41.97	9.80
第十四类 天然或养殖珍珠、宝石或半宝石、贵金属、包贵金属及其制品；仿首饰；硬币	**NATURAL OR CULTURED PEARLS，PRECIOUS OR SEMI-PRECIOUS STONES，PRECIOUS METALS，METALS CLAD WITH PRECIOUS METAL AND STONES，PRECIOUS METALS，METALS CLAD WITH PRECIOUS METAL AND ARTICLES THEREOF；IMITATION JEWELLERY；COIN**	**14.23**	**7.14**	**26.19**	**10.82**
71章 天然或养殖珍珠、宝石或半宝石、贵金属、包贵金属及其制品；仿首饰；硬币	Natural or cultured pearls，precious or semi-precious stones，precious metals，metals clad with precious metal and articles thereof；imitation jewellery；coin	14.23	7.14	26.19	10.82
第十五类 贱金属及其制品	**BASE METALS AND ARTICLES OF BASE METAL**	**229.81**	**37.13**	**334.67**	**51.72**
72章 钢铁	Iron and steel	3.94	4.15	8.74	3.04
73章 钢铁制品	Articles of iron or steel	110.32	9.54	162.34	10.98
74章 铜及其制品	Copper and articles thereof	3.40	7.67	6.30	21.70
75章 镍及其制品	Nickel and articles thereof	0.11	3.31	0.19	4.20
76章 铝及其制品	Aluminium and articles thereof	29.63	5.50	43.90	4.10
78章 铅及其制品	Lead and articles thereof	0.01	0.03	0.87	0.04
79章 锌及其制品	Zinc and articles thereof	0.35	0.29	0.36	0.24
80章 锡及其制品	Tin and articles thereof	0.01	0.02	0.02	0.03
81章 其他贱金属、金属陶瓷及其制品	Other base metals；cermets；articles thereof	3.14	2.98	4.38	3.22
82章 贱金属工具、器具、利口器、餐匙、餐叉及其零件	Tools，implements，cutlery，spoons and forks，of base metal；parts thereof of base metal	39.33	2.12	53.51	2.35
83章 贱金属杂项制品	Miscellaneous articles of base metal	39.57	1.53	54.06	1.83

单位：亿美元
Unit: USD 100 million

商品分类	HS Section and Division	2020		2021	
		出口 Exports	进口 Imports	出口 Exports	进口 Imports
第十六类 机器、机械器具、电气设备及其零件；录音机及放声机、电视图像、声音的录制和重放设备及其零件、附件	**MACHINERY AND MECHANICAL APPLIANCES；ELECTRICAL EQUIPMENT；PARTS THEREOF；SOUND RECORDERS AND REPRODUCERS，TELEVISION IMAGE AND SOUND RECORDERS AND REPRODUCERS；AND PARTS AND CCESSORIES OF RECORDERS AND EPRODUCERS；AND PARTS AND ACCESSORIES OF SUCH ARTICLES**	**2066.10**	**379.07**	**2486.57**	**421.80**
84章 核反应堆、锅炉、机器、机械器具及其零件	Nuclear reactors，boilers，machinery and mechanical appliances；parts thereof	950.63	169.78	1139.39	196.78
85章 电机、电气设备及其零件；录音机及放声机、电视图像、声音的录制和重放设备及其零件、附件	Electrical machinery and equipment and parts thereof；sound recorders and reproducers，television image and sound recorders and reproducers，and parts and accessories of such articles	1115.47	209.29	1347.18	225.01
第十七类 车辆、航空器、船舶及有关运输设备	**VEHICLES，AIRCRAFT，VESSELS AND ASSOCIATED TRANSPORT EQUIPMENT**	**170.57**	**136.60**	**258.29**	**169.76**
86章 铁道及电车道机车、车辆及其零件；铁道及电车轨道固定装置及其零件、附件；各种机械(包括电动机械)交通信号设备	Railway or tramway locomotives，rolling-stock and parts thereof；railway or tramway track fixtures and fittings and parts thereof；mechanical(including electro-mechanical) traffic signalling equipment of all kinds	24.14	0.19	59.60	0.45
87章 车辆及其零件、附件，但铁道及电车道车辆除外	Vehicles other than railway or tramway rolling-stock，and parts and accessories thereof	140.12	108.88	190.84	138.37
88章 航空器、航天器及其零件	Aircraft，spacecraft，and parts thereof	4.60	27.43	5.60	30.64
89章 船舶及浮动结构体	Ships，boats and floating structures	1.71	0.11	2.25	0.29
第十八类 光学、照相、电影、计量、检验、医疗或外科用仪器及设备、精密仪器及设备；钟表；乐器；上述物品的零件、附件	**OPTICAL，PHOTOGRAPHIC，CINEMATOGRAPHIC，MEASURING，CHECKING，PRECISION，MEDICAL OR SURGICAL INSTRUMENTS AND APPARATUS；CLOCKS AND WATCHES；MUSICAL INSTRUMENTS；PARTS AND ACCESSORIES THEREOF**	**119.44**	**118.28**	**144.77**	**129.01**
90章 光学、照相、电影、计量、检验、医疗或外科用仪器及设备、精密仪器及设备；上述物品的零件、附件	Optical，photographic，cinematographic，measuring，checking，precision medical or surgical instruments and apparatus；parts and accessories thereof	109.61	117.93	132.61	128.55
91章 钟表及其零件	Clocks and watches and parts thereof	4.49	0.12	5.33	0.11
92章 乐器及其零件、附件	Musical instruments；parts and accessories of such articles	5.33	0.23	6.83	0.35
第十九类 武器、弹药及其零件、附件	**ARMS AND AMMUNITION；PARTS AND ACCESSORIES THEREOF**	**1.19**		**2.15**	
93章 武器、弹药及其零件、附件	Arms and ammunition；parts and accessories thereof	1.19		2.15	
第二十类 杂项制品	**MISCELLANEOUS MANUFACTURED ARTICLES**	**569.82**	**4.57**	**817.36**	**4.14**
94章 家具；寝具、褥垫、弹簧床垫、软坐垫及类似的填充制品；未列名灯具及照明装置；发光标志、发光名牌及类似品；活动房屋	Furniture；bedding，mattresses，mattress supports，cushions and similar stuffed furnishings；lamps and lighting fittings，not elsewhere specified or included；illuminated signs，illuminated	294.332	1.8	392.14	1.8
95章 玩具、游戏品、运动用品及其零件、附件	Toys，games and sports requisites；parts and accessories thereof	232.72	1.82	370.54	1.32
96章 杂项制品	Miscellaneous manufactured articles	42.77	1.00	54.68	1.00
第二十一类 艺术品、收藏品及古物	**WORKS OF ART，COLLECTORS' PIECES AND ANTIQUES**	**0.68**	**0.45**	**1.20**	**5.34**
97章 艺术品、收藏品及古物	Works of art，collectors' pieces and antiques	0.68	0.45	1.20	5.34
第二十二类 特殊交易品及未分类商品	**COMMODITIES AND TRANSACTIONS NOT CLASSIFIED ACCORDING TO KIND**	**57.38**	**6.05**	**79.48**	**1.06**
98章 特殊交易品及未分类商品	Commodities and transactions not classified according to kind	56.72	6.05	79.48	1.06
99章 跨境电商B2B简化申报商品	Simplified Declaration of Cross-border E-commerce B2B Commodities	0.66			

6-23 对日本进出口商品分类金额

Value of Exports and Imports from Japan by HS

单位：亿美元

Unit: USD 100 million

商品分类	HS Section and Division	2020		2021	
		出口 Exports	进口 Imports	出口 Exports	进口 Imports
总　额	**Total**	**1426.19**	**1746.61**	**1658.14**	**2055.03**
第一类　活动物；动物产品	**LIVE ANIMALS；ANIMAL PRODUCTS**	**20.20**	**2.29**	**20.19**	**4.05**
01章　活动物	Live animals	0.01	0.04	0.01	0.03
02章　肉及食用杂碎	Meat and edible meat offal	0.02		0.02	
03章　鱼、甲壳动物、软体动物及其他水生无脊椎动物	Fish and crustaceans molluscs and other aquatic invertebrates	17.23	2.16	17.43	3.91
04章　乳品；蛋品；天然蜂蜜；其他食用动物产品	Dairy produce；birds' eggs；natural honey；edible products of animal origin，not elsewhere specified or included	0.98	0.01	0.92	
05章　其他动物产品	Products of animal origin，not elsewhere specified or included	1.96	0.09	1.81	0.10
第二类　植物产品	**VEGETABLE PRODUCTS**	**22.17**	**1.75**	**23.81**	**1.65**
06章　活树及其他活植物；鳞茎、根及类似品；插花及装饰用簇叶	Live tree and other plants；bulbs，roots and the like；cut flowers and ornamental foliage	1.17	0.65	1.28	0.32
07章　食用蔬菜、根及块茎	Edible vegetables and certain roots and tubers	11.86		12.88	
08章　食用水果及坚果；甜瓜或柑桔属水果的果皮	Edible fruit and nuts；peel of citrus fruit or melons	1.17	0.02	1.27	0.03
09章　咖啡、茶、马黛茶及调味香料	Coffee，tea，mate and spices	1.78	0.19	1.93	0.26
10章　谷物	Cereals	0.62	0.03	0.62	0.02
11章　制粉工业产品；麦芽；淀粉；菊粉；面筋	Products of the milling industry；malt；starches；inulin；wheat gluten	0.32	0.16	0.48	0.23
12章　含油子仁及果实；杂项子仁及果实；工业用或药用植物；稻草、秸秆及饲料	Oil seeds and oleaginous fruits；miscellaneous grains，seeds and fruit；industrial or medicinal plants；straw and fodder	3.19	0.65	3.10	0.73
13章　虫胶；树胶、树脂及其他植物液、汁	Lac；gums，resins and other vegetable saps and extracts	1.85	0.05	2.03	0.05
14章　编结用植物材料；其他植物产品	Vegetable plaiting materials；vegetable products not elsewhere specified or included	0.19		0.21	
第三类　动、植物油、脂及其分解产品；精制的食用油脂；动、植物蜡	**ANIMAL OR VEGETABLE FATS AND OILS AND THEIR CLEAVAGE PRODUCTS；PREPARED EDIBLE FATS；ANIMAL OR VEGETABLE WAXES**	**0.34**	**0.08**	**0.48**	**0.09**
15章　动、植物油、脂及其分解产品；精制的食用油脂；动、植物蜡	Animal or vegetable fats and oils and their cleavage products；prepared edible fats；animal or vegetable waxes	0.34	0.08	0.48	0.09
第四类　食品；饮料、酒及醋；烟草、烟草及烟草代用品的制品	**PREPARED FOODSTUFFS；BEVERAGES, SPIRITS AND VINEGAR；TOBACCO AND MANUFACTURED TOBACCO SUBSTITUTES**	**52.49**	**8.44**	**56.87**	**10.15**
16章　肉、鱼、甲壳动物、软体动物及其他水生无脊椎动物的制品	Preparations of meat，of fish or of crustaceans，molluscs or other aquatic invertebrates	25.17	0.35	27.68	0.33
17章　糖及糖食	Sugars and sugar confectionery	0.16	0.40	0.23	0.54
18章　可可及可可制品	Cocoa and cocoa preparations	0.19	0.17	0.17	0.24
19章　谷物、粮食粉、淀粉或乳的制品；糕饼点心	Preparations of cereals，flour，starch or milk；pastry-cooks' products	2.21	1.65	2.20	1.59

6-23 续表 1 Continued 1

单位：亿美元
Unit: USD 100 million

商品分类	HS Section and Division	2020		2021	
		出口 Exports	进口 Imports	出口 Exports	进口 Imports
20章 蔬菜、水果、坚果或植物其他部分的制品	Preparations of vegetables, fruit，nuts or other parts of plants	16.14	0.14	16.69	0.14
21章 杂项食品	Miscellaneous edible preparations	2.25	3.26	2.39	4.03
22章 饮料、酒及醋	Beverages，spirits and vinegar	0.50	1.95	0.48	2.82
23章 食品工业的残渣及废料；配制的动物饲料	Residues and waste from the food industries；prepared animal fodder	5.76	0.17	6.94	0.20
24章 烟草及烟草代用品的制品	Tobacco and manufactured tobacco substitutes	0.11	0.34	0.10	0.26
第五类 矿产品	**MINERAL PRODUCTS**	**22.96**	**14.18**	**46.47**	**16.11**
25章 盐；硫磺；泥土及石料；石膏料、石灰及水泥	Salt；sulphur；earths and stone；plastering materials，lime and cement	4.48	2.49	5.84	2.91
26章 矿砂、矿渣及矿灰	Ores，slag and ash	9.84	0.00	24.67	0.02
27章 矿物燃料、矿物油及其蒸馏产品；沥青物质；矿物蜡	Mineral fuels，mineral oils and products of their distillation; bituminous substances; mineral waxes	8.64	11.70	15.96	13.18
第六类 化学工业及其相关工业的产品	**PRODUCTS OF THE CHEMICAL OR INDUSTRIES ALLIED**	**76.02**	**205.06**	**106.93**	**259.68**
28章 无机化学品；贵金属、稀土金属、放射性元素及其同位素的有机及无机化合物	Inorganic chemicals；organic or inorganic compounds of precious metals，of rare- earth metals, of radioactive elements or of isotopes	19.16	9.21	32.95	14.01
29章 有机化学品	Organic chemicals	30.45	45.61	42.10	58.05
30章 药品	Pharmaceutical products	2.98	13.11	3.19	17.29
31章 肥料	Fertilizers	2.82	0.11	4.05	0.11
32章 鞣料浸膏及染料浸膏；鞣酸及其衍生物；染料、颜料及其他着色料；油漆及清漆；油灰及其他类似胶粘剂；墨水、油墨	Tanning or dyeing extracts；tannins and their derivatives；dyes，pigments and other colouring matter；paints and varnishes；putty and other mastics；inks	2.27	13.81	2.86	15.85
33章 精油及香膏； 芳香料制品及化妆盥洗品	Essential oils and retinoid；perfumery，cosmetic or toilet preparations	3.77	48.80	4.27	56.46
34章 肥皂、有机表面活性剂、洗涤剂、润滑剂、人造蜡、调制蜡、光洁剂、蜡烛及类似品、塑型用膏、“牙科用蜡”及牙科用熟石膏制剂	Soap，organic surface-active agents，washing preparations，lubricating preparations，artificial waxes，prepared waxes，polishing or scouring preparations，candles and similar articles，modelling pastes，“dental waxes” and dental preparations with a basis of plast	3.26	13.64	3.05	21.90
35章 蛋白类物质；改性淀粉；胶；酶	Albuminoidal substances；modified starches；glues；enzymes	1.52	9.08	1.67	10.83
36章 炸药；烟火制品；火柴；引火合金；易燃材料制品	Explosives；pyrotechnic products；matches；pyrophoric alloys；certain combustible preparations	0.17	0.08	0.22	0.08
37章 照相及电影用品	Photographic or cinematographic goods	0.66	13.08	0.66	16.76
38章 杂项化学产品	Miscellaneous chemical products	8.97	38.51	11.92	48.35
第七类 塑料及其制品，橡胶及其制品	**PLASTICS AND ARTICLES THEREOF RUBBER AND ARTICLES THEREOF**	**58.91**	**114.52**	**72.71**	**134.70**
39章 塑料及其制品	Plastics and articles thereof	50.85	101.11	62.32	118.45
40章 橡胶及其制品	Rubber and articles thereof	8.06	13.41	10.39	16.26
第八类 生皮、皮革、毛皮及其制品；鞍具及挽具；旅行用品、手提包及类似品；动物肠线(蚕胶丝除外)制品	**RAW HIDES AND SKINS，LEATHER，FUR SKINS AND ARTICLES THEREOF；SADDLERY AND HARNESS；TRAVEL GOODS，HANDBAGS AND SIMILAR CONTAINERS；ARTICLES OF ANIMAL GUT(OTHER THAN SILK-WORM GUT)**	**20.29**	**0.38**	**24.84**	**0.46**
41章 生皮(毛皮除外)及皮革	Raw hides and skins(other than fur skins) and leather	0.08	0.17	0.10	0.19

单位：亿美元
Unit: USD 100 million

商品分类	HS Section and Division	2020 出口 Exports	2020 进口 Imports	2021 出口 Exports	2021 进口 Imports
42章 皮革制品；鞍具及挽具；旅行用品、手提包及类似容器；动物肠线(蚕胶丝除外)制品	Articles of leather；saddlery and harness；travel goods, hand bags and similar containers；articles of animal gut (other than silk-worm gut)	20.07	0.21	24.59	0.27
43章 毛皮、人造毛皮及其制品	Fur skins and artificial fur；manufactures thereof	0.14		0.16	
第九类 木及木制品；木炭；软木及软木制品；稻草，秸秆、针茅或其他编结材料制品；篮筐及柳条编结品	**WOOD AND ARTICLES OF WOOD；WOOD CHAR-COAL；CORK AND ARTICLES OF CORK；MANUFACTURES OF STRAW，OF ESPARTO OR OF OTHER PLAITING MATERIALS；BASKET WARE AND WICKERWORK**	**12.81**	**1.79**	**15.75**	**2.37**
44章 木及木制品；木炭	Wood and articles of wood；wood charcoal	11.01	1.78	14.00	2.36
45章 软木及软木制品	Cork and articles of cork	0.01		0.02	
46章 稻草、秸秆、针茅或其他编结材料制品；篮筐及柳条编结品	Manufactures of straw，of esparto or of other plaiting Materials；basket ware and wickerwork	1.78	0.01	1.73	0.01
第十类 木浆及其他纤维状纤维素浆；纸及纸板的废碎品；纸、纸板及其制品	**PULP OF WOOD OR OF OTHER FIBROUS CELLULOSIC MATERIAL；WASTE AND SCRAP OF PAPER OR PAPERBOARD；PAPER AND PAPERBOARD AND ARTICLES THEREOF**	**13.66**	**11.52**	**14.41**	**11.91**
47章 木浆及其他纤维状纤维素浆；纸及纸板的废碎品	Pulp of wood or of other fibrous cellulosic material；waste and scrap of paper or paperboard	0.11	3.42	0.17	1.86
48章 纸及纸板；纸浆、纸或纸板制品	Paper and paperboard；articles of paper pulp，of paper or paperboard	12.39	7.03	13.05	8.74
49章 书籍、报纸、印刷图画及其他印制品；手稿、打字稿及设计图纸	Printed books，newspapers，pictures and other products of the printing industry；manuscripts，typescripts and plans	1.15	1.07	1.19	1.32
第十一类 纺织原料及纺织制品	**TEXTILES AND TEXTILE ARTICLES**	**207.66**	**21.97**	**192.81**	**23.81**
50章 蚕丝	Silk	0.37	0.04	0.50	0.05
51章 羊毛、动物细毛或粗毛；马毛纱线及其机织物	Wool，fine or coarse animal hair；horsehair yarn and woven fabric	1.16	0.67	0.89	0.69
52章 棉花	Cotton	0.90	1.15	0.97	1.09
53章 其他植物纺织纤维；纸纱线及其机织物	Other vegetable textile fibres；paper yarn and woven fabrics of paper yarn	0.30	0.07	0.33	0.06
54章 化学纤维长丝	Man-made filaments	1.93	5.15	2.65	6.23
55章 化学纤维短纤	Man-made short fibres	0.84	3.14	1.01	3.18
56章 絮胎、毡呢及无纺织物；特种纱线；线、绳、索、缆及其制品	Wadding，felt and nonwoven；special yarns；twine，cordage，ropes and cables and articles thereof	5.54	3.80	5.51	4.43
57章 地毯及纺织材料的其他铺地制品	Carpets and other textile floor coverings	3.51	0.09	3.91	0.11
58章 特种机织物；簇绒织物；花边；装饰毯；装饰带；刺绣品	Special woven fabrics；tufted textile fabrics；lace；tapestries；trimmings；embroidery	0.64	0.84	0.83	0.88
59章 浸渍、涂布、包覆或层压的纺织物；工业用纺织制品	Impregnated，coated，covered or laminated textile fabrics；textile articles of a kind suitable for industrial use	1.69	2.83	2.11	3.09
60章 针织物及钩编织物	Knitted or crocheted fabrics	0.40	1.73	0.57	1.83
61章 针织或钩编的服装及衣着附件	Articles of apparel and clothing accessories，Knitted or crocheted	67.93	0.61	77.22	0.82
62章 非针织或非钩编的服装及衣着附件	Articles of apparel and clothing accessories，not knitted or crocheted	60.87	0.85	61.00	1.00

6-23 续表 3 Continued 3

单位：亿美元
Unit: USD 100 million

商品分类	HS Section and Division	2020 出口 Exports	2020 进口 Imports	2021 出口 Exports	2021 进口 Imports
63章 其他纺织制成品；成套物品；旧衣着及旧纺织品；碎织物	Other made up textile articles；sets；worn clothing and worn textile articles；rags articles；rags	61.57	0.99	35.31	0.35
第十二类 鞋、帽、伞、杖、鞭及其零件；已加工的羽毛及其制品；人造花；人发制品	**FOOTWEAR，HEADGEAR，UMBRELLAS，SUN UMBRELLAS，WALKING-STICKS，SEAT-STICKS，WHIPS，RIDING-CROPS AND PARTS THEREOF；PREPARED FEATHERS AND ARTICLES MADE THEREWITH；ARTIFICIAL FLOWERS；ARTICLES OF HUMAN HAIR**	**23.80**	**0.65**	**27.82**	**0.69**
64章 鞋靴、护腿和类似品及其零件	Footwear，gaiters and the like；parts of such articles	17.98	0.20	21.09	0.22
65章 帽类及其零件	Headgear and parts thereof	2.57	0.37	2.73	0.42
66章 雨伞、阳伞、手杖、鞭子、马鞭及其零件	Umbrellas，sun umbrellas，walking-sticks，seat-sticks，whips，riding-crops and parts thereof	1.77	0.01	1.73	
67章 已加工羽毛、羽绒及其制品；人造花；人发制品	Prepared feathers and down and articles made of feathers or of down；artificial flowers；articles of human hair	1.48	0.08	2.27	0.06
第十三类 石料、石膏、水泥、石棉、云母及类似材料的制品；陶瓷产品；玻璃及其制品	**ARTICLES OF STONE，PLASTER，CEMENT，ASBESTOS，MICA OR SIMILAR MATERIALS；CERAMIC PRODUCTS；GLASS AND GLASSWARE**	**19.02**	**19.28**	**21.23**	**22.96**
68章 石料、石膏、水泥、石棉、云母及类似材料的制品	Articles of stone，plaster，cement，asbestos，mica or similar materials；ceramic products；glass and glassware	6.11	5.65	6.39	6.66
69章 陶瓷产品	Ceramic products	6.05	2.80	6.55	3.99
70章 玻璃及其制品	Glass and glassware	6.87	10.83	8.29	12.30
第十四类 天然或养殖珍珠、宝石或半宝石、贵金属、包贵金属及其制品；仿首饰；硬币	**NATURAL OR CULTURED PEARLS，PRECIOUS OR SEMI-PRECIOUS STONES，PRECIOUS METALS，METALS CLAD WITH PRECIOUS METAL AND STONES，PRECIOUS METALS，METALS CLAD WITH PRECIOUS METAL AND ARTICLES THEREOF；IMITATION JEWELLERY；COIN**	**1.38**	**19.83**	**2.94**	**36.30**
71章 天然或养殖珍珠、宝石或半宝石、贵金属、包贵金属及其制品；仿首饰；硬币	Natural or cultured pearls，precious or semi-precious stones，precious metals，metals clad with precious metal and articles thereof；imitation jewellery；coin	1.38	19.83	2.94	36.30
第十五类 贱金属及其制品	**BASE METALS AND ARTICLES OF BASE METAL**	**80.21**	**138.86**	**107.82**	**176.05**
72章 钢铁	Iron and steel	8.13	46.37	15.99	58.97
73章 钢铁制品	Articles of iron or steel	35.67	23.43	43.04	26.46
74章 铜及其制品	Copper and articles thereof	2.86	41.62	5.10	56.22
75章 镍及其制品	Nickel and articles thereof	0.25	2.79	0.32	3.45
76章 铝及其制品	Aluminium and articles thereof	17.65	10.52	21.87	14.26
78章 铅及其制品	Lead and articles thereof	0.02	0.06	0.10	0.05
79章 锌及其制品	Zinc and articles thereof	0.14	0.70	0.21	0.68
80章 锡及其制品	Tin and articles thereof	0.21	0.34	0.49	0.46
81章 其他贱金属、金属陶瓷及其制品	Other base metals；cermets；articles thereof	2.71	1.83	5.55	2.91
82章 贱金属工具、器具、利口器、餐匙、餐叉及其零件	Tools，implements，cutlery，spoons and forks，of base metal；parts thereof of base metal	6.37	9.15	7.95	10.25
83章 贱金属杂项制品	Miscellaneous articles of base metal	6.20	2.03	7.20	2.34

6-23 续表 4 Continued 4

单位：亿美元
Unit: USD 100 million

商品分类	HS Section and Division	2020 出口 Exports	2020 进口 Imports	2021 出口 Exports	2021 进口 Imports
第十六类 机器、机械器具、电气设备及其零件；录音机及放声机、电视图像、声音的录制和重放设备及其零件、附件	**MACHINERY AND MECHANICAL APPLIANCES; ELECTRICAL EQUIPMENT; PARTS THEREOF; SOUND RECORDERS AND REPRODUCERS, TELEVISION IMAGE AND SOUND RECORDERS AND REPRODUCERS; AND PARTS AND ACCESSORIES OF RECORDERS AND REPRODUCERS; AND PARTS AND ACCESSORIES OF SUCH ARTICLES**	**590.29**	**829.74**	**671.77**	**981.91**
84章 核反应堆、锅炉、机器、机械器具及其零件	Nuclear reactors, boilers, machinery and mechanical appliances; parts thereof	266.82	366.52	290.06	441.44
85章 电机、电气设备及其零件；录音机及放声机、电视图像、声音的录制和重放设备及其零件、附件	Electrical machinery and equipment and parts thereof; sound recorders and reproducers, television image and sound recorders and reproducers, and parts and accessories of such articles	323.47	463.23	381.71	540.47
第十七类 车辆、航空器、船舶及有关运输设备	**VEHICLES, AIRCRAFT, VESSELS AND ASSOCIATED TRANSPORT EQUIPMENT**	**45.80**	**169.67**	**58.15**	**162.30**
86章 铁道及电车道机车、车辆及其零件；铁道及电车轨道固定装置及其零件、附件；各种机械(包括电动机械)交通信号设备	Railway or tramway locomotives, rolling-stock and parts thereof; railway or tramway track fixtures and fittings and parts thereof; mechanical(including electro-mechanical) traffic signalling equipment of all kinds	1.51	0.90	2.20	0.60
87章 车辆及其零件、附件，但铁道及电车道车辆除外	Vehicles other than railway or tramway rolling-stock, and parts and accessories thereof	39.29	165.40	52.90	160.57
88章 航空器、航天器及其零件	Aircraft, spacecraft, and parts thereof	1.36	0.30	1.21	0.32
89章 船舶及浮动结构体	Ships, boats and floating structures	3.65	3.07	1.84	0.81
第十八类 光学、照相、电影、计量、检验、医疗或外科用仪器及设备、精密仪器及设备；钟表；乐器；上述物品的零件、附件	**OPTICAL, PHOTOGRAPHIC, CINEMATOGRAPHIC, MEASURING, CHECKING, PRECISION, MEDICAL OR SURGICAL INSTRUMENTS AND APPARATUS; CLOCKS AND WATCHES; MUSICAL INSTRUMENTS; PARTS AND ACCESSORIES THEREOF**	**46.36**	**166.96**	**53.65**	**186.51**
90章 光学、照相、电影、计量、检验、医疗或外科用仪器及设备、精密仪器及设备；上述物品的零件、附件	Optical, photographic, cinematographic, measuring, checking, precision medical or surgical instruments and apparatus; parts and accessories thereof	42.51	161.70	48.88	180.30
91章 钟表及其零件	Clocks and watches and parts thereof	2.44	3.72	3.12	4.33
92章 乐器及其零件、附件	Musical instruments; parts and accessories of such articles	1.41	1.54	1.64	1.89
第十九类 武器、弹药及其零件、附件	**ARMS AND AMMUNITION; PARTS AND ACCESSORIES THEREOF**	**0.03**		**0.04**	
93章 武器、弹药及其零件、附件	Arms and ammunition; parts and accessories thereof	0.03		0.04	
第二十类 杂项制品	**MISCELLANEOUS MANUFACTURED ARTICLES**	**102.09**	**16.11**	**123.82**	**16.92**
94章 家具；寝具、褥垫、弹簧床垫、软坐垫及类似的填充制品；未列名灯具及照明装置；发光标志、发光名牌及类似品；活动房屋	Furniture; bedding, mattresses, mattress supports, cushions and similar stuffed furnishings; lamps and lighting fittings, not elsewhere specified or included; illuminated signs, illuminated	55.12	2.00	64.95	2.06
95章 玩具、游戏品、运动用品及其零件、附件	Toys, games and sports requisites; parts and accessories thereof	38.85	3.59	49.53	4.73
96章 杂项制品	Miscellaneous manufactured articles	8.11	10.51	9.34	10.13
第二十一类 艺术品、收藏品及古物	**WORKS OF ART, COLLECTORS' PIECES AND ANTIQUES**	**0.02**	**0.34**	**0.07**	**1.00**
97章 艺术品、收藏品及古物	Works of art, collectors' pieces and antiques	0.02	0.34	0.07	1.00
第二十二类 特殊交易品及未分类商品	**COMMODITIES AND TRANSACTIONS NOT CLASSIFIED ACCORDING TO KIND**	**9.68**	**3.19**	**8.14**	**1.36**
98章 特殊交易品及未分类商品	Commodities and transactions not classified according to kind	9.19	3.19	8.14	1.36
99章 跨境电商B2B简化申报商品	Simplified Declaration of Cross-border E-commerce B2B Commodities	0.49			

6-24 对香港地区进出口商品分类金额

Value of Exports and Imports from Hongkong by HS

单位：亿美元

Unit: USD 100 million

商品分类	HS Section and Division	2020		2021	
		出口 Exports	进口 Imports	出口 Exports	进口 Imports
总 额	**Total**	**2725.75**	**69.83**	**3505.36**	**96.98**
第一类 活动物；动物产品	**LIVE ANIMALS；ANIMAL PRODUCTS**	**23.33**	**0.26**	**26.14**	**0.53**
01章 活动物	Live animals	5.26		4.81	
02章 肉及食用杂碎	Meat and edible meat offal	5.48		6.77	
03章 鱼、甲壳动物、软体动物及其他水生无脊椎动物	Fish and crustaceans molluscs and other aquatic invertebrates	9.83	0.26	11.74	0.53
04章 乳品；蛋品；天然蜂蜜；其他食用动物产品	Dairy produce；birds' eggs；natural honey；edible products of animal origin，not elsewhere specified or included	1.69		1.88	
05章 其他动物产品	Products of animal origin，not elsewhere specified or included	1.07		0.95	
第二类 植物产品	**VEGETABLE PRODUCTS**	**28.44**	**0.03**	**36.21**	**0.02**
06章 活树及其他活植物；鳞茎、根及类似品；插花及装饰用簇叶	Live tree and other plants；bulbs，roots and the like；cut flowers and ornamental foliage	0.17		0.21	
07章 食用蔬菜、根及块茎	Edible vegetables and certain roots and tubers	15.92		20.51	
08章 食用水果及坚果；甜瓜或柑桔属水果的果皮	Edible fruit and nuts；peel of citrus fruit or melons	3.83	0.01	4.20	
09章 咖啡、茶、马黛茶及调味香料	Coffee，tea，mate and spices	4.89	0.02	6.65	0.01
10章 谷物	Cereals	0.15		0.17	
11章 制粉工业产品；麦芽；淀粉；菊粉；面筋	Products of the milling industry；malt；starches；inulin；wheat gluten	0.47		0.46	
12章 含油子仁及果实；杂项子仁及果实；工业用或药用植物；稻草、秸秆及饲料	Oil seeds and oleaginous fruits；miscellaneous grains，seeds and fruit；industrial or medicinal plants；straw and fodder	2.21	0.01	2.34	
13章 虫胶；树胶、树脂及其他植物液、汁	Lac；gums，resins and other vegetable saps and extracts	0.71		1.56	
14章 编结用植物材料；其他植物产品	Vegetable plaiting materials；vegetable products not elsewhere specified or included	0.09		0.11	
第三类 动、植物油、脂及其分解产品；精制的食用油脂；动、植物蜡	**ANIMAL OR VEGETABLE FATS AND OILS AND THEIR CLEAVAGE PRODUCTS；PREPARED EDIBLE FATS；ANIMAL OR VEGETABLE WAXES**	**0.99**	**0.03**	**1.16**	**0.02**
15章 动、植物油、脂及其分解产品；精制的食用油脂；动、植物蜡	Animal or vegetable fats and oils and their cleavage products；prepared edible fats；animal or vegetable waxes	0.99	0.03	1.16	0.02
第四类 食品；饮料、酒及醋；烟草、烟草及烟草代用品的制品	**PREPARED FOODSTUFFS；BEVERAGES, SPIRITS AND VINEGAR；TOBACCO AND MANUFACTURED TOBACCO SUBSTITUTES**	**35.69**	**4.69**	**41.81**	**5.58**
16章 肉、鱼、甲壳动物、软体动物及其他水生无脊椎动物的制品	Preparations of meat，of fish or of crustaceans，molluscs or other aquatic invertebrates	8.62		10.05	
17章 糖及糖食	Sugars and sugar confectionery	0.37	0.05	0.45	0.07
18章 可可及可可制品	Cocoa and cocoa preparations	0.52		0.79	0.01
19章 谷物、粮食粉、淀粉或乳的制品；糕饼点心	Preparations of cereals，flour，starch or milk；pastry-cooks' products	5.25	2.53	6.43	3.21

6-24 续表 1 Continued 1

单位：亿美元
Unit: USD 100 million

商品分类	HS Section and Division	2020 出口 Exports	2020 进口 Imports	2021 出口 Exports	2021 进口 Imports
20章 蔬菜、水果、坚果或植物其他部分的制品	Preparations of vegetables, fruit，nuts or other parts of plants	4.00	0.25	4.99	0.27
21章 杂项食品	Miscellaneous edible preparations	6.33	1.26	7.94	1.42
22章 饮料、酒及醋	Beverages，spirits and vinegar	9.62	0.28	10.14	0.26
23章 食品工业的残渣及废料；配制的动物饲料	Residues and waste from the food industries；prepared animal fodder	0.16		0.30	
24章 烟草及烟草代用品的制品	Tobacco and manufactured tobacco substitutes	0.82	0.30	0.72	0.34
第五类 矿产品	**MINERAL PRODUCTS**	**70.71**	**0.85**	**77.95**	**1.11**
25章 盐；硫磺；泥土及石料；石膏料、石灰及水泥	Salt；sulphur；earths and stone；plastering materials，lime and cement	4.89	0.02	2.99	
26章 矿砂、矿渣及矿灰	Ores，slag and ash	0.07		0.07	
27章 矿物燃料、矿物油及其蒸馏产品；沥青物质；矿物蜡	Mineral fuels，mineral oils and products of their distillation; bituminous substances; mineral waxes	65.76	0.83	74.88	1.10
第六类 化学工业及其相关工业的产品	**PRODUCTS OF THE CHEMICAL OR INDUSTRIES ALLIED**	**31.40**	**5.75**	**35.76**	**6.71**
28章 无机化学品；贵金属、稀土金属、放射性元素及其同位素的有机及无机化合物	Inorganic chemicals；organic or inorganic compounds of precious metals，of rare- earth metals, of radioactive elements or of isotopes	3.23	0.46	3.11	0.29
29章 有机化学品	Organic chemicals	1.88	0.02	2.80	0.04
30章 药品	Pharmaceutical products	7.94	2.93	9.61	4.34
31章 肥料	Fertilizers	0.05		0.22	
32章 鞣料浸膏及染料浸膏；鞣酸及其衍生物；染料、颜料及其他着色料；油漆及清漆；油灰及其他类似胶粘剂；墨水、油墨	Tanning or dyeing extracts；tannins and their derivatives；dyes，pigments and other colouring matter；paints and varnishes；putty and other mastics；inks	1.16	0.03	1.14	0.02
33章 精油及香膏； 芳香料制品及化妆盥洗品	Essential oils and retinoid；perfumery，cosmetic or toilet preparations	6.38	1.13	9.10	0.79
34章 肥皂、有机表面活性剂、洗涤剂、润滑剂、人造蜡、调制蜡、光洁剂、蜡烛及类似品、塑型用膏、“牙科用蜡”及牙科用熟石膏制剂	Soap，organic surface-active agents，washing preparations，lubricating preparations，artificial waxes，prepared waxes，polishing or scouring preparations，candles and similar articles，modelling pastes，“dental waxes” and dental preparations with a basis of plast	1.50	0.25	2.00	0.25
35章 蛋白类物质；改性淀粉；胶；酶	Albuminoidal substances；modified starches；glues；enzymes	1.70	0.01	1.79	
36章 炸药；烟火制品；火柴；引火合金；易燃材料制品	Explosives；pyrotechnic products；matches；pyrophoric alloys；certain combustible preparations	0.01			
37章 照相及电影用品	Photographic or cinematographic goods	0.46	0.07	0.52	0.09
38章 杂项化学产品	Miscellaneous chemical products	7.11	0.85	5.49	0.88
第七类 塑料及其制品，橡胶及其制品	**PLASTICS AND ARTICLES THEREOF RUBBER AND ARTICLES THEREOF**	**29.16**	**6.74**	**34.38**	**8.08**
39章 塑料及其制品	Plastics and articles thereof	27.35	6.69	32.28	7.89
40章 橡胶及其制品	Rubber and articles thereof	1.81	0.06	2.09	0.19
第八类 生皮、皮革、毛皮及其制品；鞍具及挽具；旅行用品、手提包及类似品；动物肠线（蚕胶丝除外）制品	**RAW HIDES AND SKINS，LEATHER，FUR SKINS AND ARTICLES THEREOF；SADDLERY AND HARNESS；TRAVEL GOODS，HANDBAGS AND SIMILAR CONTAINERS；ARTICLES OF ANIMAL GUT(OTHER THAN SILK-WORM GUT)**	**13.86**	**0.25**	**11.53**	**0.16**
41章 生皮(毛皮除外)及皮革	Raw hides and skins(other than fur skins) and leather	1.19	0.04	1.47	0.03

单位：亿美元
Unit: USD 100 million

商品分类	HS Section and Division	2020		2021	
		出 口 Exports	进 口 Imports	出 口 Exports	进 口 Imports
42章 皮革制品；鞍具及挽具；旅行用品、手提包及类似容器；动物肠线(蚕胶丝除外)制品	Articles of leather；saddlery and harness；travel goods, hand bags and similar containers；articles of animal gut (other than silk-worm gut)	7.70	0.21	7.66	0.12
43章 毛皮、人造毛皮及其制品	Fur skins and artificial fur；manufactures thereof	4.98	0.01	2.40	0.01
第九类 木及木制品；木炭；软木及软木制品；稻草，秸秆、针茅或其他编结材料制品；篮筐及柳条编结品	**WOOD AND ARTICLES OF WOOD；WOOD CHAR-COAL；CORK AND ARTICLES OF CORK；MANUFACTURES OF STRAW，OF ESPARTO OR OF OTHER PLAITING MATERIALS；BASKET WARE AND WICKERWORK**	**3.17**	**0.03**	**3.67**	
44章 木及木制品；木炭	Wood and articles of wood；wood charcoal	3.03	0.03	3.54	
45章 软木及软木制品	Cork and articles of cork				
46章 稻草、秸秆、针茅或其他编结材料制品；篮筐及柳条编结品	Manufactures of straw，of esparto or of other plaiting Materials；basket ware and wickerwork	0.14		0.13	
第十类 木浆及其他纤维状纤维素浆；纸及纸板的废碎品；纸、纸板及其制品	**PULP OF WOOD OR OF OTHER FIBROUS CELLULOSIC MATERIAL；WASTE AND SCRAP OF PAPER OR PAPERBOARD；PAPER AND PAPERBOARD AND ARTICLES THEREOF**	**14.70**	**2.72**	**17.86**	**2.74**
47章 木浆及其他纤维状纤维素浆；纸及纸板的废碎品	Pulp of wood or of other fibrous cellulosic material；waste and scrap of paper or paperboard		1.13		1.28
48章 纸及纸板；纸浆、纸或纸板制品	Paper and paperboard；articles of paper pulp，of paper or paperboard	9.36	0.17	11.26	0.17
49章 书籍、报纸、印刷图画及其他印制品；手稿、打字稿及设计图纸	Printed books，newspapers，pictures and other products of the printing industry；manuscripts，typescripts and plans	5.33	1.43	6.60	1.29
第十一类 纺织原料及纺织制品	**TEXTILES AND TEXTILE ARTICLES**	**50.26**	**0.92**	**55.93**	**0.80**
50章 蚕丝	Silk	0.37		0.53	
51章 羊毛、动物细毛或粗毛；马毛纱线及其机织物	Wool，fine or coarse animal hair；horsehair yarn and woven fabric	1.90		2.21	
52章 棉花	Cotton	4.20	0.03	4.53	0.04
53章 其他植物纺织纤维；纸纱线及其机织物	Other vegetable textile fibres；paper yarn and woven fabrics of paper yarn	0.19		0.28	
54章 化学纤维长丝	Man-made filaments	1.06	0.05	1.33	0.04
55章 化学纤维短纤	Man-made short fibres	1.42	0.01	1.39	0.01
56章 絮胎、毡呢及无纺织物；特种纱线；线、绳、索、缆及其制品	Wadding，felt and nonwoven；special yarns；twine，cordage，ropes and cables and articles thereof	1.57	0.03	1.84	0.04
57章 地毯及纺织材料的其他铺地制品	Carpets and other textile floor coverings	0.23		0.30	
58章 特种机织物；簇绒织物；花边；装饰毯；装饰带；刺绣品	Special woven fabrics；tufted textile fabrics；lace；tapestries；trimmings；embroidery	3.90	0.12	5.21	0.18
59章 浸渍、涂布、包覆或层压的纺织物；工业用纺织制品	Impregnated，coated，covered or laminated textile fabrics；textile articles of a kind suitable for industrial use	2.25	0.02	2.72	0.02
60章 针织物及钩编织物	Knitted or crocheted fabrics	9.37	0.11	10.58	0.12
61章 针织或钩编的服装及衣着附件	Articles of apparel and clothing accessories，knitted or crocheted	11.22	0.36	12.03	0.25
62章 非针织或非钩编的服装及衣着附件	Articles of apparel and clothing accessories，not knitted or crocheted	9.88	0.17	10.96	0.07

单位：亿美元
Unit: USD 100 million

商品分类	HS Section and Division	2020		2021	
		出口 Exports	进口 Imports	出口 Exports	进口 Imports
63章 其他纺织制成品；成套物品；旧衣着及旧纺织品；碎织物	Other made up textile articles；sets；worn clothing and worn textile articles；rags articles；rags	2.70	0.02	2.01	0.02
第十二类 鞋、帽、伞、杖、鞭及其零件；已加工的羽毛及其制品；人造花；人发制品	**FOOTWEAR，HEADGEAR，UMBRELLAS，SUN UMBRELLAS，WALKING-STICKS，SEAT-STICKS，WHIPS，RIDING-CROPS AND PARTS THEREOF；PREPARED FEATHERS AND ARTICLES MADE THEREWITH；ARTIFICIAL FLOWERS；ARTICLES OF HUMAN HAIR**	**9.08**	**0.19**	**9.75**	**0.07**
64章 鞋靴、护腿和类似品及其零件	Footwear，gaiters and the like；parts of such articles	5.49	0.18	6.26	0.05
65章 帽类及其零件	Headgear and parts thereof	0.15	0.01	0.19	0.01
66章 雨伞、阳伞、手杖、鞭子、马鞭及其零件	Umbrellas，sun umbrellas，walking-sticks，seat-sticks，whips，riding-crops and parts thereof	0.05		0.03	
67章 已加工羽毛、羽绒及其制品；人造花；人发制品	Prepared feathers and down and articles made of feathers or of down；artificial flowers；articles of human hair	3.39	0.01	3.26	
第十三类 石料、石膏、水泥、石棉、云母及类似材料的制品；陶瓷产品；玻璃及其制品	**ARTICLES OF STONE，PLASTER，CEMENT，ASBESTOS，MICA OR SIMILAR MATERIALS；CERAMIC PRODUCTS；GLASS AND GLASSWARE**	**25.76**	**0.31**	**29.63**	**0.46**
68章 石料、石膏、水泥、石棉、云母及类似材料的制品	Articles of stone，plaster，cement，asbestos，mica or similar materials；ceramic products；glass and glassware	4.91		5.41	
69章 陶瓷产品	Ceramic products	4.82		8.37	
70章 玻璃及其制品	Glass and glassware	16.03	0.31	15.86	0.46
第十四类 天然或养殖珍珠、宝石或半宝石、贵金属、包贵金属及其制品；仿首饰；硬币	**NATURAL OR CULTURED PEARLS，PRECIOUS OR SEMI-PRECIOUS STONES，PRECIOUS METALS，METALS CLAD WITH PRECIOUS METAL AND STONES，PRECIOUS METALS，METALS CLAD WITH PRECIOUS METAL AND ARTICLES THEREOF；IMITATION JEWELLERY；COIN**	**135.58**	**17.59**	**207.83**	**43.70**
71章 天然或养殖珍珠、宝石或半宝石、贵金属、包贵金属及其制品；仿首饰；硬币	Natural or cultured pearls，precious or semi-precious stones，precious metals，metals clad with precious metal and articles thereof；imitation jewellery；coin	135.58	17.59	207.83	43.70
第十五类 贱金属及其制品	**BASE METALS AND ARTICLES OF BASE METAL**	**33.76**	**8.84**	**47.38**	**9.94**
72章 钢铁	Iron and steel	3.91	0.06	6.50	0.14
73章 钢铁制品	Articles of iron or steel	14.91	0.08	20.39	0.07
74章 铜及其制品	Copper and articles thereof	2.93	5.05	3.80	5.54
75章 镍及其制品	Nickel and articles thereof	0.14	0.01	0.14	0.01
76章 铝及其制品	Aluminium and articles thereof	5.77	1.92	7.97	4.05
78章 铅及其制品	Lead and articles thereof	0.04		0.03	
79章 锌及其制品	Zinc and articles thereof	0.12	1.63	0.07	0.06
80章 锡及其制品	Tin and articles thereof	0.09	0.02	1.08	
81章 其他贱金属、金属陶瓷及其制品	Other base metals；cermets；articles thereof	0.43		0.83	0.03
82章 贱金属工具、器具、利口器、餐匙、餐叉及其零件	Tools，implements，cutlery，spoons and forks，of base metal；parts thereof of base metal	1.94	0.03	1.65	0.02
83章 贱金属杂项制品	Miscellaneous articles of base metal	3.48	0.04	4.90	0.03

6-24 续表 4 Continued 4

单位：亿美元
Unit: USD 100 million

商品分类	HS Section and Division	2020 出口 Exports	2020 进口 Imports	2021 出口 Exports	2021 进口 Imports
第十六类 机器、机械器具、电气设备及其零件；录音机及放声机、电视图像、声音的录制和重放设备及其零件、附件	**MACHINERY AND MECHANICAL APPLIANCES; ELECTRICAL EQUIPMENT; PARTS THEREOF; SOUND RECORDERS AND REPRODUCERS, TELEVISION IMAGE AND SOUND RECORDERS AND REPRODUCERS; AND PARTS AND ACCESSORIES OF RECORDERS AND REPRODUCERS; AND PARTS AND ACCESSORIES OF SUCH ARTICLES**	**1953.37**	**14.53**	**2501.63**	**10.03**
84章 核反应堆、锅炉、机器、机械器具及其零件	Nuclear reactors, boilers, machinery and mechanical appliances; parts thereof	438.09	2.41	547.05	2.06
85章 电机、电气设备及其零件；录音机及放声机、电视图像、声音的录制和重放设备及其零件、附件	Electrical machinery and equipment and parts thereof; sound recorders and reproducers, television image and sound recorders and reproducers, and parts and accessories of such articles	1515.28	12.11	1954.57	7.97
第十七类 车辆、航空器、船舶及有关运输设备	**VEHICLES, AIRCRAFT, VESSELS AND ASSOCIATED TRANSPORT EQUIPMENT**	**75.17**	**0.01**	**148.04**	**0.04**
86章 铁道及电车道机车、车辆及其零件；铁道及电车轨道固定装置及其零件、附件；各种机械(包括电动机械)交通信号设备	Railway or tramway locomotives, rolling-stock and parts thereof; railway or tramway track fixtures and fittings and parts thereof; mechanical(including electro-mechanical) traffic signalling equipment of all kinds	21.07		81.05	
87章 车辆及其零件、附件，但铁道及电车道车辆除外	Vehicles other than railway or tramway rolling-stock, and parts and accessories thereof	7.55	0.01	10.46	0.01
88章 航空器、航天器及其零件	Aircraft, spacecraft, and parts thereof	3.20		3.26	
89章 船舶及浮动结构体	Ships, boats and floating structures	43.35		53.27	0.03
第十八类 光学、照相、电影、计量、检验、医疗或外科用仪器及设备、精密仪器及设备；钟表；乐器；上述物品的零件、附件	**OPTICAL, PHOTOGRAPHIC, CINEMATOGRAPHIC, MEASURING, CHECKING, PRECISION, MEDICAL OR SURGICAL INSTRUMENTS AND APPARATUS; CLOCKS AND WATCHES; MUSICAL INSTRUMENTS; PARTS AND ACCESSORIES THEREOF**	**142.95**	**2.44**	**149.17**	**2.45**
90章 光学、照相、电影、计量、检验、医疗或外科用仪器及设备、精密仪器及设备；上述物品的零件、附件	Optical, photographic, cinematographic, measuring, checking, precision medical or surgical instruments and apparatus; parts and accessories thereof	129.61	1.88	132.18	1.65
91章 钟表及其零件	Clocks and watches and parts thereof	13.11	0.56	16.64	0.80
92章 乐器及其零件、附件	Musical instruments; parts and accessories of such articles	0.24		0.35	
第十九类 武器、弹药及其零件、附件	**ARMS AND AMMUNITION; PARTS AND ACCESSORIES THEREOF**	**0.02**		**0.03**	
93章 武器、弹药及其零件、附件	Arms and ammunition; parts and accessories thereof	0.02		0.03	
第二十类 杂项制品	**MISCELLANEOUS MANUFACTURED ARTICLES**	**35.08**	**0.22**	**48.04**	**0.24**
94章 家具；寝具、褥垫、弹簧床垫、软坐垫及类似的填充制品；未列名灯具及照明装置；发光标志、发光名牌及类似品；活动房屋	Furniture; bedding, mattresses, mattress supports, cushions and similar stuffed furnishings; lamps and lighting fittings, not elsewhere specified or included; illuminated signs, illuminated	16.28	0.03	20.26	0.03
95章 玩具、游戏品、运动用品及其零件、附件	Toys, games and sports requisites; parts and accessories thereof	13.35	0.05	19.13	0.03
96章 杂项制品	Miscellaneous manufactured articles	5.46	0.14	8.65	0.18
第二十一类 艺术品、收藏品及古物	**WORKS OF ART, COLLECTORS' PIECES AND ANTIQUES**	**3.62**	**0.19**	**11.72**	**0.16**
97章 艺术品、收藏品及古物	Works of art, collectors' pieces and antiques	3.62	0.19	11.72	0.16
第二十二类 特殊交易品及未分类商品	**COMMODITIES AND TRANSACTIONS NOT CLASSIFIED ACCORDING TO KIND**	**9.64**	**3.22**	**9.31**	**2.07**
98章 特殊交易品及未分类商品	Commodities and transactions not classified according to kind	9.64	3.22	9.31	2.07
99章 跨境电商B2B简化申报商品	Simplified Declaration of Cross-border E-commerce B2B Commodities	0.01			

6−25 对台湾地区进出口商品分类金额

Value of Exports and Imports from Taiwan Province by HS

单位：亿美元

Unit: USD 100 million

商品分类	HS Section and Division	2020 出口 Exports	2020 进口 Imports	2021 出口 Exports	2021 进口 Imports
总　额	**Total**	**601.17**	**2004.98**	**783.59**	**2498.14**
第一类　活动物；动物产品	**LIVE ANIMALS；ANIMAL PRODUCTS**	**5.87**	**1.82**	**5.42**	**3.02**
01章　活动物	Live animals				
02章　肉及食用杂碎	Meat and edible meat offal				
03章　鱼、甲壳动物、软体动物及其他水生无脊椎动物	Fish and crustaceans molluscs and other aquatic invertebrates	5.27	1.34	4.66	2.22
04章　乳品；蛋品；天然蜂蜜；其他食用动物产品	Dairy produce；birds' eggs；natural honey；edible products of animal origin，not elsewhere specified or included		0.07		0.09
05章　其他动物产品	Products of animal origin，not elsewhere specified or included	0.60	0.41	0.76	0.71
第二类　植物产品	**VEGETABLE PRODUCTS**	**3.65**	**2.17**	**4.03**	**1.59**
06章　活树及其他活植物；鳞茎、根及类似品；插花及装饰用簇叶	Live tree and other plants；bulbs，roots and the like; cut flowers and ornamental foliage	0.01	0.01	0.04	0.01
07章　食用蔬菜、根及块茎	Edible vegetables and certain roots and tubers	0.57	0.02	0.66	0.02
08章　食用水果及坚果；甜瓜或柑桔属水果的果皮	Edible fruit and nuts；peel of citrus fruit or melons	0.28	1.30	0.34	0.86
09章　咖啡、茶、马黛茶及调味香料	Coffee，tea，mate and spices	0.31	0.40	0.40	0.34
10章　谷物	Cereals	0.08	0.38	0.01	0.32
11章　制粉工业产品；麦芽；淀粉；菊粉；面筋	Products of the milling industry；malt；starches；inulin；wheat gluten	0.35		0.26	
12章　含油子仁及果实；杂项子仁及果实；工业用或药用植物；稻草、秸秆及饲料	Oil seeds and oleaginous fruits；miscellaneous grains，seeds and fruit；industrial or medicinal plants；straw and fodder	1.64	0.03	1.86	0.02
13章　虫胶；树胶、树脂及其他植物液、汁	Lac；gums，resins and other vegetable saps and extracts	0.31	0.02	0.31	0.01
14章　编结用植物材料；其他植物产品	Vegetable plaiting materials；vegetable products not elsewhere specified or included	0.10		0.14	
第三类　动、植物油、脂及其分解产品；精制的食用油脂；动、植物蜡	**ANIMAL OR VEGETABLE FATS AND OILS AND THEIR CLEAVAGE PRODUCTS；PREPARED EDIBLE FATS；ANIMAL OR VEGETABLE WAXES**	**0.11**	**0.07**	**0.18**	**0.09**
15章　动、植物油、脂及其分解产品；精制的食用油脂；动、植物蜡	Animal or vegetable fats and oils and their cleavage products；prepared edible fats；animal or vegetable waxes	0.11	0.07	0.18	0.09
第四类　食品；饮料、酒及醋；烟草、烟草及烟草代用品的制品	**PREPARED FOODSTUFFS；BEVERAGES, SPIRITS AND VINEGAR；TOBACCO AND MANUFACTURED TOBACCO SUBSTITUTES**	**10.93**	**4.84**	**11.31**	**4.86**
16章　肉、鱼、甲壳动物、软体动物及其他水生无脊椎动物的制品	Preparations of meat，of fish or of crustaceans，molluscs or other aquatic invertebrates	7.59	0.07	7.50	0.06
17章　糖及糖食	Sugars and sugar confectionery	0.18	0.23	0.25	0.30
18章　可可及可可制品	Cocoa and cocoa preparations	0.08	0.01	0.05	0.02
19章　谷物、粮食粉、淀粉或乳的制品；糕饼点心	Preparations of cereals，flour，starch or milk；pastry-cooks' products	0.10	1.00	0.10	1.08

6–25 续表 1 Continued 1

单位：亿美元
Unit: USD 100 million

商品分类	HS Section and Division	2020		2021	
		出口 Exports	进口 Imports	出口 Exports	进口 Imports
20章 蔬菜、水果、坚果或植物其他部分的制品	Preparations of vegetables, fruit，nuts or other parts of plants	1.41	0.14	1.48	0.18
21章 杂项食品	Miscellaneous edible preparations	0.55	1.70	0.71	1.61
22章 饮料、酒及醋	Beverages，spirits and vinegar	0.78	1.57	0.86	1.49
23章 食品工业的残渣及废料；配制的动物饲料	Residues and waste from the food industries；prepared animal fodder	0.21	0.07	0.33	0.08
24章 烟草及烟草代用品的制品	Tobacco and manufactured tobacco substitutes	0.02	0.05	0.02	0.04
第五类 矿产品	**MINERAL PRODUCTS**	**8.06**	**8.57**	**15.22**	**7.02**
25章 盐；硫磺；泥土及石料；石膏料、石灰及水泥	Salt；sulphur；earths and stone；plastering materials，lime and cement	1.92	0.35	2.40	0.51
26章 矿砂、矿渣及矿灰	Ores，slag and ash	4.52	3.74	10.91	0.71
27章 矿物燃料、矿物油及其蒸馏产品；沥青物质；矿物蜡	Mineral fuels，mineral oils and products of their distillation; bituminous substances; mineral waxes	1.62	4.48	1.91	5.81
第六类 化学工业及其相关工业的产品	**PRODUCTS OF THE CHEMICAL OR INDUSTRIES ALLIED**	**34.28**	**66.89**	**51.02**	**92.01**
28章 无机化学品；贵金属、稀土金属、放射性元素及其同位素的有机及无机化合物	Inorganic chemicals；organic or inorganic compounds of precious metals，of rare- earth metals, of radioactive elements or of isotopes	5.62	2.60	8.28	4.40
29章 有机化学品	Organic chemicals	12.84	36.82	21.12	54.30
30章 药品	Pharmaceutical products	0.66	2.29	0.40	2.77
31章 肥料	Fertilizers	0.52	0.05	0.52	0.13
32章 鞣料浸膏及染料浸膏；鞣酸及其衍生物；染料、颜料及其他着色料；油漆及清漆；油灰及其他类似胶粘剂；墨水、油墨	Tanning or dyeing extracts；tannins and their derivatives；dyes，pigments and other colouring matter；paints and varnishes； putty and other mastics；inks	2.49	3.89	3.40	4.88
33章 精油及香膏； 芳香料制品及化妆盥洗品	Essential oils and retinoid；perfumery，cosmetic or toilet preparations	1.21	1.54	1.33	1.89
34章 肥皂、有机表面活性剂、洗涤剂、润滑剂、人造蜡、调制蜡、光洁剂、蜡烛及类似品、塑型用膏、“牙科用蜡”及牙科用熟石膏制剂	Soap，organic surface-active agents，washing preparations，lubricating preparations，artificial waxes，prepared waxes，polishing or scouring preparations，candles and similar articles，modelling pastes，“dental waxes” and dental preparations with a basis of plast	1.27	2.31	1.74	3.17
35章 蛋白类物质；改性淀粉；胶；酶	Albuminoidal substances；modified starches；glues；enzymes	1.28	2.72	1.71	3.31
36章 炸药；烟火制品；火柴；引火合金；易燃材料制品	Explosives；pyrotechnic products；matches；pyrophoric alloys；certain combustible preparations	0.13		0.15	
37章 照相及电影用品	Photographic or cinematographic goods	0.75	3.21	0.88	3.39
38章 杂项化学产品	Miscellaneous chemical products	7.49	11.45	11.49	13.75
第七类 塑料及其制品，橡胶及其制品	**PLASTICS AND ARTICLES THEREOF RUBBER AND ARTICLES THEREOF**	**19.45**	**83.30**	**28.08**	**109.72**
39章 塑料及其制品	Plastics and articles thereof	16.71	80.09	24.67	105.41
40章 橡胶及其制品	Rubber and articles thereof	2.74	3.21	3.41	4.32
第八类 生皮、皮革、毛皮及其制品；鞍具及挽具；旅行用品、手提包及类似品；动物肠线(蚕胶丝除外)制品	**RAW HIDES AND SKINS，LEATHER，FUR SKINS AND ARTICLES THEREOF；SADDLERY AND HARNESS；TRAVEL GOODS，HANDBAGS AND SIMILAR CONTAINERS；ARTICLES OF ANIMAL GUT(OTHER THAN SILK-WORM GUT)**	**3.46**	**0.63**	**3.64**	**0.73**
41章 生皮(毛皮除外)及皮革	Raw hides and skins(other than fur skins) and leather	0.04	0.56	0.06	0.66

6–25 续表 2 Continued 2

单位：亿美元
Unit: USD 100 million

商品分类	HS Section and Division	2020 出口 Exports	2020 进口 Imports	2021 出口 Exports	2021 进口 Imports
42章 皮革制品；鞍具及挽具；旅行用品、手提包及类似容器；动物肠线(蚕胶丝除外)制品	Articles of leather；saddlery and harness；travel goods，hand bags and similar containers；articles of animal gut (other than silk-worm gut)	3.42	0.07	3.57	0.08
43章 毛皮、人造毛皮及其制品	Fur skins and artificial fur；manufactures thereof			0.01	
第九类 木及木制品；木炭；软木及软木制品；稻草，秸秆、针茅或其他编结材料制品；篮筐及柳条编结品	**WOOD AND ARTICLES OF WOOD；WOOD CHAR-COAL；CORK AND ARTICLES OF CORK；MANUFACTURES OF STRAW，OF ESPARTO OR OF OTHER PLAITING MATERIALS；BASKET WARE AND WICKERWORK**	**2.95**	**0.30**	**4.27**	**0.33**
44章 木及木制品；木炭	Wood and articles of wood；wood charcoal	2.85	0.29	4.13	0.33
45章 软木及软木制品	Cork and articles of cork	0.01		0.01	
46章 稻草、秸秆、针茅或其他编结材料制品；篮筐及柳条编结品	Manufactures of straw，of esparto or of other plaiting Materials；basket ware and wickerwork	0.10		0.13	0.01
第十类 木浆及其他纤维状纤维素浆；纸及纸板的废碎品；纸、纸板及其制品	**PULP OF WOOD OR OF OTHER FIBROUS CELLULOSIC MATERIAL；WASTE AND SCRAP OF PAPER OR PAPERBOARD；PAPER AND PAPERBOARD AND ARTICLES THEREOF**	**4.81**	**6.72**	**6.00**	**7.58**
47章 木浆及其他纤维状纤维素浆；纸及纸板的废碎品	Pulp of wood or of other fibrous cellulosic material；waste and scrap of paper or paperboard	0.03	0.51	0.01	0.68
48章 纸及纸板；纸浆、纸或纸板制品	Paper and paperboard；articles of paper pulp，of paper or paperboard	4.52	5.12	5.67	5.60
49章 书籍、报纸、印刷图画及其他印制品；手稿、打字稿及设计图纸	Printed books，newspapers，pictures and other products of the printing industry；manuscripts，typescripts and plans	0.26	1.08	0.31	1.30
第十一类 纺织原料及纺织制品	**TEXTILES AND TEXTILE ARTICLES**	**24.50**	**15.11**	**26.32**	**17.31**
50章 蚕丝	Silk	0.02		0.01	
51章 羊毛、动物细毛或粗毛；马毛纱线及其机织物	Wool，fine or coarse animal hair；horsehair yarn and woven fabric	0.19	0.02	0.27	0.02
52章 棉花	Cotton	0.21	1.55	0.22	1.73
53章 其他植物纺织纤维；纸纱线及其机织物	Other vegetable textile fibres；paper yarn and woven fabrics of paper yarn	0.01	0.01	0.02	0.01
54章 化学纤维长丝	Man-made filaments	0.91	5.11	1.79	6.34
55章 化学纤维短纤	Man-made short fibres	0.56	1.51	0.77	1.40
56章 絮胎、毡呢及无纺织物；特种纱线；线、绳、索、缆及其制品	Wadding，felt and nonwoven；special yarns；twine，cordage，ropes and cables and articles thereof	1.39	1.37	1.25	1.21
57章 地毯及纺织材料的其他铺地制品	Carpets and other textile floor coverings	0.25	0.01	0.30	0.02
58章 特种机织物；簇绒织物；花边；装饰毯；装饰带；刺绣品	Special woven fabrics；tufted textile fabrics；lace；tapestries；trimmings；embroidery	0.14	0.42	0.14	0.44
59章 浸渍、涂布、包覆或层压的纺织物；工业用纺织制品	Impregnated，coated，covered or laminated textile fabrics；textile articles of a kind suitable for industrial use	0.76	2.08	1.02	2.52
60章 针织物及钩编织物	Knitted or crocheted fabrics	0.12	2.40	0.15	3.05
61章 针织或钩编的服装及衣着附件	Articles of apparel and clothing accessories，knitted or crocheted	11.08	0.10	11.58	0.14
62章 非针织或非钩编的服装及衣着附件	Articles of apparel and clothing accessories，not knitted or crocheted	6.91	0.21	6.31	0.11

6-25 续表 3 Continued 3

单位：亿美元
Unit: USD 100 million

商品分类	HS Section and Division	2020 出口 Exports	2020 进口 Imports	2021 出口 Exports	2021 进口 Imports
63章 其他纺织制成品；成套物品；旧衣着及旧纺织品；碎织物	Other made up textile articles；sets；worn clothing and worn textile articles；rags articles；rags	1.95	0.30	2.47	0.32
第十二类 鞋、帽、伞、杖、鞭及其零件；已加工的羽毛及其制品；人造花；人发制品	**FOOTWEAR，HEADGEAR，UMBRELLAS，SUN UMBRELLAS，WALKING-STICKS，SEAT-STICKS，WHIPS，RIDING-CROPS AND PARTS THEREOF；PREPARED FEATHERS AND ARTICLES MADE THEREWITH；ARTIFICIAL FLOWERS；ARTICLES OF HUMAN HAIR**	**2.87**	**0.38**	**2.91**	**0.55**
64章 鞋靴、护腿和类似品及其零件	Footwear，gaiters and the like；parts of such articles	2.33	0.30	2.39	0.45
65章 帽类及其零件	Headgear and parts thereof	0.15	0.06	0.21	0.09
66章 雨伞、阳伞、手杖、鞭子、马鞭及其零件	Umbrellas，sun umbrellas，walking-sticks，seat-sticks，whips，riding-crops and parts thereof	0.35	0.01	0.25	0.02
67章 已加工羽毛、羽绒及其制品；人造花；人发制品	Prepared feathers and down and articles made of feathers or of down；artificial flowers；articles of human hair	0.04	0.01	0.06	
第十三类 石料、石膏、水泥、石棉、云母及类似材料的制品；陶瓷产品；玻璃及其制品	**ARTICLES OF STONE，PLASTER，CEMENT，ASBESTOS，MICA OR SIMILAR MATERIALS；CERAMIC PRODUCTS；GLASS AND GLASSWARE**	**7.03**	**19.13**	**9.92**	**18.63**
68章 石料、石膏、水泥、石棉、云母及类似材料的制品	Articles of stone，plaster，cement，asbestos，mica or similar materials；ceramic products；glass and glassware	1.94	1.50	2.36	1.79
69章 陶瓷产品	Ceramic products	2.59	0.34	3.97	0.47
70章 玻璃及其制品	Glass and glassware	2.50	17.30	3.60	16.38
第十四类 天然或养殖珍珠、宝石或半宝石、贵金属、包贵金属及其制品；仿首饰；硬币	**NATURAL OR CULTURED PEARLS，PRECIOUS OR SEMI-PRECIOUS STONES，PRECIOUS METALS，METALS CLAD WITH PRECIOUS METAL AND STONES，PRECIOUS METALS，METALS CLAD WITH PRECIOUS METAL AND ARTICLES THEREOF；IMITATION JEWELLERY；COIN**	**0.92**	**1.62**	**2.08**	**2.55**
71章 天然或养殖珍珠、宝石或半宝石、贵金属、包贵金属及其制品；仿首饰；硬币	Natural or cultured pearls，precious or semi-precious stones，precious metals，metals clad with precious metal and articles thereof；imitation jewellery；coin	0.92	1.62	2.08	2.55
第十五类 贱金属及其制品	**BASE METALS AND ARTICLES OF BASE METAL**	**34.96**	**52.25**	**52.79**	**65.08**
72章 钢铁	Iron and steel	9.01	15.06	17.75	15.72
73章 钢铁制品	Articles of iron or steel	7.73	5.39	10.88	6.75
74章 铜及其制品	Copper and articles thereof	8.90	23.79	10.68	33.17
75章 镍及其制品	Nickel and articles thereof	0.78	0.06	0.37	0.13
76章 铝及其制品	Aluminium and articles thereof	2.55	2.50	3.60	3.07
78章 铅及其制品	Lead and articles thereof		0.01	0.40	0.03
79章 锌及其制品	Zinc and articles thereof	0.23	0.35	0.09	0.18
80章 锡及其制品	Tin and articles thereof	0.16	0.24	1.10	0.24
81章 其他贱金属、金属陶瓷及其制品	Other base metals；cermets；articles thereof	1.25	0.28	2.20	0.32
82章 贱金属工具、器具、利口器、餐匙、餐叉及其零件	Tools，implements，cutlery，spoons and forks，of base metal；parts thereof of base metal	2.37	3.20	3.03	3.81
83章 贱金属杂项制品	Miscellaneous articles of base metal	1.96	1.36	2.69	1.67

单位：亿美元
Unit: USD 100 million

商品分类	HS Section and Division	2020 出口 Exports	2020 进口 Imports	2021 出口 Exports	2021 进口 Imports
第十六类 机器、机械器具、电气设备及其零件；录音机及放声机、电视图像、声音的录制和重放设备及其零件、附件	**MACHINERY AND MECHANICAL APPLIANCES；ELECTRICAL EQUIPMENT；PARTS THEREOF；SOUND RECORDERS AND REPRODUCERS，TELEVISION IMAGE AND SOUND RECORDERS AND REPRODUCERS；AND PARTS AND ACCESSORIES OF RECORDERS AND REPRODUCERS；AND PARTS AND ACCESSORIES OF SUCH ARTICLES**	**368.49**	**1586.85**	**461.91**	**1984.82**
84章 核反应堆、锅炉、机器、机械器具及其零件	Nuclear reactors，boilers，machinery and mechanical appliances；parts thereof	90.16	192.47	110.80	238.99
85章 电机、电气设备及其零件；录音机及放声机、电视图像、声音的录制和重放设备及其零件、附件	Electrical machinery and equipment and parts thereof；sound recorders and reproducers，television image and sound recorders and reproducers，and parts and accessories of such articles	278.33	1394.38	351.11	1745.83
第十七类 车辆、航空器、船舶及有关运输设备	**VEHICLES，AIRCRAFT，VESSELS AND ASSOCIATED TRANSPORT EQUIPMENT**	**15.22**	**4.95**	**25.47**	**7.34**
86章 铁道及电车道机车、车辆及其零件；铁道及电车轨道固定装置及其零件、附件；各种机械(包括电动机械)交通信号设备	Railway or tramway locomotives，rolling-stock and parts thereof；railway or tramway track fixtures and fittings and parts thereof；mechanical(including electro-mechanical) traffic signalling equipment of all kinds	2.12	0.07	8.06	0.02
87章 车辆及其零件、附件，但铁道及电车道车辆除外	Vehicles other than railway or tramway rolling-stock，and parts and accessories thereof	12.65	4.75	17.27	7.18
88章 航空器、航天器及其零件	Aircraft，spacecraft，and parts thereof	0.07	0.12	0.09	0.12
89章 船舶及浮动结构体	Ships，boats and floating structures	0.38	0.02	0.05	0.02
第十八类 光学、照相、电影、计量、检验、医疗或外科用仪器及设备、精密仪器及设备；钟表；乐器；上述物品的零件、附件	**OPTICAL，PHOTOGRAPHIC，CINEMATOGRAPHIC，MEASURING，CHECKING，PRECISION，MEDICAL OR SURGICAL INSTRUMENTS AND APPARATUS；CLOCKS AND WATCHES；MUSICAL INSTRUMENTS；PARTS AND ACCESSORIES THEREOF**	**25.35**	**144.06**	**30.27**	**168.42**
90章 光学、照相、电影、计量、检验、医疗或外科用仪器及设备、精密仪器及设备；上述物品的零件、附件	Optical，photographic，cinematographic，measuring，checking，precision medical or surgical instruments and apparatus；parts and accessories thereof	24.96	143.86	29.80	168.17
91章 钟表及其零件	Clocks and watches and parts thereof	0.25	0.04	0.31	0.05
92章 乐器及其零件、附件	Musical instruments；parts and accessories of such articles	0.14	0.15	0.16	0.20
第十九类 武器、弹药及其零件、附件	**ARMS AND AMMUNITION；PARTS AND ACCESSORIES THEREOF**	**0.01**		**0.02**	
93章 武器、弹药及其零件、附件	Arms and ammunition；parts and accessories thereof	0.01		0.02	
第二十类 杂项制品	**MISCELLANEOUS MANUFACTURED ARTICLES**	**17.89**	**3.81**	**22.55**	**4.58**
94章 家具；寝具、褥垫、弹簧床垫、软坐垫及类似的填充制品；未列名灯具及照明装置；发光标志、发光名牌及类似品；活动房屋	Furniture；bedding，mattresses，mattress supports，cushions and similar stuffed furnishings；lamps and lighting fittings，not elsewhere specified or included；illuminated signs，illuminated	9.71	1.33	12.77	1.14
95章 玩具、游戏品、运动用品及其零件、附件	Toys，games and sports requisites；parts and accessories thereof	6.36	1.90	7.73	2.70
96章 杂项制品	Miscellaneous manufactured articles	1.82	0.58	2.05	0.73
第二十一类 艺术品、收藏品及古物	**WORKS OF ART，COLLECTORS' PIECES AND ANTIQUES**	**0.59**	**0.11**	**0.68**	**0.17**
97章 艺术品、收藏品及古物	Works of art，collectors' pieces and antiques	0.59	0.11	0.68	0.17
第二十二类 特殊交易品及未分类商品	**COMMODITIES AND TRANSACTIONS NOT CLASSIFIED ACCORDING TO KIND**	**9.75**	**1.43**	**17.67**	**1.35**
98章 特殊交易品及未分类商品	Commodities and transactions not classified according to kind	9.69	1.43	17.67	1.35
99章 跨境电商B2B简化申报商品	Simplified Declaration of Cross-border E-commerce B2B Commodities	0.06			

6–26 主要出口商品数量和金额

Major Export Commodities in Quantity and Value

单位：万美元

Unit: USD 10 000

商品	Commodities	单位	Unit	数量 Quantity		金额 Value	
				2020	2021	2020	2021
农产品	Agricultural Products					7606292	8434498
肉类(包含杂碎)	Meat (including entrails)	万吨	10 000 tons	31	35	163946	179012
水海产品	Aquatic and Seawater Products	万吨	10 000 tons	375	375	1875319	2158476
蔬菜	Vegetables	万吨	10 000 tons	1017	899	1195129	1229277
鲜或冷藏蔬菜	Fresh or Refrigerated Vegetables	万吨	10 000 tons	692	590	577101	595998
鲜、干水果及坚果	Fresh and Dried Fruits and Nuts	万吨	10 000 tons	387	361	682707	605756
苹果	Apples	万吨	10 000 tons	106	108	144961	142976
茶叶	Tea	吨	ton	348814	369354	203806	229910
粮食	Grain	万吨	10 000 tons	355	331	202854	176424
稻谷和大米	Paddy and Rice	万吨	10 000 tons	230	242	91637	94070
罐头	Canned Food	吨	ton	2189620	1992411	316095	321808
蔬菜罐头	Vegetable Can	吨	ton	1540399	1386475	220438	225889
酒类及饮料	Alcohol and Beverages					230808	268131
果蔬汁	Fruit and vegetable juice	万吨	10 000 tons	49	50	54132	64176
啤酒	Beer	万升	10 000 liters	38674	42420	24267	27897
烟草及其制品	Tobacco and Tobacco Manufactures	吨	ton	217859	216162	77878	71084
烤烟	Fluecured Tobacco	吨	ton	110449	122429	33246	37528
卷烟	Cigarettes	吨	ton	21632	15853	25700	16354
制盐	Salt Manufacturing	吨	ton	1151108	1551052	9845	15055
水泥及水泥熟料	Cement and Cement Clinkers	万吨	10 000 tons	313	220	22024	18108
钨品	Tungsten products	吨	ton	14700	24051	42904	80238
煤及褐煤	Coal and Lignite	万吨	10 000 tons	319	260	43586	50421
焦炭及半焦炭	Coke and Semicoke	万吨	10 000 tons	349	643	77268	235425
成品油	Product Oil	万吨	10 000 tons	6180	6030	2559591	3247895
汽油	Gasoline	万吨	10 000 tons	1600	1454	653965	868481
航空煤油	Aviation Kerosene	万吨	10 000 tons	997	856	475988	495671
柴油	Diesel Oil	万吨	10 000 tons	1976	1721	790482	867868
氧化铝	Aluminum Oxide	万吨	10 000 tons	15	12	9900	11822
稀土及其制品	Rare Earth and Its Products	吨	ton	78137	107782	216619	377199
稀土	Rare Earth	吨	ton	35448	48918	34392	65337
基本有机化学品	Basic Organic Chemicals					3924992	6098303
柠檬酸	Citric Acid	万吨	10 000 tons	94	107	57028	108276
医药材及药品	Pharmaceutical Materials and Drugs	吨	ton	1314213	1464119	2302554	4962556
中药材	Traditional Chinese Medicine	吨	ton	131884	125971	94729	96293
中式成药	Medicaments of Chinese Type	吨	ton	12524	11565	25929	30458
人用疫苗	Human Vaccine	千克	kg		4997		1565777
抗菌素(制剂除外)	Antibiotics (except preparations)	吨	ton	83780	85305	370902	420566
医用敷料	Medical Dressing	吨	ton	216979	222602	185841	200499
肥料	Chemical Fertilizers	万吨	10 000 tons	2917	3298	673693	1166629
尿素	Urea	万吨	10 000 tons	545	529	142108	214634
硫酸铵	Ammonium Sulphate	万吨	10 000 tons	866	1064	101222	212780
磷酸氢二铵	Diammonium Hydrogen Phosphate	万吨	10 000 tons	573	625	182648	334784
磷酸二氢铵	Ammonium Dihydrogen Phosphate	万吨	10 000 tons	253	379	83635	192743
合成有机染料	Synthetic Organic Dyestuffs	吨	ton	203917	277387	120862	169913
美容化妆品及洗护用品	Beauty Cosmetics and Toiletries	吨	ton	998997	968330	424330	485221
烟花、爆竹	Fireworks and Firecrackers	吨	ton	270912	322901	64044	80461
塑料制品	Plastic Articles					8523898	9896345
橡胶轮胎	Rubber Tire	万吨	10 000 tons	628	730	1393942	1753240
新的充气橡胶轮胎	New Pneumatic Rubber Tyres	万吨	10 000 tons	604	701	1327871	1670427

6-26 续表 1 Continued 1

单位：万美元
Unit: USD 10 000

商品	Commodities	单位	Unit	数量 Quantity 2020	数量 Quantity 2021	金额 Value 2020	金额 Value 2021
皮革、毛皮及其制品	Leather, Fur and Their Products					741209	789139
裘皮服装	Fur Garment	吨	ton	5066	3931	250690	169316
箱包及类似容器	Luggage and Similar Containers	万吨	10 000 tons	201	244	2062809	2785593
皮革箱包及类似容器	Leather Cases, Bags and Similar Containers	吨	ton	92421	100426	228805	261507
木及其制品	Wood and Its Products	万吨	10 000 tons	1034	1341	1335009	1842427
家用或装饰用木制品	Household or Decorative Wood Products	万吨	10 000 tons	75	90	267686	356658
胶合板及类似多层板	Plywood and Similar Multilayer Boards	万吨	10 000 tons	517	645	422378	589562
植物材料编结品	Plant Material Braid	吨	ton	312757	356731	165774	214184
纸浆、纸及其制品	Pulp, Paper and Its Products	万吨	10 000 tons	916	938	2099547	2435220
纺织原料	Textile Raw Materials	万吨	10 000 tons	137	149	225063	297193
化学纤维纺织原料	Chemical Fiber Textile Raw Materials	万吨	10 000 tons	132	143	154263	205550
纺织纱线、织物及其制品	Textile Yarn, Fabric and Its Products					15378509	14518029
纺织纱线	Textile Yarn					976915	1382148
纺织织物	Textile Fabric					4967145	6671439
纺织制品	Textile Products					9434449	6464442
服装及衣着附件	Clothing and Accessories					13729740	17023245
服装	Garments					11780870	14597455
鞋靴	Footwear	万吨	10 000 tons	318	394	3543379	4792849
帽类	Hat Class	万个	10 000 units	1014959	1203661	391630	541945
伞	Umbrellas	万吨	10 000 tons	39	50	203013	255704
花岗岩石材及其制品	Granite Stone and Its Products	万吨	10 000 tons	484	402	328389	297105
陶瓷产品	Ceramic Products	万吨	10 000 tons	1768	1862	2511328	3069492
日用陶瓷	Household Ceramics	万吨	10 000 tons	424	511	1819171	2286445
建筑用陶瓷	Architectural Ceramics	万吨	10 000 tons	1312	1315	631191	707270
玻璃及其制品	Glass and Its Products					1885124	2438821
珍珠、宝石及半宝石	Pearls, Precious Stones and Semi Precious Stones					172066	333064
贵金属或包贵金属的首饰	Precious Metal or Jewelry Wrapped in Precious Metal	吨	ton	777	2424	798622	1448583
铁合金	Ferroalloy	万吨	10 000 tons	47	92	83751	235779
钢材	Rolled Steel	万吨	10 000 tons	5367	6686	4544361	8175766
钢铁棒材	Steel Bar	万吨	10 000 tons	690	777	427995	703642
角钢及型钢	Angle Steel and Section Steel	万吨	10 000 tons	281	257	199623	268818
钢铁板材	Steel Sheet	万吨	10 000 tons	3273	4507	2376772	5050883
钢铁线材	Steel Wire Rod	万吨	10 000 tons	203	206	275275	460663
未锻轧铜及铜材	Unwrought Copper and Copper Products	吨	ton	744434	932253	543669	935448
未锻轧铝及铝材	Unwrought Aluminum and Aluminum Products	吨	ton	4856419	5619074	1309379	1946268
家具及其零件	Furniture and Parts					5839124	7382101
玩具	Toys					3348298	4611915
体育用品及设备	Sporting Goods and Equipment					1580718	2278072
笔及其零件	Pen and Its Parts					221840	264679
机电产品	Mechanical and Electrical Products					154059415	198508891
机械基础件	Mechanical Foundation Parts					2181385	2906958
紧固件	Fastener	吨	ton	4069125	4915966	878960	1162209
轴承	Bearings	吨	ton	589205	7718909	362722	514837
手用或机用工具	Hand Tools and Tools for Machines	万吨	10 000 tons	196	239	1213933	1639874
农业机械	Agricultural Machinery					501550	642709
拖拉机	Tractors	辆	unit	126896	139052	47585	70022
食品加工机械	Food Processing Machinery	万台	10 000 sets	563	956	120077	177173
包装机械	Packaging Machinery	万台	10 000 sets	1426	1922	295457	363446
印刷、装订机械及其零件	Printing and Binding Machinery and Its Parts					1345081	1495211

6-26 续表 2 Continued 2

单位：万美元
Unit: USD 10 000

商　品	Commodities	单位	Unit	数量 Quantity		金额 Value	
				2020	2021	2020	2021
打印机、复印机及一体机	Printer, Copier and All-in-one Machine	台	set	44107219	49995360	770603	832201
通用机械设备	General Mechanical Equipment					4151907	5250118
泵	Pump	万台	10 000 sets	721763	461517	671011	815094
压缩机	Compressor	万台	10 000 sets	12711	15983	542801	773344
分离设备	Separation Equipment					534897	579509
阀门及类似装置	Valves and Similar Devices	万套	10 000 units	500490	582078	1247190	1600009
纺织机械及其零件	Textile Machinery and Its Parts					456629	480636
缝制机械及其零件	Sewing Machinery and Its Parts					173682	237161
机床	Machine Tool	台	set	22256826	28357380	638738	865241
自动数据处理设备及其零部件	Automatic Data Processing Equipment and Its Parts					21095622	25529591
自动数据处理设备	Automatic Data Processing Equipment	万台	10 000 sets	33069	37915	12306052	14780225
平板电脑	Tablet PC	万台	10 000 sets	13794	14264	2681964	3050678
笔记本电脑	Notebook Computer	万台	10 000 sets	18129	22182	8849676	10848673
中央处理部件	Central Processing Unit	万台	10 000 sets	3526	4271	1541680	2032678
存储部件	Storage Unit	万台	10 000 sets	26416	27256	1734922	1843020
自动数据处理设备的零件、附件	Parts and Accessories of Automatic Data Processing Equipment	吨	ton	603534	627542	3061813	3590253
液晶监视器	LCD Monitor	万台	10 000 sets	9843	10939	977197	1456915
电工器材	Electrical Equipment					10120002	13885553
变压器	Transformer	万个	10 000 units	286169	337271	325826	367181
原电池	Primary Cells and Batteries	亿个	100 million units	309	311	226244	240693
蓄电池	Electric Accumulators	万个	10 000 units	286250	412556	1953911	3264503
锂离子蓄电池	Lithium-ion Battery	万个	10 000 units	222052	342780	1593936	2842830
电气控制装置	Electrical Control Device					2660778	3398640
高压开关及控制装置	High Voltage Switch and Control Device					198883	223317
低压开关及控制装置	Low Voltage Switch and Control Device					2461894	3175322
电线及电缆	Wires and Cables	万吨	10 000 tons	207	234	1846023	2418462
手机	Mobile Phone	万台	10 000 sets	96595	95420	12545218	14632372
家用电器	Household Electric Appliances	万台	10 000 sets	339056	387376	6612926	9871264
电扇	Fans	万台	10 000 sets	36608	36107	474426	551852
空调	Air Conditioner	万台	10 000 sets	4720	5277	686766	808328
冰箱	Refrigerator	万台	10 000 sets	6954	7116	820454	1012479
洗衣机	Washing Machine	万台	10 000 sets	2154	2191	266938	312220
吸尘器	Vacuum Cleaner	万台	10 000 sets	14778	16255	573739	667736
微波炉	Microwave Oven	万个	10 000 units	6741	7269	323723	383475
电视机	TV	万台	10 000 sets		8452		1618350
液晶电视机	LCD TV	万台	10 000 sets	9994	8356	1343177	1583397
音视频设备及其零件	Audio and Video Equipment and Its Parts					5463977	4099211
电视摄像机，数字照相机及视频摄录一体机	TV Camera, Digital Camera and Video Recorder	万台	10 000 sets	52888	58343	1078888	1322045
数字照相机	Digital camera	万台	10 000 sets	1807	1932	266925	312922
无线电广播接收设备	Radio Broadcasting Receiving Equipment	万台	10 000 sets	22729	22502	360421	375767
音视频设备的零件	Parts of Audio and Video Equipment					1435977	1134461
有机发光二极管显示屏	Organic Light Emitting Diode Display	吨	ton	17858	33967	149444	352833
电子元件	Electronic Component					20767937	27068462
印刷电路	Printed Circuit	亿块	100 million units	363	481	1510427	2083096
二极管及类似半导体器件	Diode and Semi Conductors	亿个	100 million units	5796	7555	3451785	4752338
太阳能电池	Solar Cell	万个	10 000 units	272305	320123	1979240	2846137
集成电路	Integrated Circuits	亿个	100 million units	2598	3107	11649597	15371247

6-26 续表 3 Continued 3

单位：万美元
Unit: USD 10 000

商　　品	Commodities	单 位	Unit	数量 Quantity 2020	数量 Quantity 2021	金额 Value 2020	金额 Value 2021
集装箱	Containers	万个	10 000 units	198	484	736707	2342715
摩托车	Motorcycle	万辆	10 000 units	2830	3498	859901	1231531
#内燃机摩托车	Internal Combustion Engine Motorcycle	万辆	10 000 units	970	1193	501496	700404
电动摩托车及脚踏车	Electric Motorcycle and Bicycle	万辆	10 000 units	1793	2288	350569	528428
自行车	Bicycles	万辆	10 000 units	6030	6923	364306	510699
摩托车及自行车的零配件	Spare Parts for Motorcycles and Bicycles					866930	1275183
汽车(包含底盘)	Automobile (including chassis)	万辆	10 000 units	108	212	1571956	3443734
#乘用车	Passenger Car	辆	unit	804983	1640633	897745	2242144
商用车	Commercial Vehicle	辆	unit	276353	478042	674211	1201590
客车(十座及以上)	Passenger Cars (ten seats and above)	辆	unit	40702	39843	188250	203841
货车	Trucks	辆	unit	189854	360274	271588	590427
专用汽车	Special Purpose Vehicle	辆	unit	12611	17653	87421	133939
#汽车零配件	Auto Parts					5650191	7554611
车用发动机	Vehicle Engine	万台	10 000 sets	330	361	173262	231164
汽车轮胎	Automobile Tire	吨	ton	5397159	6166206	1163388	1434355
婴孩车及其零件	Baby Carriages and Parts	吨	ton	185390	203827	126756	148506
船舶	Shipping	艘	unit	5345	4727	1719339	2170947
#液货船	Tanker	艘	unit	104	146	364459	586231
集装箱船	Container Ship	艘	unit	49	99	203077	376998
散货船	Bulk Cargo Ship	艘	unit	247	232	781245	681776
眼镜及其零件	Glasses and Parts Thereof					537404	666546
液晶显示板	Liquid Crystal Display Panel	万个	10 000 units	126746	142433	1979000	2766784
计量检测分析自控仪器及器具	Automatic Control Instruments and Apparatus for Measurement, Detection and Analysis	吨	ton			2521925	2811472
#分析仪器	Analysis instrument	台	set	76836960	91706213	184895	226184
医疗仪器及器械	Medical Instruments and Appliances					1813493	2028619
钟表及其零件	Clocks and Watches and Their Parts					363262	466743
#手表	Wrist Watches	万只	10 000 units	36218	42789	164587	196569
灯具、照明装置及其零件	Lamps, Lighting Devices and Their Parts	–				3760369	4934121
游戏机及其零附件	Game Console and Its Accessories	吨	ton	490647	629012	1055328	1519080
高新技术产品	New and High-tech Product	–				77625474	97941912
生物技术	Biotechnology	–				120212	1676151
生命科学技术	Life Science and Technology	–				4109177	5931859
光电技术	Photoelectric Technology	–				2684109	3707785
计算机与通信技术	Computer and Communication Technology	–				48919142	57899392
电子技术	Electronic Technique	–				18369133	24326926
计算机集成制造技术	Computer Integrated Manufacturing Technology	–				1963799	2496284
材料技术	Material Technology					710211	1004237
航空航天技术	Aviation and Aerospace Technology	吨	ton			646331	752495
其他技术	Other Technologies	–				103361	146784
电动载人汽车	Electric manned vehicle	辆	unit	222843	554779	323241	1085721
混合动力客车(10座及以上)	Hybrid Electric Bus (10 seats and above)	辆	unit	82	400	859	7012
纯电动客车(10座及以上)	Pure Electric Bus (10 seats and above)	辆	unit	2478	2807	62225	64820
非插电式混合动力乘用车	Non Plug in Hybrid Passenger Vehicle	辆	unit	1698	8643	4995	10956
插电式混合动力乘用车	Plug in Hybrid Passenger Car	辆	unit	24680	43170	97274	143355
纯电动乘用车	Pure Electric Passenger Car	辆	unit	193905	499759	157887	859578
文化产品	Cultural Products	–				9714757	13924429

6-27 主要进口商品数量和金额

Major Import Commodities in Quantity and Value

单位：万美元

Unit: USD 10 000

商　品	Commodities	单 位	Unit	数量 Quantity		金额 Value	
				2020	2021	2020	2021
农产品	Agricultural Products	-				17087369	21984031
肉类(包含杂碎)	Meat (including entrails)	万吨	10 000 tons	991	938	3072967	3215376
牛肉及牛杂碎	Beef and Cattle Entrails	万吨	10 000 tons	214	236	1027290	1263480
牛肉	Beef	万吨	10 000 tons	212	233	1017839	1248811
猪肉及猪杂碎	Pork and Pig Entrails	万吨	10 000 tons	573	500	1486680	1318421
猪肉	Pork	万吨	10 000 tons	439	371	1204009	1017395
羊肉	Mutton	万吨	10 000 tons		41		237688
禽肉	Meat of Poultry	万吨	10 000 tons		70		144947
水海产品	Aquatic and Seawater Products	万吨	10 000 tons	401	377	1293511	1461001
冻鱼	Frozen Fish	万吨	10 000 tons	220	162	391857	350950
乳品	Dairy Products	万吨	10 000 tons	337	395	1250560	1383175
奶粉	Milk Powder	万吨	10 000 tons	132	154	835691	892057
鲜、干水果及坚果	Fresh and Dried Fruits and Nuts	万吨	10 000 tons	654	814	1164653	1525700
粮食	Grain	万吨	10 000 tons	14255	16449	5084254	7482598
薯类	Tubers	吨	ton		28		1
谷物及谷物粉	Cereals and Cereals Flour	万吨	10 000 tons		6536		2008335
小麦	Wheat	万吨	10 000 tons	838	977	234884	307859
大麦	Barley	万吨	10 000 tons	808	1248	188025	355834
玉米	Corn	万吨	10 000 tons	1124	2835	248251	802859
稻谷及大米	Paddy and Rice	万吨	10 000 tons	294	496	149511	223400
高粱	Jowar	万吨	10 000 tons	481	942	115607	302956
大豆	Soybeans	万吨	10 000 tons	10031	9647	3954557	5352537
食用植物油	Edible Vegetable Oil	万吨	10 000 tons	983	1038	744358	1091858
豆油	Soybean Oil	万吨	10 000 tons	96	111	72352	105146
棕榈油	RBD Palm Oil	万吨	10 000 tons	466	465	290935	416469
菜子油及芥子油	Rapeseed Oil and Mustard Oil	万吨	10 000 tons	193	215	164112	239843
食糖	Sugar	万吨	10 000 tons	527	567	180281	228277
酒类及饮料	Alcohol and Beverages					537134	666298
啤酒	Beer	万升	10 000 liters	58416	52467	69502	71042
葡萄酒	Wine	万升	10 000 liters	47105	42657	282891	169658
制盐	Salt Manufacturing	吨	ton	5948842	5184738	25514	29278
金属矿及矿砂	Metal Ore and Ore	万吨	10 000 tons	140003	135617	18741687	27304423
铁矿砂及其精矿	Iron Ore and Concentrates	万吨	10 000 tons	116950	112404	12373236	18229360
铜矿砂及其精矿	Copper Ores and Concentrates	万吨	10 000 tons	2176	2340	3647287	5699471
铝矿砂及其精矿	Aluminum Ores and Concentrates	万吨	10 000 tons	11159	10727	502376	513305
煤及褐煤	Coal and Lignite	万吨	10 000 tons	30331	32294	2028654	3616308
原油	Crude Oil	万吨	10 000 tons	54201	51292	17845285	25852289
成品油	Petroleum Products Refined	万吨	10 000 tons	2827	2712	1181518	1671753
石脑油	Naphtha	万吨	10 000 tons	789	761	308039	486671
航空煤油	Aviation Kerosene	万吨	10 000 tons	255	137	92024	80534
天然气	Natural Gas	万吨	10 000 tons	10123	12127	3330324	5572133
液化天然气	Liquified Natural Gas	万吨	10 000 tons	6670	7879	2324195	4407534
气态天然气	Natural Gas	万吨	10 000 tons	3453	4248	1006129	1164600
多晶硅	Polysilicon	吨	ton	100738	114167	95357	204011
基本有机化学品	Basic Organic Chemicals	-				4310701	5781724
二甲苯	Xylene	万吨	10 000 tons	1407	1388	826654	1174755
乙二醇	Ethylene Glycol	万吨	10 000 tons	1055	843	489094	563503
医药材及药品	Pharmaceutical Materials and Drugs	吨	ton	219235	225942	3718139	4466750
中药材	Traditional Chinese Medicine	吨	ton	68025	67582	19976	30484
人用疫苗	Human Vaccine	千克	kg	1007226	1248839	243018	353732
肥料	Chemical Fertilizers	万吨	10 000 tons	1060	909	288060	273424
氯化钾	Potassium Chloride	万吨	10 000 tons	873	757	208911	194155
氮磷钾三元复合肥	N-P-K Compound Fertilizer	万吨	10 000 tons	140	121	61993	64443
美容化妆品及洗护用品	Beauty Cosmetics and Toiletries	吨	ton	450427	473844	2024409	2489609
初级形状的塑料	Plastics in Primary Forms	万吨	10 000 tons	4062	3397	5247324	6115774
塑料制品	Plastic Articles					1927340	2239721

6-27 续表 1 Continued 1

单位：万美元
Unit: USD 10 000

商品	Commodities	单位	Unit	数量 Quantity 2020	数量 Quantity 2021	金额 Value 2020	金额 Value 2021
天然及合成橡胶(包括胶乳)	Natural and Synthetic Rubber (including latex)	万吨	10 000 tons	747	677	1059094	1212593
皮革、毛皮及其制品	Leather, Fur and Their Products	-				487125	721311
牛皮革及马皮革	Cow Leather and Horse Leather	吨	ton	535226	612388	150097	209567
木及其制品	Wood and Its Products	万吨	10 000 tons	7343	7608	1785208	2138438
原木	Logs	万吨	10 000 tons	4873	5279	840106	1159550
锯材	Wood Sawn	万吨	10 000 tons	2174	1892	764526	785608
纸浆、纸及其制品	Pulp, Paper and Its Products	万吨	10 000 tons	4305	4162	2298797	2888432
纸浆	Paper Pulp	万吨	10 000 tons	3050	2969	1565217	2005588
纺织原料	Textile Raw Materials	万吨	10 000 tons	376	393	731082	895725
羊毛及毛条	Wool and Wool Tops	吨	ton	223938	288320	164297	241536
棉花	Cotton	万吨	10 000 tons	216	215	356563	411181
纺织纱线、织物及其制品	Textile Yarn, Fabric and Its Products					1374359	1571503
纺织纱线	Textile Yarn					592296	807302
棉纱线	Cotton Yarn	万吨	10 000 tons	190	212	425187	595049
合成纤维纱线	Synthetic Fiber Yarn	吨	ton	229448	276204	116024	151049
服装及衣着附件	Clothing and Accessories					929408	1201677
玻璃及其制品	Glass and Its Products					787587	857820
玻璃纤维及其制品	Glass Fiber and Its Products	吨	ton	191784	185869	95693	107765
珍珠、宝石及半宝石	Pearls, Precious Stones and Semi Precious Stones					650138	1165936
钻石	Diamonds	千克	kg	1575	2525	594403	988689
钢材	Rolled Steel	万吨	10 000 tons	2023	1427	1682638	1872712
未锻轧铜及铜材	Unwrought Copper and Copper Products	吨	ton	6681122	5527492	4352204	5247437
未锻轧铝及铝材	Unwrought Aluminum and Aluminum Products	吨	ton	2705009	3213261	629869	956910
机电产品	Mechanical and Electrical Products					94905298	113978852
机械基础件	Mechanical Foundation Parts					1117057	1296977
农业机械	Agricultural Machinery					82106	70297
收获机械	Harvesting Machinery	台	set	3016	2892	36244	27338
拖拉机	Tractors	辆	unit	558	732	4833	7632
食品加工机械	Food Processing Machinery	万台	10 000 sets	11	16	56127	75600
包装机械	Packaging Machinery	台	set	145807	89118	156861	190279
印刷、装订机械及其零件	Printing and Binding Machinery and Its Parts					651164	752092
打印机、复印机及一体机	Printer, Copier and All-in-one Machine	台	set	12794288	10958840	258380	296695
通用机械设备	General Mechanical Equipment					1942560	2327912
泵	Pump	万台	10 000 sets	10680	11540	383536	480452
压缩机	Compressor	万台	10 000 sets	799	787	166683	219781
分离设备	Separation Equipment					345845	396169
阀门及类似装置	Valves and Similar Devices	万套	10 000 units	103124	111288	758941	898679
机床	Machine Tool	台	set	108121	107287	659956	823434
自动数据处理设备及其零部件	Automatic Data Processing Equipment and Its Parts					5354551	6745585
自动数据处理设备	Automatic Data Processing Equipment	万台	10 000 sets	130	181	87441	98030
中央处理部件	Central Processing Unit	万台	10 000 sets	888	1310	199952	323853
存储部件	Storage Unit	万台	10 000 sets	34308	36514	2563607	2922746
自动数据处理设备的零件、附件	Parts and Accessories of Automatic Data Processing Equipment	吨	ton	74254	81039	1951132	2582153
半导体制造设备	Semiconductor Manufacturing Equipment	台	set	58438	88811	2524357	3398224
制造单晶柱或晶圆用的机器及装置	Machines and Devices for Manufacturing Single Crystal Columns or Wafers	台	set	2417	4358	85886	155729
制造半导体器件或集成电路用的机器及装置	Machines and Devices for Manufacturing Semiconductor Devices or Integrated Circuits	台	set	11499	15818	1356125	2117111
制造平板显示器用的机器及装置	Machine and Device for Manufacturing Flat Panel Display	台	set	6723	7971	707443	584290
电工器材	Electrical Equipment					4282337	4840396
变压器	Transformer	万个	10 000 units	131477	112323	75148	82587
蓄电池	Electric Accumulators	万个	10 000 units	148956	161186	389438	425809
锂离子蓄电池	Lithium-ion Battery	万个	10 000 units	142182	154022	353650	384576

6–27 续表 Continued

单位：万美元
Unit: USD 10 000

商品	Commodities	单位	Unit	数量 Quantity		金额 Value	
				2020	2021	2020	2021
电气控制装置	Electrical Control Device					2153347	2425363
电线及电缆	Wires and Cables	万吨	10 000 sets	21	22	495605	570260
家用电器	Household Electric Appliances						307428
电视机	Televisions	台	set		457511		22914
液晶电视机	LCD Televisions	台	set		457204		22819
音视频设备及其零件	Audio and Video Equipment and Its Parts					1725524	1898986
电视摄像机，数字照相机及视频摄录一体机	TV Camera, Digital Camera and Video Recorder	万台 万台	10 000 units 10 000 units	8445	7949	249197	265618
音视频设备的零件	Parts of Audio and Video Equipment					1334786	1574010
有机发光二极管显示屏	Organic Light Emitting Diode Display	吨	ton	12518	19707	82956	157677
电子元件	Electronic Component					40587990	50026685
#电容器	Electrical Capacitors	万吨	10 000 sets	7	8	1120247	1338999
印刷电路	Printed Circuit	亿块	100 million units	465	531	1087717	1227714
二极管及类似半导体器件	Diode and Semi Conductorst	亿个	100 million units	5433	7496	2346122	2968480
集成电路	Integrated Circuits	亿个	100 million units	5435	6356	34996363	43250527
汽车(包含底盘)	Automobile (including chassis)	万辆	10 000 units	93	94	4670185	5390883
乘用车	Passenger Car	辆	unit	912242	938875	4491740	5284312
商用车	Commercial Vehicle	辆	unit	20860	11646	178445	106571
货车	Trucks	辆	unit	14912	5471	120057	48354
专用汽车	Special Purpose Vehicle	辆	unit	257	189	17209	13652
汽车零配件	Auto Parts					3248586	3763945
#车用发动机	Vehicle Engine	万台	10 000 sets	72	44	177994	126868
汽车轮胎	Automobile Tire	吨	ton	106457	121286	62344	75007
飞机及其他航空器	Aircraft and Others	架	unit	715	608	718252	1029832
空载重量超过2吨的飞机	Aircraft with an Unloaded Weight of More Than 2 Tons	架	unit	153	198	701147	1018788
航空器零部件	Aircraft Parts	-				794148	905477
#涡轮喷气发动机	Turbojet Engine	台	set	701	839	317305	342649
涡轮螺桨发动机	Turboprop Engine	台	set	36	42	500	1194
船舶	Shipping	艘	unit	2177	2816	145621	297277
液晶显示板	Liquid Crystal Display Panel	万个	10 000 units	188330		1908917	4456739
计量检测分析自控仪器及器具	Automatic Control Instruments and Apparatus for Measurement, Detection and Analysis					4042281	
医疗仪器及器械	Medical Instruments and Appliances					1267067	1557295
钟表及其零件	Clocks and Watches and Their Parts					446895	575617
#手表	Wrist Watches	万只	10 000 units	2455	3028	380745	505071
电动手表	Electric Watch	万只	10 000 units	2206	2772	116157	148886
机械手表	Mechanical Watch	万只	10 000 units	249	255	264589	356185
高新技术产品	New and High-tech Product					68210083	83758073
生物技术	Biotechnology					432668	633488
生命科学技术	Life Science and Technology					4246840	4924899
光电技术	Photoelectric Technology					3312032	3806345
计算机与通信技术	Computer and Communication Technology					12211876	15265965
电子技术	Electronic Technique					39789251	49038684
计算机集成制造技术	Computer Integrated Manufacturing Technology					5649406	6981622
材料技术	Material Technology	吨	ton	39152	45001	517739	643763
航空航天技术	Aviation and Aerospace Technology					1958418	2391952
其他技术	Other Technologies					91851	71354
电动载人汽车	Electric Manned Vehicle	辆	unit	130639	143708	607830	765715
纯电动客车(10座及以上)	Pure Electric Bus (10 seats and above)	辆	unit	1	7	9	327
非插电式混合动力乘用车	Non Plug in Hybrid Passenger Vehicle	辆	unit	107591	109985	416051	474614
插电式混合动力乘用车	Plug in Hybrid Passenger Car	辆	unit	11475	24900	96809	211065
纯电动乘用车	Pure Electric Passenger Car	辆	unit	11572	8816	94960	79709
文化产品	Cultural Products					1148841	1972324

6-28 各地区进出口总额(按境内目的地、货源地分)

Import and Export Value by Region in Border According to Destination or Source of Goods

单位：万美元
Unit: USD 10 000

地区	Region	2020 出口 Exports	2020 进口 Imports	2021 出口 Exports	2021 进口 Imports
全国	**Total**	**258995161**	**206596155**	**336302310**	**268714307**
北京	Beijing	2950170	8550391	5137177	10621597
天津	Tianjin	4057411	8519158	5734470	10213500
河北	Hebei	5003079	5005124	6689484	6973035
山西	Shanxi	1422159	777206	2459328	1200656
内蒙古	Inner Mongolia	651796	1405751	970555	1904166
辽宁	Liaoning	4598847	7227211	5972708	9230952
吉林	Jilin	466121	1492705	584763	1854654
黑龙江	Heilongjiang	541023	1512430	768903	2107325
上海	Shanghai	16726192	31151499	20243423	40209069
江苏	Jiangsu	39739042	28698069	50531898	36079458
浙江	Zhejiang	35177636	11326863	45864065	15992046
安徽	Anhui	4778044	2744445	6647670	3640940
福建	Fujian	11090887	6118692	15735383	8989338
江西	Jiangxi	3502286	1590937	4774644	2006843
山东	Shandong	17946714	17400734	28508217	24722846
河南	Henan	6595330	3850661	8618002	5020172
湖北	Hubei	3813170	2351773	5084045	2862182
湖南	Hunan	3066772	1719433	3795586	1889550
广东	Guangdong	75610207	45011033	90226606	57259447
广西	Guangxi	2122807	4547517	3023419	6983292
海南	Hainan	400657	1257392	445930	1562765
重庆	Chongqing	5502708	2895587	7223309	3683896
四川	Sichuan	6581754	5148912	8285225	5925746
贵州	Guizhou	590210	157797	729323	291902
云南	Yunnan	1704193	1731481	1941183	2183216
西藏	Tibet	25217	3021	40466	22619
陕西	Shaanxi	2673681	2456361	3843317	2966500
甘肃	Gansu	180897	389573	216278	552036
青海	Qinghai	18226	12860	31268	8858
宁夏	Ningxia	223917	68840	384329	82448
新疆	Xinjiang	1234009	1472701	1791332	1673255

6-29 各地区进出口总额(按收发货人所在地分)

Import and Export Value by Location of Importers and Exporters

单位：万美元
Unit: USD 10 000

地 区	Region	2020		2021	
		出口 Exports	进口 Imports	出口 Exports	进口 Imports
全 国	**Total**	**258995161**	**206596155**	**336302310**	**268714307**
北 京	Beijing	6714937	26932871	9470518	37628964
天 津	Tianjin	4434874	6197307	5996916	7259679
河 北	Hebei	3644804	2802219	4689604	3695021
山 西	Shanxi	1268293	915909	2113843	1338662
内 蒙 古	Inner Mongolia	504005	1018266	740006	1173702
辽 宁	Liaoning	3832685	5650147	5124939	6820866
吉 林	Jilin	420648	1431985	547228	1778463
黑 龙 江	Heilongjiang	519070	1704022	692573	2392862
上 海	Shanghai	19804361	30578775	24323003	38528588
江 苏	Jiangsu	39612676	24670508	50345608	30301349
浙 江	Zhejiang	36310992	12543288	46610194	17483254
安 徽	Anhui	4557872	3312532	6337301	4362535
福 建	Fujian	12238298	8119784	16734045	11790663
江 西	Jiangxi	4205576	1597008	5677497	2024190
山 东	Shandong	18891973	13129066	27184375	18202512
河 南	Henan	5929640	3797031	7777567	4923349
湖 北	Hubei	3906261	2318306	5430113	2877531
湖 南	Hunan	4782423	2286023	6519895	2720494
广 东	Guangdong	62825717	39576728	78185951	49770741
广 西	Guangxi	3917505	3123900	4544504	4627380
海 南	Hainan	402400	956283	506816	1767799
重 庆	Chongqing	6052583	3365527	7999629	4382408
四 川	Sichuan	6723694	4966123	8840692	5902296
贵 州	Guizhou	622674	168395	753977	258609
云 南	Yunnan	2213684	1699154	2734483	2133809
西 藏	Tibet	18809	12244	34896	27380
陕 西	Shaanxi	2788957	2670624	3968633	3387189
甘 肃	Gansu	123768	429205	150065	610653
青 海	Qinghai	17793	15487	26409	22662
宁 夏	Ningxia	125148	53096	270921	60716
新 疆	Xinjiang	1583040	554341	1970108	459980

6–30 外商投资企业进出口额

Exports of Foreign-funded Enterprises

单位：万美元
Unit: USD 10 000

年 份 Year	进出口总额 Total	出口额 Exports	进口额 Imports
1980	4265	824	3441
1981	14322	3235	11087
1982	32929	5287	27642
1983	61837	33036	28801
1984	46815	6894	39921
1985	236080	29670	206410
1986	301234	58203	243031
1987	433027	120809	312218
1988	820313	245642	574671
1989	1370937	491320	879617
1990	2012012	781379	1230633
1991	2895425	1204725	1690700
1992	4372689	1735619	2637070
1993	6707037	2523717	4183320
1994	8764715	3471297	5293418
1995	10981858	4687587	6294271
1996	13711016	6150636	7560380
1997	15262121	7489986	7772135
1998	15767938	8096189	7671749
1999	17451127	8862766	8588361
2000	23671390	11944121	11727269
2001	25906106	13321810	12584296
2002	33023948	16998509	16025439
2003	47216996	24030598	23186398
2004	66304033	33859184	32444849
2005	83163864	44418252	38745612
2006	103625950	56377905	47248045
2007	125516381	69537077	55979304
2008	140992119	79049270	61942848
2009	121747896	67207409	54540486
2010	161708545	86222882	75485663
2011	185989874	99522704	86467170
2012	189412020	102262008	87150012
2013	191831458	104372410	87459048
2014	198355768	107461992	90893776
2015	183348065	100461441	82886624
2016	168753653	91676690	77076962
2017	183913510	97755948	86157562
2018	196766370	103584415	93181955
2019	182383669	96600957	85782712
2020	179896419	93208205	86688215
2021	217048601	115276231	101772370

注：1989年以前中外合资数据包含了合作企业数据(下表同)。
Note: Figures of equity joint venture before 1989 include contractual joint ventures.The same applies to the table following.

6-31 各地区外商投资企业进出口额
Exports and Imports of Foreign-funded Enterprises by Region in Border

单位：万美元
Unit: USD 10 000

地 区	Region	2020		2021	
		出口 Exports	进口 Imports	出口 Exports	进口 Imports
全 国	**Total**	**93208205**	**86688215**	**115276231**	**101772370**
北 京	Beijing	1948725	5886922	3463588	6969030
天 津	Tianjin	2026640	3483701	2721737	3949369
河 北	Hebei	470828	394549	742420	538722
山 西	Shanxi	836210	426834	1292816	350673
内蒙古	Inner Mongolia	44376	48392	63315	64962
辽 宁	Liaoning	1578034	2080456	2045718	2481682
吉 林	Jilin	105096	816099	137545	953322
黑龙江	Heilongjiang	76404	90843	70300	103947
上 海	Shanghai	11914593	20614450	14104464	24640830
江 苏	Jiangsu	20229802	15882818	24143283	18233336
浙 江	Zhejiang	4866857	2977551	6307902	3943790
安 徽	Anhui	1256426	983602	1566543	1150923
福 建	Fujian	3347546	2312014	4206487	2701636
厦 门	Xiamen	1859029	1420321	2371621	1585062
江 西	Jiangxi	756278	551906	994259	773932
山 东	Shandong	4378469	2692039	5819253	3261166
河 南	Henan	3558811	2431323	4500701	1377444
湖 北	Hubei	667270	567891	803929	742184
湖 南	Hunan	374872	403898	459269	364696
广 东	Guangdong	24407433	15893746	29185111	19705244
深 圳	Shenzhen	9043263	6180521	10338352	7868127
珠 海	Zhuhai	1015672	915955	1156887	1169191
汕 头	Shantou	78201	46991	85480	49625
广 西	Guangxi	529359	597981	1595018	755314
海 南	Hainan	229968	208136	502151	264640
重 庆	Chongqing	3432131	1614481	4101639	1818483
四 川	Sichuan	4453683	3813250	5152015	4280107
贵 州	Guizhou	23486	12324	31508	20974
云 南	Yunnan	33099	40831	36603	25846
西 藏	Tibet	4	2108	42	628
陕 西	Shaanxi	1637757	1831843	2268842	2205386
甘 肃	Gansu	1469	5470	1941	7136
青 海	Qinghai	602	42	525	-
宁 夏	Ningxia	16724	13535	30081	22939
新 疆	Xinjiang	5252	9180	4442	6768

6-32 服务进出口分类金额(2021年)

Total Value of Imports and Exports of Services by Sector(2021)

单位：亿美元
Unit: USD 100 million

类　　别	Classification	进出口 Imports and Exports	出口 Exports	进口 Imports
总　　额	**Total**	**8212.5**	**3942.5**	**4270.0**
运输	Transport	2607.4	1271.9	1335.5
旅行	Travel	1224.1	113.7	1110.4
建筑	Construction	402.7	304.8	97.9
保险服务	Insurance Services	212.3	52.0	160.4
金融服务	Financial Services	103.2	49.7	53.5
电信、计算机和信息服务	Telecommunications, Computer and Information Services	1195.8	794.7	401.1
知识产权使用费	Charges For The Use of Intellectual Property	586.7	117.8	468.9
个人、文化和娱乐服务	Personal, Cultural, and Recreational Services	51.7	19.0	32.7
维护和维修服务	Maintenance and Repair Services	116.8	78.7	38.2
加工服务	Processing Services	208.3	201.2	7.1
其他商业服务	Other Business Services	1455.5	923.6	531.9
政府服务	Government Services	47.9	15.5	32.4

注：本表按照国际货币基金组织《国际收支和国际头寸手册》(第六版)标准统计，下表同。
Note: Data in this table are compiled on Balance of Payments and International Investment Position Manual (6th edition) of IMF.

6-33 服务进出口分类金额(2021年)

Total Value of Imports and Exports of Services by Sector(2021)

单位：亿元人民币
Unit: RMB 100 million

类　　别	Classification	进出口 Imports and Exports	出口 Exports	进口 Imports
总　　额	**Total**	**52982.7**	**25435.0**	**27547.8**
运输	Transport	16821.6	8205.5	8616.0
旅行	Travel	7897.6	733.6	7164.0
建筑	Construction	2598.2	1966.4	631.8
保险服务	Insurance Services	1369.9	335.2	1034.6
金融服务	Financial Services	665.7	320.8	344.9
电信、计算机和信息服务	Telecommunications, Computer and Information Services	7714.8	5126.9	2587.9
知识产权使用费	Charges For The Use of Intellectual Property	3784.8	759.7	3025.1
个人、文化和娱乐服务	Personal, Cultural, and Recreational Services	333.6	122.5	211.1
维护和维修服务	Maintenance and Repair Services	753.7	507.5	246.3
加工服务	Processing Services	1343.9	1298.0	45.9
其他商业服务	Other Business Services	9390.1	5958.8	3431.3
政府服务	Government Services	308.8	100.0	208.8

利用外资

UTILIZATION OF FOREIGN CAPITAL

第7篇

7-1 利用外资情况

Utilization of Foreign Capital

年份 Year	项 目 (个) Number of Projects (unit)	#外商直接投资 Foreign Direct Investment	实际使用外资金额 (亿美元) Total Amount of Foreign Investment Utilized (USD 100 million)	#外商直接投资 Foreign Direct Investment
1979-1982	947	920	130.60	17.69
1983	690	638	22.61	9.16
1984	2204	2166	28.66	14.19
1985	3145	3073	47.60	19.56
1986	1551	1498	76.28	22.44
1987	2289	2233	84.52	23.14
1988	6063	5945	102.26	31.94
1989	5909	5779	100.60	33.92
1990	7371	7273	102.89	34.87
1991	13086	12978	115.54	43.66
1992	48858	48764	192.03	110.08
1993	83595	83437	389.60	275.15
1994	47646	47549	432.13	337.67
1995	37184	37011	481.33	375.21
1996	24673	24556	548.05	417.26
1997	21138	21001	644.08	452.57
1998	19850	19799	585.57	454.63
1999	17022	16918	526.59	403.19
2000	22347	22347	593.56	407.15
2001	26140	26140	496.72	468.78
2002	34171	34171	550.11	527.43
2003	41081	41081	561.40	535.05
2004	43664	43664	640.72	606.30
2005	44001	44001	638.05	603.25
2006	41473	41473	698.76	658.21
2007	37871	37871	783.39	747.68
2008	27514	27514	952.53	923.95
2009	23435	23435	918.04	900.33
2010	27406	27406	1088.21	1057.35
2011	27712	27712	1176.98	1160.11
2012	24925	24925	1132.94	1117.16
2013	22773	22773	1187.21	1175.86
2014	23778	23778	1197.05	1195.62
2015	26575	26575	1262.67	1262.67
2016	27900	27900	1260.01	1260.01
2017	35652	35652	1310.35	1310.35
2018	60533	60533	1349.66	1349.66
2019	40888	40888	1381.35	1381.35
2020	38570	38570	1443.69	1443.69
2021	47643	47643	1734.83	1734.83

注：1.本表资料由商务部提供。
2.2000年及以前，实际使用外资包含对外借款。
3.2015年起，实际使用外资金额只包含外商直接投资金额。

a) Data in this table come from the Ministry of Commerce.
b) In 2000 and before,total amount of foreign investment actually utilized included foreign loans.
c) Since 2015,total amount of foreign investment actually utilized only includes that of foreign direct investment.

7-2 外商直接投资行业分布(2020年)
Foreign Direct Investment by Sector (2020)

单位：万美元
Unit：USD 10 000

行　　业	Sector	合同项目(个) Number of Contracts (unit)	实际使用金　额 Actually Utilized Value
总　　计	**Total**	**47643**	**17348331**
农、林、牧、渔业	Agriculture, Forestry, Animal Husbandry and Fishery	491	82626
采矿业	Mining	25	258055
制造业	Manufacturing	4455	3373061
电力、热力、燃气及水生产和供应业	Production and Supply of Electricity, Heat, Gas and Water	465	379993
建筑业	Construction	701	227356
批发和零售业	Wholesale and Retail Trades	13379	1671581
交通运输、仓储和邮政业	Transport, Storage and Post	693	532511
住宿和餐饮业	Hotels and Catering Services	1139	125560
信息传输、软件和信息技术服务业	Information Transmission, Software and Information Technology	4053	2010004
金融业	Financial Intermediation	444	454230
房地产业	Real Estate	1125	2360811
租赁和商务服务业	Leasing and Business Services	9290	3308620
科学研究和技术服务业	Scientific Research and Technical Services	8245	2275455
水利、环境和公共设施管理业	Management of Water Conservancy, Environment and Public Facilities	131	132379
居民服务、修理和其他服务业	Service to Households, Repair and Other Services	522	47110
教育	Education	216	1328
卫生和社会工作	Health and Social Service	150	36526
文化、体育和娱乐业	Culture, Sports and Entertainment	2107	39711
公共管理和社会组织	Public Management and Social Organizations	11	31414
国际组织	International Organizations	1	

7-3 分国别(地区)外商直接投资

Foreign Direct Investment by Country or Region

单位：万美元

Unit: USD 10 000

国别(地区)	Country/Region	2020 外商直接投资合同项目(个) Number of FDI Contracts (unit)	2020 外商直接投资 Foreign Direct Investment	2021 外商直接投资合同项目(个) Number of FDI Contracts (unit)	2021 外商直接投资 Foreign Direct Investment
总　计	**Total**	**38570**	**14436926**	**47643**	**17348331**
亚洲	**Asia**	**29269**	**12402540**	**36301**	**15364464**
阿富汗	Afghanistan	34		49	
巴林	Bahrain	3			
孟加拉国	Bangladesh	71	27	69	1
不丹	Bhutan	1		1	
文莱	Brunei	3	966	4	658
缅甸	Myanmar	21		24	54
柬埔寨	Cambodia	20	3761	23	3369
塞浦路斯	Cyprus	5	445	9	460
朝鲜	Korea DPR	1		4	
中国香港	Hong Kong, China	15602	10579336	19289	13175642
印度	India	193	1201	186	632
印度尼西亚	Indonesia	73	1334	73	2434
伊朗	Iran	77	92	117	
伊拉克	Iraq	28	7	90	
以色列	Israel	80	2630	90	4255
日本	Japan	799	337448	998	391325
约旦	Jordan	51	43	82	344
科威特	Kuwait	3		3	192
老挝	Laos	8		6	
黎巴嫩	Lebanon	12	5	25	10
中国澳门	Macao, China	2531	220230	2932	218948
马来西亚	Malaysia	388	7810	366	5770
马尔代夫	Maldives	1			
蒙古	Mongolia	22		19	506
尼泊尔联邦民主共和国	Nepal	15	1	29	
阿曼	Oman	4	190	4	
巴基斯坦	Pakistan	261	10	425	5
巴勒斯坦	Palestine	23		29	
菲律宾	Philippines	55	2364	65	941
沙特阿拉伯	Saudi Arabia	12	97	10	7300
新加坡	Singapore	1146	768098	1416	1033164
韩国	Korea Rep.	2014	361376	2478	404469
斯里兰卡	Sri Lanka	10		17	63
叙利亚	Syria	40	306	57	
泰国	Thailand	108	10861	110	10741
土耳其	Turkey	65	234	97	5243
阿联酋	United Arab Emirates	16	2802	37	2229
也门	Republic of Yemen	187	155	249	68
越南	Vietnam	50	275	57	603
中国台湾	Taiwan, China	5105	99529	6595	93990
东帝汶	Timor Leste		800		550
哈萨克斯坦	Kazakhstan	48	86	56	
吉尔吉斯斯坦	Kirghizia	14	1	24	
塔吉克斯坦	Tadzhikistan	15		16	
土库曼斯坦	Turkmenistan	15		**28**	10
乌兹别克斯坦	Uzbekistan	37	20	42	483

单位：万美元

Unit: USD 10 000

国别(地区)	Country/Region	2020		2021	
		外商直接投资合同项目(个) Number of FDI Contracts (unit)	外商直接投资 Foreign Direct Investment	外商直接投资合同项目(个) Number of FDI Contracts (unit)	外商直接投资 Foreign Direct Investment
亚洲其他国家(地区)	Other Countries (Regions) in Asia	2			
非洲	**Africa**	**1504**	**70474**	**2164**	**108884**
阿尔及利亚	Algeria	24	25	35	
安哥拉	Angola	11		18	
贝宁	Benin	13		18	
博茨瓦纳	Botswana	5	1927	6	
布隆迪	Burundi	5		14	
喀麦隆	Cameroon	127		149	501
佛得角	Cape Verde	1		2	
中非	Central Africa	3		1	
乍得	Chad	4		5	
科摩罗	Comoros	8		7	
刚果(布)	Congo	13	5	45	
吉布提	Djibouti	4		5	
埃及	Egypt	69	139	102	20
赤道几内亚	Eq. Guinea	5		6	
埃塞俄比亚	Ethiopia	26	5	51	
加蓬	Gabon	5		6	
冈比亚	Gambia	2		10	
加纳	Ghana	186		320	
几内亚	Guinea	18		60	
几内亚比绍	Guinea-Bissau	1			
科特迪瓦	Cote d'Ivoire	15		33	
肯尼亚	Kenya	35		63	
利比里亚	Liberia	8		16	
利比亚	Libya	23		21	
马达加斯加	Madagascar	8		12	
马里	Mali	37		59	
毛里塔尼亚	Mauritania	7	146	7	396
毛里求斯	Mauritius	17	41231	17	89774
摩洛哥	Morocco	65		78	
莫桑比克	Mozambique	4		9	
纳米比亚	Namibia	4		5	853
尼日尔	Niger	51		54	
尼日利亚	Nigeria	170		286	
卢旺达	Rwanda	37		41	
塞内加尔	Senegal	22		24	
塞舌尔	Seychelles	90	26323	69	16868
塞拉利昂	Sierra Leone	5		11	
索马里	Somalia	12		25	
南非	South Africa	59	612	74	384
苏丹	Sudan	25		17	
坦桑尼亚	Tanzania	36	24	37	9
多哥	Togo	20		31	
突尼斯	Tunisia	11		17	
乌干达	Uganda	45	37	88	
布基纳法索	Burkina Faso	5		13	
刚果(金)	Congo DR	18		44	
赞比亚	Zambia	25		34	2
津巴布韦	Zimbabwe	115		107	
莱索托	Lesotho	2		3	
斯威士兰	Swaziland	1			
厄立特里亚	Eritrea	2		3	
非洲其他国家(地区)	Other Countries (Regions) in Africa			2	77
欧洲	**Europe**	**3217**	**747027**	**3876**	**711570**
比利时	Belgium	45	11458	71	11519
丹麦	Denmark	49	3566	52	21713
英国	United Kingdom	547	97802	612	119971
德国	Germany	466	135497	536	168019
法国	France	288	51270	364	71013
爱尔兰	Ireland	31	7453	33	19341
意大利	Italy	246	20370	284	17756
卢森堡	Luxembourg	20	22825	24	31091
荷兰	Netherlands	139	255492	176	110544
希腊	Greece	13	5	11	13
葡萄牙	Portugal	11	91	23	720
西班牙	Spain	114	10585	130	8936
阿尔巴尼亚	Albania	4		6	

7-3 续表 2 Continued 2

单位：万美元
Unit: USD 10 000

国别(地区)	Country/Region	2020 外商直接投资合同项目(个) Number of FDI Contracts (unit)	2020 外商直接投资 Foreign Direct Investment	2021 外商直接投资合同项目(个) Number of FDI Contracts (unit)	2021 外商直接投资 Foreign Direct Investment
奥地利	Austria	53	19691	54	9368
保加利亚	Bulgaria	10	77	11	52
芬兰	Finland	29	3533	40	6333
匈牙利	Gibraltar	21	695	37	720
冰岛	Iceland	1	1916	5	79
列支敦士登	Liechtenstein	1	559		1077
马耳他	Malta	2	102	1	
摩纳哥	Monaco		104	3	260
挪威	Norway	30	11188	26	5559
波兰	Poland	26	453	53	444
罗马尼亚	Romania	10	743	17	202
圣马力诺	San Marino				
瑞典	Sweden	75	20703	97	30141
瑞士	Switzerland	81	65391	117	73144
爱沙尼亚	Estonia	3	17	8	30
拉脱维亚	Latvia	6		8	
立陶宛	Lithuania	7	14	8	37
格鲁吉亚	Georgia	6	1	8	
亚美尼亚	Armenia	35		56	
阿塞拜疆	Azerbaijan	16		34	4
白俄罗斯	Byelorussia	75	7	78	16
摩尔多瓦	Moldavia	4		4	
俄罗斯联邦	Russia	536	1126	631	754
乌克兰	Ukraine	166	61	169	
斯洛文尼亚	Slovenia	7	4125	4	1023
克罗地亚	Croatia	5		5	17
捷克	Czech	7	101	13	408
斯洛伐克	Slovak	7	2	9	
波黑	Bosnia & Herzegovina	4		3	
塞尔维亚	Serbia	20	4	43	1
欧洲其他国家(地区)	Other Countries (Regions) in Europe	1		2	1255
拉丁美洲	**Latin America**	**767**	**805257**	**876**	**783725**
安提瓜和巴布达	Antigua and Barbuda	2		2	
阿根廷	Argentina	24	230	30	
巴哈马	Bahamas	2			
巴巴多斯	Barbados	1	3013		1353
伯利兹	Belize	8	1550	10	2538
多民族玻利维亚国	Bolivia	2		6	
巴西	Brazil	107	2954	100	1553
开曼群岛	Cayman Is.	130	277361	191	246157
智利	Chile	26	20	29	427
哥伦比亚	Colombia	47	2	64	
多米尼克	Dominica	3		4	
哥斯达黎加	Costa Rica	4		7	
古巴	Cuba	10		8	29
多米尼加共和国	Dominica Rep.	2		8	
厄瓜多尔	Ecuador	8		7	
格林纳达	Granada	2			
危地马拉	Guatemala	2		1	43
圭亚那	Guyana	1	41		10
海地	Haiti	2		2	
洪都拉斯	Honduras	2		4	
牙买加	Jamaica	3		5	
墨西哥	Mexico	45	4	44	373
蒙特塞拉特	Montserrat	2			
尼加拉瓜	Nicaragua	1			
巴拿马	Panama	6		8	144
巴拉圭	Paraguay			1	
秘鲁	Peru	17	61	11	120

7-3 续表 3 Continued 3

单位：万美元
Unit: USD 10 000

国别(地区)	Country/Region	2020 外商直接投资合同项目(个) Number of FDI Contracts (unit)	2020 外商直接投资 Foreign Direct Investment	2021 外商直接投资合同项目(个) Number of FDI Contracts (unit)	2021 外商直接投资 Foreign Direct Investment
圣文森特和格林纳丁斯	Saint Vincent & Grenadines				
萨尔瓦多	El Salvador	2			
苏里南	Surinam	1		3	
特克斯和凯科斯群岛	Turks & Caicos Is.		60		
乌拉圭	Uruguay	5	4	4	19
委内瑞拉	Venezuela	25		21	
英属维尔京群岛	Virgin Is. (E)	271	519957	291	528097
圣其茨和尼维斯	St. Kitts-Nevis	3		5	725
拉丁美洲其他国家(地区)	Other Countries (Regions)in Latin America	1		5	2137
北美洲	**North America**	**2371**	**267838**	**3013**	**279199**
加拿大	Canada	726	21686	930	20269
美国	United States	1642	230451	2068	246746
百慕大	Bermuda	3	15669	15	12184
北美洲其他国家(地区)	Other Countries (Regions) in North America		32		
大洋洲及太平洋岛屿	**Oceanic and Pacific Islands**	**767**	**124903**	**748**	**98004**
澳大利亚	Australia	529	34156	510	29953
库克群岛	Cook Islands		1525		
斐济	Fiji	3		2	
瓦努阿图	Vanuatu	4	468	6	
新西兰	New Zealand	109	2727	129	1782
汤加	Tonga	1			
土布艾群岛	Tubuai Is.				
萨摩亚	Samoa	110	80408	72	62144
马绍尔群岛	Marshall. Is.	11	5599	15	2705
大洋洲其他国家(地区)	Other Countries (Regions)in Oceania		20	13	1420
其他	**Others**	**86**	**18887**		**2485**

注：1．东南亚国家联盟包括：文莱、缅甸、柬埔寨、印度尼西亚、老挝、马来西亚、菲律宾、新加坡、泰国、越南。
2．欧洲联盟包括：比利时、丹麦、英国、德国、法国、爱尔兰、意大利、卢森堡、荷兰、希腊、葡萄牙、西班牙、奥地利、芬兰、瑞典、塞浦路斯、匈牙利、马耳他、波兰、爱沙尼亚、拉脱维亚、立陶宛、斯洛文尼亚、捷克、斯洛伐克、保加利亚、罗马尼亚、克罗地亚。

a) Association of Southeast Asian Nations include Brunei, Myanmar, Cambodia, Indonesia, Laos, Malaysia, Philippines, Singapore, Thailand, Vietnam.

b) European Union include Belgium, Denmark, United Kingdom, Germany, France, Ireland, Italy, Luxembourg, Netherlands, Greece, Portugal, Spain, Austria, Finland, Sweden, Cyprus, Hungary, Malta, Poland, Estonia, Latvia, Lithuania, Slovenia, Czech, Slovak, Bulgaria,Romania,Croatia.

7-4 历年外商投资企业登记概况
Status of Registered Enterprises with Foreign Capital

年 份 Year	企业数 (户) Number of Enterprises (unit)	投资总额 (万美元) Total Investment (USD 10 000)	注册资本(万美元) Registered Capital (USD 10 000)	
			小 计 Subtotal	#外 方 Foreign Partner
1980	7	470	432	179
1981	82	13248	11411	6646
1982	330	65085	60697	44201
1983	616	176747	143037	89589
1984	1999	434644	325086	207109
1985	4912	1641154	834410	508846
1986	6524	2140438	1163741	582717
1987	8546	2641308	1466820	827307
1988	13747	3780628	2154354	1169072
1989	18968	4690829	2759003	1501813
1990	25389	5457370	3304208	1866511
1991	37215	7178332	4465808	2577358
1992	84371	17845550	11598693	6866484
1993	167507	38238877	24563127	15018236
1994	206096	49072446	31227534	19631486
1995	233564	63900854	39912302	25688422
1996	240447	71532202	44148483	28979610
1997	235681	75347010	45981372	30298675
1998	227807	77422942	46728674	31371224
1999	212436	77856752	46354938	31668255
2000	203208	82467505	48394975	33719912
2001	202306	87501079	50579271	35968275
2002	208056	98189328	55211904	40199985
2003	226373	111735062	62264052	46577863
2004	242284	131118108	72848575	55799291
2005	260000	146399267	81203319	63193522
2006	274863	170756477	94647381	74062533
2007	286232	210878940	115541864	92114807
2008	434937	232413047	130055348	103885057
2009	434248	249996531	140348130	113694532
2010	445244	270593108	157384290	125896928
2011	446487	299312402	172942962	138102850
2012	440609	326104777	188141484	149034975
2013	445962	351760847	202802980	160771193
2014	460699	379772862	218351038	174138864
2015	481179	453902025	266815811	207567406
2016	505151	512400783	312433576	239184522
2017	539345	689924356	371071855	282661856
2018	593276	777379774	427385951	323419281
2019	627223	884006368	501597454	378944846
2020	635402	1364369528	843342495	628231332
2021	663562	1795715804	1119639829	855970331

注：本数据来源于国家市场监督管理总局，从2008年起企业户数包含分支机构。
Note: Data in this table is from State Administration for Industry & Commerce. The number of enterprises includes branches Since 2008.

7-5 年末登记外商投资企业行业分布情况(2021年)

Registered Foreign-funded Enterprises by Sector at the Year-end(2021)

行业	Sector	企业数（户）Number of Enterprises (unit)	投资额（万美元）Total Investment (USD 10 000)	注册资本（万美元）Registered Capital (USD 10000)	
				小计 Subtotal	#外方 Foreign Partner
总计	**Total**	**663562**	**1795715804**	**1119639829**	**855970331**
农、林、牧、渔业	Agriculture, Forestry, Animal Husbandry and Fishery	6913	106684751	18073007	15465238
采矿业	Mining	744	2619189	1516984	982541
制造业	Manufacturing	125674	357059689	180698572	125806281
电力、热力、燃气及水生产和供应业	Production and Supply of Electricity, Heat, Gas and Water	5710	35553818	17885691	11478650
建筑业	Construction	7804	18640512	13830109	7573827
批发和零售业	Wholesale and Retail Trades	203560	124576318	99720619	74068658
交通运输、仓储和邮政业	Transport, Storage and Post	13547	25121150	15370656	8515307
住宿和餐饮业	Hotels and Catering Services	42812	5704800	3038697	2372247
信息传输、软件和信息技术服务业	Information Transmission, Software and Information Technology	52226	100391160	67769995	54861041
金融业	Financial Intermediation	17472	53136504	46078543	29046900
房地产业	Real Estate	18956	221652166	142857438	128610813
租赁和商务服务业	Leasing and Business Services	86406	400093384	277553441	201120056
科学研究和技术服务业	Scientific Research and Technical Services	59680	265470291	171956311	142265120
水利、环境和公共设施管理业	Management of Water Conservancy, Environment and Public Facilities	1705	11156287	9023875	5883877
居民服务、修理和其他服务业	Service to Households, Repair and Other Services	6565	11758316	5536135	3403134
教育	Education	993	1533982	1022696	957572
卫生和社会工作	Health and Social Service	830	9710083	4644365	3575082
文化、体育和娱乐业	Culture, Sports and Entertainment	10303	11636886	8991195	6214133
其他	Others	1662	33216520	34071499	33769853

7-6 各地区年末登记的外商投资企业数及投资额

Number and Investment of Registered Enterprises with Foreign Capital by Region or Department at the Year-end

地区	Region	企业数（户）Number of Enterprises (unit)		投资总额（万美元）Total Investment (USD 10 000)	
		2020	2021	2020	2021
总计	**Total**	**635402**	**663562**	**1364369528**	**1795715804**
北京	Beijing	32545	34079	64690716	71718060
天津	Tianjin	15151	15021	30642347	102167259
河北	Hebei	10088	10187	22540192	23538115
山西	Shanxi	3617	3730	9255895	8903882
内蒙古	Inner Mongolia	3329	3200	5608426	6061543
辽宁	Liaoning	16257	16363	41573088	46026427
吉林	Jilin	4249	4250	7077370	14375456
黑龙江	Heilongjiang	6278	5888	16855786	17340098
上海	Shanghai	92922	97342	103339458	121553662
江苏	Jiangsu	63031	64643	136972937	143085978
浙江	Zhejiang	44024	45922	58926401	66732222
安徽	Anhui	8281	8490	32270386	32476547
福建	Fujian	31638	32450	31525499	33715497
江西	Jiangxi	6813	7033	13308596	15179629
山东	Shandong	35378	36756	120730832	163280515
河南	Henan	10243	10307	11191976	10515432
湖北	Hubei	12468	12940	23707094	23269891
湖南	Hunan	10715	11698	21490575	23571460
广东	Guangdong	175397	185553	216718083	232847080
广西	Guangxi	6577	7028	28938916	90055139
海南	Hainan	4234	6071	274495595	452723326
重庆	Chongqing	6719	6873	12389523	13352877
四川	Sichuan	13545	14733	29627873	23856723
贵州	Guizhou	3184	3488	8357348	9456017
云南	Yunnan	6062	6130	14243114	16413695
西藏	Tibet	282	300	285869	273333
陕西	Shaanxi	6287	7082	18327178	19549024
甘肃	Gansu	2532	2396	2593102	4180826
青海	Qinghai	663	734	781853	1019876
宁夏	Ningxia	899	910	2699276	2795622
新疆	Xinjiang	1994	1965	3204221	5680594

7-7 各地区外商投资企业年末注册资本
Registered Capital of Foreign-funded Enterprises by Region or Department at the Year-end

单位：万美元
Unit: USD 10 000

地区	Region	注册资本 Registered Capital		外方注册资本 Registered Foreign Capital	
		2020	2021	2020	2021
总计	**Total**	**843342495**	**1119639829**	**628231332**	**855970331**
北京	Beijing	42006539	47848703	24240345	30086812
天津	Tianjin	25234247	25994803	18741267	19735582
河北	Hebei	10578287	11431602	8458408	8899431
山西	Shanxi	6148811	6614451	4146705	4046016
内蒙古	Inner Mongolia	2084437	2373822	1367089	1652073
辽宁	Liaoning	23828895	25983053	18290223	19831468
吉林	Jilin	4428561	11544536	3189254	4293028
黑龙江	Heilongjiang	15392563	15195748	8617308	8412634
上海	Shanghai	71392233	80650841	54218033	60859923
江苏	Jiangsu	73449310	80578962	59153171	64541007
浙江	Zhejiang	37507294	45188029	27628628	32675628
安徽	Anhui	10222159	23629032	7538499	14853517
福建	Fujian	19902264	21921577	14922604	16399472
江西	Jiangxi	8171449	10443940	5917853	6915916
山东	Shandong	77218611	106652039	59542239	78568586
河南	Henan	7465370	7495408	5489239	5753367
湖北	Hubei	13088390	15618466	8744434	10930878
湖南	Hunan	10672448	12546549	7647694	8925855
广东	Guangdong	98550062	107237736	75586301	81297634
广西	Guangxi	7701833	11952513	5954978	9739947
海南	Hainan	230135202	396577054	177587110	330194725
重庆	Chongqing	7743350	8778722	6089747	6775403
四川	Sichuan	14769799	11876352	8081084	8839757
贵州	Guizhou	4092379	5092595	3282352	4250942
云南	Yunnan	6322836	8240491	4866293	6488608
西藏	Tibet	190728	209779	157185	174690
陕西	Shaanxi	8938054	10085290	4235641	5150372
甘肃	Gansu	1851593	3300404	1703654	2675472
青海	Qinghai	293586	564634	139297	277292
宁夏	Ningxia	1288565	1352058	925640	957876
新疆	Xinjiang	2672638	2660640	1769058	1766421

对外投资与经济合作

OVERSEAS DIRECT INVESTMENT AND ECONOMIC COOPERATION

第8篇

8-1 按主要国别(地区)分对外直接投资
Overseas Direct Investment by Countries or Regions

单位：万美元
Unit: USD 10 000

国家（地区）	Country or Region	对外直接投资流量 Flow of Outward Direct Investment		截至2021年对外直接投资存量 Overseas Direct Investment Stock at the End of 2021
		2020	2021	
总　计	**Total**	**15371026**	**17881932**	**278514971**
亚洲	**Asia**	**11234365**	**12810205**	**177201520**
#中国香港*	Hong Kong, China	8914586	10119088	154965764
印度	India	20519	27946	351889
印度尼西亚*	Indonesia	219835	437251	2008048
日本	Japan	48683	76214	488287
中国澳门	Macao, China	82684	88192	1123624
新加坡*	Singapore	592335	840504	6720228
韩国*	Republic of Korea	13914	47804	660150
泰国	Thailand	188288	148601	991721
越南	Vietnam	187575	220762	1085211
非洲	**Africa**	**422560**	**498664**	**4418621**
#阿尔及利亚	Algeria	1864	18471	171602
苏丹	Sudan	283	9429	111552
几内亚	Guinea	-29512	48717	95933
马达加斯加	Madagascar	13598	-962	32287
尼日利亚	Nigeria	30894	20167	269579
南非*	South Africa	40043	36359	529417
欧洲	**Europe**	**1269565**	**1087480**	**13479438**
#英国	United Kingdom	92222	190355	1900531
德国	Germany	137560	271113	1669749
法国	France	14779	-15167	486390
俄罗斯联邦*	Russia	57032	-107230	1064411
拉丁美洲	**Latin America**	**1665651**	**2615851**	**69374017**
#巴西*	Brazil	31264	14645	300771
开曼群岛*	Cayman Islands	856222	1075356	22952507
墨西哥	Mexico	26456	23183	130216
英属维尔京群岛*	Virgin Is. (E)	697562	1397101	44747734
北美洲	**North America**	**634312**	**658090**	**10022580**
#加拿大	Canada	21002	93017	1379315
美国*	United States	601867	558435	7717236
大洋洲	**Oceania**	**144573**	**211642**	**4018796**
#澳大利亚*	Australia	119859	192254	3443047
新西兰	New Zealand	45292	22461	312871

注：“*”表示该国家(地区)2020年末存量数据中包含对以往历史数据进行调整。
a) "*" The stock for 2020 are recomputed after adjustment of historical Data.

8-2 按行业分对外直接投资
Overseas Direct Investment by Sector

单位：万美元
Unit: USD 10 000

行业	Sector	对外直接投资净额 Net Overseas Direct Investment		截至2021年对外直接投资存量 Overseas Direct Investment Stock at the End of 2021
		2020	2021	
总计	**Total**	**15371026**	**17881932**	**278514971**
农、林、牧、渔业	Agriculture, Forestry, Animal Husbandry and Fishery	107864	93075	1881576
采矿业	Mining	613126	841498	18150765
制造业	Manufacturing	2583821	2686673	26326333
电力、热力、燃气及水生产和供应业	Production and Supply of Electricity, Heat, Gas and Water	577031	438908	5049240
建筑业	Construction	809455	461908	5507313
批发和零售业	Wholesale and Retail Trades	2299764	2815201	36958161
交通运输、仓储和邮政业	Transport, Storage and Post	623320	1222621	9172268
住宿和餐饮业	Hotels and Catering Services	11841	26933	491036
信息传输、软件和信息技术服务业	Information Transmission, Software and Information Technology	918718	513591	16022746
金融业	Financial Intermediation	1966318	2679879	30035025
房地产业	Real Estate	518603	409785	9291631
租赁和商务服务业	Leasing and Business Services	3872562	4935732	111523784
科学研究和技术服务业	Scientific Research and Technical Services	373465	507213	4507518
水利、环境和公共设施管理业	Management of Water Conservancy, Environment and Public Facilities	15671	22494	285419
居民服务、修理和其他服务业	Service to Households, Repair and Other Services	216078	180948	1460781
教育	Education	13004	2825	273111
卫生和社会工作	Health and Social Service	63767	33877	376709
文化、体育和娱乐业	Culture, Sports and Entertainment	-213383	8773	1201556
公共管理、社会保障和社会组织	Public Management, Social Security and Social Organization		--	--

8-3 对外经济合作概况
Foreign Economic Cooperation

年份 Year	对外承包工程 Foreign Engineering Projects				对外劳务合作 Foreign Labour Services	
	合同数（份）Number of Contracts (unit)	合同金额（亿美元）Contract Value (USD 100 million)	完成营业额（亿美元）Turnover (USD 100 million)	年末在外人数（万人）Persons Abroad by the End of Year (10 000 persons)	派出劳务人数（万人）Dispatched Labor (10 000 persons)	年末在外人数（万人）Persons Abroad by the End of Year (10 000 persons)
1979	27	0.33				
1980	138	1.40	1.23			
1981	250	2.76				
1982	195	3.46	1.89			
1983	280	7.99	3.16			
1984	344	15.38	4.94	2.19		2.76
1985	465	11.16	6.63	3.06		2.49
1986	486	11.89	8.19	2.74		1.90
1987	616	16.48	11.14	3.13		3.19
1988	642	18.13	12.53	3.00		3.98
1989	776	17.81	14.84	2.40		4.31
1990	920	21.25	16.44	2.18		3.61
1991	1171	25.24	19.70	2.15		6.83
1992	1164	52.51	24.03	2.54		10.56
1993	1393	51.89	36.68	3.42		13.09
1994	1702	60.27	48.83	3.83		18.43
1995	1558	74.84	51.08	3.84		22.59
1996	1634	77.28	58.21	3.88		24.66
1997	2085	85.16	60.36	4.78		28.55
1998	2322	92.43	77.69	6.11		29.08
1999	2527	101.99	85.22	5.53		32.65
2000	2597	117.19	83.79	5.56		36.93
2001	5836	130.39	88.99	6.00		41.47
2002	4036	150.55	111.94	7.85		41.04
2003	3708	176.67	138.37	9.40		42.97
2004	6694	238.44	174.68	11.47	17.30	41.94
2005	9502	296.14	217.63	14.48	18.34	41.87
2006	12996	660.05	299.93	19.86	21.48	47.52
2007	6282	776.21	406.43	23.60	21.49	50.51
2008	5411	1045.62	566.12	27.16	22.49	46.71
2009	7280	1262.10	777.06	32.69	18.01	45.03
2010	9544	1343.67	921.70	37.65	18.68	47.01
2011	6381	1423.32	1034.24	32.40	20.91	48.84
2012	6710	1565.29	1165.97	34.46	27.84	50.56
2013	11578	1716.29	1371.43	37.01	25.57	48.26
2014	7740	1917.56	1424.11	40.89	29.26	59.69
2015	8662	2100.74	1540.74	40.86	27.68	61.83
2016	19157	2440.10	1594.17	37.29	26.40	59.60
2017	22774	2652.76	1685.87	37.68	30.02	60.23
2018	10985	2418.04	1690.44	39.07	26.50	60.61
2019	11932	2602.45	1729.01	36.81	27.60	62.41
2020	9933	2555.36	1559.35	27.34	16.23	34.98
2021	10786	2584.94	1549.43	25.84	18.98	33.39

8-4 分国别(地区)对外承包工程合同金额

Contracts Signed for Foreign Engineering Projects by Country or Region

国别(地区)	Country/Region	2018	2019	2020	2021
总　　计	**Total**	**24180445**	**26024542**	**25553561**	**25849446**
亚洲	**Asia**	**11934916**	**14112776**	**14297668**	**12247438**
阿富汗	Afghanistan	47	4110	10633	13
巴林	Bahrain		4		23
孟加拉国	Bangladesh	911153	1348362	1317370	420307
文莱	Brunei	49030	13289	19718	5251
缅甸	Myanmar	276629	630710	540983	97148
柬埔寨	Cambodia	288064	557610	662194	329878
塞浦路斯	Cyprus	13	57676		
中国香港	Hong Kong, China	901503	805556	1554882	1068954
印度	India	288953	517278	228346	166836
印度尼西亚	Indonesia	1140369	1408053	1192314	1616803
伊朗	Iran	675209	311455		5647
伊拉克	Iraq	297910	538670	507211	538200
以色列	Israel	172305	138642	195682	87771
日本	Japan	41816	42486	43663	38162
约旦	Jordan	15510	2069	2211	5497
科威特	Kuwait	220575	103831	42489	175710
老挝	Laos	241765	215527	263443	111228
黎巴嫩	Lebanon	10324	5627		
中国澳门	Macao, China	94782	336934	309261	252662
马来西亚	Malaysia	934931	733104	533098	817481
马尔代夫	Maldives	139388	41137	36688	10279
蒙古	Mongolia	259340	405644	239278	382212
尼泊尔	Nepal	90876	102554	186772	128155
阿曼	Oman	91874	19800	75859	66185
巴基斯坦	Pakistan	432791	706300	636957	440265
巴勒斯坦	Palestine	224	103		1076
菲律宾	Philippines	308923	624058	959723	1110501
卡塔尔	Qatar	19890	52999	59968	41350
沙特阿拉伯	Saudi Arabia	672538	1128667	768051	588451
新加坡	Singapore	279433	506046	477605	619412
韩国	Korea	78732	82649	75121	91165
斯里兰卡	Sri Lanka	362692	278608	104279	372513
叙利亚	Syria	773			
泰国	Thailand	286270	332860	966819	549803
土耳其	Turkey	115582	134195	459917	253496
阿联酋	United Arab Emirates	764138	662390	610119	465646
也门	Yemen	1237	857		4274
越南	Vietnam	666610	439110	494758	806815
中国台湾	Taiwan, China	8058	6037	26972	4340
东帝汶	East Timor	6651	101131	3846	26010
哈萨克斯坦	Kazakhstan	436004	535712	162774	344701
吉尔吉斯斯坦	Kirghizia	9377	3535	15250	15153
塔吉克斯坦	Tadzhikistan	199248	41344	50866	42911
土库曼斯坦	Turkmenistan	32319	17726	45680	75012
乌兹别克斯坦	Uzbekistan	111062	118320	277053	70141

8-4 续表 1 Continued 1

国别(地区)	Country/Region	2018	2019	2020	2021
非洲	**Africa**	**7843057**	**5592753**	**6790041**	**7788133**
阿尔及利亚	Algeria	478096	373014	205687	154934
安哥拉	Angola	222991	80906	125327	268177
贝宁	Benin	89776	1392	38740	153919
博茨瓦纳	Botswana	64556	12535	57934	71364
布隆迪	Burundi	27708	5379	1127	4656
喀麦隆	Cameroon	177216	86285	111053	124938
佛得角	Cape Verde	318	4	2241	1081
中非	Central African	1813	2352	5696	4294
乍得	Chad	63319	67293	84934	40030
科摩罗	Comoros	6808	4932	1336	1143
刚果(布)	Congo	28625	29726	49362	33947
吉布提	Djibouti	82177	4643	15859	23582
埃及	Egypt	794886	258992	316561	396071
赤道几内亚	Eq. Guinea	18456	68364	26369	53149
埃塞俄比亚	Ethiopia	221398	269104	265288	332433
加蓬	Gabon	27935	25119	79919	35667
冈比亚	Gambia	417	8089	1662	2305
加纳	Ghana	322201	429176	1241632	568647
几内亚	Guinea	162044	266217	286731	924930
几内亚(比绍)	Guinea Bissau	2394	1231	2728	9015
科特迪瓦	Cote d'Ivoire	203512	349068	598506	223897
肯尼亚	Kenya	378939	137806	323698	464463
利比里亚	Liberia	12721	30361	35811	32571
利比亚	Libya		7747		877
马达加斯加	Madagascar	25863	92250	68921	66449
马拉维	Malawi	40758	17931	13716	47715
马里	Mali	15974	13486	5048	95641
毛里塔尼亚	Mauritania	22799	20856	2086	5612
毛里求斯	Mauritius	11315	30445	29637	5045
摩洛哥	Morocco	21613	23134	74977	94192
莫桑比克	Mozambique	332142	98681	285950	165564
纳米比亚	Namibia	20114	34074	26918	66452
尼日尔	Niger	28527	95475	42862	174884
尼日利亚	Nigeria	1701344	1255716	783322	1006733
卢旺达	Rwanda	49288	49475	57365	50392
圣多美和普林西比	Sao Tome and Principe	15744	238		7
塞内加尔	Senegal	40402	102501	148907	91714
塞舌尔	Seychelles	851	702	1930	675
塞拉利昂	Sierra Leone	97575	7185	58761	30836
索马里	Somali		2971		3460
南非	S. Africa	180462	106113	72207	177247
苏丹	Sudan	57044	24007	77862	85606
坦桑尼亚	Tanzania	211793	125824	116377	306804
多哥	Togo	6146	1731	9751	9889
突尼斯	Tunisia	4245	17737	10132	7576
乌干达	Uganda	375763	118336	95966	142743
布基纳法索	Burkina Faso	3737	14032		17054
刚果(金)	Congo DR	572474	356270	203233	366080
赞比亚	Zambia	466784	220912	332160	300119
津巴布韦	Zimbabwe	117212	84581	255041	513015
莱索托	Lesotho	16389	41564	13092	13981
厄立特里亚	Eritrea	15	13	446	280
南苏丹	Republic of South Sudan	18376	116778	89292	16281

8-4 续表 2 Continued 2

国别(地区)	Country/Region	2018	2019	2020	2021
欧洲	**Europe**	**1432993**	**3230692**	**2088434**	**2724196**
比利时	Belgium	1164	16753	25662	1801
丹麦	Denmark	421	1788	3154	2140
英国	United Kingdom	94795	60675	83027	43914
德国	Germany	89311	62042	52283	67446
法国	France	142022	163303	145761	121867
爱尔兰	Ireland	50	1155		9237
意大利	Italy	3418	9213	3072	13022
荷兰	Netherlands	12884	14115	10216	10605
希腊	Greece	17986	44874	13352	9322
葡萄牙	Portugal	13584	7480	8721	56498
西班牙	Spain	57346	229643	158786	138842
阿尔巴尼亚	Albania	308	3900		23200
奥地利	Austria	11988	16652	5996	8814
保加利亚	Bulgaria	3955	5749	14594	5546
芬兰	Finland	271	85006	1127	1149
匈牙利	Hungary	3635	59613	121829	4414
冰岛	Iceland				
马耳他	Malta		12187		
挪威	Norway	964	40221	26900	7042
波兰	Poland	13526	109589	145171	154716
罗马尼亚	Romania	12985	8914	14180	12479
瑞典	Sweden	13232	10614	5097	14041
瑞士	Switaerland	241	5919		2220
爱沙尼亚	Estonia	9	3		
拉脱维亚	Latvia	200	1040		
立陶宛	Lithuania		253		
格鲁吉亚	Georgia	87788	49833	39736	8058
亚美尼亚	Armenia	17000			4585
阿塞拜疆	Azerbaijan	119455	12372	3906	5036
白俄罗斯	Byelorussia	103827	66705	171264	15387
摩尔多瓦	Moldavia	10	13433		
俄罗斯	Russia	306013	1691792	587047	510810
乌克兰	Ukraine	102953	257529	213592	738965
斯洛文尼亚	Slovenia				
克罗地亚	Croatia	52437	9944	19701	1873
捷克	Czech Rep.	6941	5907	6725	8471
斯洛伐克	Slovak	22	500		6862
马其顿	Macedonia	21817	22019	5156	3984
波黑	Bosnia and Hercegovina	76230	2654		59407
塞尔维亚	Serbia	30029	121245	156717	652247
黑山	Montenegro	14177	6058	7713	76

国别(地区)	Country/Region	2018	2019	2020	2021
拉丁美洲	**Latin America**	**1822734**	**1987218**	**1483811**	**1997880**
安提瓜和巴布达	Antigua Barbuda	860	10035	10050	195
阿根廷	Aruba	321859	179789	83179	406733
巴哈马	Bahamas		3998		470
巴巴多斯	Barbados	1425	48		1580
伯利兹	Belize	103			
玻利维亚	Bolivia	71748	87937	35444	46695
巴西	Brazil	258278	303418	325022	167602
智利	Chile	42900	23913	59035	195860
哥伦比亚	Colombia	37832	512286	281262	157681
多米尼克	Dominica	391	5616	9212	2673
哥斯达黎加	CostaRica	4677	972	1521	122
古巴	Cuba	20715	27336		24030
库腊索岛	Curacao				
多米尼加共和国	Dominican Rep.	8142	14644	2056	11415
厄瓜多尔	Ecuador	192158	80612	81392	44784
格林纳达	Grenada	5054	177511		
危地马拉	Guatemala	73			
圭亚那	Guyana	3135	2317	28496	11884
洪都拉斯	Honduras	457	10100		37
牙买加	Jamaica	8952	5905	5847	38616
墨西哥	Mexico	127597	186559	253397	303687
尼加拉瓜	Nicaragua		369		31
巴拿马	Panama	267644	18223	18961	7044
巴拉圭	Paraguay	92	1183		
秘鲁	Peru	151619	166294	171488	382407
萨尔瓦多	El Salvador		100		4276
苏里南	Suriname	20	1650	9176	1255
特立尼达和多巴哥	Trinidad & Tobago	2498	26177	16687	131260
乌拉圭	Uruguay		94		20652
委内瑞拉	Venezuela	294507	140131	53641	36892
北美洲	**North America**	**289786**	**276215**	**113322**	**120835**
加拿大	Canada	4834	28773	21146	29357
美国	United States	284946	247441	92176	91478
格陵兰	Greenland	6			
大洋洲及太平洋岛屿	**Oceania and Pacific Is.**	**856752**	**824872**	**780285**	**927636**
澳大利亚	Australia	727857	541512		613896
库克群岛	Cook Islands	579			
斐济	Fiji	16107	35754	18048	5999
瑙鲁	Nauru	4712			1431
瓦努阿图	Vanuatu	22010	10477	5070	6864
新西兰	New Zealand	11867	32834	9251	39652
巴布亚新几内亚	Papua New Guinea	69294	93680	69890	160438
所罗门群岛	Solomon Is.	582	82693		88910
汤加	Tonga	569	133	1106	579
萨摩亚	Samoa	3164	2389	189	4001
基里巴斯	Kiribati				50
图瓦卢	Tuvalu				
密克罗尼西亚联邦	Micronesia Commonwealth	11	1081		
马绍尔群岛共和国	Marshall. Is.		448		1907
帕劳共和国	Republic of Palau		22691		
纽埃	Niue		1180		
其他	**Others**	**207**	**17**		**43326**

8-5 分国别(地区)对外承包工程营业额
Turnover of Foreign Engineering Projects by Country or Region

单位：万美元

Unit: USD 10 000

国别(地区)	Country/Region	2018	2019	2020	2021
总　计	**Total**	**16904403**	**17290137**	**15593516**	**15494331**
亚洲	**Asia**	**9069440**	**9814559**	**8913866**	**8634511**
阿富汗	Afghanistan	4764	9094	3425	1958
巴林	Bahrain	724	777		14919
孟加拉国	Bangladesh	432206	530261	550183	597627
文莱	Brunei	137187	95842	10338	7455
缅甸	Myanmar	116942	186295	186185	63215
柬埔寨	Cambodia	180102	277501	348846	268029
塞浦路斯	Cyprus		9		2724
朝鲜	Korea DPR				
中国香港	Hong Kong, China	592760	636979	789962	716177
印度	India	231541	253864	180072	190167
印度尼西亚	Indonesia	609652	870537	712110	697737
伊朗	Iran	231551	104580		49496
伊拉克	Iraq	255713	414119	328905	294484
以色列	Israel	110789	117498	148805	156100
日本	Japan	33305	36324	39536	41372
约旦	Jordan	65199	33464	12813	4038
科威特	Kuwait	273392	257476	202205	143840
老挝	Laos	526468	520725	382892	240152
黎巴嫩	Lebanon	79	177		772
中国澳门	Macao, China	250919	132498	131782	177100
马来西亚	Malaysia	796480	730343	685330	632797
马尔代夫	Maldives	63923	109055	48094	28685
蒙古	Mongolia	75721	67100	62989	100344
尼泊尔	Nepal	45701	63821	39965	39501
阿曼	Oman	87897	69384	48919	54320
巴基斯坦	Pakistan	1127117	967401	732401	673461
巴勒斯坦	Palestine	318	2394		1375
菲律宾	Philippines	197248	275952	282550	325104
卡塔尔	Qatar	72739	50686	42344	63095
沙特阿拉伯	Saudi Arabia	521763	620768	618904	515554
新加坡	Singapore	258199	354948	235736	292664
韩国	Korea	40707	133503	72691	43533
斯里兰卡	Sri Lanka	237954	222470	128719	129898
叙利亚	Syria	766			
泰国	Thailand	335596	287001	263427	270380
土耳其	Turkey	66728	66849	92180	116140
阿联酋	United Arab Emirates	361485	512286	818541	865749
也门共和国	Yemen Rep.	1134	1043		3083
越南	Vietnam	280167	394010	292980	471574
中国台湾	Taiwan, China	2997	10322		2846
东帝汶	East Timor	35290	25926	23359	19706
哈萨克斯坦	Kazakhstan	221357	198174	149105	116299
吉尔吉斯斯坦	Kirghizia	21049	26562	13765	18988
塔吉克斯坦	Tadzhikistan	30848	23957	36891	50630
土库曼斯坦	Turkmenistan	27398	33699	16522	27420
乌兹别克斯坦	Uzbekistan	105564	88881	95709	104002

8-5 续表 1 Continued 1

单位：万美元
Unit: USD 10 000

国别(地区)	Country/Region	2018	2019	2020	2021
非洲	**Africa**	**4883888**	**4601260**	**3833046**	**3711556**
阿尔及利亚	Algeria	752146	633548	468811	382422
安哥拉	Angola	454319	286588	151473	209946
贝宁	Benin	14370	24418	23431	27116
博茨瓦纳	Botswana	25956	16828	19391	39541
布隆迪	Burundi	4078	8619	5046	5941
喀麦隆	Cameroon	125210	139905	89251	85344
佛得角	Cape Verde	2744	6671	2600	1983
中非	Central African	2253	8743	4995	7226
乍得	Chad	49833	73283	53709	74812
科摩罗	Comoros	2924	3247	3859	3763
刚果(布)	Congo	47705	36912	57338	62324
吉布提	Djibouti	30147	22901	12174	16055
埃及	Egypt	204560	318959	299339	194545
赤道几内亚	Eq.Guinea	54294	58197	34048	36375
埃塞俄比亚	Ethiopia	400179	249597	292473	201984
加蓬	Gabon	16104	27101	6831	21656
冈比亚	Gambia	3717	7432	5570	1640
加纳	Ghana	113176	81703	112219	158413
几内亚	Guinea	81987	121800	177794	110059
几内亚(比绍)	Guinea Bissau	287	988	1374	1651
科特迪瓦	Cote d'Ivoire	85048	109277	91750	106657
肯尼亚	Kenya	435274	416763	295700	242120
利比里亚	Liberia	19693	44020	22727	20662
利比亚	Libya	107	2108		1149
马达加斯加	Madagascar	16740	11482	19954	36865
马拉维	Malawi	8902	15374	16598	17494
马里	Mali	40072	42572	28204	44219
毛里塔尼亚	Mauritania	18324	29504	13882	4668
毛里求斯	Mauritius	12418	11815	18691	12113
摩洛哥	Morocco	68304	33525	21984	22361
莫桑比克	Mozambique	80422	100144	67568	77074
纳米比亚	Namibia	45899	44571	27891	29048
尼日尔	Niger	17158	29965	40047	63917
尼日利亚	Nigeria	404785	459559	351036	411301
卢旺达	Rwanda	28805	30873	31770	33421
圣多美和普林西比	Sao Tome & Principe	552	90		303
塞内加尔	Senegal	114290	88416	52107	82485
塞舌尔	Seychelles	1591	2600	1393	1098
塞拉利昂	Sierra Leone	13611	12831	9208	9961
索马里	Somalia	1987			3081
南非	S. Africa	138142	55788	49127	80539
苏丹	Sudan	50046	38128	31721	35075
坦桑尼亚	Tanzania	107600	128283	145623	166600
多哥	Togo	22518	11941	8497	9553
突尼斯	Tunisia	11151	9367	8522	12075
乌干达	Uganda	214767	154038	121940	105430
布基纳法索	Burkina Faso	4045	1354		3252
刚果(金)	Congo DR	182015	244650	202503	207005
赞比亚	Zambia	270345	257497	202219	124999
津巴布韦	Zimbabwe	32033	55569	72961	69895

8–5 续表 2 Continued 2

单位：万美元
Unit: USD 10 000

国别(地区)	Country/Region	2018	2019	2020	2021
莱索托	Lesotho	1168	7170	7927	10622
斯威士兰	Swaziland			2164	
厄立特里亚	Eritrea	4023	256	29461	381
南苏丹	Republic of South Sudan	46064	24291		23338
欧洲	**Europe**	**1001574**	**1062769**	**1396201**	**1568408**
比利时	Belgium	725	15945	11550	705
丹麦	Denmark	1283	1918	1955	942
英国	United Kingdom	57018	64045	68011	49126
德国	Germany	81436	50129	50441	81282
法国	France	125834	127388	147180	121762
爱尔兰	Ireland		100		349
意大利	Italy	27342	19426	9156	15290
卢森堡	Luxembourg				297
荷兰	Netherlands	13420	17496	14228	9463
希腊	Greece	19572	18125	8666	13992
葡萄牙	Portugal	25610	13361	7415	40974
西班牙	Spain	44436	78236	89611	77101
阿尔巴尼亚	Albania	266	2458		18
奥地利	Austria	10179	6137	6256	10222
保加利亚	Bulgaria	4984	7984	5219	7479
芬兰	Finland	218	130	480	1355
匈牙利	Hungary	3881	2668	10563	11851
冰岛	Iceland				
马耳他	Malta				
摩纳哥	Monaco		766		191
挪威	Norway	3756	25739	23672	14102
波兰	Poland	6267	5515	46575	79030
罗马尼亚	Romania	8218	6997	8826	10717
瑞典	Sweden	9667	8026	6814	7171
瑞士	Switzerland	1881	1884		1606
爱沙尼亚	Estonia	9	3		4
拉脱维亚	Latvia	64	40		
立陶宛	Lithuania		25		
格鲁吉亚	Georgia	27792	29936	41016	49295
亚美尼亚	Armenia	5903	5037		3438
阿塞拜疆	Azerbaijan	4253	2626	1824	2042
白俄罗斯	Belorussia	99603	63714	104052	40014
摩尔多瓦	Moldavia	67			1003
俄罗斯	Russia	234979	276681	426451	556905
乌克兰	Ukraine	57612	72809	66566	55318
斯洛文尼亚	Slovenia	640	250		
克罗地亚	Croatia	12	21505	32776	27171
捷克	Czech Rep.	5739	5880	7686	9638
斯洛伐克	Slovak	166	500		65
马其顿共和国	Macedonia,FYR	10758	12569	9194	15117
波黑	Bosnia & Herzegovina	5560	190		15541
塞尔维亚	Serbia	34508	61743	149651	207939
黑山	Montenegro	67914	34789	15869	29892
拉丁美洲	**Latin America**	**1196689**	**1163818**	**788900**	**797039**
安提瓜和巴布达	Antigua & Barbuda	2630	8631	7335	3756
阿根廷	Argentina	159097	161327	114033	87497
阿鲁巴岛	Aruba				

单位：万美元
Unit: USD 10 000

国别(地区)	Country/Region	2018	2019	2020	2021
巴哈马	Bahamas	15361	2110		343
巴巴多斯	Barbados	5193	2065		3680
伯利兹	Belize	103			
玻利维亚	Bolivia	68905	143034	42824	83527
巴西	Brazil	260900	225237	163649	115896
智利	Chile	21289	14086	22703	30373
哥伦比亚	Colombia	26645	26138	25727	60624
多米尼克	Dominica	4655	7594	4170	2344
哥斯达黎加	Costa Rica	14944	13983	11656	17236
古巴	Cuba	40401	32000		9456
库腊索岛	Curacao	250	31		
多米尼加共和国	Republic of Dominica	730	6684	307	3130
厄瓜多尔	Ecuador	123717	89466	47667	71320
格林纳达	Grenade	1474	1468		1172
危地马拉	Guatemala	3419	500		55
圭亚那	Guyana	9672	10628	7772	10943
洪都拉斯	Honduras	11547	8634		8580
牙买加	Jamaica	24969	22918	20519	30498
墨西哥	Mexico	55387	90731	129634	75475
尼加拉瓜	Nicaragua	90	4		413
巴拿马	Panama	31781	34510	10469	16941
巴拉圭	Paraguay	92			106
秘鲁	Peru	108553	110587	92355	110014
萨尔瓦多	El Salvador	27	108		1750
苏里南	Suriname	9758	3009	5375	459
特立尼达和多巴哥	Trinidad & Tobago	11486	49834	11376	8620
乌拉圭	Uruguay	1950	2247		2077
委内瑞拉	Venezuela	181665	96254	41089	40754
北美洲	**North America**	**245715**	**127013**	**146504**	**226938**
加拿大	Canada	13262	24185	25028	38244
美国	United States	232447	102815	121476	188694
格陵兰	Greenland	6	13		
大洋洲及太平洋岛屿	**Oceania and Pacific Is.**	**506632**	**520718**		**555580**
澳大利亚	Australia	400216	391614	390368	436379
库克群岛	Cook Islands	1052			
斐济	Fiji	22167	17474	20647	17237
瑙鲁	Nauru		2192		2618
新喀里多尼亚	New Caledonia	1200			
瓦努阿图	Vanuatu	8880	9290	5864	4429
新西兰	New Zealand	19905	24921	15870	22090
巴布亚新几内亚	Papua New Guinea	49128	71928	75607	63697
所罗门群岛	Solomon Is.	1927	23		6535
汤加	Tonga	170	14	731	451
萨摩亚	Samoa	1143	2574	783	692
基里巴斯	Kiribati	108			11
图瓦卢	Tuvalu	236			852
密克罗尼西亚	Micronesia	501	642		328
马绍尔群岛共和国	Marshall. Is.		16		259
帕劳共和国	Republic of Palau				
纽埃	Niue		29		
其他	**Others**	**466**			**299**

8-6 分国别(地区)年末在境外从事承包工程人员

Personnel Abroad for Engineering Projects Classified by Country or Region at the Year-end

单位：人

Unit: person

国别(地区)	Country/Region	2018	2019	2020	2021
总　计	**Total**	**390719**	**368063**	**273434**	**258411**
亚洲	**Asia**	**214261**	**203956**	**155083**	**147695**
阿富汗	Afghanistan	231	65	86	1
巴林	Bahrain	63	63		625
孟加拉国	Bangladesh	12523	15532	7413	11626
文莱	Brunei	9573	1576	662	249
缅甸	Myanmar	2427	3848	1410	960
柬埔寨	Cambodia	4719	8466	6331	5520
中国香港	Hongkong,China	724	2869	1951	1211
印度	India	1483	1846	1292	1929
印度尼西亚	Indonesia	20928	21138	18158	22364
伊朗	Iran	3268	2030		482
伊拉克	Iraq	11514	13040	9876	12441
以色列	Israel	1635	1745	3056	4621
日本	Japan	484	488	24	2
约旦	Jordan	470	573	1256	1070
科威特	Kuwait	11413	8113	2270	1795
老挝	Laos	21230	22283	16234	8518
黎巴嫩	Lebanon	5	5		95
中国澳门	Macao,China	1279	1594	992	879
马来西亚	Malaysia	17912	13033	7472	5564
马尔代夫	Maldives	3920	2702	1532	1024
蒙古	Mongolia	1556	1456	1244	1391
尼泊尔	Nepal	1409	1629	1059	1429
阿曼	Oman	2294	1890	880	1362
巴基斯坦	Pakistan	22819	16857	14343	13455
巴勒斯坦	Balestine	30			
菲律宾	Philippines	3761	4025	2928	2440
卡塔尔	Qatar	1763	1204	413	377
沙特阿拉伯	Saudi Arabia	18516	19462	19605	12469
新加坡	Singapore	2711	1632	2354	2940
韩国	Korea	89	100	185	138
斯里兰卡	Sri Lanka	4267	4017	3277	3458
泰国	Thailand	3069	4234	1561	1382
土耳其	Turkey	2465	929	1289	2416
阿联酋	United Arab Emirates	5535	5999	10558	9990
也门共和国	Yemen Rep.	21	21		21
越南	Vietnam	7486	8493	6004	3483
中国台湾	Taiwan,China	58	112	2	
东帝汶	Timor Leste	900	784	1131	1024
哈萨克斯坦	Kazakhstan	3867	4547	2407	3087
吉尔吉斯斯坦	Kirghizia	2008	1882	675	654

8-6 续表 1　Continued 1

单位：人
Unit: person

国别(地区)	Country/Region	2018	2019	2020	2021
塔吉克斯坦	Tadzhikistan	1035	974	1086	1754
土库曼斯坦	Turkmenistan	383	321	116	302
乌兹别克斯坦	Uzbekstan	2418	2379	2375	3114
亚洲其他国家	Oth.Asia.Nes				
非洲	**Africa**	**137353**	**120356**	**81556**	**72526**
阿尔及利亚	Algeria	39106	28961	13082	7951
安哥拉	Angola	14897	10725	5115	4445
贝宁	Benin	357	987	789	595
博茨瓦纳	Botswana	462	392	201	263
布隆迪	Burundi	675	598	232	280
喀麦隆	Cameroon	2718	2398	2315	2058
佛得角	Cape Verde	393	188	97	20
中非	Central African	185	329	194	198
乍得	Chad	1575	2271	1656	1354
科摩罗	Comoros	129	116	118	72
刚果(布)	Congo	3089	2620	1295	1077
吉布提	Djibouti	781	413	542	390
埃及	Egypt	1171	1663	1546	4412
赤道几内亚	Eq. Guinea	3065	2140	956	664
埃塞俄比亚	Ethiopia	8310	7073	7540	5275
加蓬	Gabon	608	746	536	229
冈比亚	Gambia	297	141	196	68
加纳	Ghana	1632	1502	1903	1420
几内亚	Guinea	3606	3937	4847	4674
几内亚(比绍)	Guinea bissau	350	16	55	114
科特迪瓦	Cote d'Ivoire	2009	2179	1291	1818
肯尼亚	Kenya	8503	7596	3936	3599
利比里亚	Liberia	805	499	282	227
利比亚	Libya	87	43		
马达加斯加	Madagascar	161	229	254	890
马拉维	Malawi	266	245	421	378
马里	Mali	597	885	700	381
毛里塔尼亚	Mauritania	856	967	559	504
毛里求斯	Mauritius	688	540	365	484
摩洛哥	Morocco	274	414	410	325
莫桑比克	Mozambique	2329	2064	2107	1465
纳米比亚	Namibia	1066	722	495	399
尼日尔	Niger	713	838	1244	971
尼日利亚	Nigeria	7180	7720	6325	5636
卢旺达	Rwanda	748	858	753	727
圣多美和普林西比	Sao Tome & Principe		8		32
塞内加尔	Senegal	2425	1912	905	1386
塞舌尔	Seychelles	156	166	138	94

8-6 续表 2 Continued 2

单位：人
Unit: person

国别(地区)	Country/Region	2018	2019	2020	2021
塞拉利昂	Sierra Leone	653	575	252	194
索马里	Somalia	1	1		5
南非	S. Africa	551	598	181	254
苏丹	Sudan	3154	3078	1196	1088
坦桑尼亚	Tanzania	3199	4222	2884	2964
多哥	Togo	376	116	154	235
突尼斯	Tunisia	243	232	162	139
乌干达	Uganda	3913	3608	1821	1848
布基纳法索	Burkina Faso	21	3		59
刚果(金)	Congo DR	6230	4806	5209	5425
赞比亚	Zambia	5544	6114	4185	3338
津巴布韦	Zimbabwe	589	871	1033	1049
莱索托	Lesotho	126	188	156	237
厄立特里亚	Eritrea	109	166	160	175
南苏丹共和国	Republic of South Sudan	375	677	701	641
欧洲	**Europe**	**13605**	**14084**	**13923**	**17780**
丹麦				22	2
英国	United Kingdom	127	218	134	137
德国	Germany	73	71	86	84
法国	France	79	74	157	119
意大利	Italy	70	53	9	3
卢森堡	Luxembourg				5
荷兰	Netherlands	8	10	25	2
希腊	Greece	24	14	10	44
葡萄牙	Portugal	1	4		
西班牙	Spain	39	62	57	16
阿尔巴尼亚	Albania	17	2		1
奥地利	Austria	114	84	84	61
保加利亚	Bulgaria			3	3
芬兰	Finland	3	22	23	16
匈牙利	Hungary	1	1	23	53
冰岛	Iceland	1			
马耳他	Malta	11	1		
挪威	Norway	1	366		
波兰	Poland	119	77	122	103
罗马尼亚	Romania	54	35	8	21
瑞典	Sweden	4		11	13
瑞士	Switzerland	47	57		56
拉脱维亚	Latvia	3			
立陶宛	Lithuania	3			
格鲁吉亚	Georgia	1210	1768	1799	2783
亚美尼亚	Armenia	252	96		123
阿塞拜疆	Azerbaijan	80	110	9	21
白俄罗斯	Byelorussia	1717	2322	1434	1315
俄罗斯	Russia	4123	2778	3070	4738
乌克兰	Ukraine	695	446	257	161
斯洛文尼亚	Slovenia				
克罗地亚	Croatia	20	917	568	787
马其顿共和国	Macedonia, FYR	732	501	386	203
波黑	Bosnia & Hercegovina	41	39		234
塞尔维亚	Serbia	758	1832	4552	6400
黑山	Montenegro	3178	2124	703	269

8-6 续表 3 Continued 3

单位：人
Unit: person

国别(地区)	Country/Region	2018	2019	2020	2021
拉丁美洲	**Latin America**	**19528**	**20332**	**18330**	**15950**
安提瓜和巴布达	Antigua Barbuda	80	36	77	38
阿根廷	Argentina	1287	1988	1831	1132
巴哈马	Bahama	118	251		167
巴巴多斯	Barbados	177	9		203
玻利维亚	Bolivia	1469	1857	1562	1617
巴西	Brazil	492	328	186	189
智利	Chile	23	28	101	85
哥伦比亚	Colombia	319	130	605	560
多米尼克	Dominica	318	129	202	89
哥斯达黎加	CostaRica	197	296	566	531
古巴	Cuba	413	667		212
库腊索岛	Curacao	4			
多米尼加共和国	Dominica Rep.	13	13	37	22
厄瓜多尔	Ecuador	2390	1687	596	384
法属圭亚那	French Guyana				
格林纳达	Grenade	132	208		161
危地马拉	Guatemala	51	51		
圭亚那	Guyana	42	454	640	675
洪都拉斯	Honduras	61	181		48
牙买加	Jamaica	446	262	165	229
墨西哥	Mexico	300	304	267	327
尼加拉瓜	Nicaragua				11
巴拿马	Panama	807	482	327	338
秘鲁	Peru	8732	9576	9526	8529
萨尔瓦多	El Salvador		2		15
苏里南	Suriname	193	172	93	70
特立尼达和多巴哥	Trinidad & Tobago	118	69	213	98
乌拉圭	Uruguay	3	3		8
委内瑞拉	Venezuela	1343	1149	313	212
圣基茨和尼维斯	St. Kitts-Nevis				
北美洲	**North America**	**2771**	**5008**	**2150**	**1975**
加拿大	Canada	100	157	43	49
美国	United States	2671	4851	2107	1926
大洋洲及太平洋岛屿	**Oceania and Pacific Is.**	**3201**	**4327**	**2392**	**2485**
澳大利亚	Australia	144	173	109	46
库克群岛	Cook Islands	11			
斐济	Fiji	852	837	364	406
瑙鲁	Nauru		24		250
瓦努阿图	Vanuatu	507	647	128	136
新西兰	New Zealand	36	85	97	53
巴布亚新几内亚	Papua New Guinea	1087	1913	1339	1388
所罗门群岛	Solomon Is.	3			106
汤加	Tonga	323	229	16	7
萨摩亚	Samoa	152	388	220	72
基里巴斯	Kiribati	76			12
密克罗尼西亚	Micronesia	10	31		6

8-7 分国别(地区)年末在境外从事劳务合作人员
Personnel Abroad for Labour Services Classified by Country or Region at the Year-end

单位：人
Unit: person

国别(地区)	Country/Region	2018	2019	2020	2021
总　计	**Total**	**606102**	**624077**	**349752**	**333852**
亚洲	**Asia**	**483956**	**507138**	**304860**	**292328**
阿富汗				3	3
巴林	Bahrain		1		
孟加拉国	Bangladesh	270	303	248	458
文莱	Brunei	3385	1240	154	105
缅甸	Myanmar	550	897	192	186
柬埔寨	Cambodia	1874	1933	240	276
塞浦路斯	Cyprus	359	411		251
中国香港	Hong Kong, China	53449	60809	41035	41897
印度	India	249	227	28	52
印度尼西亚	Indonesia	1935	3845	1171	2692
伊朗	Iran	246	222		5
伊拉克	Iraq	268	578	455	584
以色列	Israel	5233	5518	5150	6778
日本	Japan	141010	143662	82630	58988
约旦	Jordan	204	64	3	
科威特	Kuwait	1465	1403	182	230
老挝	Laos	2659	2691	850	777
中国澳门	Macao, China	130919	134728	107625	113344
马来西亚	Malaysia	6399	6580	1167	2273
马尔代夫	Maldives	1246	1517	602	45
蒙古	Mongolia	2157	1724	779	250
尼泊尔	Nepal	297	421	473	786
阿曼	Oman	30	31	3	186
巴基斯坦	Pakistan	856	1684	982	1321
菲律宾	Philippines	290	572	393	534
卡塔尔	Qatar	1168	1172	365	234
沙特阿拉伯	Saudi Arabia	8441	7643	2158	1880
新加坡	Singapore	94368	96949	41226	41129
韩国	Korea	10497	9706	5011	5148
斯里兰卡	Sri Lanka	695	821	137	352
泰国	Thailand	615	880	146	24
土耳其	Turkey	491	540	521	35
阿联酋	United Arab Emirates	4006	3971	1801	2037
越南	Vietnam	2246	2609	788	1022
中国台湾	Taiwan, China	4661	9718	7339	7412
东帝汶	East Timor	7	7		
哈萨克斯坦	Kazakhstan	967	500	52	75
吉尔吉斯斯坦	Kirghizia	155	274	141	120
塔吉克斯坦	Tadzhikistan	109	112	30	182
土库曼斯坦	Turkmenistan	46	46	5	5
乌兹别克斯坦	Uzbekistan	134	1129	616	623

单位：人
Unit: person

国别(地区)	Country/Region	2018	2019	2020	2021
非洲	**Africa**	**63705**	**62389**	**22518**	**21000**
阿尔及利亚	Algeria	21114	14038	4996	2268
安哥拉	Angola	12325	12143	964	1015
贝宁	Benin	201	156	99	77
博茨瓦纳	Botswana	30	8		4
布隆迪	Burundi	251	293	21	14
喀麦隆	Cameroon	65	117	159	154
佛得角	Cape Verde	4			
中非	Central African				
乍得	Chad	142	147	74	215
科摩罗				13	24
刚果(布)	Congo	1033	1044	226	277
吉布提	Djibouti	374	320	273	29
埃及	Egypt	26	354	345	608
赤道几内亚	Eq. Guinea	960	905	144	130
埃塞俄比亚	Ethiopia	802	1034	479	688
加蓬	Gabon	302	295	308	75
冈比亚	Gambia	439	433	26	19
加纳	Ghana	1450	1858	404	613
几内亚	Guinea	581	1584	925	1768
几内亚(比绍)	Guinea bissau	1	2	2	
科特迪瓦	Cote d' Ivoire	107	150	116	260
肯尼亚	Kenya	628	752	600	826
利比里亚	Liberia	3603	2641	1820	1676
利比亚	Libya	3	27		17
马达加斯加	Madagascar	452	322	104	115
马拉维	Malawi	33	70	38	44
马里	Mali			38	56
毛里塔尼亚	Mauritania	843	3644	3244	199
毛里求斯	Mauritius	605	454	17	38
摩洛哥	Morocco	155	77	80	80
莫桑比克	Mozambique	824	930	522	612
纳米比亚	Namibia	87	84	23	22
尼日尔	Niger	123	116	67	97
尼日利亚	Nigeria	3908	4479	2291	2644
卢旺达	Rwanda	1099	1119	248	253
塞内加尔	Senegal	859	1055	200	599
塞舌尔	Seychelles	25	106	81	96
塞拉利昂	Sierra Leone	614	442	137	78
南非	S. Africa	110			2
苏丹	Sudan	1975	2815	134	82
坦桑尼亚	Tanzania	749	765	266	475
多哥	Togo	301	200	94	102
突尼斯	Tunisia	17	2		
乌干达	Uganda	1580	2048	318	494
刚果(金)	Congo DR	1438	1679	1556	3280

8-7 续表 2 Continued 2

单位：人
Unit: person

国别(地区)	Country/Region	2018	2019	2020	2021
赞比亚	Zambia	2698	2792	635	481
津巴布韦	Zimbabwe	99	129	85	151
莱索托	Lesotho	481	577	277	181
厄立特里亚	Eritrea	125	127	7	7
南苏丹共和国	Republic of South Sudan	64	56	33	33
欧洲	**Europe**	**14394**	**16888**	**7199**	**6720**
比利时	Belgium	31	29	27	3
丹麦	Denmark	142	123	64	73
英国	United Kingdom	822	1334	935	1062
德国	Germany	5633	6451	3212	2118
法国	France	2	117	190	227
爱尔兰	Ireland		79		234
意大利	Italy	816	1224	211	52
卢森堡	Luxembourg	1			
荷兰	Netherlands	389	464	247	222
希腊	Greece	703	937	830	498
葡萄牙	Portugal	11	12	3	1
西班牙	Spain	8	26	24	19
阿尔巴尼亚	Albania	246	293		459
奥地利	Austria		22	22	20
芬兰	Finland	3	1	6	5
直布罗陀	Gibraltar	105	81		
匈牙利	Hungary		3	3	6
冰岛	Iceland	12	12		1
马耳他	Malta	499	354		64
摩纳哥	Monaco	13	186		118
挪威	Norway	244	250	340	358
波兰	Poland	41	19	5	1
瑞典	Sweden	5	16	1	
瑞士	Switzerland	389	812		15
拉脱维亚	Latvia	12	15		
立陶宛	Lithuania	12	15		
格鲁吉亚	Georgia			2	4
白俄罗斯	Belorussia	11	19	23	67
俄罗斯	Russia	4123	3916	164	796
乌克兰	Ukraine	2	15		
克罗地亚	Croatia			1	1
捷克	Czech		5	5	5
马其顿共和国	Macedonia	11	12	10	32
波黑	Bosnia & Herzegovina	8	14		29
塞尔维亚	Serbia		32	63	218
黑山	Montenegro	100			
拉丁美洲	**Latin America**	**30140**	**23420**	**9783**	**8785**
安提瓜和巴布达	Antigua & Barbuda	12	27		
阿根廷	Argentina	147	163	159	139

单位：人
Unit: person

国别(地区)	Country/Region	2018	2019	2020	2021
巴哈马	Bahamas	5118	3273		569
巴巴多斯	Barbados	15	10		43
伯利兹	Belize	1417	1035		435
玻利维亚	Bolivia	114	135	140	27
巴西	Brazil	157	159	5	4
开曼群岛	Cayman Is.	64	286		211
智利	Chile	338	381	322	283
哥伦比亚	Colombia	2	32	1	63
多米尼克	Dominica	20	7	8	1
哥斯达黎加	Costa Rica	6	26	14	14
多米尼加共和国	Dominica Rep.	14	13	1	6
厄瓜多尔	Ecuador	858	1106	2	36
法属圭亚那	French Guyana				
圭亚那	Guyana	26	54	54	20
洪都拉斯	Honduras	64	62		10
牙买加	Jamaica	445	461	376	402
墨西哥	Mexico	25	91	18	36
尼加拉瓜	Nicaragua	6			
巴拿马	Panama	19916	14949	6997	6190
秘鲁	Peru	410	331	119	135
圣文森特和格林纳丁斯	Saint Vincent & Grenadines	557	494		134
苏里南	Suriname	25	36	30	2
特立尼达和多巴哥	Trinidad & Tobago	94	97	97	16
委内瑞拉	Venezuela	136	58	9	8
英属维尔京群岛	Virgin Is.(E)	137	134		
圣其茨-尼维斯	St. Kitts-Nevis	1			
北美洲	**North America**	**3633**	**6020**	**392**	**1137**
加拿大	Canada	902	956	134	59
美国	United States	2716	5056	253	1076
百慕大群岛	Bermuda	15	8		2
大洋洲及太平洋岛屿	**Oceania and Pacific Is.**	**9548**	**7565**	**4167**	**2870**
澳大利亚	Australia	2644	1351	690	601
库克群岛	Cook Is.	36	12		1
斐济	Fiji	92	64	44	18
瑙鲁	Nauru		4		1
瓦努阿图	Vanuatu	364	151	140	10
新西兰	New Zealand	716	987	738	518
巴布亚新几内亚	Papua New Guinea	971	971	488	103
汤加	Tonga				
萨摩亚	Samoa			71	67
基里巴斯	Kiribati	617	452		39
图瓦卢	Tuvalu	210	131		36
密克罗尼西亚	Micronesia	202	191		
马绍尔群岛	Marshall Is.	3592	3136		1454
帕劳共和国	Republic of Palau	104	78		9
纽埃	Niue		37		1
其他	**Others**	**726**	**657**	**833**	**1012**

8-8 分地区签订对外承包工程合同数量及金额

Contracts Signed for Foreign Engineering Projects by Region

地 区	Region	2020		2021	
		合 同（份）Nunber of Contracts (unit)	金 额（万美元）Contract Value (USD 10 000)	合 同（份）Nunber of Contracts (unit)	金 额（万美元）Contract Value (USD 10 000)
总 计	**Total**	**9933**	**25553561**	**10786**	**25849446**
一、中央企业	**Enterprises Managed by the Central Government**	**2127**	**13544344**	**2041**	**13578091**
二、地方企业	**Provincial Enterprises**	**7806**	**12009217**	**8745**	**12271355**
北 京	Beijing	154	792162	181	476823
天 津	Tianjin	125	591928	144	665387
河 北	Hebei	125	307080	129	316851
山 西	Shanxi	45	285134	73	292186
内蒙古	Inner Mongolia				
辽 宁	Liaoning	110	252077	82	205197
吉 林	Jilin	8	94697	24	172370
黑龙江	Heilongjiang	78	87521	46	132779
上 海	Shanghai	1595	931326	1458	792352
江 苏	Jiangsu	503	545570	1244	559451
浙 江	Zhejiang	1858	383315	2187	446335
安 徽	Anhui	70	280749	105	443690
福 建	Fujian	47	79616	39	84016
江 西	Jiangxi	155	390457	147	360655
山 东	Shandong	475	1010672	296	1122204
河 南	Henan	239	494046	802	371987
湖 北	Hubei	683	1789911	498	1980129
湖 南	Hunan	88	350323	47	285396
广 东	Guangdong	878	1873148	787	1835162
广 西	Guangxi	27	39820	24	122613
海 南	Hainan				
重 庆	Chongqing	40	48251	39	45188
四 川	Sichuan	122	624533	108	903753
贵 州	Guizhou	5	23170	3	15831
云 南	Yunnan	17	72523	25	65700
西 藏	Tibet				
陕 西	Shaanxi	157	386525	128	302861
甘 肃	Gansu	81	48537	40	43882
青 海	Qinghai				
宁 夏	Ningxia	4	10199	10	2225
新 疆	Xinjiang	117	215930	79	190914
新疆兵团	Xinjiang Bingtuan				35414

8-9 分地区对外承包工程营业额
Turnover of Foreign Engineering Projects by Region

单位：万美元

Unit: USD 10 000

地区	Region	2018	2019	2020	2021
总计	**Total**	**16904403**	**17290137**	**15593516**	**15494331**
一、中央企业	**Enterprises Managed by the Central Government**	**6120040**	**6422871**	**5976236**	**5389085**
二、地方企业	**Provincial Enterprises**	**10784363**	**10867266**	**9617280**	**10105246**
北京	Beijing	399820	421872	364794	368370
天津	Tianjin	529939	542427	566535	594201
河北	Hebei	277253	307172	277463	278331
山西	Shanxi	140296	157638	128040	159885
内蒙古	Inner Mongolia	1000		126	
辽宁	Liaoning	137230	143029	113666	93444
吉林	Jiling	30444	33302	28773	15885
黑龙江	Heilongjiang	176213	178940	143723	130044
上海	Shanghai	754096	940116	967064	1037831
江苏	Jiangsu	832664	778352	624428	595277
浙江	Zhejiang	738517	762622	644118	792502
安徽	Anhui	301379	334508	250222	238506
福建	Fujian	108458	101827	128901	173681
江西	Jiangxi	446745	449005	406373	412195
山东	Shandong	1219211	1147942	942980	931382
河南	Henan	323387	401518	335194	390817
湖北	Hubei	643554	661042	641470	666973
湖南	Hunan	280704	302044	225301	275998
广东	Guangdong	1756733	1670589	1566539	1562286
广西	Guangxi	72357	68232	27009	37389
海南	Hainan				
重庆	Chongqing	75946	79561	57223	42509
四川	Sichuan	610791	637360	518056	646784
贵州	Guizhou	100185	128367	97471	103770
云南	Yunnan	172732	131466	97014	88608
西藏	Tibet				
陕西	Shaanxi	405752	303830	263417	239844
甘肃	Gansu	35214	39146	28598	34015
青海	Qinghai	40776	38832	17614	20050
宁夏	Ningxia	3706	1880	8204	3632
新疆	Xingjiang	99261	77492	99089	111600
新疆兵团	Xinjiang Bingtuan	70000	27155	47879	59436

8-10 分地区年末在境外从事承包工程人数

Personnel Abroad for Foreign Engineering Projects Classified by Region at the Year-end

单位：人
Unit: person

地　区	Region	2018	2019	2020	2021
总　计	**Total**	**390719**	**368063**	**273434**	**258411**
一、中央企业	**Enterprises Managed by the Central Government**	**102592**	**100024**	**63139**	**51594**
二、地方企业	**Provincial Enterprises**	**288127**	**268039**	**210295**	**206817**
北　京	Beijing	12383	11043	9575	8738
天　津	Tianjin	16524	15083	12879	15553
河　北	Hebei	9802	9912	6455	8184
山　西	Shanxi	8322	3484	4314	4804
内蒙古	Inner Mongolia	118	66		
辽　宁	Liaoning	7865	6969	3770	4102
吉　林	Jiling	2841	2748	987	566
黑龙江	Heilongjiang	2803	2201	1587	1976
上　海	Shanghai	14585	14582	11942	15514
江　苏	Jiangsu	37784	34053	19241	16669
浙　江	Zhejiang	26814	25292	17467	17542
安　徽	Anhui	12992	9130	7716	9852
福　建	Fujian	3400	2581	3021	3719
江　西	Jiangxi	9486	12105	3184	3703
山　东	Shandong	30885	33449	31177	23532
河　南	Henan	14138	14292	10251	10410
湖　北	Hubei	20615	15917	19228	19273
湖　南	Hunan	6026	7039	6532	6945
广　东	Guangdong	10507	9025	10542	10601
广　西	Guangxi	3319	3014	1482	986
海　南	Hainan				
重　庆	Chongqing	1531	1715	1027	932
四　川	Sichuan	10283	8653	10033	9156
贵　州	Guizhou	3289	1820	2388	1299
云　南	Yunnan	6608	7692	3590	1863
西　藏	Tibet			11	12
陕　西	Shaanxi	8879	10872	8496	7035
甘　肃	Gansu	2532	1443	1030	1171
青　海	Qinghai	734	543	515	516
宁　夏	Ningxia	245	482	190	141
新　疆	Xingjiang	1404	1549	953	832
新疆兵团	Xinjiang Bingtuan	1413	1285	712	1191

8-11 分地区年末在境外从事劳务合作人数
Personnel Abroad for Foreign Labour Services Classified by Region at the Year-end

单位：人
Unit: person

地 区	Region	2018	2019	2020	2021
总 计	**Total**	**606102**	**624077**	**349752**	**333852**
一、中央企业	**Enterprises Managed by the Central Government**	**37039**			
二、地方企业	**Provincial Enterprises**	**569063**	**624077**	**349752**	**333852**
北 京	Beijing	18744	53899	32813	34959
天 津	Tianjin	6169	6085	4224	4145
河 北	Hebei	3930	4142	1404	2251
山 西	Shanxi	60	65	68	43
内 蒙 古	Inner Mongolia	1960	1595	767	182
辽 宁	Liaoning	44677	46443	31992	27109
吉 林	Jiling	25512	28518	13871	11839
黑 龙 江	Heilongjiang	72	1500	1479	863
上 海	Shanghai	23047	26863	17982	17468
江 苏	Jiangsu	69755	64860	30325	25346
浙 江	Zhejiang	7013	7290	3460	2999
安 徽	Anhui	6683	6660	4675	3732
福 建	Fujian	60645	65587	54012	56938
江 西	Jiangxi	3104	3488	933	730
山 东	Shandong	94339	100400	57985	47686
河 南	Henan	49198	42316	14862	16366
湖 北	Hubei	9746	11180	4696	4838
湖 南	Hunan	40403	45571	4019	6395
广 东	Guangdong	82329	84216	60035	59696
广 西	Guangxi	377	516	209	325
海 南	Hainan		9	6	97
重 庆	Chongqing	2193	1649	77	46
四 川	Sichuan	7404	8062	5879	6949
贵 州	Guizhou	8	9		
云 南	Yunnan	2405	2572	549	304
西 藏	Tibet				
陕 西	Shaanxi	4512	4204	2303	1207
甘 肃	Gansu	4292	6140	1004	1264
青 海	Qinghai	6	5	5	12
宁 夏	Ningxia	480	233	118	63
新 疆	Xingjiang				
新疆兵团	Xinjiang Bingtuan				

旅　游

TOURISM

第9篇

9-1 历年入境游客
Visitor Arrivals

单位:万人次

Unit: 10 000 person-times

年 份 Year	合 计 Total	#入境过夜游客 Overnight Tourists	外国人 Foreigners	港澳台同胞* Compatriot*	#台湾同胞 Taiwan Province
1978	180.92	71.60	22.96	156.15	
1979	420.39	152.90	36.24	382.06	
1980	570.25	350.00	52.91	513.90	
1981	776.71	376.70	67.52	705.31	
1982	792.43	392.40	76.45	711.70	
1983	947.70	379.10	87.25	856.41	
1984	1285.22	514.10	113.43	1167.04	
1985	1783.31	713.30	137.05	1637.78	
1986	2281.95	900.10	148.23	2126.90	
1987	2690.23	1076.00	172.78	2508.74	
1988	3169.48	1236.10	184.22	2977.33	43.77
1989	2450.14	936.10	146.10	2297.19	54.10
1990	2746.18	1048.40	174.73	2562.34	94.80
1991	3334.98	1246.40	271.01	3050.62	94.66
1992	3811.49	1651.20	400.64	3394.34	131.78
1993	4152.69	1898.20	465.59	3670.49	152.70
1994	4368.45	2107.00	518.21	3838.72	139.02
1995	4638.65	2003.40	588.67	4038.40	153.23
1996	5112.75	2276.50	674.43	4422.86	173.39
1997	5758.79	2377.00	742.80	5006.09	211.76
1998	6347.84	2507.29	710.77	5625.00	217.46
1999	7279.56	2704.66	843.23	6425.52	258.46
2000	8344.39	3122.88	1016.04	7320.80	310.86
2001	8901.29	3316.67	1122.64	7778.65	344.20
2002	9790.83	3680.26	1343.95	8446.88	366.06
2003	9166.21	3297.05	1140.29	8025.92	273.19
2004	10903.82	4176.14	1693.25	9210.57	368.53
2005	12029.23	4680.90	2025.51	10003.71	410.92
2006	12494.21	4991.34	2221.03	10273.19	441.35
2007	13187.33	5471.98	2610.97	10576.36	462.79
2008	13002.74	5304.92	2432.53	10570.21	438.56
2009	12647.59	5087.52	2193.75	10453.84	448.40
2010	13376.22	5566.45	2612.69	10763.53	514.06
2011	13542.35	5758.07	2711.20	10831.15	526.30
2012	13240.53	5772.49	2719.16	10521.37	534.02
2013	12907.78	5568.59	2629.03	10278.75	516.25
2014	12849.83	5562.20	2636.08	10213.75	536.59
2015	13382.04	5688.57	2598.54	10783.50	549.86
2016	13844.38	5926.73	2815.12	11029.26	573.00
2017	13948.24	6073.84	2916.53	11031.71	587.13
2018	14119.83	6289.57	3054.29	11065.53	613.61
2019	14530.78	6572.52	3188.34	11342.43	613.42

注：港澳台同胞来自香港特别行政区、澳门特别行政区和台湾省(下同)。

Note: Compatriot From Hong Kong, Macao and Taiwan Province.(next the same)

9-2 历年入境游客增长速度
Growth Rates of Visitor Arrivals

单位：%
unit: %

年 份 Year	合 计 Total	#入境过夜游客 Overnight Tourists	外国人 Foreigners	港澳台同胞 Compatriot	#台湾同胞 Taiwan Province
1979	132.4	113.5	57.8	144.7	
1980	35.6	128.9	46.0	34.5	
1981	36.2	7.6	27.6	37.2	
1982	2.0	4.2	13.2	0.9	
1983	19.6	-3.4	14.1	20.3	
1984	35.6	35.6	30.0	36.3	
1985	38.8	38.7	20.8	40.3	
1986	28.0	26.2	8.2	29.9	
1987	17.9	19.5	16.6	18.0	
1988	17.8	14.9	6.6	18.7	
1989	-22.7	-24.3	-20.7	-22.8	23.6
1990	12.1	12.0	19.6	11.5	75.2
1991	21.4	18.9	55.1	19.1	-0.1
1992	14.3	32.5	47.8	11.3	39.2
1993	9.0	15.0	16.2	8.1	15.9
1994	5.2	11.0	11.3	4.6	-9.0
1995	6.2	-4.9	13.6	5.2	10.2
1996	10.2	13.6	14.6	9.5	13.2
1997	12.6	4.4	10.1	13.2	22.1
1998	10.2	5.5	-4.3	12.4	2.7
1999	14.7	7.9	18.6	14.2	18.9
2000	14.6	15.5	20.5	13.9	20.3
2001	6.7	6.2	10.5	6.3	10.7
2002	10.0	11.0	19.7	8.6	6.4
2003	-6.4	-10.4	-15.2	-5.0	-25.4
2004	19.0	26.7	48.5	14.8	34.9
2005	10.3	12.1	19.6	8.6	11.5
2006	3.9	6.6	9.7	2.7	7.4
2007	5.5	9.6	17.6	3.0	4.9
2008	-1.4	-3.1	-6.8	-0.1	-5.2
2009	-2.7	-4.1	-9.8	-1.1	2.2
2010	5.8	9.4	19.1	3.0	14.6
2011	1.2	3.4	3.8	0.6	2.4
2012	-2.2	0.3	0.3	-2.9	1.5
2013	-2.5	-3.5	-3.3	-2.3	-3.3
2014	-0.5	-0.1	0.3	-0.6	3.9
2015	4.1	2.3	-1.4	5.6	2.5
2016	3.5	4.2	8.3	2.3	4.2
2017	0.8	2.5	3.6	0.0	2.5
2018	1.2	3.6	4.7	0.3	4.5
2019	2.9	4.5	4.4	2.5	0.0

9–3 历年入境过夜游客和国际旅游收入

International Tourism Receipts and Oversea Vistitor Arrivals

年份 Year	入境过夜游客(万人次) Oversea Visitor Arrivals (10 000 person-time)	入境过夜游客增速(%) Growth Rates (%)	入境过夜游客居世界位次 Rank	国际旅游收入合计(亿美元) Tourism Receipts (USD 100 Million)	国际旅游收入增速(%) Growth Rates (%)	国际旅游收入居世界位次 Rank
1978	71.60			2.63		
1979	152.90	113.5		4.49	70.7	
1980	350.00	128.9	18	6.17	37.4	34
1981	376.70	7.6	17	7.85	27.2	34
1982	392.40	4.2	16	8.43	7.4	29
1983	379.10	-3.4	16	9.41	11.6	26
1984	514.10	35.6	14	11.31	20.2	21
1985	713.30	38.7	13	12.50	10.5	21
1986	900.10	26.2	12	15.31	22.5	22
1987	1076.00	19.5	12	18.62	21.6	26
1988	1236.10	14.9	10	22.47	20.7	26
1989	936.10	-24.3	12	18.60	-17.2	27
1990	1048.40	12.0	11	22.18	19.2	25
1991	1246.40	18.9	12	28.45	28.3	21
1992	1651.20	32.5	9	39.47	38.7	17
1993	1898.20	15.0	7	46.83	18.6	15
1994	2107.00	11.0	6	73.23	56.4	10
1995	2003.40	-4.9	8	87.33	19.3	10
1996	2276.50	13.6	6	102.00	16.8	9
1997	2377.00	4.4	6	120.74	18.4	8
1998	2507.29	5.5	6	126.02	4.4	7
1999	2704.66	7.9	5	140.99	11.9	7
2000	3122.88	15.5	5	162.24	15.1	7
2001	3316.67	6.2	5	177.92	9.7	5
2002	3680.26	11.0	5	203.85	14.6	5
2003	3297.05	-10.4	5	174.06	-14.6	7
2004	4176.14	26.7	4	257.39	47.9	7
2005	4680.90	12.1	4	292.96	13.8	6
2006	4991.34	6.6	4	339.49	15.9	5
2007	5471.98	9.6	4	419.19	23.5	5
2008	5304.92	-3.1	4	408.43	-2.6	5
2009	5087.52	-4.1	4	396.75	-2.9	5
2010	5566.45	9.4	3	458.14	15.5	4
2011	5758.07	3.4	3	484.64	5.8	4
2012	5772.49	0.3	3	500.28	3.2	4
2013	5568.59	-3.5	4	516.64	3.3	4
2014	5562.20	-0.1	4	569.13	10.2	4
2015	5688.57	2.3	4	1136.50	7.8	2
2016	5926.73	4.2	4	1200.00	5.6	2
2017	6073.84	2.5	4	1234.17	2.8	2
2018	6289.57	3.6	4	1271.03	3.0	2
2019	6572.52	4.5	3	1312.54	3.3	2

注：2015年起“国际旅游收入”补充完善了停留时间为3–12个月的入境游客花费和游客在华短期旅居的花费，与以前年度不可比（下同）。

Note: Since 2015, Foreign Exchange Earnings from International Tourism has supplemented and improved the cost of inbound tourists and short-term tourists for the term of 3-12 months in China, so it is not comparable with the previous year(The same applies in the following tables).

9-4 入境外国游客分组构成

Foreign Visitor Arrivals by Sex, Age, Purpose and Mode of Transport

单位：万人次

Unit: 10 000 person-time

项　目	Item	2018		2019	
		人次数 Person-time	比 重 Structure (%)	人次数 Person-time	比 重 Structure (%)
总　计	**Total**	**4795.11**	**100.0**	**4911.36**	**100.0**
按性别分	**By Sex**				
男	Male	2859.71	59.6	2881.29	58.7
女	Female	1935.39	40.4	2030.07	41.3
按年龄分	**By Age**				
14岁及以下	Under 14	161.18	3.4	184.92	3.8
15～24岁	15～24	656.71	13.7	686.20	14.0
25～44岁	25～44	2394.69	49.9	2439.71	49.7
45～64岁	46～64	1363.24	28.4	1365.75	27.8
65岁以上	Over 65	219.28	4.6	234.77	4.8
按事由分	**By Purpose**				
会议/商务	Meeting/Business	614.70	12.8	628.47	12.8
观光/休闲	Sightseeing/Leisure	1608.57	33.5	1740.31	35.4
探亲/访友	Visiting Relatives and Friends	132.24	2.8	143.17	2.9
服务员工	Work and Crew	744.86	15.5	714.01	14.5
其他	Others	1694.74	35.3	1685.40	34.3
按入境方式分	**By Mode Of Transport**				
船舶	Sea	276.26	5.8	260.67	5.3
飞机	Air	1827.17	38.1	1912.14	38.9
火车	Rail	51.72	1.1	68.96	1.4
汽车	Motor	790.17	16.5	756.44	15.4
徒步	Foot	1849.78	38.6	1913.15	39.0

注：2016年起含边民来华旅游人数。

Note:since 2016,including international arrivals from the border areas to china.

9–5 国际旅游收入构成

Breakdown of International Tourism Receipts

单位：亿美元

Unit: USD 100 million

指　标	Item	2016	2017	2018	2019
总　计	**Total**	**1200.00**	**1234.17**	**1271.03**	**1312.54**
一、商品收入	**Commodities**	**305.70**	**333.02**	**470.16**	**463.38**
1.商品销售	Shopping	209.50	229.95	327.61	302.97
2.餐饮	Food and Beverage	96.20	103.07	142.55	160.41
二、劳务收入	**Services**	**894.30**	**901.15**	**800.85**	**849.16**
1.长途交通	Long-Distance Transportation	446.50	449.46	366.31	401.91
民航	Air	290.60	304.87	333.53	369.02
铁路	Rail	53.20	49.52	13.52	14.10
汽车	Motor	31.60	29.43	13.72	15.93
轮船	Sea	71.00	65.65	5.54	2.85
2.游览	Sightseeing	67.10	65.04	53.71	58.66
3.住宿	Accommodation	116.30	122.08	181.09	200.49
4.娱乐	Entertainment	77.10	74.16	45.82	44.21
5.邮电通讯	Communication	28.90	27.57	11.62	7.47
6.市内交通	Local Transportation	40.40	39.20	27.76	34.53
7.其他服务	Others	118.00	123.64	114.54	101.89

9-6 各地区国际旅游收入

International Tourism Receipts by Locality

单位：亿美元
Unit: USD 100 million

地　区	Region	2016	2017	2018	2019
北　京	Beijing	50.70	51.30	55.16	51.92
天　津	Tianjin	35.57	37.51	11.10	11.83
河　北	Hebei	5.52	5.79	6.47	7.40
山　西	Shanxi	3.17	3.50	3.78	4.10
内蒙古	Inner Mongolia	11.39	12.46	12.72	13.40
辽　宁	Liaoning	18.24	17.78	17.40	17.39
吉　林	Jilin	7.91	7.66	6.86	6.15
黑龙江	Heilongjiang	4.58	4.80	5.37	6.46
上　海	Shanghai	64.19	66.99	72.61	82.44
江　苏	Jiangsu	38.04	41.95	46.48	47.44
浙　江	Zhejiang	31.28	35.86	25.96	26.68
安　徽	Anhui	25.42	28.81	31.88	33.88
福　建	Fujian	66.26	75.88	28.28	33.98
江　西	Jiangxi	5.85	6.30	7.45	8.65
山　东	Shandong	30.63	31.74	32.93	34.13
河　南	Henan	6.47	6.62	7.23	9.47
湖　北	Hubei	18.72	21.05	23.80	26.54
湖　南	Hunan	10.05	12.95	15.20	22.51
广　东	Guangdong	185.77	199.60	205.12	205.21
广　西	Guangxi	21.64	23.96	27.78	35.11
海　南	Hainan	3.50	6.81	7.71	9.72
重　庆	Chongqing	16.87	19.48	21.90	25.25
四　川	Sichuan	15.82	14.47	15.12	20.24
贵　州	Guizhou	2.53	2.83	3.18	3.45
云　南	Yunnan	30.75	35.50	44.18	51.47
西　藏	Tibet	1.94	1.96	2.47	2.79
陕　西	Shaanxi	23.39	27.04	31.27	33.68
甘　肃	Gansu	0.19	0.21	0.28	0.59
青　海	Qinghai	0.44	0.38	0.36	0.33
宁　夏	Ningxia	0.41	0.38	0.56	0.69
新　疆	Xinjiang	5.19	8.11	9.46	4.54

注：2018年和2019年天津、黑龙江、安徽、广东、重庆、贵州、云南、陕西、新疆含少量一日游游客花费。

Note: Data of 2018 and 2019 of Tianjin, Heilongjiang, Anhui, Guangdong, Chongqing, Guizhou, Yunnan, Shaanxi, Xinjiang include a small amount of one-day.

9-7 各地区接待入境过夜游客情况
International Tourists by Region

地区	Region	人数 (万人次) Tourist Arrivals (10000 person-time)		#外国人 Foreigners		人天数 (万人天) Tourist Arrivals Night (10000 person-night)		#外国人 Foreigners	
		2019	2018	2019	2018	2019	2018	2019	2018
北京	Beijing	376.90	400.41	320.71	339.77	1714.71	1721.75	1459.08	1461.00
天津	Tianjin	56.10	58.96	50.76	55.93	401.64	378.61	361.16	373.16
河北	Hebei	97.08	98.86	73.56	74.50	385.10	366.65	385.10	288.50
山西	Shanxi	76.22	71.35	49.80	46.60	201.89	187.15	136.22	125.78
内蒙古	Inner Mongolia	195.83	188.08	186.56	178.82	602.40	592.40	565.13	550.88
辽宁	Liaoning	294.14	287.70	236.93	229.84	890.47	779.06	715.00	640.05
吉林	Jilin	136.58	143.75	121.11	123.84	383.80	409.79	338.23	361.23
黑龙江	Heilongjiang	110.69	109.16	99.29	104.13	405.29	261.97	353.64	252.37
上海	Shanghai	734.69	742.04	599.16	601.99	2867.79	2741.47	2336.72	2227.36
江苏	Jiangsu	399.46	400.85	266.46	264.69	1533.44	1523.91	940.00	926.00
浙江	Zhejiang	467.11	456.76	329.83	323.41	1160.66	1134.77	866.07	850.91
安徽	Anhui	379.74	370.75	210.74	218.79	1022.74	939.24	556.13	548.30
福建	Fujian	566.03	513.55	239.98	218.29	1456.72	1324.59	694.86	639.44
江西	Jiangxi	197.17	191.78	61.14	57.25	391.07	396.63	121.71	120.33
山东	Shandong	404.22	422.00	294.41	306.20	1291.39	1383.03	803.63	1017.57
河南	Henan	180.35	167.25	113.76	105.02	455.62	390.01	301.74	250.89
湖北	Hubei	450.02	405.11	349.94	307.03	1131.94	1020.90	881.90	793.19
湖南	Hunan	466.95	365.08	250.14	178.74	1088.55	781.01	610.81	402.90
广东	Guangdong	3731.39	3748.06	856.96	862.37	10507.31	9496.44	2612.65	2602.70
广西	Guangxi	623.96	562.33	294.80	270.19	1456.86	1245.89	712.15	610.40
海南	Hainan	143.59	126.36	107.91	89.68	438.19	338.94	373.82	273.48
重庆	Chongqing	297.11	279.98	169.72	159.00	1473.67	1357.89	841.81	771.15
四川	Sichuan	414.78	369.82	313.09	276.47	753.79	675.77	579.03	509.37
贵州	Guizhou	47.18	39.69	23.50	17.53	125.76	87.65	62.04	40.33
云南	Yunnan	739.02	706.08	586.50	549.94	1546.12	1451.27	1227.07	1137.34
西藏	Tibet	54.19	47.62	36.91	24.16	202.13	135.79	137.69	78.06
陕西	Shaanxi	465.72	437.14	329.61	307.30	1342.85	1396.31	1027.88	1068.96
甘肃	Gansu	19.82	10.01	11.37	5.69	31.84	15.80	18.98	9.11
青海	Qinghai	7.31	6.92	4.70	5.36	21.93	21.44	15.03	17.37
宁夏	Ningxia	12.66	8.82	3.61	3.43	46.69	32.71	11.55	9.61
新疆	Xinjiang	34.67	99.30	25.78	85.63	177.99	421.20	135.95	361.47

9-8 各地区入境过夜游客人均天花费额

Average Daily Per Capita Expenditure of International Tourists by Region

单位：美元/人天

Unit: USD/night per capita

地区	Region	人均天花费 Average Expenditure		外国人 Foreigners		香港同胞 Hongkong SAR	
		2019	2018	2019	2018	2019	2018
北京	Beijing	309.66	286.38	316.70	300.10	250.71	234.98
天津	Tianjin	256.83	250.34	265.56	262.31	210.47	208.16
河北	Hebei	200.16	180.51	199.24	183.90	208.54	185.70
山西	Shanxi	161.81	197.11	163.96	203.97	143.55	215.19
内蒙古	Inner Mongolia	200.40	200.07	205.96	210.86	186.26	195.63
辽宁	Liaoning	213.04	197.42	221.03	195.87	265.34	228.32
吉林	Jilin	194.46	189.75	209.70	191.70	170.68	181.07
黑龙江	Heilongjiang	193.47	206.07	191.04	206.02	208.59	228.20
上海	Shanghai	288.75	266.63	293.08	267.00	251.39	265.34
江苏	Jiangsu	295.99	269.62	307.04	275.38	287.21	262.25
浙江	Zhejiang	247.39	233.52	250.99	226.96	230.91	217.19
安徽	Anhui	204.48	212.78	208.83	214.37	174.31	190.15
福建	Fujian	241.69	223.05	278.54	242.28	174.25	181.92
江西	Jiangxi	230.77	192.93	231.11	196.28	215.08	184.13
山东	Shandong	260.09	235.47	282.58	242.23	200.59	228.78
河南	Henan	205.50	185.04	199.87	186.03	230.73	193.75
湖北	Hubei	211.63	218.10	223.08	221.46	187.06	189.28
湖南	Hunan	206.64	197.17	214.95	198.54	168.81	184.02
广东	Guangdong	200.34	190.50	220.74	205.15	179.28	170.06
广西	Guangxi	216.35	215.26	219.17	219.16	195.86	199.13
海南	Hainan	211.46	209.27	209.00	207.43	212.67	238.19
重庆	Chongqing	239.09	215.81	241.94	224.88	224.75	214.39
四川	Sichuan	195.31	193.82	199.84	200.44	185.82	178.12
贵州	Guizhou	181.41	213.90	208.09	221.03	163.90	195.48
云南	Yunnan	283.29	245.51	300.74	273.68	236.00	198.60
西藏	Tibet	259.55	227.38	257.48	231.02	207.51	193.49
陕西	Shaanxi	250.73	224.85	248.88	223.68	259.75	221.35
甘肃	Gansu	194.83	181.03	197.22	190.69	194.77	166.81
青海	Qinghai	157.25	172.20	162.09	180.42	145.05	163.44
宁夏	Ningxia	162.45	200.15	180.80	204.36	124.15	135.06
新疆	Xinjiang	250.30	197.49	258.70	197.49	—	—

9-8 续表 Continued

单位：美元/人天

Unit: USD/night per capita

地 区	Region	澳门同胞 Macao SAR		台湾同胞 Taiwan Province	
		2019	2018	2019	2018
北 京	Beijing	258.96	298.36	283.97	255.87
天 津	Tianjin	241.41	207.34	244.50	210.06
河 北	Hebei	173.39	164.48	181.52	165.52
山 西	Shanxi	140.70	210.65	151.85	180.36
内 蒙 古	Inner Mongolia	228.56	191.62	185.27	205.46
辽 宁	Liaoning	219.56	190.16	196.83	201.78
吉 林	Jilin	135.57	159.25	153.98	166.63
黑 龙 江	Heilongjiang	181.05	224.40	200.29	202.70
上 海	Shanghai	236.04	243.30	271.05	250.14
江 苏	Jiangsu	243.49	252.62	273.63	253.43
浙 江	Zhejiang	216.76	253.14	230.11	221.36
安 徽	Anhui	166.72	195.32	160.63	198.21
福 建	Fujian	180.44	199.56	195.60	184.79
江 西	Jiangxi	211.26	179.07	224.60	189.44
山 东	Shandong	185.82	205.76	198.48	199.64
河 南	Henan	219.02	184.04	219.97	193.13
湖 北	Hubei	197.61	200.77	214.31	212.96
湖 南	Hunan	179.87	196.22	207.28	204.57
广 东	Guangdong	154.96	163.93	211.79	191.14
广 西	Guangxi	215.78	207.23	224.15	213.23
海 南	Hainan	234.03	191.71	216.39	315.06
重 庆	Chongqing	232.88	223.36	251.74	223.99
四 川	Sichuan	174.39	189.99	189.71	187.66
贵 州	Guizhou	153.19	179.04	152.52	179.85
云 南	Yunnan	263.72	233.05	269.41	239.27
西 藏	Tibet	259.84	187.26	239.16	211.63
陕 西	Shaanxi	241.58	233.28	263.99	223.45
甘 肃	Gansu	180.23	179.88	149.45	158.70
青 海	Qinghai	140.42	145.31	144.52	167.55
宁 夏	Ningxia	153.75	170.94	145.40	158.27
新 疆	Xinjiang	—	—	230.88	—

9–9 历年国内旅游情况

Major Statistics of Domestic Tourism

年 份	国内游客（亿人次）Domestic Travelers (100 million person-time)	城镇居民 Urban Residents	农村居民 Rural Residents	旅游总花费（亿元）Tourism Earnings (100 million yuan)	城镇居民 Urban Residents	农村居民 Rural Residents	人均花费（元）Average Expenditure Per Capita (yuan)	城镇居民 Urban Residents	农村居民 Rural Residents
1994	5.24	2.05	3.19	1023.51	848.21	175.30	195.33	414.67	54.88
1995	6.29	2.46	3.83	1375.70	1140.10	235.60	218.71	464.02	61.47
1996	6.40	2.56	3.83	1638.38	1368.36	270.02	256.20	534.10	70.45
1997	6.44	2.59	3.85	2112.70	1551.83	560.87	328.06	599.80	145.68
1998	6.94	2.50	4.45	2391.18	1515.10	876.05	345.00	607.00	197.00
1999	7.19	2.84	4.35	2831.92	1748.23	1083.69	394.00	614.80	249.50
2000	7.44	3.29	4.15	3175.54	2235.30	940.28	426.60	678.60	226.60
2001	7.84	3.75	4.09	3522.40	2651.70	870.70	449.50	708.30	212.70
2002	8.78	3.85	4.93	3878.36	2848.09	1030.27	441.80	739.70	209.10
2003	8.70	3.51	5.19	3442.27	2404.08	1038.19	395.70	684.90	200.00
2004	11.02	4.59	6.43	4710.70	3359.00	1351.70	427.50	731.80	210.20
2005	12.12	4.96	7.16	5285.90	3656.10	1629.70	436.10	737.10	227.60
2006	13.94	5.76	8.18	6229.74	4414.74	1815.00	446.90	766.40	221.90
2007	16.10	6.12	9.98	7770.60	5550.40	2220.20	482.60	906.90	222.50
2008	17.12	7.03	10.09	8749.30	5971.75	2777.55	511.03	849.36	275.28
2009	19.02	9.03	9.99	10183.69	7233.79	2949.90	535.40	801.10	295.30
2010	21.03	10.65	10.38	12579.77	9403.81	3175.96	598.20	883.00	306.00
2011	26.41	16.87	9.54	19305.39	14808.61	4496.78	731.00	877.80	471.40
2012	29.57	19.33	10.24	22706.22	17678.03	5028.19	767.90	914.50	491.00
2013	32.62	21.86	10.76	26276.12	20692.59	5583.53	805.50	946.60	518.90
2014	36.11	24.83	11.28	30311.86	24219.76	6092.11	839.70	975.40	540.20
2015	39.90	28.02	11.88	34195.05	27610.90	6584.15	857.00	985.50	554.20
2016	44.35	31.95	12.40	39389.82	32241.95	7147.87	888.20	1009.10	576.40
2017	50.01	36.77	13.24	45660.77	37673.03	7987.74	913.00	1024.60	603.30
2018	55.39	41.19	14.20	51278.29	42589.99	8688.30	925.77	1033.99	611.85
2019	60.06	44.71	15.35	57250.92	47508.99	9741.93	953.25	1062.64	634.66
2020	28.79	20.65	8.14	22286.30	17966.50	4319.80	774.14	870.25	530.47
2021	32.46	23.42	9.04	29190.74	23644.17	5546.57	899.28	1009.57	613.56

附　录

APPENDIX

附录Ⅰ 简要说明和主要统计指标解释

一、国内贸易部分

（一）主要内容

这一部分主要反映中国国内消费品市场、批发和零售业、住宿和餐饮业的发展变化情况。主要内容包括限额以上批发和零售业的基本情况、商品流转情况和财务状况，限额以上住宿和餐饮业的基本情况、经营情况和财务状况，社会消费品零售总额，商品交易市场成交情况，连锁零售业、餐饮业经营情况等。

（二）统计范围

1．**批发和零售业、住宿和餐饮业**：限额以上批发和零售业、住宿和餐饮业法人企业和个体户。统计限额标准为：批发业，年主营业务收入2000万元及以上；零售业，年主营业务收入500万元及以上；住宿和餐饮业，年主营业务收入200万元及以上。

2．**社会消费品零售总额**：从事商品零售活动或提供餐饮服务的法人企业、产业活动单位和个体户。

3．**商品交易市场**：年商品成交额在亿元及以上的商品交易市场。

4．**连锁经营情况**：零售业连锁总店（总部）、餐饮业连锁总店（总部）。

（三）资料来源

国家统计局贸易外经司根据《批发和零售业统计报表制度》、《住宿和餐饮业统计报表制度》进行搜集和加工整理而得。

（四）统计调查方法

限额以上批发和零售业、住宿和餐饮业单位（包括法人企业、产业活动单位和个体户，下同）、商品交易市场以及连锁总店（总部）采用全面调查方法，限额以下批发和零售业、住宿和餐饮业单位采用抽样调查方法。

（五）主要指标解释

1. 批发和零售业

批发业 指向其他批发或零售单位（含个体经营者）及其他企事业单位、机关团体等批量销售生活用品、生产资料的活动，以及从事进出口贸易和贸易经纪与代理的活动，包括拥有货物所有权，并以本单位(公司）的名义进行交易活动,也包括不拥有货物的所有权，收取佣金的商品代理、商品代售活动；本类还包括各类商品批发市场中固定摊位的批发活动，以及以销售为目的的收购活动。

零售业 指百货商店、超级市场、专门零售商店、品牌专卖店、售货摊等主要面向最终消费者（如居民等）的销售活动，以互联网、邮政、电话、售货机等方式的销售活动，还包括在同一地点，后面加工生产，前面销售的店铺（如面包房）；谷物、种子、饲料、牲畜、矿产品、生产用原料、化工原料、农用化工产品、机械设备（乘用车、计算机及通信设备除外）等生产资料的销售不作为零售活动；多数零售商对其销售的货物拥有所有权，但有些则是充当委托人的代理人，进行委托销售或以收取佣金的方式进行销售；零售业按销售渠道分为有店铺零售和无店铺零售，其中有店铺零售分为综合零售和专门零售。

商品购进额 指从本企业以外的单位和个人购进（包括从国外直接进口）作为转卖或加工后转卖的商品金额（含增值税）。本指标反映批发和零售业从国内外市场上购进商品的总价。

商品购进包括：（1）从工农业生产者、批发和零售业、住宿和餐饮业、出版社或报社的出版发行部门和其他服务业等企事业单位和个体经营户购进的商品；（2）从机关、社会团体购进的商品；（3）从海关、市场管理部门购进的缉私和没收的商品；（4）从居民收购的废旧商品等。

不包括：（1）企业为本单位自身经营用，不是作为转卖而购进的商品，如材料物资、包装物、低值易耗品、办公用品等；（2）未通过买卖行为而收入的商品，如接受其他部门移交的商品、借入的商品、收入代其他单位保管的商品、其他单位赠送的样品、加工回收的成品等；（3）经本单位介绍，由买卖双方直接结算，本单位只收取手续费的业务；（4）销售退回和买方拒付货款的商品；（5）商品溢余；（6）期货交易商品。

商品销售额 指对本单位以外的单位和个人出售的商品金额（包括售给本单位消费用的商品，含增值税），在批发和零售业中，本指标反映在国内市场上销售商品以及出口商品的总价。

商品销售包括：（1）售给个人和社会集团消费用的商品；（2）售给农业、工业、建筑业、服务业等国民经济各行业用于生产、经营用的商品，包括售予批发和零售业作为转卖或加工后转卖的商品；（3）对国（境）外直接出口的商品。

商品销售不包括：（1）未通过买卖行为付出的商品，如因机构变动移交给其他企业单位的商品、借出的商品、归还受其他单位委托代保管的商品、付出的加工原料和赠送给其他单位的样品等；（2）促销返券所销售的、不计入营业收入的商品；（3）经本单位介绍，由买卖双方直接结算，本单位只收取手续费的业务；（4）未发生所有权转移的商品预付卡销售，如加油卡；（5）汽车维修、电话卡销售等服务性经济活动；（6）购货退回的商品；（7）商品损耗和损失；（8）出售本单位自用的废旧物资；（9）期货交易商品；（10）自来水供应企业、电力企业、天然气供应企业提供的水、电、气。

期末商品库存额 对于批发和零售业法人单位和个体经营户，是指报告期末取得所有权的全部商品金额（含增值税）；对于批发和零售业产业活动单位，是指报告期末实际在库且归属法人具有所有权的全部商品金额（含增值税）。这个指标反映批发和零售业的商品库存情况，以及对市场商品供应的保证程度。

库存商品包括：（1）存放在本单位（如门市部、批发站、采购站、经营处）的仓库、货场、货柜和货架中的商品；（2）挑选、整理、包装中的商品；（3）已记入购进而尚未运到本单位的商品，即发货单或银行承兑凭证已到而货未到的商品；（4）寄放他处的商品，如因购货方拒绝付款而暂时存在购货方的商品；（5）委托其他单位代销（未作销售或调出）尚未售出的商品；（6）代其他单位购进尚未交付的商品。

库存商品不包括：（1）所有权不属于本单位的商品，如商品已作销售但买方尚未取走的商品，代替他人保管、运输、加工的商品，代其他单位销售（未做购进或调入）而未售出的商品；（2）委托外单位加工的商品（包括本单位所属加工厂和其他生产单位加工生产尚未收回成品的商品）；（3）外贸企业代理其他单位从国外进口，尚未付给订货单位的商品；（4）代国家储备部门保管的商品。

2. 住宿和餐饮业

住宿业 指为旅行者提供短期留宿场所的活动，有些单位只提供住宿，也有些单位提供住宿、饮食、商务、娱乐一体的服务，本类不包括主要按月或按年长期出租房屋住所的活动。

餐饮业 指通过即时制作加工、商业销售和服务性劳动等，向消费者提供食品和消费场所及设施的服务。

营业额 指住宿和餐饮业单位在经营活动中因提供服务或销售商品等取得的全部收入（含增值税），收入主要来源于提供客房、餐费服务、商品销售和其他服务，如商务服务。不包括多产业法人企业附营的其他行业产业活动单位的餐费收入、商品销售收入等各项收入。

客房收入 指住宿和餐饮业单位在经营活动中因提供住宿服务取得的收入（含增值税）。不包括多产业法人企业附营的其他行业产业活动单位的客房收入。

餐费收入 指本单位为顾客提供就餐服务取得的收入（含增值税）。包括：经烹饪、调制加工后出售的各种食品，如主食、炒菜、凉拌菜等的收入。不包括多产业法人企业附营的其他行业产业活动单位的餐费收入。

3．商品交易市场

商品交易市场 指经有关部门和组织批准设立，有固定场所、设施，有经营管理部门和监管人员，若干市场经营者入内，常年或实际开业三个月以上，集中、公开、独立地进行生活消费品、生产资料等现货商品交易以及提供相关服务的交易场所，包括各类消费品市场、生产资料市场等。

商品交易市场成交额 指市场内所有摊位、写字间或门面的全年商品交易额之合计。

4．连锁经营

连锁总店（总部） 负责连锁企业资源（商号、商誉、经营模式、服务标准、管理模式等）的开发、配置、控制或使用等功能的企业核心管理机构。连锁经营是指经营同类商品或服务，使用统一商号的若干店铺，在同一总店（总部）的管理下，采取统一采购或特许经营等方式,实现规模效益的组织形式，包括直营连锁、特许连锁和自愿连锁三种形式。

直营连锁 指连锁店铺由连锁公司全资或控股开设，在总部的直接控制下，开展统一经营的连锁经营形式。

特许连锁 指拥有注册商标、企业标志、专利、专有技术等经营资源的企业（特许人），以合同形式将其拥有的经营资源许可其他经营者（被特许人）使用，被特许人按合同约定在统一的经营模式下开展经营，并向特许人支付特许经营费用的连锁经营形式。

自愿连锁 指若干个店铺或企业自愿组合起来，在不改变各自资产所有权关系的情况下，以同一个品牌形象面对消费者，以共同进货为纽带开展的连锁经营形式。

5．社会消费品零售总额

社会消费品零售总额 指企业（单位、个体户）通过交易直接售给个人、社会集团非生产、非经营用的实物商品金额，以及提供餐饮服务所取得的收入金额。个人包括城乡居民和入境人员，社会集团包括机关、社会团体、部队、学校、企事业单位、居委会或村委会等。

网上零售额 指通过公共网络交易平台（包括自建网站和第三方平台）实现的商品和服务零售额之和。商品和服务包括实物商品和非实物商品（如虚拟商品、服务类商品等）。

二、对外经济贸易和旅游部分

（一）货物贸易

1．主要内容：包括进出口货物的品种、数(重）量、金额、国别（地区）、收发货人所在地、境内目的地、境内货源地、贸易方式等项目。

2．统计范围：货物贸易统计范围是按照联合国国际商品（货物）贸易统计原则制定的，即凡是引起中华人民共和国关境内物质资源存量增加或减少的进出口货物（除制度另有规定者外）均列入该项统计。

3．资料来源：货物贸易统计资料来源于海关总署，调查方法是全面调查，统计原始资料是海关确认的《中华人民共和国海关进口货物报关单》、《中华人民共和国海关出口货物报关单》以及其他申报单证。

4．商品分类：进出口商品目录是在海关合作理事会（世界海关组织 WCO）制定的《商品名称和编码协调制度》（HS）的基础上，结合我国进出口实际情况制定的。历年出口商品分类金额和历年进口商品分类金额按照联合国《国际贸易标准分类》（SITC）进行统计。

5．货物进出口国家（地区）：进口货物统计原产国（地区），出口货物统计最终目的地国（地区）。

原产国（地区）是指进口货物生产、开采或加工制造的国家（地区），对经过两个以上国家（地区）加工制造的进口货物，则以最后一个对货物进行经济上可以视为实质性加工的国家（地区）作为该货物的原产国，原产国确实不详时，按“国别不详”统计；最终目的地国（地区）是指出口货物已知的消费、使用或进一步加工制造国家（地区），包括直接使用或进行加工的国家（地区），最终目的地国（地区）不能确定时，按货物出口时尽可能预知的最后运往国（地区）统计。

6．主要指标解释

货物进出口总额 指实际进出我国关境的货物总金额。包括对外贸易实际进出口货物，来料加工装配进出口货物，国家间、联合国及国际组织无偿援助物资和赠送品，华侨、港澳台同胞和外籍华人捐赠品，租赁期满归承租人所有的租赁货物，进料加工进出口货物，边境地方贸易及边境地区小额贸易进出口货物，中外合资企业、中外合作经营企业、外商独资经营企业进出口货物和公用物品，到、离岸价格在规定限额以上的进出口货样和广告品（无商业价值、无使用价值和免费提供出口的除外），从保税仓库提取在中国境内销售的进口货物，以及其他进出口货物。该指标用以观察一个国家在对外贸易方面的总规模。我国规定出口货物按离岸价格统计，进口货物按到岸价格统计。

商品收发货人所在地进、出口额 指按进出口企业注册登记地进行分组汇总的进、出口额。

商品境内目的地/货源地进、出口额 指按进口货物的消费、使用或最终抵运地以及按出口货物的产地或原始发货地汇总的进、出口额。

（二）服务进出口

1. **主要内容：**包括服务提供者从中国关境内向其他国家或地区的服务消费者提供的服务，即服务出口；以及境外服务提供者从其他国家或地区向中国关境内的服务消费者提供的服务即服务进口。

2. **资料来源：**资料来源于商务部。

3. 主要指标解释

服务进出口 指常住单位与非常住单位之间相互提供的服务。包括运输，旅行，建筑，保险服务，金融服务，电信计算机和信息服务，知识产权使用费，个人、文化和娱乐服务，维护和维修服务，加工服务，其他商业服务，政府服务。

（三）利用外资

1．**主要内容：**包括外商直接投资和外商投资企业登记注册情况。

2．**统计范围：**实际使用外资情况统计范围是在中华人民共和国境内设立的外商投资企业和合作开发项目（包括港澳台地区投资企业）。外商投资企业登记注册情况的统计范围是经市场监督管理机关核准登记的外商投资企业，在境内从事经营活动的外国及港澳台地区企业以及外商投资企业分支机构。

3．**资料来源：**利用外资统计资料来源于商务部，其中，外商投资企业的登记注册情况资料来源于国家市场监督管理总局，调查方法是全面调查。利用外资统计 1985 年及以前为政府统计部门的调查汇总数，1986 年及以后全部来源于对外贸易经济合作部（现为商务部）。2000 年以后利用外资统计中不含对外借款数。利用外资数据不含银行、证券、保险领域。

4．主要指标解释

外商投资 指国外及港澳台地区的法人和自然人在中国大陆地区以现金、实物、无形资产、股权等方式进行投资。其中外商直接投资是指国外及港澳台地区投资者在非上市公司中的全部投资及在单个外国投资者所占股权比例不低于 10%的上市公司中的投资。

批准企业（项目）个数 指外商直接投资管理部门批准设立的外商投资企业个数、批准的合作开发项目个数。

利用外资的国家（地区） 指外资来源或投资者的法人注册地所在的国家和地区。除政府贷款按贷款国家名称统计外，其它方式吸收的外资按外国公司、企业或其它经济组织以其法人的注册所在地国家（地区）统计。

实际使用外资金额 指批准的合同外资金额的实际执行数，外国投资者根据批准外商投资企业的合同

（章程）的规定实际缴付的出资额和企业投资总额内外国投资者以自己的境外自有资金实际直接向企业提供的贷款。

（四）对外投资和经济合作

1．**主要内容**：包括对外直接投资、对外承包工程的合同数、合同金额、完成营业额，按国别、地区分的对外经济合作完成营业额和对外劳务合作派出劳务人数、期末在外人数等。

2．**统计范围**：境内投资者通过直接投资方式在境外拥有或控制10%或以上股权、投票权或其他等价利益的各类公司型和非公司型的境外直接投资企业。经各级商务主管部门批准的从事对外承包和劳务合作业务并具有法人地位的对外承包劳务企业。

3．**资料来源**：对外投资和经济合作统计资料来源于商务部，调查方法是全面调查。需要说明的是，自2009年起，对外承包工程涵盖了对外设计咨询业务，对外设计咨询不再单独列出。

4．主要指标解释

对外直接投资　指境内投资者以控制国（境）外企业的经营管理权为核心的经济活动，体现在一经济体通过投资于另一经济体而实现其持久利益的目标。

对外承包工程　根据《对外承包工程管理条例》，对外承包工程是指中国的企业或者其他单位承包境外建设工程项目的活动。

对外劳务合作　指组织劳务人员赴其他国家或地区为国外的企业或机构工作的经营性活动。

完成营业额　指企业在报告期内完成的以货币形式表现的工作量。

派出人数　指企业在报告期内派往国（境）外执行对外承包工程和劳务合作项目的人数。

（五）旅游

1．**主要内容**：包括旅行社、星级饭店基本情况，入境、出境旅游人数、国内居民旅游人数，以及国际、国内旅游收入等。

2．**统计范围**：旅行社、星级饭店和游客。

3．**资料来源**：旅游业有关资料主要根据公安部、文化和旅游部的资料编制而成。旅游数据中的国际、国内旅游收入和国内出游人数等指标采取抽样调查方法，其余数据均为全面调查统计取得。

4．指标解释

游客　指任何为休闲、娱乐、观光、度假、探亲访友、就医疗养、购物、参加会议或从事经济、文化、体育、宗教活动，离开常住国（或常住地）到其他国家（或地方），其连续停留时间不超过12个月，并且在其他国家（或地方）的主要目的不是通过所从事的活动获取报酬的人。游客不包括因工作或学习在两地有规律往返的人，按出游时间分为旅游者（过夜游客）和一日游游客（不过夜游客）。

入境游客　指报告期内来中国（大陆）观光、度假、探亲访友、就医疗养、购物、参加会议或从事经济、文化、体育、宗教活动的外国人、港澳台同胞等游客（即入境旅游人数）。统计时，入境游客按每入境一次统计1人次。入境游客包括入境（过夜）游客和入境一日游游客。

国内游客　指报告期内在中国（大陆）观光游览、度假、探亲访友、就医疗养、购物、参加会议或从事经济、文化、体育、宗教活动的中国（大陆）居民，其出游的目的不是通过所从事的活动谋取报酬。统计时，国内游客按每出游一次统计1人次。

出境人数（出境游客）　指中国（大陆）公民因公或因私出境前往其他国家、中国香港特别行政区、澳门特别行政区和台湾省观光、度假、探亲访友、就医疗养、购物、参加会议或从事经济、文化、体育、宗教活动的人数（即出境游客）。统计时，出境游客按每出境一次统计1人次。

旅游收入　指游客（入境游客和国内游客）在旅游过程中（由游客或游客的代表为游客）支付的一切旅游支出。旅游支出应包括（过夜）旅游者和一日游游客在整个游程中行、游、住、食、购、娱，以及为亲友、家人购买纪念品、礼品等方面的旅游支出，不包括为商业目的购物、购买房、地、车、船等资本性或交易性的投资、馈赠亲友的现金及给公共机构的捐赠。旅游收入包括国际旅游收入和国内旅游收入。

（1）国际旅游收入指入境游客在中国（大陆）境内旅行、游览过程中用于交通、参观游览、住宿、餐饮、购物、娱乐等全部花费。

（2）国内旅游收入指国内游客在国内旅行、游览过程中用于交通、参观游览、住宿、餐饮、购物、娱乐等全部花费。

（六）其他

1．**国际收支平衡表**：由国家外汇管理局依据国际货币基金组织编写的《国际收支和国际投资头寸手册》（第六版）编制。

2．**历年人民币对美元、日元、港币的年平均汇价**：资料来源于国家外汇管理局。

3．**黄金和国家外汇储备**：资料来源于国家外汇管理局。

APPENDIX Ⅰ Brief Introduction and Explanatory Notes on Main Statistical Indicators

Domestic Trade

I Main Content

Data reflect the development and change of China's domestic consumer goods market, wholesale and retail trades, hotels and catering services. Main contents include basic condition, circulation of commodities and financial status of wholesale and retail trades above designated size; basic condition, business and financial status of hotels and catering services above designated size; total retail sales of consumer goods; turnover of huge commodity exchange markets; development of chain stores of retail trades and catering service, etc.

II Coverage of Statistics

1. Wholesale and retail trades, hotels and catering services: corporation enterprises, establishments and self-employed individuals of wholesale and retail trades, hotels and catering services above the designated size.

The designated size of wholesale and retail trades, hotels and catering services is defined as follows: wholesale trade, with annual revenue from principal business over 20 million yuan(including 20 million yuan); retail trade, with annual revenue from principle business over 5 million yuan(including 5 million yuan); hotels and catering services, with annual revenue from principal business over 2 million yuan(including 2 million yuan).

2. Total retail sales of consumer goods: corporation enterprises, establishments and self-employed individuals engaged in commodity retail activities or providing catering services.

3. Commodity exchange markets: the commodity markets with an annual transaction over 100 million yuan (including 100 million yuan).

4. Chain stores: Chain stores of retail trades and catering services.

III Sources of Data

Data are collected and processed in accordance with the statistical reporting scheme on wholesale and retail trades, hotels and catering services by the Department of Trade and External Economic Relations of the National Bureau of Statistics.

IV Survey Methodology

Data of all enterprises of wholesale and retail trades, hotels and catering services above the designated size (Including corporation enterprises, establishments and self-employed individuals, the same below), commodity exchange markets and chain head stores (headquarter) are collected through comprehensive reporting systems. Data of enterprises below the designated size are according to sampling surveys.

V Explanatory Notes on Main Statistical Indicators

1. Wholesale and Retail Trades

Wholesale Trade refers to the activities of selling wholesale commodities for daily use and capital goods to enterprises of wholesale and retail trades (including self-employed individuals) and other enterprises, institutions and government organs and organizations, and the activities of engaging in import and export and acting as a trade agent. The wholesaler may have the ownership of commodities for wholesale and trade in the name of its own (a company), and the wholesaler can act as commission agent or commodity broker without the ownership of commodities. Also included are the wholesale activities at the fixed stalls in wholesale market and the acquisition for sales purpose.

Retail Trade refers to the activities of department store, supermarket, franchised store, brand store, retail stall and on-the-spot-making-selling store selling commodities to the final consumers (residents) by any means including internet, post, telephone, sales machine. It also includes shops with sales and production located in the same places (such as bakeries). Retail trade excludes the activities of sales of capital goods such as grain, seed, feed, livestock, mineral products, raw material for production, industrial chemicals, chemical products for agricultural use, machine and equipment (excluding vehicles, computers and communication equipment). Most retailers have the ownership of commodities to sell, but some are acting as agent or brokers to make transactions for a commission. According to the sales channels, retail trade can be divided into store retail and non-store retail, among which store retail is divided into comprehensive retail and special retail.

Total Purchases of Commodities refers to the total value of purchases of commodities by enterprises (establishments) from other establishments or individuals (including direct import from abroad) for the purpose of re-selling, either with or without further processing of the commodities purchased(including VAT).This indicator reflects the total value of goods purchased by the wholesale and retail industries from domestic and foreign markets.

The commodities include: (1) commodities purchased from agricultural and industrial producers, wholesaler, retailers, hotels and catering services publishing houses, other service business and individual operators; (2) commodities purchased from institutions and government departments; (3) smuggled or confiscated goods purchased from the customs authorities or market management agencies; (4) second-hand goods and wastes purchased from residents.

The commodities exclude: (1) commodities purchased by enterprises (establishments) for use in their own business operation, commodities obtained without buying or selling procedures such as materials, consumable goods of low value, office appliances, etc;(2) received goods without trading, such as goods handed over from others, borrowed goods, goods kept for others, donated goods from others, processed and retrieved goods, etc;(3)goods of direct settlement between buyer and seller with handling fees introduced by others; (4)goods returned or refused to pay by the buyer;(5)excessive goods.(6) commodities of futures trading.

Total Sales of Commodities refers to the value of commodities sold by the establishments to other establishments and individuals (including goods sold for self consumption, including the value-added tax).In the wholesale and retail trades, this indicator reflects the total value of the commodities sold in the domestic market and exported to abroad.

The commodities include: (1) commodities sold to individuals and social groups for their consumption; (2) commodities sold to establishments in all industries for their production and operation, including agriculture, industry, construction, catering services, including commodities sold to wholesale and retail establishments for re-selling, with or without further processing; (3) commodities for direct export to abroad.

The commodities exclude: (1) extended commodities without trading, such as goods handed over to other enterprises and institutions because of the change of organizations, lent goods, returned goods kept for others, extended processing materials and samples donated to others; (2) goods sold by coupon rebates that are not included in business income; (3) goods of direct settlement between buyer and seller with handling fees introduced by others; (4) sales of prepaid cards for goods that have not undergone ownership transfer, such as fuel cards; (5) service economic activities such as vehicle maintenance and telephone card sales; (6) goods returned after purchase; (7) damaged and spoiled goods; (8) waste and used goods of self use; (9) commodities of futures trading; (10) water, electricity and gas provided by water supply enterprises, electric power companies and natural gas supply enterprises.

Total Stock of Commodities For the legal entities and self-employed individuals engaged in wholesale and retail trade, it refers to total value (including VAT) of commodities possessed at the end of the reference period; and for wholesale and retail establishments, it refers to the value (including VAT) of all commodities actually in stock and owned by their corporate units at the end of reference period. This indicator reflects the inventory of goods in the wholesale and retail industries, as well as the degree of assurance of the supply of goods in the market.

The stock commodities include: (1)commodities located in storage, garages, counters, and shelves of operating places (such as sale stores, wholesale centres, procurement stations and operating offices); (2) commodities in the process of being selected, sorted, and packed; (3) commodities not arrived but recorded as purchased in the account, i.e. commodities not arrived but payment receipts for the commodities from the sellers or the banks arrived; (4)commodities deposited in other places rather than places mentioned above, for instance: commodities in the hold of purchasers temporarily due to the refusal of payment; (5) commodities entrusted to other units to sell but not sold yet; (6) commodities purchased for other units but not delivered yet.

The commodities exclude: (1) commodities not owned by the enterprises (units), such as goods that have been sold but not taken by the buyer; commodities on commission for keeping, transporting, and processing; unsold commodities that sold for other units (not purchased or adjusted); (2) commodities processed by the commissioned external unit(including finished productions, processed by owned plants and other plants, that have not been delivered).(3) commodities purchased by agent of foreign trade enterprises that have not been delivered to the ordering unit; (4) commodities that are put in stock on behalf of the state material reserves units.

2. Hotel Services and Catering Services

Hotel Services refer to the short-term accommodation services provided to visitors. Some units may provide only accommodation while others provide a combination of accommodation, meals, business services and/or recreational facilities. It excludes activities related to the provision of long-term primary residences in facilities such as apartments typically leased on a monthly or annual basis.

Catering Services refer to the activities of providing foods, serving locations and facilities to customers through instant processing, commercial sales and service-type labor.

Business Revenue refers to the total revenue (including VAT) of hotels and catering services received from providing services or selling commodities through operating activities, including revenue from hotels, catering services, selling of commodities and other services, for example, business service. Excluded are the revenue from meals, merchandise sales and other items of establishments affiliated to the multi-industrial corporate enterprises.

Income from hotels refers to the income (including VAT) of enterprises and establishments engaged in hotel and catering services by providing lodging services. Excluding the income of establishments affiliated to the multi-industrial operate enterprises.

Income from catering services refers to income (including VAT) of enterprises and establishments engaged in hotel and catering services by providing catering services. Including selling of cooked or prepared foods, such as staple food, cooked dishes, or cold dishes. Excluding the income of establishments affiliated to the multi-industrial operate enterprises.

3. Commodity Exchange Markets

The commodity Exchange markets refers to the markets approved and managed by related departments, where there are fixed sites, facilities, managers and administration offices, where there are a certain number of traders to operate for three month and above or all the year, where the commodities including the articles for daily consumption and capital goods and services are traded in a centralized, independent and open way. Such market includes markets of daily goods and market of capital goods, etc.

Volume of Transaction in Commidity Trading Market refers to total annual commodity transaction volume of all stores and shops in the market.

4. Chain stores

Chain Head Stores (headquarter) refers to the core leading stores responsible for development, allocation, administration and unitization of resources (name of stores, goodwill, operation model, service standard, management way, ect.) of chain stores. Chain stores refers to the stores engaged in providing homogeneous commodities or services, with the central leadership of head store and guided by common policies, conduct centralized purchase and distributed selling of commodities, in order to gain better efficiency through standardized operation. The chain stores include regular chain stores, franchise chain stores and voluntary chain stores.

Regular Chain store refers to chain stores that are invested or controlled by the headquarters. They operate under direct and unified management from the headquarters.

Franchise chain store refers to the chain stores (franchisees) which are franchised with operation resources such as trade marks, names, patent and operation know-how by the franchisors in form of contract and pay the operation fees to the franchisors.

Voluntary chain store refers to the stores operate jointly on the voluntary bases while maintaining their status of independent legal entities with full ownership of their assets. They sell goods of same brand from same channel of resource to the consumers.

5. Total Retail Sales of Consumer Goods

Total retail sales of consumer goods refers to the revenue of non-productive, non-operating physical goods sold to individuals and social groups directly through transaction or the income of catering services provided by corporation enterprises (establishments, getihus). Individuals include urban and rural residents and persons entering the country. Social groups include government agencies, social organizations, army, schools, enterprises and institutions, neighborhood or village committee, etc.

Online Retail Sales refer to the total retail sales of goods and services through public online trading platforms (including self-built websites and third-party platforms). Goods and services include physical goods and non-physical goods (such as virtual goods, service goods, etc.).

Foreign Trade, External Economic Transaction and Tourism

I. Trade in Goods

1.Data on foreign trade include: varieties of imports and exports, amount (weight), value, countries (regions), consignee and shipper location, destination within territory, origin of goods within territory, mode of trade and so on.

2.The scope of trade in goods statistics: are designed according to United Nations' principles on international trade statistics, that is: all imports or exports that will lead to stock changes of material resources with the territory of People's Republic of China; excluding goods by escape clause.

3.Sources of data on trade in goods: are from the General Administration of Customs of the People's Republic of China through a comprehensive reporting system. Original data comes from *Customs Declaration for Import of the People's Republic of China*, *Customs Declaration for Export of the People's Republic of China*, and other declaration vouchers that are confirmed by customs.

4.Import and export commodity classification: the list of import and export commodities is compiled based on the *Harmonized Commodity Description and Coding System (HS)* stipulated by the Customs Cooperation Council (World Customs Organization) and China's reality of imports and exports. Customs statstics in value terms for both imports and exports are compiled according to the classifications of *UN Standard International Trade Classification (SITC).*

5. Trading partner: the country (region) of origin is recorded for imports while the country (region) of final destination for exports.

The country (region) of origin refers to the country or region where the import goods have been grown, mined or manufactured. If two or more countries (regions) were involved in the manufacture of the products, the place where the last substantial working or processing was carried out will be recorded as the country (region) of origin. However, commodities whose nature or states have not been substantially changed will not be considered as having been processed or remanufactured.

The country (region) of final destination refers to the country or region where the export goods are to be consumed, utilized or further processed or manufactured. In instance where the country of final destination can not be ascertained, the exports will be credited to the final country (region) dispatched to as known at the time of exportation.

6.Explanatory notes on main statistical indicators

Total Import and Export of Goods refer to the real value of commodities imported and exported across the border of China. They include the actual imports and exports through foreign trade, imported and exported goods under the processing and assembling trades and materials, supplies and gifts as aid given gratis between governments and by United Nations and other international organizations, and contributions donated by overseas Chinese, compatriots in Hong Kong and Macao and Chinese with foreign citizenship, leasing commodities owned by tenant at the expiration of leasing period, the imported and exported commodities processed with imported materials, commodities trading in border areas, the imported and exported commodities and articles for public use of the Sino-foreign joint ventures, cooperative enterprises and ventures with sole foreign investment. Also included is import or export of samples and advertising goods for which CIF or FOB value are beyond the permitted ceiling (excluding goods of no trading or use value and free commodities for export), imported goods sold in china from bonded warehouses and other imported and exported goods. The indicator of the total imports and exports at customs can be used to observe the total size of external trade in a country. In accordance with the stipulation of the Chinese government, imports are calculated at CIF, while exports are calculated at FOB.

Import / Export by Location of Importers/Exporters refers to the place inside China's Customs temitory where the importers or exporters are registered.

Import / Export by Location of Domestic Consumers / Producers refer to the place inside China's customs territory where the imported goods are cosumed, utilized or destined for or exported goods are produced, manufactured initially delivered.

II. Imports and Exports in Services

1.Sources on imports and exports in services: statistics are compiles according to Balance of Payments (BOP) and from the Ministry of Commerce.

2. Explanatory notes on main statistical indicators

Imports and Exports in Services refers to services provided between resident and non-resident units, including transportation, travel, construction, insurance, finance, telecommunications, computer and informations, technology, professional and management consultancy, intellectual property fee, individual, culture and recreation, maintenance and repair, and other services, but excluding government service.

III. Foreign Capitals

1.Data on foreign capitals include: foreign direct investments and the basic condition of registration of foreign funded enterprises.

2.The scope of foreign capitals: all the units and departments which have utilized foreign capital and all the Sino-foreign joint ventures, Sino-foreign cooperative enterprises, ventures exclusively with foreign investment, foreign-funded stock companies, Sino-foreign cooperative development projects and other corporate enterprises (including the enterprises funded by the entrepreneurs from Hong Kong, Macao and Taiwan) with independent accounting system which have been approved by the Chinese government to set up in the boundary of the People's Republic of China.

3.Sources of data on foreign capitals: data on utilization of foreign capitals are from Ministry of Commerce, of which, data on basic condition of registration of foreign funded enterprises are from State Administration for Market Regulation through comprehensive reporting system. Special notice: data on utilization of foreign capitals before 1985 were survey results from governmental statistical agencies, since 1986 all data are from Ministry of Commerce (formerly MOFTEC). Data on utilization of foreign capitals since 2000 do not include foreign loans. Data on the utilization of foreign capitals do not include banking, securities and insurance.

4.Explanatory notes on main statistical indicators

Utilization of foreign capital refers to direct foreign investments, commodity credits and other funds used by domestic institutions that are supplied from abroad and from Hong Kong, Macao and Taiwan.

Number of approval enterprises (projects) refers to the number of foreign-invested enterprises and cooperative development projects approved by the foreign direct investment management division.

Agreement number of utilization of foreign capital refers to the project numbers of the loans from the foreign governments and international monetary organization, the numbers of the enterprises with foreign investment and the contract numbers of the joint exploitation on offshore oil which are all approved according to law. The agreements of utilization of foreign capital, which are signed in other ways, are only collected into total amount without project numbers.

Country (region) of foreign capital refers to the country and region where the investor registers as a juridical Person and the foreign capital and investment comes. In the statistic classification, as the other ways in absorbing foreign investment, country (region) refers to the place where the foreign companies, enterprises and other economic organization register as juridical persons, except government loans just in terms of the name of the country.

Foreign capital actually used refers to the amount which has been actually used according to the agreements and contracts, including cash, materials and invisible capital such as labour service and technology which both parties agree to take as investment.

IV. Overseas Direct Investment and Foreign Economic Cooperation

1.Data on overseas direct investment and economic cooperation include: Overseas direct investment, contracted projects, labour services cooperation, design and consultation services, contracted volume, complete business turnover, business turnover by countries (regions) and so on.

2.The scope of foreign economic cooperation:all types of overseas corporations and non-corporations that domestic investors own or control 10% or more equity,voting rights or other equivalent interests through direct investment. corporate enterprise engaged in contracted projects and labour services cooperation with foreign countries and has been approved by the department of commerce at various levels.

3.Sources of data on overseas direct investment and economic cooperation: data on foreign economic cooperation are from Ministry of Commerce through a comprehensive reporting system. Data on contracted projects include design & consultation service since 2009.

4.Explanatory notes on main statistical indicators

Overseas Direct Investment refers to the economic activities centring on operation and managemerot of those enterprises are under the control of domestic investors. The content of overseas direct investment mainly reflects one economic entity by investing in another economic entity to achieve its goal of lasting interest.

Overseas Contracted Projects refer to activities of contracting overseas construction projects by Chinese enterprises or any other units, which are stipulated in the *Regulations on Administration of Foreign Contracted Project.*

Overseas Labour Services refer to operational activities of organizing labour force to go abroad providing services to foreign enterprises or agencies.

Accomplished Turnover refers to the workload enterprises completed in the form of currency during the reporting period.

Dispatched Labor refers to the number of overseas labours in the overseas project contracting and labor cooperation businesses.

V. Tourism

1.Main Contents: the basic conditions of travel agencies and star-rated hotels; number of international tourists and Chinese residents going abroad, number of domestic tourists and income from international and domestic tourism.

2.Scope of Statistics: data in this chapter cover travel agencies, star-rated hotels and tourists.

3.Sources of Data: the data on tourism are from the Ministry of Public Security, the Ministry of Culture and Tourism. The data on tourism are from the comprehensive reporting form system except those on the earnings from international and domestic tourism and number of domestic tourists going abroad from sample surveys.

4.Explanatory notes on main statistical indicators

Visitors refers to any person who travels to a country (or place) other than that of his or her residence for a period not exceeding 12 months for leisure, entertainment, sightseeing, holiday, visiting relatives or friends, medical care, shopping, meeting, or taking part in economic, cultural, sports or religious activities, where the main purpose of the travel is not for remuneration. A visitor does not refer to any person who commutes between two places regularly for career or education. According to the length of stay, visitors are classified as tourists (i.e., overnight visitors) and same day visitors (non overnight visitors).

Overseas Visitor Arrivals refer to the number of tourists of foreigners, Chinese compatriots from Hong Kong, Macao and Taiwan who come to China (mainland) within the reference period for sight-seeing, vacation, visiting relatives, medical treatment, shopping, attending conference, or to engage in economic, cultural, sports and religious activities (namely the number of overseas visitor arrivals). In compiling statistics, each arrival is counted as one person-time. Overseas visitor arrivals includes inbound overnight tourists and one-day tourists.

Number of Domestic Tourists refers to the number of Chinese (mainland) residents who travel within China (mainland) for sight-seeing, vacation, visiting relatives, medical treatment, shopping, attending conference, or to engage in economic, cultural, sports and religious activities. In compiling statistics, each travel is counted as one person-time.

Number of Chinese Residents Going Abroad (Chinese Outbound Visitors) refers to the number of Chinese (mainland) residents going to other countries, Hong Kong Special Administrative Region, Macao Special Administrative Region and Taiwan Province on official or private purposes, for sight-seeing, vacation, visiting relatives, medical treatment, shopping, attending conference, or to engage in economic, cultural, sports and religious activities (namely the Chinese outbound visitors). In compiling statistics, each outbound travel is counted as one person-time.

Tourism receipts refer to all the expenditures made by visitors (inbound visitors and domestic visitors) or by representatives of the visitors in the course of their travel constitute the tourism receipts of a country (province, region, city). Tourism expenditures of visitors should include expenses made by (overnight) tourists and same day visitors throughout their travel on transport, tours, lodging, food, shopping, entertainment, and souvenirs and gifts for friends and relatives. Tourism expenditures do not include purchases of goods, real estate, house, motor vehicle, water vessel for commercial purposes, neither include capital nor transactional investments, cash given to friends and relatives, donations to public organizations. Tourism receipts include international tourism receipts and domestic tourism receipts.

1) Foreign Exchange Earnings from International Tourism refer to the total expenditure of overseas visitors during their stay in the mainland of China on transportation, sighting, accommodation, food, shopping and entertainment.

2)Income from Domestic Tourism refer to expenditure of domestic tourists on transportation, sighting, accommodation, food, shopping and entertainment while they travel.

VI. Others

1.The Balance of Payments Table is compiled by the State Administration of Foreign Exchange in accordance with the 6th edition of the *Balance of Payments and International Investment Position. Manual (BPM6)* prepared by the International Monetary Fund.

2.The average exchange rates of RMB yuan to US dollar, Japanese yen and Hong Kong dollar over the years come from the State Administration of Foreign Exchange.

3. The data on gold and foreign exchange reserves are also from the State Administration of Foreign Exchange.

附录II　英文缩略语及符号

APPENDIX II　Abbreviations and Symbols in English

APEC	Asia-Pacific Economic Cooperation
ASEAN	Association of Southeast Asian Nations
Co, Ltd	Corporation Limited
Corp	Corporation
DPR	Democratic People's Republic
EU	European Union
FR	Federal Republic
IMF	International Monetary Fund
Is	Islands
No	Number of items
Prov	Province
RMB	Renminbi Yuan
SDR	Special Drawing Rights
USD	Dollar of United States of America
USSR	Union of Soviet Socialist Republics